Gudrun Schulte
Südschweden plus Dalarna/Värmland selbst entdecken

Gudrun Schulte arbeitete mehrere Jahre in Schweden, lernte Land und Leute kennen und schätzen. Ihr Faible für Schweden und die Pflege alter Freundschaften sind immer wieder Anlass zu ausgedehnten Reisen in den Norden. Nach einigen Jahren als Verlagsredakteurin arbeitet sie nun als freiberufliche Autorin. Gudrun Schulte lebt mit ihrer Familie in Witten – zu Hause fühlt sie sich in Deutschland und Schweden.

Von Gudrun Schulte erschienen **ebenfalls in der Edition Elch**:
Kanuwandern in Schweden (als Hrsg.)
Stockholm selbst entdecken
Südostschweden – Schonen, Blekinge, Småland, Öland selbst entdecken

Ein herzliches Dankeschön an: Birgit Bock-Schröder, Renate u. Gunnar Stjärne, Ivar Johansson, Ursula Petersen und an meine Familie.

Gudrun Schulte

unter Mitarbeit von Alexander Geh

SÜDSCHWEDEN

plus

DALARNA / VÄRMLAND

selbst entdecken

Regenbogen Reiseführer Edition Elch

Autorin und Redaktion dieses Reiseführers haben alle veröffentlichten Angaben nach bestem Wissen erstellt. Obwohl die Redaktion die Fakten mit größtmöglicher Sorgfalt überprüft hat, sind inhaltliche Fehler nicht vollständig auszuschließen. Daher besteht auf die Angaben keinerlei Garantie seitens des Verlages oder der Autorin – für alle Angaben übernehmen weder der Verlag noch die Autorin Gewähr.
Dieser Umstand gilt besonders auch für die Preise; denn auch nach dem Recherchieren vor Ort dauert es einige Zeit, bis ein Reiseführer produziert ist und erscheinen kann. Hinzu kommt die schwer berechenbare Inflation.
Wenn man aber auf die in diesem Buch angegebenen Preise einen Erfahrungswert schlägt, kommt man auch in den folgenden Jahren noch auf das dann herrschende Preisniveau.

Erste Auflage 2002

ISBN 3-85862-157-9

Gestaltung: *Regenbogen All Stars*
Elch-Logo: © *Petra Gran*
Redaktion und Satz: *Pelle Lindholm*
Redaktionelle Mitarbeit: *Andreas Schmitt*
Fotos: *siehe Bildnachweis auf Seite 495*
Karten und s/w-Scans: *monthi., Konstanz*
Herstellung: *Fuldaer Verlagsagentur*

Inhalt

LESERTIPPS

Schreiben Sie uns bitte, wenn Sie vor Ort Änderungen erlebt oder wenn Sie Ergänzungsvorschläge haben.
Wird Ihr Tipp in der nächsten Auflage eingearbeitet, bedanken wir uns mit einem Freiexemplar. Verlag und Autorin freuen sich über jede Zuschrift:

Edition Elch
Stichwort: Südschweden
Hamburger Straße 70
D – 63073 Offenbach am Main

E-mail: info@edition-elch.de
Internet: www.edition-elch.de

Szenen aus Göteborg: Reparaturwerft im Hafen (oben); die Musiker haben ihre Konzertprobe kurzentschlossen auf den Götaplatsen verlegt ▶

STENHAMMARSALEN

Einstimmung

Mit der Berücksichtigung der auch unter deutschsprachigen Urlaubern populären Provinzen Värmland und Dalarna erschließt dieses Buch eine Schnittstelle zwischen dem dünn besiedelten, weiten, stillen Norden und dem vielfältigen Süden Schwedens.

Die Reihenfolge der Kapitel legt auf den ersten Blick ZWEI ROUTEN nahe, die aber jederzeit problemlos verlassen, verändert oder auch kombiniert werden können: für diejenigen, die viel Wert auf Kulturhistorie legen, seien ab Malmö oder Trelleborg die Provinzen und Landschaften Skåne/Schonen, Blekinge, Småland mit der Insel Öland und Östergötland empfohlen. Es ist selten weit zum nächsten Höhepunkt, seien es Glashütten in Småland, Windmühlen auf Öland oder die Museen, die spannend von Leben und Arbeit der Schweden in den Epochen erzählen, seien es fantasievolle Landschaftsgärten, Schlösser und Herrenhöfe, oder frühgeschichtliche Funde wie Siedlungen, Steingräber, Felszeichnungen oder Runensteine.

Wer sich bevorzugt in der Natur aufhält, mag ab Göteborg oder den anderen Ankunftsorten direkt Kurs nach Bohuslän nehmen, zur Küste mit ihrem einzigartigen Schären- und Badeparadies oder in die Wald- und Seenlandschaft von Dalsland, Värmland und Dalarna, die Angler, Wanderer und Bootssportler schätzen und die auf stillgelegten Gleisen per Draisine erkundet werden kann.

Ganz Südschweden plus Dalarna, Värmland gemein ist eine bewahrte Geschichte von Handwerk und Industrie, die in Bergwerken, erhaltenen Produktionsstätten und entlang der als Transportwege gebauten Kanäle aus der Nähe zu erleben ist.

Die grobe Skizzierung soll jedoch nicht darüber hinweg täuschen, dass es in Bohuslän, Dalsland, Värmland und Dalarna ebenso mehr als genug Kulturhistorie zu erfahren gibt, und umgekehrt viel schöne Natur in Südostschweden – beispielsweise Smålands Wälder, Seen, Moore und das »Hochland«, mit vielen Seen, mäandernden Flüssen, Spaltentälern sowie Moränenablagerungen – Resultat der letzten Eiszeit, die vor 10.000 Jahren das Land allmählich freigab und dabei formte.

Wir verzichten bewusst auf starre Routenvorgaben, die vor Ort unflexibel machen und rasch enttäuschen können. Stellen Sie sich Ihre eigene Route zusammen. Die Chancen stehen gut, dass Sie Ihre Klippe an der Schärenküste ganz für sich allein entdecken, oder eine der typisch roten Hütten oder einen Campingplatz irgendwo am Wasser – einen Ort stellvertretend für viele andere, den Sie in Erinnerung behalten und der Sie wiederkehren lassen wird. Reichlich Lesestoff auch für folgende Reisen halten Sie in Ihren Händen.

Viel Spaß beim Lesen und Reisen wünschen Autorin und Redaktion!

Vor der Reise

genannte Paketangebote, die Preisermäßigungen für Unterkunft oder Transport geben oder miteinander kombinieren. – Ebenso haben die REEDEREIEN der Fähren Rund- und Kurzreisen im Programm.

Information zu Hause

Die Aufgaben eines FREMDENVERKEHRSAMTS nimmt die Marketing-Gesellschaft *Schweden-Werbung für Reisen und Touristik* wahr.

■ **SCHWEDEN-WERBUNG**, Lilienstraße 19, D–20095 Hamburg. Katalogbestellung und Information: Tel. 00800 – 3080 3080 (gebührenfrei) oder 0046 – 6201 5010, Fax 0046 – 6201 5011, info@swetourism.de, im Internet: www.schweden-urlaub.de; und www.visit.sweden.com.

Über die gebührenfreie Rufnummer erhalten Sie den immer zum Jahreswechsel erscheinenden Katalog über Gesamtschweden. Mit allgemeinen Informationen, mit Kapiteln zu den Regionen Süd-, Mittel- und Nordschweden, zu Bahnreisen, Fährverbindungen und Unterkunft sowie Adressen der regionalen Touristikämter und einiger Reisebüros und -veranstalter. Eine Lektüre zur Einstimmung und Urlaubsplanung.

Für spezielle Informationen über Aktivitäten, Veranstaltungen, Kurzreisen, Städteinfos etc. ist ein Bestellbogen vorbereitet, auf dem Sie Ihre Wünsche vermerken.

■ **REISEBÜROS**, die auf Skandinavien spezialisiert sind, offerieren so-

Information aus Schweden

■ Gezielte Anfragen an die örtlichen **TOURISTENBÜROS**, *Turistbyrå*, oder die Touristikzentralen der Provinzen in Schweden sind auch eine Hilfe. Die Adressen finden Sie in den entsprechenden Kapitel dieses Reiseführers, die der Touristikzentralen im Jahreskatalog der Schweden-Werbung (s.o.).

Diplomatische Vertretungen

■ **DEUTSCHLAND**: Kgl. Schwedische Botschaft, Rauchstr. 1, 10878 Berlin, Tel. 030 – 505 060, Fax 5050 6789, www.schweden.org. – Schwedisches Generalkonsulat, Alsterufer 15, 20345 Hamburg, Tel. 040 – 4501 45-0, Fax 4501 451-14, www.schwedengkhamburg.de.

■ **ÖSTERREICH**: Kgl. Schwedische Botschaft, Obere Donaustraße 49–51, Pf 18, 1025 Wien, Tel. 01 – 217 530, Fax 21 753 370.

■ **SCHWEIZ**: Kgl. Schwedische Botschaft, Bundesgasse 26, Pf 1004, 3001 Bern, Tel. 031–328 7000, Fax 328 7001, swedenb@swissonline.ch.

Einreisebestimmungen

■ **REISEDOKUMENTE:** Trotz entfallener Grenzkontrollen benötigen Personen aus Deutschland und Österreich PERSONALAUSWEIS oder Reisepass, Kinder unter 16 Jahren einen Kinderpass (ab 10 Jahren mit Foto) oder einen Eintrag im Pass der Eltern. Schweizer Staatsbürger benötigen gültige Identitätskarte oder Pass. Zollkontrollen an der schwedischen Grenze kommen vor.

■ **HAUSTIERE:** Auch Struppi und Maunz dürfen nach Schweden einreisen, aber vorher muss Herrchen oder Frauchen eine Reihe zeitraubender, tierärztlicher und bürokratischer Hürden nehmen.

Das Tier muss eine anerkannte Identitätsmarkierung haben und regelmäßig gegen Tollwut geimpft worden sein, Hunde zudem gegen Staupe und Leptospirose. 120 Tage nach der Tollwutimpfung muss das Blut des Tieres in ein anerkanntes Labor zur Kontrolle eingeschickt werden; das Warten auf das Resultat dauert etwa einen Monat. Diese Kontrolle ist (jährliche, vorschriftsmäßige Impfungen vorausgesetzt) nur einmal im Leben des Tieres notwendig.

Fordern Sie rechtzeitig die Formulare zur EINFUHRGENEHMIGUNG Ihres Tieres beim Schwedischen Landwirtschaftsamt an. Das ist auch per Fax-Abruf möglich oder Herunterladen aus dem Internet. Die Formulare erhalten Sie auch bei der Schwedischen Botschaft in Berlin, dazu geben Sie die Tierart an und legen einen mit 1,53 € frankierten Rückumschlag bei.

Die ausgefüllten Formulare senden sie an das Landwirtschaftsamt und überweisen gleichzeitig die Bearbeitungsgebühr von 400 SEK (ca. 42 €). Rechtzeitig vor Ihrer Abreise erhalten Sie die Einfuhrgenehmigung sowie das Formular (a) über durchgeführte Impfungen und das Gesundheitszeugnis (b). Kurz vor Ihrer Abreise gehen Sie mit dem Impfpass, der Laborbescheinigung (sofern nötig) und den Formularen zu ihrem Tierarzt. Er führt eine Wurmkur durch und füllt die Formulare aus. Achten Sie darauf, dass die Gültigkeitsdauer aller Impfungen erfüllt ist. Schließlich darf das Gesundheitszeugnis (b) bei der Einreise nach Schweden nicht älter als 10 Tage sein. Die Formulare (a und b) geben Sie bei der Einreise dem Zöllner oder stecken sie in den dafür vorgesehenen Briefkasten.

Über weitere Details erhalten Sie Auskunft beim Schwedischen Landwirtschaftsamt: *Statens Jordbruksverk SJV*, Smittskyddsenheten, SE–55182 Jönköping, Tel. (ab Ausland) 0046–36-155 000, Fax 190 546, Faxabruf 156 100, Internet: www.sjv.se (Link: Blanketter, Trycksaker), per E-Mail: jordbruksverket@svj.se/

Bitte DENKEN SIE DARAN, dass in Schweden teiweise ANDERE SITTEN im Umgang mit Hunden gebräuchlich sind. Hunde dürfen grundsätzlich in kein Restaurant mitgebracht werden; sie sollten an der Leine geführt werden und Hundekot ist stets und überall zu entfernen!

■ **ZOLL:** EU-Bürger dürfen Waren für den PERSÖNLICHEN BEDARF mitbringen, auch MEDIKAMENTE, sofern es sich um eine gewöhnliche Reiseapotheke handelt. Die Einfuhr von DROGEN ist verboten. Für die Einfuhr von Alkohol gilt das Mindestalter von 20, bei Tabak von 18 Jahren. GENEHMIGUNGSPFLICHTIG sind ferner Narkotika, Spritzen, Munition, Waffen (auch Springmesser) u.ä.

Seit dem 1.1.2002 gelten für EU-Bürger neue EINFUHRQUOTEN, die 2003 weiter angepasst werden und 2004 ganz entfallen – für alte Schweden-Fahrer bisher kaum vorstellbar.

IN 2002 – ALKOHOL: 261 Wein (3,5–15%), 321 Bier, 61 Dessert- oder Schaumwein (15–22 %) sowie 21 Schnaps (über 22 %). – TABAK: 400 Zigaretten oder 200 Zigarillos oder 100 Zigarren oder 550 g Tabak.

IN 2003 – ALKOHOL: 521 Wein (3,5–15%), 641 Bier, 61 Dessert – oder Schaumwein (15–22 %) sowie 51 Schnaps (über 22 %). – TABAK: 400 Zigaretten oder 200 Zigarillos oder 100 Zigarren oder 550 g Tabak.

Für Reisende aus Nicht-EU-Ländern ändert sich nichts. Hier gelten für ALKOHOL: 21 Wein und 321 Bier (über 3,5 %), dazu entweder 21 Likörwein (über 15 %, nicht mehr als 22 %, sowie Schaumweine) oder 11 Spirituosen (über 22 %). – TABAK: 200 Zigaretten oder 100 Zigarillos oder 50 Zigarren oder 250 g Tabak.

ANDERE WAREN: Höchstmengen, ab Vollendung des 15. Lebensjahres: 50 g Parfum, 500 g Kaffee und 100 g Tee. Weitere Waren im Gegenwert von maximal 1.700 SEK (178 €), das

FREIE FAHRT ZUM NORDKAP?

Seit März 2001 sind Schweden, Finnland und sogar die Nicht-EU-Länder Norwegen und Island sogenannte Schengen-Länder, d.h. die Einreise erfolgt an den Grenzen OHNE PERSONENKONTROLLE. Die neue Außen- (und Armuts-) grenze zu Russland und dem Baltikum sowie die damit suggerierte Furcht vor Flüchtlingen und Kriminellen hat man zum Anlass genommen, um ergiebige Datenbanken zu füttern: Verdächtige Personen und Fahrzeuge sind ab sofort EU-weit abrufbar.

Vor allem aber sollen zukünftig mobile Verkehrskontrollen die an den Grenzen nicht mehr zulässigen Passkontrollen ersetzen, und hier wird sich jede/r ausweisen müssen, auch Bürger der skandinavischen Staaten selbst, die bis dato durch die nordische Passunion vor solchen Unannehmlichkeiten geschützt waren. Für sie ist die Neuregelung also eine Verschlechterung, und auch wir Touristen müssen unsere Reisedokumente immer dabei haben; abgesehen davon, dass Sie im Datennetz landen können, weil Ihnen Schweden so gut gefällt, dass Sie dort mehrmals im Jahr Ferien machen und auffallend oft die Grenze überqueren.

eventuell mitgebrachte Bier ist hier einzurechnen. Für die Bürger aus Nicht-EU-Ländern gilt die Einfuhr-Begrenzung von 2 kg bei: Fleisch, Meiereiprodukten, Pflanzen oder Pflanzenteilen. Eier dürfen gar nicht eingeführt werden.

WEITERE INFORMATIONEN: Tullverket, Box 12854, SE–11298 Stockholm, Tel. 0046–771 520 520, Fax 0046–8 208 012, info@tullverket.se, www.tullverket.se.

Klima und Reisezeit

Das vom 55. bis zum 69. Breitengrad lang gestreckte Schweden hat unterschiedliche Klimabedingungen. Das Land verdankt sein allgemein gemäßigtes Klima der nahen Lage zum Atlantik und damit dem Golfstrom - das eisige Grönland, dessen Südspitze auf dem 60. Breitengrad (!) liegt, hat diese NATÜRLICHE WARMWASSERHEIZUNG nicht.

Die Wetterküche über dem Atlantik schickt die Tiefdruckgebiete von Westen nach Osten. Auf dem Weg über die Britischen Inseln verlieren die regenschweren Wolken bereits einen Teil ihrer feuchten Fracht. Nach Westen wird Schweden durch die skandinavische Gebirgskette, nach Süden durch die Nordsee begrenzt.

Im Südwesten dominiert also MARITIMES KLIMA, das heißt weder im Sommer noch im Winter gibt es extreme Temperaturen. Im Norden gehen auf der Westseite der Berge *(fjäll)* mehr Niederschläge nieder, während die Ostseite der Gebirgskette öfter unter Trockenheit leidet. Das KONTINENTALE KLIMA im Rest des Landes zeichnet sich durch warme Sommer und kalte Winter aus. Wenn aber die allgemeine Wetterlage Kapriolen schlägt, wird auch Schweden nicht verschont. Leider führt das zum Vorurteil, in Schweden sei es häufig kühl und immer regnerisch. Insgesamt ist das Wetter an der Ostküste beständiger als an der Westküste und im Gebirge.

Dabei können die Temperaturen in den Sommermonaten selbst in Nordschweden um 30°C erreichen. Bei oft 20 Stunden Sonnenschein täglich wärmen sich dadurch Meere und Seen auf mehr als 20°C auf, so dass die Wassertemperaturen dann über denen der Nordsee liegen.

DURCHSCHNITTSTEMPERATUREN in Südschweden: Januar um –3°C, Mai um 10,5°C, August um 21°C, Oktober um 6°C. – Mittelschweden: Januar um –3,5°C, Mai um 7,5°C, August um 18°C, Oktober um 4°C.

Schweden-Touristen bevorzugen den SOMMER – verständlich, denn der Sommer mit seinen langen, hellen Tagen verlängert sozusagen den Urlaub, die Angebote für zahlreiche Aktivitäten sind am besten, die Campingplätze bieten vollständigen Service, die Hotelpreise sind durch Sommerrabatte günstig, und die Sehenswürdigkeiten sind alle geöffnet. Bei klarem Himmel ist es um Mittsommer im Süden nur knapp vier Stunden dunkel; dann beginnt schon wieder die Dämmerung. Schweden ist jedoch auch außerhalb der Saison eine Reise wert, zum Beispiel im Frühjahr auf Öland und im Winter in Dalarna und Värmland.

Gesundheit

Zwischen Schweden und allen EU-Ländern besteht ein Sozialversicherungsabkommen, das Ihnen bei Erkrankungen eine BEHANDLUNG in einem Gesundheitszentrum, *vårdcentral,* in einer Unfallambulanz, *akutmottagningen,* oder bei privaten Allgemeinärzten, die der Versicherung angeschlossen sind, garantiert. Den ANSPRUCHSAUSWEIS E-111 sollten gesetzlich versicherte Bundesbürger vor Reiseantritt von ihrer Krankenkasse anfordern.

Mit diesem Formular E-111 werden Sie zu den gleichen Bedingungen wie schwedische Bürger behandelt. Bei Arztbesuchen und in Apotheken wird von diesem Formular eine Kopie gemacht, die anfallenden Kosten der Behandlung/Arzneien werden verzeichnet und zur weiteren Verrechnung an die *Försäkringskassa* geschickt, die dann ihrerseits mit der Krankenkasse im Heimatland abrechnet. Das entbindet Sie jedoch nicht von der EIGENBETEILIGUNG, der sogenannten Patientengebühr, die in Schweden hoch ist und von Provinz zu Provinz variiert. Zu empfehlen ist eine (zusätzliche) private AUSLANDSKRANKENVERSICHERUNG.

Mit der Schweiz besteht kein Behandlungsabkommen – Schweizer Bürger müssen die Versicherungsfrage vor Ihrem Urlaub mit ihrer Krankenkasse regeln.

Körperbehinderte

Generell ist festzuhalten: In Schweden sind öffentliche wie private Einrichtungen BESSER auf Behinderte eingestellt als etwa in Deutschland. Der Standard in Hotels ist höher als in Jugendherbergen und auf Campingplätzen, wobei der Hotel-Buchungsservice von einer umständlichen Zimmersuche befreit.

INFORMATION
Eine kostenlose, umfangreiche Broschüre erhalten Sie bei »Schweden Werbung«. Wer beim schwedischen Dachverband nachfragen möchte:

■ **DE HANDIKAPPADES RIKSFÖRBUND**, Katrinebergsvägen 6, SE–11743 Stockholm, Tel. 08–189 100, Fax 645 6541 und 181 078.

Geld

■ **WÄHRUNG**: Währungseinheit ist die SCHWEDISCHE KRONE, im folgenden SEK abgekürzt. 1 Krone entspricht 100 ÖRE. Die kleinste Münze ist 50 Öre wert, Wechselgeld wird dementsprechend auf- oder abgerundet. Weitere Münzen: 1, 5 sowie 10 SEK. Banknoten: 20, 50, 100, 500 und 1.000 SEK.

Der Wechselkurs lag zu Redaktionsschluss: 10,29 € für 100 SEK; gleich ca. 877 SEK für 100 €.

■ Vorteilhafte Gebühren gewähren die **FOREX-WECHSELSTUBEN**: Ungeachtet der Höhe werden generell 20 SEK fällig; übrig gebliebene Kronen, auch Kleingeld, wechselt Forex gratis zurück, wenn Sie Ihre Kaufquittung vorlegen. Das Einlösen eines Travellerschecks kommt auf 15 SEK.

Forex begegnet Ihnen zunächst an den Fährterminals in Trelleborg, Helsingborg, Göteborg und Ystad, an großen Bahnhöfen und Flughäfen. In einigen Städten ist Forex mit mehreren Filialen vertreten, geöffnet meist 8–21 Uhr. www.forex.se.

■ Das Einlösen von **REISESCHECKS** bei Geldinstituten kostet ca. 40 SEK; bei einer größeren Anzahl Schecks erhöht sich der Betrag.

■ **BARGELD**: Stellen Sie sich darauf ein, **IN BANKEN** nur noch an Automaten Geld zu bekommen; dies ist auch für Einzahlungen vorgesehen.

■ Eine praktische Sache sind die überall präsenten Bargeldautomaten der Banken *(kontant* = bar) zum **GELD-ABHEBEN MIT DER EUROSCHECKKARTE**, womit Sie umgerechnet bis zu 500 € am Tag ausgezahlt bekommen, je nach Kreditinstitut. Setzen Sie den Betrag nicht zu niedrig an, denn für jede Abhebung wird Ihr Konto zu Hause mit Gebühren belastet (ab 2,50 €).

EUROSCHECKS werden generell nicht mehr angenommen.

■ Die gängigen **KREDITKARTEN** werden meistens akzeptiert, auch an den Bargeldautomaten.

■ Die **POSTBANK SPARCARD** hat das klassische Postsparbuch abgelöst; sie gilt an allen Bargeldautomaten mit »Visa Plus«-Symbol und kann viermal im Jahr GEBÜHRENFREI im Ausland zum Geld-Abheben eingesetzt werden.

■ In den Großstädten Schwedens (Malmö, Göteborg und Stockholm) wird von Geschäften mit dem Euro-Symbol der **EURO** als Zahlungsmittel anerkannt.

Karten

■ **SVERIGE BILKARTA**: Übersichtskarte mit Patentfaltung im Maßstab 1:1.200.00.

■ **BIL & TURISTKARTA:** Diese Kartenserie deckt Schweden in 8 Blättern ab. Jedes Kartenblatt enthält viele touristische Infos, u.a. Straßennetz mit Entfernungen, Sehenswürdigkeiten, Campingplätze, Jugendherbergen, Badeplätze etc. Klares, leicht lesbares Kartenbild.

Die Südblätter (Nr. 1–5) haben den Maßstab 1:250.000; der dünn besiedelte Norden (6–8) wird im Maßstab 1:400.000 dargestellt.

■ **NORDIS VERSAND**: Postfach 100 343, D–40767 Monheim, Tel. 02173 – 953 70, Fax 02173 – 953 720, elch@nordis-versand.de, www.nordis-versand.de.

■ **NORDLAND VERSAND**, Postfach 5, D – 49585 Neuenkirchen, Tel. 05465 – 476, Fax 05465 – 834, info@nordland-shop.de, www.nordland-shop.de.

Anreise

Mit dem eigenen Fahrzeug

Wer mit dem eigenen Fahrzeug gen Südschweden unterwegs sind, trifft Gleichgesinnte an den Fährhäfen. Die Reedereien haben eine breite Angebotspalette, zu denen auch günstige Paketangebote gehören, wie zum Beispiel Städtetouren. Die großen Frachtfähren bei *TT-Line* bieten spezielle Tarife für Gespanne und Wohnmobile an. Es lohnt sich also, die Angebote der Reedereien aufmerksam zu studieren.

Wer in der Hauptsaison reist und auf bestimmte Tage (primär Fr/Sa) angewiesen ist, sollte frühzeitig buchen. Wer das Ticket erst am Terminal lösen will, darf in der Hochsaison mit (langen) Warteschlangen und ausgebuchten Fähren rechnen.

Auf den großen Fähren tragen Restaurants und Bars zur Kurzweil bei. Der zollfreie Einkauf ist entfallen, die Bordshops führen ein großes Angebot zu üblichen Preisen.

Eine geruhsame Anreise ermöglicht die Nachtfähre der TT-Line ab TRAVEMÜNDE. Man schläft an Bord und kann ausgeruht am nächsten Morgen die Fahrt zum Urlaubsort fortsetzen. Kürzer ist die Seereise auf den Fähren von TT-Line sowie *Scandlines* von ROSTOCK/WARNEMÜNDE nach Trelleborg oder nach Gedser. Hier verkehren außerdem die neuen SCHNELLFÄHREN, die das schwedische Festland in knapp drei Stunden erreichen. Für alle, die über Berlin anreisen, liegt Rostock/ Warnemünde am günstigsten. Wer noch weniger über See, dafür mehr über Land fahren möchte, wählt die Vogelfluglinie von PUTTGARDEN nach Rødby und fährt über Kopenhagen weiter nach Helsingør und Helsingborg oder ab Kastrup / Amager bei Kopenhagen über die im Jahr 2000 frei gegebene ÖRESUNDBRÜCKE gen Malmö; mehr dazu siehe unten.

Wer in die Regionen nördlich von Göteborg fährt, kann den Urlaub mit einer Mini-Kreuzfahrt auf der *Stena Line* von KIEL nach Göteborg beginnen, für Värmland und Dalarna eignet sich auch die Seereise von KIEL nach Oslo. Diese beiden Überfahrten haben den Vorteil, dass man viele Straßenkilometer spart.

Für Süddalarna ist die neue Reederei *Superfast Ferries* interessant, die seit 2002 ebenfalls von ROSTOCK nach Södertälje südlich von Stockholm übersetzt.

Anschließend finden Sie alle Fährrouten, die bei der Planung für einen Südschweden-Urlaub hilfreich sein können. Neben Start- und Zielhafen werden Reederei, Fahrtdauer und die Häufigkeit der Überfahrten angegeben. Die Daten beziehen sich auf die Hochsaison (ungefähr 18.6.–20.8.), die Preisbeispiele (ca.-Preise wegen Umstellung Euro) auf einfache Fahrt und Pkw mit 5 Personen.

REEDEREIEN

■ **COLOR LINE**, Norwegenkai, 24121 Kiel, Tel. 0431 – 7300 300, Fax 7300 400 (beide Ticket- und Platzbestellung), www.colorline.com.

■ **SCANDLINES**, Hochhaus am Fährhafen, Rostock, Tel. 0381 – 54350 und 01805 – 72263 54637, Fax 5435 209, info@scandlines.de, www.scandlines.com.

Für die Route Helsingør-Helsingborg auch Tel. 0046 – 42 – 186 100.

■ **STENA LINE**, Schwedenkai 1, 24103 Kiel, Tel. 0431 – 9099 u. 0180 – 5333 600, Fax 0180 – 533 605, E-mail: info.de@stenaline.com, im Internet: www.stenaline.de.

■ **SUPERFAST FERRIES**, Hermann-Lange-Straße 1, 23558 Lübeck, Tel. 0451 – 8800 6166, Fax 8800 6129, info.germany@superfast.com, www.superfast.com.

■ **TT-LINE**, Mattentwiete 8, 20457 Hamburg, Tel. 040 – 3601 442, Fax 3601 407, E-mail: info@TTLine.com, www.TTLine.de.

FÄHREN D – SCHWEDEN

■ **TRAVEMÜNDE – TRELLEBORG**: *TT-Line.* 4 x täglich, Fahrzeit 7–9 Stunden. 107–189 €. Je nach Tag und Abfahrtzeit, Rabatt bei gleichzeitiger Buchung von Hin- und Rückfahrt. Für bestimmte Abfahrten gibt es den Spezial-Camper Tarif zu 130–170 €. Hund/Katze 15 €, Info-Blatt dazu auf Anfrage bei der Reederei. Schiffe »Nils Holgersson« und »Peter Pan« (seit 2001).

■ **ROSTOCK – TRELLEBORG**: *TT-Line.* 2–3 x pro Tag, Fahrzeit 5:30 – 7 Stunden. 107–189 €. Auf dieser Linie fahren die Frachtschiffe »Combicarrier«. Hund / Katze 15 €, Info-Blatt auf Anfrage bei der Reederei. Katamaran »Delpin« ca. 22.3.–31.12. 1–3 x pro Tag, Fahrzeit 2:45 Stunden, 115–197 €.

Achtung: Fahrzeuge über 2,15 m Höhe müssen RÜCKWÄRTS an und von Bord gefahren werden.

■ **ROSTOCK–TRELLEBORG**: *Scandlines.* 3–4 x täglich, Fahrzeit 5–7 Std. 115–135 €. Hund / Katze 9,50 €. Große Passagier-/Auto-/Eisenbahnfähre »Mecklenburg-Vorpommern« sowie »FS Skåne«.

■ **SASSNITZ / MUKRAN – TRELLEBORG**: *Scandlines.* 5 x täglich, Fahrzeit 3:45 Stunden. 88–104 €. Hund/Katze 7,50 €. Schiffe »Sassnitz« und »Trelleborg«.

■ **KIEL–GÖTEBORG**: *Stena Line.* 1 x täglich, Dauer 13:30 Stunden. Auto plus Fahrer 170–200 €, jede weitere Person 52–62 €. – Spartarife gelten 30 Tage für Hin-und Rückfahrt und haben limitierte Plätze: Familienpaket: 348–418 €. Frühbucherticket bis 15.4. buchen: 332–376 €. Sowie Camper Spezial 658 €. Kabinenbuchung obligatorisch.

■ **ROSTOCK-SÖDERTÄLJE:** *Superfast Ferries.* Di–So 1 x täglich, Dauer 18 Stunden. Preise je Person: Kabine 116–455 €. Schlafsessel 65 €. Pkw 101 €. Ab 3 Erw. (2 Kinder = ein Erw.) für Pkw 50 % Rabatt.

FÄHRE D – NORWEGEN

■ **KIEL-OSLO**: *Color Line.* 1 x täglich, Dauer 19,5 Stunden. Preise pro Person: Kabine 108–358 €. Schlafsessel 88–96 €. Pkw 76 €. Autosparpaket: 5 Personen in einer Kabine mit/ohne Pkw 300–736 €. 5 Schlafsessel 262–278 €. Spezialangebot (nicht in der Hauptsaison): Hin-und Rückfahrt für bis zu 5 Personen mit/ohne Pkw 374–780 €.

FÄHREN D - DÄNEMARK

■ **PUTTGARDEN – RØDBY**: *Scandlines.* Alle 30 Minuten, Dauer 45 Minuten. 46 €. Die neuen Doppelendfähren sind ein Reiseerlebnis. Das Kombi-Ticket samt Überfahrt Helsingør – Helsingborg kostet 84 €.

■ **ROSTOCK–GEDSER**: *Scandlines.* Täglich bis 9 x. 60 €, in der Hauptsaison Fr–So 22 € mehr. Das Kombi-Ticket samt Überfahrt Helsingør – Helsingborg kostet 84 €.

FÄHREN DK – SCHWEDEN

■ **HELSINGØR - HELSINGBORG**: *Scandlines.* Alle 20 Minuten. Dauer 20 Minuten. 249 SEK. Kombi-Ticket inkl. Maut über den Großen Belt (zwischen Seeland und Fünen).

■ **GRENÅ – VARBERG**: *Stena Line.* 3–4 x täglich, Dauer um 4 Stunden. Auto plus Fahrer 66–98 €, jede weitere Person 10 €. Spartarife gelten 30 Tage für Hin-und Rückfahrt und haben limitierte Plätze: Familienpaket: 152–198 €. Frühbucherticket bis 15.4. buchen, 136–178 €. Camper Spezial 252–318 €.

■ **FREDERIKSHAVN – GÖTEBORG:** *Stena Line.* 10 x täglich, Fahrzeit mit Hochgeschwindigkeitsfähre 2 Stunden, sonst 3:15 Stunden. Auto plus Fahrer 66–98 €, jede weitere Person 10 €. Spartarife gelten 30 Tage für Hin-und Rückfahrt und haben limitierte Plätze: Familienpaket: 152–198 €, Frühbucherticket bis 15.4. buchen, 136–178 €. Camper Spezial 252–318 €. Haustiere sind erlaubt, wenn sie im Fahrzeug bleiben; von einer Mitnahme auf der Schnellfähre wird aber dringend abgeraten.

DIE NEUE ÖRESUNDVERBINDUNG

Seit 2000 queren Autos und Züge den Öresund über die neue Brücke und durch einen Tunnel, mit Anschluss an den neuen Autobahnring um Malmö. Die Zahlstelle für die Mautgebühr liegt auf der schwedischen Seite. Pkw 275 SEK, Wohnmobil oder Pkw mit Wohnwagen 650 SEK, Motorräder 150 SEK. Internet: www.oresundsbron.com.

FÄHRENFREI NACH SCHWEDEN ist nun möglich; man muss aber Dänemark in seiner ganzen Breite durchqueren, was unter dem Zeitaspekt nur für Schleswiger Sinn macht.

Mit dem Flugzeug

Auf dem Preissektor herrscht ständig Bewegung. Es würde hier zu weit führen, sämtliche SPARTARIFE aufzulisten, da sie jederzeit verändert oder ruckzuck gestrichen werden können.

■ **PREISERMÄSSIGUNGEN** gibt es, wenn Hin- und Rückflug eine Woche im Voraus gebucht werden und ein Wochenende in der Reise enthalten ist. Allerdings ist eine Stornierung dieser Buchung kostenintensiv. Bei den jeweiligen Flügen sind nur einige Plätze den günstigen Tarifen vorbehalten; in der Hochsaison ist frühe Buchung anzuraten.

Für Jugendliche bis 24 Jahre und Studenten bis 29 Jahren gibt es spezielle Angebote, für Senioren Sondertarife mit Einschränkungen. Wer bereit ist, ab Brüssel oder Amsterdam etc. zu fliegen, spart bei manchen Airlines um 75 €.

PREISBEISPIELE OHNE GEWÄHR: nach GÖTEBORG ab 339 € nonstop mit *Lufthansa / SAS* von Düsseldorf und Frankfurt, von Berlin über Kopenhagen, von München nonstop ab 369 €. Von Hamburg fliegt außerdem *Trans Trail Airlines* ab 301 €. Nach STOCKHOLM ab 339 € nonstop mit *Lufthansa / SAS* von Düsseldorf, Frankfurt und Hamburg, von München ab 369 €, von Berlin ab 289 €. Nach GÖTEBORG und STOCKHOLM ab 349 SFr nonstop mit *Crossair* von Zürich. Ab 359 € nonstop mit der *Austrian Airlines* von Wien.

Buchung im Reisebüro, in IATA-Flugreisebüros, bei den Airlines.

■ Den **FAHRRADTRANSPORT** regeln die Airlines verschieden; fragen Sie vorher nach. SAS und Lufthansa befördern Fahrräder innerhalb der gültigen Freigepäckgrenze; bei deren Überschreiten sind Gebühren für Übergepäck fällig.

Mit der Eisenbahn

Die Fahrt nach Schweden führt entweder über Hamburg auf der sogenannten »Vogelfluglinie« mit der Eisenbahnfähre Puttgarden-Rødby nach Kopenhagen und über die Öresundbrücke nach Malmö oder über Flensburg, Middelfart und Odense nach Kopenhagen und Malmö.

Über Berlin bietet sich auch die Eisenbahnfähre Saßnitz / Mukran – Trelleborg / Malmö an.

■ **SPARTARIFE**: Je nach Wohnort sollte sich jede/r den für ihre/seine Strecke günstigsten Fahrpreis ausrechnen (lassen). Es macht keinen Sinn, an dieser Stelle die aktuellen Spartarife für Inlandverbindungen aufzuzählen, da diese sich bzw. ihre Bestimmungen und Preise von Jahr zu Jahr ändern. Im Prinzip werden solche Tarife interessant, je weiter Sie von der Grenze entfernt wohnen und die Reise antreten. Versuchen Sie es auf der Homepage www.bahn.de oder unter der Telefonnummer für knifflige Fälle: 069 – 2650.

■ **INTER-RAIL-TICKET:** Der Preis variiert mit den Zonen – Schweden, Norwegen sowie Finnland gehören zur Zone B, Deutschland und Dänemark zur Zone C. Bis zur dänischen Grenze gelten mit dem 2-Zonen-Ticket in Deutschland 50 % Nachlass, wobei eventuelle Spartarife auf diesem Wegabschnitt für viele Inter-Railer billiger kommen; für den ICE gilt ein reduzierter Globalpreis.

Das Ticket für 1 Zone gilt 22 Tage, das für 2 Zonen 1 Monat. Jugendliche bis 25 Jahre zahlen 206/274 €, Erwachsene 300/386 € und Kinder (4–11 Jahre) 150/193 €.

■ Der **SCANRAIL PASS** gilt für ganz Skandinavien. Gekauft werden muss er im Heimatland. Er gilt auf den Fähren nach Rødby u. Helsingborg und Saßnitz-Trelleborg (2. Klasse). Für 21 Tage durchgehende Gültigkeit zahlt man in der 1. und 2. Klasse 448/332 €, für 10 Reisetage innerhalb von zwei Monaten 388/288 € sowie für 5 Reisetage innerhalb von zwei Monaten 290/214 €. Senioren (ab 60 Jahre) erhalten gut 12 % Rabatt, Jugendliche (12–25) 25 % und Kinder (4–11) 50 %. Des Weiteren gelten auf diversen Fähr- und Busverbindungen innerhalb Skandinaviens Preisermäßigungen von bis zu 50 %. www. scanrail.com.

■ Wer aus der Schweiz, Österreich oder Süddeutschland kommt, Kilometer sparen will und nicht auf jeden Euro schauen muss, sollte sich über **AUTOREISEZÜGE** informieren, auf Bahn-Deutsch »DB AutoZug«. Mögliche Zielbahnhöfe sind Hamburg, Niebüll und Berlin.

■ **FAHRRADTRANSPORT:** wie der Transport von großen Gepäckgütern ein leidiges Thema, da die Gepäckwagen nur bis zur Grenze mitfahren. In Deutschland und Dänemark ist die Mitnahme im selben Zug möglich, aber mehr theoretisch als praktisch. In Schweden müssen Sie das Fahrrad ALS GEPÄCK aufgeben, als Expressgut zu ca. 250 SEK. Die Expressgutabfertigungen an den 70 größten Bahnhöfen sind Mo–Fr tagsüber und am Samstagvormittag geöffnet, in Malmö und Göteborg auch am Sonntag. Radfahrer-Hotline: Tel. 01805 – 151 415.

■ **INFORMATION**: In den Reisezentren der *Deutschen Bundesbahn* und Reisebüros mit DB-Lizenz erhalten Sie die Broschüren »Europa mit der Bahn« sowie »Service und Preise«. Sie bieten eine Übersicht der Preisgestaltung für In- und Auslandsreisen, Tipps zur Reiseplanung und vieles mehr. Die Homepage informiert ausführlich: www.bahn.de. Info-Tel. 01805 – 996 633.

■ Beachten Sie bitte, dass **PLATZKARTEN** in Skandinavien üblich, für Fernzüge sogar vorgeschrieben ist.

Mit dem Bus

■ **EUROLINES SCANDINAVIA**, Adenauer Allee 78, 20097 Hamburg, Tel. 040 – 247 106, Fax 280 2127, Internet: www.eurolines.com.

FÄHRT GENERELL ÜBER HAMBURG, verschachtelter Fahrplan, darum anfordern oder auf Homepage selbst zusammenstellen. – ZUBRINGER aus Bremen, Hannover, Münster, Osnabrück, Dortmund, Düsseldorf, Köln, Kassel, Gießen, Frankfurt, Freiburg, Nürnberg, München u.a.

Zielorte in Südschweden plus Dalarna/Värmland sind u.a. Göteborg, Jönköping, Halmstad, Helsingborg, Malmö, Åmål, Karlstad und Falun.

Der RÜCKFAHRTTERMIN kann offen bleiben; der Platz sollte aber vor Antritt der Rückfahrt FRÜHZEITIG gebucht werden. Das Ticket ist immerhin sechs Monate gültig; auf der Hin- und Rückfahrt darf man die Fahrt jeweils einmal unterbrechen, muss dies aber bei der Buchung anmelden. Kein Fahrradtransport.

PREISBEISPIEL Frankfurt am Main – Göteborg einfach/retour in €: Erwachsene 114/187, Senioren (über 60 J.), Studenten u. Jugendliche (bis 25 J.) 103/168, Kinder (4–11 Jahre) 57/94, Kleinkinder (bis 3 J.) 23/37.

Unterwegs in Südschweden

Information vor Ort

Im Fremdenverkehrsamt vor Ort *(turistbyrå)* bekommen Sie deutschsprachige Broschüren über Ort und Region, Stadtpläne, Tipps zu Sightseeing-Angeboten, Fahrpläne und Adressen von Unterkünften, können Sie im Normalfall Geld wechseln, Unterkünfte buchen und mancherorts Fahrräder mieten.

Die Touristenbüros sind in jeder Stadt mit einem »i« gekennzeichnet und sehr gut ausgeschildert. Neu ist die durch Farben gekennzeichnete Klassifizierung: BLAU-GELB steht für lange Öffnungszeiten (besonders in der Saison), sprachkundiges Personal, überregionale Information und Computerbenutzung zur Information über ganz Schweden, Telefon. – GRÜN-WEISS besagt: kürzere Öffnungszeiten als Blau-Gelb, regionales Infomaterial. – WEISSE Schilder mit schwarzem »i« bedeuten: kurze Öffnungszeiten, nicht immer ganzjährig besetzt, lokales Infomaterial.

Das heißt nicht, dass »kleinere« Büros unkundig sind. Viele Büros können einfach die Anforderungen nach bester zentraler Lage und Zugang der Besucher zu Computer etc. nicht erfüllen. In jedem Büro wird man ganz gewiss versuchen, Ihnen zu helfen. Auskunft www.turism.se (auf Englisch in Vorbereitung). – Apropos Internet: Lesen Sie bitte im »Praktischen A–Z« auf Seite 30.

Transport

Unter www.tagplus.se können Sie in deutscher Sprache jede Menge Verkehrsverbindungen abfragen.

FLUGZEUG

Schweden verfügt über ein dichtes Inlandflugnetz. Einige der größeren Orte werden hauptsächlich von SAS angeflogen; *Linjeflyg* und weitere kleinere Fluggesellschaften versorgen die anderen Linien. Das Angebot ist vielfältig, ebenso die Preisgestaltung, so dass man hier unmöglich alles darlegen kann. Es gibt Kombi-Tarife, Rabattsysteme (etwa Familien- oder Mitflieger-Ticket) mit eigenem Buchungsmodus. Jugendliche fliegen preiswert »stand by«.

EISENBAHN

Statens Järnvägar (SJ, www.sj.se) unterhält im Süden des Landes ein dichtes Verkehrsnetz. In Schweden fährt man gerne und oft mit dem Zug. Das Schienennetz wird weiter modernisiert und ausgebaut, neue Züge werden in Dienst gestellt.

■ **SCHNELLZÜGE**: Der *X 2000* ist mit bis zu 200 km/h der SCHNELLSTE Zug und verbindet die meisten größeren schwedischen Städte. – Der *X2-2* sowie die Intercity-Züge sind nicht ganz so schnell, doch auch komfortabel. – *Kustpilen* (der Küstenpfeil) verbindet die Westküste mit der Südostküste, ebenso mit hohen Qualitätsstandard. – Der moderne *Öresundtåget* versieht zum einen die Verbindung Kopenhagen, Malmö und Göteborg, zum anderen Kopenhagen, Malmö, Kalmar. – Jedenfalls ist das Reisen mit dem Zug durch die abwechslungsreiche Landschaft entspannend und bequem.

■ **LANGZEIT-TICKETS**: SJ offeriert mehrere Rabattsysteme. Wer längere Zeit bleiben will und viel mit der Bahn fährt, sollte sich über die RESLUSTKORTET informieren. – Der SCANRAIL PASS wurde bereits unter Anreise vorgestellt. – Das EURO DOMINO SVERIGE-TICKET für 3–8 Tage berechtigt dazu, innerhalb eines Monats ganz Schweden zu bereisen.

■ **TÅGPLUS** ermöglicht ein Ticket fast von »Haus zu Haus«. Mit dieser Bahnfahrkarte können Sie Bus, Straßenbahn, U-Bahn oder Schiff kombinieren. – TÅGTAXI bedeutet: Bei Ankunft / Abfahrt steht das Taxi vor der Tür. – TÅGBIL bedeutet: Bei Ankunft steht ein Leihwagen bereit. www.tagplus.se.

■ Die **HAUPTBAHNHÖFE** der größten Städte bieten Serviceleistungen wie Computerterminals, die Fragen zu Reiserouten und Anschlüssen beantworten, oder Fahrkartenautomaten, Duschraum und Ruheraum. Schließfächer verschiedener Größe und Kofferkulis stehen überall zur Verfügung (5-Kronen-Stücke bereit halten).

BUS

Regionales wie überregionales Busnetz sind zufriedenstellend. *Swebus expressbussar* nehmen keine Fahrräder mit. Die regionalen *länsbussar* nehmen Stahlrösser nur mit, sofern Platz vorhanden ist.

Unterkunft

Preiswerte Privatunterkünfte oder Bed & Breakfast vermitteln die lokalen Touristenbüros. Achten Sie auf Hinweisschilder (am Straßenrand) mit der Aufschrift »Zimmer frei«, »Rum ledig« oder auch »Rum att hyra« (Zimmer zu vermieten).

Ferner vermitteln die Touristenbüros Hotelzimmer, Ferienhäuser, Ferien auf dem Bauernhof und Touristenherbergen *(gästhem)* wie Jugendherbergen *(vandrarhem)* und informieren über Sommer- und Wochenendpreise. Die Buchungsgebühren sind unterschiedlich hoch.

Gästehäuser und auch einige kleinere Hotels berechnen Bettwäsche/ Handtücher extra (um 50 SEK).

In der Ferienzeit, wenn Tagungen und Konferenzen pausieren, locken Hotels und Hotelketten mit günstigen Angeboten. Einige bieten darüber hinaus ganzjährig Ermäßigungen für Wochenendübernachtungen. Die Preisnachlässe variieren von 20–60 %. Je teurer, nobler das Hotel, desto größer nicht selten der Rabatt.

HOTELS

In den Kapiteln des Buches finden Sie unter der Rubrik »Unterkunft« Adressen und Preise ausgewählter Hotels: Einzelzimmer = EZ, Doppelzimmer = DZ, alle Zimmer mit Bad, Frühstück inklusive. Abweichungen sind angegeben. Preisangaben hinter dem Schrägstrich beziehen sich auf REDUZIERTE Sommer- und Wochenendpreise.

HOTELSCHECKS, HOTELPÄSSE

Die Hotelketten werben um Kunden mit Rabattsystemen wie Hotelpass, Scheck, Clubkarte oder Gratis-Nacht nach einer bestimmten Zahl von Übernachtungen. Solche Schecks beinhalten Übernachtung und Frühstücksbuffet, müssen bei der Ankunft im Hotel abgegeben und meistens schon im Heimatland gekauft werden. Wenn gewünscht, bucht das Hotel bei Ihrer Abreise die nächste Unterkunft; in stark frequentierten Ferienregionen lohnt es sich allerdings, frühzeitig zu reservieren. ACHTEN Sie darauf, ob solch ein Rabatt- bzw. Schecksystem Hotels kunterbunt umfasst und ob diese Hotels an Fristen gebunden sind oder einfach aus dem Verbund aussteigen können – damit Sie nicht an der Rezeption eines Hotels stehen, das Ihren Scheck nicht einlöst; auch willkürliche Aufschläge oder miese Zimmer für Scheckinhaber sind leider nicht auszuschließen – bei den Angebotssystemen fester Hotelketten sind unliebsame Überraschungen dieser Art seltener zu erwarten.

Ein Kontakt mit den Hotels Ihrer Wahl vor der Reise ist von Vorteil.

■ **INFORMATION**: Schweden-Werbung (siehe unter »Vor der Reise, Information«), bei spezialisierten Reisebüros, den Reedereien oder www.hotelsinsweden.net.

Ausgewählte Anbieter im Internet: *Scandic-Hotels* und *Hilton Hotels* mit weiteren Partnern, eine Kette mit Komfort und z.T. preiswerten Hotels, vor allem mit guten Familientarifen in der Hochsaison im Sommer: www. scandic-hotels.com und www.hilton.com. – *ScanPlus Hotelgruppe,* der u.a. die Sweden-Hotels angehören. Im Sommer mit Hotelpass bis zu 50 % Rabatt, verlängerte Sommerangebote zum Beispiel für Senioren: www.scanplus.no und www.swedenhotels.se. – *Choice-Hotels* mit Comfort-, Quality- und Clarion Hotels: www.choicehotels.se. – *Countryside Hotels,* bevorzugt Schlösser, Herrenhöfe und traditionsreiche Gasthöfe, anspruchsvoll: www.countrysidehotels.se. – *Best Western Hotels,* weltweit vertretene Hotelkette: www.bestwestern.com. – Ibis Hotels weltweit, in Schweden als *Good Morning Hotels* und *Hotel Formule 1:* www.ibishotel.com oder www.goodmorninghotels.se. – Ferien auf dem BAUERNHOF, vom einfachen Gartenhaus bis zum exklusiven Herrenhof (kostenloser Katalog): www.bopalantgard.org.

Kauf der Schecks in spezialisierten Reisebüros, vereinzelt auch bei Reedereien.

JUGENDHERBERGEN

In Schweden stehen die Jugendherbergen *(vandrarhem)* allen Reisenden ohne Altersgrenze offen.

Klosterhotel in Vadstena ▶

VADSTENA KLOST

■ Zu **STF** *(Svenska Turistföreningen,* Schwedischer Touristenverein) gehören die meisten Gästehäuser, mehr als 300 an der Zahl. Die Häuser liegen manchmal sehr idyllisch, der Standard ist durchweg gut bis sehr gut, Duschen sind immer da und manche Küchen für Selbstversorger geradezu komfortabel. Häufig gibt es auch Zimmer für Gäste, die mit Hund unterwegs sind. Nicht zu unterschätzen ist der Vorteil, sich mit Gleichgesinnten austauschen zu können.

Die Jugendherbergen bestimmen selbst die Logispreise, je nach Lage, Saison und Standard; sogar die Tarife in einer Herberge können je nach Zimmerstandard variieren. In diesem Buch sind Preise für NICHTMITGLIEDER/KINDER angegeben. – Mit der *Hosting International Card* werden nach 6 Übernachtungen alle folgenden zum Mitgliedspreis berechnet; den Ausweis gibt es am Ort der ersten Übernachtung, die folgenden werden eingetragen. Wer einer internationalen Jugendherbergsorganisation angehört, zahlt nur den MITGLIEDSPREIS, pro Übernachtung 45 SEK weniger. Möchte man ein Zimmer für sich alleine haben, wird ein Zuschlag erhoben. Bettwäsche, Handtücher werden auf Wunsch gestellt (jeweils um 50 SEK); Jugendherbergsschlafsäcke sind erlaubt, Campingschlafsäcke wegen der Hygiene nicht zugelassen.

Bei großem Andrang ist die Zahl der Übernachtungen auf fünf begrenzt. Manche Gästehäuser bieten FRÜHSTÜCK (um 55 SEK) und/oder WARME MAHLZEITEN an, andere nur einen Imbiss. Auch für SPORTLICHE BETÄTIGUNG gibt es meist gute Voraussetzungen: Baden, Angeln, Minigolf, Kanu, Fahrrad, Tennis etc.

Unter der Rubrik »Unterkunft« finden Sie in den einzelnen Kapiteln wichtige Daten wie Öffnungszeiten, Adresse, Telefonnummer, Preise. TAGSÜBER ist bei den meisten Herbergen die REZEPTION GESCHLOSSEN. Anmeldezeiten morgens etwa 8–10, abends 17–19 Uhr. Um hier auf dem aktuellen Stand zu sein – denn es ist von Vorteil, eine begehrte Herberge so früh wie möglich anzurufen –, lohnt es sich allemal, den JUGENDHERBERGS-KATALOG zu erwerben; zudem bietet er eine gute Übersicht; bei STF oder vor Ort.

Svenska Turistföreningen **STF**, Box 25, SE–10120 Stockholm, Tel. 08–463 2100, Fax 678 1958, E-mail: info@stfturist.se, Internet: www.merasverige.nu.

■ **SVIF** *(Sveriges vandrarhem i förening* – Vereinigung schwedischer Jugendherbergen) ist eine weitere Organisation, die preiswerte Übernachtungsmöglichkeiten bietet, für alle, also ohne Mitgliedszwang. Jedes Gästehaus verwaltet sich selbst.

Dieser Verein ist ebenso bemüht, schön gelegene sowie originelle Unterkünfte zu präsentieren.

Die Preise bewegen sich zwischen 120 und 180 SEK pro Person, Kinder (meist bis 12) um 90 SEK, Bettwäsche um 50 SEK. – Die kleine Broschüre mit den ca. 130 Gästehäusern kann für 25 SEK plus Porto angefordert werden – in den örtlichen

Touristenbüros sowie in den SVIF-Gästehäusern erhält man sie sogar kostenlos, darin enthalten kleine Beschreibung auf Englisch und auf Deutsch.

SVIF, Makrillvägen, SE-45043 Smögen, Tel./Fax 0413-553450, Internet: www.svif.se.

CAMPING

Mehr als 650 Campingplätze, meist in schöner Natur, sind in Schweden derzeit registriert. Je nach Standard und Service haben sie ein bis drei Sterne, einige sind mit vier Sternen ausgezeichnet, wenige mit fünf. Die meisten bieten hohen Standard und mehrere ÜBERNACHTUNGSFORMEN: den Stellplatz für Zelt, Wohnwagen oder Wohnmobil, Plätze mit und ohne Stromanschluss, auch Zimmer mit 2–4 Betten, Wohnwagen *(husvagn/villavagn,* oft mit voll ausgerüsteter Pantry) oder Campinghütten *(campingstugor,* die Bettenzahl variiert, auch Etagenbetten möglich, Standard verschieden, Du/WC und Küche im Servicegebäude) und Ferienhütten *(självhushållsstugor,* 2–8 Betten, komplett eingerichtet, Bettwäsche und Handtücher sind mitzubringen); bei gemieteten festen Unterkünften ist die Reinigung generell selbst zu übernehmen.

■ Auf manchen Plätze besteht die Möglichkeit zum **QUICKSTOP**: einchecken frühestens 21 Uhr, Abfahrt 9 Uhr; macht 35–50 % Ermäßigung.

■ Die **PREISE** für einen Stellplatz inklusive Personen und Auto liegen zwischen 80 und 230 SEK. Die Dusche ist nicht generell inklusive, und Stromkosten werden zusätzlich berechnet: für El 25–40 SEK. Für Camper gibt es bei zum Beispiel bei der Reederei *TT-Line* einen Campertarif und die billige *SweCamp-Card,* die auf den derzeit 25 SweCampingplätzen 20 % Rabatt gewährt.

Wer mit dem Fahrrad oder zu Fuß unterwegs ist und zeltet, zahlt in der Regel um 25–40 % weniger für den Stellplatz.

■ Zum Übernachten benötigen Sie die **SCHWEDISCHE CAMPINGKARTE** mit aktueller WERTMARKE. Um den Verwaltungsaufwand gering zu halten, fordern Sie die Plastikkarte am besten spätestens vier Wochen vor Urlaubsbeginn an; die computerlesbare *Svenskt Campingkort* vereinfacht das Ein- und Auschecken und trägt so zur Kosteneinsparung bei. Wer sich kurzfristig entschließt, bekommt ausnahmsweise eine Ersatzkarte auf dem ersten angesteuerten Platz. Dort löst man auch die Wertmarke; sie gilt für das laufende Kalenderjahr (zuletzt 60 SEK).

Per Post erhalten Sie mit der Karte den aktuellen Campingkatalog in deutscher Sprache. Außerdem sind Sie und Ihre Familie während des Aufenthaltes auf den Campingplätzen unfallversichert. Weitere Vergünstigungen variieren von Jahr zu Jahr. Verbringen Sie Ihren Urlaub im Jahr darauf wieder auf schwedischen Campingplätzen, kaufen Sie auf dem ersten Platz nur eine neue Wertmarke für Ihre Karte.

■ Größere Anlagen unterhalten oft ein Angebot zur **FREIZEITGESTALTUNG**: Vermietung von Kanus und/

oder Ruderbooten und Fahrrädern, Badeplätze oder sogar Schwimmbecken, Mini-Golf etc., leider manchmal auch Spielautomaten und ähnlicher Schnickschnack. Von Ort zu Ort werden auf diesen Plätzen Aktivitäten sogar organisiert, zum Beispiel Angelausflüge, Elch- und Biber-(Foto-)Safaris und andere Outdoortrips.

■ In Schweden dürfen keine offenen **ABWASSERBEHÄLTER** unter den Wagen benutzt werden. Ein geschlossener Behälter kostet in etwa 300 SEK. Fast alle Campingplätze haben Einrichtungen, um die Tanks zu entleeren, einige sogar feste Stationen für Wohnmobile.

■ Zu den **ÖFFNUNGSZEITEN** lesen Sie bitte den Kastentext auf Seite 33.

■ Ganzjährig geöffnete Campingplätze bieten in der Regel vom 1.9. bis zum 15.5. nur einen **BEGRENZTEN SERVICE**. Auch die nur saisonal geöffneten Plätze weiten zur Hochsaison sehr häufig Service und/oder Freizeitangebot aus.

> Campingkarte und Information: *Sveriges Campingvärdars Riksförbund,* Box 255, SE-45117 Uddevalla, Fax 0046-522 642 430, per E-Mail: adm@scr.se, im Internet: www.camping.se.
> Den Campingkatalog erhalten Sie auch über die gebührenfreie Telefonnr. 00800-30 80 30 80.

FERIENHÄUSER

Es gibt eine Vielzahl von Reiseveranstaltern, die Ferienhäuser bevorzugt WOCHENWEISE vermitteln. Die örtlichen Touristenbüros sind ebenfalls Ansprechpartner für private Ferienhäuser *(stugor)* und auch für Feriendörfer *(stugbyar)*. Wollen Sie sich nicht vorzeitig an einen Ort binden, sondern lieber »rundreisen«, empfehlen sich die Hütten (stugor), die auf vielen Campingplätzen stehen. In der Hauptreisezeit ist es aber auch dort schwierig, während der Reise eine solche Bleibe zu finden.

Die Einheimischen machen übrigens am liebsten in der *stuga* Ferien, dem »kleinen« Holzhäuschen.

Über das AKTUELLE ANGEBOT an Katalogen und Adressen informiert der jährliche Schweden-Katalog der Schweden-Werbung (s.o.).

Kulinarische Freuden

Denk ich an Schweden, denk ich an SMÖRGÅSBORD. *Smörgås* heißt Butterbrot, aber das normale schwedische smörgås ist – anders als das dänische smørrebrød – eine Variante für Kalorienbewusste, ein wenig Belag mit etwas Grün. Dagegen präsentiert sich das smörgåsbord, übersetzt »Butterbrottisch«, als reich gedecktes köstliches Buffet, das schon auf jeder Fähre serviert wird.

Eine andere Vorliebe der Schweden ist im Sommer ihren Proviant mit in die Natur zu nehmen. Wo immer man hinspaziert, zu einem Park oder zu Felsen am Wasser, ein Ausflug ohne MATSÄCK (Picknickkorb) ist kaum denkbar.

Die ESSKULTUR der Schweden hat sich gewandelt. Früher gab es in den Lunchrestaurants fast nur deftige Hausmannskost wie Erbsensuppe mit Schweinefleisch, dies immer donnerstags (*ärter med fläsk*), leicht gepökeltes Eisbein mit Steckrübenpüree (*rimmad fläsklägg med rotmos*) und Ähnliches. Heute gibt es solche traditionelle bäuerliche Kost nur in einigen Restaurants, die den alten Stil eher bewusst pflegen.

In den üblichen Lunchrestaurants haben Salatbuffet, Pasta, Pizza und Paj Vorrang. DAGENS RÄTT, das Tagesgericht, kann dagegen durchaus auf Hausmannskost zurückgreifen. Trotz aller modernen Tendenzen vom Speiseplan nicht wegzudenken sind *Köttbullar* (Hackfleischbällchen) oder *Janssons frestelse* (Kartoffelgratin mit Zwiebeln und Sardellen), *Pytt i panna* (Bauernfrühstück mit Spiegelei und roten Beeten) oder der *Ostkaka* aus Småland (eine Art Quarkkuchen).

Überhaupt sind die REGIONALEN SPEZIALITÄTEN jederzeit eine Kostprobe wert:

Die Auswahl an FISCHGERICHTEN warm und kalt ist unerschöpflich. Probieren Sie mal gebratenen jungen Ostseehering mit Dillkartoffeln (*stekt strömming med dillpotatis*) oder eingelegten *sill,* (Nordseehering, fetter als sein Kollege aus der Ostsee). Zur Mittsommerzeit gibt es Matjes mit Sahnesauce und Dillkartoffeln, und danach süße, aromatische »schwedische« – das ist wichtig, am besten von Öland – Erdbeeren mit Sahne. Im August sind KREBSFESTE angesagt; dazu gehören nicht nur die knallroten Flusskrebse, sondern auch Schnaps, Gesang, Trinksprüche, Lampions, Papierhütchen auf dem Kopf und ein Lätzchen um den Hals.

DIE MAHLZEITEN

■ **FRUKOST**: Das Frühstück wird in den meisten Hotels, Pensionen oder Jugendherbergen als Buffet in mehr oder weniger opulenter Form angeboten. Sollten Sie das aus irgendeinem Grund versäumen, können Sie Ihren Hunger in Cafés besänftigen; allerdings gibt es dort kein Buffet mit freier Auswahl. Für ein Käsebrötchen und Kaffee müssen Sie mit etwa 25 SEK rechnen; einige Cafés und diverse Restaurants bieten auch Frühstück um 60 SEK an.

■ **LUNCH**: Von Montag bis Freitag zur Lunchzeit zwischen 11 und 14/15 Uhr gibt es in Cafés und Bistros Warmes und Kaltes für den kleinen Hunger. Auch bietet fast jedes Restaurant – mal mit, mal ohne Selbstbedienung – schmackhafte einfache Gerichte für 55–75 SEK oder Dagens rätt für 65–110 SEK an. Zum TELLERGERICHT gehören Salat, Brot, Butter, ein alkoholfreies Getränk und danach Kaffee mit Gebäck.

■ **MIDDAG**: Middag wird nicht mittags, sondern ABENDS (ab 17/18 Uhr) serviert. Dann sind die Preise höher und ist die Speisekarte länger. Serviert werden Vorspeisen, Fisch und Fleischgerichte, Pasta, nur wenige rein vegetarische Gerichte, Desserts (Süßspeisen und Käse) sowie verschiedene Menüs. – Die Weinkarte enthält meist gute Weine zu passablen Preisen. Die Auswahl an Fischen und Schalentieren ist fürwahr reichhaltig. Wer besonders gerne Fisch isst, achte auf spezielle Fischrestaurants; aber Lachs, Schalentiere oder einen Fischtopf hat fast jedes Restaurant auf der Speisekarte.

Ein abendliches Essen kann den Geldbeutel heftig strapazieren. Andererseits kann gerade ein perfektes Dinner in einer ansprechenden Umgebung zu einem Erlebnis für alle Sinne werden. – Veranschlagen Sie für ein Tellergericht (außer Pasta) ab 130 SEK, eine Flasche Wein ab 100 SEK, ein Bier ab 40 SEK.

ALKOHOL

In Schweden ist Alkohol nur TEUER UND UMSTÄNDLICH ZU BEKOMMEN. Für den direkten Erwerb muss man immerhin 20 Jahre alt sein.

Bier ab etwa 4 %, Wein und Spirituosen gibt es nur in den staatlichen Läden mit Namen SYSTEMBOLAGET. Die sind nur Mo–Fr 10–18 Uhr geöffnet, in Großstädten versuchsweise einzelne zudem Sa 10–14 Uhr. Je hochprozentiger der Stoff, desto größer der Preisunterschied, verglichen mit dem deutschen Markt.

Die Auswahl an Weinen ist sehr gut und reichhaltig. Für eine Flasche Weißwein bezahlt man ab 55 SEK aufwärts, Rotwein ab 60 SEK. Eine Flasche Marken-Whisky kostet um 250 SEK, eine Flasche Wodka um 215 SEK.

Auch das Bierangebot kann sich sehen lassen. Ein 0,5-er Pils schlägt mit rund 16 SEK zu Buche, ein 0,33-er mit rund 13 SEK. Das Leichtbier (Klasse 1, maximal 1,8 % Alkohol) und Volksbier (Klasse 2, mit maximal 3,5 % Alkohol) gibt es in Lebensmittelgeschäften, zum Beispiel 6 0,5-er Dosen (2,8%) um 30 SEK plus 3 SEK Pfand. Im Lokal kosten 0,4 l Starkbier etwa 30–45 SEK.

Nicht alle Gastronomiebetriebe haben *fullständiga rättigheter*, die kompletten Schankrechte für Bier, Wein und Schnaps. Wenn Sie also ein richtiges Bier, *en stor stark,* zum Essen haben möchten, achten Sie auf fullständiga rättigheter oder *öl och vinrättigheter,* womit Bier und Wein ausgeschenkt werden dürfen.

KAFFEE ist immer noch Nationalgetränk, auch wenn die Teetrinker zunehmen. In vielen Cafés und Restaurants gibt es *påtår*, die zweite Tasse Kaffee, gratis, manchmal zum halben Preis.
Kaffee trinken, ob zu Hause oder zunehmend außer Haus, ist untrennbar mit den Schweden verbunden. Das Verb dafür, *att fika,* heißt eine Tasse Kaffee mit *påtår,* auch zwei oder mehr, in aller Ruhe genießen, mit Gebäck oder ohne, alleine oder zu mehreren, aber möglichst ohne Hast. Man trifft sich mit Freunden in einem Kafé *(fik)* zu Gesprächen, vor dem Kino oder danach.
Seit einigen Jahren ist das Biertrinken populär geworden; die Pubs sind abends sehr gut besucht, aber die Kaféer sind nach wie vor beliebte Treffpunkte.

SUPERMÄRKTE
Die Supermärkte der Lebensmittelketten *ICA, Konsum, Vivo, Metro, Rimi, Favör* u.a. finden Sie fast überall. Hier haben Sie die besten Einkaufsmöglichkeiten, und zwar TÄGLICH VON FRÜH BIS SPÄT.

Die Auswahl an FISCH und FLEISCH ist enorm: Lachs etwa ist frisch, kalt oder warm geräuchert oder gebeizt zu erstehen. Die Vielfalt der MILCHPRODUKTE ist fast unüberschaubar. *Fil* (Sauermilch) in allen Varianten schmeckt solo sowie zu Müsli oder Cornflakes hervorragend, *gräddfil* (Sahne-Sauermilch) eignet sich, abgeschmeckt mit Schnittlauch oder Dill, gut zu Heringsgerichten. Käse wird mit den Reifestufen *mild, mellan* (würzig, aber nicht streng), *lagrad* (sehr pikant) angeboten, das Kilo ab 55 SEK.

Bei *smör* (Butter) und Margarine hat man die Wahl zwischen *lätt* (leicht) und Vollfett. *Bröd* (Brot) ist in bescheidener Auswahl zu haben, achten Sie auf *osötat* (ungesüßt); ist der Anteil an *sirap* oder *socker* bei den Zutaten sehr hoch, halten sie ein gesüßtes Brot in der Hand. In den Kühltheken finden Sie eine große Auswahl an Fertiggerichten.

Süßschnäbel müssen tiefer in die Tasche greifen, Schokolade ist teuer, eine 100-g-Tafel kostet ungefähr 10 SEK, noch teurer sind Pralinen.

LEERGUT: Bierdosen werden meist von AUTOMATEN entgegengenommen, Bier- und Plastikflaschen stellenweise auch (noch) von Hand.

Praktisches A–Z

ÄRZTLICHE VERSORGUNG

■ Die **GEBÜHREN** für die Inanspruchnahme von Hausarzt, Facharzt und Krankenhaus differieren um bis zu 300 SEK. Für eine Periode von 12 Monaten gilt eine obere Begrenzung für die Patientengebühren (1.800 SEK); die weitere Behandlung ist kostenfrei. Rücktransportkosten im Krankheitsfall werden nicht erstattet.

■ **ZAHNÄRZTLICHE BEHANDLUNG** erhalten Sie durch den nationalen Zahnbehandlungsdienst oder bei Zahnärzten, die der Sozialversicherung angeschlossen sind. Gebühren bis zu 700 SEK zählen als Selbstbeteiligung, erst ab 701–3.000 SEK tragen Sie 75 %, bei 3.001–7.000 SEK 60 %, darüber 30 % der Kosten. Fallen mehrere Besuche im Rahmen einer Behandlung an, werden die gesamten Kosten zugrunde gelegt, die 700 SEK übersteigen.

■ Die Behandlung von **AKUTEN ERKRANKUNGEN UND UNFÄLLEN** übernimmt die Unfallstation *(Akutmottagningen)* des nächstgelegenen Krankenhauses.

■ Die **APOTHEKEN** haben zu den üblichen Geschäftszeiten geöffnet, in großen Städten ist eine Apotheke länger geöffnet. Es gibt nur wenige Medikamente ohne Rezept, die sind dann aber relativ preiswert.

Bei REZEPTEN – es werden nur solche von schwedischen Ärzten anerkannt – beginnt ab 400 SEK ein Rabatt; ein Medikament für 350 SEK zahlen Sie demnach selbst. Die Arzneikosten anschließender Rezepte werden dem ersten dazu gerechnet: Kostet die Medizin beim zweiten Apothekenbesuch 150 SEK, lautet die Rechnung 350 plus 150 SEK, und Sie erhalten damit Rabatt, müssen »nur« 100 SEK bezahlen.

Übersteigt die EIGENBETEILIGUNG 1.300 SEK im Jahr, das sind Arzneimittel für 3.800 SEK, sind alle weiteren Rezepte gebührenfrei.

Lassen Sie sich *Högkostnadskort* ausstellen, um diese zu Hause Ihrer Kasse vorlegen zu können. Wie im Kapitel »Vor der Reise« erwähnt, ist der Abschluss einer (zusätzlichen) privaten Auslandskrankenversicherung zu empfehlen.

DIPLOMATISCHE VERTRETUNGEN

- **BOTSCHAFT DEUTSCHLANDS**, Skarpögatan 9, SE–11527 Stockholm, Tel. 08 – 670 1500, Fax 670 1572, www.german-embassy.se.
- **BOTSCHAFT VON ÖSTERREICH**, Kommendörsgatan 35, SE – 11458 Stockholm, Tel. 08 – 665 1770, Fax 662 6928, www.algonet.se/~austria.
- **BOTSCHAFT DER SCHWEIZ**, Birger Jarlsgatan 64, SE – 10041 Stockholm, Tel. 08 – 676 7900, Fax 211 504, E-mail: vertretung@sto.rep.admin.ch.

EINTRITTSPREISE

Die Eintrittspreise zu Sehenswürdigkeiten werden in diesem Buch so dargestellt: Eintritt für Erwachsene/ Kinder. Senioren erhalten Ermäßigung, Studenten seltener.

Welche Altersgrenzen für Kinder gelten, ist sehr verschieden und im Einzelnen unmöglich mit aufzuführen. Häufig zahlen Kinder wie auch Jugendliche (Altersgrenze völlig variabel) gar keinen Eintritt; andernorts wird aufgeteilt zwischen Kleinkindern (Eintritt frei) und Jugendlichen (Eintritt ermäßigt, oft mehr als 50 %). Familien mit Kindern erhalten da und dort vergünstigte Tarife, zum Beispiel für 2+2, die in diesem Buch in gravierenden Fällen (bei hoher Ersparnis) genannt werden. Fragen Sie aber grundsätzlich nach.

HUNDE

In Schweden gehören Hunde zu den beliebtesten Haustieren, doch einige Regeln, über die man hier immer noch streitet, sind dort inzwischen selbstverständlich. Auf Campingplätzen haben Hunde ihr eingezäuntes Gelände, das Hundeklo; Hundekot ist in den dafür vorgesehenen Behältern zu entsorgen. Hunde sind an der Leine zu führen und »Häufchen« zu entfernen. Im Restaurant sind Hunde nicht willkommen, in vielen Hotels oder Pensionen schon; Sie sollten aber vorher nachfragen.

INTERNET

Wie überall im Netz gibt es auch auf schwedischen websites viel Müll zu entrümpeln. Wir führen nur Homepages auf, die zumindest halbwegs einen Sinn machen; eine Homepage nur auf Schwedisch kann auch dabei sein, wenn Basisinformationen wie Preise etc. unschwer zu entnehmen sind. Änderungen passieren rasch...

JEDERMANNSRECHT

Siehe unter ALLEMANNSRÄTTEN im Kapitel »Ferien aktiv, Draußen vor der Tür«.

FEIERTAGE UND FESTE

Neben Neujahrstag, Ostern, Pfingsten, Weihnachten und Christi Himmelfahrt begeht das protestantische Schweden den katholischen Feiertag Heilige Drei Könige (6.1. *Trettondagen).* Allerheiligen (3.11. *Allhelgonahelgen)* ist kein Feiertag; aber der Brauch, die Gräber mit Lichter zu schmücken, fand seit den 1960er Jahren zunehmend Anhänger. Große Tradition besitzt der 1. Mai, obwohl den Kundgebungen zuletzt der Schwung früherer Tage fehlte.

Der 24. Juni ist MITTSOMMERWENDE, der Tag, an dem es am längsten hell ist. Gefeiert wird *Midsommardagen* an dem Freitag/Samstag, der dem 24.6. am nächsten liegt; das kann also auch mal vor dem 24.6. sein. Die Feste verlaufen recht unterschiedlich: Nachmittags ist es das Fest der Kinder, die zu traditionellen Kinderliedern um den geschmückten Baum tanzen; bald fügen sich die Erwachsenen in den Kreis ein. Manchmal wird Volksmusik und -tanz dargeboten, und je weiter der Tag fortschreitet, verläuft er manchmal wegen alkoholisierter Jugendlicher eher unangenehm (so dass mitunter die Polizei einschreiten muss).

Eine weitere Feier hat sich vor allem in den Universitätsstädten gehalten: *Valborgsmässafton,* die WALPURGISNACHT, am 30. April.

Am LUCIAFEST, dem Fest der Lichtkönigin am 13. Dezember, das im ganzen Land gefeiert wird, beginnt die Zeremonie bereits morgens in den Familien, wenn die Kinder die Eltern mit Gesang, Kerzen und *Lussekatter* (ein Hefegebäck mit Saffran) wecken, wenn die Belegschaften der Firmen vor der Arbeitszeit ihre Lucia feiern und *Pepparkakor* knabbern (dünne Pfefferkuchenplätzchen). Abends schlürft und löffelt man mit den Freunden *Glögg* (Rotwein mit Gewürzen, dazu Portwein der Süße wegen, und oft auch Wodka, das Ganze erhitzen und zum Schluss Rosinen und geschälte Mandeln ins Glas). Bald ist Weihnachten.

Der 6. Juni ist Nationalfeiertag, FLAGGANS DAG: Am 6. 6. 1523 bestieg Gustav Vasa den schwedischen Thron. Noch ist dieser Tag ein ganz normaler Arbeitstag, auch wenn stellenweise Paraden stattfinden.

MÜCKEN...

... treten nur während warmer Sommermonate und da vorzugsweise IN FEUCHTGEBIETEN auf; SIE MEIDEN Kühle und Wind. Vorbeugende Mittel schützen vor Mückenstichen, sofern man die eingesprühte Haut nicht wieder bedeckt. Mückenmittel und kühlende Salben bei Mückenstichen gibt es in jeder Apotheke.

Wanderer sollten helle Kleidung aus dicht gewebten Stoffen mit eng an den Gelenken liegenden Bündchen tragen. Dunkle Stoffe ziehen die Plagegeister an: Ihre **VORLIEBE** für blaue Jeans ist bekannt!

NACHRICHTEN

Deutschsprachige Nachrichten und Reportagen auf **RADIO SCHWEDEN**, um 21–21.30 Uhr auf MW 1179 und um 18 Uhr auf UKW 89,6. Über Kabel- und Satellitenfernsehen sind auch deutschsprachige Programme zu empfangen. – Der **ADAC-REISERUF** ist über den Deutschlandfunk (auf Mittel- und Langwelle) bzw. die Deutsche Welle (auf Kurzwelle) zu empfangen. Solch dringende Reiserufe können beim ADAC unter der Telefonnummer 089 – 222 222 in Auftrag gegeben werden.

NOTRUF

Tel. 112, kostenlos aus allen Telefonzellen.

NUMMERNZETTEL

In Geschäften, in Banken, Post etc. geht man erst zum Nummer-Automaten und zieht ein Nümmerchen, um in der richtigen Reihenfolge bedient zu werden.

■ **SCHLANGE STEHEN** an Bushaltestellen oder in den Geschäften ohne Nummernzettel-System etc. ist für die Schweden etwas ganz Normales. Im Allgemeinen ist »der Schwede« auf Gleichheit und Gerechtigkeit eingestellt, und deshalb fällt jeder Drängler unangenehm auf und ruft eventuell laute Proteste hervor.

POST

■ **GEÖFFNET**: Mo–Fr 9–18 Uhr, Sa 9–12 Uhr. Seit 2002 sollen nach und nach alle traditionellen Postämter geschlossen werden, aber es stockt. Wo die neuen Poststellen sind, erfragen Sie in den Touristenbüros.

■ **PORTO** für Postkarten und Briefe nach Mitteleuropa: 7 SEK.

SEHENSWÜRDIGKEITEN

In den einzelnen Kapiteln erfahren Sie Adresse, Telefonnummer, Internetauftritt (sofern sinnvoll), Öffnungszeiten (siehe Kastentext) und möglichst Eintrittspreise (Erwachsene/Kinder). Zusatzinformationen wie Textbuch oder Textheft (mitunter als kostenloses Leihexemplar) beziehen sich auf deutschsprachige Publikationen, sofern nichts anderes angegeben ist.

TELEFON

Das Telefonieren aus Telefonzellen ist kein Problem, sofern Sie eine Telefonkarte haben; die gibt es im Touristenbüro und im Pressbyrå (Zeitungskiosk): Karten: 30 Markierungen (= Einheiten) 35 SEK, 60 Markierungen 60 SEK, 120 Markierungen 100 SEK. Jeder Telefonapparat akzeptiert auch entsprechende Kreditkarten.

Selten geworden sind die Münzfernsprecher, die man mit 1-, 5- oder 10-Kronen-Münzen füttert.

■ In den meisten Telefonkabinen gibt es keine Telefonbücher. Die **TELEFONAUSKUNFT** kostet eine Markierung; für das Inland wählen Sie 07975, für das Ausland 07977.

■ Fast jede Telefonzelle **KANN ANGERUFEN WERDEN**, die Nummer steht auf der Bedienungsanleitung.

■ Für **INLANDGESPRÄCHE** wählen Sie, wie in Deutschland, die Vor-

Vermeintlich nette Begegnungen am Straßenrand können für alle Teilnehmer gefährlich werden, wenn ein Rentier (wie hier) oder gar ein Elch unvermittelt die Fahrbahn quert; wer Elch-Warnschilder abmontiert, handelt grob fahrlässig und wird schwer bestraft ▶

GUT ZU WISSEN – ÖFFNUNGSZEITEN
Die Öffnungszeiten in diesem Buch sind in der Regel RICHTZEITEN – nicht weil Autorin und Redaktion zu bequem sind, um korrekte Daten zu sammeln und / oder zu überprüfen.
Viele Campingplätze, Jugendherbergen, aber auch Museen und sogar Touristenbüros öffnen und schließen nicht an runden Daten, sondern an einem dem runden Datum naheliegenden Wochenende. Ein Campingplatz, der von April bis September geöffnet ist, wird selten am 1.4. (sofern Mo–Do) öffnen, sondern am Wochenende davor oder danach, oder eventuell um den 10.04. herum, wenn dann erst Ostern sein sollte. Deshalb finden Sie in diesem Buch oft eine Angabe wie »ca. 1.4.–15.9.« oder »von Anfang April bis Mitte September« anstatt zum Beispiel ein »6.4.–21.9.«, was ein Jahr später überholt bzw. nur noch Humbug wäre.

wahlnummer des Ortes und die Rufnummer des Teilnehmers. Die Rufnummern mit der Vorwahl 020 kosten nur eine Markierung.
■ Für **GESPRÄCHE INS AUSLAND** wählen Sie 00, die Landeskennzahl, die Ortskennzahl (Vorwahl) ohne 0 und die Rufnummer. Wer knapp bei Kasse ist, kann für nur eine Einheit ein Gespräch nach Deutschland vermitteln lassen. Wenn der Empfänger das Gespräch annimmt, bezahlt er die Fortsetzung. Dazu wählt man die COUNTRY-DIREKT-NR. 020 – 799 049. – Landeskennzahlen: Deutschland 49, Luxemburg 352, Niederlande 31, Österreich 43, Schweiz 41.

ZEIT

■ In Schweden gilt Mitteleuropäische Zeit (**MEZ**) und Mitteleuropäische Sommerzeit (**MESZ**).

ZEITUNGEN

INTERNATIONALE PRESSE gibt es an Bahnhöfen, Flughäfen und im großen Pressbyrå. Die entsprechenden Verkaufsstellen, auch Warenhäuser und Tankstellen, tragen das ip-Zeichen (international press).

Autoreisen

ABC für Fahrzeuglenker

■ **ABBLENDLICHT**: auch TAGSÜBER vorgeschrieben. Fahren ohne Licht steht im Geldbußenkatalog.

■ **ALKOHOL**: »0,2« ist die Promillegrenze. Wer mit mehr beim Lenken von Fahrzeugen angetroffen wird, muss sich auf happige Geldstrafen, Führerscheinentzug und/oder einen Gefängnisaufenthalt einrichten.

■ **ANSCHNALLPFLICHT**: gilt auf Vorder- und Rücksitzen; Kinder bis 7 Jahre gehören in einen Kindersitz.

■ **BENZIN**: Die Tankstellen haben oft automatisierte Tanksäulen. Die Säule mit dem Hinweis »Kassa« ist für Kunden, die bar oder mit Kreditkarte bezahlen. Die Säule »Sedel/Konto« sagt Ihnen, hier können Sie den Geldscheinautomaten (20-, 50- und 100-Kronen-Scheine) oder Ihre Kontokarte benutzen. – Zapfsäulen für Diesel sind selten automatisiert.

Benzinpreise Redaktionsschluss: Normalbenzin (95 Oktan) um 9,80 SEK, Medium (96 Oktan) um 9,95 SEK und Super (98 Oktan) um 10,10 SEK, Diesel um 8,62 SEK. Wer noch verbleites Benzin benötigt, muss auf 50 l Normalbenzin 0,5 l Blei-Ersatzmittel (um 24 SEK) dazugeben.

■ **GESCHWINDIGKEIT**: Innerhalb geschlossener Ortschaften 50 km/h, auf manchen Teilstrecken, etwa in der Nähe von Schulen und Kindergärten 30 km/h, immer daran halten! Außerhalb geschlossener Ortschaften auf Landstraßen 70–90 km/h und auf Autobahnen 90–110 km/h. Für Wohnwagengespanne endet die erlaubte Geschwindigkeit bei 80 km/h, im Fall ungebremster Anhänger bei 40 km/h, für Busse und Wohnmobile mit mehr als 3 t bei 90 km/h. Die Polizei überführt Sünder durch Video- und Luftüberwachung.

Die STRAFGELDER bei Geschwindigkeitsübertretungen sind drakonisch: Für 0–15 km/h zuviel sind 800 SEK entrichten, für 15–30 km/h zuviel 1.200, innerhalb wie außerhalb geschlossener Ortschaften.

AUSLÄNDER können bei Kontrollen der schwedischen Polizei nicht mit Nachsicht rechnen.

■ **M:** ein blaues Schild mit einem weißen M (*Mötesplats* – Treffpunkt/enge Stelle) an schmalen Straßen; steht es auf Ihrer Seite, hat der Gegenverkehr Vorrang.

■ **NOTRUF**: für Polizei, Krankenwagen und Feuerwehr Tel. 112, von Telefonzellen kostenfrei.

■ **PANNENHILFE** leistet in Schweden der *Larmtjänst*: Tel. 020–910 040. – Für alle übrigen SCHADENSFÄLLE wählen Sie Tel. 020–220 000.

■ **PARKEN**: Parkplätze sind ausgeschildert. An nicht gekennzeichneten Stellen gilt Parkverbot. In manchen Städten wird NACH DATUM geparkt: An geraden Tagen parkt man auf der Seite mit den geraden Hausnummern, an ungeraden auf der Seite der ungeraden. Die Zeit, für die diese Regel gilt, ist auf dem Schild angegeben. Apropos Schild: Städte mit dieser Regelung verkünden dies schon am Ortseingang in Form eines weißen Schildes mit der Aufschrift »Datumparkering«.

■ **VORFAHRT** achten gebieten außer Vorfahrtschildern auch die weißen Linien gespickt mit Dreiecken, HAIFISCHZÄHNE genannt.

■ **WILDWECHSEL**: Die Gefahr, die von Elchen oder Rehen ausgeht, ist nicht zu unterschätzen. Diese Tiere besitzen kein Verkehrsverständnis, laufen unvermittelt auf die Fahrbahn und verursachen immer wieder schwere Unfälle, nicht selten mit Todesfolge, da die langbeinigen Kolosse nach einem frontalen Aufprall rasch durch die Windschutzscheibe in den Innenraum rutschen. Auch bei glimpflichem Ablauf müssen Sie die Polizei benachrichtigen.

■ **WINTERREIFEN** sind für Autos vorgeschrieben, die in Schweden zugelassen sind: 1.12.–31.3. Fahren Sie zu dieser Jahreszeit nach Schweden, sollten Winterreifen besser aufmontiert sein.

Kleiner Sprachführer

PFLICHTVOKABULAR FÜR DEN KFZ-LEHRLING

Abblendlicht – *halvljus*
Abschleppdienst – *bärgningstjänst*
Achse – *axel*
Anlasser – *startmotor*
Auspuff – *avgasrör*
Auto – *bil*
Autobahn – *motorväg*
Autofähre – *bilfärja*
Benzin (Normal, Super, Diesel) – *bensin (regular, premium, diesel)*
Blinker – *blinker*
Bremse – *broms*
Dichtung – *packning*
Ersatzrad – *reservhjul*
Fehlzündung – *baktändning*
Fernlicht – *helljus*
Frostschutzmitte – *frostskydds vätska*
Führerschein – *körkort*
Garage – *garage*
Getriebe – *växellåda*
Handbremse – *handbroms*
Hupe – *signalhorn*
Keilriemen – *fläktrem*
Kofferraum – *bagageutrymme*
Kühler – *kylare*
Kurbelwelle – *vevaxel*
Kupplung – *koppling*
Leerlauf – *tomgång*
Leihwagen – *hyrbil*
Lenkrad – *ratt*
Lichtmaschine – *generator*
Öl – *olja*
Rad – *hjul*
Reifen – *däck*
Reifendruck – *ringtryck*
Reifenpanne – *punktering*
Rücklicht – *bakljus*
Scheibenwaschmittel – *spolarvätska*
Scheinwerfer – *strålkastare*
Sicherheitsgurt – *säkerhetsbälte*
Schraubenschlüssel – *skiftnyckel*
Schraubenzieher – *skruvmejsel*
Steckschlüssel – *hylsnyckel*
Straße – *väg, gata*
Tankstelle – *bensinstation, mack*
Unfall – *olycka*
Ventil – *ventil*

Vergaser – *förgasare*
Verteiler – *fördelare*
Wagenheber – *domkraft*
Warndreieck – *varningstriangel*
Werkstatt – *verkstad*
Windschutzscheibe – *vindruta*
Winterreifen – *vinterdäck*
Zündkerze – *tändstift*
Zündschlüssel – *startnyckel*
Zündung – *tändning*
Zylinder – *cylinder*
Zylinderkopfdichtung – *cylinderlockspackningen*

STANDARDSÄTZE

Wie komme ich nach...? – *Hur kommer jag till...?*
Wie weit ist das? – *Hur långt är det?*
Können Sie mir das auf der Karte zeigen? – *Kan du visa mig det på kartan?*
Wo ist die nächste Tankstelle? *Var ligger närmaste bensin station?*
Bitte volltanken! – *Full tank, tack.*
Darf ich hier parken? – *Får jag parkera här?*
Es ist ein Unfall passiert. – *Det har hänt en olycka.*
Ich habe eine Panne. – *Jag har fått motorstopp.*
Der Motor springt nicht an. – *Motorn startar inte.*
Ich habe eine Reifenpanne. – *Jag har punktering.*

WARNSCHILDER

Varning – Achtung! Vorsicht!
Vägarbeten – Baustelle, Straßenarbeiten
Ej genomfart – Durchfahrt verboten!
Svag vägkant – Fahrbahnrand nicht befahrbar
Tidsbegränsad parkering – zeitbegrenzte Parkerlaubnis
Tjälskott – Frostschäden
Gågata – Fußgängerzone
Övergångsställe – Fußgängerüberweg
(Av)Spärrat – gesperrt
Hastighetsbegränsning – Geschwindigkeitsbegrenzung
Stopp – Halt
Stopp förbud – Halten verboten!
Lekplats – Kinderspielplatz
Kör sakta – langsam fahren
Vänster fil – linke Fahrbahn
Parkering förbjuden – Parken verboten
Parkeringsplats – Parkplatz
Enskild väg – Privatweg
Höger fil – rechte Fahrbahn
Återvändsgata – Sackgasse
Dålig körbana – schlechte Fahrbahn
Hal vägbana – Straßenglätte
Omkörning förbjuden – Überholen verboten
Trafikomläggning oder *Tillfällig förbifart* – Umleitung
Tull – Zoll

Ferien aktiv

In den Kapiteln dieses Buches finden Sie meistens unter der Rubrik »Verschiedenes« Angaben zu Aktivitäten vor Ort. Dort wo zum Beispiel Wanderungen, Draisine-, Rad- oder Kanutouren einen besonderen Stellenwert einnehmen, erhalten sie eine eigene Rubrik. Die Homepages fast sämtlicher schwedischen Sportverbände, die in Broschüren häufig als Informationsquellen für Ausländer gepriesen werden, enthalten nur Texte auf Schwedisch. Wenden Sie sich daher besser mit gezielten Fragen an die örtlichen Touristenbüros.

Angeln

Schweden ist mit seinen zahlreichen Seen und Flüssen sowie seiner ausgedehnten Küstenlinie ein populäres Anglerziel, obwohl die Umweltverschmutzung schon einige SCHÄDEN angerichtet hat. Die Mehrzahl der ANGELSEEN UND -FLÜSSE befindet sich im Besitz öffentlicher Stellen oder sind privat. Hier gilt: Angeln darf man NUR MIT GÜLTIGEM ERLAUBNISSCHEIN. Es werden Stichproben durchgeführt! Oftmals sind Angelkarten-Distrikte eingerichtet, die alle oder zahlreiche Gewässer einer Gemeinde umfassen oder sogar ganze Landschaften mit einer Angelkarte abdecken. Die Scheine bekommen Sie in den Touristenbüros, auch in Sportgeschäften, Tankstellen, Lebensmittelläden; sie kosten in der Regel zwischen 50 und 250 SEK.

Informieren Sie sich über die lokalen Bestimmungen über Mindestmaße, Schutzzonen etc., die je nach Region ganz verschieden ausfallen.

In den KÜSTENGEWÄSSERN (und in den großen Seen wie Vänern, Vättern, Mälaren, Hjälmaren, Storsjön) ist das Angeln mit Handgeräten FREI.

EISANGELN ist vielerorts von Dezember bis März möglich.

Bitte haben Sie Verständnis, dass wir nur einzelne Angelgewässer und organisierte Touren nennen können – die Bestimmungen vor Ort aufzulisten führte zu sehr ins Detail.

Bootssport

Die Flüsse, Kanäle, Seen, Binnenmeere und vor allem die abwechslungsreichen Küste Schwedens bieten Bootsenthusiasten ein vielfältiges Revier. Und die HELLEN SOMMERNÄCHTE verlängern nicht nur den Bootsurlaub, sie zeigen sich besonders an den Gewässern in einer FARBSINFONIE, die diese Ferientage zur BLEIBENDEN ERINNERUNG werden lassen. Wer ein Boot über 12 m Länge / 4 m Breite chartern will, muss den BOOTSFÜHRERSCHEIN vorlegen.

■ **INFORMATION:** Das Buch »Båtturist« von Svenska Turistföreningen,

Box 25, SE-10120 Stockholm, ist nur in schwedischer Sprache (mit deutschem Glossar) erhältlich, gibt aber einen guten Überblick auf die GASTHÄFEN samt ihren Serviceanlagen. – Auskünfte erteilt auch das Schwedische Seeschifffahrtsamt, SE – 60178 Norrköping, Tel. 011 – 19 1000, Fax 011 – 101 949, www.sjofartsverket.se auch auf Englisch.

Golf

Bei inzwischen rund 420 Golfplätzen können wir nichr mehr alle Plätze einer Region aufzählen; das führte zu weit. Der *Golf Guide Sweden* gibt in englischer Sprache Auskunft über die Klubs, Plätze und Zahl der Löcher, Spielsaison, Serviceeinrichtungen. Zu bestellen bei *Zinderman AB,* 1:a Långgatan 6, SE – 40032 Göteborg, Tel. 031 – 775 0400, Fax 120 660. Wer ein bisschen findig ist, kann über www.golf.se sowie Link »golfguiden« per Menüleiste zu den einzelnen Provinzen und Golfklubs gelangen, doch deren *hemsida* (homepage) ist häufig nur auf Schwedisch abgefasst.

Kanu

Denk' ich an Schweden, denk' ich an Wasser: Ob die liebliche SCHÄRENKÜSTE, einer von ZAHLLOSEN STILLEN SEEN oder (wenn auch eher im Norden des Landes) ungezähmte, tosende Flüsse – passionierte Kanuten wie Ungeübte haben ihren Spaß. In Gegenden wie Dalsland und Värmland machen Kanuten ein zuverlässigen Anteil der Besucher aus.

In diesem Buch wird nicht nur auf Kanurouten und -gewässer verwiesen, sondern auch auf Kanuzentralen und -vermieter.

■ **SAISON** ist von Mai bis September. In dieser Zeit können in Kanuzentralen und auf Campingplätzen Kanus gemietet werden. In Schweden gibt es rund 90 Kanuzentralen, die den Bestimmungen des Kanuverbands unterliegen, nur einwandfreie Kanus zu vermieten und genau über die Sicherheitsbestimmungen zu informieren. Diese Kanuzentralen besitzen ein Zertifikat; zum Teil haben sie auch Unterkünfte zur Verfügung.

■ Zum **VERHALTEN** von Kanuten: Gehört ein Uferstreifen erkennbar zu einem Anwesen, versteht es sich von selbst, dass das Ufer ohne Einverständnis des Grundbesitzers tabu ist, selbst wenn der schönste Sandstrand lockt. Wollen Sie zelten oder ein Feuer entfachen, beachten Sie bitte unter allen Umständen die Informationen auf den folgenden Seiten 42 und 43 (zum Allemansrätten).

■ In diesem Zusammenhang erlauben wir uns, auf unser Standardwerk **KANUWANDERN IN SCHWEDEN** zu verweisen, den momentan einzigen ÜBERREGIONALEN KANUGUIDE über Schweden. Bis auf wenige Ausnahmen verteilen sich die vorgestellten 49 Touren auf Südschweden plus Dalarna und Värmland.

Angler und Kanuten haben es in Schweden selten weit zum nächsten See oder Fluss ▶

Rad fahren

Südschweden ist wohl das günstigste Fahrradrevier in diesem großen Land. Hier finden Sie überall Campingplätze, Sportgeschäfte und andere Stellen, an denen Räder tage- oder wochenweise zu mieten sind.

Neben den zwei Radwanderwegen SVERIGELEDEN (durch das ganze Land) und CYKELSPÅRET (von Ystad gen Örnsköldsvik / Nordschweden) verteilen sich immerhin 20 regionale Radwanderwege über das Land. Der Transport mit Flugzeug, Bahn oder, seltener, (Überland-)Bus ist nichts Ungewöhnliches. Im Falle eines Bahntransports sollten Sie sich erkundigen, ob Ihr Zielbahnhof eine Gepäckabfertigung hat.

■ **UNTERWEGS MIT DER DRAISINE:** Erfunden wurde das Vehikel 1817 als Laufrad vom badischen Forstmeister *Karl Freiherr von Drais*. Später entstand daraus das Fahrrad. Die Entwicklung zum vierrädrigen leichten Personenwagen (um 1840) nutzte die Eisenbahn zur Streckenkontrolle. Dank ein paar Veränderungen ist sie heute ein beliebtes Gefährt, um mit eigener Kraft auf still gelegten Bahngleisen durch die Natur zu rollen. Hierzu gelten besondere Regeln zu Handhabung, Vorfahrt, Gegenverkehr und Hebetechnik, die Sie vor der Fahrt studieren sollten. Draisinen aus Stahl können bis zu 70 kg wiegen, neuere sind aus Aluminium gefertigt. – Vor allem in Dalsland und Värmland gibt es fantastische Strecken durch Wald- und Seenlandschaften.

Reiten

Ob am Strand, in Wäldern oder auf dem Fjäll (Gebirge) – Ausritte sind ein besonderes Erlebnis. Informieren Sie sich vorab bei den örtlichen Touristenbüros, wo Reitklubs oder auch Reitschulen in der Umgebung zu finden sind. Einzelne, jedoch unmöglich alle sind hier aufgeführt.

Wandern

Schweden gehört zu den bevorzugten Reisezielen von Wanderern aus Mitteleuropa. Innerhalb dieses Buches finden Sie Tipps über Wandermöglichkeiten: vom kurzen Spaziergang bis zur TAGESTOUR. Beachten Sie bitte auch das anschließende Kapitel »Draußen vor der Tür«.

■ **SAISON:** JUNI, AUGUST und SEPTEMBER bieten die günstigsten Voraussetzungen zum Wandern. Der Juli ist der Ferienmonat in Skandinavien, die Transport- und Übernachtungskapazität in den populären Wandergebieten ausgelastet. Im Herbst beleben PRÄCHTIGE FARBEN die Landschaft. Eine Wanderung im Winter musss keine Spinnerei sein, stellt aber enorme Anforderungen an die Teilnehmer und ist nur mit penibler Vorbereitung möglich.

■ **SICHERHEIT:** Da in einsamen Gegenden nicht vorausgesetzt werden kann, dass man unterwegs andere Wanderer trifft, sollte NIEMAND ALLEIN aufbrechen. Ein Partner kann im Fall einer Verletzung immer Hilfe holen. Generell empfiehlt es sich, am Ausgangspunkt jemand über die geplante Route und Dauer zu unterrichten. Ein Zettel unter der Frontscheibe des Autos erfüllt ebenfalls diese Funktion; falls tatsächlich mal etwas passiert, können die Helfer gleich im richtigen Gebiet suchen.

■ Immer von Vorteil ist eine **WANDERKARTE** der jeweiligen Region. Folgen Sie den dort eingezeichneten Wegen; wer ABSEITS der markierten Pfade in unüberschaubarem Terrain wandert, begibt sich in Gefahr.

Wintersport

Dieser Reiseführer befasst sich mit den schneelosen Monaten. Einzelne Hinweise auf Loipen und Skihänge dienen allein dem Zweck, Schweden als Reiseziel für Wintersportfreunde in Erinnerung zu bringen.

■ Der **SKILANGLAUF** genießt traditionell große Popularität. So gut wie jede Gemeinde unterhält präparierte, teilweise beleuchtete Loipen. Während der Wintermonate finden VOLKSLANGLÄUFE statt, die oft um 50 km lang sind und an denen Tausende teilnehmen, zum Beispiel der berühmte VASA-LAUF in Dalarna. Als schneesicher gelten die Monate Januar bis März.

■ Weitere **AKTIVITÄTEN** während der weißen Jahreszeit sind Helikopter-Skiing, Eisangeln, Eissegeln, natürlich Schlittschuhlaufen, Curling, Tiefschneefahren u.a.

Draußen vor der Tür

STF

SVENSKA TURISTFÖRENINGEN wurde 1885 gegründet. Anlass war der zunehmende FJÄLLTOURISMUS. Fjällgebiete wurden kartografiert, Wanderwege eingerichtet sowie Hütten gebaut. Mit dem Motto »Lerne dein Land kennen« wirkt STF, um aktives Natur-Leben zu ermöglichen.

■ **UNTERKÜNFTE:** Im Laufe der Jahrzehnte hat STF ein System an Fjällstationen und Fjällhütten aufgebaut. Zudem betreibt der Verein ungefähr 310 Jugendherbergen und Gästehäuser in ganz Schweden.

■ Allerdings bemüht(e) sich STF nicht nur um Möglichkeiten zur Übernachtung, sondern auch um die Pflege und den Ausbau vieler **WANDERWEGE**. Entlang der Wanderwege stehen SCHUTZHÜTTEN, die ausschließlich zur Rast oder zum Abwarten eines Unwetters dienen.

An einigen Seen organisiert STF den BOOTSTRANSFER.

■ **ORGANISIERTE TOUREN:** Inzwischen gibt es auch STF-Reisebüros, die Natur-Erlebnisse professionell organisiert anbieten.

Und an fast allen STF-Fjällstationen werden während der Saison Lehrgänge sowie Tageswanderungen arrangiert, die den Teilnehmern korrektes VERHALTEN IM GEBIRGE vermitteln und ihnen das Leben in der Natur näher bringen.

■ Auch für den **WASSERSPORT** zeigt sich die STF zuständig, indem man über die vielen Yachthäfen an Schwedens Küsten informiert.

■ **INFORMATION:** *Svenska Turistföreningen,* Box 25, SE–10120 Stockholm, Telefon 08 – 463 2100, Fax 678 1958, info@stfturist.se, im Internet: www.merasverige.nu.

ALLEMANSRÄTTEN:
Der Kastentext auf der linken Seite sei hier noch durch eine Auflistung der Verhaltensregeln ergänzt.

Es ist erlaubt:
■ FREIES GELÄNDE ohne Erlaubnis zu durchqueren, als Wanderer, Reiter oder Skiläufer;
■ wild wachsende Blumen zu PFLÜCKEN, Beeren u. Pilze zu SAMMELN, außer auf Privatgrundstücken oder im Bereich von Anpflanzungen;
■ eine Nacht lang in freier Natur zu ZELTEN, wobei ein paar hundert Meter Distanz zur nächsten Siedlung eingehalten werden sollten; ist das Grundstück allerdings einer Siedlung zuzuordnen, ist dort UM ERLAUBNIS zu fragen;
■ mit herumliegenden Ästen und Reisig unter größter Vorsicht FEUER zu machen, sofern keine Brandgefahr besteht und wenn es nicht ausdrücklich verboten ist; bei längerer Trockenheit ist OFFENES FEUER im Freien grundsätzlich verboten;
■ an Ufern zu BADEN, die nicht erkennbar zu einem Grundstück gehören.

Es ist nicht erlaubt:
■ OHNE ERLAUBNIS Höfe, Häuser oder Siedlungen zu betreten bzw. zu durchqueren;
■ BESTELLTE ÄCKER, eingezäuntes oder anderweitig abgegrenztes Terrain zu betreten;
■ BÄUME UND BÜSCHE zu fällen, Zweige oder Äste abzubrechen, Borke oder Rinde abzuschälen, das gilt auch für entwurzelte Bäume;
■ PFLANZEN, die UNTER NATURSCHUTZ stehen, zu pflücken oder auszugraben;
■ AUF FELSGESTEIN Feuer zu entfachen, da es bei großer Hitze zerspringen kann; der jahrtausendealte Stein muss nicht einer kurzfristigen Vergnügung zum Opfer fallen;
■ VOGELNESTER zu beschädigen oder Vogeleier zu entnehmen;
■ ABFALL an Raststellen zu hinterlassen – das Vergraben ist eine ungünstige Lösung, weil es Tiere gibt, die diesen Abfall wieder ausgraben und sich, zum Beispiel an scharfkantigen Konservenbüchsen, verletzen können;
■ Toilettentanks außer an Tankstellen und auf Campingplätzen zu ENTLEEREN; EXKREMENTE sind zu vergraben;
■ störenden LÄRM zu verursachen;
■ ZÄUNE zu beschädigen oder geschlossene GATTER offen zu lassen;
■ mit dem PKW bzw. motorisierten Fahrzeugen befestigte Wege zu verlassen.

ALLEMANSRÄTTEN

Das Recht zum Gemeingebrauch, in deutschen Publikationen häufig als »Jedermannsrecht« bezeichnet, REGELT DEN AUFENTHALT IN DER FREIEN NATUR. Es stammt aus einer Zeit, als Reisende im Allgemeinen nicht zu ihrem Vergnügen unterwegs waren und sich niemand mit den Problemen großer Touristenzahlen befassen musste. Wer die dünn besiedelte Weite in Schweden, Norwegen oder Finnland schon einmal erlebt hat, wird die Notwendigkeit einer derartigen Regelung verstehen. Das Allemansrätten erlaubte, über das Land anderer zu gehen, wenn keine Wege vorhanden waren. Wurde der Reisende von Dunkelheit oder von schlechtem Wetter überrascht, durfte er auf dem Grund anderer übernachten und sich auch von der Natur ernähren. Obwohl sich die Zeiten geändert haben, wird die Regelung in den genannten skandinavischen Ländern recht großzügig gehandhabt.

Seit Jahren bringen VERANTWORTUNGSLOSE ZEITGENOSSEN das Allemansrätten IN DIE SCHLAGZEILEN: Bäume müssen als Brennholz herhalten, Entenküken als Braten auf dem Lagerfeuer, Müll wird haufenweise an den Raststellen zurückgelassen. Als »Jedermanns Recht, in der Natur zu tun und zu lassen, wozu man gerade Lust hat« – so legen die Verursacher solcher Eskapaden das Allemansrätten offensichtlich für sich selbst aus. Deshalb lesen es die Schweden auch nicht mehr gerne, wenn in deutschsprachigen Publikationen unverändert der Begriff Jedermannsrecht für das Allemansrätten verwendet wird. Er begünstigt einfach zu viele Missverständnisse in sich; wobei selbstverständlich auch Einheimische unter den Verantwortlungslosen sind.

Sollten die Entgleisungen jedenfalls überhand nehmen, werden sich diejenigen durchsetzen, die das Allemansrätten einschränken oder gar ganz aufheben möchten.

In diesem Zusammenhang sei darauf hingewiesen, dass das Allemansrätten ohnehin NICHT FÜR AUTOFAHRER ODER GRUPPEN gilt, außer im Notfall. Wenn auch Autofahrer gelegentlich ihr Zelt für eine Nacht an einem hübschen See aufschlagen und bleiben dürfen, beruht das allein auf der Gastfreundlichkeit der Schweden.

Wenn diese Gastfreundschaft weiterhin Bestand haben soll, dann verlassen Sie eine Raststelle prinzipiell sauberer, als Sie sie vorgefunden haben. Auch wenn es ein weitgehender Schritt ist: Scheuen Sie sich nicht, zumindest in krassen Fällen Übeltäter bei der Polizei anzuzeigen.

Geschichte und Gegenwart

DIE WIKINGER

Beginnen wir im 8. Jh. mit den wohl bekanntesten Vertretern nordeuropäischer Historie: den Wikingern. Im Laufe der Jahrhunderte hatten sich unter den Bewohnern Nordeuropas Volksstämme herausgebildet, die mittlerweile sesshaft geworden waren. Die dominierende Stellung unter den im heutigen Schweden lebenden Stämmen hatten die SVEAR, die dem Land ihren Namen geben sollten: Svearike, das Reich der Svear, wurde zu SVERIGE. Die Svear lebten in Uppland, an der Ostküste Schwedens. Den zweiten großen Stamm bildeten die GAUTEN bzw. Göten im Westen. Die Wikinger beschränkten sich nicht darauf, ihren Lebensunterhalt durch Ackerbau zu bestreiten. Dafür gaben die klimatischen Bedingungen sowieso zu wenig her. Die Plünderung des vermögenden englischen Klosters Lindisfarne (793) bildete den Auftakt zu dem, was die Wikinger bekannt gemacht hat: ihre Raubzüge. Dank ihrer Bautechnik zeigten sich die Wikingerschiffe denen anderer seefahrender Völker weit überlegen.

Nun war nicht jeder Wikingerzug von Mord und Plünderung begleitet. Die Nordländer gründeten ebenso Siedlungen in anderen Teilen Europas, wie sie fleißig Handel betrieben. Die Wikinger aus Schweden befuhren in erster Linie den Ostseeraum. Ihre Wege führten sie über die großen russischen Flüsse bis nach Konstantinopel. Aus der Wikingersiedlung *Holmgård* im Osten wurde später der Kleinstaat *Novgorod.*

SVERIGE ENTSTEHT

Um die Jahrtausendwende setzte die CHRISTIANISIERUNG ein, worauf es zu Auseinandersetzungen zwischen den heidnischen Svear und den christlichen Gauten kam, die erst mit der Gründung des ERZBISTUMS UPPSALA (1164) beigelegt wurden. Schweden war nun ein Reich, aber kleiner als heute. Weite Teile Südschwedens gehörten zu Dänemark.

Mitte des 12. Jhs. vereinnahmten die Schweden Finnland, was zu ersten Spannungen mit Novgorod führte. Die Schweden begannen mit dem Bau von FESTUNGEN, um sich auf kriegerische Auseinandersetzungen mit dem östlichen Nachbarreich vorzubereiten. Der Streit um Territorialfragen mit Russland und Dänemark bildete in den folgenden Jahrhunderten den Mittelpunkt schwedischer »Außenpolitik«.

In Schweden selbst ging es immer wieder um die Kompetenzen, die der jeweilige König dem Adel zubilligte. Die schwedischen Bauern hatten nie unter dem Joch des Feudalismus zu leiden, da sie traditionell zu freiem Land- und Waldbesitz berechtigt waren. Oft fanden sie dabei den Schutz des Monarchen. Die erste

Mittelalterfestival in Skara ▶

dieser »moderaten« Perioden begann 1250 mit *Birger Jarl,* dem die Söhne *Waldemar* und *Magnus* folgten. In ihre Regierungszeit fallen die ersten Verträge mit der Hanse, die Förderung des Bergbaus sowie die Einführung einer einheitlichen Gesetzgebung, die auch die Abschaffung von Sklaverei und Blutrache beinhaltete. Birger Jarl gründete zudem 1252 Stockholm, 80 km südlich des damaligen Zentrums Uppsala.

KALMARER UNION

1397 bestimmte die dänische Königin *Margrethe I.,* die inzwischen auch den schwedischen Thron bestiegen hatte, im schwedischen Kalmar die Union zwischen Dänemark, Schweden und Norwegen. Formell sollte die Kalmarer Union 127 Jahre halten, doch die Praxis war sehr auf die dänischen Interessen ausgerichtet, so dass schnell Abneigung und Missgunst entstanden. Während Norwegen zur dänischen Provinz verkümmerte, regte sich in Schweden aktiver Widerstand. Unter der Führung von *Engelbrekt Engelbrektsson* erhoben sich Bauern und Bergleute im mittelschwedischen Dalarna und vertrieben die dänischen Beamten. 1435 bildete sich der REICHSTAG IN STOCKHOLM, womit die UNION praktisch BEENDET wurde. Drei Fraktionen (Bauern-, Adels- und Unionspartei) einigten sich aber auf deren Fortsetzung zu geänderten Bedingungen. Die Beamten sollten sich fortan aus Angehörigen des jeweiligen Volkes rekrutieren. In der Folgezeit regierten in Kopenhagen mehr oder weniger moderate Monarchen. Zu den weniger umgänglichen gehörte *Kristian II.*, dessen Heer 1520 das des schwedischen Reichsverwesers *Sten Sture* besiegte. Als der dänische König die Kapitulationsvereinbarungen nicht allzu ernst nahm und seine Gegenspieler hinrichten ließ, organisierte von Dalarna aus der Adlige *Gustav Vasa* den Widerstand. 1523 war mit seinem Einmarsch in Stockholm alles entschieden, 1524 die Union vertraglich beendet.

GROSSMACHT SCHWEDEN

In Gustav Vasas Amtszeit (1523–60) fallen erwähnenswerte Neuerungen wie die Einführung der lutherischen Staatskirche 1527, die Neuordnung von Finanzwesen und Verwaltung (Einteilung in 200 Distrikte), die Zentralisierung des Bergbaus sowie eine Allianz mit Dänemark, die die Vorherrschaft der HANSE im Ostseeraum beenden sollte. Gustav Vasas Tod folgten wirre Jahre, in denen sich Söhne und Brüder des einstigen Herrschers auf dem Thron abwechselten.

Die nächste Epoche, die bevorzugt in schwedischen Geschichtsbüchern zitiert wird, begann 1611 mit der Regierungszeit von *Gustav II. Adolf.* Nach und nach wurde das Land rings um die Ostsee schwedischer Besitz, teils nach Friedensverträgen, teils auf militärischen Druck: Russland und Polen hatten das Nachsehen. Dann griff Gustav II. Adolf auf Seite der protestantischen Fürsten in den Dreißigjährigen Krieg ein, den er nicht überlebte. 1644 wurde seine Tochter *Christina* gekrönt. Die junge Königin interessierte sich weniger für weltliche Geschehnisse. 1654 verzichtete sie dann zu Gunsten ihres Vetters auf den Thron und konvertierte zum Katholizismus.

Im WESTFÄLISCHEN FRIEDEN 1648 waren Schweden die bisher dänischen Provinzen Jämtland, Härjedalen, Gotland, Skåne, Halland, Blekinge und die Ostseeinseln Rügen und Ösel zugesprochen worden. Zudem die Mündungen von Oder, Elbe und Weser kontrollierend, war Schweden am Gipfel seiner Macht angelangt, was den Nachbarn nicht zusagte. *Karl X. Gustav* (1654–1660) und *Karl XI.* (1660–1697) hatten sich nacheinander mit Polen, Russland, Dänemark und den Niederlanden sowie Dänemark und Brandenburg auseinanderzusetzen, bevor 1679 achtzehn Jahre Frieden einkehrten. Karl XI. führte eine Reihe von Reformen durch – was sich mit dem Ziel verbinden ließ, die eigenen Befugnisse gegenüber denen des Adelsstandes zu erweitern. So musste Adlige unrechtmäßig erworbenes Land an die Bauern zurückgeben. Verkleidet soll der König Inspektionsreisen im Land unternommen haben, um die Arbeitsweise der Beamten zu überprüfen. Im Baltikum initiierte er eine Bodenreform.

1697 folgte *Karl XII.*, ein kriegerisch veranlagter Vertreter seiner Familie. Dänemark und Polen bezwangen seine Truppen, doch in der Ukraine wendete sich das Kriegsglück. Karl XII. starb 1718 bei Fredriksten, der Festung des heute norwegischen Halden. Am Ende verlor Schweden im GROSSEN NORDISCHEN KRIEG (1700–21) seine Besitzungen an der Ostsee und in Norddeutschland, behielt nur Rügen und Vorpommern. Im FRIEDEN VON NYSTAD (1721) fielen das Baltikum und Finnisch-Karelien an Russland.

Die folgenden Jahrzehnte ging es eher harmlos zu. Den Kompetenzstreit zwischen Ständen und Reichsrat beendete *Gustav III.* (1771–92), indem er 1772 den von Adligen beherrschten Reichsrat mit Teilen des Heeres teilweise entmachtete und ein weiteres Mal die absolute Monarchie etablierte. In seine Amtszeit fielen die zunehmende Bedeutung von Wissenschaft und Kultur, die Abschaffung der Folter und die formale Einführung der Pressefreiheit.

Gustav IV. Adolf (1795–1809) entschloss sich zu fälligen Agrarreformen. Ansonsten fiel er durch seine realitätsferne Politik etwas aus dem Rahmen. Er versuchte sich an den Napoleonischen Kriegen, verlor dabei zunächst Pommern, später auch Finnland, worauf er abgesetzt wurde. Damit war der Absolutismus in Schweden beendet. Mit seinem kinderlosem Bruder *Karl XIII.* (1809–18) endete die Herrschaft der Vasa-Dynastie in Schweden.

FRIEDEN KEHRT EIN

Bereits 1810 bemühte man sich um die Nachfolge des amtierenden Königs. Die Wahl fiel auf den französischen Marschall *Jean Baptiste Bernadotte*, der schon als Kronprinz die Fäden in der Hand hielt und 1818 bei seiner Krönung den Namen *Karl Johan* annahm. Da er sich nicht im Einvernehmen von Napoleon getrennt hatte, fiel es ihm nicht schwer, 1813 an den vielversprechenden Befreiungskriegen gegen den Feldherren teilzunehmen. Beim WIENER KONGRESS 1814 verzichtete Karl Johan großzügig auf die letzten Besitzungen in Deutschland, um sich dafür Norwegen von dem Verlierer Dänemark zu sichern – der ewige Kontrahent war klein geworden. Parallel setzte eine Phase der Entspannung mit Russland ein.

Im innenpolitischen Bereich werden Karl Johan die Konsolidierung der Finanzen und die Verbesserung der Verkehrswege (GÖTAKANAL) gut geschrieben. Soziale Reformen lagen ihm weniger, so dass er sich in seiner Politik auf den Adel stützte. Auch die Übernahme Norwegens, die sicher manche Brust in nationalem Wohlgefallen schwellen ließ, brachte den Schweden langfristig mehr Probleme als Freude. Norwegen wollte selbstständig werden, obwohl die Union durchaus Freiräume zugestand. So blieb der kurze Waffengang in Norwegen die letzte militärische Aktion Schwedens.

Unter Karl Johans Nachfolgern *Oskar I.* und *Karl XV.* setzte sich der LIBERALISMUS durch: 1842 allgemeine Schulpflicht und Gründung der Volksschule, 1846 Abschaffung des Zunftwesens sowie Einführung der Gewerbefreiheit, ferner Freihandel und Gleichberechtigung der Frauen beim Erbrecht, 1860 Religionsfreiheit sowie 1862 kommunale Selbstverwaltung. Mit der PARLAMENTSREFORM von 1866 ersetzte der Zweikammer-Reichstag den überholten Vierstände-Reichstag.

Krieg und Gebietsansprüche verloren an Aktualität. In der zweiten Hälfte des 19. Jahrhunderts hatten sich die Schweden mit anderem auseinanderzusetzen. Die INDUSTRIELLE REVOLUTION erreichte auch den Norden, wo bereits seit Jahrhunderten Erz abgebaut worden war. Die Maschinenbauindustrie erfuhr ab 1870 eine rasante Entwicklung und stellte bald wichtige Exportgüter. An den Flussmündungen in Nordschweden entstanden zahlreiche Sägewerke, Mittelpunkte neuer Siedlungen. Die Wohn- und Arbeitsbedingungen der Fabrikarbeiter allerdings waren erbärmlich. Das rasche BEVÖLKERUNGSWACHSTUM und der Wechsel von Bauern in besitzlose Arbeiter schuf, zusammen mit anderen Faktoren, eine ARMUT, die Hunderttausende zur AUSWANDERUNG über den Atlantik zwang. Eindrucksvoll schildert der schwedische Autor *Vilhelm Moberg* diese Zeit in seinen Romanen »Die Auswanderer« u. »In der Neuen Welt«. Andere entzogen sich der ausweglosen Situation durch maßlosen Alkoholkonsum, worin der Ursprung der in Skandinavien durchaus verbreiteten ABSTINENZLERBEWEGUNG liegt. Die Parlamentsvertreter der neuen Oberklasse, die Industriellen, initiierten eine enorme Aufrüstung, ein Profit versprechendes Feld für die Maschinenbauindustrie.

Doch für Krieg waren die Schwedenin ihrer Mehrheit nicht mehr zu begeistern. Als sich die Norweger 1905 für selbstständig erklärten, verzichteten König wie Parlament auf eine militärische Intervention, abgesehen von ein paar abtastenden Scharmützeln. Wenn man bedenkt, mit welcher Hingabe die Völker in Mitteleuropa neun Jahre später in den Krieg zogen, verdient dies hohen Respekt. Schweden war zu einem den Frieden schätzenden Land geworden.

In beiden Weltkriegen orientierte sich die schwedische Außenpolitik am PRINZIP DER NEUTRALITÄT – mit Einschränkungen: 1940 durchquerten deutsche Truppen in Eisenbahnzügen auf ihrem Weg nach Norwegen und Finnland schwedisches Territorium. Inwieweit das wirklich auf Druck Berlins geschah, lässt sich schwer nachvollziehen; an der Seite des vermutlichen Siegers zu stehen hielten verantwortliche Politiker offenbar für opportun; die roten Soldaten vor den Grenzen Schwedens empfanden sie als größeres Übel als die braunen auf der Durchreise – was Stockholm nicht daran hinderte, 1945 rund 150 deutsche und baltische Soldaten an die Sowjetunion auszuliefern, die von der sich auflösenden Ostfront nach Schweden geflüchtet waren. Was ihnen in grausamer sowjetischer Kriegsgefangenschaft bevorstand, kümmerte im fernen Stockholm wenig. Es gibt somit auch dunklere Kapitel in Schwedens jüngerer Geschichte.

AUFSTIEG DER SOZIALDEMOKRATIE

Die Geschehnisse im eigenen Land beschäftigten die Schweden weitaus mehr. Im Mittelpunkt stand dabei die Auseinandersetzung zwischen Unternehmern und Arbeiterschaft. 1909 beendete ein GENERALSTREIK den mühsam in Gang gekommenen DIALOG zwischen Gewerkschaftsdachverband (LO) und Arbeitgebervereinigung (SAF). Mehrere hunderttausend Arbeiter traten wegen angekündigter Lohnkürzungen monatelang in den Ausstand. Trotz internationaler Solidarität konnten die Gewerkschaften den Arbeitskampf finanziell nicht durchstehen und erlitten eine empfindliche Niederlage. Die Arbeitsmarktfrage blieb vorerst ungeklärt, die Arbeitgeber hatten das letzte Wort. Ebenfalls 1909 wurde das ALLGEMEINE STIMMRECHT FÜR MÄNNER eingeführt.

1917 bildeten dann die langjährigen Oppositionsparteien, Sozialdemokraten und Liberale, die Regierung. Die neu verabschiedeten Gesetze beinhalteten auch das ALLGEMEINE STIMMRECHT FÜR FRAUEN (1921). Die Gesetzgebung unter Federführung der Sozialdemokraten präzisierte die Spielregeln für den Arbeitsmarkt, regelte Fragen um Tarifverträge und Arbeitsgerichtshof (1928). Der wirtschaftlichen Expansion nach dem Ersten Weltkrieg, als Schweden für die kriegsgeschädigte Industrie Mitteleuropas eingesprungen war, folgte Anfang der 30er Jahre die Krise mit Armut und Arbeitskämpfen. Als trauriger Höhepunkt gilt jener Tag 1931, als Soldaten in Lunde fünf demonstrierende Arbeiter erschossen.

Die Sozialdemokraten gingen aus den instabilen Zeiten gestärkt hervor und wurden zur bestimmenden politischen Kraft. Die 1936 gemeinsam mit dem Bauernbund gebildete Regierung unter *Per Albin Hansson* legte den Grundstein für jenes System, das im Ausland mit den Begriffen WOHLFAHRTSSTAAT, schwedisches Modell oder sozialistischer Kapitalismus umschrieben wurde. Der Staat bemüht sich intensiv um den sozialen Ausgleich, fordert viel (Steuern) von seinen Bürgern und gibt gleichermaßen viel (Sozialleistungen) zurück. Vier Jahrzehnte konnte sich die SAP behaupten; von 1946–70 regierte *Tage Erlander*, von 1970–76 *Olof Palme*. Die Kommunisten hielten sich an ihre Devise, eine linke Regierung nicht zu Gunsten einer bürgerlichen zu stürzen.

Die Intermezzi an der Regierung, die bürgerliche Parteien schafften (1976–82 und 1991–94), gingen ohne politische Neuorientierung vorbei. Dabei spielt es eine Rolle, dass sich das bürgerliche Lager in Konservative, Liberale und das ursprünglich bäuerliche Zentrum splittet, was in sich schon für verschiedene Politikentwürfe steht. So verhinderte das Zentrum den Ausbau der Kernenergie, während die Konservativen mit ihren Entwürfen für eine neue Steuerpolitik allein dastanden. 1981 beschloss Schweden in einer Volksabstimmung, bis zum Jahr 2010 AUF KERNKRAFTWERKE ZU VERZICHTEN. Dazu muss man anmerken, dass die Politiker seither wenig getan haben, um das Land auf den Ausstieg vorzubereiten. 2010 wird es dann vermutlich heißen: »Wir *müsssen* die Kernkraft beibehalten, da wir keine Alternative haben«.

Auch wenn die Wahlprozente der Sozialdemokraten nur noch Minderheitsregierungen zulassen und die Nachfolger des unvergessenen Olof Palme, *Ingvar Carlsson* und heute *Göran Persson,* alles andere als Medienstars sind, scheinen die Vorsitzenden der Sozi-Partei auf das Amt des Ministerpräsidenten abonniert. Das mag auch daran liegen, dass es die Sozialdemokarten selbst waren, die die Leistungen des Wohlfahrtsstaats pragmatisch zurückschraubten, als das Land Mitte der 1990er Jahre in wirtschaftlichen Schwierigkeiten war: Pragmatismus ersetzte Ideologie. Ein Beispiel dafür ist die Eigenbeteiligung bei Arztbesuchen, die Sie im »Praktischen A–Z« dieses Buches nachlesen können.

WAS DIE SCHWEDEN BEWEGT

Mit 52,3 % Mehrheit entschieden sich die Schweden 1994 für den Beitritt zur EUROPÄISCHEN UNION, der sie nun seit dem 1.1.1995 angehören. Das Referendum über die Ablösung der Krone durch den Euro hat sich verschoben, nachdem die Dänen ihren Volksvertretern in dieser Frage nicht folgen wollten. Auch in Schweden beäugen viele Bürger skeptisch, mit welcher Selbstverständlichkeit die Agitatoren der großen EU-Staaten Frankreich, Deutschland sowie Großbritannien die Profilierung im eigenen Land über das Zusammenwachsen der Union stellen – was die schwedische Regierung allerdings genauso handhabte, denn jahrelang schob sie wirtschaftliche Misserfolge der EU unter, um sich selbst im Glanz der Erfolge zu sonnen – die es zweifellos gibt, zum Beispiel nur 4% Arbeitslosigkeit derzeit. Aber jene Taktik hat ebenso fraglos die Skep-

Das Abitur ist bestanden: am Tag der offiziellen Feiern, daher die festliche Kleidung – die Mützen werden allerdings in der folgenden wilden Zeit Tag und Nacht getragen. In Schweden nennt sich übrigens Student, wer die Schule abgeschlossen hat! ▶

»DER SCHWEDE« UND DIE FREMDEN

Man behauptet immer, der Schwede sei zurückhaltend, ja schüchtern, und nehme ungern Kontakt zu Fremden auf. Das war einmal. Der weltmännische (urbanisierte) Schwede von heute steht seinen Mitmenschen offen gegenüber. Auch als Tourist wird man Ihnen mit Freundlichkeit und Hilfsbereitschaft begegnen. Viele, besonders junge Leute sprechen Englisch oder sogar Deutsch. In den letzten Jahren ist das Desinteresse der deutschen Sprache gegenüber gewichen; an den Schulen gibt es wesentlich mehr Deutschkurse als früher. Und wer freut sich nicht, seine Sprachkenntnisse an Mann/Frau bringen zu können. Wenn Sie etwa eine Auskunft brauchen, sollten Sie Ihr Gegenüber nicht gleich mit der Frage überfallen, sondern erst einmal mit *hej* grüßen und sich nach der Auskunft mit einem *tack så mycket* (sprich: tack sso mücke) und *hej, hej* verabschieden. Auch die Schweden freuen sich, wenn Touristen ein paar Wörtchen der Landessprache benutzen.

Übrigens, es ist nichts Besonderes in Schweden, jede/n zu duzen: Fassen Sie es also nicht als Missachtung oder gar Anbiederung auf, wenn Sie ein Fremder mit Du anspricht.

Arroganz ist ein rotes Tuch für fast alle Schweden. Von ihren/seinen Mitmenschen erwartet sie/er ein ruhiges und besonnenes Auftreten.

sis gegenüber der EU im eigenen Land geschürt. Die eigene EU-Ratspräsidentschaft im ersten Halbjahr 2001 trug jedoch dazu bei, die EU-Akzeptanz wiederum zu verbessern. Zudem scheint sich die Einführung des EURO, der sich Schweden bis dato NICHT angeschlossen hat, dank ihrer in den anderen Ländern sichtbaren Vorteile auch in Schweden vorteilhaft für die Union auszuwirken; ähnlich wie in Dänemark hat seitdem das Umdenken eingesetzt, haben die Befürworter Oberhand gewonnen. Trotzdem wird es noch ein paar Jahre dauern, bis die Umstellung von Krone auf Euro durchgeführt werden kann. Ein fester Termin ist noch nicht in Aussicht.

Auch ein (schlanker) Wohlfahrtsstaat hat seine Schattenseiten: Fast ein Trauma ist der unaufgeklärte MORD AN PREMIER PALME (1986), als die Polizei die Ermittlungsarbeiten mehr behinderte als vorantrieb. Die Umstände legen den Schluss nahe, dass die Behörden extrem vetrottelt oder dass Geheimdienste in das Geschehen verwickelt waren. Ähnlich ernüchternd war die Nachricht, dass vom neutralen Schweden aus mit stillschweigender Billigung der Behörden jahrelang Waffen in Krisenregionen exportiert worden waren. Nach Krise und Gewalt müssen die Schweden heute nicht mehr im Ausland Ausschau halten. Im Land hat sich eine stark gewaltbereite rechtsextreme Szene etabliert, die für einige Morde verantwortlich ist.

Trotz alledem besitzt Schweden zu Recht ein POSITIVES IMAGE im Ausland, nicht zuletzt dank seiner in der Gesamtheit relativ TOLERANTEN Gesellschaft, in der Gleichberechtigung weit reichend praktiziert wird und die in den vergangenen Jahren viele Menschen aus armen Staaten aufgenommen und sich um Integration bemüht hat. Und natürlich der wunderbaren Landschaft und Natur wegen: Wer nur einmal den schwedischen Sommer erlebt hat, sei es an der Küste, im småländischen Hochland oder in den stillen Weiten Mittel- und Nordschwedens, braucht keine Worte mehr, um die Faszination zu verstehen...

Unter Schwedens Schriftstellern befinden sich derzeit zahlreiche **KRIMI-ASSE**, das blieb selbst dem überschwemmten Buchmarkt in Deutschland nicht veborgen.
Einige der »Helden«, die mit den gefühllosen Alleskönnern früherer Jahre nicht mehr zu vergleichen sind, ermitteln im südlichen Schweden: Kurt WALLANDER, ihr berühmtester Vertreter aus der Feder von *Henning Mankell*, in und um Ystad; dort gehören heute »Wallander-Tours« zum touristischen Programm.
In GÖTEBORG müssen sich Irene Huss und ihre Kollegen (Autorin: *Helene Tursten)* und Erik Winter (Autor: *Åke Edwardson)* mit den Verbrechern auseinandersetzen.
Von diesen AutorInnen sind erschwingliche Taschenbuchausgaben erhältlich, ebenso wie von der hierzulande fleißig promoteten *Liza Marklund,* deren Krimis in Stockholm spielen.

Wörterkladde

> Das Anhängen des bestimmten Artikels an das Substantiv *(et* oder *en)* ist eine Spezialität der skandinavischen Sprachen. *Hav* heißt Meer sowie *havet* das Meer, *led* heißt Weg und *leden* der Weg. Viele schwedische Namen von Wanderwegen, Seen und anderen Lokalitäten beinhalten den angehängten Artikel. Doch statt aus »Skåneleden« in der Übersetzung »der Skåneled« zu machen, verwenden selbst Profis, die tagtäglich mit den skandinavischen Sprachen umgehen, stattdessen die vor Ort übliche Schreibweise, gebrauchen sie quasi als Eigennamen. Mit »der Skåneleden« kommt es vor Ort nicht zu Irritationen.

Zahlen

0	noll
1	ett
2	två
3	tre
4	fyra
5	fem
6	sex
7	sju
8	åtta
9	nio
10	tio
20	tjugo
100	hundra

Allgemeines

Guten Morgen! – *God morgon!*
Guten Tag! – *God dag!*
Hallo! – *hej!* (salopp)
Auf Wiedersehen! – *Adjö!*
Tschüss! – *Hejdå!*
Danke – *tack*
Bitteschön – *varsågod*
Entschuldigen Sie – *ursäkta*
nein – *nej*
Wann? – *när*
Wo? – *var*
geöffnet – *öppet/öppen*
geschlossen – *stängd/stängt*
rechts – *höger*
links – *vänster*
Arzt – *läkare*
Ausflug – *utflykt*
Ausgang – *utgång*
Bahnhof – *station*
Briefmarke – *frimärke*
Boot – *båt*
Dorf – *by*
Eingang – *ingång*
Fähre – *färja*
Fahrkarte/Eintrittskarte – *biljett*
Fahrplan – *tidtabell*
Fahrrad – *cykel*
Feiertag – *helgdag*
Feriendorf – *stugby, ferieby*
Ferienhaus – *stuga*
Feuerstelle – *eldplats*

Fremdenverkehrsamt – *turistbyrå*
Flugplatz – *flygplats*
Garten – *trädgård*
Gasse – *gränd*
Gebühr – *avgift*
gefährlich – *farlig*
Geld – *pengar*
Geschenk – *present*
Geschäft – *affär*
Hafen – *hamn*
Haus – *hus*
Homepage – *hemsida*
Kind – *barn*
Kinderspielplatz – *lekplats*
Kino – *bio*
Kirche – *kyrka*
Krankenhaus – *sjukhus*
Marktplatz – *torg*
Miete, mieten – *hyra*
Polizeistation – *policestation*
Rathaus – *rådhus*
Reisebüro – *resebyrå*
Sauna – *bastu*
Schiff – *båt*
Schule – *skola*
Schutzhütte – *rastskydd*
Sommerhaus – *sommerstuga*
Sehenswürdigkeit – *sevärdhet*
Straße – *gata*
Tankstelle – *bensinstation, mack*
Uhr – *klocka*
Urlaub – *semester*
Wanderweg – *vandringsled*
Warteschlange – *kö*
Yachthafen – *gästhamn*
Zeitung – *tidning*
Zeltplatz – *tältplats*
Zug – *tåg*

Zeitangaben

Tag – *dag*
Woche – *vecka*
Monat – *månad*
Jahr – *år*

Montag – *måndag*
Dienstag – *tisdag*
Mittwoch – *onsdag*
Donnerstag – *torsdag*
Freitag – *fredag*
Samstag – *lördag*
Sonntag – *söndag*

Frühling – *vår*
Sommer – *sommar*
Herbst – *höst*
Winter – *vinter*

Speisekarte

ALLGEMEIN
bezahlen – *betala*
Brot – *bröd*
Brötchen – *småfranska*
Butter – *smör*
Dessert – *efterrätt*
Ei – *ägg*
Eis – *glass*
essen – *äta*
Essig – *vinäger, ättika*
frisch – *färsk*
Gabel – *gaffel*
Landgasthof – *gästgivaregård*
gebraten – *stekt*
Gewürz – *krydda*
Glas – *glas*
Käse – *ost*

Knoblauch – *vitlök*
Kuchen/Kleingebäck – *kaka*
Löffel – *sked*
Meerrettich – *pepparrot*
Messer – *kniv*
Öl – *olja*
Pfeffer – *peppar*
Rechnung – *nota*
Salz – *salt*
sauer – *sur*
Schnellrestaur. – *snabbrestaurang*
Speisekarte – *matsedel*
Suppe – *soppa*
Speiseeis – *glass*
Streichholz – *tändsticka*
süß – *söt*
Tablett – *bricka*
Tagesgericht – *dagens rätt*
Tasse – *kopp*
Teller – *tallrik*
tiefgefroren – *djupfryst*
trinken – *dricka*
Weinkarte – *vinlista*

FLEISCH – KÖTT

Gehacktes – *köttfärs*
Kalbfleisch – *kalvkött*
Lamm / Hammelfleisch – *lammkött*
Leber – *lever*
Niere – *njure*
Rinderbrust – *oxbringa*
Rinderbraten – *oxstek*
Rippchen – *revbenspjäll*
Schinken – *skinka*
Schweinefleisch – *fläsk*
Wurst – *korv*
Zunge – *tunga*

GEFLÜGEL, WILD – FÅGEL, VILT

Bär – *björn*
Ente – *anka*
Elch – *älg*
Fasan – *fasan*
Gans – *gås*
Hähnchen – *kyckling*
Hase – *hare*
Hirsch – *hjort*
Kaninchen – *kanin*
Rebhuhn – *rapphöna*
Reh – *rådjur*
Rentier – *ren*
Schneehuhn – *ripa*
Strauß – *struts*
Taube – *duva*
Truthahn – *kalkon*
Wildschwein – *vildsvin*

FISCH – FISK

Aal – *ål*
Äsche – *harr*
Barsch – *aborre*
Dorsch – *torsk*
Forelle – *forell*
Hecht – *gädda*
Heilbutt – *hälleflundra*
Hering – sill, *strömming*
Krabben – *räkor*
Krebs – *kräfta*
Lachs – *lax*
Lachsforelle – *laxforell*
Maräne, Renke – *sik*
Renkenkaviar – *löjrom*
Saibling – *röding*
Scholle – *rödspätta*
Seeteufel – *marulk*
Seezunge – *sjötunga*
Steinbutt – *piggvar*
Zander – *gös*

GEMÜSE – GRÖNSAKER

Blumenkohl – *blomkål*
Bohne – *böna*
Erbse – *ärta*
Kartoffel – *potatis*
Kopfsalat – *grönsallad*
Möhre – *morot*

Petersilie – *persilja*
Pilz – *svamp*
Porree – *purjolök*
Rotkohl – *rödkål*
Rosenkohl – *brysselkål*
Zwiebeln – *lök*

OBST – FRUKT
Apfel – *äpple*
Apfelsine – *apelsin*
Birne – *päron*
Brombeere – *björnbär*
Erdbeere – *jordgubbe*
Heidelbeeren – *blåbär*
Himbeere – *hallon*
Johannisbeere – *vinbär*
Kirsche – *körsbär*
Multebeere – *hjortron*
Preiselbeere – *lingon*
Stachelbeere – *krusbär*
Walderdbeeren – *smultron*
Weintrauben – *vindruva*

GETRÄNKE – DRYCKER
Bier – *öl*
Fruchtsaft – *juice*
Kaffee – *kaffe*
Kakao – *choklad*
Limonade – *läskedryck*
Milch – *mjölk*
Mineralwasser – *mineralvatten*
Sahne – *grädde*
Sauermilch – *filmjölk*
Wasser – *vatten*

Geografische Begriffe

Norden – *norr*
Osten – *öster*
Süden – *söder*
Westen – *väster*
Bach – *bäck*
breit – *bred*
Brücke – *bro*
Bucht – *vik*
Deich – *damm*
Felswand – *klippbrant*
Fluss, Strom – *flod, å, älv*
Gebirge – *fjäll*
Gletscher – *jökel*
groß – *stor*
hoch – *hög*
Hügel – *kulle*
Insel – *ö*
klein – *liten*
kurz – *kort*
Küste – *kust*
Landzunge – *näs*
Landspitze – *udde*
mittel, zwischen – *mellan, mitt*
Meer – *hav*
Moor – *myr*
Mündung – *mynning*
niedrig, flach – *låg*
Schlucht – *ravin*
schmal – *smal*
See – *sjö*
steil – *brant*
Stromschnelle – *fors*
Teich, Weiher, Stausee – *damm*
Wald – *skog*
Waldsee – *tjärn*
Wasserfall – *fors*

AUF KRABBENFANG

Wenn die Krabbenkutter um Mitternacht den Hafen (in Strömstad) verlassen, haben der Skipper und sein Kollege bereits vor Stunden die Tagestour geplant und vorbereitet.

Das beginnt mit dem Bunkern von großen Eismengen, dem Abhören der Wetterberichte und dem davon abhängigen Für und Wider eines Fanggebiets. Ein paar Stunden Ruhe bleiben ihnen, bevor es hinaus geht, im Sommer wie im Winter, bei Starkwind oder Flaute, bei Regen oder Sonne. Das Boot nimmt Kurs auf das Fanggebiet, der Radarschirm wird kontrolliert und man sieht, dass man nicht alleine unterwegs ist. Nach ein paar Stunden hat der Trawler die Fanggründe erreicht und das Netz wird achteraus ins Wasser gelassen, während das Boot langsam Fahrt voraus macht. Jetzt beginnt das Schleppen. Die beiden Fischer wechseln sich ab: Während der eine das Netz beobachtet und die Instrumente kontrolliert, die Fahrtgeschwindigkeit, Wassertiefe, Windrichtung- und Geschwindigkeit angeben, kann der andere schlafen. Den Standort zeigt die elektronische Seekarte mit Hilfe von Satellitensignalen an. Nach sechs Stunden wird das Netz eingeholt, mit jedem Meter wächst die Spannung. War es ein guter Fang? Wenn nicht, wird das Netz ein zweites Mal geschleppt, diesmal auf einer anderen Wassertiefe, vielleicht bei 250 m. Die Krabben müssen lebend verarbeitet werden und sie leben nur eine Stunde. Eine Maschine sortiert die großen aus – die kleinen werden in der Konservenindustrie weiterverarbeitet – sie werden gekocht und in speziellen Kühlkästen abgekühlt. Danach werden sie in Kisten à 15 kg geschichtet und im Eis des Laderaumes vergraben. Der zweite und dritte Fang wird ebenso schnell verstaut, die Zeit drängt. Inzwischen ist es wieder Nacht geworden und morgens um 7 Uhr ist Auktion. Im Fischereihafen wird die Ladung gelöscht, gewogen und in der Fischhalle abgeliefert.

Jetzt beginnt die Arbeit des Auktionators und des Protokollführers. Die Waren werden in der Reihenfolge versteigert, in der sie eingegangen sind. Die Ausrufe mit Preisangaben per Kilo werden mit Nicken, Blinzeln, Schnalzen beantwortet, ja, jede Gesichtsveränderung kann ein Gebot bedeuten. Wer den Zuschlag erhält, muss außer dem gebotenen Preis noch »moms« (Mehrwertsteuer) und die Holzkiste dazu rechnen. Ab jetzt beginnt der Weg zum Verbraucher.

Übrigens, als Einkäufer dürfen nur von der Fischereiverwaltung anerkannte Grossisten oder Fischhändler auftreten.

Skåne/Schonen

Die Landschaft Skåne liegt wie ein Viereck am unteren Rand Schwedens, mit drei Küstenseiten, Dünen und Sandstränden oder Klippen und Schären. Schonen heißt die meisten Reisenden als ERSTE SCHWEDISCHE PROVINZ willkommen.

In grauer Vorzeit bestand eine Landverbindung mit Dänemark, die mit dem Abschmelzen des Inlandeises im Wasser versank. Verständlich also, dass die geologischen Verhältnisse Dänemark gleichen und man früher auch wirtschaftlich und politisch eher Kontakte mit dem dänischen Nachbarn suchte. Die Wasserstraße ÖRESUND war auch mehr BINDEGLIED als trennende Linie; durch den Sumpf und Urwald nach Norden gab es dagegen kaum Verbindungen.

Schonen war einst selbstständig, musste sich jedoch dem stärkeren Nachbarn Dänemark unterwerfen. Nur etwa 30 Jahre lang war der schwedische König *Magnus Smek* zwischendurch Herrscher über Skåne und Blekinge, bis *Valdemar Atterdag* 1360 Schonen wieder eroberte. Zu dieser Zeit wohnte man vorwiegend in kleinen Dörfern in der fruchtbaren Ebene. Viel Holz gab es in dieser Gegend nicht; man baute Fachwerk und füllte die Holzfächer mit Reisig und einem Halm-Lehm-Gemisch. Schutz vor dem Wind boten am besten die Viereckhöfe. Der König belohnte verdienstvolle Männer seines Reiches mit Lehen zur Bewirtschaftung: So entstanden die vielen Landsitze und Schlösser.

Das Jahr 1658 wurde von großer Bedeutung: DÄNEMARK VERLOR den Krieg und musste die südlichen Provinzen an Schweden abtreten. Wirklich Frieden war aber erst nach 1710. Dass Schonen einmal selbstständig und sogar ein eigenes Königreich war, daran erinnert die schonische Fahne: ein gelbes Kreuz auf rotem Grund. Die heutige Provinz unterteilt sich in die Regierungsbezirke *Malmöhus län* und *Kristianstads län* und diese beiden wiederum in weitere Gemeinden.

Schonen ist stark von Dänemark geprägt: Stadtgründungen, Kirchen und Schlösser, auch die dänisch gefärbte Aussprache tragen dazu bei. Auch der Charakter der Landschaft lässt eher Vergleiche mit Dänemark zu als mit dem übrigen Schweden. Die WEITEN LANDWIRTSCHAFTLICH GENUTZTEN FLÄCHEN – abgegrenzt von Kopfweidenreihen – sowie die REETGEDECKTEN FACHWERKHÄUSCHEN geben Skåne ein unverwechselbares Aussehen.

Diese südlichste Provinz ist der WICHTIGSTE NAHRUNGSMITTELLIEFERANT Schwedens: Getreide, Zuckerrüben, Gemüse, Vieh-, Milchwirtschaft, Gänse-, Hühner- und Truthahnfarmen – all das hat die Vorratskammer zu bieten. Im nordöstlichen Schonen, genannt ÖSTERLEN, bestimmen kleine Täler inmit-

Rekonstruktion der Wikingerburg Trelleborg (oben, siehe Seite 73); Kalkbrennöfen bei Smygehamn (siehe Seite 72 f.) ▶

ten rundlicher Hügel das Bild. Eine Obstplantage reiht sich an die andere, und in HÜBSCHEN FISCHERORTEN ist geräucherter Aal die Landesspezialität.

Aber Schonen besteht nicht nur aus Küstenregionen. Nicht zu vergessen sind die HÖHENZÜGE, Urgesteinsreste, die sich von Nordwesten nach Südosten ziehen. Die größten sind LINDERÖDSÅSEN, südlich von Degeberga, SÖDERÅSEN, östlich von Helsingborg, und HALLANDSÅSEN, der die Grenze zwischen Skåne und Halland bildet. Diese Höhenzüge sind landschaftlich ausgesprochen reizvoll, besonders typisch sind ihre BUCHENWÄLDER.

Im Nordosten liegen die BINNENSEEN Hammarsjön, Rabelövsjön, Oppmannasjön, der große See IVOSJÖN, an der Grenze zu Blekinge der See IMMELN mit seinen zahllosen Inselchen und im Landesinneren noch Ringsjön, Krankesjön, Vombsjön.

Das Land ist REICH AN WILD. Sie können hier durchaus einem Elch begegnen, und natürlich gibt es auch in den Wäldern wie an den Seen und Küsten ein vielfältiges Vogelleben.

Malmö

Malmö ist mit derzeit 258.000 Bürgern die drittgößte Stadt Schwedens und HAUPTSTADT der südschwedischen Landschaft Skåne (Schonen). Für nordeuropäische Verhältnisse ist Malmö fast schon eine südliche Stadt: Kopenhagen liegt vor der Tür (am anderen Ufer des Öresunds), und Kontinentaleuropa ist ÜBER DIE NEUE ÖRESUNDBRÜCKE OHNE FÄHRVERBINDUNG ZU ERREICHEN. Venedig liegt Malmö jedenfalls näher als das nordschwedische Kiruna...

Malmös Entwicklung hängt eng mit der günstigen Lage am Öresund zusammen. Im 13. und 14. Jh. stand die Stadt unter dem Einfluss deutscher Hansekaufleute, die hier Heringe einkauften und gegen mitteleuropäische Waren eintauschten. Skåne war zu dieser Zeit dänisch, und der Kampf zwischen Dänemark und Schweden um diese fruchtbare Provinz sollte in der Stadtgeschichte Malmös Spuren hinterlassen.

Rund 5.000 Einwohner hatte Malmö 1800 und war damit die sechstgrößte schwedische Stadt. Zum Signal des Aufschwungs war der Bau des Hafens geworden, mit dem man auf Initiative des Kaufmanns *Frans Suell* 1775 begonnen hatte. Im 19. Jh. folgte den verbesserten Verkehrswegen (Schiff, Eisenbahn) vermehrt gegründete Industriebetriebe.

Seit Sommer 2000 stellt das neue Brücken- und Tunnelband über den ÖRESUND den Anschluss an Kontinentaleuropa für Straße und Schiene her. Vom dänischen Kastrup auf der Insel Amager, in wenigen Minuten von Kopenhagens Zentrum mit öffentlichen Verkehrsmitteln zu erreichen, geht es zunächst durch einen 4.000 m langen Tunnel auf eine aufgeschüttete künstliche Insel und über die 7.845 m lange Hochbrücke hinüber nach Malmö.

Malmö ist Handels-, Industrie- und Messestadt ebenso wie das Verwaltungs- und Ausbildungszentrum Südwestschwedens: Das Oberlandesgericht, eine Pädagogische Hochschule, eine Musikhochschule sowie »The World Maritime University« mit einer erstklassigen Seefahrtsausbildung für Studenten aller Nationalitäten sind hier beheimatet.

Verglichen mit anderen Städten seiner Größenordnung ist Malmö eine freundliche Stadt, mit schönen Parks, einer teils ländlichen Umgebung sowie Angel-, Bade- und Wandermöglichkeiten in unmittelbarer Nähe. Touristen schätzen Malmö als Einkaufsstadt. Wer sich für Kultur und Geschichte interessiert, kommt auch auf seine Kosten.

INFORMATION

■ **MALMÖ TURISTBYRÅ**, Centralstation, Skeppsbron, SE–21120 Malmö, Tel. 040 – 341 200, Fax 431 209, www.malmo.se. Mo–Fr 9–17 Uhr, Sa 10–14 Uhr, Mai und September Mo–Fr 9–18 Uhr, Sa 10–15 Uhr, So 10–14 Uhr, 1.6.–31.8. Mo–Fr 9–20 Uhr, Sa+So 10–17 Uhr.

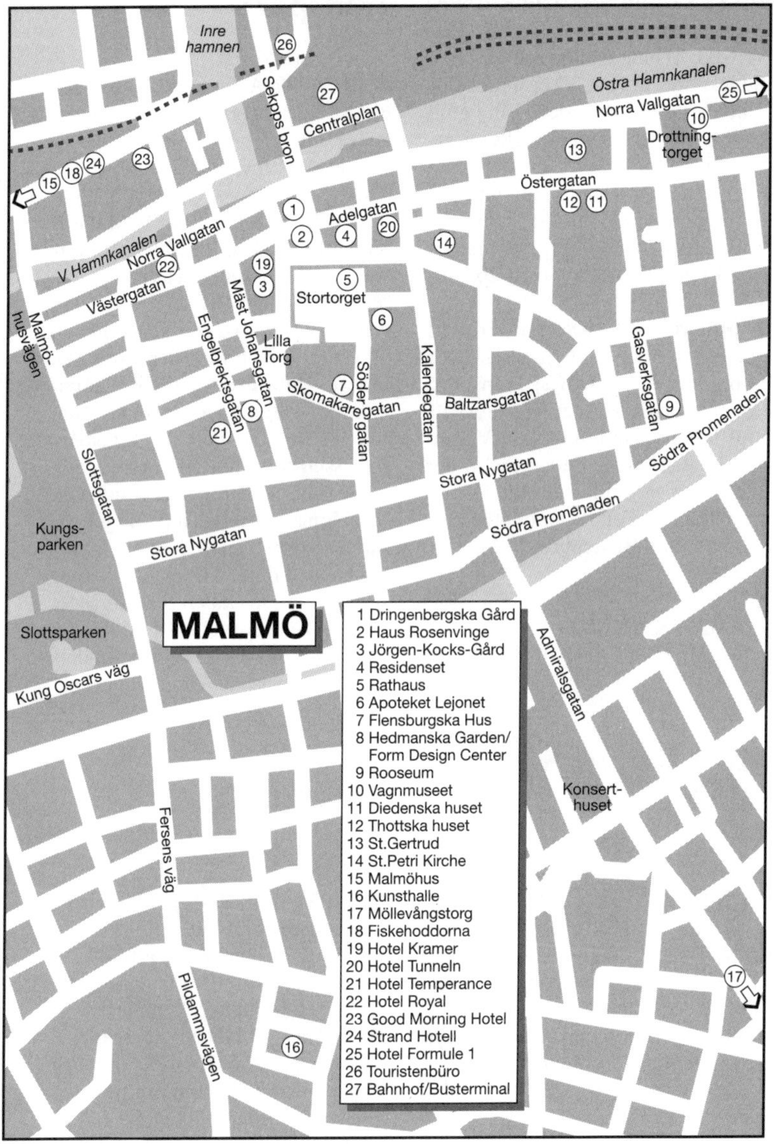

MALMÖ
Inre hamnen
Sekpps bron
Centralplan
Östra Hamnkanalen
Norra Vallgatan
Drottning-torget
Östergatan
Adelgatan
V Hamnkanalen
Norra Vallgatan
Västergatan
Malmö-husvägen
Mäst Johansgatan
Engelbrektsgatan
Stortorget
Lilla Torg
Skomakaregatan
Södergatan
Kalendegatan
Baltzarsgatan
Gasverksgatan
Södra Promenaden
Stora Nygatan
Slottsgatan
Kungs-parken
Slottsparken
Kung Oscars väg
Admiralsgatan
Konsert-huset
Fersens väg
Pildammsvägen
1 Dringenbergska Gård
2 Haus Rosenvinge
3 Jörgen-Kocks-Gård
4 Residenset
5 Rathaus
6 Apoteket Lejonet
7 Flensburgska Hus
8 Hedmanska Garden/ Form Design Center
9 Rooseum
10 Vagnmuseet
11 Diedenska huset
12 Thottska huset
13 St.Gertrud
14 St.Petri Kirche
15 Malmöhus
16 Kunsthalle
17 Möllevångstorg
18 Fiskehoddorna
19 Hotel Kramer
20 Hotel Tunneln
21 Hotel Temperance
22 Hotel Royal
23 Good Morning Hotel
24 Strand Hotell
25 Hotel Formule 1
26 Touristenbüro
27 Bahnhof/Busterminal

■ **SKÅNEGÅRDEN TURISTBYRÅ**, Öresundbrücke, Tel. 341 201, Fax 341 208. In einem alten schonischen Bauernhof, etwa 1,5 km hinter der Mautstelle in Schweden. Eine gute Gelegenheit sich mit aktuellen Karten, Broschüren etc. einzudecken oder eine Unterkunft zu buchen. Café vor Ort. Mo–Fr 9–17 Uhr, Sa+So 10–16 Uhr, Mai und September Mo–Fr 9–18 Uhr, Sa+So 10–16 Uhr, 1.6.–31.8. täglich 8–20 Uhr.

■ **MALMÖ THIS MONTH** informiert auf Schwedisch und Englisch über Shopping, Allgemeines, Transport, Sehenswertes, Museen, Restaurants und Hotels. Den aktuellen Veranstaltungskalender finden Sie in der Mitte, den Stadtplan der Innenstadt im vorderen Teil der monatlich erscheinenden Broschüre.

MALMÖ CARD (MC)

MALMÖKORTET erhalten Sie im Touristenbüro. Die Karte kostet für einen Tag für 120 SEK, für zwei Tage 150 und für drei Tage 180 SEK für einen Erwachsenen mit zwei Kindern (bis 16 Jahre). Es gelten diese VORTEILE: gratis parken auf städtischen Stell- und Parkplätzen, freie Busfahrten sowie freier Eintritt in die Malmö-Museen. Die Rundfahrt mit dem Bus 20 auf der Ringlinie zu einer Reihe Sehenswürdigkeiten in der Stadt (mit beliebigen Unterbrechungen, Broschüre vorhanden) ist ebenfalls gratis. Rabatte gelten für die Kunsthalle, das Malmö Sinfonieorchester u.v.a.

Transport

■ **BUS**: PRIMA ausgebautes lokales BUSNETZ, sehr gute Verbindungen zum Umland mit dem *Pågatågen.* – Busse: alle Linien ab Gustav Adolfs Torg, Bahnhof oder Norra Vallgatan. – TURISTBUSS: Bus 20, Malmös Ringlinie, täglich 10–20 Uhr, unterwegs im 10-Minuten-Takt.

■ **TAXI**: Einige Taxi-Unternehmen wie *Taxi Skåne* oder *TS Taxi* haben in Malmö Fixpreise. Richtpreis z.B. Malmö – Sturup ab 300 SEK, Hauptbahnhof – Stadion ab 75 SEK. Achten Sie auf die gelben Registrierungsschilder mit Telefonnummer. – Die Preisgestaltung der freien Unternehmer variiert. Tipp: Fragen Sie immer vorher nach dem Preis und lassen sich hinterher eine Quittung geben. Nur so haben Sie die Möglichkeit zu eventuellen Reklamationen, oder das Taxi wiederzufinden, falls Sie etwas vergessen haben.

Unterkunft

HOTELS

Wenn Sie DRINGEND ein Hotelzimmer suchen, hilft die Hotelzentrale: Mo–Fr 9–17 Uhr, Tel. 040 – 109 219, Fax 109 219, hotel@malmo.se, www.malmo.se/turist/hotell_malmo.

■ **HOTEL TUNNELN**, Adelgatan 4, Tel. 101 620. Fax 101 625, reception @mayfairtunneln.com, im Internet: www.mayfairtunneln.com. EZ ab 1.095/770, DZ ab 1.445/870 SEK.

Die Geschichte des Hauses reicht bis ins 15. Jh. zurück, als man dänische wie schwedische Könige beherbergte. Tradition und Fortschritt hat man miteinander verbunden. STILMÖBEL in den Zimmern, Antiquitäten und Kunstgegenstände schaffen das besondere Ambiente. Die IDEALE CITYLAGE macht das Hotel zum günstigen Startpunkt für viele Unternehmungen. Parkhaus vis-à-vis.

■ **HOTEL TEMPERANCE**, Engelbrektsgatan 16, Tel. 710 20, Fax 304 406, www.temperance.se. EZ ab 990/690 SEK, DZ ab 1.090/790 SEK.

Zentral gelegenes Hotel mit Stil und Atmosphäre in Privatbesitz. Die mit Stuck verzierten hohen Räume und Einrichtungen IM ENGLISCHEN STIL vermitteln etwas vom Flair der vorletzten Jahrhundertwende. Moderner KOMFORT – Waschmaschine, Trockner, Bügelzimmer im Keller gegen Gebühr. Parkgebühr 80 SEK. Im Restaurant mit internationaler Speisekarte auch Vegetarisches.

■ **HOTELL ROYAL**, Norra Vallgatan 94, Tel. 664 2500, Fax 127 712, www.hotellroyal.com. EZ 975/595 SEK, DZ 1.125/695 SEK.

Gästezimmer freundlich und hell eingerichtet. Das Frühstück wird bei schönem Wetter auch im Innenhof serviert. Von dem kleinen Hotel am nördlichen Wallgraben ist es nicht weit zum Bahnhof, zu den Luftkissenbooten nach Kopenhagen sowie zum Kungsparken mit Malmöhus.

■ **IBIS HOTEL MALMÖ CITY**, Citadellsvägen 4, Tel. 664 6250, Fax 664 6259, www.goodmorninghotels.se. EZ, DZ, auch 3-Bett-Zimmer für 680/575 SEK.

Zweckmäßige und freundlich eingerichtete Zimmer. Restaurant und Bar im Haus. Parkplatz kostenlos. An der Straße nach Limhamn, ähnliche KURZE WEGE wie beim Royal.

■ **HOTEL FORMULE 1**, Lundavägen 28, Tel. 930 580, Fax 183 640. Pro Person 250 SEK.

Sehr einfaches Hotel, kleine Zimmer mit einem Doppel- und einem Einzel-Etagenbett. Waschgelegenheit im Zimmer, Bad auf dem Flur. Frühstücksbuffet 30 SEK. Liegt am Rand des Zentrums, am Anfang der Schnellstraße zur E 6 nach Norden.

JUGENDHERBERGEN

In Malmö und Umgebung finden Sie Gästehäuser von STF, SVIF, KGS, sowie private Jugendherbergen. Die Standards variieren – schauen Sie sich die Zimmer und vor allem die sanitären Anlagen vorher an.

■ **STF VANDRARHEM**, Backavägen 18, Tel. 822 20, Fax 510 659. 9.1.–19.12. Pro Bett 185/90 SEK. Südlich der Innenstadt, zum Stortorget etwa 3 km, zur Brücke ca. 8 km. WC auf jedem Zimmer. Im Sommer Frühstücksbuffet. Parken frei.

■ **BOSSES GÄSTVÅNINGAR**, S.Förstadsgatan 110 B, SVIF, Tel. 326 250, Fax 326 256. Ganzjährig geöffnet. EZ, DZ, 3–4-Bett-Zimmer und zwei Familienzimmer, geräumig, p.P. 160 SEK. Küche für Selbstversorger. Großer Garten mit Grillplätzen. Nahe zu Zentrum und Parkanlagen.

CAMPING

■ **SIBBARP CAMPING**, Strandgatan, Tel. 155 615, Fax 159 777, Internet: www.camping.se/plats/M08. Ganzjährig geöffnet. – 300 Stellplätze ab 125, Hütten ab 390, Wohnwagen ab 230 SEK, Zimmer p.P. ab 210 SEK. 5 km südlich Malmös, in Sichtweite der Öresundbrücke am Wasser.

■ **LJUNGENS CAMPING**, Falsterbo, Tel. 471 132, Fax 470 955. Ende April bis Anfang Oktober. 400 Stellplätze à 130, Hütten ab 400 SEK. Am Wasser, Südseite Halbinsel Falsterbo.

Essen und Trinken

Skåne ist weithin bekannt für seine besonders gute Küche, REICHHALTIG und zum Teil DEFTIG. Heringsgerichte, Eierkuchen *(äggakaga) sowie* die sehr süße Versuchung *spiddekaga,* ein Gebilde aus Eiern und viel Zucker. Anfang Herbst geht es dem AAL an die Gurgel, im November ist die GANS dran. Tipp: sonntags in einem Landgasthof ein schonisches Buffet genießen.

FRUKOST OCH LUNCH

In vielen Restaurants und Bars gibt es eine preiswerte LUNCHKARTE oder DAGENS RÄTT – das Tagesgericht, oft aber nur bis 14 Uhr. In einigen Cafés gibt es Frühstück und zur Lunchzeit etwas für den kleinen Hunger, z.B. sandwiches, paj (english pie), Salate.

■ Bei den Malmöern besonders beliebt ist der Platz **LILLA TORGET** mit malerischen Fachwerkhäusern und vielen Speiselokalen. Ob schwedische oder internationale Küche, hier gibt es für jeden etwas, Lunch oder Dagens ab 60 SEK. Sobald die Witterung es im Frühjahr zulässt, werden große Schirme aufgespannt und so das Platzangebot vergrößert. Die Landbygatan ist für den Verkehr gesperrt und wird ins Restaurantleben mit einbezogen. An sonnigen Tagen schwirrt der Platz von Stimmengemurmel und Geschirrgeklapper.

Rund um Lilla Torget finden Sie das beliebte STEAKHOUSE, daneben INDIAN SIDE mit exotisch gewürzten Gerichten und relativ preisgünstig. Das IZAKAYA KOY ist bekannt für gutes Sushi. Auf der Landbygatan vor der Saluhall lockt RINALDOS mit leckeren Salaten und Pajs. JOHAN P ist ein prima Fischrestaurant, während B & B internationale Küche serviert. Das Eckrestaurant VICTORS gegenüber der Saluhall hat eine anerkannt gute Küche und die beliebte Cocktailbar PLYSCH. Im MOOSEHEAD schenkt man spezielle Biersorten aus und serviert thailändisch. ROMANS KROG in dem kleinen roten Haus an der Ostseite schätzen Liebhaber von Barbecue und Gyros.

■ **SALUHALLEN**, Lilla Torget, Ecke Landbygatan / Mäster Johansgatan, mit einer bunten Warenpalette von Lebensmitteln und lockenden DELIKATESSEN, RESTAURANTS UND CAFÉS DRINNEN UND DRAUSSEN.

LUNCH OCH DINER

■ **ÅRSTIDERNA**, KOCKSKA HUSET, Frans Suellsgatan 2 B, Tel. 230 910. Restaurant Mo–Fr 11.30–24 Uhr, Sa 13–24 Uhr. Skänken Mo–Fr 16–24 Uhr, Sa 16–1 Uhr. Mo–Fr 11.30–24 Uhr, Sa 17–24 Uhr. Lunch ab 75 SEK, à la carte ab 125 SEK. Kinder bis 12 Jahre essen zum halben Preis.

Malmö: Szenetreff auf Lilla Torget;
Die Öresundbrücke verbindet zusammen mit einem Tunnel Malmö mit Kopenhagen ▶

Das Backsteingebäude ist so etwas wie Kulturgeschichte. Es fungierte als Wein- und Käsehandlung, Gästehaus und eben als klassisches Restaurant. Seit einiger Zeit führen *Wilhelm* und *Marie Pieplow* das Årstiderna im Kocksa Huset. Hier vereinen sich Tradition von EXQUISITER SCHWEDISCHER KÜCHE mit französischen und italienischen Einflüssen. Zu entsprechender Jahreszeit stehen TYPISCH SCHONISCHE GERICHTE WIE AAL UND GANS auf der Karte. Man speist in den Backsteingewölben im Restaurant oder im rustikalen Skänken inklusive Bar, im SOMMER ABENDS IM ROMANTISCH BELEUCHTETEN INNENHOF, umgeben von alten Backsteingemäuern und rankendem Grün. Stolze Weinkarte.

■ **SKEPPSBRON 2**, Malmö Börshus, Skeppsbron 2, Tel. 306 202. Mo–Fr bis 23 Uhr. Sa 17–24 Uhr. Lunch à 65 SEK oder das Tagesgericht ab 70 SEK bis 15 Uhr, à la carte ab 135 SEK. Kinder 50 %.

Formidable schwedische Küche und Hausmannskost, italienisch inspiriert oder crossover, SPEZIALITÄTEN Fisch und Schalentiere. Slogan »Genuss für alle Sinne und für jedes Portemonnaie«. Fensterplätze der Glasveranda mit Kanal-Aussicht reservieren. Sommers wird auch draußen serviert. Kinderspielzimmer.

■ **TIMES BAR & RESTAURANT**, Södergatan 20, Tel. 693 607. Mo–Fr 12–24 Uhr, Sa, So 12–2 Uhr. Ab 65 SEK. Times Restaurant VALVET, Tel. 6934 632. Mo–Sa 18.30–24 Uhr, à la carte ab 118 SEK. Im Sommer wird auch draußen aufgetischt. – PIANOBAR, Di–Sa 22–3.30 Uhr.

Sightseeing

■ **BUSRUNDFAHRT**: Juni bis August ab Touristenbüro. 1,5 Stunden. MIT FÜHRUNG. – Die RINGLINIE 20 ist die Sightseeing-Linie. Prospekt mit Karte im Touristenbüro.

■ **BOOTSRUNDFAHRT**: von Mai bis September täglich 11–16 Uhr zu jeder vollen Stunde, Anlegeplatz am Kai gegenüber dem Hauptbahnhof vor dem Hotel Savoy. RUNDAN führt durch die KANÄLE und den INNEREN HAFEN. – Eine Bootsrundfahrt können Sie auch allein mit TRETBOOTEN (Kanaltreppe Södertull am Gustav Adolfs torg, täglich 11–19 Uhr).

■ **MUSEUMSSTRASSENBAHN**: Immer So fährt ein Wagen der Straßenbahn von 1928 vom Malmö Museum über Kungsparken zur Bibliothek.

Sehenswertes

GAMLA STAN

Malmös Altstadt umgeben Kanäle, die in ihrem Verlauf den ehemaligen Befestigungswällen entsprechen. Vor allem in den Vierteln rund um den Stortorget (um 1530), sind historische Häuser bewahrt. Kommen Sie mit auf eine kleine Stadtwanderung, die an der Ecke Hamngatan / Norra Vallgatan beginnt.

■ **DRINGENBERGSKA GÅRD**, Norra Vallgatan/Västergatan, weist mehr als 500 JAHRE GESCHICHTE auf. Die Reste von vier Häusern (1400–1800) hat man 1964 restauriert.

■ **HAUS ROSENVINGE**, Västergatan 5 (um 1534) hat schon vieles gesehen. Es hat als Herberge für Söldner und zur schlimmsten Zeit Malmös als Pestkrankenhaus gedient. Trotzdem sind hier Reste der angeblich ältesten Papiertapete Nordeuropas (etwa 1570) zu betrachten.

■ Um 1530 wurde **STORTORGET**, DER GROSSE MARKT, angelegt.

Die Statue zeigt den streitbaren König *Karl X. Gustav* zu Pferde, der 1658 die Provinzen Schonen, Blekinge und Halland eroberte. Der deutsch-schwedische Pfalzgraf, den Königin Christina zum Thronfolger ernannte, als sie zum Katholizismus übertrat, regierte nur sechs Jahre; er starb 1660.

■ Bei dem **JÖRGEN-KOCKS-GÅRD**, Frans Suellsgatan/Stortorget, handelt es sich um einen gut erhaltenen SPÄTGOTISCHEN GEBÄUDEKOMPLEX (1522–25), der einst – wie auch das Rathaus – für Bürgermeister *Jörgen Kock* erbaut worden war. Von der ursprünglichen Anlage stehen drei Häuser, so das Eckhaus zum Marktplatz hin, in dem Kock wohnte und repräsentierte (in den Kellergewölben das Restaurant *Årstiderna).*

■ **RESIDENSET**, die Residenz an der Nordseite von Stortorget, entstand 1730 aus zwei Häusern des 16. Jhs., um dem Regierungspräsidenten einen würdigen Amtssitz zu stellen. – Sein heutiges Aussehen erhielt das Gebäude Mitte des 19. Jhs.

■ Das **RATHAUS**, 1546 erbaut und danach oft verändert, wurde 1864 im holländischen Renaissancestil umgebaut. Es ist DAS HERAUSRAGENDE GEBÄUDE am Stortorg. Eindrucksvoll ist der historische KNUTSSAAL, ein Versammlungsraum.

■ **APOTEKET LEJONET**, Stortorget 8, ist die ÄLTESTE APOTHEKE Malmös (1571). Das Gebäude ist weniger alt und entstand während der vorletzten Jahrhundertwende. Die prachtvolle Fassade mit reliefgeschmückten Balkonen und Erkern passt sich gut in das Bild von Stortorget ein. Die Inneneinrichtung dominiert in Eiche und Walnuss; von der Decke blicken GOLDENE LÖWEN herab.

■ Vom Stortorget führt die Shoppingzeile SÖDERGATAN als Fußgängerzone zum Gustav Adolfs Torg.

Das **FLENSBURGSKA HUS** im holländischen Renaissancestil (1590) steht an der Ecke Södergatan / Skomakaregatan.

■ Die Skomakaregatan trifft auf **LILLA TORGET**. DER KLEINE MARKT wurde um 1590 angelegt, als Stortorget dem zunehmenden Handel vor Ort nicht mehr gewachsen war. Die Saluhall, eine Verkaufshalle für Lebensmittel, mit Speiselokalen und Cafés, wurde 1981 an der Nordseite des Platzes eingeweiht. – Rings um den gepflasterten Marktplatz stehen einige schöne Häuser aus dem 17. und 18. Jh. So das Fachwerkhaus FAXESKA GÅRDEN (um 1760). – Oder EKSTRÖMSKA HUS (1720). – Aus vier Häusern besteht das ehemalige Handelshaus HEDMANSKA GÅRDEN. Es beherbergt Läden, Werkstätten und Räume für allerlei Aktivitäten.

■ Hervorzuheben im Hedmanska Gården ist die Design- und Kunstgewerbeausstellung **FORM DESIGN CENTER** (Möbel, Textilien, Keramik, Glaswaren, Modeartikel).

■ Wir gehen die Skomakaregatan zurück und auf der Södergatan bis zur STORA NYGATAN, einer großen Geschäftsstraße.

Die Fußgängerzone mit Geschäften setzt sich auf der anderen Seite des Gustav Adolfs torg fort, überquert Davids Halls Bron und Drottninggatan und führt die Södra Förstadsgatan entlang bis TRIANGELN, einem Zentrum mit 60 Geschäften.

Wir folgen der Stora Nygatan nach links bis zur GASVERKSGATAN, wo die nächste Attraktion wartet: **ROOSEUM**, Gasverksgatan 22, Tel. 121 716, www.rooseum.se. 1.4.–1.10. Di–So 11–17, Do bis 20 Uhr, Führungen: Do um 18.30, Sa+So um 14 Uhr. *Frederik Roos* richtete in dem früheren Elektrizitätswerk eine private KUNSTHALLE ein. Die modernen Exponate fügen sich gut in die robuste Architektur der Werkhallen ein. Über SONDERAUSSTELLUNGEN informiert das Touristenbüro.

■ Entlang der Östergatan erreicht man **KVARTERET ST. GERTRUD**, das St. Gertruds-Viertel mit 19 Gebäuden, die teilweise bis zu 450 Jahre alt sind und während der 1970er Jahre vorbildlich restauriert wurden. Das älteste Gebäude des Viertels ist das NIELS KUNTZES HUS. – Auf der anderen Seite der Östergatan sehen Sie zwei gut erhaltene Fachwerkgebäude: DIEDENSKA HUSET (um 1620) sowie THOTTSKA HUSET, das älteste Fachwerkhaus der Stadt (1558).

■ Geht man die Östergatan weiter, gelangt man zum letzten Punkt der Stadtwanderung, der **ST. PETRI KIRCHE** aus dem 14. Jh., hinter dem Rathaus. Sie ist das älteste Gebäude der Stadt. Ihre große Ähnlichkeit mit norddeutschen Gotik-Kirchen (zum Beispiel der Marien-Kirche in Lübeck) zeugt vom Einfluss der deutschen Hansekaufleute im mittelalterlichen Malmö. Beachtenswert im Inneren sind der 15 m hohe, geschnitzte Hochaltar (1611) und die Kanzel (1599). Die sogenannte Krämer-Kapelle entstand 1460; sie entging einer Restaurierung um 1850, weshalb die einzigartigen FRESKEN AN DECKEN UND WÄNDEN der Nachwelt erhalten blieben.

SLOTTSSTADEN: MALMÖHUS

Das Schloss Malmöhus, im Westen der Altstadt, ist eine Festung von 1536–42, die aus einem Kastell entstand, das 1434 für *Erik von Pommern* erbaut worden war. Die Burg diente als dänischer Stützpunkt im umkämpften Skåne; später war sie ein wichtiger Teil des schwedischen Verteidigungssystems. Es trug dazu bei, dass der dänische Angriff 1677 zurückgeschlagen werden konnte.

Malmöhus verfiel im 18. Jh. und fungierte 1828–1914 als Gefängnis.

Nach einer gründlichen Restaurierung beherbergt es seit 1937 die MALMÖER MUSEEN, Malmöhusvägen, Tel. 344 400. Geöffnet 1.6.–31.8. täglich 10–16 Uhr, sonst 12–16 Uhr. Eintritt 40/10 SEK. Sie bestehen aus diversen Abteilungen:

■ Das **STADTMUSEUM** schildert die Entstehung Malmös und dessen dänisch-schwedische Geschichte anhand von archäologischen Sammlungen und Modellen. Zu erwähnen sind die textile und die völkerkundliche Sammlung.

■ Das **MUSEUM FÜR NATURKUNDE** stellt die Welt der nordischen Säugetiere und Vögel vor, wobei es den vom Aussterben bedrohten Arten besondere Beachtung schenkt. In den Aquarien und Terrarien tummeln sich vor allem schwedische Fische und Nachttiere; einige Protagonisten gehören zum WWF-RETTUNGSPROJEKT BEDROHTE TIERWELT.

■ Das **KUNSTMUSEUM** präsentiert Gemälde nationaler und internationaler Künstler verschiedener Epochen, dazu Wander- sowie Kunsthandwerksausstellungen. Im Skovgaardssalen prunkt die angeblich älteste noch spielbare Orgel (15. Jh).

■ **TEKNIK- OCH SJÖFARTSMUSEET** – auf der anderen Straßenseite: Werkzeuge, Maschinen, Fahrzeuge und andere Exponate dokumentieren im TECHNIKMUSEUM wissenschaftlich-technischen Fortschritt. Das SEEFAHRTSMUSEUM informiert über die Entwicklung der Häfen in Skåne, über Leuchtfeuer und Fährverkehr. Auch ein U-Boot ist zu besichtigen. Daneben werden die neuesten Erkenntnisse in See- und Luftfahrtforschung vorgestellt. Experimentier-Freudige versuchen sich im KUNSKAPSTIVOLI.

SLOTTSSTADEN: PARKS

■ Hinter dem Wallgraben der Festung Malmöhus schließen sich an: **KUNGSPARKEN** mit Spazierwegen und einigen exotischen Bäumen, und, durch den Parkkanal getrennt, **SLOTTSPARKEN** mit seinen einladenden Rasenflächen, die sich gut für ein Picknick eignen. Vom Café des Schlossgartens mit seinen Pflanzenkulturen blickt man auf SLOTTSMÖLLAN, eine Holländermühle von 1850. Ein Teich bringt Abwechslung in die grünen Flächen, beliebt bei Entenvögeln und Co.

■ Im weiten **PILDAMMSPARK** am Pildammsväg gedeihen neben unzähligen Blumen und anderen Pflanzen über 200.000 Bäume, erschlossen durch HERRLICHE SPAZIERWEGE. Der Ursprung dieser größten Parkanlage Schwedens geht auf die »Baltische Ausstellung« 1914 zurück. Zu den Attraktionen zählen die große BLUMENSTRASSE, Königin *Sylvias* ROSENGARTEN und die Vogelteiche. Die FREILICHTBÜHNE am Margareta paviljong ist im Sommer Schauplatz für Theater, Tanz und Konzerte.

■ **KUNSTHALLE**, S:t Johannesgatan 7, Tel. 341 293. Mo–Fr 11–14 Uhr.

Schwedische und internationale ZEITGENÖSSISCHE KUNST. Mehrere wechselnde Ausstellungen im Jahr.

■ **RESTAURANTS IM GRÜNEN**: *Margareta Paviljongen* und *Olgas*.

Ausflüge

■ Ein schönes Ausflugsziel mit guten Bademöglichkeiten ist der Südwestzipfel Skånes mit den Ferienorten Höllviken, Ljunghusen und dem Doppelort **SKANÖR-FALSTERBO**. Die Landzunge entstand aus Sandablagerungen um einen Moränenkern. Urlauber finden hier Erholung ebenso wie Aktivität aller Art. Dünen und lange, flach ins Wasser abfallende weiße Sandstrände, Heide und Strandwiesen mit artenreicher Flora; Ornithologen begeistert die Vielfalt der Vogelwelt; Scharen der Zugvögel sind von Ende August bis in den Oktober hinein unterwegs. Das Museumsdorf FOTEVIKEN lässt das Leben der Wikinger so um 1135 wieder aufleben, inklusive Gelagen, Übernachtungsmöglichkeiten etc. – Auch das FALSTERBO MUSEUM befasst sich mit der Geschichte, und in der Ruine von FALSTERBOHUS kann man sich mit ein wenig Fantasie ausmalen, wie die Unionskönigin Margrethe I. bei ihren Besuchen ausländische Gesandte empfing.

KUNSTHANDWERKER der Region – Maler, Bildhauer, Schmuck, bekannt der Bernsteinschmuck von *Leif Brost* im BERNSTEINMUSEUM Kämpinge – lassen sich vielerorts über die Schulter schauen. Unterkunft und Gaststätten sind reichlich vorhanden.

Information: *Falsterbonäsets Turistbyrå,* Östra Hamnplan 2 (Falsterbokanal), Höllviken, Tel. 425 454, Fax 452 385, www.vellinge.se/turist. Im Sommer Mo–Fr 9–18 Uhr, Sa+So 10–16 Uhr, sonst Mo–Fr 10–15 Uhr.

■ Ausflüge rund um den **ÖRESUND** macht die Öresund-runt-Karte lukrativer (199 SEK).

Unterhaltung

MUSIK UND SPASS

■ Das Sinfonieorchester von Südschweden hat sein Podium im **KONZERTHAUS**, Amiralsgatan (1986). International anerkannte Dirigenten und Solisten gastieren hier. Schauen Sie in den Veranstaltungskalender des Konzerthauses.

■ In diesem Rahmen seien auch die Konzerte in der **MUSIKHOCHSCHULE** erwähnt! (Ystadsvägen 25)

■ **MALMÖ-PARKEN**, Amiralsgatan 35. Etwa 1.5.–20.8. Mo–Fr 11–18 Uhr, Sa+So 12–18 Uhr, Vor- und Nachsaison nur Sa+So. Das Tivoli seinen Schaustellern und Artisten, Clowns, dem Puppentheater, Mini-Zoo, Terrarium u.v.a. ist DIE VERGNÜGUNGSSTÄTTE der Malmöer.

PUBS

■ **CENTRALENS RESTAURANG**, Centralstation, Tel. 766 80. Malmös ÄLTESTER PUB. Tanz bis 2 Uhr früh.

■ **THE PICKWICK PUB**, Malmborgsgatan 5, Tel. 233 266. Ein Pub, bei dem nicht nur das Personal VON DER INSEL stammt. Die Stimmung ist gut, das Bier fließt aus Flasche und Fass. Der Slogan: Den besten englischen Club findet man in Malmö. Täglich von 16–2 Uhr.

BAR UND TANZ

■ **KLUBB PLYSCH**, Lilla Torg 1, Tel. 127 670. In fünf unterschiedlich eingerichteten Räumen lässt man sich VERWÖHNEN – mit Champagner oder einem Spezial-Cocktail gemixt von WEIBLICHEN BARKEEPERN und lauscht angenehmer Musik von gestern und heute.

■ **CROWN NIGHT CLUB**, Amiralsgatan 19, Tel. 6118 088. Di NOSTALGISCHE NACHT, Mi Eintritt frei.

■ **RESTAURANG STADT**, Hamburgsgatan 7, Tel. 122 221. Di–Sa

20–2 Uhr, Tanz ab 21 Uhr. Tanzlokal für die REIFERE JUGEND AB 30, Sakko und Schlips statt Jeans.

■ **MATTSONS**, Göran Olsgatan 1 (gegenüber S:t Petrikirche), Tel. 232 756. FREITAGS TANZ, sonst ein typisches Jazzlokal mit Live-Auftritten. Eintritt.

■ **SCHWULEN/LESBENTREFF** *Indigo*, Monbijougatan 15, Tel. 6119 962. Pub und Café am Mi 21–24 Uhr, Fr+ Sa 22–2 Uhr, am 1. Sa im Monat nur Frauen.

Shopping

Die Shoppingstraßen und Einkaufszentren liegen relativ nah beieinander. Die Fußgängerzone SÖDERGATAN führt vom Stortorget zum Gustav Adolfs torg und weiter über die Södra Förstadsgatan zu Triangeln. In der Altstadt gehören die SKOMAKAREGATAN am Lilla Torg und die sich anschließende BALTZARSGATAN noch zu den verkehrsfreien Zonen.

Zu den KONSUMTEMPELN zählen *Gallerian, Hansacompagniet, Åhléns, Duka, Caroli City, Triangeln* und *Kronprinsen*. KLEINERE LÄDEN konzentrieren sich am Davidshallstorg. HÖKERIET, Lilla Torget, ist wie ein alter KAUFMANNSLADEN eingerichtet und einen Besuch wert.

MÄRKTE

■ **MÖLLEVÅNGSTORG**, Södra Förstadsgatan/Bergsgatan südlich der Innenstadt. Der Wochenmarkt für Kräuter und Früchte, Gemüse und Blumen, auch für Nicht-Käufer ein GENUSS VON FARBEN UND DÜFTEN. Kleine Geschäften und Restaurants internationaler Herkunft sind rund um den Marktplatz gruppiert.

■ **FISKEHODDORNA**, am Citadellhafen. Hier kauft der Kenner FISCH AUS DEM FANG der letzten Nacht.

■ **FLOHMÄRKTE**: Diese kuriosen Märkte finden sonntags auf Stortorget, mittwochs an der Södra Promenaden oder dienstags und samstags im Folkets Park statt.

Verschiedenes

■ **ANGELN**: Angelkarten sind für den VOMBSJÖ (Aal, Zander, Hecht und Barsch) und für BJÖRKADAMM sowie SALLERUPSDAMM erhältlich (Forelle, Lachs, Saibling). – Angeln kann man im Öresund. Das ganze Jahr über (sofern das Wetter es zulässt) fahren von Mittwoch bis Sonntag FISCHKUTTER zu vierstündigen Touren aufs Meer; die Angelausrüstung kann man an Bord mieten. Abfahrt vom Hjälmarekaj (Di–Fr) oder in Limhamn, im Norra Hamn an der Barlastgatan (Di–So).

■ **BADEN**: Die Sandstrände bei RIBERSBORG, SIBBARP und KLAGSHAMN, in der Umgebung Malmös, sind insgesamt rund 7 km lang.

■ **RAD FAHREN**: Im Bereich von Malmö gibt es ein großes Netz von Radwegen – die flache Landschaft eignet sich gut für Radtouren. Tipps und Fahrradkarten über Malmö und Skåne im Touristenbüro.

■ **WANDERN**: im FREIZEITGEBIET BOKSKOGEN, 15 km südöstlich vom Stadtkern entfernt; hier beginnt der Fernwanderweg Skåneleden. Karten (4/6 Etappen) im Touristenbüro.
■ **VERANSTALTUNGEN**: Das MALMÖ FESTIVAL beginnt am 2. Augustwochenende und dauert von Fr bis Fr. Den Auftakt bildet ein großes, typisch schwedisches KREBSESSEN.
■ **POSTAMT**: Skeppsbron 1. Mo–Fr 9–18 Uhr.
■ **ÄRZTLICHE VERSORGUNG**: *Malmö Allmänna Sjukhus* (Krankenhaus), S. Förstadsgatan 101, Eingang 36, Tel. 331 180. – Zahnarzt täglich 7–22 Uhr, Tel. 331 000.

Weiterreise

■ **SCHIFF**: mit dem Luftkissenboot Pilen von *Flygbåtar Scandlines* von Malmö nach Kopenhagen; einfache Fahrt 35/17,50 SEK, www.pilen.se. Fähren international ab Trelleborg.
■ **FLUGZEUG**: Flughafen Malmö-Sturup, Tel. 613 1100.
■ **BAHN**: Im Hauptbahnhof Malmö am Centralplan gibt es einen Ruheraum, 15 SEK/Std., Dusche 20 SEK. In der Bahnhofshalle im roten Klinker finden Sie außer der Informationshalle diverse Läden, eine Cafétéria beim Press-byrå (hier Durchgang zum Touristenbüro), die Wechselstube *Forex* und ein Restaurant mit Pub.

SJ fährt 16x täglich Richtung Stockholm und 12x Richtung Göteborg. – Die regionalen Züge *Pågatågen* verkehren nach Lund, Helsingborg, Bjuv, Landskrona, Eslöv, Höör, Ystad und Simrisham; Fahrkarten hierzu im Automaten. – *Öresundtåget* fährt im 20-Minuten-Takt nach KOPENHAGEN, Dauer 21 Min., Ticket einfach 70 SEK.
■ **BUS**: Neben dem dichten lokalen Busnetz verkehren Schnellbusse und Wochenendbusse. – *Länsbuss:* alle Linien ab Hauptbahnhof.
■ **AUTO**: **NACH KOPENHAGEN** auf der Autobahn Europastraße 20 über die ÖRESUNDBRÜCKE (Pkw einfache Fahrt 255 SEK).

NACH HELSINGBORG auf der Autobahn E 6. Unterwegs empfiehlt sich der Abstecher an die Küste nach Landskrona und zur Insel Ven (siehe unter »Helsingborg, Ausflüge«).

NACH LUND und **KRISTIANSTAD** am schnellsten auf der E 22.

NACH YSTAD flott über die E 65, erlebnisreicher aber auf der E 6 bis Trelleborg und weiter auf der Str. 9 nahe der Küste. In der per Fähre mit Travemünde verbundenen Hafenstadt TRELLEBORG interessiert Touristen vor allem die gleichnamige Wikingerburg (siehe Kastentext). – In **SMYGEHAMN** erreicht man den SÜDLICHSTEN PUNKT SCHWEDENS, das Smygehuk (55°20'). Die Entfernung bis zum Nordende Schwedens beträgt ab hier 1.570 km Luftlinie. 1657 bestand dieser Ort nur aus drei Häusern; hundert Jahre später war durch Fischerei und Handel ein lebhaftes kleines Dorf entstanden. Das KÖPMANSMAGASIN wurde um 1810 von Kaufleuten aus Ystad und Malmö errichtet. Im 19. und zu An-

Die Bezeichnung **TRELLEBORG** ist ein fester Begriff unter den Archäologen, der in den 1930er Jahren mit der Entdeckung der ersten Wikingerburg auf Seeland entstand. Der Ort Trelleborg, damals zum dänischen Reich gehörend, verdankt seinen Namen einer Verteidigungsanlage, deren Existenz erst vor einigen Jahren entdeckt wurde. Ein Teil der alten Wikingerburg ist mit viel Arbeit, dank wissenschaftlicher Erkenntnisse sowie ein bisschen Fantasie an der Fundstelle rekonstruiert worden. Seit 1995 bereichert die Palisadenanlage das Stadtbild.
Man nimmt an, dass an dieser Stelle schon um 600 eine Befestigungsanlage bestand. Bauherr dieses um 980 erweiterten Bollwerks war der dänische König *Harald Blåtand.* Die Ringanlage besaß einen Durchmesser von 140 m innerhalb der Palisaden aus gespaltenen Eichenstämmen und einen 13 m breiten und 4 m hohen Erdwall. Nach außen sicherte sie ein Wallgraben. In allen vier Himmelsrichtungen befanden sich Pforten zum Innenraum. Spuren von Häusern wurden im Inneren nicht gefunden. Das LANGHAUS, das dort auf seinem ursprünglichen Platz rekonstruiert wurde, entstand wahrscheinlich Anfang des 13. Jahrhunderts.
Die Anlage befindet sich Bryggaregatan /Västra Vallgatan (nördlich des Fährhafens). Im Sommer zahlreiche Veranstaltungen, das aktuelle Programm gibt's im Touristenbüro. Medeltidshus & Café 1.6.–31.8. HANDWERK DER WIKINGERZEIT, ca. 15.6.–31.8.: Spinnen, Töpfern, Schmieden.... Besucher dürfen Handwerkliches nach Wikingerart herstellen oder sich an sportlichen Spielen erproben. Führungen in deutscher Sprache von Mitte Juni bis Ende August um 13 und 15 Uhr.

fang des 20. Jhs. war der Ort auch Umschlagplatz für Schmuggelware. Die Großsegler lagen weit draußen auf Reede, und im Schutz der Dunkelheit wurden die Waren in kleinen Ruderbooten an Land gebracht und verschwanden hinter den Mauern des Magazins. – Heute finden in dem Lagerhaus Ausstellungen statt, und es wird mit KUNST UND KUNSTGEWERBE gehandelt. Ein Infostelle und ein Café sind dort auch beheimatet. Wer will, lässt sich den Besuch der Südspitze Schwedens mit dem SMYGECERTIFIKAT dokumentieren. Anfang Juni bis Mitte August täglich 10–18 Uhr. VERANSTALTUNGEN im Magazin: MITTSOMMER mit Tanz. – Anfang Juli SPELMANNSSTÄMMA, Folklore und Trachten. Der Leuchtturm **SMYGEHUKS FYR** (1883) wies bis 1975 Schiffen ihren Weg, bis die Aufgabe das automatische Feuer Kullagrund übernahm. Heute kann man von dem 17 m hohen Leuchtturm das Umland betrachten. Das ALTE WASCHHAUS nennt sich »Kapten Brinks Kajüte«, in der martime Sammelstücke zu sehen sind. In das alte Leuchtturmwärterhaus zog eine Jugendherberge ein.

Lund

Lund ist das ALTE KULTURELLE UND KIRCHLICHE ZENTRUM des südlichen Schwedens. Schonens älteste Stadt wurde im Jahr 1020 durch König *Knut den Großen* gegründet. Bereits 1060 wurde Lund Bischofssitz; ab 1103 residierte hier der Erzbischof für alle nordischen Länder, auch für das schwedische Uppsala, das 1164 Bistum geworden war – Lund war KLEIN-ROM FÜR DEN NORDEN und zunächst die bedeutendste Stadt des dänischen Reiches.

Erst als sich Kopenhagen zur dänischen Hauptstadt entwickelte, verlor Lund an Geltung, blieb zwar im Mittelalter eine kulturelle und geistliche Hochburg, wurde ökonomisch jedoch von der Hafenstadt Malmö überholt. Anfang des 14. Jhs. hatte Lund nicht weniger als 27 Kirchen und sieben Klöster. Der Blütezeit ein Ende setzten sowohl die schwedisch-dänischen Kriege als auch die Reformation, die zur AUFLÖSUNG DES ERZBISTUMS führte. Mit Lund, das 1658 schwedisch wurde, ging es bergab, obwohl es 1668 noch zu der Gründung einer Universität kam.

Mitte des 19. Jahrhunderts erhielt die Stadt die Eisenbahnverbindung, eine wichtige Voraussetzung für die industrielle Entwicklung und damit wirtschaftliche Impulse. Lund entwickelte sich zu einer beliebten Universitätsstadt. Die Kooperation von Universität und Wirtschaft setzt den Schwerpunkt auf Hochtechnologie.

Innerhalb der Gemeindegrenzen verteilen sich nicht weniger als dreizehn NATURSCHUTZGEBIETE und ein Nationalpark. Zudem gibt es in der Gemeinde eine Reihe interessanter Bauwerke und Museen zu sehen.

INFORMATION

■ **TURISTBYRÅ LUND**, Kyrkogatan 11, Box 41, SE–22222 Lund, Tel. 046 –355 040, Fax 125 963, turistbyran@lund.se, www.lund.se. 1.6.–31.8. Mo–Fr 10–18 Uhr, Sa, So 10–14 Uhr, sonst Mo–Fr 10–17 Uhr, Mai und September auch Sa 10–14 Uhr. Gegenüber vom Dom.

■ Das kleine schwedisch- und englischsprachige Heft **I LUND** erscheint monatlich. Es enthält neben allgemeinen Informationen Kapitel zu Transport, Kirchen, Museen und anderen Sehenswürdigkeiten. In der Mitte des Heftes ist ein Stadtplan. Danach informieren die gelben Seiten über Ausstellungen und Veranstaltungen; die letzten Seiten sind Hotels und Restaurants gewidmet.

Unterkunft

Die Vermittlungsgebühr im Touristenbüro beträgt 50 SEK.

■ **HOTEL CONCORDIA**, Stålbrogatan 1, Tel. 135 050, Fax 137 422. EZ ab 995/645, DZ ab 1.495/795 SEK.

Das mehr als 100 Jahre alte Haus wurde BEHUTSAM RENOVIERT und offeriert verschiedene Zimmer in Form, Größe und Farbe. Schön ist der Garten im Hof. Zentral gelegen.

■ **GOOD MORNING HOTEL**, Förhandlingsvägen 4, Tel. 313 630, Fax 307 684. Zimmer 645/495 SEK. 3 km zum Zentrum, Bus 400 m.

■ **BED & BREAKFAST** bucht das Turistbyrå für Sie. Bett pro Person um 175 SEK, Buchungsgebühr 50 SEK.

■ **STF VANDRARHEM TÅGET**, Väaregatan 22, Bjeredsparken, Tel. 142 820, Fax 320 568. Etwa 10.1.–15.12. Pro Person 150/80 SEK. Sechs frühere EISENBAHNWAGGONS fungieren ALS SCHLAFWAGEN. Toilettenwagen mit Duschen, Caféwagen, Empfangswagen: Aufenthaltsraum.

■ **KÄLLBY BAD & CAMPING**, Badarevägen, Tel. 355 188, Fax 128 038. Anfang Juni bis Mitte August. Kleiner Kurzzeit-Campingplatz mit 45 Stellplätzen à 160 SEK; direkt neben dem Freibad im Stadtteil Klostergården, sw von Lund.

Essen und Trinken

■ **RESTAURANG BELLMAN**, Östra Mårtensgatan 6, Tel. 158 357. Mo–Fr und So 11–23 Uhr, Sa 11–1 Uhr.

In dem RUSTIKAL eingerichteten Restaurant isst man PREISGÜNSTIG SCHWEDISCHE KÜCHE ab 45 SEK.

■ **RESTAURANG BROMANS**, Ecke Magle L:a Kyrkogatan/Kiliansgatan, Tel. 152 000. Mo–Do 11.30–14 und 18–23 Uhr, Fr 11.30–24 Uhr.

Im Sommer Live-Musik (Jazz) bis 24 Uhr. Die Einrichtung ist einfach, das Essen preiswert: gute SCHWEDISCHE HAUSMANNSKOST, ab 62 SEK. Im Sommer stehen einige Tische auf der kleinen Veranda an der Straße.

■ **KULTUREN RESTAURANG**, Tegnèrsplatsen, Tel. 146 510. Mo–Fr 11.30–15 Uhr (Lunch) und 15.30–22 Uhr, Sa 14–22 Uhr, So 14–18 Uhr.

Restaurant MIT GARTEN am Museum Kulturen. Lunch ab 59 SEK, ein großes Bier 29 SEK (!), abends à la carte ab 130 SEK.

■ **CONDITORI LUNDAGÅRD**, Kyrkogatan 17, Tel. 211 1358. Mo–Fr 8.30–19.30 Uhr, Sa 8.30–17 Uhr, So 12–18 Uhr.

Neben dem Verkaufslokal bieten drei Räume Platz für Gäste. Bestellen können Sie gut belegte BAGUETTES – oder die Spezialität des Hauses, leckere APFEL-BAISERTORTE.

Sehenswertes

■ Lunds große Sehenswürdigkeit ist der Dom: **DOMKYRKAN.** Mo–Fr 8–18 Uhr, Sa 9.30–17 Uhr, So 9.30–18 Uhr. Das Spielwerk der astronomischen Uhr wird Mo–Sa um 12 und 15 Uhr, So und Feiertag um 13 und 15 Uhr in Bewegung gesetzt.

Das größte und wohl schönste romanische Bauwerk in Nordeuropa, im Jahr 1145 eingeweiht, wurde in den folgenden Jahrhunderten mehrfach umgebaut. So fand Anfang des 16. Jhs. eine Restaurierung durch den deutschen Baumeister *Adam von Düren* statt. Die umfassendsten Veränderungen wurden im 19. Jh.

durchgeführt. *Helgo Zettervall* war der Architekt des großen Umbaus von 1860–1880, als man den Westteil mit den Türmen neu gestaltete. Die letzte Restaurierung erfuhr das Bauwerk 1954–63.

Die berühmte ASTRONOMISCHE UHR aus dem 14. Jh. im Innenraum ist ein technisches wie künstlerisches Meisterwerk, das nicht nur Uhrzeit und Datum anzeigt, sondern auch Musik erklingen und u.a. die Heiligen Drei Könige auftreten lässt, die der Mutter Gottes und dem Jesuskind ihre Gaben darbieten.

Das reich geschnitzte Chorgestühl und der kunstvolle Altarschrein entstanden beide Ende des 14. Jhs. Die Apsis ist noch aus dem Mittelalter. Sie wurde 1925 mit Glasmosaiken des seiner Zeit gefragten dänischen Künstlers *Joakim Skovgaard* ausgeschmückt. Die Chorfenster gestaltete *Emanuel Vigeland*. Ein Prachtstück ist auch die Kanzel (1592), gearbeitet aus Stein, Alabaster, Holz.

Seitlich des Altars führt eine Treppe hinab zur KRYPTA (1123), deren Decke auf 28 unterschiedlich gestalteten Steinsäulen ruht. Zwei der eingemeißelten Figuren sollen den Riesen Finn und seine Frau darstellen – Finn ist einer Sage nach der Erbauer des Doms.

■ **HISTORISKA MUSEET** und **DOMKYRKOMUSEET**, Kraftstorg 1, Tel. 222 7937. Di–Do 11–16 Uhr. Eintritt 35/20 SEK.

Das HISTORISCHE MUSEUM zeigt archäologische Funde aus Schonen und KUNST DES MITTELALTERS. – Das Dommuseum hat RELIGIÖSE KUNST zusammengetragen.

■ **DROTTENS MUSEUM**, Kattesund 6, Tel. 141 328. Di–Fr 9–16 Uhr, Sa, So 12–16 Uhr. Eintritt 10/0 SEK.

Zu besichtigen sind die Ruinen eines der ältesten Kirchengebäude in Lund. Ausgrabungen ergaben, dass in diesem Viertel um 1050 zwei Stabkirchen standen, danach Steinkirchen, die letzte aus dem 14. Jh. Die Ausstellungen des UNTERIRDISCHEN MUSEUMS führen spannend durch die Geschichte vor 1.000 Jahren.

■ **KONSTHALLEN**, Mårtenstorget 3, Tel. 355 295. Mo–Mi, Fr 12–17, Do 12–20, Sa 10–17, So 12–18 Uhr.

Am Marktplatz der Stadt steht die MODERNE STÄDTISCHE KUNSTHALLE mit schwedischen und internationalen Sammlungen.

■ **KULTUREN**, Tegnérsplatsen, Tel. 350 400. Täglich 11–17 Uhr. Eintritt 40/0 SEK.

Dieses kulturhistorische Museum gehört zu den SCHÖNSTEN und größten Freilichtmuseen im Land. 33 Gebäude aus dem städtischen wie auch ländlichen Raum Südschwedens hat man hier wieder aufgestellt, darunter eine HOLZKIRCHE aus Bosebo in Småland. Die Zeitreise führt in die KULTURHISTORIE unserer nordischen Nachbarn, Entwicklung und Wandlung (auch) durch fremde Kulturen vom Mittelalter bis zur Neuzeit.

Ganz hervorragend sind die Ausstellungen im »weißen Haus«, so »Metropolis – Lund im Mittelalter.«

■ Nördlich vom Tegnérplatz (an der Sandgatan) stehen das Bischofpalais sowie die **UNIVERSITÄTSBIBLIOTHEK** mit rund 3,5 Millionen Büchern – von mittelalterlichen Handschriften bis zu Bestsellern.

■ **SKISSERNAS MUSEUM**, Finngatan 2, Tel. 222 7283. Di–Sa 12–16, So 13–17 Uhr. Eintritt 30/0 SEK. Bus 1.

Dieses Kunstmuseum widmet sich dem Entstehungsprozess von Kunstwerken auch internationaler Künstler, angefangen von Skizzen über Modelle bis zur endgültigen Ausformung. Neuzugänge sind Skizzen von Verpackungskünstler Christo.

■ **STADSBIBLIOTEKET**, St. Petri kyrkogatan 6, Tel. 355 990.

Die 15 m hohe Eingangsalle ziert TIDENS TECKEN, die größte GLASSKULPTUR der Künstlerin *Monika Backström*. In einem kleinen Bassin und auf zwölf schwebenden, laminierten Glasplatten im Treppenaufgang ist die Entwicklung der Schrift festgehalten, von den Felszeichnungen und Runen bis zu Graffiti und Computerdiskette.

■ Weitere sehenswerte **ALTE PROFANBAUTEN** sind STÄKET, Södergatan, KANIKRESIDENSET, Kiliansgatan 13, die FACHWERKHÄUSER am Petriplats und KVARTERET GLÄDJEN, S:t Petri kyrkogatan 1.

Ausflüge

■ **GÅRDSTÅNGA KYRKA** (11 km nördlich) aus dem 12. Jh. ist eine ursprünglich romanische Kirche. Anfang des 17. Jhs. wurde sie restauriert: Anna Brahe stiftete dabei die IN EICHE GESCHNITZTE Ausstattung; Kirchengestühl, Kanzel, Altar und Taufstock sind ein Werk des Künstlers *Jakob Kremberg*. Es ist wohl einer der schönsten harmonischen Innenräume der Spätrenaissance. Im ehemaligen Krankenhaus – Anna Brahe ließ das Haus 1619 als Altenheim bauen – ist heute eine STF-Jugendherberge untergebracht.

■ **DALBY** (11 km sö): Die mittelalterliche **KIRCHE** stammt aus dem Jahr 1060 und ist die älteste Steinkirche Schwedens. Das Gewölbe ist mit DEKORATIVEN KALKMALEREIEN versehen, die KRYPTA der des Lunder Doms nachempfunden.

■ Der 36 ha große NATIONALPARK **DALBY SÖDERSKOG** wurde 1918 unter den besonderen Schutz gestellt, um den einzigartigen Edellaubwald (Eichen, Buchen, Ulmen, Eschen), die dazu gehörende Flora und den Vogelbestand zu erhalten. Besonders eindrucksvoll ist die BLÜTENPRACHT unter dem hellgrünen Laubdach im April, Mai und Juni. Mehrere WANDERWEGE durchqueren den Wald. An der Str. 16, am Parkeingang, gibt es einen Parkplatz.

■ In **HÄLLESTAD** (16 km ö) steht ebenfalls eine mittelalterliche **KIRCHE**. Bemerkenswert sind hier die prachtvollen GEWÖLBEMALEREIEN, die als die beste Arbeit des sogenannten »Vittskövle-Meisters« gelten, der mehrere Kirchen in Schonen ausschmückte. Beachtung finden auch die drei eingelassenen Runensteine, HÄLLESTADSSTENARNA.

■ Nordwestlich von Hällestad erstreckt sich **TROLLSKOGEN** (Trollwald), ein unter Naturschutz stehendes Waldgebiet mit knorrig verwachsenen Buchen.

■ **ÖSTARPS GAMLEGÅRD** (25 km so) ist ein schonischer Vierseitenhof mit Strohdach von 1811 und gehört zum Freilichtmuseum KULTUREN in Lund. Die Einrichtung stammt vom Anfang des 19. Jhs. Zum Hof gehören Ausstellungshalle, Mühle, Stallgebäude und ein Schweinestall mit Bewohnern! Schön ist auch der alte Bauerngarten, den die letzte Besitzerin anlegte. 1.5.–31.8. Di–So 11–17 Uhr, im September nur Sa und So.

■ Die **EVERLÖV KYRKA** (2 km ö von Östarp) aus dem 12. Jh. ist ihrer FRESKOMALEREIEN wegen erwähnenswert (16. Jh.). Einer der Evangelisten ist mit Brille abgebildet.

■ Populäre Ziele sind auch die vielen **SCHLÖSSER** im Umland, etwa BOSJÖKLOSTER, ÖVEDSKLOSTER und HÄCKEBERGA SLOTT.

Wanderungen

Zu einzelnen Wanderwegen und Etappen hält das Touristenbüro Informationen und Karten bereit.

■ Schöne Wanderwege führen über den **ROMELEÅSEN**, den südlichsten Bergrücken Skånes. Von der Landstraße Björnstorp – Veberöd kann man den AUSSICHTSPUNKT **ROMELEKLINT** (175 m) erreichen.

■ In der Freizeitanlage **SKRYLLEGÅRDEN**, zwischen Södra Sandby und Dalby, bestehen gute Wander- und Spaziermöglichkeiten. Es gibt acht markierte Pfade, einer behindertengerecht, zwei beleuchtet.

■ Der Wanderweg **SKÅNELEDEN** berührt mit der Nord-Südstrecke das Gebiet von Malmö und Lund.

Verschiedenes

■ **SIGHTSEEING**: Stadtwanderung im Sommer mit Führung, sofern genügend Interesse vorhanden ist.

■ **ANGELN**: u.a. in den RÖGLE-Teichen (Angelkarten: im Automaten an den Teichen oder am Skryllegården). – Im HÄLJA-SEE sowie im Björkådammen. – Im VOMBSJÖ beißen Zander und Aal und im RINGSJÖ auch Barsch und Hecht.

■ **BADEN**: Von den Freibädern haben das KÄLLBY und DALBY BAD ein 50-m-Becken. Im modernen HÖGEVALLSBAD gibt's einen 10 m-Sprungturm, ein Wellenbad u.a.

■ **FAHRRADVERMIETUNG**: *Harrys Cykel Sport,* Banvaktsgatan 2, Tel. 2116 946.

■ **KANU**: Der KÄVLINGEÅ beginnt im Vombsjö und mündet in die Lomma-Bucht. Für diese Tour ist eine Kanukarre notwendig. Da die Strömung im Fluss nicht besonders stark ist, kann man auch flussaufwärts zum Ausgangspunkt zurückpaddeln. – Der RÖNNE Å ist der Wasserweg zwischen dem Ringsjön und der Bucht Skälderviken bei Ängelholm, ein beliebtes Kanugewässer im westlichen Skåne. Broschüre und Informationen im Touristenbüro.

■ **REITEN**: Pferdefreunde mögen dem Pferdezucht- und Sportzentrum *Flyinge Kungsgård* in Flyinge, nordöstlich Lunds (an der Str. 104, nahe der E 66), einen Besuch abstatten. Außer größeren Reitturnieren finden hier jedes Jahr im September Vorführungen im Reiten, im Fahren etc. statt.

■ **VERANSTALTUNGEN**: *Valborg*, der ABEND VOR DEM ERSTEN MAI große Studentenfeiern. – Der TAG DER VOLKSMUSIK im Mai. – KULTURNACHT im September.

■ **POSTAMT**: Bangatan 10. Mo–Fr 8–18 Uhr, Sa 10–14 Uhr.

■ **TRANSPORT**: Für die lila *Pågatågen* (Züge im Nahverkehr des Verkehrsverbundes) löst man die Fahrkarten am Automaten. – Die Stadtbusse fahren am Botulfsplatsen ab.

■ **TAXI**: *Minitaxi,* Tel. 121 212. – *Taxi Skåne,* Tel. 330 330. – *Taxi-Kuriren,* Tel. 150 160.

■ **PARKEN** im Zentrum: Parkhaus Färgaren, über die Stora Södergatan von Süden aus. – Stadsbibliotheket, zu erreichen über Bredgatan/St. Petri Kyrkogatan. – Parkplatz Sa+So hinter dem Stadshuset, Gråbrödersgatan. – Parkplatz Mårtenstorget nach 15 Uhr, Kunsthalle.

LANGZEITPARKPLÄTZE am Sportplatz Klostergården sowie an der Sporthalle südlich des Stadtparks.

■ **ÄRZTLICHE VERSORGUNG**: Tel. 112 vermittelt Krankenhaus, Krankenwagen, Bereitschaftsarzt.

Weiterreise

■ **FLUGZEUG**: Malmö-Sturup, Tel. 040 – 501 100. Ab Lund verkehrt ein Flughafen-Bus (Taxibus-Süd, Tel. 250 235), Fahrzeit 35 Min., 60 SEK.

■ **BAHN**: Hauptbahnhof Bangatan. Regional- und Fernverkehr.

■ **BUS**: ab Bangatan *Swebus Express* nach Göteborg, Borås, Jönköping, Kalmar, Stockholm

■ **AUTO**: **NACH MALMÖ** über die Europastraße 22 (18 km).

NACH HELSINGBORG auf der E 6; unterwegs Abstecher nach Landskrona und zur Insel Ven (siehe unter »Helsingborg, Ausflüge«).

NACH KRISTIANSTAD auch über die E 22.

Helsingborg

Helsingborg ist vielen als Fährhafen am Öresund bekannt. Mehr als 100 x täglich pendeln die Autofähren zum dänischen Helsingør. Die GÜNSTIGE LAGE an der schmalsten Stelle des Öresunds trug entscheidenden Anteil an der Entwicklung der Stadt.

Helsingborg ist eine der ÄLTESTEN STÄDTE Schwedens und wurde bereits 1085 urkundlich erwähnt. Zu dieser Zeit lagen auf der Anhöhe eine Siedlung und ein Bollwerk aus Holz. Allmählich wurde auch der schmale Landstreifen unterhalb der Burg besiedelt. Der mächtige viereckige Turm der Festung, KÄRNAN, heute das Wahrzeichen der Stadt, wurde wahrscheinlich im 14. Jh. unter *Valdemar Atterdag* errichtet.

Mehrfach war Helsingborg Opfer kriegerischer Kämpfe zwischen Dänen und Schweden: Der Krieg 1675–79 hinterließ eine verwüstete Stadt. 1788 brannten russische Truppen das südliche Viertel Råå nieder.

Doch seitdem konnten die Menschen in Helsingborg in Frieden leben – Krieg und Epidemien hatten die Stadt geschwächt; die Einwohnerzahl betrug nur noch rund 700.

Die ENTSCHEIDENDE WENDE in der Stadtgeschichte kam mit der Industrialisierung Mitte des 19. Jhs. Der Hafen wurde gebaut, Industriebetriebe siedelten sich an, und die Eisenbahnlinie erreichte die Stadt. Jetzt machte sich ihre günstige Lage wieder bezahlt: Helsingborg wuchs von einem eher kleinen Ort zu einer der großen Städte Schwedens heran. Heute leben hier rund 118.000 Einwohner, 17 % mehr als vor zehn Jahren, 91.000 davon im Stadtgebiet.

Die moderne Industrie- und Hafenstadt sehen viele Touristen nur auf der Durchreise. Ein Aufenthalt ist aber zu empfehlen, nicht nur wegen der Sehenswürdigkeiten, sondern auch dank riesiger Parks, kilometerlanger Sandstrände und der abwechslungsreichen Umgebung.

INFORMATION

■ **TURISTBYRÅN HELSINGBORG**, Stortorget/Södra Storgatan 1, Tel. 042 - 104 350, Fax 104 355, Internet: www.helsingborg.se. Mo–Fr 9–18, Sa 10–14 Uhr, Mai auch So 10–14 Uhr, 1.6.–31.8. Mo–Fr 9–20, Sa+So 9–17 Uhr.

Neben Informationen und Publikationen gibt es hier die STF-Mitgliedskarte, Campingkarte, Copenhagen Card u.v.a. Gesprochen wird auch Deutsch und Englisch.

■ **PARKERING I HELSINGBORG** ist ein hilfreiches Faltblatt, das Sie sich, ebenso wie Broschüren, vor Ihrem Besuch schicken lassen können.

■ Mit der Karte **ÖRESUND RUNT** fahren Sie mit Zug, Fähre oder Flugboot rund um den Öresund. Derzeit bezahlen Erwachsene für zwei Tage 199 SEK, Kinder 100 SEK bei folgenden Vorteilen: ermäßigter Eintritt in Kopenhagens Tivoli sowie im Kunsttempel LOUISIANA auf däni-

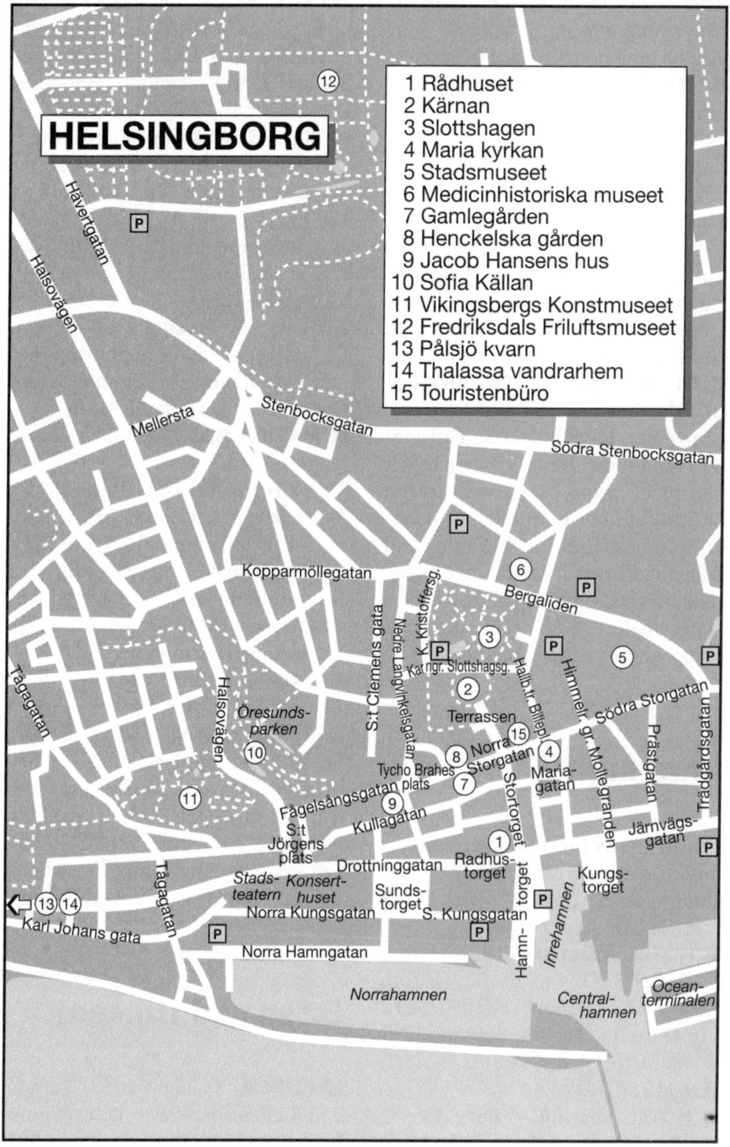
HELSINGBORG
1 Rådhuset
2 Kärnan
3 Slottshagen
4 Maria kyrkan
5 Stadsmuseet
6 Medicinhistoriska museet
7 Gamlegården
8 Henckelska gården
9 Jacob Hansens hus
10 Sofia Källan
11 Vikingsbergs Konstmuseet
12 Fredriksdals Friluftsmuseet
13 Pålsjö kvarn
14 Thalassa vandrarhem
15 Touristenbüro
Hävertgatan
Halsovägen
Mellersta
Stenbocksgatan
Södra Stenbocksgatan
Koppармöllegatan
Bergaliden
K. Kristoffersg.
Nedre Långvinkelsgatan
S:t Clemens gata
Slottshagsg.
Terrassen
Hallb.tr.
Billepl.
Himmelr. gr.
Möllegranden
Södra Storgatan
Prästgatan
Trädgårdsgatan
Tågagatan
Öresunds-parken
Norra Storgatan
Tycho Brahes plats
Maria-gatan
Storgatan
Stortorget
Fågelsångsgatan
Kullagatan
S:t Jörgens plats
Järnvägs-gatan
Drottninggatan
Radhus-torget
Stads-teatern
Konsert-huset
Sunds-torget
Kungs-torget
Norra Kungsgatan
S. Kungsgatan
Karl Johans gata
Norra Hamngatan
Hamn-torget
Inrehamnen
Norrahamnen
Central-hamnen
Ocean-terminalen

scher und in die meisten Museen auf schwedischer Seite. Auch zur Insel Ven bezahlen Sie nur die Hälfte.

■ **HELSINGBORG THIS MONTH** informiert auf Schwedisch und Englisch über Shopping, allgemeine Informationen, Transport, Fahrpläne, etwas Geschichte, Sehenswertes, Museen und Kirchen, Hotels, Restaurants und Unterhaltung. In der Mitte ein aktueller Veranstaltungskalender, auf den letzten Seiten eine Übersichtskarte sowie Stadtpläne von Råå und Helsingborg.

■ Die Broschüre **HELSINGBORGSGUIDEN** begleitet Sie auf Streifzügen zu den Highlights von Helsingborg und Umgebung. Übersichtlich und recht ansprechend werden Sie informiert über kulturelle Angebote, Sport und Freizeit, Shopping und Kunsthandwerk, Ausfüge, Hotels, Restaurants, Cafés, Nachtleben und vieles mehr. In schwedischer und deutscher Sprache erhältlich.

Unterkunft

Privatzimmer für rund 180 SEK vermittelt das Touristenbüro. Die Buchungsgebühr (um 75 SEK) hängt von der Mietdauer ab.

■ **HOTEL MOLLBERG**, Stortorget 18, Tel. 373 700, Fax 373 737. EZ ab 1.090 SEK, DZ ab 1.190/650 SEK. Ein Haus mit Tradition, heute Best Western Hotel, am Stortorget, MITTEN IM ZENTRUM.

■ **HOTEL LINNÉA**, Prästgatan 4, Tel. 214 660, Fax 141 655. EZ ab 695/595 SEK, DZ ab 795/695 SEK. Ein kleines FAMILIENHOTEL, in den Zimmern frische Farben, freundlicher Service. Zum Knutpunkt (Bahnhof/Fährterminal) 50 m.

■ **VILLA THALASSA**, Vandrarhem und Ferienhütten, SVIF, Dag Hammarskjölds Väg, Tel. 210 384, Fax 128 792. 1.2.–30.11. 2–6-Bett-Zimmer, meist mit TV, Du/WC und Veranda, pro Person ab 125 SEK. Alte VILLA IM GRÜNEN, 3,5 km nördlich der City, zur Bushaltestelle 1 km. Die Reihenhaus-Ferienhütten haben zwei Zimmer und Pantry. Zum Öresund sind es knapp 300 m.

■ **MARIELUNDS GÅRD**, Marielund, Mörarp, Tel. 042 – 710 05, Fax 710 77. WOHNEN AUF DEM BAUERNHOF. Der hübsche schonische Herrensitz hat 5 DZ stilvoll möbliert, ein Zimmer mit Du/WC auf dem Flur, pro Person ab 220 SEK. Küche, Gemeinschaftsraum. Man spricht Deutsch. 15 km nach Helsingborg.

■ **CAMPING RÅÅ VALLAR**, Råå, Tel. 107 680, Fax 107 681. Geöffnet ganzjährig. 360 Stellplätze ab 140, Wohnwagen ab 550, Hütten ab 350 SEK. Am Wasser gelegen, 5 km südlich Helsingborgs, Bushalt am Campingplatz. Tauschule, SANDSTRAND, Schwimmbecken temperiert, Gästehafen, Bootsslip und -vermietung.

Essen und Trinken

■ **ELINOR**, Kullagatan 53, Tel.122 330, Lunch ab 45 SEK, Hausmannskost ab 85 SEK (Di–Fr 11.45–14.30), à la carte ab 125 SEK (Mo–Sa 18–22.30). Meeresfrüchte, Fleisch, Salate u.a. ANGENEHME ATMOSPHÄRE, crème- und blau-graue Wände und in Rot-Tönen eingedeckte Tische. Freundlicher Service.

■ **ANNA KOCK**, Järnvägsgatan 23, Tel. 181 300. Mo–Fr 11–14 Uhr, Di–Fr ab 17.30 Uhr, Sa ab 12 Uhr. Lunch – Hausmannskost und Pasta – inkl. Salat, Brot, Getränk und Kaffee für 60 SEK, à la carte ab 80 SEK, Lunchmenü Sa bis 16 Uhr ab 85 SEK. Gemütlich, vielseitige Küche, PLÄTZE IM INNENHOF begehrt.

■ **OZ EMELLAN**, Kajpromenaden 2, Norra Hamnen, Tel. 146 161. Täglich 12–14.30 Uhr. Lunch ab 75 SEK, 16.30–23 Uhr kleine Gerichte ab 92 SEK, Hausmannskost ab 120 SEK, à la carte ab 180 SEK. SPEZIALITÄT: Brunch Sa, So 95 SEK. Neben leckerem Essen Blick auf die Marina.

■ **FAHLMANS CONDITORI**, Stortorget, Tel. 213 060. Mo–Fr 8–18.30, Sa 8.30–16 Uhr, So 11–17 Uhr. Verführerisch: GEBÄCK, KLEINE GERICHTE, so *bakad potatis* (gebackene Kartoffel) mit diversen Füllungen, Paj, Salate. Tische in der Fußgängerzone Kullagatan und auf dem Stortorget für Eilige und Sonnenhungrige.

■ **LINNÉA TRÄDGÅRD & CAFÉ**, Maria Park, Tel.107 382. Im Norden der Stadt, am besten zu erreichen über Ringstorpsvägen – Eingang nördliche Einfahrt zum Maria Park. Dies GRÜNE OASE lädt ein zu einer erholsamen Pause. Ganzjährig geöffnet, im Sommer auch Sa+So. Kaffee und Kuchen sowie kleine Gerichte.

■ **SOMMERRESTAURANTS**: nördlich des Norra Hamnen von Mai bis September geöffnet: *Sillen & Makrillen,* Kallis, Gröningen, Tel. 281 553. – *La Plage,* Strandvägens gångpromenad, Tel. 149 720. – *Vikingstrand,* Tel. 217 010.

■ **RÅÅ** ist ein URIGES FISCHERDORF. In der Räucherei *Fisk-Rökeri Råå* ist *varmrökt lax* (warm geräucherter Lachs) eine Kostprobe wert! Siehe unter »Sehenswertes«.

Sehenswertes

■ **STORTORGET**, knapp 100 m vom Hafenbecken Inre Hamnen entfernt, ist der Mittelpunkt der Stadt. KÄRNAN ist ein Wahrzeichen der Stadt, erbaut um 1400 auf der Anhöhe (Landborgen) oberhalb des Stortorget. – Das STENBOCK-DENKMAL markiert das Ende kriegerischer Jahrhunderte. Hoch zu Ross blickt *Magnus Stenberg* in Siegerpose auf den Öresund nach Dänemark. Er war mit seinem Bauernheer als Sieger 1710 aus der letzten Schlacht zwischen Dänen und Schweden hervorgegangen. – Das RATHAUS, ein markantes Bauwerk, repräsentiert das beginnende industrielle Zeitalter. Den rechteckigen Platz umgeben stattliche Gebäude der vorletzten Jahrhundertwende. Hier befinden sich ferner die Hotels Radisson SAS, Mollberg und Högvakten, einige Bankgebäude, edle Geschäfte, die Konditorei Fahlman, schräg gegenüber (kurz vor den Treppen Oscars Trapp zum Kärnan) das Touristenbüro. Der Name Stortorget (=

Der große Markt) verwirrt etwas – der Platz gleicht eher einer breiten Straße; ohne die in Doppelreihen geparkten Autos in der Mitte wäre womöglich ein Platz zu erkennen.

■ **KÄRNAN**, Tel. 105991. 1.6.–31.8. 11–19 Uhr, 1.4.–31.5./1.9.–30.9. Mo–Fr 11–15, Sa+So 11–16 Uhr, sonst Di–Fr 11–15 Uhr. Eintritt 15/5 SEK.

Am Ende des Stortorget führen die Terrassentreppen hinauf zum Burgturm (Fahrstuhl oder Wendeltreppe im Treppenturm). Der 36 m hohe Turm, mit bis zu 4,5 m dicken Mauern, ist der Rest jener alten Festung aus dem 15. Jh. Von der TURMSPITZE hat man eine herrliche Aussicht über Stadt und Sund.

■ Innerhalb der alten Festungswälle, hinter dem Turm, ist der Park **SLOTTSHAGEN** (Schlossgarten) angelegt. Gleich daneben liegt der Rosengarten mit herrlichen Blumenbeeten und einer weiten Aussicht.

■ **MARIA KYRKA**, Mariagatan. Täglich 9–16 Uhr.

Die MARIENKIRCHE unterhalb der Festungsanlage war ursprünglich eine romanische Sandsteinkirche aus dem 12. Jh., die im 15. Jh. die dreischiffige GOTISCHE ZIEGELSTEINKIRCHE ersetzte. Kleinodien: das norddeutsche ALTARTRIPTYCHON (1450) sowie die prachtvolle Renaissancekanzel (1615). Im Keller der Sakristei wird der Silberschatz der Kirche verwahrt (Mo–Fr 13–14 Uhr).

■ Zurück zum Stortorget und zur Norra Storgatan, in der ein paar sehenswerte ältere Gebäude erhalten sind: **GAMLEGÅRDEN** (Hausnr. 9) aus dem 18. Jh. war einst das vornehmste Haus der Stadt, in dem auch prominente Gäste logierten. – **HENCKELSKA GÅRDEN** (Hausnummer 12) gegenüber ist ein früherer Kaufmannshof (17. Jh.) mit sehenswertem Innenhof. – Norra Storgatan / Ecke Tycho Brahes plats steht das älteste Fachwerkhaus der Stadt, **JACOB HANSENS HUS** (Nr. 21), von 1641. Der BRUNNEN mit der Skulptur einer Weltkugel erinnert an den berühmten Astronomen *Tycho Brahe*, einst Bürger Helsingborgs.

■ **VIKINGSBERGS KONSTMUSEUM**, Tel. 105 988. Von September bis April Di–So 12–16, Do bis 18 Uhr, Mai–August Di–So 11–16 Uhr. Eintritt 15/5 SEK.

■ **FREDRIKDALS FRILUFTSMUSEUM**, Hävertgatan, Tel. 104 500. 1.6.–31.8. 10–19.30 Uhr, 1.4.–31.5./1.9.–30.9. 11–17 Uhr, sonst 11–16 Uhr. Eintritt 40/0 SEK.

Zum Freilichtmuseum Fredriksdal gehört der Herrenhof (1787) mit Mobiliar aus dem 18. und 19. Jh. und einem Kräuter- und einem Obstgarten mit etwa 100 Arten FRÜHERER OBSTSORTEN. Ein schonisches Bauerndorf lässt durch Höfe mit Kleintieren und bäuerlichen Nutz- und Ziergärten, Mühle und Schmiede die VERGANGENHEIT LEBENDIG werden; das Stadtviertel aus dem alten Helsingborg mit seinen Handwerksstätten und den dazugehörigen Arbeitsgeräten erinnert an Großmutters Geschichten. Ein Kleinod ist der BOTANISCHE GARTEN, zum Flanieren laden der Englische und der Französische Park und der Rosengarten ein. Das Freilichttheater unterhält im Sommer die Bürger, wenn das Stadttheater geschlossen hat.

■ **GRAFISKA MUSEET**, im Freilichtmuseum, Tel. 104 524. Mai–September täglich 11–16 Uhr, sonst Mo–Fr 10–16 Uhr, Sa+So 11–16 Uhr.

Das GRAFISCHE MUSEUM, das größte DRUCKEREIMUSEUM Schwedens, gewährt einen guten Einblick in die Entstehung eines bedruckten Blattes Papier. Zuerst wird Papier handgeschöpft, im nächsten Raum von Hand gesetzt, auch das Setzen an einer Maschine demonstriert, ebenso das Drucken, die Lithografie, das Marmorieren, der Kupferdruck und das Buchbinden. Eine Ausstellung zeigt die Entwicklung von Gutenbergs Erfindung bis zur Verarbeitung elektronischer Daten.

■ Das neue VORZEIGEPROJEKT der Stadt, **DUNKERS KULTURHUS** am Sundstorget, wurde im April 2002 (nach Redaktionsschluss dieses Buches) eingeweiht; ein Entwurf von *Kim Utzon,* Sohn des Architekten der Oper in Sydney. Es entsteht ein neuer kultureller Mittelpunkt mit Stadt- und Kunstmuseum, Theater- und Konzertsaal, wechselnden Ausstellungen u.v.a. Von Café und Restaurant BLICKT man AUF den HAFEN. Am neuen Kai für Ozeanriesen sollen auch Kreuzfahrtschiffe ankern.

■ **LANDBORGSPROMENADEN** nennt sich der etwa 6 km lange Weg vom Stadtzentrum bis Sofiero im Norden. Ein Höhenzug, der einer Strandlinie folgt, wird in Schweden seit alters her LANDBORG genannt. Von der Höhe ergeben sich immer wieder famose Blicke auf den Sund.

BILLINGS PARK, an der Straße Lilla Bergaliden, ist der Ausgangspunkt. Die Bockwindmühle hoch oben auf dem Hügel MÖLLEBACKEN stand früher einmal im Zentrum Alt-Helsingborgs, die anderen kleinen Holzhäuser des 18. Jh. wurden Anfang des 20. Jhs. hierher verbracht. Der KLOCKAREGÅRDEN beherbergt seit 1912 das Café Våffelbruket, die WAFFELSTUBE. Sie wird im Sommer gern aufgesucht. Weiter am *Himmelriksgränden* vorbei, einer schmalen, steilen Gasse, die die Oberstadt mit der unteren verbindet, gelangt man zum ROSENGARTEN mit zwei Aussichtspavillons.

Von hier gibt es zwei Alternativen: entweder die *Hallbergs Treppen* bis zum Billeplatz und über die Terrasse (im linken Turm der Aufzug, im rechten ein Restaurant) zum Kärnan, dem alten Festungsturm, und weiter durch den Park SLOTTSHAGEN, der mit seinem vielen Baumarten sowie Blumenarrangements allein schon einen Besuch wert ist; oder gleich durch den Park und den Kärngränd, links Långvinkelsgatan, rechts Bomgränd, links St. Clemensgatan zum *Öresundspark.* Von hier an der salzhaltigen Sofiaquelle *Helsan* über den Hälsovägen die Treppen zum VIKINGSBERGPARK hinauf und von der Tågagatan die Treppen hinauf zum begrünten Höhenweg.

Auf der Straße *Halalid* kurz nach links; vor der Unterführung führt der Wanderweg Richtung PÅLSJÖSKOG, Johan Banérsgatan links, Höganäsgatan rechts, und *Pålsjömölla* liegt in Front. Vom Parkplatz Pålsjö-Bad folgt der Weg der »Chinesischen Mauer«; der Abstecher zum *Pålsjöslott* führt durch den MÖRKA GÅNGEN, eine 250 Jahre alte Hainbuchenallée. Der Wanderweg verläuft weiter nach Norden, unterhalb der Jugendherberge Villa Thalassa vorbei weiter zum Tinkarpsgården (+ 10 Minuten zum Schloss Sofiero).

■ Ganz im Süden liegt der Stadtteil **RÅÅ** mit den ehemaligen Wohnvierteln der Fischer, wo zahlreiche malerische Holzhäuser erhalten sind, ebenso wie Reste der kilometerlangen Befestigungsanlage RÅÅ VALLAR (1712). Der nahe Campingplatz ist gewöhnlich stark frequentiert.

In Råå gibt es ferner einen schönen Sandstrand, ein Freibad und einen großen Bootshafen. Besuchenswert ist das kleine FISCHEREI- UND SEEFAHRTSMUSEUM, Hamnplan, Tel. 261 131. Im Sommer Mi 17–20 Uhr, Sa+So 14–17 Uhr. Eintritt 30 SEK.

■ **RAMLÖSA BRUNNSPARK**, Folke Bernadottes väg. Von Mitte Mai bis Mitte August täglich 14–19 Uhr.

Die frühere Kuranstalt Ramlösa liegt im südöstlichen Stadtgebiet. Ein Arzt entdeckte 1707 den Eisengehalt einer Quelle – eine andere sprudelt alkalisches Wasser hervor – und gründete daraufhin ein HEILBAD; zur damaligen Zeit galt Ramlösa als das VORNEHMSTE im Land.

Eindrucksvoll das Brunnenhotel (1880) aus Holz. Der Kurbetrieb endete 1973, doch der neue Wasserpavillon an der Eisenquelle belebte die Tradition 1993 wieder.

Das mineralhaltige Wasser wird zur Mineralwasserfabrik gepumpt, mit Kohlensäure versetzt und in Flaschen abgefüllt. ÜBERALL IN SCHWEDEN KÖNNEN SIE EIN RAMLÖSA BESTELLEN; das kostbare Nass wird zudem in 35 Länder exportiert.

Ausflüge

■ **SOFIERO**, Sofierovägen, Tel. 137 400. 20.4.–15.9. täglich 10–18 Uhr, sonst 11–16 Uhr. Eintritt 60/0 SEK.

5 km nördlich der Stadt steht das Schloss Sofiero (sprich: Sofije-Ruh). Sein Interesse an Gartengestaltung hat König *Gustav VI. Adolf* hier verwirklicht und sich bevorzugt um den prächtigen BLUMENGARTEN und die Rhododendronanlage gekümmert.

Als der König 1973 starb, ging Sofiero als Schenkung in den Besitz der Stadt über. Auch das Schloss mit den Königlichen Räumen ist zu besichtigen, Motto: Sofiero, seine königlichen Bewohner und ihr Garten. Im Schloss befinden sich ein Café und ein Restaurant. Im Sommer finden diverse Veranstaltungen statt.

LANDSKRONA

Die kleine Stadt mit der kilometerlangen Strandpromenade liegt rund 23 km südlich Helsingborgs ebenso an der Küste; ihr vorgelagert die beliebte Ausflugsinsel Ven.

■ **INFORMATION**: *LandskronaVens Turistbyrå,* Storgatan 36, SE–26131 Landskrona, Tel. 0418–473 000, Fax 473 002, auf Ven: Tel. 724 20, www.tourism.landskrona.se.

■ **ZITADELLE**, Tel. 169 80. Etwa 20.5.–25.6. und 20.8.–15.9. Sa und So 14 und 15 Uhr, 26.6.–19.8. täglich 11–17 Uhr (Führungen Mo–Fr um 14 und 15 Uhr, Sa+So 11, 14, 15 Uhr.

Im 16. Jh. wurde auf Weisung des dänischen Königs *Christian III.* ein Schloss im Renaissancestil erbaut, quadratisch mit großen, runden Kanonentürmen in jeder Ecke und von einem 60 m langen Wallgraben umgeben. Den Hauptflügel ließ Christian IV. im Renaissancestil als Wohnbau umgestalten. Ab 1658 waren die Schweden Burgherren, und *Erik Dahlberg* hatte den Auftrag, die Festung mit einem dreifachen, sternförmig angelegten Wallgrabensystem mit Bastionen auszubauen.

Ab 1822 diente die Zitadelle als Gefängnis und Arbeitslager. Während des Zweiten Weltkriegs fanden Flüchtlinge in diesen Mauern Obdach, benutzten einige von ihnen die Treppenpfeiler als Gästebuch. Nach umfassenden Renovierungen 1930 und 1970 zählt die Zitadelle heute zu den bestbewahrten Festungen Schwedens mit doppelten Wallgräben. Im Kommandantenhaus wird in die Geschichte der Burganlage eingeführt. Die meisten Kinder bevorzugen den kleinen HAUSTIERPARK in der Bastion Carolus.

■ Erholsam ist ein Spaziergang durch die **CITADELLKOLONIERNA**, einer der ersten SCHREBERGARTENANLAGEN Schwedens. Hübsche, liebevoll gepflegte Häuschen inmitten einer traumhaften BLUMENPRACHT säumen den Weg östlich und nördlich der Zitadelle. Der Weg um die Burganlage führt entlang des Öresunds weiter zum Strandpaviljongen-Restaurant in bester Lage.

INSEL VEN

Im Sommer legen die Fähren nach Ven in Råå und in Landskrona ab; das eigene Auto sollte zurückbleiben: Auf Ven bewegt man sich fort mit Bus und Taxi, dem TRAKTORSKRINDA, einem von einem Traktor gezogenen Wagen, oder dem REMMALAG, einem von Pferden gezogenen flachen Wagen; oder man mietet sich ein Fahrrad am Hafen, um die Insel zu erkunden. Zum Touristenbüro am Hang sind es nur 350 m. Dort gibt es aktuelle Informationen und eine Karte mit eingezeichneter Radtour rund um Ven (12–13 km).

Die Insel Ven, 4,5 km lang und 2,4 km breit, ist ein Hochplateau, ein REST DER LANDVERBINDUNG, die vor etwa 8.000 Jahren zwischen Dänemark und Schweden bestand. Die platte Ebene und die Steilküste verleihen der Insel ihren Reiz. Schon zur Wikingerzeit war Ven bewohnt, aber berühmt wurde es durch den Astronomen *Tycho Brahe*, der Ven 1576 als Lehen erhalten hatte unf hier das Renaissanceschloss Uranienborg samt einem Observatorium bauen ließ; seine Anlagen hat man ein wenig rekonstruiert; ein Museum erzählt mehr über Tycho Brahe und sein Wirken vor Ort. 1.6.–31.8. täglich 11–16 Uhr, 1.9.–30.9. Sa+So 11–16 Uhr. Eintritt 20/10 SEK.

Weitere Ziele sind die ST.IBBS KIRCHE bei Kyrkbacken und der reetgedeckte Vier-Seiten-Hof NÄMNDEMANSGÅRD (Fotoausstellung zu Alt Hven, etwa 25.6.–20.8. täglich 9.30–15 Uhr) im Süden der Insel.

■ Eine **RUNDTOUR** über die Insel empfiehlt sich zu Fuß, per Fahrrad (Vermietung im Hafen), per Taxi und Bus oder mit einem Traktorskrinda (s.o., Vorbestellung anzuraten, Tel. 720 28). Vom Fährhafen BÄCKVIKEN bis zum Hafen KYRKBACKEN sind es knapp 4 km.

Ferien aktiv

■ **ANGELN**: Im ÖRESUND und im Fluss RÅÅN. – Angeltouren mit dem Boot ab Helsingborg (Norra hamn) und Råå hamn. – *Raus dalen sportfiske,* Rausvägen 26–28, Råå, Tel. 261 030. Angeltouren, Räucherei etc.

■ **BADEN**: Längs der Öresundküste: RÅÅBADEN, PÅLSJÖBADEN, VIKINGSTRANDSBADET und HITTARP. – Besonders populär sind Parapetens Strand TROPICAL BEACH und das Örestrandsbad FRIA BAD.

■ **RAD FAHREN**: Ausgearbeitete Fahrradrouten im Stadtgebiet sind in der Broschüre *Cykelkarta Helsingborg* zusammengefasst. – Die Fahrradkarte *West-Skåne* sowie Informationen über Fahrradvermieter gibt's im Touristenbüro.

■ **GOLF**: Im Umkreis verteilen sich 23 Golfplätze! Das Touristenbüro hilft bei der Auswahl.

■ **SURFEN**: *Vikingstrands Windsurfing klubb.*

■ **WANDERN**: Wanderern und Spaziergängern stehen die SCHÖNEN PARKANLAGEN sowie die STRANDPROMENADEN zur Verfügung.

■ **WEITERE AUSFLÜGE**: Helsingborg ist ein guter Ausgangspunkt für Fahrten durch die fruchtbare Landschaft Skåne mit ihren berühmten Schlössern und Herrensitzen. – Ein Tagesausflug führt auf die BJÄRE-HALBINSEL mit dem Badeort Båstad.

■ **KUNSTHANDWERK**: Wer Souvenirs erstehen möchte, sollte die Keramikwerkstätten in der Umgebung aufsuchen. Ein Adressenverzeichnis gibt's im Touristenbüro.

■ **VERANSTALTUNGEN**: Letztes Wochenende im Mai: HELSINGBORGS FESTIVAL. – Traditionelle RITTERSPIELE auf Gröningen im Mai – MITTSOMMER im Freilichtmuseum Fredriksdal.

■ **UNTERHALTUNG**: Auf Gröningen, einer 35.000 m² großen Rasenfläche, allerlei Aktivitäten im Freien, nahe am Öresund. – *Sundspärlan*, Fältarpsvägen. Der VOLKSPARK Helsingborgs mit Vergnügungen aller Art, Kasino, Kneipe mit Live-Musik. – *Jazzklubben*, Nedre Långvinkelsgatan 22. Drei Abende in der Woche Jazz, Dixie, Blues, die Stimmung ist prächtig.

Verschiedenes

■ **SIGHTSEEING**: STADTWANDERUNG, die aktuellen Zeiten erfahren Sie im Touristenbüro. – RUNDFAHRTEN mit Bus oder Boot werden nur für Gruppen durchgeführt; fragen Sie im Touristenbüro danach.

■ **POSTAMT**: Stortorget 17.

■ **TRANSPORT**: Die blauen Stadtbusse (Linien 1–7) fahren nach Norden meistens vom Rådhus (Rathaus) ab, nach Süden vom Knutpunkt. Das Busterminal für die Überlandbusse befindet sich ebenfalls am Knutpunkt. – Schiff: Bootsverbindung zur Insel Ven von Helsingborg, von Mai bis August auch von Råå.

■ **TAXI**: Tel. 180 200. Von jeder Telefonzelle können Sie gratis ein Taxi bestellen, wählen Sie 6 #.

■ **PARKEN**: Am Knutpunkten gibt es zwei Langzeitparkplätze: 72 Std. Im Stadtsüden, an der E 4, (Malmöleden / Planteringsvägen, Abf. von Malmöleden) ist ein KOSTENFREIER Parkplatz, Bushaltestelle nahebei. – Im Citybereich kostet es pro Stunde 6/15 SEK. – Eine Parkplatz-Übersicht erhalten Sie im Touristenbüro.

■ **ÄRZTLICHE VERSORGUNG**: Krankenhaus: Södra Vallgatan 5, Tel. 100 000. – Notruf: Tel. 112. Verlangen Sie *jourhavande läkare* (den Bereitschaftsarzt) oder *ambulans* (Krankenwagen).

Weiterreise

■ **SCHIFF**: Fähranleger KNUTPUNKTEN. Scandlines-Fähren von Helsingborg nach Helsingør (im Sommer bis 74 mal täglich, 25 Min.). – Sundsbussar von Helsingborg nach Helsingør, Personenfähre ab HAMNTORGET (3 Abfahrten stündlich, 20 Minuten unterwegs).

■ **FLUGZEUG**: Flughafen Inlandflüge *Ängelholm/Helsingborg*: Auskunft Tel. 580 10, Buchung Tel. 580 00. – Auslandsflüge ab Flughafen Sturup / Malmö, Tel. 040 – 613 1000, oder ab Kastrup / Kopenhagen, Tel. 0045 – 3231 3231.

Flughafen-Bus, Knutpunkten, jeweils 1 Std. vor Abflug, Fahrzeit 30 Min. – Flughafen-Taxi Tel. 567 567, Vorbestellung mindestens 2 Std. vor Abflug. – Helikoptertaxi zum Flughafen Kastrup (s.o.): *Helikopterservice,* Oceangatan 6, Tel. 370 800.

■ **BAHN**: Helsingborg Knutpunkten. Die Bahnsteige des Hauptbahnhofs liegen 8 m unter der Erde.

X-2000 nach Göteborg oder über Hässleholm nach Stockholm. – Intercity *Kustpilen* nach Hässleholm und weiter nach Kristianstad und Karlskrona. – *Västkustbanan* an der Westküste entlang, teilweise über neue Trasse. – *Öresundståget* rund um den Öresund. – Blau-lila sind die Nahverkehrszüge *Pågåtågen.*

■ **BUS**: Zu anderen Städten fahren *Svenska bus* und *Swebus.*

Die Busse der *Kystlinien* fahren bis Kristianstad und pendeln zwischen Halmstad und dem Flughafen Kopenhagen / Kastrup.

Helsingborg ist ein Knotenpunkt der *Eurolines*-Busse von und nach Helsinki, Stockholm, Oslo, Hamburg, Frankfurt am Main und Basel.

■ **AUTO**: **NACH GÖTEBORG** auf der E 6 / E 20 in nördlicher Richtung an Halmstad, Falkenberg und Varberg vorbei (siehe dort) – abgesehen von der Überquerung des Höhenzuges Hallandsåsen eine recht langweilige Autobahnfahrt.

NACH JÖNKÖPING über Ljungby und Värnamo auf der E 4.

Nach HÖGANÄS und KULLEN ist die Küstenstr. 111 die schönste Verbindung. – Die BJÄREHALVÖN erreicht man schnell über die E 6.

NACH MALMÖ und Trelleborg führt die Autobahn E 6 in südlicher Richtung.

Zum nahen **LANDSKRONA** lieber die schöne Küstenstraße nehmen.

Kullen – Bjärehalvön

Wenn man auf dem Weg nach Norden einmal auf die Karte blickt, erkennt man, dass zwischen den beiden Städten Helsingborg und Laholm zwei Halbinseln in das Kattegatt ragen. Die dazwischen liegende Bucht heißt *Skälderviken.* Die südliche Halbinsel, Kullen, so benannt nach dem Berg *Kullaberg,* markiert mit dem Leuchtturm die westlichste Landspitze Schwedens; die nördliche, Bjärehalvön, ist der Ausläufer des Höhenzugs *Hallandsåsen,* der gleichzeitig die Grenze zwischen Skåne und Halland bildet.

Der KULLABERG, aus rotem Gneis bestehend, erstreckt sich von Kullanäs bis Arild – das sind mehr als 7 Kilometer, und er ist fast ebenso breit. In den Berg geschnittene TÄLER wechseln mit offenen HEIDEFLÄCHEN ab. Der Wuchs der Bäume offenbart die vorherrschende Windrichtung; Kiefern, breit wie Pinien, und Laubwälder machen das Landschaftsbild abwechslungsreich. An der Küste fallen an manchen Stellen die FELSEN (bis zu 60 m) STEIL ins Meer ab, und man tut gut daran, sich dort an die ausgeschilderten Wege zu halten. Die Brandung hat BIZARRE GEBILDE aus dem Gneis gewaschen, spannende Szenerien an der Nordküste, wie etwa die GROTTEN bei Josefinelust, *Fiskargrottan* und *Visitgrottan,* auf der Südseite unterhalb des Leuchtfeuers *Silvergrottan* und im Süden die Diamantklippen. Die zerklüfteten, zum Strand abfallenden Felswände mit den zahlreichen Grotten und Felsentoren wirken vom Wasser aus besonders eindrucksvoll.

Kullen besitzt auch als TÖPFERGEGEND Schonens Tradition. Im 16. Jh. begann man die BODENSCHÄTZE der Gegend zu nutzen. Erst wurde Kohle abgebaut, und ab dem 18. Jh. lieferten die Tonfunde die Grundlage für ein noch heute blühendes Handwerk: Keramische Erzeugnisse, Gebrauchsartikel und Kunstgegenstände aus Schonen sind weit über die Landesgrenzen bekannt. Eine Fahrt über die Halbinsel Kullen ist in jeder Hinsicht ein Erlebnis.

Rundfahrt über Kullen

■ Von Helsingborg die Küste entlang gelangt man zuerst zum Schloss **KULLA-GUNNARSTORP**, (16. Jh., Erweiterung 1860) in einem herrlichen Park. Führungen im Sommer.

VIKEN

Das Fischerörtchen Viken mit seinen alten niedrigen Fachwerkhäuschen an schmalen, kurvigen Gassen ist ein kleines IDYLL. Im Vångavägen 10 ist die Galleri Hamnen zu Hause.

HÖGANÄS

Höganäs, ist als ZENTRUM DER KERAMIK bekannt, vor allem die salzglasierten Tonwaren der Firma *Höganäs Saltglaserat AB.*

■ **INFORMATION**: *Höganäs Turistbyrå,* Centralgatan 43, SE–26331 Höganäs, Tel. 042 – 349 793, Fax 342 288, www.skaneturist.nu und www.hoganas.se. Vermittelt Ferienhäuser in Preisklasse 2.250–6.000 SEK, 4–6 Betten (siehe Homepage).

■ **HÖGANÄS SALTGLASERAT AB**, Bruksgatan, Tel. 042 – 338 333. Mo–Fr 9–16 Uhr, 1.6.–31.8. zudem Sa 10–13 Uhr. Verkaufsshop.

In der Keramikfabrik kann man verfolgen, wie geschickte Hände auf der Drehscheibe aus einem Klumpen Ton einen Krug formen, mit der gleichen Technik wie vor 150 Jahren. Die großen Brennöfen, 6 m im Durchmesser und 3 m hoch, werden nur sechsmal im Jahr mit Kohle bis auf 1.280°C geheizt; ein Brennvorgang benötigt 13 t Steinkohle. Also kommt es auf eine Platz sparende und schonende Beschickung an.

Nach 72 Stunden hat der Ofen die Höchsttemperatur erreicht, worauf dem Feuer Salz zugesetzt wird; durch die Verdampfung erhalten die Tonwaren die Glasur. Nach 10 Tagen ist der Ofen abgekühlt, erst dann sieht man, welche Färbung das Steingut erhalten hat. Die Farbe bestimmen der Eisengehalt des Tons, das Salz und der Standplatz im Ofen.

■ **MARGRETEBERG,** Vandrarhem & Hotel, Kullagatan 135, Tel. 042 – 331 700, Fax 331 719, home.swipnet.se/margretebergs vandrarhem. Das ganze Jahr über geöffnet. Ein familiär geführte Unterkunft als Jugendherberge (2–4-Bett-Zimmer ab 125, Frühstück 50/35 SEK), Mini-Hotel (inkl. Frühstück und Bettwäsche im 4-Bett-Zimmer pro Person 250, EZ 350 SEK) sowie Hotel (EZ 400, DZ 650 SEK, im Hotel mit Bad). Am Strand, Spielplatz, Fahrradvermietung. Guter Ausgangspunkt für Aktivitäten auf dem Kullaberg.

NYHAMNSLÄGE

Nyhamnsläge war schon um 1900 ein Badeort; auch hier gibt es mehrere Keramikwerkstätten. Bei Lerhamn fällt ein markantes BACKSTEINGEBÄUDE links der Straße auf.

■ Der Herrenhof **KRAPPERUP** vom 16.Jh. erhielt sein heutiges Aussehen um 1760. Die Baustile Renaissance, Barock und Rokoko sind hier vereint. Auffallend an dem Gebäude sind die weiß aufgemalten, SIEBENZACKIGEN STERNE, sie stammen aus dem Familienwappen der ehemaligen Besitzer, der Gyllenstiernas.

Das Gut gehört einer Stiftung. Im Sommer KUNSTAUSTELLUNGEN und Konzerte. Der gepflegte PARK mit Rhododendronanlage ist das ganze Jahr tagsüber geöffnet.

MÖLLE

Mölle, das alte Fischerdorf, war zur Jahrhundertwende der bekannteste Badeort, dessen Ruf über die Grenzen hinaus ging. Ausländische Feriengäste nutzten die 1909 eröffnete Fährlinie Saßnitz – Trelleborg. Die Eisenbahn bis Mölle, die damals neue Teilstrecke Höganäs-Mölle, wurde als besonders schöne Strecke gepriesen. Heutige Urlauber schätzen die ausgesprochen schöne Lage des Ortes, die Nähe zu Badestellen und Wanderwegen und vielleicht auch ein wenig den Glanz vergangener Tage, der durch die alten Villen noch gegenwärtig ist.

■ **GRAND HOTEL**, Bökebolsvägen 11, Tel. 042–362230, Fax 362231, www.grand-molle.se. EZ ab 830, DZ ab 830 SEK je nach Aussicht und mit oder ohne Balkon. Das weiße Haus (um 1900) mit Türmchen und umlaufender Glasveranda ist der Blickfang des Ortes und wird oft fotografiert. Die Hanglage garantiert eine HERRLICHE AUSSICHT auf Ort, Hafen und Meer. Das Gourmetrestaurant wurde oft ausgezeichnet; einfachere Mahlzeiten im *Captain's Corner.*

■ **SWECAMP MÖLLEHÄSSLE**, Mölle, Tel. 042-347 384, Fax 347 729, Internet: www.mollehassle.nu. Ganzjährig geöffnet. 222 Stellplätze ab 110, Ferienhütten ab 650, Hütten ab 380, Zimmer ab 590 SEK. Nah zum Meer, zu sportlichen und kulturellen Aktivitäten. Unterhalb liegt *Mölle Fälud,* ein Areal mit Strandwiesen, Feuchtgebieten, Bächen. Beobachten lassen sich Watvögel, Enten, Seeschwalben und eine seltene Unke.

■ **RAD FAHREN** von Mjöhult über Höganäs nach Mölle auf der ALTEN EISENBAHNTRASSE, der Strecke, die einst als die schönste galt.

VON MÖLLE ZUM LEUCHTTURM

Von Mölle ist es nicht weit zum Leuchtturm Kullen (großer Parkplatz in der Nähe). Im Sommer wird an der Einfahrt ins Naturreservat ein Obolus erhoben: 25 SEK pro Pkw, 35 SEK je Wohnwagen/Wohnmobil.

■ Der **KULLABERG** ist Schwedens höchste und steilste Küste: Laub- und Nadelwald, Heide, kriechender Wacholder, Weißdorn, Schlehdorn und Geißblatt sowie hohe Klippen wechseln sich ab. Das Gebiet steht unter NATURSCHUTZ, ebenso die Küste rundum mit vielfältigem Vogelvorkommen. Eine famose AUSSICHT bieten die Steilküste und Kullen mit dem LEUCHTTURM (Reichweite des Feuers 27 Seemeilen = 45 km). Ein Erlebnis ist die BRANDUNG BEI STURM, wenn man sich kaum auf den Beinen halten kann. Hat man den Picknickkorb dabei, locken viele schöne Plätzchen auf Wiesen oder den aufgestellten Tischen und Bänken. VORSICHT ist bei kleinen Kindern geboten; die steil abfallenden Hänge sind nicht überall gesichert.

Im NATURUM veranschaulicht ein Modell des Kullabergs – mit Leuchtdioden versehen – die Gegend. Es gibt mehrere Parkplätze, markierte Wanderwege und tolle Badestellen in den Klippen: Wegbeschreibungen zu den Grotten im Touristenbüro.

Geführte Touren um 11.30 und 13 Uhr, große Tour um 15 Uhr. Eine Wanderung durch die Grotten mit tollen Aussichtspunkten 1–2 Stunden. Naturwanderung 1 Stunde. Besichtigung des Leuchtturms: um 10 und 12.30 Uhr, Dauer 30 Minuten.

■ **CAFÉ-RESTAURANT RANSVIK**: Abzweig innerhalb des Naturreservats. Ein Terrassencafé AM HANG gelegen, mit Blick übers Wasser und den Klippenstrand mit Badesteg. Als zur vorletzten Jahrhundertwende das Baden im Meer populär wurde, erlangte Ransvik Bekanntheit als

Küstennahe Idylle mit königlicher Kundschaft: Café Flickorna Lundgren ▶

SÜNDIGE KLIPPENMEILE. Hier badeten Männlein und Weiblein gemeinsam! Wohl genau deshalb stieg der Bekanntheitsgrad von Ransvik explosionsartig – selbst vom Kontinent kam man angereist und gesellte sich zu der gemischten fröhlichen Schar der Badegäste. Noch immer fühlt man sich auf diesem herrlichen Fleckchen Erde rundherum wohl. Bestellen kann man Gebäck, smörgås, Salate, Toast etc. und frische Waffeln. Von Mölle führt ein Weg (ca. 20 Minuten, etwas beschwerlich) oberhalb des Ufers zu diesem Kleinod. Anfang April bis Ende September, täglich 11–17 Uhr, während der Hochsaison bis 20 Uhr.

ÜBER ARILD NACH ÄNGELHOLM

Zurück führt die schönste Strecke an der Bucht Skälderviken entlang.

■ Der Fischerort **ARILD** gehört zu den alten Badeorten der Insel. Die Lage am Hang, die schmalen Gassen und alten Holzvillen tragen zum malerischen Ortsbild bei.

■ **RUSTHÅLLARGÅRDEN**, Arild, Romantik Hotel, Tel. 042 – 346 530, www.rusthallargarden.se. Das Haus ist eines der traditionsreichen schonischen Gasthäuser. Hier können Sie Ferienhütten mieten oder sich im Hotel verwöhnen lassen. Last-minute-Preis ab 415 SEK.

■ Von Arild begleitet eine kleine Straße die Küste bis Skäret. Dort erwartet Sie **FLICKORNA LUNDGREN**. Ca. 20.4.–25.5. und 20.8.–10.9. 11–17 Uhr, 25.5.–30.6. und 1.8.–20.8. 10–19 Uhr, 1.7.–31.7. 10–21 Uhr.

Das kleine STROHGEDECKTE Haus inmitten eines herrlichen Blumengartens mit Aussicht auf das Wasser

ist eine Oase am frühen Morgen und rechtfertigt den Abstecher. Selbst König *Gustav VI. Adolf* besuchte stets das Café Flickorna Lundgren auf Skäret, wenn er auf Schloss Sofiero weilte. Alle Reisebusse laden ihre Gäste hier ab – man muss das eben gesehen haben. Das Ambiente ist wirklich WUNDERSCHÖN, nur muss alles so teuer sein?

■ Die Fahrt an der Küste entlang nach **JONSTORP** bietet ständig neue Panoramen. Bis Ängelholm sollte man dem Verlauf der Küste folgen.

Rundtour Bjärehalvön

Auf dem Weg zur Bjärehalvön kann man die Landstraße oder die schnelle Verbindung der Autobahn E 6 wählen. Hinter Hjärnap wird die die bisher zumeist ebene Landschaft langsam HÜGELIGER. Hier erstreckt sich der etwa 40 km lange, 4–10 km breite Höhenzug HALLANDSÅSEN, der die Grenze zwischen Skåne und Halland markiert – früher ein kniffliges Verkehrshindernis.

Bereits Anfang des 19. Jhs. entdeckten SOMMERGÄSTE die schöne Halbinsel Bjärehalvön mit dem milden Klima. Besonders die wild romantische Nordküste, mit den rötlichen Felsen HOVS HALLAR, und die vorgelagerte Insel HALLANDS VÄDERÖ waren beliebt. Anfang des 20. Jhs. begann Gartenarchitekt *Rudolf Abelin* mit der Verwirklichung seines TRAUMGARTENS; auf der Bjärehalvön hatte er den Platz dafür gefunden. Seine Gartenanlage gehört heute, neben der Felsenküste, zu den großen Sehenswürdigkeiten.

BÅSTAD

Der Ferien- und Badeort Båstad an der Laholmsbucht ist heute vor allem bei Tennisspielern und Seglern und in den letzten Jahren auch zunehmend bei Golfern bekannt. Für sportliche Aktivitäten gibt es in dieser Gegend zahlreiche Angebote.

■ **INFORMATION**: *Båstads Turistbyrå,* Köpmansgatan 1, SE–26921 Båstad, Tel. 0431 – 750 45, Fax 700 55, www.bastad.com. Unterkünfte auf der Homepage.

NORRVIKENS TRÄDGÅRDAR

Für den Besuch dieser Gartenanlage zwischen Båstad und Hovs Hallar sollte man mehrere Stunden einplanen. Außer dem Garten selbst ist die VILLA ABELIN mit der Galerie Abelin, Galerie Rudolf sowie einer Ausstellung von *Charlotte Weibulls* Puppen sehenswert. – Im HANTVERKSHUSET wird alte Handwerkskunst demonstriert. – In der Glasbläserei ELDOLUFT kann man ab und zu beim Glasblasen zuschauen. Nach einem ausgedehnten Spaziergang ist eine Pause im Wintergarten-Restaurant ein schöner Abschluss.

Eine OBSTBAUMALLEE, begrenzt durch Blumenrabatte, führt in den ITALIENISCH INSPIRIERTEN Barockgarten, den hohe Zypressen einrahmen. Links der Villa erstreckt sich der WASSERGARTEN, ebenfalls nach italienischem Vorbild. Erklimmen Sie den Hang zum Wassertempel, der den darunter liegenden Garten speist, werden Sie mit einer herrlichen AUSSICHT über die Gartenanlage auf das Meer belohnt.

Hinter der Villa erhält man Anregungen, wie ein KÜCHENGARTEN aussehen könnte.

Auf der anderen Seite gelangt man durch den RENAISSANCEGARTEN zur KÖNIGSSCHLUCHT mit Rhododendren und Azaleen, viele davon ein Geschenk Gustav VI., der diesen Teil mit *Rudolf Abelin* gemeinsam plante.

Die Wege führen durch den JAPANISCHEN GARTEN. Nach Norden schließt sich der TORS PARK an, eine Anlage mit Gewächsen, die vor der Eiszeit in Schweden heimisch waren. Im Blumengarten, der je nach Saison neu bepflanzt wird, lässt der SPIEGELTEICH Himmel, Teich und Meer ineinanderfließen.

■ **NORRVIKENS TRÄDGÅRDAR**, Tel. 0431 – 690 40, Fax 752 59. 30.4.–10.6. und 15.8.–31.8. täglich 10–17 Uhr, 11.6.–14.8. 10–18 Uhr. – Der Garten ist für jedermann bis 18.30 Uhr geöffnet.

HOVS HALLAR

Die Straße bis Segelstorp lässt sich gut fahren; der letzte Wegabschnitt zum Parkplatz Hovs Hallar ist recht schmal. Hovs Hallar, die STEILE KLIPPENKÜSTE MIT GROTTEN UND GERÖLLFELDERN und ausgewaschenen Strandpfeilern aus rötlichem Gneis sieht man am besten von der Höhe KNÖSEN. Am schönsten sehen die Klippen bei Sonnenuntergang aus, wenn sie in weiches, rotes Abendlicht getaucht sind.

TOREKOV

Von Hovs Hallar ist es nicht mehr weit zum Fischerort Torekov. Oberhalb des Hafens, auf dem Hügel *Skjulabacken,* ist ein halbes Schiff als Museum vor Anker gegangen. Am Eingang grüßen die Galionsfiguren Salz-Peter und Cleopatra, innen liest man viele Namensschilder der vor dieser Küste gestrandeten Schiffe. Ein Spaziergang durch den Ort ist ebenfalls empfehlenswert.

■ **KRONO CAMPING BÅSTAD/TOREKOV**, Tel. 043 – 364 525, Fax 364 625, www.camping.se/plats/L09. Ca. 15.4.–15.9. 510 Stellplätze ab 135, Wohnwagen u. Ferienhütten ab 550, komplett ausgerüstetes Zelt (4 Personen) 3.300 SEK pro Woche. WUNDERSCHÖN GELEGEN im Mischwald, Meerblick. 1 km vor Torekov.

■ **HALLANDS VÄDERÖ**, Torekov, Tel. 0431 – 363 020 oder (Halmstad) Tel. 035 – 122 209. 15.4.–12.6. sowie 5.8.–24.9. Sa+So ab 10 Uhr alle zwei Stunden bis 16 Uhr. 15.5.–9.6. und 7.8.–8.9. Mo–Fr 10, 12, 14, 16 Uhr. 13.6.–4.8. täglich 9–16 Uhr zu jeder vollen Stunde. Tickets 65/30 SEK.

Safari mit Inselführung Tagesfahrt 13 Uhr (nicht im Juli). Abendfahrt 17 Uhr, zurück 20.30 Uhr. Tickets 110/60 SEK. Für diese beiden Touren muss reserviert werden.

■ Bevor Sie zu Streifzügen über die Insel ausschwärmen, lassen Sie sich von einem ganz anderen Museum inspirieren und informieren. Im alten Lotsenhaus **VÄDERÖMUSEET** (1844) versucht man, Kultur und Natur auf spannende wie überraschende Art zu präsentieren: Vögelköpfe gucken aus der Wand, Seehunde tauchen ganz plötzlich auf, ein Wald hat viereckige Bäume mit Bewegungsmeldern, und alle Tiere und Früchte des Waldes sind nicht präpariert, sondern meisterhaft aus Holz geschnitzt. Sogar der hölzerne Leuchtturm steht auf Klippen aus Holz.

■ **HALLANDS VÄDERÖ**, Hallands Wetterinsel, gehört zu Skåne, auch wenn der Name etwas anderes vermuten lässt. Die 300 ha große Insel ist ein Naturparadies mit Mischwald, Moor und Weiden mit Wacholderbüschen, Heide oder kahlem Gestein nisten Silbermöwen, Eiderenten und Lummen. Zu den weiteren Bewohnern zählen Hase und Nerz, die gemeine und die schwarze Kreuzotter und unzählige Insekten. Vom Hafen Sandhamn führt ein Pfad zum Hauptwanderweg, der SVINAHALLEN im Südosten mit dem Leuchtfeuer im Nordwesten verbindet.

Der Norden besteht hauptsächlich aus einem Feuchtgebiet mit Mückenschwärmen; im Süden führt ein Holzsteg durch Erlenbruch mit Farngewächsen. Wer baden möchte, findet blank geschliffene Klippen – nur in der Sandhamnsbucht gibt es, wie der Name andeutet, Sand.

Das INSELCAFÉ am Hafen sorgt für das leibliche Wohl. Auf den der Westseite VORGELAGERTEN KLIPPEN LEBT EINE ROBBENKOLONIE, die man im Rahmen einer kombinierten Inselwanderung mit Robben-Foto-Safari besuchen kann, dieser Ausflug muss einen Tag im Voraus gebucht werden; manchmal sind auch kurzfristig noch Plätze frei.

FARBSEITEN 97 – 104:

Seite 97:
Nationalfeiertag Flaggans Dag am 6.6. – Feierlichkeiten in Vadstena

Seite 98 oben:
Im Glasreich – Künstler Kjell Engman

Seite 98 unten:
Im Glasreich – Björnar von Mats Jonasson, Målerås Glasbruk

Seite 99 oben:
Im Glasreich – Glasmalerin bei Kosta Glasbruk

Seite 99 unten:
Musik im Glasreich – Sandgjutning

Seite 100 oben:
Tanz der Kraniche am Hornborga-See

Seite 100 unten:
Der Traum vom schwedischen Sommerhaus – hier ganz real in Blekinge

Seite 101:
Herbstfarben Anfang September im mittelschwedischen Hochland

Seiten 102 und 103:
Unterwegs auf dem Göta kanal

Seite 104 oben:
In der Vika-Kirche am See Runn

Seite 104 unten:
Felszeichnungen in Högsbyn

Herstellung: Fuldaer Verlagsagentur

WILHELM THAM
5

JUNO
JUNO
JUNO

11
200

Ystad

Ystad, an der Südküste von Skåne, wurde 1200 erstmals genannt. Das kleine Fischerdorf entwickelte sich zum wichtigen Hafen- und Handelsort und war einmal Schonens zweitgrößte Stadt. Bis ins 16. Jh. hinein war Ystad Zentrum der ökonomisch bedeutenden Heringsfischerei, des Rinderexports und Verbindungshafen mit Schwedisch-Pommern. Den nächsten Aufschwung erlebte Ystad Anfang des 19. Jhs. während der Napoleonischen Kriege, dank des strategisch günstig gelegenen Hafens.

Trotzdem ging die moderne Zeit in Form der Industrialisierung zunächst weitgehend an Ystad vorbei; es blieb ein ruhiges Provinzörtchen.

Kaum eine andere schwedische Stadt hat deshalb ihr traditionelles Ortsbild so gut erhalten können wie Ystad. Das mittelalterlich geprägte Straßennetz ist weitgehend intakt, fast 300 alte Fachwerkhäuser verleihen viel Charme. Die HISTORISCHE STADTARCHITEKTUR, gepaart mit Neuem, macht einen Bummel durch Ystad zum Vergnügen.

Dazu passend blieb hier eine alte Tradition lebendig: Ab 21 Uhr bis nachts um 3 Uhr bläst – genau wie im Mittelalter – ein TURMWÄCHTER von der Marienkirche zu jeder Viertelstunde in sein Horn.

Ystad ist mit seinen 16.000 Einwohnern ein geschäftiges Städtchen, wozu die FÄHRVERBINDUNGEN nach Bornholm und Swinoujscie (Stettin) in Polen erheblich beitragen. Die leicht HÜGELIGE SCHONISCHE Landschaft bietet dem Urlauber vielfältige Erlebnismöglichkeiten: herrliche Wege zum Fahrradfahren und Wandern, eine lange, seichte Küste zum Baden, aber auch Sehenswertes wie frühgeschichtliche Denkmäler, mittelalterliche Kirchen und gut erhaltene Schlösser.

INFORMATION

■ **YSTADS TURISTBYRÅ**, S:t Knuts torg, SE – 27142 Ystad, Tel. 0411 – 577 681, Fax 555 585, www.ystad.se. Mitte Juni bis Mitte August Mo–Fr 9–19 Uhr, Sa 10 –19 Uhr, So 11–19 Uhr, sonst Mo–Fr 9–17 Uhr. Das Touristenbüro liegt gegenüber vom Busterminal. Auf der anderen Seite der Str. 9 befinden sich Bahnhof und Fährterminal.

Unterkunft

■ **ANNO 1793 SEKELGÅRDEN**, Långgatan 18, Tel. 739 00, Fax 189 97, Internet: www.sekelgarden.se. EZ ab 550 SEK, DZ ab 695 SEK.

Hübsch eingerichtete Zimmer im denkmalgeschützten Fachwerkhaus – wohnen in Frau Ottergrens Nähstube oder in der gemütlichen Dachgeschoss-Suite mit Meeresblick und Sauna. Der umbaute Garten sowie der mit Kopfsteinen gepflasterte Innenhof tragen zum CHARME bei. Nebenan das Restaurant *Bryggeriet.*

■ **HOTELL TORNVÄKTAREN**, Stora Östergatan 33, Tel. 129 54, Fax 729 27. EZ 395 SEK, DZ 595 SEK.

In der Fußgängerzone, helle und FREUNDLICH eingerichtete Zimmer, nicht alle mit Du/WC. Für den kurzen Weg über den Flur hängt ein Bademantel bereit. Der Chef spricht fließend Deutsch und Englisch.

■ **HOTEL BÄCKAGÅRDEN**, Dammgatan 36, Tel. 198 48, Fax 657 15. EZ ab 450 SEK, DZ ab 625 SEK.

Ruhig und dennoch zentral gelegene, nur 10 LIEBEVOLL eingerichtete Zimmer, persönliche Atmosphäre. Bei gutem Wetter wird im hübschen Innenhof gefrühstückt.

■ **BED & BREAKFAST**: Fragen am besten Sie im Touristenbüro nach der Broschüre *Sydöstra Skåne – Österlen,* die auch Adressen von Hotels, Stugor und sogar Campingplätzen enthält.

■ **YSTADS VANDRARHEM KANTARELLEN**, STF, Fritidsvägen, Tel. 665 66. 1.6.–20.8., sonst nur mit Bestellung: Tel. 577 995, Fax 109 13. Ganzjährig geöffnet. Pro Person 170/90 SEK, 2–4-Bett-Zimmer. In Strandnähe, 2 km östlich von Ystad.

■ **LÖDERUPS STRANDBADS CAMPING**, Tel. 526 311, Fax 526 613. Internet: www.camping.se/plats/M12. 15.4.–1.10. 200 Stellplätze für 130, Hütten à 4 Betten 400, Wohnwagen 400 SEK. Richtung Kåseberga, im NATURSCHUTZGEBIET HAGESTAD. Hier kann man fast am Strand zelten. Neu auf diesem einladenden Gelände ist ein temperiertes Salzwasser-Schwimmbecken.

Essen und Trinken

■ **BRYGGERIET**, Långgatan 20, Tel. 699 99, www.ystadbryggeriet.com. Täglich 11.30–24 Uhr, Lunch ab 65 SEK, à la carte ab 90 SEK.

URIGES Restaurant im Fachwerkhaus (18./19. Jh.). Bis in die 60er Jahren war hier eine Malzdarre. Heute sind zwei große Kupferkessel, in denen aus Wasser, Malz, Hopfen und Hefe Bier gebraut wird, der Mittelpunkt der Gaststube. Hier sitzt man DIREKT AN DER QUELLE, um frisches Bier, das weder pasteurisiert noch gefiltert ist, zu kosten. Das *Ysta Öl* gibt manchem Gericht erst die Würze, zum Beispiel Aal, Wild und den leckeren Kreationen der Köche.

Sehenswertes

■ **FACHWERKHÄUSER**: Ystads Altstadt mit ihren Gassen, Fachwerkhöfen, Häuschen und kopfsteingepflasterten Innenhöfen spiegelt ein unvergleichliches Stadtbild vergangener Zeiten wider. Der Stadtplan ist noch heute fast identisch mit dem von 1753. Unser Rundgang beginnt am ÖSTERPORTSTORG (Parken möglich); dort wo sich früher die östliche Stadtpforte Österport stand, erhebt sich das NEUE RATHAUS, 1812 im Empirestil als Wohnhaus für einen Kommerzienrat erbaut, heute das Domizil der Gemeindeverwaltung.

In der kurzen 400 Jahre alten Gasse Besökaregränd ist ein einzigartiges Fachwerkviertel aus dem 17., 18. und 19. Jh. zu besichtigen, der PER HÄLSAS GÅRDEN.

Als nächstes gelangt man zur Seitenstraße Pilgränd. PILGRÄNDSGÅRDEN soll (mit Teilen von 1480) das älteste Fachwerkhaus Nordeuropas sein. Im Garten wachsen Walnuss- und Maulbeerbäume.

ASPELINSKA GÅRDEN (1780), gegenüber, besteht aus drei Fachwerkgebäuden, die sich um einen schmalen Hof gruppieren. In dem zweigeschossigen Haus an der Stora Östergatan und den beiden eingeschossigen im Gåsegränd sind die *Galleri Z*, das *English Book Café* (mit einem netten Innengarten für die tea time), moderne Boutiquen und Wohnungen untergebracht.

Ein Idyll ist auch der über 300 Jahre alte HENRIK ROGGES GÅRD, ab Stora Östergatan und Apgränd.

Ecke Stora Östergatan u. Brorsgränd ist das BIRGITTAHUS an seinen markanten Treppengiebeln zu erkennen. Auch in diese alten Mauern hat eine Boutique Einzug gehalten.

Die Gasse Teppgränd führt zum TVÄTTORGET, dem kleinsten städtischen Platz und von Fachwerkhäuschen umgeben: APOTEKSGÅRDEN, ein Fachwerkhof aus der Zeit um 1700, in dem eine Töpferwerkstatt untergebracht ist (Mo–Fr 9–18 Uhr, Sa 10–14 Uhr), oder das JENS JACOBSENS HUS von 1640, das erst seit 1968 auf diesem Platz steht. Hier ist das Café *Bäckahästen* zu finden.

Über die Klostergatan geht's zum Kloster (siehe unten).

Auf der Sladdergatan kommt man an der Stora Norregatan zum BRAHEHUS, Hauptgebäude eines Adelgehöfts vom Beginn des 15. Jhs. und dem Baustil des Klosters angepasst. Markant sind auch hier die Treppengiebel (Backsteingotik).

Das ÄNGLAHUS, schräg gegenüber, wurde im 17. Jh. für einen reichen Ratsherren erbaut und, beeinflusst durch den Barock, kunstvoll ausgeschmückt, u.a. mit geschnitzten Figuren an der Fassade.

Die nächste Querstraße, Lilla Norregatan, führt zum Mattorget. Am Anfang der Stora Västergatan steht das hübsche Fachwerkhaus KEMNERSKA GÅRDEN vom Anfang des 16. Jhs.

Auf der anderen Seite des Mattorget ist LATINSKOLAN zu finden. Dieses Gebäude zeigt eine deutliche Verwandtschaft mit der Architektur des Klosters. Die Lateinschule ist ungefähr stolze 500 Jahre alt; bis 1841 wurde hier unterrichtet.

■ **S:TA MARIA KYRKA**, Mattorget. 1.6.–31.8. 10–18, sonst 10–16 Uhr.

Die Kirche, deren älteste Teile, u.a. das Mittelschiff, vom Anfang des 13. Jhs. stammen, wurde mehrfach umgebaut und erweitert. 1648 stürzte der Turm ein und zerstörte einen Teil der Kirche, die daraufhin doppelt so groß wie vorher wieder aufgebaut wurde. Im Inneren stechen REICHE AUSSCHMÜCKUNGEN AUS DER BAROCKZEIT hervor.

■ **GAMLA RÅDHUSET**, Stortorget. Das alte Rathaus, erbaut auf den Grundmauern des ersten Rathauses (1572), ist ein schönes EMPIREGEBÄUDE aus den Jahren 1838–40. Im Kellergewölbe hat man ein gemütliches Restaurant eingerichtet.

■ **GRÅBRÖDRA-KLOSTER**, Hospitalsgatan 4: Das Franziskaner-Kloster wurde 1267 eingeweiht sowie bis zum Ende des 14. Jhs. mehrfach erweitert und umgebaut. Nach der Reformation fungierte es bis 1777 als Kranken- und Armenhaus, danach als Brennerei und Getreidelager, bevor es nur noch ein Abladeplatz für Gerümpel war. 1901 beschloss man das Gemäuer abzureißen, doch die Bürger der Stadt stellten sich gegen die Pläne; schließlich begann man 1909 mit der Restaurierung.

Heute ist man stolz darauf, dass es nach Vadstena die am besten erhaltene Klosteranlage Schwedens ist und dem Museum einen würdigen Rahmen bietet. Der KLOSTERGARTEN mit den Kräutern und anderen Pflanzen lädt zum Verweilen ein.

■ **STADSMUSEET I GRÅBRÖDRA-KLOSTRET**, S:t Petri kyrkoplan, Tel. 577 286. 1.6.–31.8. Mo–Fr 10–17 Uhr, Sa, So 12–17 Uhr, sonst täglich 12–16 Uhr. Eintritt 20 SEK.

Das Museum dokumentiert den Wandel Ystads und seiner ländlichen Umgebung von grauer Vorzeit bis in unser technisches Zeitalter. Außerdem ist man stolzer Besitzer des ältesten schwedischen Automobils (1892).

■ **KONSTMUSEET**, S:t Knuts Torg, Tel. 577 285. 1.9.–30.4. Di–Fr 12–17 Uhr, Sa, So 12–16 Uhr. Eintritt 10/0 SEK.

Das STÄDTISCHE KUNSTMUSEUM repräsentiert Künstler des 19. und 20. Jhs. aus Skåne und Dänemark, arrangiert wechselnde Ausstellungen und stellt Leihgaben des Nationalmuseums zur Schau.

Ausflüge

■ Die betagten Fischerhäuser im idyllischen Fischerdorf **KÅSEBERGA** werden zwar inzwischen zum Großteil als Freizeithäuser genutzt; trotzdem ist viel von der ursprünglichen Atmosphäre bewahrt. Dazu tragen auch die traditionellen Heringsräuchereien (beim Yachthafen) bei.

■ **ALES STENAR** (Ales Steine), eine sogenannte SCHIFFSSETZUNG, die größte in Schweden, steht oberhalb von Kåseberga (Parkplatz am Anfang des Ortes, ab dort Fußweg).

Von der Steilküste hat man einen herrlichen Blick auf die Ostsee. Ein Fußweg führt die Küste entlang zum etwa 600 m entfernten Hafen.

58 GRANITBLÖCKE sind hier während der Wikingerzeit IN FORM EINES SCHIFFES AUFGESTELLT worden. Es könnte ein Grabmonument, aber aufgrund der einmaligen Lage ebenso ein Kult- oder Tingplatz gewesen sein oder zur Bestimmung astronomischer Beobachtungen gedient haben. Das monumentale STEINSCHIFF misst vom Bug zum Heck 67 m und ist knapp 20 m breit, die »Steven-steine« an beiden Enden sind 2,5 m resp. 3,3 m hoch.

■ **BACKÅKRA**, im Sommer Di–So 11–18 Uhr, sonst Sa, So 11–18 Uhr.

Das schön gelegene Gehöft, das einst Dag Hammarskjöld gehörte, beherbergt heute u.a. ein MUSEUM mit Kunst, Möbeln, anderen Dingen, die er von seinen vielen Reisen mitbrachte. Im Sommer werden hier Konzerte veranstaltet. Populär ist die MITTSOMMERFEIER, häufig mit

Mittsommer auf Backåkra; Schwedens größte Schiffssetzung: Ales stenar ▶

internationalen Gästen. Dann pilgert Groß und Klein bergan mit Decken, Kissen und Picknickkörben. Man tanzt um den Maibaum, die Fidel spielt dazu.

■ **SANDHAMMAREN** bildet die Südostecke der Gemeinde Ystad sowie Skånes. Der fotogene LEUCHTTURM, der einst den gefährlichen Küstenabschnitt sicherte, wurde 1862 eingeweiht, ist nun längst außer Dienst, ebenso wie die RETTUNGSSTATION, die Schwedens angeblich ältestes Rettungsboot verwahrt. – Bei Sandhammaren befindet sich eines der größten FLUGSANDFELDER Schwedens, heute durch Anpflanzungen eingedämmt. Von hier aus erstreckt sich das etwa 300 ha große Naturschutzgebiet HAGESTAD in westlicher Richtung bis nach Backåkra.

■ **SLOTTSRUNDAN** nennt sich eine Rundfahrt, die Sie auf eigene Faust unternehmen können. Diesen Wegweiser zu Burg, Herrensitzen und Schlössern rund um Ystad hat das Touristenbüro. Erklärungen zu den Gebäuden und deren Geschichte lesen Sie vor Ort in Schaukästen. Bei Bjersöholms Slott ist auch die Kirche von Bjäresjö einen Besuch wert.

■ **SVANEHOLM**, im Juli täglich 11–17 Uhr, 1.5.–30.6. sowie 1.8.–31.8. Di–So 11–17 Uhr, April u. September Mi–So 11–16 Uhr, Oktober bis Mitte November Sa, So 11–16 Uhr. Einrtitt 25/5 SEK.

Dieses 1530 im RENAISSANCESTIL erbaute Schloss beherbergt heute ein Museum, das sich über 4 Stockwerke erstreckt. Zu sehen sind Beispiele früherer WOHNVERHÄLTNISSE von Hochadel und Bauernklasse, Trachten, Waffen, Münzen, ein kleines Schulmuseum, Spielzeug u.v.a., was an die »gute alte Zeit« erinnert.

Ein Besitzer von Svaneholm war *Rutger Macklean*, der geistige Vater der für Schweden so wichtigen Bodenreform des 19. Jhs (*enskiftet*, etwa die Zusammenlegung verstreuter Parzellen zu einem zusammenhängenden großen Stück Land, wobei auch der Hof des Bauern auf diesem Landstück zu errichten war). Ein Raum widmet sich Macklean und seinem Wirken.

Svaneholms Gästgiferi im Schloss sorgt bestens für das leibliche Wohl (1.3.–31.12. Di–So). Aktiv betätigen kann man sich beim Rudern oder Angeln im Svaneholm-See oder bei Spaziergängen in der Umgebung.

■ Das Naturreservat **FYLEDALEN** (8 km weiter n) ist ein SCHMELZWASSERTAL, das sich in nordöstlicher Richtung ersteckt. An den Talhängen spenden die Buchen Schatten und im Frühjahr sind die Wiesen mit Himmelsschlüsseln, Veilchen und Bärlauch übersät, eine Sinfonie in Gelb, Blau und Weiß.

Verschiedenes

■ **SIGHTSEEING**: Stadtwanderung in der Zeit vom 22.6.–10.8., nur Mi, ab St:a Maria Kirche um 18 Uhr. Jede/r kann an der vorhergehenden Andacht und Führung ab 17.30 Uhr teilnehmen. Tickets (20 SEK) bei Touristenbüro oder Fremdenführer.

STADTRUNDFAHRT mit einem alten Feuerwehrauto. Ca. 15.6.–15.8. ab Stortorget So–Fr 14–17 Uhr, Sa 10–13 Uhr. Teilnahme 10/20 SEK.

■ **WALLANDER-TOURS** organisiert das Touristenbüro von Anfang Juli bis Mitte August um 20.15. Di auf Deutsch, Do auf Englisch. Krimi-Autor *Henning Mankell* löste mit seinen Büchern einen TOURISTEN-BOOM in der beschaulichen Idylle des Fachwerkstädtchens aus. Ystad und Umgebung lässt Mankell, der ein Anwesen in der Nähe Ystads hat, zu Schauplatz und Tatort werden. Kommissar Wallander wohnt in der Mariagatan 13, arbeitet im Polizeipräsidium am Kristianstadsvägen, isst in der Pizzeria »Foffo«, Hamngatan, und bestellt smörgås von Fridolfs Konditori oder Maria Caféet.

■ **ANGELN**: In den Seen SNOGEHOLMSJÖN, SKÄNADALSSJÖN, RAVINDAMMEN beißen Hecht, Barsch, Aal, Brasse, zum Teil auch Zander, im NYBRO-Fluss auch Lachsforelle.

In der kalten Jahreszeit bestehen gute Angelaussichten (Seelachs und Dorsch) längs der Ostküste.

■ **BADEN**: Schöne SANDSTRÄNDE entlang der KÜSTE ZWISCHEN SVARTE UND MÄLARHUSEN.

■ **RAD FAHREN**: zum Schloss KRAGEHOLM, durch das FYLEDAL, die Küste entlang nach SVARTE. – Tourenvorschläge im Touristenbüro.

■ Mit der **DRAISINE** auf den alten Gleisen von Tomelilla durchs Fyledal und zurück (19 km). Start und Ziel ist Tomelilla Folkhögskola am Eisenbahnübergang der Str. 11. Tel. 0417 – 180 00. 9.30–13.30/14–18 Uhr. 4 Std. kosten pro Person 80 SEK.

■ **WANDERN**: rund um die Seen ELLSTADSJÖN u. KRAGEHOLMSJÖN, im FYLEDAL, im Naturschutzgebiet HAGESTAD. Karten: Touristenbüro.

■ **VERANSTALTUNGEN**: Im Juli findet das YSTADSFETIVAL statt, dazu der Jahrmarkt der Mönche. Für Kinder ist die Vorführung der Freiwilligen Feuerwehr ein Spektakel.

■ **HAUPTPOSTAMT**: Hamngatan 4. Mo–Fr 9–18 Uhr.

■ **TRANSPORT**: Busbahnhof am S:t Knuts Torg.

■ **TAXI**: Tel. 72 000.

■ **ÄRZTLICHE VERSORGUNG**: Krankenhaus, Ambulanz, Tel. 75 000.

Weiterreise

■ **BAHN**: Österleden, *Pågatågen* versieht die Strecke zwischen Malmö u. Simrishamn. Für diese Nahverkehrszüge löst man die Fahrkarten am Automaten.

■ **BUS**: nach Trelleborg, Lund, Kristianstad, Kopenhagen, Simrishamn.

■ **AUTO**: **NACH SIMRISHAMN**. auf der Str. 9, Alternativroute die Küste entlang über Kåseberga (s.o.).

NACH KRISTIANSTAD. Flott über die Str. 19; unterwegs möglicher Abstecher nach **TOMELILLA** (18 km nö Ystad), Mittelpunkt einer landwirtschaftlich orientierten Gemeinde: mit HEIMATMUSEUM BYAGÅRDEN, KUNSTMUSEUM (Di–So 13–17 Uhr) und SOMMARLAND (1.6.–31.8.).

NACH MALMÖ. In umgekehrter Richtung siehe unter »Malmö, Weiterreise«.

Simrishamn

Simrishamn liegt in der Landschaft ÖSTERLEN, an der Ostküste Skånes. Die Stadt blickt auf eine lange Geschichte als Fischereihafen zurück und verdankt ihre Gründung vermutlich dem dänischen König Valdemar. Dank der reichen Heringsfanggründe war sie im Mittelalter eng mit der Hanse verbunden.

Nach den Kriegswirren zwischen Dänemark und Schweden erlebte Simrismhamn im 18. und 19. Jh. einen Neuanfang. Zum Fischhandel gesellten sich der Getreidehandel und zahlreiche Handwerksbetriebe als wichtige Erwerbsquellen – besonders im 19. Jh. wickelte man den kompletten GETREIDEHANDEL von Österlen nach Blekinge, Stockholm und Norrland über Simrishamn ab.

Im 20. Jh. baute man den durch einen Sturm zerstörten Hafen wieder auf, was die Fischereiindustrie erneut in Schwung brachte. Heute ist Simrishamn der GRÖSSTE OSTSEEFISCHEREIHAFEN des Landes, bewahrte aber trotzdem sein altes, an die holländische Kleinstadtarchitektur erinnerndes Ortsbild.

Heute ist Österlen nicht nur bei Touristen aus Schweden und anderen europäischen Ländern beliebt. Ein begehrtes Ziel ist sie auch bei Künstlern, des LICHTS wegen besonders bei Malern. Deshalb nennt man Österlen gern Schwedens Provence oder auch Schwedens Skagen. In der WOCHE VOR OSTERN ÖFFNEN ALLE KÜNSTLER ÖSTERLENS IHRE GALERIEN, im Sommer locken wechselnde Ausstellungen Besucher an.

INFORMATION

■ **TURISTBYRÅ SIMRISHAMN**, Tullhusgatan 2, SE–27231 Simrishamn, Tel. 0414 – 819 800, Fax 163 64, www.turistbyra.simrishamn.se. Um 10.6.–18.8. Mo–Fr 9–20, Sa 11–20, So 13–20 Uhr, sonst Mo–Fr 9–17 Uhr.

Unterkunft

Das Touristenbüro vermittelt Privatunterkünfte (160 SEK im DZ je Person), Bed & Breakfast (ab 225 SEK), vermietet Ferienhütten und bucht Hotelzimmer. Gebühr 75 SEK.

■ **HOTEL TURISTGÅRDEN**, Storgatan 21, Tel. 166 22, Fax 137 01, www.osterlen.com/turistgarden. EZ 490 SEK, DZ 690 SEK.

In einem alten Kaufmannshof ist dieses kleine Hotel mit 10 Zimmern beheimatet. Man wohnt zentral und trotzdem im Grünen und frühstückt bei schönem Wetter im Garten.

■ **RÅKULLE GÅRD,** STF, Brantevik, Råkullavägen, Tel./Fax 220 20. 1.4.–30.9., sonst reservieren. Ab 205/110 SEK. Ein altes kleines Gebäude mit einem modernen, blitzsauberen Inneren. Am schönsten sind die Zimmer im Obergeschoss. Von der Essküche geht's in den Garten.

■ **KIVIKS VANDRARHEM,** STF, Tittutvägen, Kivik, Tel. 71195, Fax 700 50, www.osterlen.com/hanobris. 1.5.–30.8., sonst absprechen: Tel. 17–18 Uhr. Im 2–7-Bett-Zimmer ab 195/100 SEK, Frühstück 50 SEK. Hafen- und Meerblick. Fahrradvermietung.

■ **BORRBYSTRAND CAMPING**, Tel. 0411–521 260, Fax 528 588. Internet: www.campig.se/plats/L13. Von Mitte April bis Ende September. 132 Stellplätze ab 100, Hütten / Wohnwagen ab 390 SEK. Am Wasser gelegen, südlich von Skillinge.

■ **TOBISVIKS CAMPING**, Simrishamn, Tel. 819 198, www.camping.se/plats/L14. Ganzjährig geöffnet, kompletter Service nur in der Hochsaison. 300 Stellplätze ab 100 SEK, Hütten ab 400 SEK, Zimmer p.P. ab 125 SEK. Am Wasser, an der Nordeinfahrt des Ortes gelegen.

Essen und Trinken

■ **MÅNS BYCKARE**, Storgatan 8, Tel. 147 49. Speisekarte mit großer Auswahl an Fisch, aber auch Fleisch und TYPISCH SCHONISCHE HAUSMANNSKOST. Relativ preiswert.

Sehenswertes

Das Sehenswerte im Zentrum besichtigt man am besten zu Fuß, als Ausgangspunkt das Touristenbüro und den Strandvägen entlang.

■ **GÖSTA WERNER MUSEUM**, Strandvägen 5. Sommers Di–So 13–17 Uhr.

Dieses Museum ist dem KÜNSTLER UND MARINEMALER von Österlen, *Gösta Werner,* gewidmet – Motto: »Ein Erzähler des Meeres«.

■ Vom Strandvägen biegt man links in die Stora Rådmansgatan ein. Folgt man dieser Straße und biegt rechts in die Östergatan, links in die Ågatan und wieder links in die Stora Norregatan ein, durchquert man das pittoreske **ALTSTADTVIERTEL** mit niedrigen, bunten Häuschen, im 19. Jh. von ihren damaligen Bewohnern in Eigenarbeit erbaut. Wieder auf der St. Rådmansgatan, rechts sowie weiter bis Stortorget:

■ Die STADTKIRCHE **S:T NICOLAI KYRKA** ist NIKOLAUS GEWEIHT, dem SCHUTZPATRON der Seefahrer. Der Grundstein wurde 1160 gelegt, im 13. Jh. folgte die Erweiterung um das Hauptschiff, der Turm kam im 15. Jh. hinzu. Im Innenraum erinnern zwei Schiffsmodelle an die Tradition der Seefahrt. Taufbecken (13. Jh.) und Kanzel (um 1625) wurden um 1720 »überarbeitet«. – Die Skulpturengruppe DIE SCHWESTERN sowie DER ENGEL MIT DER TROMPETE des berühmten Bildhauers *Carl Milles* stehen vor der Kirche.

■ **ÖSTERLEN-MUSEUM HAFREBORG**, Storgatan 24. Ca. 10.6.–15.8. täglich 13–18 Uhr, ab Ende April sowie bis Mitte September 13–16 Uhr.

Im Heimatmuseum Simrishamn und Österlen reichen die Exponate von frühgeschichtlichen Funden bis zu Bauernmöbeln aus dem 19. Jh. Thema ist auch die lokale SEEFAHRER- und FISCHEREITRADITION.

■ **KOCKSKA GÅRDEN**, Storgatan 25, das älteste und wohl schönste Kaufmannshaus der Stadt (inkl. Innenhof und Inventar) ist heute Hotel.

■ Zurück zu Stortorget: Die kleinste Gasse ist **LÜBECKERGRÄND**, die an die engen Beziehungen zwischen Simrishamn und den Hansekaufleuten erinnert.

Ausflüge

Die Landschaft ÖSTERLEN mit ihrem dichten Straßen- und Wegenetz ist ein IDEALES TERRAIN für Ausflüge auf eigene Faust, auch per Rad. Die folgenden Ziele sind zwar gleich einer Rundreise aufgeführt, sollten jedoch auf mehrere Etappen verteilt werden. Die Tour beginnt im Süden von Simrishamn, verläuft im Halbkreis westlich des Ortes nach Norden und erreicht dann an der Küste entlang wieder den Ausgangspunkt.

■ **BRANTEVIK** war um 1900 Heimathafen für immerhin 118 große Segelschiffe, und fast in jedem zweiten Haus wohnte ein Kapitän oder Steuermann. Ihre Souvenirs aus der ganzen Welt und die Bastelarbeiten, die während ihrer Freiwachen an Bord entstanden, kann man in HOPPETS SJØFARTSMUSEUM (Tel. 222 27, 25.6.–20.8. täglich 14–17 Uhr) bewundern. Hier verspürt man noch einen Hauch Seefahrerromantik.

Am Hafen kann man preisgünstig frisch geräucherten FISCH erstehen.

■ Weiter im Süden, an der Küste, liegt der Ort **SKILLINGE**, dessen Geschichte bis in die Zeit der Völkerwanderung zurückreicht. In dem malerischen Fischerdorf mit mehreren alten, gut bewahrten Häusern wohnen weiterhin »echte« Berufsfischer. – Weiter südlich locken die Strände bei KYHL sowie BORRBY. MÄLARHUSEN ist ein Sommerhausgebiet mit traumhaftem Sandstrand (Dünen). Hängt die rot-weiße Flagge am Mast, ist aber Vorsicht geboten (Strömung).

■ In westlicher Richtung gelangt man nach **ÖSTRA HOBY**. Die KIRCHE ist ein exemplarisches Beispiel einer schonischen Landkirche des 12. Jhs. mit Malereien aus dem 15. Jh. Das dänische Wappen an der Kanzel erinnert an die wechselhafte lokale Historie. – Kunstinteressierten sei die GALERIE KVARNBY empfohlen.

■ Die Straße nach Norden führt zu der mächtigen spätmittelalterlichen Burg **GLIMMINGEHUS**, Tel. 186 20. 1.5.–13.8. täglich 10–18 Uhr, April sowie bis Ende Oktober 11–16 Uhr. Eintritt 35–50 SEK, je nach Saison.

Der dänische Ritter und Reichsadmiral *Jens Holgersen Ulfstand* beauftragte 1499 Baumeister *Adam von Düren* mit dem Bau dieser Burg. Umgeben von einem Wassergraben, hatte sie ursprünglich nur einen Zufahrtsweg durch mooriges Gelände

Das Hauptgebäude mit vier Etagen und ca. 2 m dicken Mauern blieb seit dem 16. Jh. unverändert. Die zwei Wohngeschosse beheizte die Küche im Keller; durch Kanäle in den Mauern stieg die Wärme hinauf. Ebenso geschickt konstruiert war das Verteidigungssystem mit kaum wahrnehmbaren Schießscharten u.v.a.

Das Schlossmuseum schildert die Historie des Bauwerks. Ach ja, auch *Nils Holgersson* hat Glimmingehus besucht; nur als er mit der Gans die Burg überflog, wohnte niemand hier außer Fledermäusen und Ratten...

Jeden August wird für einen Tag das Mittelalter wieder lebendig, mit Markt, Gauklern, Flöten- und Lautenmusik und ritterlichen Turnierspielen. Ab und zu werden Konzerte gegeben. Im Burgcafé können Sie jederzeit »arme Ritter« essen.

■ Richtung Norden erreicht man inmitten eines waldreichen Gebiets die Ortschaft **SANKT OLOF**. Einst soll der norwegische König *Olav Haraldsson* auf seinen Feldzügen an der wundertätigen Quelle in Lunkede – so hieß Sankt Olof damals – gerastet haben. Als der König in der Schlacht von Stiklestad fiel und danach heilig gesprochen wurde, errichteten die Bewohner Lunkedes im 12. Jh. ein Kirchlein an der Quelle und nannten sie S:T OLOFS KYRKA. Bei einer Erweiterung der viel besuchte Wallfahrtskirche im 15. Jh. entstanden die Wand- und Deckenmalereien. In der gotischen Kirche mit dem prachtvollen, geschnitzten Hochaltar und vier weiteren kleinen Heiligenaltären findet man auch die Skulptur des hl. Olofs mit der angeblich Wunder vollbringenden silbernen Axt. Wunder erhoffende Pilger RITZTEN Gebete und Namenszüge in die KIRCHENPFEILER. Bis heute werfen Leute Geld in die »Wunderquelle« nahe der Kirche, um sich gegen Krankheit zu schützen oder was auch immer zu erflehen. 15.5.– 15.9. täglich 8–19 Uhr.

■ Westlich von Sankt Olof liegt **FÅGELTOFTA BONDRUMSGÅRDEN**, Tel. 0417 – 230 47. Ende Juni bis Anfang August Di–So 13–17 Uhr, sonst nach Vereinbarung.

Der Bauernhof ist einer der ältesten und besterhaltenen vierflügeligen Fachwerkhöfe Skånes. Das erste Haus wurde 1767 gebaut. Vorgestellt wird die Entwicklung der Fachwerkbautechnik mit Füllungen von Wacholderreisig bis zum gebrannten Ziegel. Gerätschaften stehen für Einblicke in das bäuerliche Leben.

■ Zwischen Christinehof und Eljaröd kann man zum idyllischen Tal des **VERKEÅN** abzweigen. Bei HALLAMÖLLA, mit alter Mühle, springt bei ausreichender Wasserführung Skånes »höchster Wasserfall« 23 m flussabwärts. In dem Flusstal lässt es sich trefflich wandern.

■ **BRÖSARPS BACKAR**, heute Naturschutzgebiet, wurde von der letzten EISZEIT GESCHAFFEN. Die Hügel und Täler führen einem Geschiebe, Toteismulden und Schmelzwasserwege plastisch vor Augen. Während die nördlichen Hügel flacher sind und Sandsteppenvegetation aufweisen, zeigen sich die südlichen Hügel in saftigem Grün sowie im Frühjahr übersät mit Schlüsselblumen und Küchenschellen. Das Beweiden verhindert das Überwuchern der Hügel.

■ Am Dorfbahnhof steht ein Lokschuppen von 1900. Hier verkehrt im Sommer eine **MUSEUMSEISENBAHN** nach St. Olof. Die Fahrt wird entweder mit historischen, von einer DAMPFLOK gezogenen Waggons oder mit einem alten Schienenbus durchgeführt. Ab St. Olof kann man die Fahrt per Schienenbus bis nach Gyllebosjö fortsetzen. Die Bahn wird vom Verein *Skånska järnvägar* auf Freiwilligenbasis betrieben und vermittelt einen Eindruck vom Betrieb einer kleinen Privatbahn während der 1930er und 40er Jahre.

Die Strecke St. Olof bis Gyllebo ist auch per **DRAISINE** zu befahren.

■ Östlich Ravlundas erstreckt sich das schöne Strandgebiet **HAVÄNG**. Die Straße in Haväng folgt dem Tal des Flüsschens Verkeån (Forellen!) und führt an der KÜNSTLERKOLONIE Skepparp (Gräberfeld aus der Eisenzeit) vorbei zum restaurierten FACHWERKHOF SKEPPARPSGÅRDEN, der heute als Jugendherberge dient. Haväng ist ein herrliches Freizeitgebiet, das teilweise unter Naturschutz steht. – Nördlich von Skepparpsgården dehnt sich das militärische Übungsgebiet *Ravlunda skjutfjält* aus; hier wird scharf geschossen. Das imposante Steingrab HAVÄNGSDÖSEN liegt landschaftlich reizvoll, aber innerhalb des Übungsgebietes (Warntafeln beachten!). Die Untersuchungen ergaben, dass sich unter der Grabanlage eine Siedlung der Steinzeit befindet. – Die Heidelandschaft bis hinunter zur einmaligen SANDSTEPPE BEI VITEMÖLLA ist nicht nur für Hobby-Botaniker schön.

■ Das alte Fischerdorf **KIVIK** bildet das Zentrum des größten Obstanbaugebietes im Land. Die Mosterei ist zu besichtigen: ÄPPLETS HUS, Tel. 719 000, www.kiviksmusteri.se und www.appletshus.se. 1.6.–30.9. 9–18 Uhr, 1.4.–31.5. täglich 10–17, 1.10.–31.3. Di–So 10–16 Uhr. Alles rund um den Apfel, seine Werden bis hin zu Saft, Most, Cider, Kompott, Marmelade; selbst eine MULTIMEDIA-Diashow ist im Einsatz. Im Innenhof lässt es pausieren und probieren, im Versuchsgarten mit Öko-Anbau einheimischer Fruchtarten flanieren. Leckeres gegen den kleinen wie großen Hunger und (natürlich) für Süßschnäbel bietet das Café & Restaurang *Kärnhuset,* Souvenirs wie Saft & Co. die *Musteributik.*

Alljährlich im Juli steigt in Kivik eine KIRMES, die über die Gemeindegrenzen hinaus bekannt ist. Ende September ist der ÄPFELMARKT.

■ Das 1933 restaurierte begehbare Steingrab **KUNGAGRAVEN** hat einen Durchmesser von 75 m und ist etwa 3.000 Jahre alt. Das Grab wurde im 18. Jh. entdeckt, leider damals auch geplündert und beschädigt. Bis 1930 nutzte man den riesigen Steinhügel bequem als Steinbruch. Man nimmt an, der Originalhügel sei dreimal so hoch gewesen. Das Einmalige dieses Grabes sind die FELSPLATTEN IM INNENRAUM mit Felsritzungen – eines der eindrucksvollsten Hügelgräber der Bronzezeit in Europa, dessen Motive Rätsel aufgeben: Es sieht aus, als verrieten die Zeichnungen Einfluss aus Südeuropa. 15.5.–15.8. täglich 10–18 Uhr, sonst nach Absprache: Tel. 700 21.

■ Zur Küste hin liegt der Nationalpark **STENSHUVUD** (Steinkopf). Der südöstlichste Ausläufer des Höhenzugs LINDERÖDSÅSEN erreicht eine Höhe von 124 m und bildet eine 100 m hohe Steilwand zur Ostsee. Es bestehen gute Wanderrouten durch Wald und Feuchtwiesen mit Orchideen wie Knabenkraut u.a., durch

Heide und dem Aufstieg zur Bergkuppe. Vorher sollte man sich im NATURUM über den Nationalpark kundig machen, umso mehr genießt man die anschließende Exkursion. Stärken kann man sich im Café *Annorlunda* mit Kuchen satt. Von Karfreitag bis Allerheiligen nur Sa+So, 15.5.–31.8 täglich. Die Wanderwege eignen sich z.T. für Rollstuhlfahrer.

■ Die Str. 9 führt nun nach **RÖRUM**, ebenfalls ein großes Obstanbaugebiet. Nordöstlich, an der Küste, liegt die Siedlung **KNÄBÄCKSHUSEN** mit zahlreichen MALERISCHEN, strohbedeckten früheren FISCHERHÄUSERN. Allerdings lebt das Dorf nur während der Ferienzeit richtig auf.

■ Der nächste Ort ist **VIK**, ein idyllisches altes FISCHERDORF mit pittoresken Holzhäusern und engen Gassen. Etwa die Hälfte der Häuser bewohnen Feriengäste. Viele Künstler schätzen das Umland. – Südlich des Dorfes erheben sich die eigentümlich geformten Felsen VIKS HALLAR.

■ Auch das nächste FISCHERDORF, **BASKEMÖLLA** (abseits der Hauptstraße), ist ein solches Kleinod. Ein typischer, reetgedeckter Bauernhof ist ÖSTRA TJÖRNEDALAGÅRDEN (mit Kunstgalerie), während es sich bei TJÖRNEDALUNDEN um eine Naturschönheit handelt, einen Hain, den schon Linné lobpreiste.

■ Von Mitte Juni bis Mitte August fährt 3x täglich ein Tragflügelboot nach Allinge auf der reizvollen dänischen Insel **BORNHOLM**, durchaus ein mögliches Ausflugsziel, wobei das Boot auch Fahrräder befördert – Bornholm ist aber hügeliger, als man denkt! Fahrzeit 1 Stunde.

Wanderungen

■ Das Gebiet **HAVÄNG** ist prädestiniert für Streifzüge. Der 19 km lange WANDERWEG VON SKEPPARPSGÅRDEN BIS ZUR ALAUNHÜTTE führt durch vielfältige Natur, passiert vorzeitliche Denkmäler und alte schonische Höfe. – Der KÜSTENWEG von Haväng bis Mälarhusen ist 46 km lang und abwechslungsreich. Karten und Infos im Touristenbüro.

■ **BRÖSARPS BACKAR** mit seinen nördlichen und südlichen Eiszeithügeln ist ebenso eine Naturschönheit wie die weiter südlich gelegenen **RÖRUMS BACKAR**, besonders am Rörums södra Å bei Sträntemölla, einer ehemaligen Mühle.

■ Im Tal des **VERKEÅN** verteilt sich »Skånes höchster Wasserfall« Hallamölla auf 23 m über 5 Absätze. Mit Glück und Geduld beobachten Sie eine Flussbachstelze, Wasseramsel, gar einen Eisvogel. Hallamölla liegt nahe der alten Alaunhütte. Informationen im *Träffpunkt Piraten* an der Str.19, nördlich Brösarps backar.

■ Markierte Wege im Buchenwald am Binnensee **GYLLEBOSJÖN**.

Verschiedenes

■ **SIGHTSEEING**: Stadtwanderung, Etwa 5.6.–15.8. Mo um 18.30 Uhr. Treffpunkt Sjöfartsplatsen. Gratis.

■ **MUSEUMSEISENBAHN**: von Ende Mai bis Ende August Brösarp – Sankt Olof (13 km), jeweils So, im

Juli auch Sa. Siehe unter »Ausflüge«. Auch Fahrten mit der DRAISINE.

■ **ANGELN**: Angeltouren starten in vielen Orten entlang der Küste. – Ferner im Binnensee GYLLEBOSJÖN.

■ **BADEN**: entlang der Küste lange, flache SANDSTRÄNDE.

■ **RAD FAHREN**: ÖSTERLENTUREN sind vier Routen, die das Touristenbüro ausgearbeitet hat. Österlen ist vorwiegend flach und hat ein relativ dichtes Wegenetz, eignet sich also prima für Radfahrer.

■ **GALERIEN**: In der OSTERWOCHE öffnen alle Künstler Österlens ihre Galerien; wegender immensen Zahl seien nur die größten hier erwähnt: Kulturzentrum der Küste *Valfisken* in Simrishamn. – In Baskemölla *Tjörnedala gård*. – In Rørum *Nya Konsthall*. – In Östra Hoby *Galerie Kvarnby*. – In Gärsnäs *Galerie Blå*.

■ **VERANSTALTUNGEN**: 31.3. RATTENFÄNGERTAG auf Glimmingehus. – Im Juli: KRÄMERMARKT in Simrishamn. MARKNAD in Kivik. – Im August: das MITTELALTERFESTIVAL auf Glimmingehus. – Im September: ÄPPELMARKNAD in Kivik.

■ **MUSIK**: In den beiden ersten Juliwochen MUSIK PÅ ÖSTERLEN. Konzerte in Mellby Atelier. Musik des Mittelalters in Glimmingehus. Jazz unter freiem Himmel: Sportplatz Brantevik und in kleinen Kneipen. Open-Air-Rock- und Popkonzert in Christinehof Slott. Die ältere Generation bevorzugt die Kurkapelle im Brunnsparkens Freilufttheater.

■ **POSTAMT**: Storgatan.

■ **ÄRZTLICHE VERSORGUNG**: Krankenhaus, Christian Barnekowsgatan, Tel. 150 00.

■ **PARKEN**: LANGZEITPARKPLÄTZE nördlich des Yachthafens, Östergatan. – Am Ende des südlichen Hafenbeckens des Fischereihafens.

Weiterreise

■ **BAHN**: Bahnhof Stenbocksgatan, nahe zu Altstadt und Hafen. In Tomelilla umsteigen zur Strecke zwischen Ystad und Malmö.

■ **BUS**: Verbindungen nach Ystad, Kristianstad und Tomelilla.

■ **AUTO**: **NACH YSTAD**. Entweder auf der kleinen Küstenstraße: reizvoll, aber zeitaufwändig. Oder auf der Str. 9; unterwegs in **HAMMENHÖG** der Garten SVALÖF WEIBULL mit mehr als 1.000 Blumenarten, am schönsten in den Monaten Juli und August, Eintritt 20 SEK.

NACH LUND und **MALMÖ**. Str. 11. In **TOMMARP** ist das Schulmuseum ÖSTERLENSKOLMUSEUM südlich der Kirche in einem Schulhaus aus der Zeit um 1730 untergebracht. – Das benachbarte ESBJÖRNSHAUS ist mitsamt Einrichtung (19. Jh.) erhalten. 1.7.–15.8. täglich 14–16 Uhr. – Folgt man der Klostergatan in westlicher Richtung, gelangt man zu einem restaurierten KALKBRENNOFEN *(Kalkugn)* aus 1862, in Betrieb bis Anfang des 20. Jhs. – Am Ortsrand befindet sich ferner ein HÜNENGRAB mit mächtigen Steinplatten.

NACH KRISTIANSTAD. Str. 9/19. Unterwegs mögliche Stationen: In **MAGLEHEM** steht eine ZIEGELSTEINKIRCHE mit Kalkmalereien (13. Jh.).

Paddeln auf dem Immeln (siehe Seite 226 f.) ▶

Östlich Maglehems, am Fluss Juleboda ån, steht die restaurierte **WASSERMÜHLE BLÅHERREMÖLLA**, ein Fachwerkhaus mit REETDACH, das zwar etwas buckelig aussieht, aber auf eine Anpassung des Gebäudes im 17. Jh. wegen der leichten Hanglage zurückzuführen ist; am schönsten ist eine WANDERUNG flussaufwärts durch das Tal, vorbei an großen Steinblöcken und an mächtigen Bäumen; Daten von Veranstaltungen erfahren Sie im Touristenbüro. **DEGEBERGA**, am Rand des Höhenrückens Linderödsåsen, ist ein beliebtes Ausflugsgebiet: Südwestlich Degebergas rauscht, sofern es genug Wasser führt, das zweistufige WASSERFÄLLCHEN FORSAKAR 9 m tief in eine kleine bewaldete Schlucht hinab; hier durchqueren schöne WANDER- UND SPAZIERWEGE ein herrliches Waldgebiet; durch das Gelände der Badeanstalt *Forsakarsbadet* fließt der Bach Forsakar. In **VITTSKÖVLE** (5 km nordöstlich Degebergas und nun rechts der Str. 19, erhebt sich eine mächtige BURG mit quadratischem Grundriss, Mitte des 16. Jhs. von *Jens Brahe* angelegt; das imposante RENAISSANCEGEBÄUDE umgeben mit Wasser gefüllte Wallgräben und weite Parks; besuchen sollte man auch die KIRCHE (13. Jh.) Vittskövle, in der berühmte Fresken die Schöpfungsgeschichte darstellen; diese Malereien sind dem sogenannten VITTSKÖVLE MEISTER zuzuschreiben, der in der zweiten Hälfte des 15. Jahrhunderts in Skåne tätig war. Eine Reihe weiterer Anregungen für Abstecher, je nach Lust und Laune, finden Sie unter »Kristianstad, Ausflüge«.

Kristianstad

Kristianstad im Südosten Schwedens ist die Hauptstadt der Region Nordost-Schonen. Im Gegensatz zu anderen südschwedischen Städten liegt sie nicht am Meer oder direkt an einem großen See, sondern landeinwärts am Fluss HELGEÅ.

Nachdem die Schweden 1612 das Städtchen Vä niedergebrannt hatten, gründete 1614 der dänische König *Christian IV.* eine Festungsstadt auf der Insel Allö im Gewässersystem des Helgeå, um das dänische Skåne gegen Schweden zu verteidigen. Zum ersten Mal in Nordeuropa wurde hier der Renaissancestil beim Stadt- und Festungsbau realisiert. Die Festung ist verschwunden; das rechtwinkelige Straßensystem dafür erhalten. Die Festungswälle um den alten Ortskern trug man Mitte des 19. Jhs. ab und schuf Platz für breite Boulevards, die Kristianstad den Beinamen KLEIN-PARIS eintrugen.

Die Europastraße 22, die Bahnverbindung über Hässleholm in alle Richtungen, der Flugplatz und der nahe gelegene Hafen Åhus frequentieren viele Industrieunternehmen (u.a. Lebensmittel, Maschinenbau). Im Lebensmittelsektor spannt sich der Bogen von der Erzeugung über Forschung, Verwertung bis zur Verteilung.

Die Gemeinde *Kristianstads Län* ist bei rund 76.000 Einwohnern die flächenmäßig größte in Skåne; die Stadt hat annähernd 27.000 Bürger. Zum Umland gehören offene, landwirtschaftliche Ebenen, Laub- und Nadelwälder, Seen sowie einer der längsten Sandstrände Schwedens.

Innerhalb der Gemeindegrenzen gibt es nicht weniger als zehn Schlösser, eine Reihe mittelalterliche Kirchen, frühgeschichtliche Stätten sowie einige interessante Heimatmuseen. Der VERANSTALTUNGSKALENDER ist groß. Sportlich Aktive können wandern, Rad und Kanu fahren, golfen, segeln und einiges mehr.

INFORMATION

■ **TURISTBYRÅ KRISTIANSTAD**, Stora Torg, SE–29132 Kristianstad, Tel. 044 – 121 988, Fax 120 898, www.kristianstad.se. Ca. Anfang Juni bis Mitte August Mo–Fr 9–19 Uhr, Sa 9–15 Uhr, So 14–18 Uhr, sonst Mo–Fr 10–17 Uhr.

■ **PÅ GÅNG** heißt eine Broschüre mit knappen Infos zu Stadt und Umgebung. Adressen von Hotels, Restaurants und aus der Geschäftswelt, Tipps zu Aktivitäten, Ausflügen, eine Übersicht der Museen und Kunsthandwerker ist ebenso enthalten wie ein Veranstaltungskalender, Stadtpläne von Kristianstad, Åhus sowie Umgebung und eine Übersicht der Parkmöglichkeiten im Zentrum.

■ **KRISTIANSTAD AUF EIGENE FAUST**: Diese Broschüre begleitet Sie auf einem Spaziergang durch die Innenstadt, vorbei an Sehenswertem und alten Häusern. Die letzte Seite ist ein Faltplan mit dem recht-

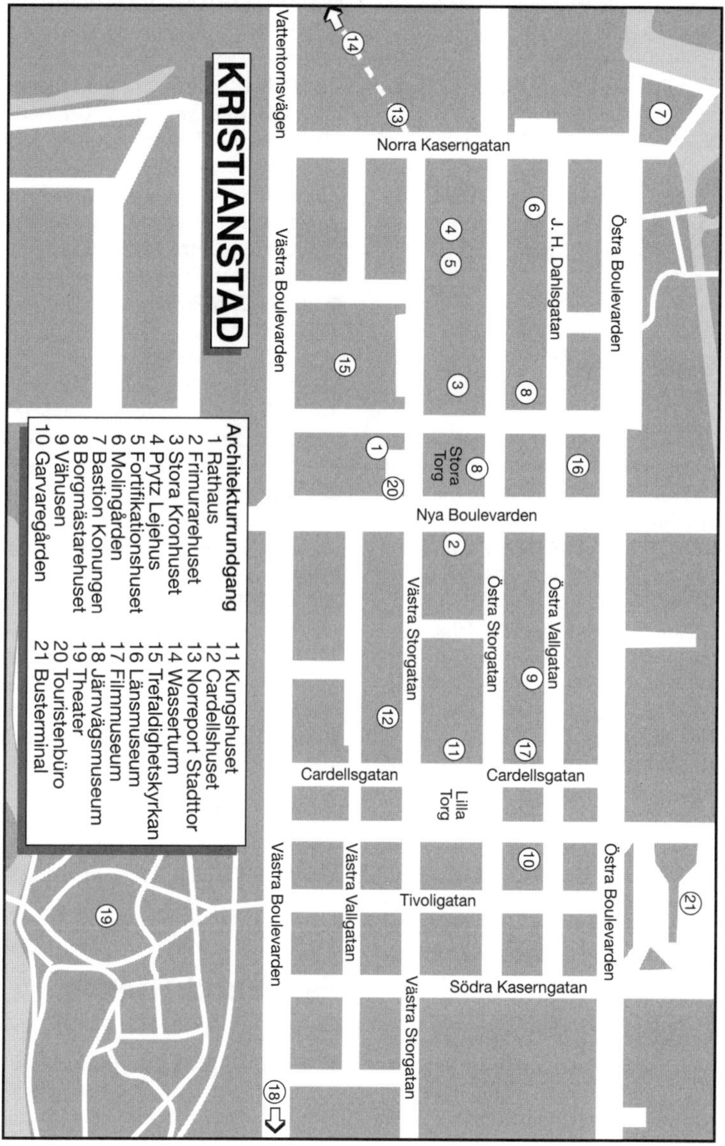
KRISTIANSTAD
Architekturrundgang
1 Rathaus
2 Frimurarehuset
3 Stora Kronhuset
4 Prytz Lejehus
5 Fortifikationshuset
6 Molingården
7 Bastion Konungen
8 Borgmästarehuset
9 Vähusen
10 Garvaregården
11 Kungshuset
12 Cardellshuset
13 Norreport Stadttor
14 Wasserturm
15 Trefaldighetskyrkan
16 Länsmuseum
17 Filmmuseum
18 Järnvägsmuseum
19 Theater
20 Touristenbüro
21 Busterminal
Vattentornsvägen
Norra Kaserngatan
Västra Boulevarden
J. H. Dahlsgatan
Östra Boulevarden
Stora Torg
Nya Boulevarden
Västra Storgatan
Östra Storgatan
Östra Vallgatan
Cardellsgatan
Lilla Torg
Västra Vallgatan
Tivoligatan
Södra Kaserngatan

winkeligen Straßennetz der Innenstadt. Es gibt weitere Broschüren in deutscher Sprache, etwa: »Über die Aalküste«, »Unsere Gartenanlagen in Nordostschonen« u.a.

■ **ÅHUS TURISTBYRÅ**, Köpmannagatan 2, Box 63, SE-29621 Åhus, Tel. 044-240 106, Fax 243 898. 1.6.–15.8. Mo–Fr 9–19, Sa 9–18, So 14–18 Uhr, sonst Mo–Mi, Fr 9–15 Uhr.

Unterkunft

Das Touristenbüro vermittelt Privatzimmer (um 130–190 SEK inklusive Bettzeug) sowie Bed & Breakfast (um 180–250 SEK).

■ **HOTELL TURISTEN**, V. Storgatan 17, Tel. 126 150, Fax 103 099. EZ ab 595/420 SEK, DZ ab 745/550 SEK.

Ein Haus mit ANGENEHMER Atmosphäre und 33 frisch renovierten, hübsch eingerichteten Gästezimmern. Ruhige, zentrale Lage, 200 m zum Bahnhof.

■ **WÄRDSHUSET KASTANJELUND**, Kastanjelundsvägen 2, Yngsjö, Tel. 232 533, Fax 232 177. EZ ab 610 SEK, DZ ab 740 SEK. Preiswertere Zimmer mit Du/WC auf dem Flur. Altes Herrenhaus als Landhotel mit 20 stilvoll eingerichteten Zimmern.

■ **CHARLOTTSBORGS VANDRARHEM**, SVIF, Jakobsväg 34, Tel. 210 767. 40 Betten verteilen sich auf 2–4-Bett-Zimmer sowie Großraumzimmer. Bettwäsche erforderlich. Pro Person 120 SEK. In einem Park 3 km südwestlich des Zentrums. Camping (110 SEK) mit Hütten (250 SEK).

■ **HÄSSLEHOLMS VANDRARHEM**, STF, Hässleholmsgården, Hovdalavägen 303, Tel. 268 234, Fax 268 232. Ganzjährig geöffnet. 20–30 Betten in 2–5-Bett-Zimmern. Pro Person 150/70 SEK, Nebensaison 115/70 SEK. Nette, helle DZ und 4-Bett-Zimmer; Serviceräume vorbildlich; schöne Umgebung, der Wanderweg Skåneleden führt vorbei. Im Sommer mittwochs Tanz auf der Tenne.

■ **ÅHUS CAMPING,** Åhus, Tel. 248 969, Fax 243 523, www.camping.se/plats/L27. Ganzjährig geöffnet. 436 Stellplätze ab 95 SEK, Hütten ab 340 SEK, Ferienhütten ab 440 SEK. Beheiztes Schwimmbecken. An der Hanö-Bucht, nördlich vom Zentrum.

■ **OSBY CAMPING**, Osby, Tel./Fax 0479-311 36. 1.4–30.9. Stellplätze jeweils 110, Hütten ab 350 SEK. Am Ostufer des Osbysjön.

■ **FERIENHÄUSER BERGAKUNGEN**, Ebbarp 3625 Osby, Tel. 0479-144 44, Fax 121 23, www.bergakungen.nu. Auf einem leicht hügeligen, bewaldeten Terrain nahe am Osbysee stehen elf ansprechende, modern ausgestattete Häuser für 4–6 Personen. Wochentarif 2.450–3.950 SEK. Im Preis drin: Kanu, Boots, Sauna und Schwimmbad und jeden Freitag Reiten auf Islandponys für Kinder.

Essen und Trinken

■ **RESTAURANG KVARNEN**, Mo-Fr 11.30–14 Uhr, langer Samstag bis 15 Uhr (ein Tipp: spätestens 13.30 Uhr da sein). Lunch: großes Salatbuffet,

2 warme Gerichte, davon eines vegetarisch, 1 Getränk, Butter, Brot und Kaffee mit Gebäck, um 70 SEK. Auffallend die Fenster bis zum Boden und die mit Backsteinmauern unterteilten Nischen. Wem das Tagesgericht – oft schwedische HAUSMANNSKOST – nicht zusagt, mag sich vielleicht auf das große SALATBUFFET beschränken.

■ **ÅHUS GÄSTGIVAREGÅRD**, Åhus, Hamnen, Tel. 289 050. Mo–Fr 11.30–15 und 18–22 Uhr, Sa, So 15–22 Uhr. Lunch ab 75 SEK, à la carte ab 179 SEK. Schwedische Küche mit regionalen FRISCHEN ZUTATEN der Saison.

■ **FINA FISKEN**, V. Hamngatan 4, Åhus, Tel. 243 625. 1.6.–31.8. täglich 12–18 Uhr. Kalte Küche SPEZIALISIERT AUF FISCH, leichte Lunchgerichte ab 35 SEK. Galerie und idyllisches Café, Gartenlokal.

■ **KASTANJELUND**, Yngsjö, Tel. 232 533. Mo–Fr 12–14 und 18–21.30 Uhr. Winterhalbjahr nur Sa+So 18–21.30 Uhr. Lunch ab 75 SEK, à la carte ab 150 SEK. In dem früheren Herrenhaus wird in der rustikal eingerichteten Gaststube auf hübsch eingedeckten Tischen internationale und REGIONALE KÜCHE serviert. Spezialitäten des Hauses sind SPANFERKEL und AALFESTE.

Sehenswertes

■ **TREFALDIGHETSKYRKAN**: Die DREIFALTIGKEITS-KIRCHE am Västra Boulevarden ist der Mittelpunkt der Stadt, die größte und wohl schönste Renaissancekirche des Nordens. Sie entstand 1617 bis 1628 und ist mit ihren hohen Fenstern und dem auf zierlichen GRANITSÄULEN ruhenden Deckengewölbe ein beeindruckendes Bauwerk. Der größte Teil des Inventars, die geschnitzten Eichenbänke, Altaraufsatz und Kanzel aus Marmor sowie die Orgelfront stammen noch aus der Zeit Christians IV.

■ **KRISTIANSTADS REGIONMUSEUM**, Tyghuset, Stora Torg, Tel. 135 800. Im Sommer täglich 11–17 Uhr, sonst Di–So 12–17 Uhr, 1. Mi / Monat bis 21 Uhr.

Das alte Zeughaus, ein Gebäude aus der Gründerzeit, wurde um 1780 ausgebaut. In der Eingangshalle befinden sich Rezeption, Museumsshop und ein Café mit einer Jukebox aus den 1960er Jahren und zeitgemäßen Schallplatten. Themen sind Geschichte von der Frühzeit bis zum Mittelalter, zur Natur die Veränderungen einer Landschaft über Jahrhunderte, die Stadthistorie und das Militär – schließlich wurde Kristianstad als Festungs- und Garnisonsstadt gegründet. Seit 1994 gibt es vor Ort keine Soldaten mehr, nur noch Militärgeschichte im Museum...

Man hat versucht die Ausstellung auch mit Humor zu gestalten – gelungen, wie ich finde. In Etage Zwei sind Textilien ausgestellt, eine Fundgrube an Leinen, Damast und Gewebtem in farbenfrohen bäuerlichen Mustern, zudem Kleider von 1880 – auf den Leib geschneidert und geschnürt – bis heute. Eine niedliche Puppenstube begeistert wegen ihrer Details. Die KUNST AUS SCHONEN in Etage Drei zeigt eine große Bandbreite: Vom Bauernstil bis zur Moderne ist alles enthalten. Auch hier hat man an Kinder gedacht und ihnen einen Raum eingerichtet, der Anregung zu Farbe und Form, Materialien und Motive vermitteln soll.

■ **FILMMUSEET**, Östra Storgatan 53, Tel. 135 729. Di–Fr+So 13–16 Uhr.

Das Filmmuseum ist im ältesten Aufnahmestudio Schwedens beheimatet. 1909–11 wurden in Kristianstad DIE ERSTEN SCHWEDISCHEN FILME gedreht, die auf Videokassetten übertragen wurden und auf Wunsch vorgespielt werden.

■ **EKOMUSEUM**, das Gewässersystem von Kristianstad, ist 35 km lang. Im KANALMUSEUM am Helgeå wird die Kulturlandschaft in Kristianstad und Umgebung erklärt. Das Projekt zur Erhaltung von Sumpfflächen, Feuchtgebieten und Trockenböden sowie zur Renaturierung überdüngter Flüsse soll das Bewusstsein der Menschen für die Umwelt ansprechen. Es soll vor allem aber wieder ein »natürlicher« Aufenthaltsort gefährdeter Vogel- und Kleintierarten werden. Man hat zum Beispiel ein STORCHENZENTRUM eingerichtet – noch als Voliere, aber man will erreichen, dass die Störche sich in diesem Wasserparadies wieder wohl fühlen können. Viele seltene Vogelarten tun dies schon. Übrigens – hier in Kristianstad liegt Schwedens niedrigster Punkt, 2,41 m unter N, denn hier befand sich einst der See Nosaby, den man in der zweiten Hälfte des 19. Jhs. trocken legte, um Land zu gewinnen. Besonders reizvoll sind Bootstouren durch das Wasserparadies.

ARCHITEKTUR-RUNDGANG

■ **SEHENSWERT**: Das RATHAUS (1) am Stora Torg wurde 1891 fertig gestellt. Man versuchte, den Renaissancestil Christians IV. nachzuahmen. In der Nische über dem Rathausportal steht eine Statue des Dänenkönigs, der – offensichtlich zufrieden – über den Paradeplatz der von ihm gegründeten Stadt blickt. – Das FRIMURAREHUSET (2), Nya Boulevarden, wurde 1884 eingeweiht; Heute ist hier das Stadshotell – Auf der anderen Seite des Stora Torg steht STORA KRONOHUSET (3), ein Empiregebäude aus den 1840/41-er Jahren, das sich einst das Oberlandesgericht von Skåne und Blekinge mit dem Artillerieregiment teilen musste. – In der Västra Storgatan Nr. 11 FORTIFIKATIONSHAUS (4), Teile von 1630. Ehemals Gasthof, später Gerichtshaus, dann Militärverwaltung. – Nr. 7 PRYTZ LEJEHUS (5), 1641. Viele Häuser der Gründerperiode sahen so aus. – Ein altes Kaufmannshaus im Renaissancestil ist MOLINAGÅRDEN (6) in der J.H. Dahlsgatan Nr. 8. Das Hauptgebäude war der Storgatan zugewandt, das Lager mit Einfahrt zur rückwärtigen Straße. – Die BASTION KONUNGEN (7) wurde nach ausgiebigen Recherchen 1993/94 restauriert. 1780 sah die Anlage so aus wie heute; in dem Pulverhaus, am gleichen Standort wieder errichtet, befindet sich eine Ausstellung über die Festung Christianstad. – Das BÜRGERMEISTERHAUS (8) entstand um 1614, das obere Geschoss 1640. Im 19. Jh. erhielt es sein heutiges Aussehen. – An der Östra Vallgatan 22 und 24 stehen die sogenannten VÄ-HÄUSER (9), 1680 aus dem mittelalterlichen Vä hierher versetzt. – GARVAREGÅRDEN (10), Tivoligatan, ist ein Fachwerkhaus aus dem 17. Jh. Bis 1914 wurden darin noch Felle gegerbt. Heute ist hier ein Restaurant zu Hause. – Das KUNGSHUSET (11), das Königshaus, Västra Storgatan 39, war 1711–14 Residenz des im Exil lebenden polnischen Königs Stanislaus. Heute befinden sich hier eine moderne Galerie, Boutiquen und ein Restaurant – Nr. 40 ist das CARDELLSHAUS (12), das um 1760 auf Staatskosten für General Cardell erbaut wurde. Besonders schön ist das Portal mit den geschnitzten Türen. Der Innenhof ist vorbildlich restauriert. – Über den Västra Boulevard, Kristianstads alte Prachtstraße mit einigen prunkvollen Gebäuden vom Ende des 19. Jhs., gelangt man zum nördlichen Kasernengelände, heute der Campus der Stadt. – Vom städtischen WASSERTURM, im Sommer geöffnet, kann man Kristianstad und Umland aus der Vogelperspektive erleben und im Café den Rundgang beenden.

Ausflüge

ÅHUS

18 km südöstlich von Kristianstad an der Ostseeküste liegt Åhus, im Mittelalter ein bedeutender Hafenort; jedoch mit Gründung Kristianstads verlor er die Stadtrechte. Zahlreiche alte Gebäude sind erhalten; hinter der malerischen Kulisse ist dennoch die Zeit nicht stehen geblieben.

Åhus ist heute der größte Ferienort an der östlichen Küste Skånes (mit herrlichem Sandstrand), hat einen modernen Hafen und, außerhalb des alten Stadtkerns, einige Industriebetriebe. Der Ort ist bekannt durch die AALFISCHEREI – frisch geräucherter Aal ist die große Spezialität von Åhus, die sich keine/r entgehen lassen sollte. Dazu ein »Absolut Wodka« aus den Produktionsstätten von *Vin & Sprit,* die am Hafen nicht zu übersehen sind.

■ Rund um den Marktplatz und die Kirche erstreckt sich das malerische **ALTSTADTVIERTEL**. Zu erwähnen ist KUNGSSTUGAN, ein Fachwerkhaus (Anfang 17. Jh.) mit schöner Freskomalerei. Im alten Rathaus hat das ORTSMUSEUM sein Zuhause gefunden. Ca. 10.6.–15.8. 13–18 Uhr.

■ Im Hafengebiet steht die **BURGRUINE AOS HUS**; dort sind auch Reste der alten Stadtmauer erhalten.

■ Zu den Attraktionen zählen die vielen **GALERIEN** mit Ausstellungen von Bildern, Glaskunst, Keramik, Silber, Holz sowie Textilien. In der **STUDIO-GLASHÜTTE** (Norregatan) kann man den Entstehungsprozess von Glaskunst verfolgen. Der Glasshop ist im Sommer täglich geöffnet (13–17 Uhr). – Ein Verzeichnis der Galerien mit Öffnungszeiten haben die Touristenbüros.

RUND UM HÄSSLEHOLM, OSBY

Hässleholm und die angrenzenden Gemeinden gleichen einem NATURPARK mit dichtem Nadelwald, größeren und kleinen SEEN im Norden,

Feuchtgebieten im Nordwesten und Mischwald mit großen Buchenbeständen im Süden. Unterschiedliche Gesteinsarten – Gneis, schwarzer Granit (Diabas) sowie im Südosten Kalkstein – bilden die Voraussetzung für die vielfältige Vegetation. Es ist schwierig, in dieser Gegend Schönheiten der Natur hervorzuheben – hier kann nämlich jede/r ihre/seine SMULTRONSTÄLLE entdecken, jenen Platz, den sie/er ganz besonders schön findet. Darum finden Sie in diesem Kapitel auch Unterkünfte in Hässleholm und im nordöstlich gelegenen Osby. Von Kristianstad aus ist Hässleholm schnell über die Str. 21 in nordwestlicher Richtung zu erreichen, Osby über die Str. 19 in nördlicher Richtung.

■ **INFORMATION**: *Hässleholms Turistbyrå,* Kulturhus, Vattugatan 18, Tel. 0451 – 267 300, Fax 267 309. Anschrift: Stadshuset, SE–28180 Hässleholm, www.hassleholm.se. Mai bis Mitte Juni und Ende August bis Ende September Mo–Fr 9–18 Uhr, Mitte Juni bis Ende August Mo–Fr 9–18 Uhr, Sa+So 10–14 Uhr, sonst Mo–Fr 9–17 Uhr. – *Osby Turistbyrå* (an Str. 23), Tankstelle Statoil Marklunda, SE–28391 Osby, Tel. 0479 – 165 51, Fax 150 55. Täglich 9–18 Uhr.

■ **TYKARPSGROTTAN**, Ignaberga, Tel. 350 87, www.tykarpsgrottan.com. 10.5.–30.6. täglich 10–17 Uhr, 1.7.–20.8. bis 18 Uhr, 21.8.–20.9. So 10–17 Uhr. Führungen tägl. 1.5.–20.8.

Die 140 m lange und 70 m breite Kalksteingrube liegt etwa 12 m unter der Erde. 1880 wurde die Grube stillgelegt. Eine Führung im Schein der Fackeln durch das LABYRINTH DER GÄNGE UND SÄULENHALLEN ist ein spannendes Erlebnis. Die Temperatur hält sich bei etwa 7–9 °C. Als Filmkulisse diente die Höhle bei den Aufnahmen zu »Ronja Räubertochter« (Astrid Lindgren). Im Museum neben der Grotte informieren Ausstellungen über die Steingewinnung und das Brennen von Kalk.

Ab Kristianstad Str. 21. 7 km vor Hässleholm, in einem Freizeitgebiet mit Wanderwegen, Campingplatz.

■ Gern besucht wird **BRIOS LEKOSEUM**, das SPIELZEUGMUSEUM mit Holzspielzeug aus mehreren Generationen sowie der WERKSTATT DES WEIHNACHTSMANNS, dazu Sonderausstellung mit Barbie-Puppen und Märklin-Eisenbahn. Osby, Briogatan 2, Tel. 0479 – 192 96. Mitte Juni bis Ende August täglich 10–17 Uhr.

■ Die HERSTELLUNG VON KUNSTGEWERBE AUS STROH ist eine Handwerkstradition. Im Halmmuseum **HALMSLÖJDMUSEUM** sind etwa 400 verschiedene kunstgewerbliche Arbeiten aus Stroh zu betrachten; der JULBOCK gehört sicher zu den bekanntesten Figuren. Ebenso können Sie bei der Herstellung zusehen und selbstverständlich auch kaufen. Osby, Forsgatan 3, Tel. 108 90. Mo–Fr 10–17 Uhr. Eintritt frei.

Verschiedenes

■ **SIGHTSEEING**: Bootstouren auf dem Fluss HELGEÅ von Åhus oder Kristianstad aus. – Durch die vielfältige Inselwelt des Sees IMMELN.

■ **ANGELN**: In den Seen BOSARPSSJÖN (Linderöd), IMMELN, IVÖSJÖN, NEJLIKESJÖN, OPPMANNASJÖN und SKÄRNÄS (20 km südöstlich Lönsbodas). Angelscheine u.a. in den Touristenbüros.

■ **BADEN**: Der SANDSTRAND an der HANÖ-BUCHT (Åhus) an der Ostseeküste ist einer der längsten im Land. Binnenseen: BOSARPSJÖN, IMMELN, IVÖSJÖN, LERJEVALLEN, LYNGSJÖ, OPPMANNASJÖN, RÅBELÖVSSJÖN.

■ **RAD FAHREN**: Das weitgehend FLACHE GEMEINDEGEBIET, gespickt mit zahlreichen Sehenswürdigkeiten und schönen Badestellen, ist wie geschaffen für Radtouren.

Die Touristenbüros haben einige Rundfahrten zusammengestellt und vermieten auch Fahrräder. Beliebte Touren führen rund um die Seen Immeln, Hammarsjön (u.a. über Åhus) und Ivösjön (u.a. über Bäckaskog).

■ **KANU**: Die 140 km lange Kanustrecke im HELGEÅN führt vom See MÖCKELN über Kristianstad bis nach Åhus an der Hanö-Bucht. Info beim Touristenbüro und im *Immelns Kanotcenter*, Pl 2420 Immeln, SE–28063 Sibbhult, Tel. 044 – 962 80.

■ **WANDERN** kann man in NÄVELINGÅSEN, LERJEVALLEN, YNGSJÖ, TOSTEBERGA/LANDÖN, BALSBERGET, KRONOPARK, ÄSPET (Åhus), DEGEBERGA / FORSAKAR, KJUGEKULL, im STAKKEDAL (Tollarp), BLÅHERREMÖLLA (Maglehem). Leider gibt es zu diesen Wegen keine Broschüren, aber die meisten sind markiert.

■ **VERANSTALTUNGEN**: CHRISTIANSTADSDAGARNA, 7.–16. Juli, dänische Gemütlichkeit, Spaß und Unterhaltung für Groß und Klein.

■ **PARKEN**: In der Innenstadt ist das Parken außer an den dafür gekennzeichneten Plätzen verboten.

■ **TRANSPORT**: *Resecentrum Östra Boulevarden,* Busstorget.

■ **TAXI**: Tel. 215 270.

■ **ÄRZTLICHE VERSORGUNG**: *Centralsjukhuset* (Zentralkrankenhaus), Blekingevägen 17, Kristianstad, Tel. 131 000. – *Kom Direkt*, Citykliniken, Björkehamnsväg 15, Tel. 101 770. Mo–Fr 8–17 Uhr.

Weiterreise

■ **FLUGZEUG**: FLUGPLATZ EVERÖD, Tel. 238 850. Inlandflüge, ferner u.a. nach Kopenhagen.

■ **BAHN**: Västra Boulevarden. Tel. 020 – 757 575. *Kustpilen* von Karlskrona über Kristianstad, Hässleholm, Lund bis Malmö, Kopenhagen; in Hässleholm auch Anschluss an den *X2000* nach Stockholm. – Mit der Fahrkarte »Tågplus« können Sie ohne weiteres vom Zug auf den Bus umsteigen.

■ **BUS**: Östra Boulevarden, Busstorget. *Skåne-Trafiken* fährt nach Ystad, Simrishamn, Älmhult, Halmstad, Båstad, Helsingborg und nach Kopenhagen/Kastrup. Mit den Bussen des Nahverkehrsnetzes erreichen Sie fast alle umliegenden Orte.

■ **AUTO**: **NACH KARLSHAMN** flott auf der E 22 nahe der Küste; östlich von Kristianstad empfehlen sich, bevor die Grenze zwischen Skåne und Blekinge passiert wird, drei Abstecher zu beiden Seiten der E 22, der erste nach Süden: **TROLLE-LJUNGBY**, 13 km östlich von Kristianstad. Die Wasserburg entstand in der ersten Hälfte des 17. Jhs., also noch zu »dänischer Zeit«; in dem Schloss werden ein SILBERBESCHLAGENES TRINKHORN und eine PFEIFE AUS ELFENBEIN aufbewahrt, die der Sage nach einst dem Troll gehörten, der unter dem mächtigen Fels Maglasten, nahe der E 22, gelebt haben soll; 1.6.–31.8. Do+Sa 9–17 Uhr (gilt für Park und Burghof). Nördlich der E 22 erstreckt sich der verzweigte See **IVOSJÖN**; die Insel **IVÖN** ist mit einer kostenlosen Autofähre zu erreichen (im Pendelverkehr, im Sommer Wartezeiten bis zu 2 Std.); die 7 km lange und 3 km breite Insel ist ein populäres Ausflugsziel mit Sehenswürdigkeiten und Wanderwegen inmitten herrlicher Natur; eine weite Aussicht bietet der IVÖ KLACK, mit 126 m die höchste Erhebung im Norden der Insel und nur zu Fuß zu erreichen; eine abwechslungsreiche Tour ist HUMLESLINGAN, die »Hopfenstraße« als RUNDTOUR UM DEN IVÖSJÖN; der Name ist auf den Hopfenanbau in dem Gebiet Näsum zurückzuführen: In den 1950er Jahren wurde so viel Hopfen importiert, dass die Betriebe zur Aufgabe gezwungen waren; am Fuße des Vångabergs ziehen sich Obstplantagen zu beiden Seiten der Straße entlang, hauptsächlich Äpfel – im Frühjahr wie auch im Herbst ein herrliches Bild; die Strecke gehört zu den Ausflugsvorschlägen in Schweden, die das zentrale Amt für Straßenwesen zusammenstellt, gekennzeichnet mit einer WEISSEN MARGERITE auf braunem Grund; eine ausführliche Beschreibung gibt's im Touristenbüro. Das Schloss **BÄCKASKOG SLOTT** zwischen Ivo- und Oppmannasjön ging aus einem Kloster (13. Jh.) hervor; davon sind Mönchsküche und Keller zu besichtigen; die Schlossanlage stammt – so wie sie jetzt ist – vorwiegend aus dem 17. Jh.; in der Mitte des 19. Jhs. diente Bäckaskog als Sommerresidenz – Lustschloss – des Bernadotte-Königs *Karl XV.* Schlossferien-Hotelbetrieb und Jugendherberge; Abzweig Fjälkinge von der E 22. **KJUGEKULL**, östlich von Schloss Bäckaskog, gewährt mit 66 m Höhe einen weiten Blick über den Ivösjön; das Freilichtmuseum VILLAND, mit alten Häusern und vielen Gegenständen aus der Region, bettet sich in eine fantastische Landschaft. – Weitere Stationen entnehmen Sie dem umgekehrten Weg unter »Karlshamn, Weiterreise«).

NACH HELSINGBORG. Str. 21mit Stopps rund um Hässleholm (s.o.).

NACH LUND UND MALMÖ. Statt E 22 auch Str. 21 u. 23; ab Hässleholm mögliche Abstecher hinter Sösdala zum GRÄBERFELD **VÄTTERYD** (150 Grabsteine aus Eisenzeit und Wikingerzeit); nordwestlich Höörs zum Tierpark **SKÅNES DJURPARK** mit Rentieren, Elchen, Moschusochsen, Bären, Wölfen u.a.; im Freizeitgebiet **FROSTAVALLEN** Unterkünfte; hinter Sätofta Schloss **BOSJÖKLOSTER** auf der Landenge zwischen den Östra und Västra Ringsjö: KUNSTAUSSTELLUNGEN, Klosterkirche (Benediktinerkloster von 1080–1536), Park mit Garten, Kinderzoo, Ruderpartien auf dem See möglich.

Blekinge

Blekinge misst von der Grenze zu Skåne bis zur Ostküste etwa 100 Kilometer, während die Ausdehnung von Norden nach Süden 30 Kilometer beträgt. Aufgrund ihrer geringen Ausdehnung umfasst die Provinz lediglich den Regierungsbezirk *Blekinge län* mit fünf Gemeinden.

Wegen seiner vielfältig schönen Landschaft, zu der auch die bezaubernde SCHÄRENKÜSTE gehört, trägt Blekinge den BEINAMEN GARTEN SCHWEDENS. Der Dichter *Sven Edvin Salje* aus Jämshög in Blekinge schrieb: »Berge, Täler und Seen haben ihre Größe der Landschaft angepasst. Vielleicht ist es das gemütliche Kleinformat und die wechselnde Flora, die den Namen „Schwedens Garten“ geschaffen haben«.

Dass auch dieses Land VON DER EISZEIT geformt ist, bezeugen Gletschertöpfe, Geröllfelder, Riesenfindlinge etc. Im Norden findet man WALDGEBIETE mit karger, steiniger Erde, im mittleren Teil FRUCHTBARES ACKERLAND. Die Flusstäler sind Refugien mit abwechslungsreicher Flora. Die Küste ist eingebettet in das GRÜN der Laubwälder mit Eichen, Buchen und Birken, Weißdorn und Schlehenbüschen. Im Frühsommer zwitschern die Nachtigallen.

Auch Blekinges Historie ist eng mit Dänemark verknüpft: Im 9. Jh. soll diese Landschaft dem Reich der *Svear* angehört haben. Mit der Christianisierung im 11. Jahrhundert wurden die Blekinger dem Bischof in Lund unterstellt und gerieten so in den dänischen Machtbereich. Eine kurze Unterbrechung bedeutete nur die Amtszeit des schwedischen Königs *Magnus Smek* (siehe unter »Schonen«); danach war dieser Teil Dänemarks wieder Grenzland zu Schweden. Erst als die Dänen 1658 den Krieg verloren, wurde Blekinge wieder schwedisch.

■ **INTERNET:**: www.blekingturism.se

Das Wahrzeichen Karlskronas: Gubben Rosenbom (siehe Seite 138) ▶

Karlshamn

Die KÜSTENSTADT Karlshamn entwickelte sich aus dem Fischerdorf Bodekull. Als Blekinge 1658 schwedisch geworden war und *Karl X.* sein neues Reich inspizierte, stellte er fest: Dieser natürliche und tiefe Ostseehafen ist ideal für meine Kriegsflotte. Aber Karl X. starb bereits 1660. Bodekull erhielt dann 1664 die Stadtrechte durch *Karl XI.* und den neuen Namen Karlshamn zu Ehren des Königs; jedoch den Kriegshafen baute dieser in Karlskrona. Bodekull war durch die dänisch-schwedischen Kriege stark zerstört worden, die neue Stadt wurde von *Erik Dahlberg* entworfen, das rechtwinklige Straßennetz ist weitgehend intakt.

Karlshamn entwickelte sich zu einer lebhaften Handelsstadt. Holländische Kaufleute machten hier Station, bevor sie über den eigens für sie gebauten HOLLÄNDAREVÄG nach Småland weiterreisten. Ab Mitte des 18. Jhs. war Karlshamns Hafen die letzte Station vieler Schweden, bevor sie die Heimat verließen: *Axel Olsson* hat das Denkmal der Auswanderer im Hafenpark gestaltet.

Die guten Hafenverhältnisse trugen vor allem dazu bei, dass Karlshamn unverändert das Handelszentrum sowie die wichtigste Industrie- und Hafenstadt Blekinges ist. Fast tausend Schiffe im Jahr löschen hier ihre Ladung, vor allem der Handel mit den baltischen Ländern hat zugenommen, und auch eine Fährverbindung nach Gdynia (Danzig) gibt es wieder. Knapp 12.000 Einwohner leben in der Stadt, weitere 30.000 in der Gemeinde, die ein Fünftel in der Landschaft Blekinge ausmacht.

INFORMATION

■ **KARLSHAMNS TURISTBYRÅ**, Ronnebygatan 1, SE–37481 Karlshamn, Tel.0454–812 03, Fax 842 25, E-mail: turistbyran@karlshamn.se, im Internet: www.karlshamn.net. In der Hochsaison Mo–Fr 9–19 Uhr, Sa 10–18 Uhr, So 12–18 Uhr, sonst Mo–Fr 9–17 Uhr. Auch Rad- und Wanderkarten. Fragen Sie nach der Broschüre »Urlaub in Blekinge«.

Unterkunft

■ **VANDRARHEM** Karlshamn, STF, Surbrunnsvägen 1 C, Tel./Fax 140 140, stfturistkhamn@hotmail.com. Ganzjährig geöffnet. 48 Betten, 2–5-Bett-Zimmer mit Bad 185/90 SEK. STF belegt eine Mietshaus-Etage mit Küche im Keller. Ins Zentrum 5 Minuten, Bahnhof/Bus 500 m.

■ **TJÄRÖ**, STF, Tjärö Turiststation, SE–37010 Bräkne-Hoby, Tel. 600 63, Fax 390 63, www.stftjaro.com. 8.5.–15.9. Im 2–6-Bett-Zimmer p.P. ab 235/115 SEK. Auch Zeltplätze (40 SEK p.P.). Überfahrt zur Insel ab Karlshamn ca. 10.6.–10.8. 2 x am Tag, ab Järnavik 6/11 x am Tag.

■ **VANDRARHEM** Ronneby, STF, Övre Brunnsvägen 54, Tel./Fax 1263 00. Etwa 10.1.–15.12. 2–4-Bett-Zimmer 175 / 80 SEK. Nahe am Kurpark in einer weißen HOLZVILLA aus der vorletzten Jahrhundertwende.

■ **KOLLEVIKS CAMPING**, Karlshamn, Tel. 812 10, Fax 162 80. Etwa 15.4.–15.9. Stellplätze à 125, Hütten ab 270 SEK. In der Bucht Kollevik gelegen, ca. 5 km südöstlich Karlshamns, nahe Freizeitgebiet VÄGGA mit vier temperierten Meerwasser-Schwimmbecken, Trimmpfaden u.a.

Im Feriendorf KOLLEVIK SEMESTERBY Ferienhütten ab 450 SEK am Tag (1.7.–15.8. nur wochenweise).

IDYLL IN DEN SCHÄREN

Die Insel Tjärö, 1 km breit und 2,5 km lang, gehört dem Schwedischen Touristenverein (STF). Farbtupfer im Grünen sind die typisch schwedisch-roten Holzhäuser aus dem 18. und 19. Jahrhundert. STF betreibt auch den Bootsverkehr, Hafen mit Gastplätzen, organisiert Kanu- und Bootsvermietung und Themenwochen, zum Beispiel mit Segelkursen (auch für Kinder), Kanukursen in den Schären und sogar Aquarell-Malkursen.

INFORMATION: www.stftjaro.com.

Essen und Trinken

■ **TERRASSEN**, Ronnebygatan 12, täglich ab 11 Uhr, Tagesgericht ab 55, à la carte kleine Gerichte ab 65, sonst ab 110 SEK. Im Innenhof versteckt mit schattigem Garten. Grün dominiert auch im Restaurant an Wänden und Tischen, als Kontrast heller Boden, schwarze Stühle.

Sehenswertes

■ **KULTUR**VIERTEL, Drottninggatan /Vinkelgatan 8, im Sommer täglich 12–17 Uhr, sonst Di–Fr 13–16 Uhr.

In einigen Holzhäusern aus dem 18. und 19. Jh. haben Ausstellungen und Museen ihren Platz gefunden. In einem früheren Magazin zeigt die KUNSTHALLE Sammlungen primär schwedischer Kunst aus den Jahren nach 1940. Auch Werke Karslhamner Künstler sind hier zu betrachten. Die wunderbaren WANDMALEREIEN hat man aus abgerissenen Häusern gerettet. – Es gibt auch eine alte GOLDSCHMIEDEWERKSTATT und die Arbeitsstätte eines UHRMACHERS. – Das angeschlossene PUNSCHMUSEUM ermöglicht einen Einblick in die Herstellung von schwedischem Punsch, einem süßen, alkoholischen Getränk: »Carlshamns Flaggpunsch« ist über die Landesgrenzen bekannt. – Das DRUCKEREIMUSEUM, ein Geschenk der hiesigen Presse, dokumentiert die Arbeitsweise vergangener Zeiten. – TOBAKSLADAN erinnert an die Tabakfabrikation des 18. Jhs. Zur damaligen Zeit gab es etwa 40 Fabriken in Karlshamn, die den gesamten Bedarf in Småland deckten. – SKOTTSBERGSKA GÅRDEN aus dem Jahr 1766 ist ein Handelshof, dessen Räume mit historischen Möbeln authentisch eingerichtet sind. Im Kellergeschoss wurde ein Laden aus der gleichen Zeit rekonstruiert. – Die Sammlungen im Kaufmannshof SMITHSKA GÅRDEN (18. Jh.) haben die Schwerpunkte Seefahrt und Fischerei. Ein Raum ist der Karlshamner Tochter *Alice Tegnèr* gewidmet, deren Kinderlieder man mit den Kleinen heute noch singt. Das HOLLÄNDERHAUS im Hinterhof benutzten holländische Kaufleuten im 18. Jh. als Lagerhaus.

■ Im **HAMNPARK** stehen das MIT GRASSODEN GEDECKTE FISCHERHAUS aus dem 17. Jh. und das »Auswandererdenkmal« von *Axel Olsson,* das an die vielen Schweden erinnert, die aus wirtschaftlicher Not ihr Land verließen und nach Nordamerika gingen. *Vilhelm Mobergs* Romanfiguren Karl-Oskar und Kristina in »Die Auswanderer« gehen in Karlshamn an Bord der »Charlotta«.

■ Vom Denkmal gelangt man über das Café *Villa Utsikten* zum **VÄGGAPARK**, mit Spazierwegen, Freibad u.a. Hier legt die lokale Fischereiflotte an, befinden sich am Hafen Aal- und Heringsräuchereien.

Ausflüge

■ **KREATIVUM**, Strömma, (E 22), Tel. 303 360. Di–Fr 10–16, Sa+So 11–16 Uhr, 1.7.–31.8. auch Mo. Eintritt 95/75 bzw. (inklusive Kreonova) 140/120 SEK.

Vier Säle einer alten Baumwollspinnerei wurden zu einem Erlebnispark umfunktioniert, wo vor allem Jugendliche Entdecker- und Experimentierfreude ausleben können. Themen sind u.a. »Die Sinne des Menschen«: Hören, Sehen, Riechen und Reaktionsvermögen. »Die Erde im Universum«: Meteoriten, kosmische Strahlung etc. Simulatoren wecken Spiellust, Ehrgeiz: Wer bringt ein Boot sicher durch die Schleuse? Wer fängt den größten Fisch?

Wechselne Filme laufen im Kino »Kreonova« mit Kuppel-Großleinwand. Ausstellungen, Butik und ein Kaffee sind auch vorhanden, und draußen bietet ein markierter Waldweg bis zur Spitze der Landzunge eine Ruhepause im Grünen.

■ **LAXENS HUS**, Mörrum, Tel. 501 23.1.4.–30.9. täglich 9–17 Uhr, 1.10.–31.10. 9–16 Uhr. Eintritt 50/25 SEK.

Westlich Karlshamns liegt Mörrum, bekannt durch den MÖRRUMSÅN, der durch die Stadt fließt, einer der BESTEN LACHSFLÜSSE im Land. Über 17.000 Angler, davon 40 % aus dem Ausland, versuchen jedes Jahr ihr Glück im Mörrumsån und holen dabei fast 10 Tonnen Lachs aus dem Fluss. Neben dem LACHSAQUARIUM zieht es die Besucher zu den Spazierwegen und Rastplätzen an der STROMSCHNELLE KUNGSFORSEN, die vor Ort über die Steine sprudelt.

Selbst Nicht-Angler zeigen Interesse am **LACHSAQUARIUM**, in dem die Fische fast natürliche Lebensbedingungen vorfinden. Dazu gehören ein Strömungsaquarium, ein 13 m langes Wasserbecken mit Lachsen, Meerforellen u.a. sowie zwei große

Glasfenster, an denen der Fluss vorbeirauscht; mit etwas Glück können Sie einen Lachs beobachten. Videofilme informieren über die Lachsfischerei im Fluss, dazu die Ausstellung mit Modellen und naturgetreuen Situationsschilderungen aus dem Dasein eines Lachses.

In der **LACHSZUCHTANSTALT** werden in über 80 Becken jährlich mehr als 125.000 Lachse herangezogen, die nach etwa zwei Jahren ihre Wanderung zum Meer beginnen.

Ein Info-Raum steht während des Sommers täglich offen. Diese Fischgewässer wurden schon 1231 genutzt: Die Bauern mussten bezahlen, der Bischof durfte nur zu festen Zeiten fischen, dann jedoch unentgeltlich. Heute ist der Fluss für Mörrum ein Wirtschaftsfaktor. Die Sportangelsaison dauert vom 1.4. bis zum 30.9.

Natur und Freizeit

■ **ERIKSBERGS SÄTERI**, Tel. 600 58. 1.6.–31.8. täglich 12–20 Uhr, im Juli 12–22 Uhr. Eintritt 70/35 SEK

Einige Kilometer östlich liegt der frühere Wohnsitz des Schriftstellers und Naturliebhabers *Bengt Berg* (1885–1967), der hier Hirsche und Wildgänse züchtete. 1976 wurde in Eriksberg ein großes, eingezäuntes Naturschutzgebiet und Naturreservat eingerichtet. In dem 10 km² großen GEHEGE leben Wildschweine sowie mehr als 800 Huftiere (Rehe, Hirsche, Elche, Mufflons und Wisente). Den König des Waldes, den Elch, erlebt man aus nächster Nähe im Freigehege neben dem Hof.

Als Idyll präsentiert sich der See FÄRSKSJÖN mit seinen über 1.000 roten Seerosen, deren Ursprung der See Fagertärn im Nationalpark Tiveden ist. Wenn das Frühjahr nicht zu kalt war, entfaltet sich die Pracht bereits Mitte Juni. In den Hofgebäuden des Gutes, dessen Ursprung ins 17. Jh. zurückreicht, sind Museum, Ausstellungen und Café untergebracht. Bei Kindern beliebt ist das »Pflegeheim« für wild lebende Tierkinder, die verlassen oder verwundet waren und hier abgegeben wurden. Wenn sie groß sind, werden sie wieder in die Freiheit entlassen.

Im Sommer Rundtouren per Bus oder mit Traktor und Wagen; eine Führung muss bestellt werden. Für eine Safari mit dem eigenen Auto durch das Wildreservat kann man sich eine Kassette mit Erklärungen ausleihen. Markierte Wanderwege im Reservat. Ein Tipp: Munter werden die Tiere erst gegen Abend.

■ **ASARUMS NATURPARK** und das sich anschließende **FREIZEITGEBIET LÅNGASJÖNÄS** *(Fritidsområde)* umfassen 500 ha – hier gibt es Laub- und Nadelwald, Hainwiesen und kleine Seen. Innerhalb des Gebiets liegt ein Feriendorf; außerdem kann man zelten, baden, angeln, wandern...

■ Die zauberhafte **SCHÄRENKÜSTE** ist mehr als nur einen Ausflug wert. Inseln mit blühenden Wiesen, stattlichen Eichen und die vom Wasser rund geschliffenen Klippen verführen zum Bleiben. Boote legen in TÄRNÖ, JOGGESÖ, TJÄRÖ sowie in GUÖVIK an.

Verschiedenes

■ **SIGHTSEEING**: Reizvoll sind Ausflüge in die SCHÄREN. Das Touristenbüro hat die aktuellen Fahrpläne.

■ **ANGELN**: MÖRRUMSÅN (Lachs und Forelle), LYCKEBYÅN, KROKSJÖARNA im Naturpark von Asarum (Forelle, Regenbogenforelle), ABBORRESJÖN sowie HARRASJÖMÅLA.

Das *Sportfiskecentrum Blekinge* ist die beste Anlaufstelle für Sportfischer: Auskunft und Angelkarten für alle Gewässer in Blekinge, Buchung von Hütten und Apartments, Vermittlung von Booten, Angeltouren sowie Ausrüstung jeder Art.

Im Sommer werden regelmäßig HOCHSEEANGELTOUREN arrangiert.

■ **BADEN**: im Meer KOLLEVIK, STERNÖ, STILLERYD, KÖPEGÅRDA, NYTÄPPET, ELLEHOLM, TJÄRÖ.

In den Seen LÅNGASJÖNÄS, ÖJASJÖN, ÄLLHÖLEN, HALASJÖ.

Freibäder in Karlshamn (VÄGGABADET) und Svängsta.

■ **RAD FAHREN**: VISLANDABANAN, eine Tour (etwa 30 km) vom alten Bahnhof bis Fridafors, an der Grenze zu Småland. Auf dem früheren Bahndamm fährt man durch das Asarumstal, vorbei an einem Gräberfeld der Eisenzeit und einer Opferquelle (in heidnischer Zeit glaubte man an die Zauberkraft dieser Quelle) bis Asarum. Hinter Svängsta folgt der Weg dem Mörrumsån bis Åkeholm, die nächsten Orte sind Hemsjö und Hovmansbygd (Alternativroute: Kungsvägen Åkeholm - Härnäs und wieder zum Bahndamm in Hemsjö). Am Fluss entlang erreicht man bei km 27 die Grenze nach Småland. – Radwandern auf dem 300 km langen KÖRLEDEN mit wenig Autoverkehr und Übernachtungen auf Bauernhöfen. Karten u. weitere Routen im Touristenbüro.

RADVERMIETUNG: *Juhocykelmästaren,* Rådhusgatan 12, Tel. 884 46.

■ **GOLF**: 18-Loch-Platz am Fluss Mörrumsån, Tel. 500 85.

■ **KANU**: Im Seensystem HALEN - IMMELN - RASLÅNGEN bestehen gute Möglichkeiten Kanu zu fahren. Entlang der Kanustrecke etwa 15 Übernachtungsplätze mit Windschutz, Feuerstelle und Toilette. – Die Tour im RONNEBYÅN kann man im Glasriket im See Rottnen beginnen.

KANUVERMIETUNG: Kanuzentrale *KC Olofström,* Strandvägen 14, Olofströms Fritidsklubb, Tel. 0454 – 40810, Fax 0457 – 80605, www.ofk.nu/kanot. Direkt am Campingplatz Halen. Aus Süden (E 22) kommend, biegen Sie in Bromölla links nach Olofström ab; aus Osten kommend, biegen Sie in Pukavik ab; ab Ortseingang sind »Halens Fritidsområde« und »Kanotcentral« ausgeschildert. 1.5.–30.9. täglich 9–17 Uhr. Im Seensystem Halen-Immeln.

■ **REITEN**: Reithalle *Janneberg,* Reiterverein Karlshamn. – *Blekinge Bonnaleder*, Touren zu Pferd von Bauernhof zu Bauernhof oder mit Pferd und Wagen durch Blekinge.

■ **WANDERN**: u.a. Vägga, am Mörrumsån, auf Tjärö und beim Eriksberg Naturreservat. – Wandern auf dem 300 km langen KÖRLEDEN mitten durch Blekinge, von Bauernhof zu Bauernhof. Tourenvorschläge sowie Karten im Touristenbüro.

■ **VERANSTALTUNGEN**: LAXFESTIVAL, Anfang Mai. – HAFENFEST, Anfang Juni. – ÖSTERSÖFESTIVALEN, Mitte Juli, Volksfest mit südlichem Flair, Musik und Tanz in der Stadt.
■ **TAXI**: Tel. 150 65.
■ **POSTAMT**: Drottninggatan 71.
■ **ÄRZTLICHE VERSORGUNG**: *Lasarett,* Länsmannsvg. 1, Tel. 732 145.

Weiterreise

■ **FLUGZEUG**: *Kallinge/Ronneby Flygplats,* Tel. 0457 – 590 00. Flüge nach Kopenhagen und Stockholm.
■ **BAHN**: Bahnhof am Järnvägsplan, Tel. 315 90. Mit *Kustpilen* nach Karlskrona, Kristianstad, Hässleholm, Malmö, Kopenhagen.
■ **BUS**: Am Järnvägsplan. *Blekinge Länstrafik* fährt in die umliegenden Ortschaften der Gemeinde.
■ **AUTO**: **NACH KARLSKRONA**. auf der E 22, vor Ronneby netter Rastplatz **YNDE**: Touristeninformation zu Blekinge, Småland, Glasreich (im Sommer); nun möglicher Abstecher **RONNEBY**, gelegen an der Mündung des Ronnebyån in die Ostsee: Die Holzvillen im Kurpark (1880er Jahre) erstrahlen (nun wieder) in alter Schönheit, im Inneren zog die Gegenwart mit moderner Telekommunikation ein: Hotel, Studentenwohnungen, Jugendherberge, Café und Restaurant, ein Naturum und Büroräume fanden hier ein neues Zuhause, bis zur 300-JAHR-FEIER 2005 wird noch abgekratzt, geschnitzt und gemalt, sollen alle Villen restauriert sein; ein Teil des BRUNNSPARKEN hat man als Oase der Ruhe und Besinnung nach japanischem Vorbild gestaltet; eine europäischen Gärten eigene Blumenpracht sucht man vor Ort vergeblich; in Japan sind Form und Eigenart von Steinen und Wasser Teil der Gartenphilosophie; geharkte Kieswege symbolisieren die Wellen des Meeres, die Steinskulptur » Der Lauf der Zeit « ist ein Symbol des Lebens, die mit Wasser gefüllte schwarze Granitschale »Spiegel der Zeit« vermittelt Reinheit, Harmonie und Ausgeglichenheit.

NACH KRISTIANSTAD. Über die E 22. Unterwegs empfiehlt sich ein Stopp in **SÖLVESBORG**, an der Ostseebucht Sölvesborgviken; in Blekinge die älteste und kleinste Stadt mit 7.500 Einwohnern; nach einem Großfeuer 1801 wurde Sölvesborg nach dem mittelalterlichen Stadtplan wieder aufgebaut; so blieb der etwas altertümliche Kleinstadtcharakter mit kleinen Holzhäusern und engen Gassen bis heute erhalten; die NICOLAI-KIRCHE entstand nach 1300, die Fresken und das Triumphkruzifix sind aus dem 15. Jh., der Altar sowie die Kanzel aus dem 17. Jh. Nahe der E 22 liegt der **SAGOPARK**, ein Tier-, Märchen-, Vergnügungspark. Fahren Sie über HÄLLEVIK (Fischereimuseum) zum Fischerhafen NOGERSUND an der Küste; von hier bestehen Bootsverbindungen zur 2 km großen Insel **HANÖ,** mit einem 63 m hohen Leuchtturm, einem historischen englischen Marine-Friedhof, interessanten Gesteinsformationen und frei lebenden Hirschen.

NACH VÄXJÖ. Str. 29/30.

Karlskrona

Karlskrona, Hauptstadt und Regierungssitz der Provinz Blekinge, liegt IM SCHÄRENGÜRTEL der südschwedischen Küste. Die Bebauung verteilt sich inzwischen auf 33 Inseln bis weit in die Schären hinaus. Das Ortszentrum liegt auf der Insel TROSSÖ. Die Stadt ist ein wichtiger Marinestützpunkt des Landes, aber auch eine bedeutende Industriestadt mit großem Fischereihafen.

Im Jahr 1680 wurde auf Geheiß *Karls XI.* Karlskrona (Karls Krone) als freier Marinehafen für die Ostseeflotte gegründet. Sie wurde nach Plänen der berühmten Baumeister *Nicodemus Tessin d.Ä.* und *d.J.* und *Erik Dahlgren* mit großzügig angelegten Straßen und Plätzen gebaut. Mächtige Verteidigungsanlagen sollten die Stadt schützen, aber weder wurde hier jemals geschossen noch gekämpft. Unter *Gustav III.* bekam die Stadt ein NEOKLASSIZISTISCHES Aussehen. Zahlreiche Gebäude aus den Anfängen sind erhalten.

Dieses unversehrte Erbe verhalf dem Flottenstützpunkt Karlskrona, sich in die Liste des Weltkulturerbes einzureihen. Gut 300 Jahre Marinegeschichte gaben der Stadt ein UNVERWECHSELBARES AUSSEHEN. Auf den Inseln Stumholmen und Lindholmen liegen Magazine, Kasernen, Werft- und Versorgungsbauten, im Süden von Trossö Werft- und Verteidigungsanlagen und im Zentrum zivile repräsentative Gebäude. Mit neuen Bauwerken auf Stumholmen (Wohnungen, Marinemuseum) passte sich die Architektur im 20. Jh. der vorhandenen Bebauung sehr gut an. Auf dem Stadtplan erkennen Sie alle unter Denkmalschutz stehenden Objekte mit einem »K« markiert.

Marine, Fischerei und moderne Industriezweige lassen Karlskrona zuversichtlich in die Zukunft blicken. Auch der Tourismus ist ein Wirtschaftsfaktor für die Stadt, die mit den südlichsten Schären Schwedens jährlich viele Besucher anzieht. Zur Kommune Karlskrona gehört auch KRISTIANOPEL, ursprünglich die Festung der Dänen an der nahen Grenze zu Schweden, heute ein Fischerdorf und reizender Ferienort.

INFORMATION

■ **KARLSKRONA TURISTBYRÅ**, Stortorget 2, SE-37121 Karlskrona, Tel. 0455 – 303 490, Fax 303 494. www.karlskrona.se/turism. Mitte Juni bis Mitte August Mo–Fr 9–19 Uhr, Sa+So 9–16 Uhr, sonst Mo–Fr 10 –17, Sa 10 –13 Uhr.

Unterkunft

■ **HOTELL CONRAD**, V. Köpmangatan 12, Tel 823 35, Fax 181 10, EZ 745/595, DZ 845/595 SEK. Kleines Hotel im Westen Trossös, nahe City. Zimmer mit Pantry, Kühlschrank.

■ **KARLSKRONA / TROSSÖ VANDRARHEM**, STF, Drottninggatan 39, Tel./Fax 100 20, trosso.vandrarhem@karlskrona.mail.telia.com. Ganzjährig geöffnet, 15.8.–12.6. Sa u. So nur mit Reservierung. 45 Betten in 2–6-Bett-Zimmern, 160/80 SEK pro Person. Frühstück auf Anfrage. Zur Insel Stumholmen und zum Stortorg geht man jeweils etwa 10 Minuten.

■ **KARLSKRONA VANDRARHEM**, STF, Bredgatan 16, Rezeption im Vandrarhem Trossö, Drottninggatan. 16.6.–14.8. 62 Betten verteilt auf 2–4-Bett-Zimmer, p.P. 175/80 SEK.

■ **DRAGSÖ BAD OCH CAMPING**, Karlskrona, Tel. 153 54, Fax 152 77, www.camping.se/plats/K10. 2.4. bis 22.10. 250 Stellplätze ab 110 SEK, Hütten ab 400, Ferienhütten ab 750, Zimmer p.P. ab 130 SEK. Westlich des Zentrums auf der Insel Dragsö. Badeklippen, Wasserski, Schärentouren, Hechtsafari etc.

■ **SKÖNSTAVIK CAMPING,** Karlskrona, Tel. 237 00, Fax 237 92: www.camping.se/plats/K12. 1.5.–31.8. 150 Stellplätze ab 120, Hütten und Zimmer ab 275 SEK. Nördlich der Stadt an der DANMARKSFÖRDE – Klippen, Sandstrand, Schärentouren etc.

■ **TRUMMENÄS CAMPING,** Ramdala, Karlskrona, Tel. / Fax 360 463. 1.5.–31.8. 150 Stellplätz ab 100 SEK, Hütten ab 275 SEK. 11 km ö von Karlskrona, Richtung Sturkö. Blick auf Schären. Golfclub in der Nähe.

■ **STURKÖ CAMPING**, Sturkö, Tel. 424 82, Fax 429 95, www.camping.se/plats/K17. 20.4.–31.8. 200 Stellplätze ab 105, Hütten ab 325 SEK. Im Süden der Insel Sturkö, mitten im Schärenparadies.

Essen und Trinken

■ **GOURMET GRÖN**, Lunchbuffet Mo–Sa 11.30–16.30 Uhr, um 65 SEK, Abendbuffet 17–23 Uhr, nur vegetarisch 115 SEK, von allem 185 SEK. An der Fußgängerzone, hohe Fenster, ansprechend möblierter Raum. Auf dem halbrunden Buffet werden vielfältige Speisen appetitlich dargeboten. Sehr populär, seien es die vegetarischen Gerichte, die raffiniert zubereiteten, exotisch gewürzten Salate, sei es Gemüse, Fisch, Salat, Fleisch, Obst oder Käse.

Sehenswertes

Die Sehenswürdigkeiten der Innenstadt lassen sich am besten zu Fuß erkunden. Beginnen Sie am Touristenbüro und bestimmen selbst.

■ **STORTORGET**: Der Marktplatz soll einer der größten Skandinaviens sein. Er wird von dem Rathaus (1795) und zwei großen Kirchen eingerahmt. König *Karl XI.,* Gründer der Stadt, steht auf einem Sockel mitten auf dem Platz und ist sicher verwundert, wenn am Tag vor Mittsommerabend buntes Markttreiben um ihn herum herrscht – und keine Militärparade vorbeizieht. Dafür war der Platz mit seiner imposanten Größe nämlich entworfen. Aber hin und wieder marschiert hier das MARINE-MUSIK-CORPS auf, die einzige Berufs-Musikkapelle des schwedischen Heeres, die hier stationiert ist.

■ **FREDRIKSKYRKAN** (1744), dem Rathaus gegenüber, entstand ebenfalls nach Zeichnungen von *Nicodemus Tessin d. J.* Morgens, mittags und abends ertönt das Glockenspiel der Kirche über der Stadt.

■ **TREFALDIGHETSKYRKAN**, die runde DREIFALTIGKEITSKIRCHE, eine REIZVOLLE MISCHUNG aus italienischem Baustil und Barock (mit Säulenhalle), wurde 1709 nach Plänen des *Nicodemus Tessin d. J.* erbaut und gilt als eine der schönsten Barockkirchen Schwedens. Sie gehörte einst der deutschen Gemeinde der Stadt und wird daher auch *Tyska Kyrkan* (Deutsche Kirche) genannt.

■ **AMIRALITETSKYRKA ULRIKA PIA**: Die Admiralitätskirche (1685) ist eine der ältesten und größten Holzkirchen im Land, die durch ihre klaren, geraden Linien wirkt. Der Glockenturm entstand 1699 abseits der Kirche (Amiralitetstorget).

■ **GUBBEN ROSENBOM**, vor der Amiralitetskyrka, eine HOLZFIGUR ALS OPFERSTOCK, bittet mit einem Sprüchlein auf einer Tafel um eine milde Gabe: »Demütig ich bitte sehr, die Stimme ist nicht gut, gib mir ein Taler her, doch lüpf dafür den Hut.« *Selma Lagerlöfs* Roman »Die wunderbare Reise des kleinen Nils Holgersson« machte Herr Rosenbom weltberühmt; er ist seither wohl der meistfotografierte Alte Schwedens und das Wahrzeichen Karlskronas.

■ Die kleine Insel **STUMHOLMEN**, über Jahrhunderte nur dem Militär zugänglich, ist zur MUSEUMSINSEL sowie einem bevorzugten Wohngebiet geworden. HARMONISCH fügen sich die modernen Neubauten in die alte Bebauung ein. Die Militäranlagen sind restauriert worden und mit neuem zivilem Leben erfüllt.

■ **MARINMUSEUM**, Stumholmen, Tel. 539 00. 1.6.–31.8. täglich 10–18, sonst Di–So 11–17 Uhr. Museumsboote 1.6–31.8. Eintritt 50/25 SEK.

Im Marinemuseum sind, neben alten Waffen und Schiffsmodellen, vor allem die berühmten Galionsfiguren von *Johan Törnström* sehenswert. Gewürdigt wird die Epoche des großen Schiffsbaumeisters »af Chapman«. Auch historische Navigationsinstrumente und Seekarten.

■ Der 100 Jahre alte Viermaster **JARRAMAS** – 39 m lang 8,40 m breit, Tiefgang 3,20 m – befuhr als Segelschulschiff die Meere. Seit 1946 liegt es im Hafen. Das Minensuchboot BREMÖN ist ebenso zu besichtigen.

■ **BÅTSMANSKASERNEN**, Stumholmen, Tel. 303 422 Di, Do, Fr 12–16 Uhr, Sa+So 12–17 Uhr.

Das KUNSTMUSEUM erreicht man über Kyrkogatan. Die Bootsmannskaserne von 1847, einst Unterkunft für 500 Mann, ist Zuhause für moderne Kunst, Kunsthandwerk sowie Handwerk speziell aus Blekinge.

■ **BLEKINGE MUSEUM**, Fisktorget, Tel. 304 960. Im Juli täglich 11–18 Uhr, sonst Di–So 11–17, Mi bis 19 Uhr. Eintritt 20 SEK.

Das LANDESMUSEUM wurde zum Teil im GREVAGÅRDEN (Grafenhof) untergebracht. Die Museumssammlungen berichten von Steinmetzen und Fischern, Bootsbauern und Seefahrern, Porzellanherstellung sowie Kunsthandwerk; sie gewähren Einblick in die reiche kulturelle Tradition dieser Küstenlandschaft.

Das Marine-Musik-Corps, die einzige professionelle Musikkapelle des schwedischen Heeres, auf dem Marktplatz Stortorget in Karlskrona; das frühere Segelschulschiff Jarramas liegt zumeist in Karlskrona vor Anker

■ Zurück zu Fisktorget und Fiskbron (Fischmarkt / Fischerei-Brücke). Früher handelte man hier mit Fisch, heute legen die Boote an, die zu **SIGHTSEEINGTOUREN** auf dem Wasser unterwegs sind.

■ **GAMLA VARVET**, die alte Werft, überrascht mit der 300 m langen, überdachten Reeperbahn (1692), einem von *Polhem* konstruierten TROCKENDOCK (1716–24) und dem ersten schwedischen Unterseeboot »Hajen« (1905). Führungen zu buchen im Touristenbüro.

■ Außerhalb der City liegt der **VERGNÜGUNGSPARK VÄMÖ**, eröffnet 1910. Neben Gasthaus, gemütlicher Kaffeestube (leckere Waffeln) und Streichelzoo stehen hier einige alte Häuser aus der Landschaft Blekinge, so ein Pfarrhof, eine Grenadierhütte und eine Wassermühle.

■ Die SCHÖNSTE AUSSICHT über Karlskrona und die Schären hat man vom **BRYGGAREBERG** (Brauereiberg), mit Wasser- u. Fernsehturm.

Ausflüge

■ Auf dem Weg nach Kristianopel über die E 22 geht's in Jämjö ab nach Torhamn. In **MÖCKLERYD** ist Blekinges größte Fläche mit FELSRITZUNGEN von 140 Darstellungen von Menschen, Schiffen, Fußsohlen und Tieren aufzuspüren.

■ In Torhamn (Vogelwarte auf der südlichen Spitze) ist die KÜSTENSTRASSE der attraktivste Weg, um NACH **KRISTIANOPEL** zu kommen. Der Ort war zu Beginn des 17. Jhs. vom dänischen König *Christian II.* als Grenzfestung angelegt worden, als Gegenstück zum schwedischen Kalmar. Die Festungsanlagen wurden geschleift, nachdem Blekinge 1658 schwedisch geworden war. An diese kiegerische Zeit erinnert die zum Teil restaurierte STADTMAUER. Die ORTSKIRCHE (1624) wurde im skandinavischen Renaissancestil errichtet. Kristianopel ist heute ein beliebtes Ausflugsziel mit der entsprechenden Infrastruktur.

■ Auf der Str. 122 bis Eringsboda und ab dort weiter nach **GÖLJAHULT / BLOMSTERGÅRDEN**. Auf 11 ha ist ein GARTENPARADIES entstanden. Von Mitte Mai bis Ende August täglich 10–18 Uhr. Eintritt 75/50 SEK.

■ **BOOTSTOUREN**: nach Nätraby. – Nach Hasslö, Aspö, Tjurkö, Dauer ca. 2 Stunden. – In den Östra Skärgården (SCHÄRENGARTEN), ca. 3 Std.

Wanderungen

■ (Hobby-)Ornithologen ist **TORHAMNSUDDE**, östlich Karlskronas, ein Pflichtziel. Auf der südöstlichsten Landspitze des schwedischen Festlands findet man Strandwiesen und schönes Heideland. Jedes Jahr ziehen Zugvögel in großen Scharen vorbei (vor Ort eine Vogelwarte).

■ Das LAUB- UND WIESENHAINGEBIET *(lövängar)* von **STENERYD** liegt an der Straße zwischen Jämjö und Torhamn. Den Bäumen werden hier, wie in früheren Jahrhunderten,

GARTENPARADIES BLOMSTERGÅRDEN

1929 begann der Bauer *Verner Svensson,* auf dem kargen Stückchen Land einen Blumengarten anzulegen, für die Bauern der Gegend nicht nur neu, sondern auch unverständlich, denn von Blumen kann man sich nicht ernähren. Doch er sammelte ungewöhnliche Pflanzen, und sein Garten wurde immer größer. Seine Familie war so in die Arbeit eingebunden, dass es kein Entrinnen gab. Verner Svensson war ein småländischer »Workaholic« und ein Tüftler: An langen Winterabenden und in -nächten setzte er seine Idéen in Holz und Stein um oder dachte sich mechanische Finessen aus; er rackerte und gönnte sich kaum Schlaf, um sich neben seinem täglichen Broterwerb den Traum eines Gartenparadieses zu erfüllen. Als zu den Pflanzen geschnitzte Figuren, kleine Häuschen und Motivgruppen hinzu kamen, wollten immer mehr Leute den Garten des verrückten Svensson sehen, der davon gar nicht begeistert war und Verbotsschilder aufstellte. Ein Freund brachte ihn auf die Idee, einen kleinen Obolus für die Besichtigung zu nehmen.

Immer mehr Leute kamen, und bald war der Garten die Erwerbsquelle der Familie. Die Anlage wurde immer größer, worauf Svensson auch zu sammeln begann: Antiquitäten, Silber, Elfenbein, Porzellan etc. Seinem Leben und Schaffen ist eine Ausstellung gewidmet, und bei der Führung erfährt man Abenteuerliches und Kurioses, auch im Umgang mit Finanzamt und Feuerwehr. Wegen Querelen mit Behörden schloss Verner Svensson 1982 seine Gartenanlage, die in den 60er Jahren zu den attraktivsten Ausflugszielen Schwedens gehört hatte. Als er 1990 verstarb, schien das Anwesen endgültig dem Verfall preisgegeben.

Der neue Besitzer, *Karl-Gunnar Widén,* hat es jedoch geschafft, die Anlage wieder in Topform zu bringen: Blomstergården ist wieder das, was es einmal war, ein beliebtes Ausflugsziel. Auch Kindern gefällt der Garten mit den Märchenfiguren, z.B. Hänsel und Gretel, und anderen Geschichten; austoben können die Kleinen sich im TÖRNROSA PARK, im Dornröschenschloss mit Labyrinthen und Theaterecke zum Verkleiden als Ritter und Prinzessin, ebenso wie der kostenlose Ritt auf einem Pony. Für das leibliche Wohl sorgt das Restaurant *Glada Ankan.* In der Nähe erstreckt sich ein ruhiger Campingplatz auf einer Waldlichtung.

im Sommer das Laub und die jungen Triebe abgeschnitten. Die Wiesen mäht der Heimatverein mit Sensen; er versucht somit die TRADITIONELLE KULTURLANDSCHAFT, durch die landwirtschaftliche Nutzung entstanden, zu erhalten.

■ Das Naturareal **HALLARUMSVIKEN**, zwischen Jämjö und Torhamn, bestimmen Ackerflächen, Weiden, Eichenwäldchen, nackte Felsen und Klippen. – Aussichtspunkt MÖRKE HALLAR mit Blick auf die Schären. Wanderwege und Badeplätze.

Verschiedenes

■ **SIGHTSEEING**: Stadtwanderung auf eigene Faust (guter Stadtplan im Touristenbüro). – Mit der DRAISINE durch den alten Militärtunnel. Dieser alte Transporttunnel (1886) zur Eisenbahn ist zu neuem Leben erwacht. Von Mittsommer bis 15.8. – Führung zum Festungsturm *Godnatt.* – Mit dem Cafébåten »Gåsefjärden«, das zwischen den Brücken und Inseln IM INNEREN SCHÄRENGARTEN kreuzt. Fisktorget: im Juli täglich 10 und 12 Uhr, Dauer ungefähr 2 Stunden. – Buchung vor Ort.

■ **ANGELN**: An der Küste (vorwiegend Hecht und Barsch) benötigen Ausländer eine Angelgenehmigung der Polizeibehörde.

■ **BADEN**: die Küste entlang (Sandstrand und Klippen) und in Binnenseen. – Hallenbad nahe Bahnhof.

■ **RAD FAHREN**: Es gibt mehrere AUSGEARBEITETE FAHRRADTOUREN (Länge zwischen 25 km und 70 km). CYKELSPÅRET (160 km lang) durchquert Blekinge von Sölvesborg nach Brömsebro. Die Strecke führt vorrangig über Nebenstraßen; die dunkelblauen Schilder mit weißem Text sind gut erkennbar. – NORRA CYKELLÄNKEN führt durch den nördlichen Teil Blekinges und ist 190 km lang. Beschreibungen und Karten zu beiden Touren in den Touristenbüros.

FAHRRADVERMIETUNG: *Dragsö Camping, Sturkö Camping* (s.o.).

■ **GOLF**: *Carlskrona Golfklubb,* Tel. 0457–351 23. 18-Loch-Platz. – *Nicklastorp Golklubb,* Tel. 134 54. 18-Loch-Platz.

■ **WANDERN**: Auf dem markierten BLEKINGELEDEN Blekinge ab Kristianopel in 11 Etappen. – Markierte Wege in HALLARUMSVIKEN (s.o.).

■ **VERANSTALTUNGEN**: LÖVMARKNAD (Laubmarkt) am Tag vor Mittsommerabend.

■ **TAXI**: Tel. 191 00.

■ **POSTAMT**: Wachtmeister-Einkaufszentrum, Arklimästargatan.

■ **ÄRZTLICHE VERSORGUNG**: *Vårdcentral Trossö,* Stortorget 3, Tel. 335 800.

Weiterreise

■ **BAHN**: Hauptbahnhof am Järnvägstorget, Tel. 020–757 575. *Kustpilen* (der Küstenpfeil) bedient die Strecke Karlskrona, Kristianstad, Hässleholm, Malmö, Kopenhagen. – SJ-Strecke nach Emmaboda, dort umsteigen nach Kalmar oder Växjö. – *X 2000* nach Göteborg.

■ **BUS**: Busterminal nördlich des Hoglandsparks, Kungsplan. Busse nach Malmö (u. Stockholm). – *Blekingetrafiken* innerhalb Blekinges.

■ **AUTO**: **NACH KALMAR**. E 22; unterwegs möglicher Abstecher nach **VIET** zu BARNENS GÅRD, wo Kinder mit Spaß am ländlichen Milieu teilhaben (Arbeiten, Fahrten mit Heuwagen; Info im Touristenbüro).

NACH VÄXJÖ. Str. 30. In umgekehrter Richtung beschrieben unter »Växjö, Weiterreise«.

NACH KARLSHAMN. E 22. In umgekehrter Richtung beschrieben unter »Karlshamn, Weiterreise«.

Småland

Småland ist – zusammen mit der Insel ÖLAND – die größte Provinz Südschwedens: Auf einer Fläche von 31.000 km^2 wohnen ca. 730.000 Menschen in drei Regierungsbezirken: Kalmar län, Kronobergs län, Jönköpings län (31 Gemeinden).

Småland war immer schwedisch, jedoch auch jahrelang Grenzland; die Auseinandersetzungen mit dem Nachbarn Dänemark prägten Land und Bewohner.

Nicht immer waren die Småländer mit ihrem Herrscher einer Meinung: Den größten AUFRUHR in diesem Land veranstaltete *Nils Dacke*, der bei den Dänen und anderen europäischen Ländern Unterstützung fand. Eine kurze Zeit hatte Dacke gar das Sagen in Småland; als aber seine Konspiration mit Dänemark dem schwedischen Regenten Gustav Vasa zu weit ging, ließ der den Aufrührer jagen und töten. Erst als die Dänen es aufgaben, die südlichen Provinzen zurückzugewinnen, kehrte Frieden in Småland ein.

Ein trauriges Kapitel ist die MASSENAUSWANDERUNG jener Småländer nach Übersee, die im 19. Jh. keine Zukunft mehr sahen. Die vorausgegangene Bevölkerungsexplosion erklärte der Schriftsteller und Bischof von Växjö, *Esaias Tegnér,* mit der Ernährung (der zunehmend angebauten Kartoffel), der besseren Gesundheitsvorsorge (dem Impfen) und dem Frieden.

Småland, mit einer 250 km langen Küste samt vorgelagerten Schären, kennt vielfältige und unterschiedliche Landschaftstypen. Das småländische HOCHLAND zeigt sich im Norden hügeliger, mit eindrucksvollen Ravinen und Verwerfungen. Ungefähr an der Gemeindegrenze Jönköping – Kronoberg wird es allmählich zur HOCHEBENE, um langsam nach Süden hin abzufallen. Die GROSSEN SEEN HELGA-SEE, ÅSNEN, BOLMEN sind reich an Buchten, Inseln und bei den Wassersportlern beliebt, die kleineren Seen zahllos. Westlich von Värnamo beginnt mooriges Gelän-

SCHWEDENS SONNENBANK

Öland ist ein beliebtes Feriengebiet, laut Statistik die Landschaft mit den geringsten Niederschlägen und den MEISTEN SONNENSTUNDEN im Land.

Im Winter stürmen die kalten Ostwinde über die Insel; folglich ist die Frühjahrszeit kühler und beginnt etwas später als auf dem Festland.

Im Sommer entladen sich die Regenwolken von Westen bereits weit vor der Insel, und die Sonne heizt ungehindert das an vielen Stellen nackte Kalkgestein auf. Das wiederum begünstigt einen warmen, milden und langen Herbst sowie Badefreuden noch im September.

de: Das Hochmoor STORE MOSSE ist das größte Moorgebiet südlich von Lappland, mit einem fast 7 m dicken Torfboden sowie einer artenreichen Vogelwelt. Seit 1982 genießt Store Mosse mit seiner einzigartigen Flora und Fauna den Schutz eines NATIONALPARKS. Der Südostteil des Sees VÄTTERN samt Insel Visingsö zeigt wieder ein anderes Landschaftsbild. Einige Kilometer östlich erstreckt sich der URWALD und Nationalpark NORRA KVILL. Auch die KÜSTENREGION von Tjust mit Fjorden und hügeligen Schären, die im Süden in eine flache Inselwelt übergehen, ist eine reizvolle Landschaft.

Ganz anders präsentiert sich die INSEL ÖLAND, die dank eines Kalkplateaus eine allemal außergewöhnliche Vielfalt an Orchideen aufweist und durch das flache Land einen eigenen Charakter ausstrahlt. Wieder anders ist die Insel und Nationalpark BLÅ JUNGFRUN, nur wenige Seemeilen von Öland entfernt gelegen im Kalmarsund. Vom Festland oder von Öland aus gesehen, liegt dieses sagenumwobene Eiland wie eine Kuppe am Horizont – laut der Sage tanzten in der Walpurgisnacht tanzten hier die Hexen.

Trotz dieser Vielfalt prägen das Image der småländischen Landschaft hauptsächlich die dunklen Wälder, die unzähligen Seen und die roten HOLZHÄUSCHEN mit weißen Fensterrahmen – die *stugor.*

Geschichte zum Anfassen:
die rekonstruierte Fluchtburg Eketorp auf Öland (siehe Seite 181)

Växjö

Auch wenn das modernere Ortsbild nicht darauf schließen lassen mag, ist Växjö eine Stadt mit langer Geschichte. Die Gegend war bereits IN DER EISENZEIT BESIEDELT, und in der Wikingerepoche nannte man den Ort am Helga-See, an dem sich fünf Wege kreuzten, VÄGSJÖ (gemeint: See, an dem sich Wege treffen).

Der englische Missionar *Sigfrid* verbreitete Anfang des 11. Jhs. in Småland das Christentum und ließ die erste Steinkirche errichten. Im 12. Jh. wurde Växjö Bischofssitz. Im Laufe der Jahrhunderten wurde aus der Feldsteinkirche der Växjö überragende DOM, in seinen Grundmauern das älteste Bauwerk. Bekanntester Bischof war *Esaias Tegnér.* Die Stadtprivilegien erhielt Växjö 1342.

Das 16. und 17. Jh.kennzeichneten Freiheitskämpfe und Auseinandersetzungen mit Dänemark. Als Gustav Vasa die Reichsverwaltung zentralisierte, kam es im freiheitsliebenden Småland zu einem Bauernaufstand mit dem Anführer *Nils Dacke,* der 1542 sein Hauptquartier auf der Feste KRONOBORG in Växjö hatte. Ruhe kehrte erst mit Ende der Dänenkriege um das 17. / 18. Jh. ein. Hauptursache für das jetzt eher modern anmutende Stadtbild sind zwei große Brände im 19. Jh.

Växjö ist heute Hauptort des Bezirks Kronobergs län, in dem zahlreiche Glashütten angesiedelt sind, und wird daher auch HAUPTSTADT DES GLASREICHES genannt. In der Gemeinde haben sich Klein- und Großindustrie und hochtechnologische Unternehmen angesiedelt. Als Schulstadt besitzt Växjö ohnehin einen guten Ruf, der mit der Universität weiter gewonnen hat.

Das Gebiet der Großgemeinde reicht von der Grenze zum Bezirk Jönköpings län im Norden bis zum verzweigten See ÅSNEN im Süden – rund 70.000 Menschen sind hier zu Hause. Die Landschaft prägen viele Seen und einsame Waldgebiete. Bestellte Felder, Weiden und Obstplantagen fallen im Süden auf, wo MORÄNENABLAGERUNGEN aus der Eiszeit den Boden fruchtbar halten.

INFORMATION

■ **VÄXJÖ TURISTBYRÅ**, Stationen in der Norra Järnvägsgatan, Tel. 0470 – 41 410, Fax 478 14, E-mail: turistbyran@kommun.vaxjo.se, Internet: www.vaxjo.se. Mitte Juni bis September Mo–Fr 9.30 – 18 Uhr, Sa 10 – 14 Uhr (im Juli So 10 – 14 Uhr), ab Oktober Mo–Fr 9.30 – 15 Uhr, Mai bis Mitte Juni bis 16.30 Uhr.

Unterkunft

Das Touristenbüro vermittelt Privatzimmer (ab 150 SEK p.P. ohne Bettwäsche und Frühstück) und Ferienhäuser. Gebühr um 50 SEK.

■ **HOTEL VÄREND**, Kungsgatan 27, Tel. 10485, Fax 36261. EZ 550 SEK, DZ 650 SEK. Liegt zentral, hat eigenen Parkplatz und helle, freundlich eingerichtete Zimmer mit und ohne Bad, einige mit Pantry.

■ **GOOD MORNING HOTELS**, Sandviksvägen 1, Österleden, Tel. 707 200, Fax 707 210. EZ 645/495 SEK, DZ 645/495 SEK. Einfache, nicht zu kleine Zimmer. Restaurant.Parken kostenlos. Ins Zentrum ca. 2,5 km.

EVEDALS BRUNN

Der Stadteil 6 km nördlich des Zentrums war im 19. Jh. Kurort mit Heilquelle. Die herrliche Lage mitten im Grün AM HELGASJÖN war für ein Freizeitgelände wie geschaffen. Der Campingplatz entstand – und aus dem Kurhotel die Jugendherberge. Das Gästehaus und die Gesellschaftsräume des Kurhauses beherbergen das stilvolle Restaurant *Evedals Värdshus.* Parallel zum Helga-See führt der Evedalsvägen vorbei am Campingplatz zu der Schlossruine Kronoberg.

■ **VANDRARHEM EVEDAL**, STF, Tel. 630 70, Fax 632 16. 10.1.–15.12. Im EZ bis 5-Bett-Zimmer ab 155/50 SEK. Üppiges Frühstücksbuffet u. Evedals Värdshus gleich nebenan, im Sommer Lunch, Mi Grillabende. Fahrrad-, Kanu-, Bootsvermietung. Baden, Angeln, Wandern, Fahrten mit Dampfer »Thor« ab Burgruine.

■ **SWECAMP EVEDALS CAMPING**, Tel. 63034, Fax 63122, im Winter Tel. 0372–82302, www.camping.se/plats/G16. Ganzjährig geöffnet. 163 Stellplätze ab 100 SEK, Hütten und Ferienhütten ab 450 SEK. Yachthafen, Kanuschule, Fahrrad-, Kanu-, Bootsvermietung für Campinggäste 50 % Rabatt. Im Angebot: Ferienhaus samt Motorboot oder Kanu.

Essen und Trinken

Die meisten Restaurants offerieren zum Lunch Dagens rätt um 60 SEK. In den Cafés, Pubs, Bars der Universitätsstadt ist immer etwas los.

■ **RESTAURANG TEATERPARKEN**, Västra Esplanaden 10–12, Tel. 399 00. Mo–Fr 11.30–14 u. 17.30–23 Uhr, Sa nur abends, im Juli geschlossen. Lunch ab 69, à la carte ab 120 SEK, Tages-Special 99 SEK.

LANGE SPEISEKARTE von kleinen Gerichten bis zum Gourmet-Menü. Heller großer Raum im skandinavischen Stil eingerichtet, hohe Fenster mit Blick auf Straße und Grün. Nebenan das Konzerthaus Växjös.

■ **P M & VÄNNER**, Storgatan 22/24, Tel. 700 444, Mo–Fr 10.30–24 Uhr, Sa 11–24 Uhr, So 11–19 Uhr. Lunch ab 60 SEK, à la carte ab 140 SEK.

Hier stimmt das AMBIENTE, der Service und das GUTE ESSEN. Unter den Gästen sind Künstler, Schauspieler, Geschäftsleute. Im Sommer abends oft Live-Musik.

Sehenswertes

■ Die ältesten Teile des **DOMS** – die sich im Mittelschiff befinden – stammen aus dem 12. Jh. Die schmalen Kirchtürme gab es schon im 17. Jh., wie alte Kupferstiche beweisen. Sie fielen einem Brand zum Opfer, den 1740 ein Blitz auslöste.

Sein heutiges Aussehen erhielt das Gotteshaus nach einer umfassenden Restaurierung in den 1950er Jahren. Eindrucksvoll sind die Glasmalereien der Kirchenfenster, die 1959 eingesetzt wurden, und die Orgelfassade (1779). Die historischen KUNSTSCHÄTZE sind im Glockenturm ausgestellt, während die neuen Kunstwerke in der hellen Kirche sehr gut zur Geltung kommen. Die Skulptur »Lebensquell« in Granit und Glas von *Göran Wärff* und der »Lebensbaum« von *Erik Höglund* fungieren als Blickfang. – MUSIKABENDE während der Sommerzeit Do.

■ **BISKOPSGÅRDEN ÖSTRABO**, der BISCHOFSHOF, 1796 IM EMPIRESTIL errichtet, steht östlich des Doms auf einer Anhöhe. Hier wohnte u.a. der Dichter, Historiker und Philosoph *Esaias Tegnér,* der von 1826 bis 1846 Bischof von Växjö war.

■ Südlich des Doms erstreckt sich der **LINNÉPARK**, vor allem an heißen Sommertagen ein beliebter, schattiger Treffpunkt. Dort verteilen sich mehrere Denkmäler, u.a. eine Büste von *Carl von Linné,* dem bekannten Botaniker des Nordens.

■ **SMÅLANDS MUSEUM** u. **SCHWEDENS GLASMUSEUM**, S. Järnvägsgatan 2, Tel. 704 200, 1.6.–31.8. Mo–Fr 10–17 Uhr, Sa+So 11–17 Uhr, sonst nur Di–So. Eintritt 40 SEK.

Das älteste Gebäude des Landesmuseums Smålands stammt aus dem Jahr 1885, der integrierte Neubau mit lichtdurchlässigen Glasfronten entstand 1996. Seit nunmehr 70 Jahren konzentriert sich das Småländische Museum AUF SAMMLUNGEN SCHWEDISCHER GLASKUNST mit Exponaten aus den Pioniertagen der Glasherstellung bis zu Kunstobjekten aus der jüngeren Vergangenheit. Dokumentationen über die Veränderungen der Arbeits- und Lebensbedingungen im Bereich der Glashütten, der Waldwirtschaft und der Möbelwerkstätten ergänzen die international beachtete Sammlung. – Weiter zu sehen sind ein Münzkabinett, Trachten, Textilien, Kunst und eine ausführliche Einführung in die Kulturgeschichte des Landes.

■ **UTVANDRARNAS HUS**, S. Järnvägsgatan, Tel. 201 20. 1.6.–31.8. Mo–Fr 9–18 Uhr, Sa+So 11–16 Uhr, sonst alle Tage nur bis 16 Uhr.

Das HAUS DER AUSWANDERER beherbergt das Emigranten-Institut, mit Forschungszentrum und Archiv, dessen Aufzeichnungen bis ca. 1750 zurückreichen – die umfassendste Quelle über die Welle schwedischer Auswanderer nach Amerika, die weite ländliche Gebiete im 19. Jh. nahezu entvölkerte. »Der Traum von Amerika« sowie »Moberg und die Auswanderer« lauten Themen der Ausstellung. Hier befindet sich auch das originale Material, das *Vilhelm Moberg* für das Manuskript seiner berühmten Auswanderer-Romane benutzte. Seit 1968 wird am ersten Sonntag im August der Tag der Auswanderer gefeiert. Um diese Zeit sind viele Amerikaner in Växjö und Småland; ein Besuch in der Heimat ihrer Vorfahren, ein Versuch zu den

Wurzeln zurückzufinden. Von 1850 bis heute verließen 2,4 Mio. Schweden ihre Heimat.

■ **DOMPROST GÅRDEN**, die Domprobstei von 1749, ist das älteste Holzhaus der Stadt. Hier wuchs der Nobelpreisträger *Pär Lagerkvist* auf.

Ausflüge

■ Die **BURGRUINE KRONOBERG** finden Sie auf einer Insel im Helga-See, 5 km nördlich der City. Kronoberg, die der Provinz den Namen gab, war im Mittelalter zunächst Residenz des Bischofs von Växjö und wurde unter *Gustav Vasa* Ägide königliches Schloss. Im Sommer finden Theater- und Musikveranstaltungen statt. MITTSOMMER wird hier groß gefeiert. – Davor liegt das reizende Café RYTTMÄSTAREGÅRDEN, wo im Sommer leckere Waffeln serviert werden. Einst als Wohnsitz eines Leutnants in der Gemeinde Urshult erbaut, verbrachte man die kleinen roten Holzgebäude mit dem Grassoden gedeckten Dach in den 1940er Jahren hierher.

■ Südlich vom Stadtzentrum steht **SCHLOSS TELEBORG**, ein von 1896 bis 1900 AUS SMÅLANDSGRANIT errichtetes, markantes Gebäude, ein TÜRMCHENSCHLOSS MIT SCHÖNEM PARK. Seit 1964 gehört Teleborg der Stadt Växjö. Von Mitte Juni bis Mitte August finden Führungen durch die Räume mit zeittypischer Einrichtung statt. Anmeldung im Touristenbüro.

■ **HUSEBY BRUK** (18 km sw, Str. 23): 1.6.–31.8. täglich 11–18 Uhr, 16.4.–31.5. und 1.9.–30.9. Sa, So 11–17 Uhr. Eintritt Schloss inklusive Führung 60 SEK, 3 Museen 50 SEK.

Ein gut erhaltener Industriekomplex aus dem 17. Jh. Bereits 1628 wurde der erste Hochofen zur Roheisengewinnung vor Ort gebaut. In den Jahren 1813–1867 vergrößerte sich dieser Industriebereich auf den Stand, wie er in etwa heute zu sehen ist. Als 1867 der Engländer *Joseph Stephens* Eigentümer des Betriebs wurde, lenkte er auch sein Augenmerk auf die Landwirtschaft, deren Flächen er durch Entwässerung von Sumpflandschaften wesentlich vergrößerte; die sogenannte Archimedesschraube, die dabei zum Einsatz kam, ist zu besichtigen.

Das Herrenhaus wurde 1844 erbaut und ist heute ein Museum mit KUNSTSCHÄTZEN und KURIOSITÄTEN aus der ganzen Welt, die *Florence Stephens* nach ihrem Tod 1979 dem Staat vermachte (Führungen). – Die Ausstellung über Gewinnung sowie Weiterverarbeitung von SUMPFERZ ist in Hochofengebäude und Gießerei untergebracht; übrigens wurden in Huseby keineswegs nur landwirtschaftlich genutzte Maschinen, Turbinen, Öfen etc. hergestellt, sondern auch DIE ERSTEN industriell gefertigten FAHRRÄDER Schwedens. – Einige der alten Gebäude nutzen Kunsthandwerker. Und im früheren Pferdestall hat man ein RESTAURANT MIT STALLMILIEU eingerichtet.

Die Anlage mit ihrem herrlichen Park ist einen längeren Besuch wert. Von hier kann man mit dem AUS-

Wie diese Familie wanderten tausende Schweden im 19. Jahrhundert nach Amerika aus; die hölzerne Granhult Kirche (siehe Seite 150)

FLUGSBOOT eine »Seh-Fahrt« über den inselreichen See ÅSNEN starten. – Ebenso möchte ich den Besuch im NATURUM empfehlen, das nicht nur die Veränderungen der Natur seit der Eiszeit dokumentiert, sondern sich auch mit den nicht immer durchdachten Eingriffen des Menschen in die Umwelt beschäftigt. Auskunft über Führungen im Touristenbüro Huseby, Biskopshuset am Eingang, Tel. 752 097. Hier können Sie auch eine viertägige FAHRRADTOUR um den See Åsnen buchen.

■ Die **KIRCHE VON JÄT** (25 km s, am Åsnen) ist eine der am besten erhaltenen MITTELALTERLICHEN Kirchen des Bezirks und wurde vermutlich Ende des 12. Jhs. aus Feldstein erbaut. Die Sakristei und das Waffenhaus aus Holz kamen später hinzu, ebenso die Frauen- und die Männerempore. Die Malereien im Kirchenschiff und im Chor führte der Kirchenmaler *J.C. Zschotzscher* aus, die Sakristei schmückte *C. Ruth* und das Waffenhaus *P. Olsson.* Ab 1909 hatte die Kirche ausgedient, als die Gemeinde ein neues, größeres Gotteshaus gebaut hatte. Ende der 1950er Jahre wurde man sich des kulturellen Wertes der alten Kirche bewusst und begann mit Restaurationsarbeiten.

■ **DÄDESJÖ GAMLA KYRKA** (23 km nw, Abstecher von der Str. 23 Richtung Oskarshamn): Auf der bemalten Holzdecke (13. Jh.) sind Motive der Geburt Jesu sowie der schwedischen Legende *Staffan Stalledrängs* in Form von Medaillons dargestellt, ein kleines Fernglas tut gute Dienste; die neue Kirche auf der anderen Straßenseite hat eine schöne barocke Kanzel; Museum im Pfarrhof.

■ Die **GRANHULT KIRCHE** (40 km nö, Abstecher von der Str. 23 Richtung Oskarshamn, an der Str. 31) ist eine der wenigen erhaltenen Holzkirchen aus dem 13. Jh., die der Abrisslust des Bischofs Tegnér entging; er wollte lieber Steintempel sehen; die Bürger widersetzten sich – eine erfolgreiche »Bürgerinitiative«; das Kirchlein auf einer Waldlichtung ist ganz mit Malereien (18. Jh.) ausgeschmückt, ein Kleinod; der hölzerne Glockenturm entstand 1702.

■ Viele Ausflüge führen ab Växjö ins sogenannte **GLASREICH** mit seinen zahlreichen Glashütten, die fast alle Besuchern offen stehen. Orientieren Sie sich nicht nur an den namhaften Hütten; die Fundgruben der anderen sind nicht zu verachten.

Im Kapitel »Reise ins Glasreich« finden Sie eine ausführliche Vorstellung der interessantesten Ziele, informativ ist auch www.glasriket.net.

■ **NYKULLA** (25 km nördlich, Tjureda): Vom Aussichtsturm bietet sich ein WEITER BLICK über den Südhang des småländischen Hochlandes sowie das herrliche Seengebiet. 30.4.–31.8. Sa 14–18, So 11–18 Uhr.

UNTERWEGS IM AUSWANDERERLAND

Auf der Fahrt durch das Auswandererland – mit den Orten *Ljuder, Akerby, Algutsboda, Långasjö* usw. – vermitteln die HEIMATMUSEEN ein reales Bild vom ärmlichen Leben der Waldbauern, das Moberg in seinen Romanen beschrieb.

■ Eine sehr **SCHÖNE TOUR** führt ab Huseby bruk (siehe oben) am Skatelövfjorden entlang bis Torne (unterwegs passiert man das Gräberfeld BRÅVALLAHED mit SCHIFFSSETZUNG, Runenstein etc.), ab Torne über den See ÅSNEN Richtung Solhem, dann rechts Richtung Urshult.

■ Bald erreicht man das NATURRESERVAT **BJURKÄRR**. Auf der lang gestreckten Halbinsel stehen Buchen und Eichen, die mehr als 250 bzw. 270 Jahre alt sind. Die gefiederten Freunden vertreten Specht, Eule, Hohltaube und viele andere; abends schwirren Fledermäuse umher, und auch der Dachs fühlt sich hier wohl. Zwei markierte Wege führen durchs Reservat, einer blau markiert sowie leicht zu begehen (1,7 km), der zweite orangefarben markiert (2,6 km).

■ **ÜBER** die Insel **SIRKÖN** gelangt man **NACH VÄSTERBOTORP**, mögliche Abstecher Richtung Kurrebo zum LUNNABACKEN mit wunderbarer Aussicht, zum HEIMATMUSEUM URSHULT sowie zum HERRENHOF ODENSVALLAHULTS mit Malereien.

■ Der weitere Weg führt durch das Obstanbaugebiet um **URSHULT**. In Urshult kann man sich entscheiden, ob man die Straße östlich oder westlich des Åsnen zurückfährt.

Verschiedenes

■ **SIGHTSEEING** mit dem Boot: Auf dem HELGASJÖN u. den angrenzenden Seen verkehrt »Thor«, eines der ältesten HOLZGEFEUERTEN DAMPFSCHIFFE Schwedens. Die Abfahrtsstelle für den solchen Bootsausflug befindet sich bei der Festung Kronoberg. Mittsommer bis etwa 20.8. – Stadtführungen von Anfang Juli bis Mitte August.

■ **ANGELN**: Hecht, Barsch, Aal, Brachse u.a. in den VÄXJÖ-SEEN (im Zentrum, 86 ha), in HELGASJÖN, ÅSNEN und im Fluss HELIGE Å. Der Angelschein für den gesamten Bezirk Växjö umfasst rund 40 Gewässer; man sollte jedoch die Bestimmungen der einzelnen Angelkarten vergleichen. Im Touristenbüro.

■ **BADEN**: in den Binnenseen ARABY, ÖJABY sowie im Freizeitzentrum Evedal.

■ **RAD FAHREN**: Die Tour um den See ÅSNEN ist 130 km lang und verläuft auf den Trassen einer alten Schmalspurbahn und kleineren Wegen; gut ausgeschildert, Beschreibung und Karte sowie ein Paketangebot samt Verpflegung und Übernachtung im *Alvesta Turistbyrå*, Tel. 0472–152 50. – 50 km lang ist eine Rundfahrt um den See ROTTNEN, mal am See und seinen Buchten entlang, dann wieder durch dunklen Wald. Rastplätze sind vorhanden, die Tour ist ausgeschildert. Am besten beginnt man am Bahnhof Hovmantorp, Gemeinde Lessebo. Turist- und fritidskarta mit eingezeichnetem Weg. – KRONOBERGSTRAMPEN heißt eine 350 km lange Strecke ab Växjö über Alvesta, Lessebo etc. So lernt man SMÅLANDS NATUR mit Wiesen und Wäldern, den Steinwällen, kleinen Dörfern und dem Glas- und Möbelreich kennen. Karte und Beschreibung im Touristenbüro.

FAHRRADVERMIETUNG: *Smålands-cykel,* U. Esplanaden 15, Tel. 475 48. Stunde 25, Tag 88, Woche 530 SEK, plus Depositum 1.000 SEK.

■ **KANU**: Der VÄRENDSLEDEN im Mörrumsån mit dem schönen Helga-See ist mit die populärste Route vor Ort.

KANUZENTRALEN in Getnö-Gård, Åby und Evedal: *Evedal-Växjö Kanotclub,* Tel. 639 93.

■ **WANDERN**: UTVANDRARLEDEN ist eine Tour durch das Auswandererland, 96 km, in Etappen zu unterteilen. – SIGFRIDSLEDEN zwischen Asa, Evedal und Knapelid an der Südspitze des Sees Rottnen, 95 km. – Wandern auf der HALBINSEL KRONOBERG auf markierten Wegen. – Im Wald NOTTERYDSKOGEN, 5 km nördlich von Växjö mit Wanderwegen durch verzauberte Natur. Hier könnten tatsächlich TROLLE und andere Waldwesen hausen. – Das Touristenbüro hat Beschreibungen und Karten.

■ **POSTAMT**: Kronobergsgatan 18–20.

■ **TRANSPORT**: Busterminal Norra Järnvägsgatan, mit den Haltestellen A–K. Auskunft: *Länstrafiken,* Tel. 727 550. – *SJ,* Tel. 753 230.

■ **TAXI**: Tel. 135 00 und 169 00.

■ **PARKEN**: Die Stadt ist in zwei Parkzonen eingeteilt, im Zentrum Zone 1, die teure.

■ **ÄRZTLICHE VERSORGUNG**: *Lasarettet,* Södra Esplanaden 2 A, Tel. 588 00. – Diensthabender Zahnarzt, Klostergatan 16 B, Tel. 588 910.

Weiterreise

■ **FLUGZEUG**: Der Flugplatz Växjö befindet sich in ÖJABY, 8 km vom Zentrum entfernt: Tel. 759 200. Täglich Verbindungen mit Kopenhagen (und Stockholm).

■ **BAHN**: Bahnhof in der Norra Järnvägsgatan. SJ-Strecke Kalmar, Växjö, Göteborg.

■ **BUS**: Busterminal in der Norra Järnvägsgatan.

■ **AUTO**: **NACH KALMAR**. Auf der Str. 25 mitten durch das Glasreich (siehe dort).

NACH OSKARSHAMN. Str. 23; unterwegs zwei Abstecher zu den Kirchen DÄDESJÖ sowie GRANHULT (an der Str. 31), beide in diesem Kapitel unter »Ausflüge« beschrieben; in **HÖGSBY** KIRCHE mit Kanzel und Altar (Lübecker Arbeit), beide 17. Jh.

NACH VIMMERBY. Str. 23 (siehe Weiterreise nach Oskarshamn), danach Str. 138 und 34 über Hultsfred.

NACH JÖNKÖPING. Entweder auf Str. 30, die kürzere Route mit einem möglichen Aufenthalt am Westufer des Helga-Sees, in **LAMMHULT**, wo Freunde schöner Möbel Erfüllung finden bei *Lammhults Möbel,* Växjövägen 41, *Norrgavel,* Växjövägen 42, und in den Geschäften *Nilssons Möbler,* N. Fabriksgatan 2, sowie *Svenssons,* Jönköpingvägen. Oder man nimmt die Str. 25 und 27 über **VÄRNAMO**, eine Stadt, die ähnlich Växjös inmitten einer traumhaften Seenlandschaft eingebettet liegt; im Nordwesten erstreckt sich der NATIONALPARK STORE MOSSE, Schwedens größtes Moor- und Sumpfgebiet südlich von Lapplands, ausführlich beschrieben unter »Jönköping, Ausflüge«; ganz im Westen dieses Gebiets befindet sich die Wildwest-Stadt HIGH CHAPARAL mit Western Hotel, Feriendorf, Campingplatz; ab Värnamo führt die E 4 direkt nach Norden bis Jönköping.

NACH KARLSKRONA. Entweder Str. 30 über Ronneby; westlich von **INGELSTAD**, 22 km südlich Växjös, erhebt sich der 4 m hohe Grabhügel INGLINGEHÖG mit dem Durchmesser von rund 35 m; dieser Hügel liegt in einem Feld mit über 100 Gräbern, das etwa bis zum Jahr 1000 genutzt wurde. Oder auf Str. 25 und 28 durch das GLASREICH (siehe dort); unterwegs, 30 km nördlich Karlskronas, möglicher Aufenthalt ab Str. 28 bei STENSJÖ CAMPING am 7 km langen und 48 m tiefen See **ALLJUNGEN** mit vielen Möglichkeiten, sportlich aktiv zu sein: Engstellen wechseln sich mit breiten Wasserflächen ab; viele schöne Buchten; das Wasser in dem klaren, sauberen See kann trotz der Tiefe bis zu 25° warm werden; großer Bestand an Hecht und Zander; Ruderboote, Kanus und Kajaks tageweise zu mieten, auch Fahrräder.

NACH KARLSHAMN. Str. 30 u. 29; Grabhügel bei Ingelstad siehe unter »Weiterreise nach Karlskrona«.

NACH SÜDWESTEN. Auf Str. 23; zuerst möglicher Besuch von HUSEBY BRUK (siehe oben unter »Ausflüge«); zwischen Eneryda und Älmhult empfiehlt es sich, die Fahrt auf dem LINNÉLEDEN durch eine Landschaft mit alter Bauernkultur fortzusetzen: in **DIÖ** Badeplatz am See **MÖCKELN**; in **STENBROHULT / RÅSHULT** waren Vater und Bruder des BERÜHMTEN BOTANIKERS *Carl von Linné* von 1705 bis 1797 als Pfarrer tätig; die fruchtbaren Wiesen rund ums alte Pfarrhaus weckten Linnés Interesse für die Pflanzenwelt, zu deren Erforschung und Systematisierung er enorme Beiträge leistete; RÅSHULTS SÖDREGÅRD, das PFARRHAUS, wird als Linnés Geburtshaus bezeichnet; das mit Grassoden gedeckte Holzhäuschen ist heute Museum mit Erinnerungsstücken an Linné; der Garten, so wie ihn Carls Vater 1706 anlegte, ist wieder zu betrachten, mit Flachs, Minze, Tabak, Hopfen etc. – all das, was zu einem typischen Garten in Småland gehörte; von der Kirche aus führt ein Weg zum 2 km nördlich gelegenen, 173 m hohen **TAXÅS KLINT**, der eine schöne Aussicht über den Möckeln bietet; bis Älmhult folgt man am besten dem Linnéleden – **ÄLMHULT** ist bekannt als Stammsitz des europaweit vertretenen schwedischen Möbelkonzerns »Ikea« mit rund 1.000 Arbeitsplätzen vor Ort. 2004 wird das Imperium sein 60-jähriges Jubiläum feiern; der Firmenname »Ikea« setzt sich aus Namen sowie Wohnort des Gründers zusammen: Ingvar Kamprad, Emtaryd, Agunnaryd. In OSBY möglicher Besuch des Spielzeugmuseums Brio Lekoseum (siehe unter »Kristianstad, Ausflüge«, dort auch die Gegend rund um Hässleholm). Südlich von Osby weiter auf Str. 23 Richtung Malmö / Lund / Trelleborg oder auf Str. 19 nach Kristianstad.

Reise ins Glasreich

Zwischen Nybro und Växjö, inmitten der Wälder Smålands, liegt *glasriket,* das Glasreich: Schwedisches Glas ist international ein Begriff – seien es farbige Schalen und Vasen, geschliffene Bleikristallgläser oder Kunstwerke bekannter Designer, meist Produkte von *Orrefors, Kosta Boda* oder *Målerås.*

Bereits 1742 wurde die Glashütte *Kosta* gegründet, die Gläser für des »Königs Tafelrunde« fertigte, dazu Fensterglas für Kirchen und Bürgerhäuser. Die Nachfrage wuchs und 1810 entstand *Reijmyre Glasbruk* in Östergötland, vor allem für rubinrotes Glas bekannt. Erst 1864 folgte eine zweite Hütte in Småland, *Boda.* Bis 1900 gab es 10 Glasbläsereien. 1994 entstand die letzte der aktuell arbeitenden 16 Glashütten.

Einem Team von GLASBLÄSERN BEI DER ARBEIT ZUZUSCHAUEN ist ungewöhnlich spannend: Konzentration, Geschicklichkeit, gutes Augenmaß, Schnelligkeit – all das kann man vielleicht nachempfinden. Wie aber ein 1.000°C heißer, rotglühender Klumpen geschmolzenen Sandes gedreht, geblasen, geformt und wieder erhitzt, wieder geblasen, mit einer Schere abgeschnitten oder in die Zange genommen wird, einen anderen »Sandtropfen« aufgesetzt bekommt und allmählich Form annimmt, dies erscheint Laien fast wie Zauberei. In einigen Hütten können Sie Glasbläsern zuschauen. Nehmen Sie an einer Führung teil oder gehen Sie zu einem der »Hyttsillabende«, an dem Sie selbst versuchen dürfen, Glas zu blasen oder zu gravieren!

HYTTSILL (sprich: hüttßill), der Hüttenhering, hat eine lange Tradition. Als die Glashütten entstanden, waren sie Mittelpunkt in den Orten; fast jeder Einwohner arbeitete dort. Man traf sich auch abends in der Wärme der Hütte, tauschte sich aus, erzählte Geschichten, sang miteinander und bereitete in den Öfen seine Mahlzeit, Hering und Kartoffeln zu. Heute sind diese *hyttsillafton* zur Attraktion geworden. Zwischen Essensdüften und Hüttengeruch, Plauderei und Gesang versucht man der Gemütlichkeit vor den Öfen und der »Romantik« vergangener Tage auf die Spur zu kommen. Heute sind die Tische weiß gedeckt, ist ein Buffet aufgebaut, werden *sill* (Hering) und *isterband* (Grützwurst), Zwiebeln, Kartoffeln, Käsekuchen und Preiselbeermarmelade von Köchen zubereitet. Unverändert gart man die Kartoffeln in Folie in heißer Asche und brät den Hering im Kühlofen, dem Ofen, der dem langsamen Abkühlen der Glaswaren dient.

Die ÖFFNUNGSZEITEN sind mit geringen Abweichungen bei allen Hütten gleich: Mo–Fr 9–18 Uhr, Sa 10–16, So 12–16 Uhr, in der Hochsaison (etwa 12.6.–20.8.) gelten längere Zeiten. Einige Hütten unterhalten eigene Homepages (Links). Zuschauen kann man den Glasblä-

◀ **Im Glasateljé bei Carlos R. Pebaque**

sern Mo–Fr 8–15 Uhr, in der Hochsaison zum Teil auch am Wochenende. *Hyttsill* gibt es ab 23.5.–31.8. in Orrefors sowie in Hovmantorp/Sandvik, Målerås, Kosta, Lindshammar, in Bergdala das ganze Jahr über. Kosten: 365/150 SEK. Beginn 19 Uhr, Anmeldung in Touristenbüros oder bei den Glashütten.

Im Glasreich gibt es aber NOCH MEHR zu sehen; sofern man sowieso in der Nähe ist, sind Abstecher nach Korrö, Långasjö/Klasatorpet oder nach Lessebo Handpappersbruk eine willkommene Abwechslung.

Das Glasreich lässt sich auch mit dem FAHRRAD erkunden. Die 95 km lange Tour führt auf verkehrsarmen Wegen durch die Wälder und an verträumten Seen vorbei; so lernt man die alte Kultur- und Hüttengegend am besten kennen. Als Startpunkt empfiehlt sich Strömbergshyttan.

INFORMATION

■ **TOURISTINFO GLASRIKET**, Kommunhuset, Dunderbergsgatan 2, SE–38228 Nybro, Tel 0481 – 452 15, Fax 452 01, glasriket@nybro.se/

■ **INTERNET**: www.glasriket.net ist eine ausgezeichnete, gleichermaßen informative wie unterhaltsame website, komplett auf Deutsch zu lesen.

UNTERWEGS IM GLASREICH

■ **ORREFORS GLASBRUK**, 1898, Orrefors, Tel. 0481 – 341 95. Museum, Ausstellung, Shop, Führungen, Glasblasen, Hyttsillafton. – Restaurant oder Selbstbedienung.

Den Namen Orrefors machten Anfang des 20. Jhs. die Künstler *Simon Gate* und *Edward Hald* weitbekannt; schweres Kristall mit meisterhaftem Schliff galt als das Markenzeichen der Hütte. Gemeinsam mit den Meistern entwickelten die Künstler NEUE VERARBEITUNGSTECHNIKEN, so die Gral-Technik, bei der ein Glasklumpen aus mehreren Farbschichten mit Schliff, Gravur oder Ätzung versehen und wieder erhitzt wird, eine weitere klare Glasschicht erhält und erst dann in die gewünschte Form und Größe geblasen wird. Zu den klassischen Kristallarbeiten sind neue Formen und Farben hinzugekommen, auch Glasmalerei mit überraschenden Motiven hat sich einen Platz erobert. Für Orrefors arbeiten zur Zeit zehn Designer; der bekannteste, *Gunnar Cyrén*, entwarf die MEDAILLEN der Leichtathletik-WM 1995, eine Komposition in Edelmetall mit Glas. Auch die Entwürfe der Künstler *Erika Lagerbielke*, *Helén Krantz* und *Lena Bergström* finden allgemein Anerkennung.

■ **GLASATELJÉ CARLOS R. PEBAQUÉ**, Glasblåsarevägen 6, Gullaskruv, Tel. 0481 – 321 17.

Senor Pebaqué, geboren in Montevideo, besuchte dort die Kunstfachschule. Früh kam er mit Glas in Berührung und war bald dem Zauber und den Möglichkeiten dieses Materials verfallen. Nach etlichen Wanderjahren fasste er in Småland. Fuß. Hier vervollkommnete er sein Können in der Glasschule Orrefors und schloss die Ausbildung mit Auszeichnung ab. 1984 gründete er das Gullaskruf Glasateljé, um sich ausschließlich der Glaskunst zu widmen; wobei er »Cara« entwickelte, eine besondere Technik der Kunstglasherstellung. Es ist faszinierend anzusehen, wie er mit dünnen farbigen Glasstäben malt. Unter einer Flamme werden sie auf einen glühenden Glaskörper aufgetragen; bei weiteren Arbeitsvorgängen dringen sie in die Tiefe. So entsteht plötzlich ein Bild im Glas. Diese Kunstwerke sind EINZIGARTIG. Sie dürfen dem Meister bei der Arbeit zusehen.

■ **MÅLERÅS GLASBRUK** (1890), Målerås, Tel. 0481-31100. Galerie und Verkaufsshop. Die Fensterplätze des neuen Restaurants sind begehrt. Von hier sieht man den Glasbläsern zu.

Vor 20 Jahren kam *Mats Jonasson* nach Målerås. Seine Idee, Kristallblöcke mit Motiven aus der Tierwelt in Reliefform zu fertigen, wurde ein großer Erfolg. Die Jahresausgaben sind inzwischen begehrte SAMMLEROBJEKTE. Ähnlich populär sind die zauberhaften Motive aus dem Bereich der Flora. Seit neuestem formt der Künstler große Skulpturen, auch solche aus Materialmix, etwa Gusseisen und Glas. Eine junge Designerin dieser Hütte, *Erika Höglund,* lässt FRAUENKÖRPER IM GLASBLOCK SCHWEBEN. Farbe wiederum ist bei *Clas-Göran Tinbäck* mit ein Gestaltungselemnet bei Vasen und Schalen in Gral-Technik.

■ **LINDSHAMMARS GLASBRUK** (1905), Tel. 0383 – 210 50. Glasblasen, Museum und Ausstellung neuer Glaskollektionen, Hyttsillafton, Verkaufsshop. – Restaurant *Smultronstället.* Im Sommer Ponyreiten.

Lindshammar nennt sich die HÜTTE MIT FARBE: Vasen, Schalen, Kerzenhalter in kräftigen Farben oder Pastelltönen und leuchtend bemalte Teller und Pokale – alles ist hier zu sehen. Ein Blickfang ist die Serie BODY von *Birgitta Watz* in Blau, Grün und Orange. Imposant sind auch die bemalten Teller in Indra-Technik.

■ **KOSTA GLASBRUK** (1742), Telefon 0478 – 345 00. Verkaufsshop und Aussstellung alter und neuer Glaskunst, Führungen, Glasblasen sowie Hyttsillafton.

Hier in Kosta fing vor gut 250 Jahren alles an. Im 19. Jh. folgten mehr und mehr Hütten, die erworbenen Kenntnisse in der Glasherstellung nahmen die Meister häufig mit. So wuchs nach und nach das Glasreich in Småland heran. In Kosta zählt die Hüttengruppe mit *Disponentbostaden,* der Villa des Direktors (1758), sowie den Häuschen der Glasbläser namens »Einser, Zweier« oder »Jerusalem, Babylon« u.a. zu den am besten erhaltenen des Landes. Die Glashütte ist nach einem Brand im Jahr 2000 teilerneuert worden. Hier entstehen wieder die klassischen, kostbaren, prächtigen, leuchtenden und immer wieder auf's Neue überraschenden Kunstwerke der Künstler *Anna Ehrner*, *Ann Wåhlström.* und *Göran Wärff.* Der Name Kosta Boda steht heute für die Hütten Kosta, Boda und Åfors.

■ **BODA NOVA**, Kosta, Tel. 504 22. Im Fabrikshop werden GEBRAUCHSGEGENSTÄNDE für Küche und Tisch mit kleinen Schönheitsfehlern preisgünstig angeboten. Es lohnt sich.

■ **ÅFORS GLASBRUK** (1876), Tel. 0471 – 418 14. Verkaufsshop und Ausstellung.

Drei INTERNATIONAL BEKANNTE Künstler führten die Hütte zum Erfolg: Kreationen von *Ulrica Hydman-Vallien* mit farbiger Malerei regen die Fantasie an. Ihr Mann, *Bertil Vallien*, erfand das Sandgussverfahren für Glasskulpturen und lässt faszinierende Kunstobjekte entstehen. *Gunnel Sahlins* Vasen, Karaffen und Früchte in knalligen Farben strahlen pure Sinnesfreude aus.

■ **BODA GLASBRUK** (1864), Telefon 0481-42410. Verkaufsshop, Galerie, Glasblasen.

Monica Backström und *Kjell Engman* sind untrennbar mit Boda verbunden, ihre Objekte über Schwedens Grenzen hinaus bekannt. Kjell Engman arbeitet mit viel FANTASIE, FARBEN UND EXPERIMENTIERLUST, und so entstehen Figuren, Schalen und Flaschen u.v.a. Die GLASSERIEN von Monica Backström sind nicht minder schön und beliebt.

■ **JOHANSFORS GLASBRUK** (1891) in Broakula, Tel. 0471-40270. Verkaufsshop, Museum.

Bezaubernde Gläserserien und Gefäße in einem FEUERWERK VON FARBEN UND FORMEN – die Künstler *Helén Tapper*, *Catti Åselius-Lidbeck*, *Astrid Gate* und *Ardy Strüwer* verhalfen der Hütte zu neuem Stil. Vasen, Schalen, Becher, Bowlen, irgend etwas mag man mitnehmen, vielleicht die kleinen Windlichter mit der goldenen Friedenstaube...

3.500 Stücke im Museum sind die GRÖSSTE KRISTALLSAMMLUNG im Glasreich, ein Querschnitt durch die Geschichte des Glases. Zu sehen ist auch das Service, das Boris Jelzin für das russische Parlament orderte.

■ **LÅNGASJÖ** ist ein kleiner Ort an der Str. 120 zwischen Emmaboda und Rävemåla. Vor der Kirche steht ein Gedenkstein für die Auswanderer, die diese Gegend verließen, als sie für sich und ihre Kinder hier keine Zukunft mehr sahen: 1,5 Millionen Schweden verließen Mitte des 19. bis Anfang des 20. Jhs. ihre Heimat. *Vilhelm Moberg* hat das unvergesslich in seinen Romanen »Die Auswanderer« geschildert. Die nach den Romanen gedrehten Filme entstanden zum Teil auf dem Hof KLASATORPET, der nahe der Kirche zu besichtigen ist. Der Hof ist ein LEBENDES MUSEUM – eine Kleinbauernfamilie bewirtschaftet ihn.

■ **SKRUFS GLASBRUK** (1897), Tel. 0478-20133. Shop und Museum.

Die Hütte hat 100 ereignisreiche Jahre hinter sich: Großbrand, Konkurse, Fusionen, Stilllegung. 1981 kaufte die Gemeinde Lessebo sie auf, fünf Glasarbeiter übernahmen sie, kauften die Produktionsmittel, und seitdem arbeitet die Hütte wieder. Der Verkaufsschlager ist seit Jahren ÅSKFLASKAN: ein WASSERBAROMETER, das bei Gewitter pinkelt, darum der Beiname »Pinkelbarometer«.

Zu den ältesten gefragten Objekten gehört *munskänken*, der Mundschenk, eine Weinkaraffe mit originellem Griff. Farbe und Humor zeigen die abstrakten Tierfiguren von *Eva-Lena Martinson*. Herrlich ist auch die Gläserserie von *Sven Lidberg*, bemalt mit naiven Figuren.

Das Museum gehört dem Heimatverein. Alle ausgestellten Stücke sind Geschenke Kosta Bodas, die von 1978 bis 1980 Besitzer der

Hütte waren. Ein Besuch im Museum ist empfehlenswert. Stücke der Designer *Bengt Edenfalk* und *Lars Hellsten* sind auch darunter.

■ **KORRÖ**, zwischen Linneryd und Rävemåla, ist ein mit Sorgfalt restauriertes HANDWERKERDORF mit Mühle, Sägewerk, Gerberei sowie Färberei – ein idyllisches Plätzchen im Wald am Ronnebyå. Als erstes entstand noch im Mittelalter eine Mühle, die zu den Gütern des Doms in Växjö gehörte. 1824 übernahm ein neuer Besitzer das »Gut«. 1848 wurde die jetzige DREISTÖCKIGE MÜHLE gebaut, bis auf das große Wasserrad ist alles noch so erhalten, wie es der letzte Müller 1948 hinterließ. Das Sägewerk datiert von 1880. Sägen konnte man nur bei hohem Wasserstand, normalerweise von Weihnachten bis Mai. Danach trieb das Wasserrad den Hobel, um Dachschindeln herzustellen; auch der Hobel ist erhalten.

Außerhalb des Gutes hatten sich ab 1840 am Fluss mehrere Handwerker niedergelassen. Die Gerberei und die Färberei sind erhalten; das Gesellenzimmer des Färberhauses war im Film »Die Auswanderer« die Knechtekammer. Die Gerberei mit kleinem Museum ist privat und nur nach Absprache zu besichtigen.

Im Stallgebäude *logen* kann man die Geschichte Korrös anhand von Bildern, Zeichnungen und Lageplänen gut nachvollziehen. Im alten Herrenhaus ist heute eine STF-Jugendherberge. Korrö gilt als guter Ausgangspunkt für Besuche in den Glashütten oder zum Wandern durch das »Auswandererland«.

■ **LESSEBO HANDPAPPERSBRUK**, Västergatan 1, Lessebo. Papiermühle Mo–Fr 7–16 Uhr. Verkaufsshop im Sommer Mo–Fr 7–17 Uhr, Sa 11–15 Uhr. Mitte Juni bis Mitte August Führungen in deutscher und englischer Sprache, um 9.30, 10.30, 13 und 14.15 Uhr.

Lessebo (1693) ist Schwedens einzige HANDPAPIERMÜHLE, die noch für Verbraucher Papier in Handarbeit herstellt, auf die gleiche Weise wie vor 300 Jahren. Früher wurde Papier aus Lumpen hergestellt, heute aus Restfasern der Samenkapsel des Baumwollbusches. Es bedarf einer langen Prozedur (vom Mahlen des Rohstoffes bis zu Glättung und Sortierung), um nur einen handgeschöpften Bogen Papier zu erhalten. 20 kg Papier pro Tag können so hergestellt werden, obwohl eine moderne Maschine diese Menge in wenigen Sekunden fertigte. Doch handgeschöpftes Papier bleibt unübertroffen an Schönheit und Prägung.

Hier sollte man nicht vorbeifahren. Erkundigen Sie sich, wann eine Führung stattfindet. Sollten Sie wenig Zeit haben, gehen Sie aber in den Shop und schauen Sie sich die unterschiedlichen »Schöpfungen« an.

Zur MITTSOMMERZEIT wird in Lessebo der Maibaum mit vielfarbigen Papierstreifen geschmückt.

■ **BERGDALA GLASBRUK** (1899), Bergdala, Tel. 0478 – 316 50, Museum, Verkaufsshop, Barnens Bergdala für Kinder ab 3 Jahre, die Kleinen können hier unter Aufsicht malen, spielen, Filme anschauen...

KLARES GLAS MIT KOBALTBLAUEM RAND ist das Markenzeichen dieser

Hütte. Seit Jahrzehnten wird die unverändert beliebte Glasschale *Filbunken* (der Sauermilchtopf) hergestellt, eine Serie auch mit Gläsern und Krügen. *Signe Persson-Melin* führt die Tradition in ihrer Glasserie fort, allerdings auch mit einem bernsteingelben Rand. Knallige Farben haben die handfesten Glasbecher von *Eva-Lena Martinson*. Sehr hübsch sind die Gläser mit den auch bei uns heiß geliebten Figuren aus den Kindergeschichten von *Inger* und *Lasse Sandberg*. Besucher sind in der Hütte willkommen. Allein das Holzgebäude mit den alten Bodendielen und dem Ofen in der Mitte ist sehenswert, der passende Rahmen für einen Hyttsillafton.

Unterkunft

HOTELS

■ **HOTELL BJÖRKÄNGEN**, Stora vägen 2, Kosta, Tel. 0478 – 500 00, Fax 300 56. EZ 500 SEK, DZ 690 SEK.

■ **HOTELL ORREFORS**, Kantavägen 29, Orrefors, Tel. 0481 – 300 35, Fax 300 56. EZ 525 SEK, DZ 625 SEK.

CAMPINGPLÄTZE

■ **ORREFOS CAMPING**, Tel. / Fax 0481 – 304 14. 12.5.–10.9. Stellplätze à 110, Hütten ab 250, Wohnwagen ab 200 SEK. 2 km nw des Ortes, am See Oranäsasjön, Str. 31. Guter Ausgangspunkt zu vielen Glashütten.

■ **KOSTA BAD & CAMPING**, Kosta, Tel. 0478 – 505 17, Fax 500 65, www.camping.se/plats/G10. 1.4.–31.10. 79 Stellplätze ab 90, Hütten ab 275 SEK. 500 m sw der Glashütte. Freibad. Recht gute Angelplätze in der Umgebung.

■ **TRÖMBERGSHYTTANS STUGBY**, Tel. 0478 – 317 31. 1.5.–30.9. Sieben Ferienhütten sowie ganzjährig acht Apartments (Tel. 121 41).

JUGENDHERBERGEN

■ **ORREFORS VANDRARHEM**, STF, Backabyggningen, Silversparregatan 14, Tel./Fax 0481-300 20. 1.5.–1.9. 2–6-Bett-Zimmer, pro Person ab 150/90 SEK. Nahe Glashütte

■ **BODA VANDRARHEM**, STF, Boda, Gamla skolan, Pa Bolet 5, Boda Glasbruk, Tel. 30481 – 242 30, Fax 240 06. 1.5.–30.9. Im 2–5-Bett-Zimmer ab 155/80 SEK. Nahe Glashütte.

■ **KORRÖ VANDRARHEM**, STF, Tel. 0470 – 342 49, Fax 345 56. 1.5.–31.8. Im 2-8-Bett-Zimmer ab 155/85 SEK. Sauna, Fahrrad-, Boots- und Kanuvermietung.

■ **LJUDER VANDRARHEM,** Grimsnäs Herrgård, Skruv. Tel. / Fax 0478 – 204 00. Ganzjährig geöffnet, 1.10.–1.4. vorbestellen. Im 2–6-Bett-Zimmer ab 150/70 SEK. Liegt am Weg der Auswanderer von Eriksmåla über Emmaboda nach Karlshamn.

■ **LÅNGASJÖ VANDRARHEM,** STF, Stallgatan, Långasjö. Tel. 0471 – 503 10. Ganzjährig geöffnet, 1.9.–14.5. vorbestellen: Im 2–4-Bett-Zimmer ab 155/85 SEK. Hier wohnt man in ehemaligen Kirchställen. Långasjö/Klasatorpet war Schauplatz für den Film »Die Auswanderer«, den der Regisseur *Jan Troell* drehte.

Kalmar

Kalmar, die älteste Stadt des Regierungsbezirks Kalmar län, ist gleichzeitig dessen Hauptstadt. Die populäre SOMMERSTADT am sonnigsten Küstenstreifen des Landes ist mit der Brücke nach Öland zentraler Punkt der südlichen Ostküste Schwedens.

Kalmar hat eine BEWEGTE GESCHICHTE hinter sich. Schon in frühgeschichtlicher Zeit war der Landstrich dicht bevölkert, zur Wikingerzeit ein wichtiger Handelsplatz und anschließend für Jahrhunderte Außenposten des schwedischen Königreiches. Die Grenze zum dänischen Machtbereich verlief nur wenige Kilometer südlich.

Um 1160 wurde eine Festung zum Schutz von Hafen und Bevölkerung errichtet. In unruhigen Zeiten war Kalmar eine für die HANSE bedeutende Handelsstadt. 1397 gelang es der Regentin von Dänemark, Königin Margrethe, Dänemark, Norwegen und Schweden in einer Union zu vereinen. Dieser Vertrag wurde im Schloss Kalmar unterzeichnet – man sprach von der KALMARER UNION.

1521 beendete *Gustav Vasa* die Union, wurde Schloss Kalmar zu einer wichtigen Verteidigungsanlage im Machtkampf mit den Dänen und trug den Beinamen SCHLÜSSEL DES REICHES.

In den Kalmar-Kriegen (1611–13) wurde die Stadt fast völlig zerstört, ebenso 1647 durch ein GROSSFEUER. Das neue Zentrum entstand nun auf KVARNHOLMEN, nördlich der Festung, mit rechtwinkligem Straßennetz und vor allem mit Steinbauten, um weiteren Bränden vorzubeugen.

Viel alte Bausubstanz ist erhalten; weshalb Kalmar schon zweimal den EUROPA NOSTRA PREIS für sein gut BEWAHRTES STADTBILD erhielt. Den Stadtarchitekten von heute ist es gelungen, die neue Bebauung feinfühlig mit den alten Häusern zu kombinieren. Besonders im Bezirk KATTRUMPAN herrscht eine IDYLLISCHE KLEINSTADTATMOSPHÄRE.

Von den drei Städten an der småländischen Ostseeküste ist Kalmar die größte, mit moderner Industrie, einem gut ausgebauten Hafen und vielen Ausbildungsstätten. Ebenso läuft das Tourismusgeschäft in der Sommerstadt gut, wozu u.a. die Küste, die Insel Öland und das nahe gelegene »Glasreich« beitragen.

INFORMATION

■ **KALMAR TURISTBYRÅ**, Larmgatan 6, Box 23, SE–39120 Kalmar, Tel. 0480 – 153 50, Fax 174 53, www.kalmar.se/turism. Etwa 20.6.–10.8. Mo–Fr 9–20, Sa 9–17, So 13–18 Uhr, Juni und August Mo–Fr 9–19, Sa 10–15, So 12–18 Uhr, Mai und September Mo–Fr 9–17, Sa 10–13 Uhr, sonst Mo–Fr 9–17 Uhr.

■ **KALMAR**, ein kleines Heft mit aktueller Jahreszahl, informiert über Ort, Sehenswürdigkeiten, Aktivitäten, Hotels und Restaurants, außerdem über das Städtchen Nybro.

Unterkunft

Das Touristenbüro bucht Hotel und Pension, informiert über Wochenend- und Sommerpreise, vermittelt Hütten und Privatzimmer (Gebühr).

■ **FRIMURARE HOTELLET**, Larmtorget 2, Tel. 152 30, Fax 858 87. EZ ab 750/520, DZ ab 980/690 SEK.

In dem privat geführten großen, weißen Hotel aus dem 19. Jh. warten 34 zeitgemäß eingerichtete Zimmer. Das Flair des Hauses und der freundliche Service versprechen einen angenehmen Aufenthalt. Kleine Extras: Fahrradvermietung, dazu Tourenvorschläge und Picknickkörbe. Im Zentrum gelegen.

■ **HOTELL SÖDERPORTSGÅRDEN**, Slottsgatan 1, Tel./Fax 125 01. 15.6.-15.8. EZ 350 SEK, DZ 490 SEK, Extra-Bett 100 SEK.

Hinter dem Schloss liegt die Seemannsschule. Während der Ferien wird das Haus mit dem schönen Innenhof als Gästelogis genutzt. Von einigen Fenstern schaut man auf die Holzhäuschen der Altstadt. Geräumige Zimmer. Ruhige Lage inmitten viel Grün, nahe zum Wasser, geeignet für Familien mit Kindern und alle, die ohne Komfort auskommen.

■ **KOLBODAGÅRDEN**, SVIF, Hagby, Tel. 0480–373 02, Fax 375 64. Im 2-Bett-Zimmer mit Bad 165 SEK p.P, mit Bad auf dem Flur 130 SEK p.P. 2 Apartments und 1 Hütte mit eigener Insel, je 2.300 SEK/Woche. Frühstück 45 SEK. Herrliche Lage AN DER OSTSEE, große Veranda mit Blick aufs Wasser. Tretboote und Kanus, 25 km südlich von Kalmar.

■ **STENSÖ CAMPING**, Tel. 888 03, Fax 420 476, www.camping.se/plats/H12. 1.4.–29.9. 260 Stellplätze à 130 SEK. 15 Hütten ab 300 SEK. 2 km südlich der City auf einer Insel, vom Festland getrennt durch den Stensö-Kanal. Bootsvermietung.

Essen und Trinken

Die meisten Restaurants bieten zur Lunchzeit – etwa 11–15 Uhr – ein preiswertes DAGENS RÄTT an.

■ **CALMAR HAMNKROG**, Skeppsbron, Tel. 411 020. Mo–Fr 11.30–14 und 18–23 Uhr, Sa 18–23 Uhr. Lunch ab 68 SEK inklusive SALATBUFFET, Getränk und Kaffee, à la carte ab 165 SEK, BAKFICKAN DÄCKET etwa 100 SEK. REGIONALE UND INTERNATIONALE KÜCHE, viel Fisch wie auch Lamm und Geflügel. Vom feinen maritim ausgestatteten Speiseraum blickt man durch Panoramafenster auf den Hafen und nach Öland. Im Sommer sitzt man gern auf der Veranda über dem Wasser. Zur Bakfickan (Hinterstube) Däcket geht es durch eine Seitentür; das Ambiente ist weniger vornehm, die kleinen Gerichte schmecken aber gut.

■ **KULLZENSKA CAFÉET**, Kaggensgatan 26, Tel. 288 82. Und nachmittags in die Konditorei, die beste am Platz, mit acht kleinen Räumen im Stil der vorletzten Jahrhundertwende. Ecke N. Långgatan, unweit vom Dom. Mo–Fr 10–18.30 Uhr, Sa 10–15 Uhr, So 12–16.30 Uhr.

Monument der Geschichte: Schloss Kalmar ▶

Sehenswertes

SCHLOSSVIERTEL

■ **SLOTTET**, Slottsvägen, Tel. 563 51. 1.6.–31.8. täglich 10–18 Uhr, Führung zu jeder vollen Stunde. 1.4.–31.5. und 1.9.–30.9. 10–16 Uhr, sonst jeden 2. So im Monat 11–15.30 Uhr. Eintritt 60 / 20, Familien 130 SEK.

Das Schloss, Kalmars bedeutendste Sehenswürdigkeit, liegt südwestlich von Kvarnholmen auf einer Insel im Slottsfjärd, der Schlossförde. *Gustav I. Vasa* (1523–1560) und seine Söhne Erik XIV. (1560–68) und Johan III. (1568–92) ließen eine alte Festung in ein Renaissance-Schloss mit ENORMEN AUSMASSEN umbauen. Der Ursprung der Festung geht bis ins 12. Jh. zurück, wie auch der vielen Wehrkirchen in dieser Gegend, damals Grenzgebiet zu Dänemark. 1397 wurde hier im Schloss die erzwungene Kalmarer Union festgelegt. Große Teile sind rekonstruiert und mit altem Mobiliar eingerichtet.

Im Schloss ist auch ein weiterer Teil des LANDESMUSEUMS zu sehen: die archäologische Abteilung, Sammlungen über Hof- und Bürgerkultur, alte Silberschätze sowie eine wieder aufgebaute Folterkammer.

■ Direkt an der Schlossförde liegt der öffentliche Park im ENGLISCHEN STIL. Er wurde 1985 zum schönsten **STADTPARK** Schwedens ernannt. Helle Rasenflächen, herrliche alte Bäume, unzählige Blumen, exotische Gewächse, moderne Plastiken, ein Teich mit einem Springbrunnen und ein Restaurant laden ein.

■ **KONSTMUSEET**, Slottsvägen 1, Tel. 411 415. Di, Do 11–21 Uhr, an den anderen Tagen 11–17 Uhr. Eintritt: 40/0 SEK.

Das KALMARER KUNSTMUSEUM zeigt auf vier Etagen schwedische Kunst des 19. und 20. Jhs. sowie zahlreiche Wanderausstellungen.

■ **GAMLA STAN**, Kalmars Altstadt vor 1611, lag in der Nähe des Schlosses. Nach den Auseinandersetzungen mit den Dänen 1611–1613 reifte der Plan, aus strategischen Gründen Kalmar auf die Halbinsel Kvarnholmen zu verlegen und mit Festungswällen zu umgeben. So besitzt Kalmar ZWEI STADTKERNE: Gamla stan, mit schmalen, verwinkelten Gassen und pittoresken Holzhäusern aus dem 17. und 18. Jh., in der Nähe des Schlosses und die jüngere Altstadt Kvarnholmen, mit einem Straßennetz im Barockstil, rechtwinklig und gerade, gesäumt von alten, verputzten Backsteinhäusern.

■ **KRUSENSTIERNSKA GÅRDEN**, Gamla stan, St. Dammgatan 11, Tel. 411 552. Garten: 2.5.–31.8. Mo–Fr 10–18, Sa+So 12–16 Uhr, 1.9.–30.9. Mo–Fr 10–15.30 Uhr. Museum: 1.6.–31.8 Mo–Fr 13–17, Sa+So 13–16 Uhr. Im Sommer Führungen.

Ein roter hoher Bretterzaun umgibt das Grundstück, er gewährt keinen Einblick. Zäune dieser Art umschlossen bereits vor Jahrhunderten PRIVATE GARTENANLAGEN. Sie besagten: Hier beginnt die Privatsphäre, alles, was sich dahinter verbirgt, ist nicht für die Öffentlichkeit bestimmt. Diese OASE mit Obstbäumen und Beerensträuchern, Blumen und Kräutergarten und mittendrin das Holzhaus aus dem 18./19. Jh. ist einfach IDYLLISCH zu nennen. Die Einrichtung aus dem 19. Jh. ist erhalten. Im Garten darf man heute spazieren gehen und mitgebrachtes Picknick verzehren.

KVARNHOLMEN

■ **DOMKYRKAN**, Stortorget. Tagsüber offen, Führungen 20.5.–31.8. Mo–Fr 10–18 Uhr.

Der Dom im ITALIENISCHEN BAROCK wurde 1660 vom bekannten Baumeister *Nicodemus Tessin d.Ä.* entworfen, 1680 eingeweiht, jedoch erst um 1700 komplett fertig gestellt. Die REICH VERZIERTE Renaissance-Kanzel stammt aus der Vorgänger-Kirche. Mi um 12 Uhr Orgelkonzert.

■ **RÅDHUSET**, das Rathaus gegenüber vom Dom, ein Renaissance-Gebäude (Ende 17. Jh.), wurde nach einem Brand 1738 neu aufgebaut.

■ Am **LILLA TORGET** stehen weitere GESCHICHTSTRÄCHTIGE Gebäude wie Domprostgården (der Bischofshof), Dahmska Huset (das Bürgermeisterhaus von 1666) und Länsresidenset (die Landesresidenz, erbaut 1676). Hier sind die alten Festungswälle mit den Stadttoren zu sehen. – Nicht weit davon, Ecke Östra Sjögatan / Södra Långgatan 40, steht das ÄLTESTE STEINHAUS (1654).

■ **VÄSTERPORT**, das frühere Stadttor an der Västra Vallgatan / Långgatan, wurde neu belebt. Die Handwerker in der Töpferei und im Glasstudio lassen sich bei ihrer Arbeit zusehen. Die Gewölbe sind ebenso Ausstellungs- wie Verkaufsräume. Die Brücke über den Systra Strömmen wurde 1997 rekonstruiert.

■ **SJÖFARTSMUSEET**, Södra Långgatan 81, Tel. 158 75. 15.6.–15.9. Mo–Fr 11–16 Uhr, Sa+So 12–16 Uhr, sonst So 12–16 Uhr.

Das Museum befasst sich mit der CHRISTLICHEN SEEFAHRT von einst: Zu sehen gibt's u.a. Schiffsmodelle, Navigationsinstrumente und Arbeiten, die die Seeleute während ihrer Freiwachen anfertigten.

■ Hier, im östlichen Teil Kvarnholmens, im Viertel KATTRUMPAN, sind viele malerische **HOLZHÄUSER** aus dem 18. und 19. Jh. erhalten. Damals wohnten hier Handwerker und Seeleute, nicht gerade die zahlungskräftigsten der Gesellschaft – heute sind die mit Geschick restaurierten Häuschen begehrte Wohnungen.

■ **KALMAR LÄNS MUSEUM**, in der Skeppsbrogatan 51, Tel. 451 300. Internet: www.kalmarlansmuseum.se. Mitte Juni bis Mitte August täglich 10–18 Uhr, sonst Di–Fr 10–16 Uhr, Sa+So 11–16 Uhr. Eintritt 50 SEK.

In der renovierten alten DAMPFMÜHLE am Hafen fanden eine moderne Kongresshalle, Verwaltungs- und Ausstellungsräume des Kalmarer Landesmuseums Platz.

UR VÄGEN: Entschwundene Zeit – Spuren von 12.000 Jahren. Diese neue Ausstellung führt weit zurück. Der akribischen Arbeit der Archäologen ist ein Bild von den Lebensbedingungen in der Steinzeit und der Entwicklung in den folgenden Jahrtausenden zu verdanken. Licht- und Toneffekte begleiten den Weg vom Dasein der Jäger und Sammler, der Menschen in der Bronze- und Eisenzeit bis ins mittelalterliche Kalmar. Symbole der damaligen wirtschaftlichen Blüte sind die Höfe der reichen Kaufleute; aber auch Bettelmönche und Witwen des Armenhauses kommen zu Wort.

Anschaulich dargestellt ist die marinearchäologische Ausstellung mit Funden des 1676 während einer Schlacht VOR ÖLAND GESUNKENEN Kriegsschiffes KRONAN. Mit Hilfe von Dia-Shows, Modellen, Rekonstruktionen und Fantasie kann man sich ins Jahr 1676 zurückversetzen. 1980 lokalisierte man das Wrack und seit 1981 versucht man, so viel wie möglich ans Tageslicht zu holen, um die Rekonstruktion dieser Zeit zu vervollständigen. – Das königliche Kriegsschiff Kronan, 53 m lang, 14 m breit, lief zwar 1668 in Stockholm vom Stapel; richtig fertig wurde sie erst 1672. Mit 124 Kanonen trug sie fast doppelt so viele Geschütze wie die in Stockholm ausgestellte Vasa, die 1628 im Stockholmer Hafen auf der Probefahrt gesunken war. Die Kronan sank 1676 infolge einer Explosion, bevor sie den Kampg gegen die dänisch-holländische Flotte aufnehmen konnte.

In Etage 4 erwartet Sie eine Zeitreise durch Kalmar und Umgebung. – Danach lernen Sie die vielseitig begabte Kalmarer Künstlerin *Jenny Nyström*, die »Mutter des schwedischen Weihnachtsmannes« *(jultomte)* kennen. Ihre Zeichnungen sind zur Weihnachtszeit beliebte Postkartenmotive, besonders bei Kindern. – Zum Abschluss gilt es im *Café Sahlin* dem Duft von frisch gebackenen Waffeln zu widerstehen?

■ Kalmar hat nicht nur »Betagtes« vorzuweisen. Ein technisches Meisterwerk ist die **ÖLANDBRÜCKE**, die sich vom Festland über Svinö bis nach Möllstorp auf Öland erstreckt. Mit 6.070 m war sie über Jahre die längste Brücke Europas. Die 13 m breite Fahrbahn ruht auf 153 Pfeilern; die max. Höhe beträgt 40,6 m.

■ Der **4 H-GÅRD** im Stadtteil Skälby entstand um den KUNGSLADUGÅRD (Königsbauernhof) aus der Zeit Gustav Vasas. Heute ist er ein beliebtes FREIZEITGEBIET mit Parks und Treibhäusern (exotische Gewächse, Vögel und Schmetterlinge), Bauernhof mit Kleintieren u.a.

Ausflüge

■ In den småländischen Wäldern, zwischen Växjö sowie Kalmar, liegt das **GLASREICH** mit so weltberühmten Glashütten wie *Kosta Boda* und *Orrefors,* die man an einem Tag besuchen kann, da einige nur im Umkreis von 30 km um die Stadt Nybro, wiederum etwa 25 km westlich von Kalmar, verteilt liegen.

Die Glashütten in der Stadt sind PUKEBERG und NYBRO GLASBRUK.

■ Im Glasreich verteilen sich folgende **GLASHÜTTEN** im Umkreis von 30 Kilometern: JOHANSFORS (Gebrauchs- und Kunstglas), ÅFORS (Experimente mit Glasguss in Sand sowie Kunstobjekte der Designer *Vallien),* BODA (Schalen und Vasen, Künstlerentwürfe) und ORREFORS (schweres, geschliffenes Kristall); siehe Kapitel »Reise ins Glasreich«.

■ **DJURSVIK** ist ebenfalls ein Ort, der im vorigen Jahrhundert noch von Seefahrt und Fischerei lebte. Das Naturreservat **ÖRAREVET** liegt nördlich von Djursvik. Auf den kleinen Holmen zwischen der Landzunge und dem Festland sind viele VÖGEL ZU BEOBACHTEN. Vom Oststrand der Landzunge sieht man die kahlen, weißen Bäume auf der Insel SVARTÖ, MIT DEM GRÖSSTEN KORMORANBESTAND Schwedens. Gemeinsam mit den Reihern werden sie bald den letzten Baum vernichtet haben. Weiter nördlich leben Seehunde in einem Schutzgebiet.

■ Zu den Häusern der Ärmsten des 19. Jhs. zählten die ERDHÄUSER, besonders viele gab es 1850–70. Ein Raum wurde meist in einen Abhang gebuddelt, die Wände mit Granitsteinen aufgebaut, das Dach mit Torfsoden gedeckt und der Giebel mit Tür und vielleicht einer Fensterluke möglichst nach Süden ausgerichtet. Viel Raum gab's nicht in der kleinen Hütte; im Winter musste auch Federvieh oder ein Schwein darin Platz finden. Eine Rekonstruktion ist **BACK-ANTES STUGA** in HÄSTMAHULT. 504 bis Gullaboås, Richtung Skörebo, Schild Bodhyltan, nächstes Schild Hästmahult.

■ **KLÄCKEBERGA KYRKA**, nördlich von Kalmar, ist eine Wehrkirche (vermutlich 12. Jh.) mit drei Stockwerken. Die Decke des Kirchenraumes schmücken Malereien aus dem 18. Jh. Prachtvoller Altaraufsatz, eine Kriegsbeute aus Polen (1616).

■ Eine andere MITTELALTERLICHE WEHRKIRCHE kann man in **HOSSMO** besichtigen, südwestlich Kalmars. Auch dieses mächtige Kirchenbauwerk, das in der zweiten Hälfte des 12. Jhs. entstand, war Teil des Kalmarer Verteidigungsrings. Kirchenraum im ROKOKOSTIL.

Wanderungen

■ Beliebt ist der 96 km lange Wanderweg durch die Gemeinden Tingsryd, Lessebo und Emmaboda, unter der Bezeichnung **WANDERN IM AUSWANDERERLAND**. Die Verfilmung des Romans »Die Auswanderer« von *Vilhelm Moberg* machte nicht nur Småland, sondern vor allem *Långasjö* bei Emmaboda bekannt. Hier wurde nach den Dreharbeiten der Kleinbauernhof KLASATORPET so belassen, dass man sich lebhaft die karge Existenz eines armen Kätners vorstellen kann. In der Mitte des 19. Jhs. wanderte fast ein Viertel der Bevölkerung Schwedens wegen Armut und Perspektivlosigkeit aus, viele nach Amerika. Eindrücke sammelt man beim Wandern auf dem UTVANDRARLEDEN, dem Auswandererweg. Einen ausführlichen WANDERFÜHRER gibt's im Touristenbüro zu kaufen (90 SEK, auch auf Deutsch).

■ Entlang der KALMARSUNDKÜSTE führt **KALMARSUNDSLEDEN** in drei Etappen ab Süden: Bröms – Örarevet 25 km, Ekenäs – Kalmar 33 km, Kalmar – Slakmöre 38 km. Karte inklusive Beschreibung im Touristenbüro (30 SEK, nur auf Schwedisch).

■ Regionale Wanderwege sind ferner: **DACKELEDEN** von Aboda nach Mosjön (84 km, Gemeinde Nybro). – **GLASBRUKSLEDEN** von Flerohopp nach Boda glasbruk (26 km). – **TORSÅSLEDEN** von Bröms nach Gullabo (51 km, Gemeinde Torsås).

Verschiedenes

■ **SIGHTSEEING**: Ein Spaziergang durch die Stadt Kalmar wird zweimal pro Woche unter ortskundiger Führung angeboten, im Juli Mi auf Englisch, Teilnahme 40 SEK. – Die Broschüre STADTWANDERUNG AUF EIGENE FAUST gibt's im Touristenbüro für 30 SEK, auch auf Deutsch. – Der Wanderweg VASASTIGEN beginnt am Schloss und führt bis zur Spitze der Insel Stensö; er kann geteilt werden: ab Schloss am Kalmarsund entlang und vor der Insel am Kalmarsundspark wieder zurück oder mal auf Stensö herumwandern. Auf dem Stadtplan blau markiert.

■ **VERANSTALTUNGEN**: Ende Juni SALVE IN KALMAR, im Kalmarsundspark regiert bis Anfang August das Mittelalter; dazu gehören Ende Juni die RENAISSANCETAGE auf Schloss Kalmar mit Theater, Musik, Gauklern, Marktständen, Speis u. Trank, ein buntes Treiben; zu dem gehört KALMAR MEDELTIDA MARKNAD, ein Mittelaltermarkt mit Handwerkern alter Zunft auch vom Kontinent, am letzten Wochenende im Juli.

■ **UNTERHALTUNG**: Im Yachthafen DANS PÅ BRYGGAN, im Sommer Mi Abend, Tanz auf der Brücke. – THEATERVALLEN, Olof Palmes gata, Nachtclub, Disco, Varieté.

■ **GALERIEN**: *Noshörningen*, Olof Palmes gata 1, Tel. 151 25. Unter dem Symbol des Nashorns schlossen sich Künstler zusammen.

■ **ANGELN**: An der Küste ist freies Angeln möglich, sofern kein Privatbesitz. – In den Binnenseen ist eine

Angellizenz erforderlich; man fängt dort vor allem Hecht, Barsch und Forelle. Infos im Touristenbüro.

■ **BADEN**: Spaßbad ÄVENTYRSBADET mit Wellenbad, Whirlpool, Wasserrutsche, Becken mit warmem Meerwasser etc. Smålandsgatan 21.

Strandbäder: KALMARSUNDSPARKEN, LÅNGVIKSBADET, NORRLIDSBADET, KATTRUMPAN, STENSÖ, TJÄRHOVET (FKK mit Damen- und Herrenabteilung). Kaltbadehaus: Schlüssel im Fritidskontoret, S:a Långgatan 62.

■ **RAD FAHREN**: die sehr schöne Strecke NACH LJUNGBY. – SLÖJDLEDEN in der Gemeinde Torsås. – Die überregionalen RADWANDERWEGE SVERIGELEDEN und CYKELSPÅRET. – Bei zu hohem Verkehrsaufkommen kann die Ölandbrücke für Fahrradfahrer gesperrt werden. Die Radler werden dann samt Gefährt mit Bussen auf die andere Seite gebracht. Ca. 15.7.–3.9.täglich Kalmar ab 7–19 Uhr, Pause 12.30–13.30 Uhr. Ab Jutnabben (Anfang Ölandbrücke) jede volle Stunde, ab Öland, Treffpunkt Mölltorp, jede halbe Stunde.

FAHRRADVERMIETUNG: *Team Sportia,* Södra vägen 2, Tel. 212 44.

■ **GOLF**: *Kalmars Golfklubb*, Tel. 472 111. 36-Loch-Platz.

■ **KANU**: Verleih von Kanadiern im *Kanotklubben*, Ekudden, Tel. 263 353. – *Stensö Camping*, Tel 888 03. – *Vandrarhem Kalmar*, Tel. 129 28.

■ **REITEN**: im *4 H-Gården* (s.o.) Ponyreiten und Fahrten mit Pferd und Wagen; besonders für Kinder ein Vergnügen. Ganzjährig Mo–Fr 8–17 Uhr, Sa+So 9–16 Uhr.

■ **POSTAMT**: auf Kvarnholmen, Västra Sjögatan.

■ **TRANSPORT**: Stadtbus-Terminal auf Kvarnholmen, Östra Sjögatan.

■ **TAXI**: *Netto-Taxi,* Tel. 16 000. – *Taxi Kalmar,* Tel. 444 444.

■ **PARKEN**: LANGZEITPARKPLÄTZE: Kvarnholmen, Elevatorkajen (vor Landesmuseum), Småbåtshamnen östlich vom Landesmuseum), Södra Långgatan (am Seefahrtsmuseum), Södra Kanalgatan, im hinteren Teil auch für Wohnmobile, Wohnwagen. Für Kvarnholmen am Landesmuseum, für's Schlossviertel am Schloss.

■ **ÄRZTLICHE VERSORGUNG**: *Kalmar Länssjukhus* (Krankenhaus), Ståthållargatan, Tel. 810 00.

Weiterreise

■ **FLUGZEUG**: *Kalmar Flygplats,* SAS-Auskunft: Tel. 758 800. Flüge nach Kopenhagen und Stockholm.

■ **BAHN**: Hauptbahnhof Kvarnholmen, Stationsgatan, in der Nähe des Öland-Hafens, Tel. 442 520. *Kust till Kustbanan* zwischen Kalmar und Alvesta etwa 10 x täglich, 5 x weiter nach Göteborg, 3 x nach Malmö. – *Kustpilen* verkehrt gen Stockholm, Linköping sowie Kalmar. – Einige Verbindungen nach Linköping über Blomstermåla, Högsby, Hultsfred und Vimmerby.

■ **BUS**: Busbahnhof am Bahnhof, Tel. 215 40. Busse nach Öland. – Mit *Swebus* gen Stockholm u. Göteborg. – Im Nahverkehr mit den Bussen der Verkehrsgesellschaft *Länstrafiken.*

■ **AUTO**: **NACH ÖLAND** über die Ölandbrücke auf der Str. 137.

Die E 22 ist die Fernverbindung von Malmö nach Norrköping (E 4). Auf dieser Route **NACH VÄSTERVIK** empfiehlt sich zunächst ein Ausflug in die Schären von MÖNSTERÅS; von diesem Städtchen aus kann man hinaus ins traumhaft schöne **NATURRESERVAT LÖVÖ** fahren, am besten nach LÖVO GRENAR (Parkplatz und Wanderwege). Nicht weniger interessant ist **OSKARSHAMN**, das viele Schweden zunächst einmal mit der Lastwagenfabrik *Scania,* mit dem Fährhafen und dem Atomkraftwerk Oskarshamnverket verbinden mögen; das schönste an Oskarshamn ist jedoch die NÄHE ZUM MEER und die herrliche SCHÄRENKÜSTE – von dem hügeligen Areal der Kleinstadt (etwa 17.500 Einwohner) ergeben sich ständig reizvolle Ausblicke auf das Wasser; statistisch gesehen, gehört der Küstenstreifen bei Oskarshamn zu den von der Sonne verwöhnten Landstrichen. Die Fähre nach Gotland verkehrt das ganze Jahr über. Schauen Sie auf jeden Fall im Kulturhaus vorbei: Der Holzschnitzer *Axel Petersson* (1868–1925) fing mit seinen grob geschnitzten Figuren ohne Putz und Feinschliff vor allem den rauen Alltag des dörflichen Lebens ein. Die Zeit der NATIONALROMANTIK, das Suchen und Herausstellen des Eigenen, typisch Schwedischen, war mit ein Grund, dass der Künstler bereits zu Lebzeiten anerkannt war. Die ersten grobschlächtigen Schnitzereien verkaufte er als junger Mann für 12 Schilling (etwa 25 Öre); das brachte ihm den Spitznamen TOLVSKILLINGEN ein. Bei einem Bildhauer sollte er das Handwerk dann richtig erlernen, aber die fein polierten Figuren waren ihm zu ausdruckslos. Er wollte nicht den Charakter der Figuren wegpolieren, eine grobe Oberfläche sei lebendiger, sagte er. Sein Holz war die Erle, das, wie er sagte, beim Nachdunkeln den richtigen Farbton für Bauerngesichter und Hände bekomme. Bei der ersten Ausstellung wurden seine Schnitzwerke als »Scherzskulpturen« bezeichnet, aber bald wusste man die Ausdruckskraft seiner Gestalten zu würdigen. Die Ausstellungen im In- und Ausland erregten Aufsehen; die Gruppe »Musterung der Rekruten« musste wegen der Darstellung nackter Männerkörper bei einer Ausstellung in Paris entfernt werden – die Gruppe war zu lebensecht und einfühlsam gestaltet. Axel Petersson, in Döderhult geboren, erhielt jetzt den Beinamen Döderhultar, Prädikat für einen Mann, der sich und seiner Art, Kunst zu sehen und zu gestalten, treu geblieben war. Der Erfolg gab ihm Recht. Im Überblick: DÖDERHULTARMUSEET, Kulturhuset, Hantverksgatan 18, Tel. 880 40. 1.6.–14.8. Mo–Fr 9–18, Sa+So 11–16 Uhr, 15.8.–31.5. Di–Fr 12–16 Uhr, Sa 11–15 Uhr, So 12–16 Uhr. Eintritt 30 SEK inklusive Seefahrtsmuseum. ATELIER: Garvaregatan 9, 15.6.–31.8. täglich 10–16 Uhr. Leicht zu finden, wie das Touristenbüro im Kulturhaus beheimatet. Sofern Ihnen Oskarshamn und Umgebung zusagen, nehmen Sie Quartier in GUNNARSÖ, südlich des Zentrums (Campingplatz und Ferienhäuser).

Öland

Die Insel Öland, vor der südlichen Ostküste Schwedens, ist 138 km lang und nur zwischen 4 und 16 km breit. Dieses schmale Stückchen Land ist so ganz anders als die übrigen Landschaften Schwedens: Öland besteht hauptsächlich aus einem nach Osten abfallenden KALKPLATEAU, dessen Westränder, die sogenannten *landborgar* (Strandwälle), eine steil abfallende Kante bilden, die im nördlichen Teil direkt ins Meer abfällt. Gut die Hälfte der Insel bilden WIESEN, ÄCKER, WEIDELAND und WALD, der übrige Teil ist KARGES LAND: *Alvarland* – das alte schwedische Wort *alv* bedeutet »steiniger Grund mit wenig Erdkrume bedeckt«. Der südliche Teil Ölands prägt *Stora Alvaret,* die KALKSTEPPE. Diese in Europa einzigartige Landschaft zeigt sich besonders in den Monaten Mai und Juni in ihrer vollen Pracht: Mehrere Orchideenarten, alpine, osteuropäische, sibirische Pflanzen begeistern nicht nur Botaniker, ebenso wie das GOLDGELBE SONNENRÖSCHEN, das nur hier wächst. 2000 wurde Südöland von der UNESCO in die Liste der schützenwerten Natur- und Kulturgüter aufgenommen.

Die Vogelwelt repräsentieren vor allem SEE- UND STELZVÖGEL, LERCHEN, NACHTIGALLEN. In Frühjahr und Herbst ist besonders die Südspitze ein Aufenthalt für Zugvögel. In den Wäldern Ölands sind kleine wie große Tiere anzutreffen, und im Grün verkriechen sich viele Insekten. Im BÖDO KRONOPARK gibt es einen kleinen Elchbestand.

Öland ist ALTES KULTURLAND mit einer VIELZAHL frühgeschichtlicher Stätten, mittelalterlicher Kirchen, altertümlicher Reihendörfer. Von den einst 2.000 WINDMÜHLEN, dem Wahrzeichen der Insel, sind ungefähr 400 erhalten. Auch kriegerische Auseinandersetzungen gingen nicht an der Insel vorüber. Von der Mitte des 16. Jhs. bis 1801 war Öland königliches Jagdgebiet: *Johan III.* ließ englisches Damwild einführen, das schnell zur Landplage wurde. Den Bauern aber war es verboten, Wild zu erlegen. Selbst Wachen, die das Wild verscheuchen sollten, konnten die Zerstörung der Felder nicht immer verhindern. 1653 ließ *Karl X. Gustav* im Süden eine Mauer quer über die Insel bauen, um das übrige Land vor dem Wild zu schützen.

Im 19. Jh. war die Bevölkerungszahl auf 38.000 gewachsen, doch so viele Menschen konnte die Insel nicht ernähren: Missernten von 1866 bis 1869 veranlassten 13.000 Öländer zur Emigration nach Amerika.

Heute leben auf einer Fläche von 1.345 km² 26.000 Menschen. Unverändert spielt die LANDWIRTSCHAFT, in der 40 % der Öländer beschäftigt sind, eine große Rolle. Die kleine Insel ist der Bohnenlieferant für ganz Schweden. Aber auch ihre Erdbeeren, die sogenannten *ölandsgubbar,* sind ausgesprochen beliebt. In den

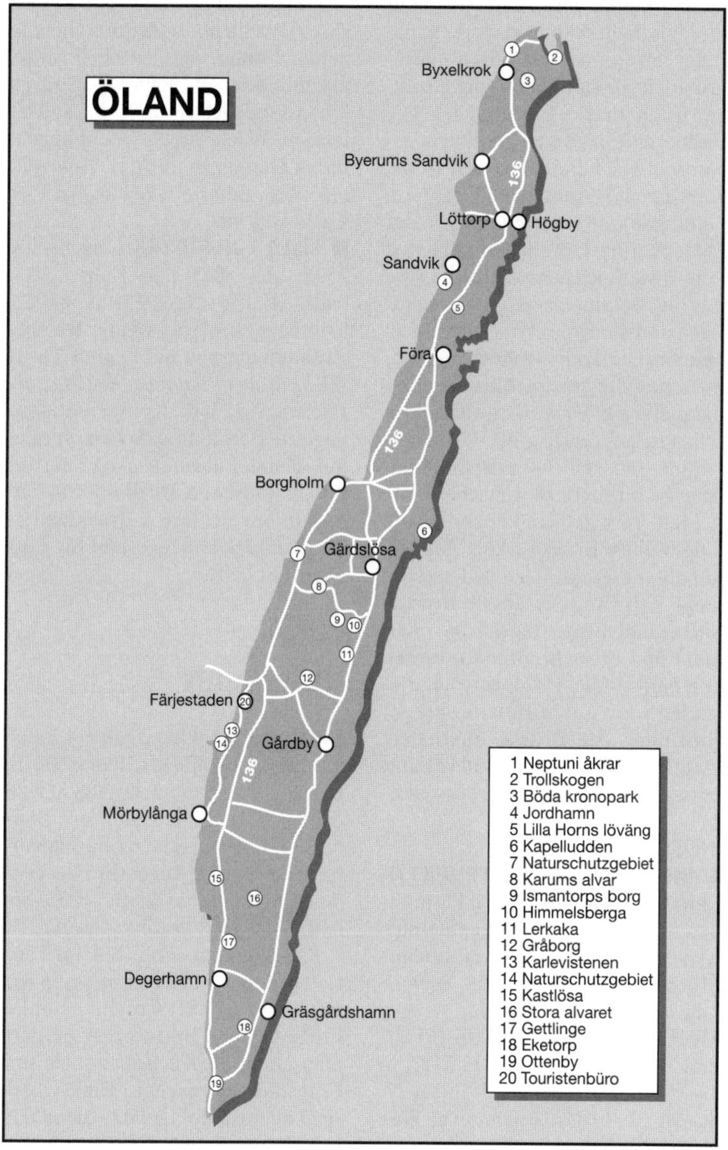
ÖLAND
Byxelkrok
Byerums Sandvik
136
Löttorp
Högby
Sandvik
Föra
Borgholm
Gärdslösa
Färjestaden
Gårdby
Mörbylånga
Degerhamn
Gräsgårdshamn
1 Neptuni åkrar
2 Trollskogen
3 Böda kronopark
4 Jordhamn
5 Lilla Horns löväng
6 Kapelludden
7 Naturschutzgebiet
8 Karums alvar
9 Ismantorps borg
10 Himmelsberga
11 Lerkaka
12 Gråborg
13 Karlevistenen
14 Naturschutzgebiet
15 Kastlösa
16 Stora alvaret
17 Gettlinge
18 Eketorp
19 Ottenby
20 Touristenbüro

letzten Jahren wird zunehmend mit biologischem Anbau geworben; parallel dazu entstanden die Bauernhofläden *gårdsbutiker* – vom Erzeuger frisch an den Verbraucher. Die Fischgründe sind dagegen mager geworden: Fischereihäfen sind Böda, Kårehamn, Bläsinge und Gräsgård. Gefangen werden vor allem *sill,* der Ostseehering, Dorsch und im Herbst Aal sowie Lachs. An Industrie sind nur die Steinmetzerei, das Zementwerk und die Konservenfabriken zu nennen. Die Touristikbranche ist inzwischen die zweitgrößte Einnahmequelle der strukturschwachen Insellandschaft. Allzu große Urlauberströme sind freilich für die empfindliche Natur nicht zu wünschen.

Man erreicht Öland über die 1972 eingeweihte Brücke ÖLANDSBRON, mit einer Gesamtlänge von 6.072 m lange Zeit Europas längste Brücke. Sie beginnt auf der Insel Svinö (Kalmar) und erreicht Öland nördlich von Färjestaden (Möllstorp). Färjestaden war vom Mittelalter bis zur Eröffnung der Brücke Fährhafen. Die HAUPTSTRASSE NR. 136 verläuft vorwiegend auf der Inselwestseite.

INFORMATION

■ **INFORMATION TRÄFFPUNKT ÖLAND**, Box 74, SE–38621 Färjestaden, Tel. 0485 – 560 600, Fax 560 605, www.olandsturist.se. Ende Juni bis Mitte August Mo–Sa 9–19, So 9–18 Uhr, ab 1.5. sowie bis Ende August Mo–Fr 9–18, Sa 10–17, So 10 –16 Uhr, bis Ende September Mo–Fr 9–17, Sa 10–16 Uhr, sonst Mo–Fr 9–12/13– 17, Sa+So 10 –12/13–16 Uhr. Am Weg nach Färjestaden an der Brücke. HISTORIUM mit Dia- und Lasershow. Wie in einer Zeitmaschine in zehn Minuten durch 10.000 Jahre, anschließend ein Rundgang durch lebensgroße Kulissen, vorbei an Malereien, Wachspuppen – ein begehbares Ganggrab aus der Steinzeit, eine Begegnung mit Wikingern oder Carl von Linné...

■ **LILLA TURISTBYRÅN**, Mellstaby 2503, SE–38065 Degerhamn, Tel. 0485 – 663 075 u. 663 022 Fax 663 022. Touristenbüro auf privater Basis in Zusammenarbeit mit Ölands Turist AB. *Elisabeth Palm* ist täglich zu erreichen, 9–22 Uhr. Kompetente, engagierte Beratung zu Sehenswertem auf Öland. Führungen, auch für Individualreisende, Buchung von Unterkünften etc. Bed & Breakfast!

■ **TELEFON**: Die Vorwahl für ganz Öland ist 0485.

Unterkunft

Die Broschüre »Öland, Unterkünfte« informiert ausführlich über HOTELS, Pensionen, Ferienwohnungen, Bed & Breakfast, Ferien auf dem Bauernhof, Campingplätze, Ferienhäuser und -dörfer, Jugendherbergen. Auch in deutscher Sprache. Sie erhalten das Heft gratis zugesandt.

Privatzimmer vermittelt das Touristenbüro. Pro Person müssen Sie mit knapp 200 SEK rechnen, ohne Frühstück und Bettwäsche; oft darf man jedoch die Küche benutzen, um Frühstück zu machen. Eine Übersicht aller Campingplätze bietet das Faltblatt *Camping & Restaurang.*

■ **PREISE** für FERIENHÄUSER (4 Personen) in der Hochsaison (1.7.–5.8.) ab 3.700 SEK/Woche, je nach Komfort und Größe bis über 6.000 SEK. Behagliche, kleine HOTELS verlangen im Sommer für ein DZ mit Bad ab 700 SEK; ohne Bad wird's billiger. PENSIONEN liegen bei etwa 300–650 SEK, meist ohne Frühstück und Bettwäsche, bei den billigeren kein Bad, gemeinsame Küche. FERIENWOHNUNGEN beginnen bei knapp 3.000 SEK/Woche (für 3 Personen).

JUGENDHERBERGEN, CAMPING

■ **ROSENFORS VANDRARHEM**, STF, Borgholm, Tel. 107 56, Fax 778 78. 30.4.–15.9. 2–6-Bett-Zimmer, ab 165/90 SEK. Altes Herrenhaus sö des Zentrums, nahe Str.136.

■ **ÖLANDS SKOGSBY** Vandrarhem STF, Färjestaden, Tel 383 95, Fax 383 24. 15.4.–1.10. April u. September vorbestellen. 2–6-Bett-Zimmer mit WC pro Person ab 145/80 SEK. Schwedens älteste Jugendherberge. 6 km südlich von Färjestaden an der Str. 136.

■ **OTTENBY VANDRARHEM,** STF, Näsby, Tel. 662 062 Fax 662 161. Das ganze Jahr über geöffnet, 1.10. bis Ostern vorbestellen. 2–5-Bett-Zimmer je Person 150/75 SEK. Stellplätze für Wohnwagen. In einer alten Schule an der Kirche in Ås. Südlich der Mauer Karls X.

■ **BÖDA VANDRARHEM,** STF, in Mellböda, Tel. 220 38, Fax 221 98. 11.5. bis Ende August. Im 1–6-Bett-Zimmer ab 120/90 SEK. Auch Hütten mit WC. Im Inselnorden, nahe an den Badestränden in der Böda-Bucht. An der Str.136.

■ **GRANKULLAVIKS VANDRARHEM**, SVIF, Byxelkrok, Tel. / Fax 240 40. 1.5.–30.9. Ab 150/50 SEK; zur Verfügung stehen DZ sowie Familienzimmer. Frühstück 50 SEK. Einige Zimmer mit Bad und mit Blick aufs Wasser. Zwei Küchen für Selbstversorger, großer Speiseraum mit Meeresblick. Frische Backwaren aus eigener Bäckerei; Strandcafé. Wunderschön an der Bucht Grankullavik gelegen.

■ **CAMPINGPLÄTZE** MIT FERIENHAUSANLAGEN:

Um Färjestaden und nach Süden: *Krono Camping,* Saxnäs, 2 km nördlich der Brücke. – *Möllstorp,* an der Brücke und nahe zum Freizeitpark Ölands Djurpark. – *Talluden* am Yachthafen Färjestaden. – *Eriksöre,* etwa 5 km südlich von Färjestaden. – *Haga Park,* beim Naturreservat Bejershamn. – *Grönhögen,* südlichster Campingplatz am Kalmarsund.

Nördlich von Färjestaden bis Köpingsvik: *Ekerum,* am Kalmarsund 10 km südlich von Borgholm. – *Kapelludden,* am Kalmarsund in Borgholm. – *Klinta,* am Kalmarsund in Köpingsvik. – *Lundegård,* 3 km nördlich Köpingsviks. – *Köpingsviks Fritidsby,* 4 km nördlich von Borgholm; nur wenig Stellplätze, da überwiegend Ferienhäuser.

An der Ostseite der Insel, nördlich von Borgholm: *Wikegård,* ausgesprochen ruhiger Platz. – *Sonjas Camping,* Löttorp, 2 km nördlich der Hågby Kirche. – *Löttorp,* 4 km nördlich des gleichnamigen Ortes. – *Bödagården,* Böda-Bucht. – *Böda Sand,* 5 km nördlich der Kirche von Böda.

Essen und Trinken

Die meisten Gaststätten bieten zur Lunchzeit (meist 11–14 Uhr) preiswerte Gerichte an. Ein REGIONALES GERICHT der Öländer sind *kroppkakor,* Kartoffelklöße in vielen Varianten, etwa auch mit Sahne, Butter und Preiselbeeren. Eine kleine Auswahl von Gaststätten ist von Norden nach Süden aufgelistet. Die Preise gelten für Hauptgerichte à la carte. Viele Restaurants haben neben dem Kinderteller auch eine Speisekarte oder reduzierte Preise für die Kleinen. Speisekarten gibt es oft auch in Deutsch; fragen Sie danach!

■ **SANDVIKS KVARN,** Sandvik, Löttorp, Tel. 261 72. Ende April bis Anfang September 12–20 Uhr, in der Hochsaison bis 22 Uhr. Restaurant mittags ab 60 u. abends ab 95 SEK, Grill und Pizzeria in der Hochsaison ab 45 SEK. Gartenlokal, Cafeteria. Man spricht Deutsch.

In der größten HOLLÄNDERMÜHLE Schwedens mit sieben Stockwerken – die 8. Etage ist die drehbare Kuppel – liegt im Parterre ein uriges Restaurant. Spezialität des Hauses ist LUFSA (12–15 Uhr, solange Vorrat reicht). Das regionale Gericht – GERIEBENE ROHE KARTOFFELN mit Milch, Eiern und Mehl vermischt und mit durchwachsenem Schweine speck bedeckt – backt man im Ofen.

■ **RESTAURANG HÖJDEN**, Borgholms slott, Tel. 122 77. Mitte April bis Ende September täglich 11–18, in der Hochsaison bis 1 Uhr. Lunch Mo–Fr 11.30–15 Uhr, à la carte ab 120 SEK, als SPEZIALITÄT FISCHGERICHTE. Bei schönem Wetter wird (auch) im Garten serviert. Blick auf den Kalmarsund und die Schlossruine Borgholm.

■ **VÄRDSHUSET DREI JAHRESZEITEN**, Bredsättra, Tel. 750 21. Anfang Mai bis Anfang Oktober.

Hotel und Restaurant etwa 9 km östlich Borgholms. Hier begrüßt Sie Familie Priester. FISCH UND LAMM sind die Spezialitäten; nachmittags gibt's selbst gebackene OBSTTORTE.

■ **EKSGÅRDENS VÄRDSHUS**, Gårdby, Tel. 330 01. 1.6.–31.7. 12–19 Uhr, Mai und August 12–17 Uhr. À la carte ab 89 SEK.

Pension u. Restaurant, ca. 15 km östlich Färjestadens. *Kroppkakor,* öländische HAUSMANNSKOST, wird Di und Do serviert. In einem sorgsam restaurierten Viereckhof aus dem 18. Jh. haben Restaurant, Pension, Museum, Kunst sowie Kunsthandwerk ein Zuhause gefunden.

■ **BO PENSIONAT**, Vickleby (Dorfstraße), Tel. 360 01. Täglich geöffnet. À la carte ab 105 SEK.

Hotel und Restaurant. In dieser Holzvilla (um 1900) spürt man den Hauch der alten Zeit, als Carl Malmsten die Kunstschule Capellagården nebenan gründete. Das helle, farblich angenehm gestaltete Speisezimmer strahlt Harmonie aus. Das Lokal im lauschigen Garten ist im Sommer sehr populär. Kaffee, Waffeln, Eis, ein leichtes Gericht, Fisch oder die SPEZIALITÄT HÄHNCHEN IN ESTRAGONSAUCE werden gereicht. Im Sommer Grillabende.

■ **GAMMALSBYGÅRDEN**, in Gammalsby, Tel. 663 051. Täglich 12–16 Uhr. À la carte ab 90 SEK.

Sandviks kvarn: Schwedens größte Holländermühle in Sandvik auf Öland ▶

Pension und Restaurant, nach Ottenby 14 km, zur Fluchtburg Eketorp ca. 5 km. Mitte des 19. Jhs. wurde im Südosten Ölands der Bauernhof gebaut. Um 1960 entstand daraus die Gästgiveri und aus dem Stall wurde ein Restaurant, in das Einheimische und Gäste gleichermaßen gern einkehren. Eine reiche Auswahl öländischer Spezialitäten steht auf der Speisekarte. LAMM, WILD, LACHS, AAL – alles an FRISCHEN regionalen Produkten, die das Land bietet.

■ Die Wurst eines **METZGERS** auf Öland fand mehrfach Auszeichnungen in der Zeitschrift »Gourmet«; seit das Königspaar von diesen Delikatessen kostete, beliefert er auch Schloss Drottningholm. Ohne übliche Zusätze stellen *Johann Thaurer* und seine Familie Kabanossi, verschiedene Salami, Wurst aus Wild oder Lamm, Mettwurst, Käsegriller, Ölandswurst, Knackwurst, Mortadella, süddeutsche Bratwurst, sogar Leberkäs her – ja, der Mann kommt aus Deutschland. Nun in Kyrketorp/ Böda beheimatet, versichert die Familie: NUR REINES FLEISCH UND GEWÜRZE kommen in die Wurst; sie schmeckt ausgesprochen gut!

Unterwegs auf Öland

FÄRJESTADEN – BYXELKROK (NORDTEIL STR. 136)

■ **ÖLANDS DJURPARK**, Ölandsbrücke. Etwa 15.5.–25.8. täglich ab 10 Uhr. Eintritt 150–170 SEK, Kinder (sofern kleiner als 1 m) frei!

Gleich bei der Brücke befindet sich Ölands ZOO, zu dem neben Tieren aus aller Welt auch ein Zirkus, ein Indianerdorf, eine Wasserlandschaft, das Märchenland, ein Spielplatz u.v.a. gehören. Dinosaurier in Lebensgröße wurden gesichtet.

■ In Högsrum biegt man Richtung Gärdslösa ab. Nach 1,5 km erreicht man **ODENS FLISOR**: zwei Kalksteinplatten, eine davon 3 m hoch, an einer Grabstätte aus der Eisenzeit. Ein dritter Stein liegt innerhalb der Einfassung. – 700 m weiter nördlich erstreckt sich das GRÄBERFELD **KARUMS ALVAR** mit der Arche Noah *(Noaks Ark)*. Die 26 m lange Schiffssetzung mit den großen Stevensteinen gehört zu den bemerkenswerten Altertümern der Insel.

■ Auf der weiteren Fahrt führt ein Abstecher zur Küste zum königlichen SOMMERSCHLOSS **SOLLIDEN**, das 1903–1906 für Königin Victoria erbaut worden ist. Das im italienischen Villenstil errichtete Gebäude dient der königlichen Familie als Sommerresidenz. Am 14.7. hat Prinzessin Victoria Geburtstag, und alle Öländer feiern VICTORIADAGEN mit. Akzente im Park setzen englische, holländische und italienische Gärten, Skulpturen und ein Pavillon mit einer Ausstellung, die die schwedische KÖNIGSFAMILIE zeigt. Auf dem Weg dorthin passiert man KAFFETORPET: kleine, mit Grassoden gedeckte Holzhütten, offen von 11 bis 18.30 Uhr. – Park: 15.5.–15.9. täglich 13–18 17 Uhr. Eintritt 40/20 SEK.

■ **BORGHOLM** ist erreicht, Hauptstadt der Insel, mit knapp 3.000 Einwohnern der größte Ort sowie das

Zentrum für Fremdenverkehr und Handel, das vor allem während der Sommermonate auflebt. Seit Ende des 19. Jhs. entwickelte sich die junge Inselstadt zunehmend zu einem Bade- und Urlaubsort. – Im BORGHOLM STADSMUSEUM (Tullgatan 22), sind eine Ausstellung mit historischen Möbeln, Handwerks- sowie Kunsthandwerksgegenständen, eine archäologische und eine kulturhistorische Abteilung über Öland zu besichtigen. 15.5.–15.8. 11–17 Uhr.

■ Am südlichen Stadtrand befindet sich die gut erhaltene **SCHLOSSRUINE BORGHOLM**. Von der großen mittelalterlichen Burg blieb nur der Grundriss eines mächtigen Rundturmes. Um 1570 ließ *Johan III.* ein prächtiges Renaissanceschloss mit großen Bastionen errichten. Nach den schweren Schäden der Kalmar-Kriege 1611–12 versuchte König *Karl X. Gustav* 1650 das Gebäude in ein Barockschloss umzubauen; es wurde nie fertig – 1709 wurden die Arbeiten eingestellt. Danach wurde es an Handwerker verpachtet, diente sogar als Viehstall. Das Schloss verfiel, und ein Brand 1806 ließ nur die dicken Mauern übrig. Ende des 19. Jhs. erließ man erste Schutzmaßnahmen, in den letzten Jahren begannen umfassende Restaurationsarbeiten. Die Ruine lässt eindrucksvoll das einstige Schlossviereck mit den runden Ecktürmen erkennen. Die wechselhafte Geschichte der Burg dokumentiert ein kleines Museum. Im westlichen Teil informieren Ausstellungen über den öländischen Kalkstein und die Schlossgeschichte. Im Sommer finden Ausstellungen und Konzertabende statt. 1.7.–14.8. täglich 10–20 Uhr, 1.5.–30.6. sowie 15.8.–31.8. 10–18 Uhr, 1.4.–30.4. und 1.9.–30.9. 10–16 Uhr, Eintritt 40/0 SEK.

Von den BURGWÄLLEN ergibt sich ein schöner Ausblick über die Insel und den Kalmarsund.

■ Die Hauptstraße führt weiter Richtung Norden. Bald empfehlen sich einige Abstecher zur 2 km entfernten **WESTKÜSTE**.

Der Hafenort SANDVIK kann sich rühmen, die größte HOLLÄNDERMÜHLE Skandinaviens zu besitzen. Die imposante Windmühle hat sieben Stockwerke plus drehbare Kuppel und eine Spannweite von 24 m zwischen den Flügelspitzen. Hölzernes Antriebssystem und Mahlwerke sind erhalten. Im untersten Stockwerk residiert ein uriges Restaurant.

An der Küste entlang kann man bis JORDHAMN fahren, der Weg ist ziemlich holprig. – Sieht man eine Holzkonstruktion, die dem Rohbau einer Mühle ähnelt, hat man die einzig erhaltene STEINSCHLEIFMÜHLE Ölands erreicht. Daneben steht der Vorgänger der Windkraft, nämlich 2 OS, d.h. zwei Ochsenstärken. Die Windmühle wurde 1905 gebaut und zusätzlich zu der von Ochsen gedrehten Schleifmühle betrieben. Der Kalkstein wurde von Männern gebrochen, danach von Frauen behauen und in einem Kreis, bestehend aus ungefähr 60 Steinen, zum Schleifen auf die Erde gelegt. Dann mussten die Ochsen den Schleifstein drehen sowie viel Wasser und Sand beigegeben werden – Frauenarbeit. Nach einer Woche hatte man etwa

120 geschliffene Steine, die verkauft werden konnten – Männersache. Bis 1930 wurde auf diese Weise hier Kalkstein bearbeitet.

■ Auf der Hauptstraße gelangt man nach **HÖGBY**. Zum Inventar der KIRCHE, deren mächtiger Festungsturm auffällt, gehören ein mittelalterlicher Heiligenschrein sowie ein gotisches Triumphkruzifix.

Bei der Kirche stehen die einzigen erhaltenen KIRCHSTÄLLE der Insel – hier stellten früher die Kirchgänger ihre Pferde unter.

■ Entweder folgt man der Str. 136 oder man fährt in einem großen Bogen über **BYRUMS SANDVIK**. Hervorvorzuheben sind dort die RAUKEN: Die Meeresbrandung wusch in Jahrtausenden aus der 600 m langen Kalksteinküste etwa 120 Säulen heraus, mal schmal, mal breit, mehr oder weniger zusammenhängend, auch allein stehend, aber alle gleich hoch und eben. Der Strand ist seicht; eine Kalkplatte reicht weit ins Meer hinaus, fällt dann aber steil ab.

■ Hinter Byrum folgt die alte Forstschule **SKÄFTEKÄRR** mit Museum, Rekonstruktion eines Eisenzeit-Hofes, Arboretum. Etwa 20.6.–10.8. 10–18 Uhr, Vor- u. Nachsaison 10–16 Uhr. Eintritt 40/20 SEK.

Die EISENZEIT lebt auf, 1.500 Jahre zurückversetzt, können sich die Besucher ein rekonstruierte Wohnhaus und Reste von 22 Häusern aus den Jahren 400–500 v.Chr. anschauen und im Museum diese längst vergangene Epoche kennen lernen. Im Sommer schlüpfen junge Leute in die Rolle damaliger Bewohner, um ein zeitnahes Bild zu vermitteln; die lokalen Fundstellen lassen auf solche Dorfgemeinschaften schließen.

Ein Spaziergang durch den einzigartigen THUJAWALD mit seinen 30 m hohen Bäumen ist ein Erlebnis. Die nordamerikanische Thuja wurde 1878 vom Forst- und Jägermeister *J. E. Bohmann* gepflanzt. Sein Engagement bescherte Öland auch Hemlocktanne und Zypresse.

■ Die Hauptstraße führt über Böda und anschließend durch das NATURSCHUTZGEBIET **BÖDA KRONOPARK**, ein 6.000 ha großes Areal mit einem schönen Nadelwaldbestand, wo neben heimischen Arten Bäume auch anderer Regionen gedeihen. In dem Naturpark verlaufen Nebenstraßen und Wanderwege.

■ Schließlich erreicht man **BYXELKROK**, den Fischerort an der Westküste. Ab Byxelkrok verkehrt die Autofähre nach Oskarshamn zum Festland (105 Min.). Und es empfehlen sich AUSFLÜGE ZUM NATIONALPARK **BLÅ JUNGFRUN** (nächste Seite!). Ab Ende Juni bis Mitte August täglich um 10 Uhr Abfahrt, Rückkehr um 15.30 Uhr, nur mit Vorbestellung. Denken Sie an festes Schuhwerk mit Gummisohlen sowie Trinkwasser, bleiben Sie auf den Wegen und verhalten Sie sich immer behutsam. Hunde dürfen nicht mit.

Am Horizont scheint die Granitinsel Blå Jungfrun wie ein riesiger Buckel auf dem Wasser zu schwimmen. Seit 1926 ist die Insel im Kalmarsund Nationalpark; leider waren bis dahin die größten Höhlen durch Steinbruch zerstört worden.

■ 2 km nördlich von Byxelkrok beginnt der Strand **NEPTUNI ÅKRAR**.

BLÅ JUNGFRUN
Die Insel ist 1.150 m lang, 840 m breit, Durchmesser etwa 1 km. Von insgesamt 66 ha sind 39 ha Felsgebiet, 16 ha Edellaubwald, 10 ha Nadelwald und 1 ha Mischwald. So klein die Insel, so überraschend VIELFÄLTIG ihre Natur: glatt geschliffene, abgerundete, mit Senken durchzogene Klippen aus rotem Granit speziell auf der Nordhälfte der Insel, Grotten am Strand, ausgewaschen durch die Brandung, und Höhlen, entstanden durch riesige Felsblöcke, die bei Frostsprengungen aufeinanderstürzten. Niedrige lichte Wälder, auf der Südhälfte viele Eichen, aber auch Eschen, Ahorn, überwuchert von Efeu, Ehrenpreis, Salomonsiegel, Waldmeister u.a. Blumen wachsen hier.
Zur Tierwelt gehören Hase, Fledermaus, Blindschleiche, Ringelnatter und Kröte, außer Wasservögeln der Gartenrotschwanz, die Meise und andere Singvögel, ab und zu auch Kormoran, Seeadler und Wespenbussard.
Wanderer haben vom 86 m hohen *Toppen* eine prima Aussicht. Unterhalb nach Süden hin liegen die HÖHLEN *Jungfrukammaren* und *Kyrkan*. Hier feierte der Dichter *Werner von Heidenstam* 1896 Hochzeit. Im Süden ist das runde, aus Steinen gelegte LABYRINTH *Trojeborg* zu erforschen.

Die von *Carl von Linné* so benannten Neptuns Äcker bestehen aus mit losen Steinen bedeckten Geröllbänken. Auf dem kargen Strandstreifen blüht im Sommer der BLAUE NATTERNKOPF (Blauer Heinrich). – Die schiffförmige Steinsetzung FORGALLA SKEPP liegt in einem Gräberfeld aus der Wikingerzeit. – Der Weg führt weiter zum nördlichsten Punkt der Insel (ÖLANDS NORRA UDDE) und zum Leuchtturm LÅNGE ERIK.
■ Man kann die Fahrt aber auch um die Bucht Grankullaviken fortsetzen und gelangt zu **TROLLSKOGEN**, dem Trollwald, einem sturmzersausten, verwachsenen Kiefernwald.
■ Wer nun die Rückfahrt in den Süden Ölands antreten will, nehme abseits der Str. 136 einen der kaum befahrenen REIZVOLLEN **NEBENWEGE**. Eine solche Alternative ist die Straße an der Ostküste entlang:

DIE OSTKÜSTENSTRASSE
Die Ostküste Ölands ist flacher, weniger dicht besiedelt, ohne dass sie Sehenswertes ausspart; sie zweigt bei Föra (23 km nö Borgholm) von der Str. 136 ab und führt bis Ottenby, dem Südende Ölands. Nachstehend sind – von Norden nach Süden – die interessantesten Orte und Sehenswürdigkeiten aufgeführt.
■ Auf den Wiesen von **SÖDA GREDA** blühen im Frühsommer außergewöhnlich viele ORCHIDEENARTEN.
■ Die KIRCHE IN **EGBY** ist die kleinste auf Öland: Sie stammt aus dem 12. Jh., ebenso wie Taufstein und steinerner Altar. Trotz des Umbaus um 1818 (Turm) blieb ihre mittelalterliche Gestalt weitgehend erhalten.

■ Von Bredsättra aus erreicht man **KAPELLUDDEN**, im Mittelalter ein wichtiger Handelsplatz an der Küste. Hier stehen die RUINEN DER ST. BIRGITTA-KAPELLE aus dem 13. Jh. und, nahebei, ein 3 m hohes KALKSTEINKREUZ vom Beginn des 13. Jhs.

■ In STÖRLINGE steht die längste Reihe **BOCK-WINDMÜHLEN** – ein oft fotografiertes Öland-Motiv.

■ Weiter südlich liegt die KIRCHE IN **GÄRDSLÖSA,** die angeblich am besten BEWAHRTE Mittelalterkirche auf Öland. Schönes Inventar (Kanzel, Altaraufsatz etc.) und teilweise spätmittelalterliche Kalkmalereien.

■ **HIMMELSBERGA** (bei Långlöt) ist ein altertümliches Reihendorf. Auch wenn man das Gefühl hat, der Ort schlafe seit über 100 Jahren, ist er doch ein lebendiges Bauerndorf. Zwei alte Bauernhöfe sind mit sämtlichen Nebengebäuden und authentischer Einrichtung aus dem 18. und 19. Jh. als HEIMATMUSEUM erhalten. Themen sind die Funktion der Bock-Windmühlen oder das typisch öländische Boot ÖLANDSSNIPA. In der KUNSTHALLE stellen Maler der Region aus. 1.5.–31.8. tägl. 10–18, September 10–16 Uhr. Eintritt 50 SEK.

■ Fährt man an Himmelsberga vorbei Richtung Högsrum, kommt man zur FRÜHGESCHICHTLICHEN **BURG ISMANSTORP**: Eine Ringmauer mit einem Durchmesser von etwa 125 m umschließt rund 90 Hausfundamente aus dem 5. Jh. Im Frühling blühen rundum Orchideen in zarten Farben.

■ Südlich von Långlöt befindet sich der **FOLKESLUNDASTEIN**, ein 9 t schwerer Findling, Teil einer großen Grabanlage aus dem 5. Jh. Der beinahe runde, mächtige Felsbrocken wird im Volksmund *Kroppkaka* genannt, nach dem Spezialgericht der Insel: öländischen Kartoffelklößen.

■ Bei **LERKAKA** steht wieder eine Reihe gut erhaltener WINDMÜHLEN. Eine davon kann besichtigt werden. – Auf der anderen Straßenseite ist ein großer RUNENSTEIN zu sehen.

■ Der **RUNENSTEIN** bei Bjärby, auf der Ostseite der Straße, ist der einzige im Land, der das Wort Kirche erwähnt. Eine Mutter und zwei Söhne setzten Fastulf, Vater und Mann, das Denkmal und erwähnten, »er sei in der Kirche begraben«. Man vermutet, dass Fastulf am Anfang der Christianisierung gestorben ist, im beginnenden 11. Jh., denn einen Runenstein zu setzen war heidnischer, ein Begräbnis in der Kirche dagegen christlicher Brauch.

■ Westlich von Möckleby, im Inselinneren, an der Straße nach Algutsrum und Färjestaden, liegt die frühgeschichtliche **FLUCHTBURG GRÅBORG**. Das Ellipsen-förmige Areal mit einer Fläche von 220 x 165 m umgibt eine 6–7 m hohe, 650 m lange Mauer. Das mittelalterliche Torgewölbe beweist, dass die Anlage auch noch später benutzt wurde.

■ Das Kirchdorf **HULTERSTAD** ist ein für Südöland typisches Reihendorf mit nahe beieinander stehenden alten Bauernhäusern.

■ Südlich Segerstads erstreckt sich das **GRÄBERFELD SEBY** mit mehr als 200 Gräbern aus der Eisenzeit. Nahe der Straße steht ein großer Runenstein mit der Inschrift: »Ingjald und Näf und Sven ließen diesen Stein für Rodmar, ihren Vater, errichten.«

■ Der hübsche Küstenfleck **GRÄSGÅRD** verfügt über einen der wichtigsten Fischereihäfen der Insel.

■ Die **BURG EKETORP** hat eine wechselvolle Geschichte. Die älteste Befestigung Ölands (Durchmesser 57 m) stammt aus der Zeit der Völkerwanderung (um 4. Jh.). Etwa hundert Jahre später errichtete man Eketorp II, mit 80 m Durchmesser eine Ringanlage, in der ungefähr 50 Häuser Platz fanden; das kleine befestigte Dorf wurde 200 Jahre später aufgegeben. Um 1000 entstand Eketorp III; innerhalb des kreisrunden Burgwalls errichtete man Bohlenfachwerkhäuser. Die Funde deuten darauf hin, dass Eketorp diesmal auch als Garnison fungierte. Im 13. Jh. wurde die Burg aufgegeben. Bei Ausgrabungen legte man Hausfundamente frei und barg 24.000 Fundstücke. (Siehe auch Seite 144)

Für Eketorp IV (ab 1978) rekonstruierte man einige Häuser; eines beherbergt eine spannende ARCHÄOLOGISCHE Sammlung. Im Sommer ist die Burg mit Leben erfüllt: Es wird nach alten Methoden gewebt, getöpfert und geschmiedet. Die im Gelände frei umherlaufenden Tiere sind sozusagen Nachkommen derer, die früher hier Mitbewohner waren. Die neugierigen Ziegen inspizieren mit Vorliebe Taschen der Besucher. Ende Juni bis Anfang August tägl. 10–18 (vorzeitliche Werkstatt 14–17, Führungen stündlich 11–16 Uhr, Rest August 10–17, Führungen 11, 13+15 Uhr, 1.5.–24.6./1.9.–15.9. 10–17, Führungen Mo–Fr 13+15, Sa+So 11+13+15 Uhr. Führung auf Englisch 25.6.–31.8. 13 Uhr. Eintritt 50/20 SEK.

FÄRJESTADEN – OTTENBY (SÜDTEIL STR. 136)

■ Nachdem man die Ölandbrücke in südlicher Richtung verlassen hat, passiert man bald die WINDMÜHLEN VON BJÖRNHOVDA. Hier steht auch **KVARNKUNGEN** (der Mühlenkönig), Schwedens größte Bockmühle.

■ Hinter Torslunda (Skogsby) ist in Eriksöre der ein Abstecher zum berühmten **KARLEVI-STEIN** zu empfehlen, Ölands größter Runenstein. Am Ende des 10. Jhs. aufgestellt, berichtet er von Sibbe dem Weisen, einem dänischen Seehelden.

■ **VICKLEBY** an der Str. 13 ist ein altes Reihendorf mit malerischen Holzhäusern entlang der Dorfstraße. Und mit:

■ **CAPELLAGÅRDEN** wurde in den 1950er Jahren als verfallender Bauernhof vom berühmten *Carl Malmsten* erworben. Er gründete vor Ort eine Schule für Möbel-Designer und Handwerker. 1960 begannen erste Kurse im Möbeltischler- und Textilhandwerksbereich. Später kam die Ausbildung für Keramiker hinzu; seit 1980 lehrt man auch den biodynamischen Anbau. Hier wachsen und duften im Sommer fast 400 Gewürz- und Heilkräuter. Der Garten ist der Öffentlichkeit zugänglich, einige Kräuter- und Rosensorten können Sie kaufen. Lassen Sie sich dieses Garten-Erlebnis nicht entgehen.

■ Die Hauptstraße verläuft weiter am Westrand der baumlosen Kalksteinsteppe **STORA ALVARET**, die einzigartig in Europa ist. Das Gebiet von Stora Alvaret ist ca. 50 km lang und bis zu 10 km breit. Vor allem im Frühling blühen hier unzählige, teilweise seltene BLUMEN – während des Sommers ist die Steppe trocken und vegetationsarm.

■ In **RESMO** sind noch *malmar* erhalten, die Armenhütten des 19. Jhs. *Malmen* war sandiger und somit wertloser Boden für die Bauern. Hier durften die Armen ihre Hütten bauen; die Grundstückspacht musste beim Bauern abgearbeitet werden. *H. Nelson* schrieb 1909: »In den Hütten war nur Lehmboden, ein Strohbett ohne Laken war oft das einzige Möbelstück«. Der Ofen wurde mit Strauchwerk, Wacholder und ÖLANDSBRIKETTS (= getrockneten Kuhfladen) beheizt. Der GESTANK war erbärmlich, wie *Linné* in seinen Aufzeichnungen schildert. Heutzutage sind diese Hütten beliebte Ferienhäuser, wobei die Heizung freilich anders funktioniert.

Die zweitürmige romanische KIRCHE wurde in der Mitte des 12. Jhs. errichtet. Spätromanische Malereien unter dem Triumphbogen.

In Resmo kann man zu einem AUSFLUG in die Alvaret-Steppe abzweigen. Ungefähr in der Mitte liegt der flache See **MÖCKELMOSSEN** mit einer artenreichen Vogelwelt.

■ Auf der Straße 136 fährt man in südlicher Richtung immer am Rand des Stora Alvaret entlang. Nahe der Straße liegt bald das GRÄBERFELD VON MYSINGE, mit dem Grabhügel **MYSINGEHÖG** aus der Bronzezeit – der eine großartige Aussicht bietet.

■ Die Route passiert weitere Grabstätten, auch große Grabkammern aus der Steinzeit. Bald folgt die Abzweigung nach MÖRBYLÅNGA, Südölands Zentrum (ca. 1.500 Einw.).

Nach einiger Zeit liegen die Überreste der **SCHUTZBURG BÅRBY** am Weg. Diese einfache Anlage stammt aus Ölands frühgeschichtlicher Zeit. Auf der Westseite sorgt der steile Felshang für Schutz; die übrigen Seiten sichert ein halbkreisförmiger Steinwall. Schöne Aussicht!

■ Die Str. 136 verläuft weiter in einem Abstand von rund 3,5 km zur Küste. In **KASTLÖSÅ** ist die KIRCHE (19. Jh., nach 1950 umgebaut) mit dem modernen großen FRESKO von *Waldemar Lorentzon* zu erwähnen.

■ 9 km südlich Kastlösas folgt das weite **GRÄBERFELD GETTLINGE**, eine der größten Begräbnisstätten mit unterschiedlichen Grabformen.

■ Südlich Degerhamns markiert ein fast 40 m hoher Schornstein RUINEN EINER **ALAUNSCHIEFERHÜTTE**.

■ Die Str. 136 führt (näher an der Küste) über Ventlinge, Grönhögen. Den südlichsten Teil der Insel trennt die 4 km lange **KARL-X.-GUSTAV-MAUER** vom »Rest« der Insel (s.o.).

■ **GUTSHOF OTTENBY** war während des Mittelalters ein Klostergut, das Gustav Vasa für die Krone konfiszieren ließ. Im südöstlich gelegen Hain leben etwa 150 Damhirsche; dahinter schließen sich weitläufige Schäferwiesen an.

■ Die Str. 136 endet offiziell bei Ottenby; es lohnt sich aber, die Fahrt bis zum südlichsten Punkt Ölands, ÖLANDS SÖDRA UDDE, fortzusetzen. Hier steht der **LÅNGE JAN** (Langer Jan), mit 42 m Schwedens höchster Leuchtturm. Er wurde bereits 1784 /85 – teilweise mit Steinen einer mittelalterlichen Kapelle – errichtet. Tagsüber geöffnet. Eintritt.

■ Ganz in der Nähe betreibt die **VOGELWARTE** (Ottenby Vogelstation) vor allem Zugvogelforschung. Dazu gehört ein interessantes ZUGVÖGELMUSEUM. Mai bis September.

Verschiedenes

■ **SIGHTSEEING**: mit *Böda Skogsjärnväg* zwischen Fagerrör und Trollskogen. – Zum sagenumwobenen Eiland BLÅ JUNGFRUN legt die »F/F Mary II.« in Byxelkrok ab. Ab Ende Juni täglich um 10 Uhr, Rückkehr gegen 15.30 Uhr. Vorbestellen.

■ **ANGELN**: Einige Gewässerabschnitte sind privat, bedürfen einer Erlaubnis. Ausländer mit eigenem Boot müssen immer eine Erlaubnis des Fischereiverbandes haben.

■ **BADEN**: Badeplätze (Sand, Stein, Klippen, Gras) rund um die Insel. Achten Sie auf lokale Info-Karten.

■ **RAD FAHREN**: Öland ist die RADFAHRERINSEL schlechthin, sogar viele Leistungssportler trainieren hier. Eine Tour rund um die Insel misst 305 km, einmal Nord-Süd damit nur 150 km. Die NEPTUNI-RUNDE misst 14 km, eine Tour UM BÖDA 28 km. An der Strecke KASTLÖSA-SKÄRLÖV liegt übrigens Alvaret (s.o.).

Das Touristenbüro hat Radtouren ausgearbeitet und eine Adressenliste der Fahrradvermieter zusammengestellt: Die Tarife liegen um 60 SEK/Tag, 275 SEK/Woche.

■ **GOLF**: in Ekerum, Källatorp und Köpingsvik und Bredsättra.

■ **SURFEN**: HAGA PARK.

■ **WANDERWEGE**: Rund um den Langen Erich (Leuchtturm im Norden der Insel). – Nabbelund, 2 km. – Trollskogen, 4,5 km. – Lindreservat, 2 km. – Skäftekärr, bei Böda. – Klosterholmen, am Horn-See. – Högenäs Orde. – Södviken. – Södra Gredas Löväng. – Von Odens flisor bis Ismanstorp, 4 km. – Im Vogelschutzgebiet Sandbybadet. – Beijershamn, Wanderweg bis zum Karlevi-Stein. – Stora Alvaret. – Ottenby lund. – Von Djupvik bis Sandvik am Wasser entlang, 7 km. – Vom Träffpunkt Öland bis nach Ottenby in vier Etappen, 79 km.

■ **VERANSTALTUNGEN**: ÖLANDS HAMNFESTIVAL, Volksfest in Mörbylånga in der ersten Julihälfte. – VICTORIA DAGEN, Ölands Nationaltag am 14.7. – SOL & VATTEN FESTIVALEN, Borgholm, 5.–8.7. – ÖLANDSDAGARNA, letztes Augustwochenende, Färjestaden. – Erntedankfest ÖLANDSSKÖRDEFEST, 29.9/1.10.

■ **TRANSPORT**: ab Kalmar-Hauptbahnhof und ab Flughafen in den Norden wie in den Süden der Insel. Radfahren auf der Ölandbrücke ist in der Hochsaison verboten. Transport der Räder mit dem Fahrradbus gratis. (Siehe Seite 168).

Västervik

Västervik, die PERLE DER OSTKÜSTE, liegt im nördlichen Teil des småländischen Regierungsbezirks Kalmar län. Die Stadt lag ursprünglich einmal über 20 km weiter nördlich, an der Stelle des heutigen *Gamleby*. 1433 mussten die Bürger auf königlichen Befehl nach Süden ziehen, in den Schutzbereich der Festung Stegeholm. Die neue, exponierte Lage brachte aber häufige Verwüstungen mit sich. 1677 sowohl Stadt als auch Burg vollständig zerstört; allein die St. Gertruds Kirche blieb erhalten.

Västervik erholte sich trotz alledem und wurde dank der strategisch guten Lage zur bedeutenden Hafenstadt, die bald über den zweitgrößten Hafen an der Ostküste verfügte. Heute ist Västervik das Handels-, Verwaltungs- und Ausbildungszentrum der Region.

Die Nähe zum Meer prägt die Atmosphäre, vor allem am Hafen der Fischmarkt, die Anlegestellen der Freizeityachten, die betagten Häuschen der Seeleute sowie die Fährschiffe nach Gotland. Mit ungefähr 5.000 Inseln und Schären bietet Västervik einen Küstenstreifen mit einer 550 km langen Uferlinie. Dieses herrliche Urlaubs- und Freizeitgebiet macht den Ort zur liebenswerten, lebensfrohen SOMMERSTADT.

INFORMATION

■ **VÄSTERVIKS TURISTBYRÅ**, Strömsholmen, SE – 59330 Västervik, Tel. 0490 – 889 00, Fax 889 15, www.vastervik.se/turist. Mitte Juni bis Mitte August täglich 10 –19 Uhr, ab 1.5. sowie bis Ende August Mo–Fr 9–17 Uhr, Sa 9–14 Uhr, sonst Mo–Fr 9–12 und 13–16.30 Uhr.

Das Touristenbüro residiert nahe dem Yacthafen in der alten Badeanstalt (1910), erbaut im Jugendstil. Auf der kleinen Insel Strömsholm, an der Straße zur Burgruine Stegeholm. Parkplatz vor dem Gebäude.

Unterkunft

■ **SKÄRGÅRDEN**, Lysingsbadet in Västervik, Tel. 889 20. Als JUGENDHERBERGE: im 2–4-Bett-Zimmer ab 120 SEK. FAMILIENHOTEL: 2/4-Bett-Zimmer mit Kühlschrank ab 400/500 SEK, jeweils inklusive Bettwäsche und Reinigung.

■ **LYSINGSBADETS SEMESTERANLÄGGNING**, Västervik, Tel. 889 20, Fax 889 45. Große 5-Sterne-Anlage ganzjährig geöffnet. 960 Stellplätze 120 –180, Hütten ab 170, Ferienhäuser ab 450, Wohnwagen ab 280, Zimmer (pro Person) ab 115 SEK. Stege verbinden Sandstrand, Schären und Klippen; dazu temperiertes Schwimmbad, Tretboote und Kanus, Fahrräder, Golf. 3 km sö vom Zentrum, Bushaltestelle.

■ **HAMMARBADETS CAMPING & STUGOR**, Gamleby, Tel. 0493 – 102 01, Fax 126 86. Ungefähr 1.5.–15.9.

960 Stellplätze 120–180, Ferienhütten ab 450, Hütten ab 250 und Wohnwagen ab 495 SEK. Zimmer ab 335 SEK p.P. Terrassenförmig angelegte Plätze, fast alle mit Meerblick.

■ **LÅNGESJÖNS MAT & CAMPING**, Fagersand, Ankarsrum, Tel. / Fax 0490 – 521 10. Ganzjährig geöffnet. Stellplätze ab 80, Hütten je Woche ab 875, Ferienhaus ab 1.375 SEK. Traumhaft an langem Seensystem.

Essen und Trinken

■ **SMUGGLAREN**, Smugglaregränd 1, Tel. 213 22. Mo–Sa 18–23 Uhr, im Juli auch So. À la carte ab 139 SEK. Speisekarte mit Fleisch und Fisch, SPEZIALITÄT des Hauses ist BARSCH. Im Sommer werden auch Tische im Freien aufgestellt.

■ **TVÅ KALLSKÄNKOR, TANT GRÖN**, Storgatan 22, Tel. 335 30. Mo–Sa 9–18 Uhr. Üppig belegte Brote, bunte Salate, Paj, kleine Gerichte etc. Außerdem fast 100 TEESORTEN. Ab 45 SEK. Innen gemütlich altmodisch, bei Sonne sind die kleinen Tische im kopsteingepflasterten Innenhof begehrt.

Sehenswertes

■ Die **ST. GERTRUDS KIRCHE** ist das älteste Gebäude Västerviks; sie wurde zur Zeit der Stadtgründung (1433) erbaut, der Turm nach einem Brand 1782 erneuert. Die Kirchenbänke von 1748 sind in ihrem ursprünglichen Zustand erhalten, der barocke Altaraufsatz ist eine Arbeit *Burchhard Prechts* (1696).

■ **CEDERFLYCHTSKA FATTIGHUS**, das Armenhaus neben der Kirche, ist das interessanteste Haus vor Ort. Im Jahr 1749 spendete *Anna Cederflycht* der Stadt einen Geldbetrag zum Bau eines Armenhauses. Damals bemerkte ein Geschichtsschreiber: »In Västervik wohnen die Armen besser als die Reichen.«

■ **ASPAGÅRDEN**, an der Nordwestecke des Kirchparks, ist der älteste Gebäudekomplex der Stadt. Der mittelalterliche Grundriss lässt darauf schließen, dass Teile des Hofes den Brand 1677 überstanden. Heute arbeiten hier Kunsthandwerker.

■ Weitere gut erhaltene **HISTORISCHE HÄUSER** sind der Küsterhof KLOCKARGÅRDEN (Ende 18. Jh.), das alte Posthaus GOLDKUHLSKA GÅRDEN (18. Jh.) und das RATHAUS (1793), nahe der Kirche. – Auch entlang VARVSGATAN und STRÖMSGATAN stehen restaurierte Häuser, in denen Künstler und Kunsthandwerker ihre Ateliers haben. Idyllisch ist BÅTSMANSGATUBACKEN.

■ Die roten **BOOTSMANNKATEN** von Västervik (Båtsmansstugorna) wurden um 1740 als Wohnungen für Seeleute gebaut. Diese malerischen kleinen Häuschen stehen unter DENKMALSCHUTZ und werden heute als Ferienwohnungen vermietet.

■ **STEGEHOLM SLOTT** wurde um 1360 auf einer kleinen Insel im Sund errichtet. 1677 zerstörten dänische Truppen die Festung. Jahrhundertelang diente die Ruine als Teerbrennerei, Werft und später sogar als Epedemie-Krankenhaus. Seit vielen Jahren findet hier im Juli ein Musikfestival statt.

■ Auf der anderen Seite des Sunds erhebt sich **KULBACKEN**, mit dem KULTURGESCHICHTLICHEN MUSEUM. Die Seefahrt-Abteilung besteht aus Sammlungen jener Zeit, als Västervik eine der größten Hafenstädte im Land war. HERRLICHE AUSSICHT auf Västervik und Umgebung.

■ Auf dem FISCHMARKT **FISKARTORGET** duftet verführerisch geräucherter Fisch: Flach GERÄUCHERTER AAL gilt als Västerviks Spezialität. Gemüse sowie Obst erweitern die Farb- und Duftpalette. Ab und zu legt ein Fischer aus den Schären an und bietet seinen frischen Fang feil.

Ausflüge

■ **SCHLOSS GRÄNSÖ** zählt zu den Empireschlössern der Tjust-Region. Viele Herrenhäuser dieser Gegend weisen eine SPEZIELLE ARCHITEKTUR auf, das sogenannte TJUSTEMPIRE. Markant die schlichte Formgebung der Fassaden und die niedrige, einfache Dachform.

Wer sich nicht zum Baden entschließen kann, wende sich gleich den Gaumenfreuden im Schlosscafé oder im Gasthaus zu. Im Sommer stehen Konzert- und Tanzabende auf dem Programm. Wanderungen (siehe unten). Und Bootshaltestelle für die »M/S Freden«.

■ In **LILLA GUNNEBO** ist das HEIMATMUSEUM in einem alten Blockhaus untergebracht. Die interessante Konstruktion und die altertümlichen Möbel geben dem Haus seine Atmosphäre. Die KETTENSCHMIEDE daneben ist authentisch eingerichtet.

■ **GAMLEBY** WAR EINST VÄSTERVIK. Als der Marktflecken im Mittelalter zur Küste umsiedeln musste, erhielt der alte Ort den Namen Gamle by (altes Dorf). Dieses hübsche kleine Städtchen am Ende der Gamleby-Bucht ist das Ziel vieler Urlauber. Im Sommer ist der FOLKPARKEN beliebt, wenn Volkstänzer in Trachten den *Tjustdans* vorführen. – Zum HEMBYGDSPARKEN (Freilichtmuseum) gehören Bootsmannshütten, ein Wagenmuseum und ein *loftbod,* ein zweigeschossiges Holzhaus mit auskragendem Obergeschoss. – Der Aussichtsberg von Gamleby heißt GARPEDANSBERGET.

■ **LUNDS BY** bei Gladhammar liegt südwestlich von Västervik. Der altertümliche Hof mit Ahnen aus dem 17. Jh. besteht aus acht rot gestrichenen Bauernhäusern, die um den Dorfplatz herum gruppiert sind. In dem Weiler drehte man Filmszenen mit den KINDERN VON BULLERBÜ.

■ Die Gegend **TJUST** ist reich an Herrenhäusern alter Adelsfamilien; die Bauherren suchten sich erwartungsgemäß die schönsten Grundstücke aus. Viele Gebäude sind im TJUSTEMPIRE gebaut, jener Bauart, die sich hier aus dem französischen Empirestil entwickelte. Von Süden nach Norden sind das Helegerum, Blekhem, Casimirsborg, Nygård, Odensvi, Överum, Tyllinge, Stensnäs.

Die Häuser sind aber in Privatbesitz.

M/S FREDEN IM SCHÄRENGÜRTEL
Das »M/S Freden« verbindet die Inseln Hasselö / Sladö / Torrön, Idö sowie Spårö miteinander. Fünfmal am Tag schippert sie durch die Schären und ermöglicht dadurch TAGESAUSFLÜGE. Wer auf einer dieser Inseln übernachten möchte, sollte in der Hochsaison frühzeitig buchen.
■ **IDÖ**, südöstlich von Västervik, war einst der Platz der Lotsen, die auf ankommende Schiffe warteten, um sie sicher in den Hafen der Stadt zu geleiten. Erst im Jahr 2000 hat man die Lotsenstation wieder entdeckt und belebt. Die neue Gästgiverie, die sich in Baustil und Farbe nahtlos in die Landschaft einfügt, bewirtet und beherbergt Besucher. Übernachten kann man aber auch in alten Bootsmannshäusern oder hoch oben in Lotsenausguck.
■ **HASSELÖ**, nordöstlich von Västervik, ist die größte der Schäreninseln. Eine Landbrücke verbindet sie mit Sladö, (zur vorgelagerten Insel Torrön holt ein Boot Fahrgäste ab, Tel. 91037). Früher wohnten mehrere hundert Menschen auf Hasselö, heute sind es 20 Bewohner. Aus der früheren Schule wurde eine Jugendherberge (Tel. 910 24 sowie 911 23). Reizvoll ist die Entdeckung mit dem Fahrrad (am Laden zu mieten) und der weiße Sandstrand, wo man baden oder relaxed die Schärenlandschaft genießen kann.
■ **SLADÖ**, das Naturreservat im Süden, bietet etwas Besonderes: Vom Hafen Hasselö holt Familie *Thorsson* (Tel. 910 97) Gäste mit »Remmalag«, einem Pferdefuhrwerk ab. Auch Ponyreiten. – Ein 4 km langer Weg durchquert das Naturschutzgebiet mit 250 Jahre alten Linden. – Reizvoll ist auch die Klippenküste.
■ **TORRÖN**, südwestlich vor Hasselö, machten Yvonne und Christer Lindberg mit ihrem KÖPMANSHUS bekannt: Kunstausstellungen, Restaurant, im Sommer sonntags Musik auf der Brücke, Liederabende, Jazz oder Klassik. Unterkunft in kleinen Bootshütten und *stugor.*

Verschiedenes

■ **SIGHTSEEING**: Stadtwanderung: immer Di um 18 Uhr ab Touristenbüro, Dauer 90 Minuten, auch auf Deutsch. – TUR I STAN, Mo–Sa fährt stündlich von 10–18 Uhr ein Traktor mit Anhänger durch die Straßen.

Der Eisenbahnverein von Tjust veranstaltet im Sommer Fahrten mit einem Schmalspur-DAMPFZUG auf der Strecke Västervik – Verkebäck.
■ **ANGELN**: 15 Fischereigewässer, primär mit Hecht, Zander, Barsch. – Angelcamp *Risebo,* Tel. 0493 – 330 46, Fax 330 70. Auch Unterkünfte.
■ **BADEN**: im Meer LYSINGSBADET, (s.o.) – LÖGARBERGEN, Klippen. – HÖGÖTORP, Norrlandet, ein flacher Sandstrand und Rasen. – SANDVIK, Gränsö, langer flacher Sandstrand, Sonne bis zum späten Abend. – BONDBACKEN, gegenüber Gränsö slott, flacher Sandstrand und großer Parkplatz. – GRÄNSÖ SLOTT, Sandstrand, Rasen, Familienbadeplatz.

■ **KANU**: Die Kanustrecke TJUST KANOTTUR führt ab Smitterstad nach Västervik durchr kleine und größere Seen, Kanäle, Flussläufe und zum Abschluss durch die Schären, wofür im Normalfall 4–5 Tage anzusetzen sind. Windschutzhütten, Grillplätze und TC. Information und Vermietung: *Ramgärde Kanot,* Gamleby, Tel. 0493 – 241 24 und 240 76.

KANUVERMIETUNG: *Lysingsbadet,* Tel. 889 20. – *Långsjöns Mat & Camping,* Tel. 52 110. Siehe oben.

■ **REITEN**: *Himmelsrum,* bei Nina Bergholtz gibt es ISLÄNDER für alle Altersklassen, auch für Anfänger.

■ **WANDERN**: Von Mörtfors nach Falerum TJUSTLEDEN über 185 km; unterwegs Rastplätze ca. in 20-km-Etappen. Beschreibung und Karten sowie andere Tourenvorschläge im Touristenbüro. – Der 15 km lange LOFTALEDEN führt an vielen *hällristningar,* FELSZEICHNUNGEN, vorbei. Auch Teilstrecken sind möglich. – Der Wanderweg RUND GRÄNSÖ misst nur 12 km, ist mit orangefarbenen Punkten markiert; Teilstrecken sind für Rollstuhlfahrer geeignet. Unterwegs Schutzhütten. – Nur 3 km lang ist der Weg im NATURRESERVAT SEGERSGÄRDE auf Norrland; er führt am Ufer entlang und endet auf der Anhöhe HABORS KLINT.

■ **VERANSTALTUNGEN**: Das Liedfestival VISFESTIVALEN ist eine feste Institution in der Stadt. Es begann vor 30 Jahren mit einer Sängergala, die die STUDENTENVEREINIGUNG ins Leben rief; heute ist es eine über Småland hinaus bekannte, POPULÄRE Veranstaltung, die zwischen den alten Mauern der Ruine Stegeholm stattfindet – stimmungsvoll an lauen Sommerabenden bei Dämmerung und Fackelschein.

■ **TAXI**: gratis von Telefonautomaten, wenn Sie 6 # wählen.

■ **POSTAMT**: Båtmansgatan/Bredgatan.

■ **TRANSPORT**: *Resecentrum,* der Fernverkehr ab Bahnhof, der Stadtverkehr ab Spötorget.

■ **ÄRZTLICHE VERSORGUNG**: *Lasarett,* Kyrkogatan, Tel. 860 00.

Weiterreise

■ **BAHN**: Hauptbahnhof in Norra Stationsgatan. Zug nach Linköping, Mo–Fr 6 x, Sa+So 4 x am Tag.

■ **BUS**: Terminal Fängelsetorget.

■ **AUTO**: **NACH VIMMERBY**, Str. 33. Der schöne See **YXERN** lädt zur Rast ein. Kurz vor Vimmerby wartet das Dorf **FRÖDINGE**, bekannt für seine småländische SPEZIALITÄT OSTKAKA (eine Art Käsekuchen bzw. Quarkauflauf). Im HOLZKIRCHLEIN (1744) zieren naive und farbenfrohe Malereien Wände und Decken. Frei stehender Glockenturm (1694).

NACH LINKÖPING. Auf E 22 und Str. 35 über Åtvidaberg.

NACH NORRKÖPING. Schnell auf der E 22; unterwegs mögliche Ausflüge ins Schärenparadies oder nach Söderköping (siehe unter »Norrköping, Ausflüge«).

NACH KALMAR. In umgekehrter Richtung beschrieben unter »Kalmar, Weiterreise«; unterwegs möglicher Aufenthalt in OSKARSHAMN.

Vimmerby

Auf einem BERGRÜCKEN, der früher den einzigen Weg durch die Moorlandschaft bildete, liegt Vimmerby. Viele archäologische Funde aus vorchristlicher Zeit bewiesen, wie frühzeitig sich hier eine Siedlung befand. Die topografisch günstige Lage trug dazu bei, dass bereits zur Wikingerzeit ein wichtiger Marktflecken entstand, den die Dänen 1192 niederbrannten. Im 14. Jh. trieb Vimmerby jedoch wieder regen Handel mit ihnen. *Gustav Vasa* missfiel die aufstrebende Macht der Handelsstadt im Landesinneren. Er entzog Vimmerby 1532 die Stadtrechte und versuchte – erfolglos – die Umsiedlung der Einwohner in die strategisch wichtige Hafenstadt Kalmar zu erreichen, um dort den Handel zu stärken. Vimmerby blieb ein wichtiger Knotenpunkt der Handelswege und erhielt 1604 die Stadtrechte zurück.

Die Stadt leidete mehrfach unter Feuer und Krieg, brannte 1683 fast komplett nieder; vor einem weiteren Brand 1821 blieb allein die Storgatan mit den prächtigen Bürgerhäusern verschont.

Lange Zeit war Vimmerby das Zentrum für den småländischen Viehhandel. Daraus entstanden weitere wichtige Erwerbsquellen, Gerbereien und Leder verarbeitende Betriebe. Die letzte Gerberei ist erhalten und steht seit 1937 im Freilichtmuseum Skansen in Stockholm.

Auch heute präsentiert sich Vimmerby als GESCHÄFTIGES Städtchen. Im Sommer scheint sich die Einwohnerzahl (7.500) zu verdoppeln. Der Fremdenverkehr profitiert von der ABWECHSLUNGSREICHEN NATUR und dem CHARME der kleinen Stadt – und von *Astrid Lindgren,* der weltberühmten Kinderbuchautorin, die hier geboren wurde. Viele Familien suchen ASTRID LINDGRENS VÄRLD und Orte in der Umgebung auf, die sie in ihren Büchern beschrieb.

INFORMATION

■ **VIMMERBY TURISTBYRÅ**, V. Tullportsgatan 3, Box 3, SE–598 21 Vimmerby, Tel. 0492 – 310 10, Fax 130 65, www.turism.vimmerby.se. Mitte Mai bis Mitte Juni Mo–Fr 9–17.30, Sa 10–13 Uhr, bis Mittsommer Mo–Fr 9–18, Sa 9–14, So 10–14 Uhr, Saison bis Anfang August Mo–Fr 9–20, Sa 9–17, So 10–15 Uhr, bis Anfang September Mo–Fr 9–18, Sa 9–14 Uhr, sonst Mo–Fr 9– 17 Uhr.

Unterkunft

■ **HOTELL RONJA**, Södra Industrigatan (an den Messehallen), Tel. 167 00, Fax 157 22, im Internet: www.vimmerbymasshallar.se.

40 Zimmer variierender Einrichtung und Größe, einige mit Pantry und eigenem Eingang. Sommerpreise EZ 650 SEK, DZ 750 SEK. Angebote für Familien, ab 475–950 SEK.

■ **PIPPIS SOMMARHOTELL**, Tallholmen, Tel. 122 59, Fax 137 09, Internet: www.pippishotel.se. Tarife unten für Familienzimmer (4 Pers.) Neben-/Hauptsaison (10.6.–1.9.).

BILDERBUCH-Anlage mit Hotel in 200 Jahre altem Haus (525/575 SEK), Emils Gård und 3 Häuschen wie in Bullerbü (425/475 SEK). Entzückende Malereien in den Hotelzimmern mit Motiven aus Lindgren-Büchern. Morgens beim Frühstück (kostet extra) schaut Pippi manchmal vorbei. Frühzeitig reservieren.

■ **FERIENHÄUSER** im Katalog des Touristenbüros. Gebühr ab 75 SEK.

■ **ASTRID LINDGRENS VÄRLD** STUGBY & CAMPING, Tel. 798 00, Fax 15815. Camping: Zelt ab 100, Wohnmobil ab 165, Hütten 360 / 495 SEK. Rabatte bei Buchung im Voraus. In der Hochsaison abends »Krachmacherstraße«, im Kino Verfilmungen von Lindgren-Büchern.

■ **VIMMERBY VANDRARHEM**, STF, Hörestadhult, Tel. 102 25, Fax 142 39. 1.6.–31.8., sonst Reservierung: Tel. 157 72. Im 2–6-Bett-Zimmer 155 / 80 SEK. Ruhige Lage trotz der Str. 33, 4 km östlich von Vimmerby.

■ **KULLAGÅRDENS VANDRARHOTELL,** SVIF, Kullagatan, Mariannelund, Tel. 0496 – 100 20, Fax 100 18. 105.–1.9. Sonst nach Vereinbarung. Im 2–6-Bett-Zimmer 250–640 SEK. Frühstück 50/30 SEK. Unweit Sevedstorp (Bullerbyn) und Rumskulla/Gibberyd (Katthult).

■ **NOSSENBADENS CAMPING** (Str. 33), 3 km ö Vimmerby, Tel./Fax 314 10. Mitte Mai – Anfang September. 260 Stellplätze ab 80, Hütten ab 350, Zimmer ab 240 SEK. SEE NOSSEN.

Sehenswertes

■ **ASTRID LINDGRENS VÄRLD**, Lundgatan, Tel. 798 00, Fax 158 85. 20.6.–20.8. 10–18 Uhr, ab etwa 5.5. u. bis Anfang September 10–17 Uhr. 1.7.–6.8. Theater Di–Sa 18 Uhr.

Ein Muss für Astrid-Lindgren-Fans ist ASTRID LINDGRENS WELT. Hier wurden Szenen aus ihren Geschichten nachgebaut, steht Pippis Pferd vor der Villa Kunterbunt. Im Sommer treten Pippi, Ronja, Karlsson und andere auf.

Hübsch anzusehen ist BULLERBÜ IM KLEINFORMAT oder Vimmerby, als LILLA LILLA STADEN, die klitzekleine Stadt, farblich und maßstabgetreu 1:3 nachgebaut. – Im ASTRID LINDGREN GÅRDEN lernt man Astrid etwas näher kennen. Über Vimmerbys Kirchturmspitze ein Globus – als Symbol für die Verbreitung ihrer Bücher: In 76 Sprachen haben Kinder die Abenteuer und Streiche von Pippi und Co. mit erlebt und durchlitten. Die streitbare Astrid bescherte mit »Pomperipossa« über ihre damals mehr als 100-%ige Steuerlast 1976 den Sozialdemokraten Steuerdebatte und Wahlniederlage.

LOTTAS KÖK, Astrid Lindgrens Värld, täglich 12–16 Uhr. Warmes und kaltes Buffet mit schwedischer HAUSMANNSKOST. Ein Schild trägt die Aufschrift: Nimm soviel du willst und mach's so, wie Michels Mama es gesagt hat: TELLER LEER ESSEN!

■ In **NÄS** am nördlichen Stadtrand lebte Astrid Lindgren ihre Kindheit. Ihr Elternhaus ist allerdings nicht zu besichtigen.

Zu Besuch in Astrid Lindgrens Värld ▶

■ Entlang der **STORGATAN** stehen mehrere **BÜRGERHÄUSER** aus dem 17. Jahrhundert. Eines davon ist der GRANKVISTGÅRDEN (Nr. 32), in dem man 1962 barocke Wand- und Deckenmalereien freilegte. Den BORGMÄSTAREGÅRDEN (Nr. 3, Bürgermeisterhof) kann man besichtigen (Antiquitätenladen); hier gibt's alte Möbel, ein Esszimmer aus Eichenholz u.a. Das Gebäude strahlt viel vom Flair dieser alten Häuser aus.

■ **MUSEET NÄKTERGALEN**, Sevedegatan 43, Tel. 101 80. 15.6.–15.8. Mo–Fr 11–17 Uhr, Sa+So 10–13 Uhr.

Das STADTMUSEUM, zu Hause in einem Holzgebäude aus dem 18. Jh., zeigt eindrucksvoll Malereien jener Zeit, als die reichen Bürger Decken und Wände in ihren Häusern kunstvoll mit Landschaftsmalereien oder biblischen Motiven ausschmücken ließen. Die Wikingerzeit wird mit Funden des über 1.000 Jahre alten Gräberfeldes im südlichen Stadtgebiet dokumentiert. Eine andere Ausstellung schildert die Stadthistorie samt ökonomischer Entwicklung.

Ausflüge

Die Gemeinde Vimmerby und Umgebung bieten dank ihrer abwechslungsreichen Landschaft sowie den kulturgeschichtlichen Denkmälern für jede/n etwas. Die folgende Auswahl soll neugierig machen und auf Entdeckungsreise schicken. Es geht erst nach Süden und im Uhrzeigersinn durch die Gemeinde.

■ **STORA HAMMARSJÖN** liegt südwestlich von Hultsfred. Spazierwege, Badestellen, Angelstege sorgen für Erholung und Entspannung, und das NATURUM am Färgsjön vermittelt uns mehr über Orchideenarten, über die Fülle von Beeren und Pilzen im Spätsommer, über *Hjortron* (Moosbeeren), die hier wachsen sollen und sonst nur im Norden Schwedens zu finden sind. – Über die Lebensbedingungen von Kleinbauern informiert STENSHULT TORPARMUSEUM. Wem es hier gefällt, kann das Wohnhaus mieten. Im Umland sind weitere typische rote Holzhäuschen zu vermieten. *(Turistbyrå Hultsfred,* Tel. 0495 – 13486, Fax 16066)

■ **LÖNNEBERGA**, nordwestlich von Hultsfred, ist ein Name, der Astrid-Lindgren-Kennern geläufig ist. »Michel aus Lönneberga« heißt der kleine Lausebengel, den fast alle Kinder kennen. Kenner der Bücher und der Filme werden aber vergeblich nach Bekanntem suchen – die Filme zum Buch wurden IN GIBBERYD GEDREHT.

■ In **SEVEDSTORP**, weiter nördlich, fragen Touristen immer: »Und wo ist Bullerbü?« Hier in Sevedstorp wurden »Die Kinder aus Bullerbü« gedreht. Der Vater von Astrid Lindgren verbrachte hier seine Jugend, seine Tochter ließ die Romankinder durch die Dorfstraßen toben. In der Ferienzeit ist hier viel los, im Juli hat *Café Sörgården* jeden Tag geöffnet.

■ In **PELARNE**, 8 km westlich Vimmerbys, steht eine der ältesten noch zum Gottesdienst besuchten HOLZKIRCHEN im Land (Anfang 13. Jh.). Die mittelalterliche Freskomalerei wurde zum Teil erst 1989 entdeckt.

■ **SPILHAMMAR** heißt das Gebiet bei MARIANNELUND am Silverån. Hier können Sie an einem riesigen Findling rütteln, dem RUNKESTEN (Wackelstein). Auf seiner schmalsten Kante über einem Abhang liegend, hält er seit Jahrtausenden die Balance. Hier treffen sich die Wanderwege Sevedeleden u. Höglandsleden, auf dem sich eine kurze Wanderung nordwärts Richtung Stubbaberg empfiehlt. Die Aussicht über das Tal des SILVERÅN ist fantastisch.

■ In **RUMSKULLA**, weiter nördlich, ist in der DORFKIRCHE (19. Jh.) der mittelalterliche Flügelaltar aus der früheren Kirche erhalten, vermutlich eine Lübecker Arbeit.

■ **GIBBERYD**, weiter nördlich, war der Drehort für die Verfilmung des Buches »Michel aus Lönneberga«. Hier kann man ausprobieren, wie es ist, in einem Tischlerschuppen seine Strafe abzusitzen. KATTHULTSBODEN verkauft »Dies und Das«: 20.6.–20.8. täglich 10–19 Uhr. – STENFORSKVARN, die alte Wassermühle, mahlt nicht mehr. Das Museum ist ein idyllisches Plätzchen für eine Pause. – Neu angeboten wird Goldwaschen!

■ **NATIONALPARK NORRA KVILL** umfasst 27 ha unberührte Wildnis; seit 150 Jahren hat der Mensch hier nicht regulierend eingegriffen. Den größten Teil des Parks bildet Nadelwald; bis zu 35 m hohe Fichten mit einem Umfang von 2,5 m und über 350 Jahre alte Kiefern streben in die Höhe. Die moosbewachsenen, herumliegenden Felsblöcke, das sich wie ein Teppich ausbreitende dichte Buschwerk der Blaubeeren und das durch die hohen Bäume gedämpfte Licht betonen den Urwaldcharakter. Der höchste Punkt, IDHÖJDEN, gewährt einen famosen Ausblick. Den See ST. IDGÖLEN, fast mitten im Park, bedecken im Sommer Seerosen und Laichkraut.

Ein markierter Wanderweg führt am See und dem 45 m hohen Idhöjden vorbei. – Parkplatz am St. Grytgölen; dort stehen Hinweistafeln.

■ Und: **DET LILLA, LILLA LANDET**, Tel. 794 00. 1.5.–30.8 täglich 10–17 Uhr, September 11–14 Uhr, Eintritt 90/60 SEK, Familien 290 SEK.

Im klitzekleinen Land kann man Schweden mit Siebenmeilenstiefeln durchstreifen. Nur 314 m lang, zeigen typische Bauwerke im Maßstab 1 : 3 von Nord nach Süd, wie Schweden Ende des 19. Jhs. aussah. Öland vertreten seine Leuchttürme, Småland die Djursdala-Kirche und die Insel Visingsö im Vättern. Dargestellt sind auch das Kattegatt und die Ostsee, die zusammen 10.000 m^2 bedecken; die Kleinsten dürfen am flachen Sandstrand der Riga-Bucht baden und planschen...

■ In **DJURSDALA**, 5 km nordöstlich von Södra Vi, steht eine sehenswerte HOLZKIRCHE (1692). Deren Ausschmückung mit biblischen Motiven, naive und farbenfrohe Malereien an Wand und Decke, entstanden 1707. Das Kleinod der Kirche ist der Flügelaltar des Lübecker Bildhauers *Bernt Notke*. Der Kirchhügel gibt eine SCHÖNE AUSSICHT auf die sanft hügelige Landschaft frei. Djursdala gehört zu den Dörfern, die die Flurbereinigung nicht aufteilte. DJURSDALARUNDAN ist ein 7 km langer Wanderweg durch die Region.

Verschiedenes

■ **SIGHTSEEING**: Rundtour mit einem »Töff-Töff«, alle 45 Minuten ab Stortorget, A. Lindgrens Värld, hält an Lindgrens Geburtshaus. Ein- und aussteigen unterwegs möglich.

■ **ANGELN**: In 13 Gemeindeseen beißen Hecht, Zander, Barsch oder Weißfisch, in den Seen GISSEN, JUTTERN und KRÖN auch Edelfische.

■ **BADEN** in den Binnenseen NOSSENBADEN (Campingplatz, Kiosk), Solnen, ALNEN (kinderfreundlich), Juttern mit Badeplatz STJÄRNEVIK, Gränssjön, HOLMSJÖN (mit Sprungturm), Nyen, KRÖN (mit Badeplatz Kröngården, kinderfreundlich) und ÖREN (Badeplatz Bosand, tolle Lage, kinderfreundlich).

■ **RAD FAHREN**: Die ca. 30 km lange KUNGSRUNDA führt über einen Teil des alten Königswegs von Kalmar nach Stockholm (Skillingarum-Storebro). – FAHRRADVERMIETUNG: *Vimmerby Vandrarhem* (s.o.) u.a.

■ **KANU**: Fluss STÅNGÅN, zu empfehlen die Tour (70 km) von Ösjöfors über Storebro und Vimmerby durch die Seen Krön und Juttern. Komplette Beschreibung im Touristenbüro. – VERMIETUNG: *Camping Nossenbadens,* Tel. 31410 – *Pippis Sommarhotell,* Tel. 12259.

■ **WANDERN**: DJURSDALARUNDAN, 7 km (s.o.). – Der rund 100 km lange SEVEDELEDEN durchquert eine vielfältige Landschaft mit viel Sehenswertem; unterwegs Unterstände, Rastplätze, Übernachtungshütten. In Mossebo beginnt eine Teilstrecke als geschlossene Runde.

■ **KUNSTHANDWERK**: *Vimmerby Krukmakeri,* Tel. 107 89. – *Britt Keramik,* Drottninggatan 31, Tel. 104 64. – Glasbläserei, Södra Industrigatan/Hotel Ronja. Tägl. 10–18 Uhr.

■ **VERANSTALTUNGEN**: Am letzten Freitag im Juli TABBESRASET, Volksfest auf dem Markplatz. – In Hultsfred: Mitte Juni HULTSFREDSFESTIVALEN, die Rockparty mit internationalen Showgrößen. – In Virserum: ab Mittsommer eine Woche Musiktage mit Kindermusikfestval.

■ **POSTAMT**: Sevedegatan 25.

■ **TRANSPORT**: Resecentrum mit Bus nach Rumskulla, 2 x täglich hin und zurück Mo–Fr. Ferner Busse nach Mariannelund ab Pelarne Kirche, nach Ydrefors und Hultsfred.

■ **TAXI**: Tel. 120 20.

■ **PARKEN**: in Vimmerby gratis.

■ **ÄRZTLICHE VERSORGUNG**: im *Sjukhus* (Krankenhaus), Drottninggatan, Tel. 176 00.

Weiterreise

■ **BAHN**: Bahnhof in Järnvägsallén, Tel. 107 50. An der Strecke Oskarshamn-Linköping.

■ **BUS**: nach Västervik, Hultsfred und Kalmar.

■ **AUTO**: **NACH EKSJÖ** auf Str. 33.

NACH LINKÖPING auf Str. 34; hier empfiehlt sich für Reisende mit Zeit von Vimmerby am See **KRÖN** entlang über Djursdala und Horn am Åsunden vorbei nach Kisa zu fahren, wo man die Str. 34 erreicht.

Eksjö

Eksjö ist eine hübsche kleine Stadt mit einem ursprünglichen Holzhausviertel, dessen Wahrung und Pflege (56 denkmalgeschützter Gebäude) durch die Gemeinde Eksjö 1997 das EUROPA NOSTRA DIPLOM erhielt.

Das älteste Stadtsiegel datiert von 1439. 1568, am Ende des siebenjährigen Nordischen Krieges, fanden die sich zurückziehenden dänischen Truppen Eksjö niedergebrannt vor. Aber schon 1569 erhielt der flämische Baumeister *Arendt de Roy* den königlichen Auftrag zum Wiederaufbau nach einem neuen Stadtplan. Die Altstadt gliedert sich nach diesen Straßenzügen. 1856 brannte nur der südliche Stadtteil ab. Der Wiederaufbau erfolgte diesmal im Stil Karl Johans, so dass Eksjö zwei unterschiedliche Stadtbilder kennt.

Kulturgut wird in Eksjö auf allen Ebenen gepflegt, ob die viel beachteten Blasmusikorchester oder der Aufmarsch der VAKTPARADEN samt anschließendem Konzert auf dem Stortorg an den Sommersamstagen. Die Engströmspiele sind seit 40 Jahren eine Institution: Laiendarsteller führen Stücke und Erzählungen von *Albert Engström,* einem berühmten Sohn der Kommune, auf. Im Jahr 2003 feiert die Stadt ihren 600. Geburtstag.

INFORMATION

■ **HÖGLANDETS TURISM EKSJÖ**, Österlånggatan 31 (im Eksjö Museum), SE–57580 Eksjö, Tel. 0381–36170, Fax 17755, www.eksjo.se. Im Sommer täglich 8–20 Uhr, sonst Mo–Fr 13–18, Sa+So 11–16 Uhr. Boots- und Fahrradvermietung.

Unterkunft

Das Touristenbüro vermittelt Ferienhäuser und Zimmer.

■ **EKSJÖ VANDRARHEM**, STF, Österlånggatan 31, Tel. 361 80, Fax 177 55, www.eksjo.se/vh.htm. Ganzjährig geöffnet. Im 1–5-Bett-Zimmer ab 165 / 90 SEK. Man wohnt in einem Holzhaus aus dem 19. Jh. neben dem Museum mitten in der Altstadt

■ **EKSJÖ CAMPINGS VANDRARHEM**, SVIF, Tel. 109 45, Fax 140 96. Ganzjährig geöffnet. Ab 140 SEK. See Hunsnäsen, rund 1 km ab City.

■ **EKSJÖ CAMPING & KONFERENS**, Tel. 109 45, Fax 140 96. Ganzjährig geöffnet. Stellplätze ab 100, Hütten ab 300, Wohnwagen ab 475, Zimmer ab 130, EZ 275, DZ 475 SEK inklusive Frühstück. Am Südende des Sees Hunsnäsen, Str. 33, Richtung Eksjö Zentrum etwa 1 km.

Sehenswertes

■ Die geschlossene **ALTSTADT** – mit schmalen Gassen, harmonischer HOLZHAUSARCHITEKTUR und kopfsteingepflasterten Innenhöfen – wie die Kulisse eines historischen Films, aber bewohnt. Die Benennung der Höfe verweist entweder auf Handwerk oder Namen der früheren Besitzer: Im VAXBLEKARGÅRDEN befand sich eine Wachsbleiche. Im BRÄNNERIGÅRDEN ging man der so lukrativen Schnapsbrennerei nach, FORSELLSKA GÅRDEN gehörte einem Hutmacher mit dem Namen Forsell. In diese Phalanx reihen sich ein:

■ **ASCHANSKA GÅRDEN**, Arendt Byggmästaregt. 3, 15.6.–15.8. Führungen 13 u. 15 Uhr. Eintritt 30 SEK.

Die Villa der begüterten Familie Aschan ist das wohl BEKANNTESTE Gebäude der Stadt. Das Holzhaus ist nicht nur von außen schön anzusehen; in den Wohnräumen mit Mobiliar der zweiten Hälfte des 19. Jhs. sieht es aus, als würden die Besitzer jeden Moment zurückkehren.

■ **FORNMINNESGÅRDEN**, Arendt Byggmästaregt. 22, 15.6.–15.8. täglich 12–16 Uhr. Eintritt 10 SEK.

Das HEIMATMUSEUM zeigt alte Möbel, Werkzeug, eine eingerichtete KUPFERSCHMIEDE, ebenso alte Fotoapparate und Fahrräder. In der BUCHBINDEREI werden die traditionellen handwerklichen Fertigkeiten dieser Zunft gepflegt.

■ **EKSJÖ MUSEUM**, Österlånggatan 31, Tel. 361 70. Im Sommer täglich 8–20 Uhr, sonst Di–Fr 13–18, Sa+So 11–16 Uhr. Eintritt 20 SEK.

Eksjö genom seklerna, eine Reise durch die Stadtgeschichte, führt den Betrachter auf einen Markt Anfang des 19. Jhs., zu Darstellungen historischer Ereignisse, macht mit Bürgern, Kaufleuten, Handwerkern und Bauern der Stadt im Lauf der Zeit bekannt. – Die ALBERT-ENGSTRÖM-AUSSTELLUNG widmet sich Leben und Wirken des populären Künstlers, einem Schüler *Carl Larssons*, der vor allem durch seine witzigen Zeichnungen und Karikaturen bekannt wurde. Seine spitze Feder benutzte er ebenso zum Verfassen von volksnahen Theaterstücken und Erzählungen. Auch mehr als 100 Grafiken und Aquarelle sind zu sehen.

Ausflüge

■ Nordöstlich von Eksjö versteckt sich die enge Schlucht **SKURUGATA**, von bis zu 56 m hohen Felswänden eingefasst. Die vorherrschende Gesteinsart ist Schokoladen-brauner Phorphyr, der an manchen Stellen rötlich schimmert.

Vom Gipfel SKURUHATT (337 m), auf der östlichen Seite der Schlucht, hat man einen weiten Ausblick. Für die Erforschung der 7–24 m breiten Schlucht sind unempfindliche Kleidung und festes Schuhwerk, besser Stiefel, von Vorteil. Der 550 m lange Nordteil des Canyons beginnt auf 280 m Höhe mit ca. 8 m hohen Felswänden in einer fast moorartigen Ebene und verläuft bald mit nahezu senkrechten Wänden in südöstlicher

Richtung. Der Boden der Schlucht ist zwar trocken, aber kleine Steine, große, scharfkantige Felsblöcke und umgestürzte Bäume liegen im Weg. Mit einer fast rechtwinkligen Richtungsänderung ändert sich auch die Schlucht. Nach 50 m beginnt sozusagen der zweite Teil der Skurugata (650 m) in südlicher Richtung, wobei der östliche Berghang bis zu 20 m hoch ist, während der Westhang allmählich in die flachere Landschaft übergeht. Dieser Teil der Schlucht kann sumpfig sein.

An der Skurugata Parkplätze, Kiosk, Café. Naturum und TC.

■ **KLEVA GRUVA**, Holsbybrunn, westlich Vetlandas, Tel. 0383 – 540 33. Ca. 20.6.–12.8. täglich 10–18 Uhr, ab 15.5. und bis 25.9. Sa+So 11–17 Uhr; bei EISBILDUNG in der Grube Änderungen möglich. Führung um 12 u. 14 Uhr auch auf Deutsch. Ohne u. mit Führung 60 / 40 u. 80 / 50 SEK.

Im Klevaberg begann man Ende des 17. Jhs. mit dem Abbau von Kupfer; etwa 5 t war die jährliche Ausbeute des minderwertigen Kupfers. 1738 fand man Gold in der Nähe, in Ädelfors. Das Interesse an der Kupfergrube schlief ein, bis man 1838 bis 1889 im Klevaberg Nickel abbaute.

Während des Ersten Weltkriegs wurde die Grubenarbeit noch einmal belebt, aber 1919 war endgültig Schluss. Nun hat man die Stollen, Schächte, Gruben restauriert, begeben sich Touristen mit Helm und Taschenlampe unter die Erde, am besten mit festem Schuhwerk und warmem Pullover. Höhepunkte sind die mystische Madonna in der Erzkirche und der Saal des Bergkönigs.

■ **GULDVASKNING ÄDELFORS**, Holsbybrunn, Tel. 0383 – 460 110, Fax 460 109, www.guldstrom.se. Ca. 25.6.–19.8. 10–18 Uhr. 180 SEK.

Nur einige Kilometer weiter östlich kann man im Emån, bei Ädelfors, GOLD WASCHEN. Von 1890–98 hat man hier 111 kg Gold geschürft. Man soll sogar hin und wieder noch ein Goldkorn finden können; dem Goldrausch ist allerdings niemand erlegen. Anleitung und Ausrüstung sind im Eintrittspreis enthalten, unempfindliche Kleidung und eigenes Schuhwerk ratsam; nicht immer sind in der Hochsaison für jeden Stiefel vorhanden. Für Kinder ab 9 Jahre.

Wanderungen

Eine Wanderung durch das smäländische Hochland, durch dichte Fichtenwälder, vorbei an plätschernden Flüssen und an größeren wie kleinen Seen, umgeben von Vogelgezwitscher, immer gewahr, Rehwild oder gar einem Elch zu begegnen...

■ Den **HÖGLANDSLEDEN** begehe man auf folgender Etappe:

LÖVHULT-MARIANNELUND, 82 km. Wandern durch das Naturreservat KULLAPARADISET, mit Blumenwiesen, Laubwäldern und reichem Vogelleben, um den See Norra Vixen herum nach Eksjö. Von dort weiter zu Skurugata und Skuruhatt, in östlicher Richtung vorbei an Bruzaholm zur Höhe VALBACKEN bei Ingatorp, über FÅGELVIK und durch das Tal des SILVERÅN bis zum Ziel.

■ **ANEBYLEDEN**: 77 km rund um Aneby, im Süden Anschluss an den Höglandsleden, im Norden an den Holavedsleden.

Verschiedenes

■ **SIGHTSEEING**: Stadtwanderung, im Juli täglich um 16.30 Uhr ab Touristenbüro.

■ **ANGELN**: Hecht, Zander, Barsch, Schleie, Rotfedern usw. beißen in den Hochlandseen.

■ **RAD FAHREN**: 350 km lang ist die Route HÖGLANDSTRAMPEN mit den Etappenorten Aneby, Eksjö, Nässjö, Sävsjö, Vetlanda. Im Touristenbüro, das Fahrräder vermietet, kann man mehrtägige Touren buchen.

■ **KANU**: auf dem Fluss EMÅN und weiteren kleinen Seen und Flüssen. Kanuwanderstrecke mit markierten Tragestellen, Grillplätzen, TC, Abfallcontainer. Beginn in VÄRNE im Süden der Kommune Richtung Vetlanda, Länge 104 km.

■ **VERANSTALTUNGEN**: WALPURGISNACHT, die Grafen Winter und Frühling kämpfen um die Frühlingsprinzessin, ein Ritterspiel nach der Art alter Turnierspiele. – 2. Junisonntag: Seit 1929 feiert man den TAG DER HUSAREN. – Ab Mittsommer an 10 Samstagen um 10.30 Uhr MUSIKLÖRDAG MED VAKTPARAD, Musik auf den Plätzen der Stadt, Parade des Blasmusikorchesters. – Im Juli MUSIK im Museumsgarten, Di ab 19 Uhr. – Im August das Volksfest für alle: EKSJÖ TATTOO.

■ **POSTAMT**: Postgatan 1.

■ **TRANSPORT**: Busterminal Nahverkehr Järnvägsgatan.

■ **TAXI**: Tel. 134 00.

■ **PARKEN**: kostenfreie Parkplätze, auch am Touristenbüro (Zeitlimit); vielerorts Parken nach Datum.

■ **ÄRZTLICHE VERSORGUNG**: im Krankenhaus *Höglandssjukhuset,* Ambulanz und Zahnbehandlung, Lasarettvägen, Tel. 350 00.

Weiterreise

■ **BAHN**: Bahnhof Järnvägsgatan. Södra Stambanan, Strecke Malmö – Stockholm. Weitere Verbindungen nach Hultsfred und Oskarshamn.

■ **BUS**: Busterminal Fernverkehr: Järnvägsgatan 2, am Bahnhof.

■ **AUTO**: **NACH JÖNKÖPING**. Str. 31.

NACH MOTALA. Auf Str. 32. Allmählich verlässt man das Hochland, kommt über Sundhultsbrunn zum Kirchdorf **SÄBY** am gleichnamigen See; KIRCHE mit Fresken aus dem Mittelalter; im 15. und 17. Jh. wurde das Gotteshaus umgebaut. Wenige Kilometer hinter Säby liegt **TRANÅS** nahe der Mündung des Svartån in den See Sommen; der Ort gilt als ein Zentrum von Lederverarbeitung, Kürschnerei und Möbelindustrie. Eine nette Abwechslung bieten die Ausflugsschiffe, die auf dem verzweigten und inselreichen **SOMMEN** verkehren; mehr darüber im Kapitel »Linköping« unter »Ausflüge«. Hinter Tranås ist die Grenze Smålands erreicht.

Jönköping

Jönköping liegt an der Südspitze des Sees VÄTTERN, Schwedens zweitgrößtem Binnensee. Die Umgebung zeigt sich mit Bergen und Ebenen, tiefen Wäldern, offenen Landwirtschaftsflächen, Hochmooren sowie rund 2.500 Seen sehr vielfältig.

Im Mittelalter war Jönköping ein Kreuzungspunkt der Wege von Süden, Osten und Westen; hier ritten neu gewählte Könige mit ihrem Gefolge von Västergötland nach Östergötland die ERIKSGATA, um sich vom Volk huldigen zu lassen; also ein geeigneter Platz, um Handel zu treiben. König *Magnus Ladulås* erkannte die für ihn auch strategisch wichtige Lage und unterzeichnete 1284 den (erhaltenen) PRIVILEGIENBRIEF, der Jönköping weitgehende Rechte einräumte: Handel und Handwerk ließen sich nieder, die Kaufleute und Bauern des Umlands mussten ihre Waren in der Stadt verkaufen, zweimal im Jahr fand ein Markt statt.

Die strategische Lage der Stadt brachte aber auch viel Leid mit sich: Streitigkeiten um die Thronfo lge, Grenzkonflikte mit dem Nachbarn Dänemark. Um 1610 baute man eine neue Festung auf Geheiß Karl IX.'s, und im Dänenkrieg 1612 ging ganz Jönköping samt Festung mal wieder in Rauch und Flammen auf.

Gustav II. Adolf ließ die neue Stadt weiter westlich errichten; die schmale Landenge zwischen Munksjö und Vättern sollte die Verteidigung erleichtern. Jönköping wuchs, die ersten Steinbauten entstanden. Gustav Adolf verlegte eine Waffenschmiede nach Jönköping; im Tal des DUNKELHALLAÅ, dessen Wasserfälle Energie lieferten, siedelten sich weitere Fabrikationen an. Vor allem die schwedischen Bemühungen um die Vormachtstellung in Europa gaben ihnen Lohn und Brot. 1690 zog die Waffenfabrik nach HUSKVARNA um: *Karl XII.* brauchte für seine Kriege ständig mehr Waffen, doch mit Ende des Nordischen Kriegs ging die Herstellung von Kriegsmaterial und Uniformen zurück. Jönköping war zudem keine Grenzstadt mehr: Die südlichen Landschaften gehörten nun endgültig zu Schweden.

Anfang des 18. Jhs. raffte die Pest ein Drittel der Einwohner hinweg. Dunkle Kapitel der Stadtgeschichte sind ferner die Überschwemmung 1831, als man sich nur im Boot fortbewegen konnte, und die Choleraepidemie 1834.

Der Bau des GÖTAKANALS sorgte für neue Kontakte und Impulse; so gründete *C.F. Lundström* 1844 eine Metallwarenfabrik und kurze Zeit später eine Streichholzmanufaktur, die Jönköping selbst im Ausland bekannt machte. Mit dem Bau der Eisenbahn 1864 waren die Weichen auch für die Zukunft gestellt. Das erste Automobil rollte 1903 durch die Straßen, und ab 1907 fuhr eine Straßenbahn; alte Gebäude wichen der neuen Zeit.

Die umfassendsten Änderungen im Stadtbild erfolgten in den 1950er und 60er Jahren. Mit der Gemeindereform 1971 wurde aus Jönköping und dem benachbarten Huskvarna eine Doppelstadt mit über 100.000 Einwohnern. Bekannt ist Huskvarna durch die alte Waffenfabrik und die Huskvarna-Werke, die Nähmaschinen, Motorsägen etc. herstellen.

Jönköping versorgt als Dienstleistungszentrum ein großes Umland, auch in Bildung und Forschung. Tragende Industriesparten sind Holz, Papier, Metall, Maschinenbau, Textilien, Lebensmittel. Neben Handel und Industrie stellen die Verwaltung der schwedischen Land- und Forstwirtschaft und des Verbands schwedischer Landwirte wichtige Arbeitsplätze. Ferner ist Jönköping seit einigen Jahren Messestadt (»Elmia«) und dank moderner Kommunikation sowie Transportwege häufig gewählter Ort für Kongresse und Ausstellungen, woraus die große Hotelkapazität resultiert. Kultur, Unterhaltung und im Umland eine recht abwechslungsreiche Natur machen die Stadt für Touristen interessant.

INFORMATION

■ **TURISTBYRÅ JÖNKÖPING**, Juneporten, SE–55189 Jönköping, Tel. 036–105050, Fax 107768, turist@stk.jonkoping.se, Internet: www.jonkoping.se. Mo–Fr 8–18, Sa 10–14 Uhr. Centrum Väster, am Hauptbahnhof, nahe Streichholzmuseum.

■ **TURISTBYRÅ VISINGSÖ**, Hamnen, SE–56034 Visingsö, Tel. 0390–401 93, Fax 199 39, visingsoturist@grm.se. Nur im Sommer geöffnet.

Unterkunft

■ **CITY HOTEL**, Västra Storgatan 25, Tel. 719 280, Fax 718 848. EZ ab 645 / 395 SEK, DZ 895 / 545 SEK, Zimmer mit 3 Betten 845 / 495 SEK, mit 4 Betten 1.195 SEK. Fragen Sie gezielt nach Zimmern mit Balkon und Aussicht auf den Vättern.

■ **GRAND HOTEL**, Hovrättstorget, Tel. 719 600. Fax 719 605. EZ 670 / 440 SEK, DZ 790 / 550 SEK. Östra-Zentrum, mit Aussicht auf den See. Zum Bahnhof etwa 1 km.

■ **HUSKVARNA VANDRARHEM**, STF, Rosendala Turistgård, Odengatan 10, Tel. 148 870, Fax 148 840. Ganzjährig geöffnet. 98 Betten, 1–4-Bett-Zimmer ab 180 / 70 SEK, WC/ Waschbecken. Frühstück kann bestellt werden. Huskvarna-Zentrum etwa 10 Minuten Fußweg, Bushaltestelle 100 m.

■ **GRÄNNA VANDRARHEM**, SVIF, Gränna Turistbyrå, Brahegatan 38, Tel. 0390–410 10, Fax 102 75. 16.6.–1.8. Im 1–3-Bett-Zimmer ab 120/60 SEK. Frühstück auf Bestellung. Einfache Selbstversorgerküche.

■ **JÖNKÖPING SWECAMP ROSENLUNDS**, Tel. 122 863, Fax 126 687, www.camping.se/plats/F06. Ganzjährig geöffnet. 280 Stellplätze 150, Ferienhütten ab 490, Wohnwagen, Zimmer ab 290 SEK. Am Vättern.

■ **GRÄNNASTRANDENS FAMILJE-CAMPING**, Tel. 0390–107 06, Fax 412 60. 1.5–30.9. 450 Stellplätze 150, 27 Hütten ab 400, Zimmer ab 135/75 SEK. Herrliche Badelagune, abgetrennt vom Vättern. Angeln nebenan. Am Fährhafen nach Visingsö.

■ **GETINGARYDS FAMILJECAMPING**, Tel. 0390–21015, Internet: www.camping.se/plats/F02. Ende April bis Mitte Oktober. Stellplätze ab 100, Hütten ab 250 SEK. Ponyreiten u.a. Am Vättern, zu erreichen über die alte E 4, ausgeschildert als »Turistvägen«, 10 km nö Gränna.

Essen und Trinken

■ **MÄSTER GUDMUNDS KÄLLARE**, Kapellgatan 2, Tel. 100 640. Mo–Fr 11.30–14 und 18–22 Uhr, Sa 12–22 Uhr, So 12–17 Uhr. Dagens rätt um 56 SEK, à la carte ab 119 SEK.

Eine schwere Holztür führt in die Gewölbe aus dem 17. Jh. mit vier unterschiedlich großen Räumen. Hier speist man gemütlich, SCHWEDISCHE und INTERNATIONALE KÜCHE.

■ **M/S NYA SKÄRGÅRDEN**, Hafen Jönköping, Tel. 233 370. Vorspeisen ab 49, Hauptgericht ab 117 SEK. Für Kinder gibt's »Klein Smutjes köttbullar« für 49 SEK.

Gutes Essen in einer STILVOLLEN Umgebung (von Hand gefertigte Eichenmöbel und handgewebte Textilien), über sich den weiten Himmel und das tiefe Wasser unter sich. Ein solches Erlebnis bietet das 1915 gebaute Passagierschiff, das man Mitte der 1990er Jahre LIEBEVOLL nach alten Zeichnungen restaurierte. Das Jahr 1900 kehrte zurück, mit einer AUSGEZEICHNETEN KÜCHE an Bord, die frische Zutaten aus der Region verwendet, etwa *sik* (Renke) oder *Röding* (Saibling) aus dem Vättern.

Sehenswertes

■ TÄNDSTICKSOMRÅDET im Jönköpings Zentrum: Hier begann 1848 die Herstellung des Zündhölzchens, das einen internationalen Siegeszug antrat. Das Areal der alten Streichholzfabrik wurde behutsam restauriert; kleine Boutiquen, Handwerkstätten und das Kulturhaus mit dem Landestheater *Stickan* hielten Einzug, und es finden Jazzevents statt. **TÄNDSTICKSMUSEET**, Tändsticksgränd 27, Tel. 105 543. 1.6.–31.8. Mo–Fr 10–17 Uhr, Sa und So 10–15 Uhr, sonst Di–Do 12–16 Uhr, Sa 11–15 Uhr. Eintritt 25 SEK. Dia-Show, Vortrag auch auf Deutsch, ebenso Beschreibung der Ausstellungen.

Das STREICHHOLZMUSEUM erzählt die Entstehungsgeschichte des berühmten Jönköpinger Streichholzes. 1848 begannen die Gebrüder *Lundström* mit der Fabrikation der »Sicherheitszündhölzer« im heutigen Museum. 1890 stellte man von manueller auf maschinelle Herstellung um. Eine wichtige Rolle bei der Popularität des Streichholzes spielen die SCHACHTELN und ETIKETTEN, die zu beliebten SAMMLERSTÜCKEN avancierten: Selbst Fälschungen der Papierbildchen sind zu sehen. 1917 entstand aus zwei Konzernen die Aktiengesellschaft STAB *(Svenska Tändsticks AktieBolag)*, die unter der Leitung von *Ivar Kreuger* mit der »International Match Corporation« New York 70 % der Produktion hervorbrachte. 1971 wurde die Fabrik in Jönköping stillgelegt; die Firma *Swedish Match* stellt heute nur noch in Tidaholm und Vetlanda Zündhölzer her. Vor Ort auch: **RADIO- OCH TEKNIKMUSEUM**, Tel. 7113 959. Di–Fr 10–17 Uhr, Sa 10–13 Uhr, 1.6.–15.8. auch Mo, So 11–15 Uhr. Eintritt 20 SEK. Für Fans der Rundfunktechnik, über 1.000 Radioapparate seit den Anfängen.

■ **LÄNSMUSEET**, Dag Hammarskjölds plats, Tel. 301 800. Di–So 11–17, Mi bis 20 Uhr. Eintritt 20 SEK.

Das Landesmuseum spricht, auch dank Architektur außen wie innen, ein breites Publikum an: mit origineller Kunstabteilung (schwedische Kunst der letzten 100 Jahre), einer formidablen, systematischen Keramik-Sammlung, Enthüllungen über den SMÅLÄNDISCHEN UNTERNEHMUNGSGEIST und wechselnden, aktuellen Themenausstellungen.

Besondere Aufmerksamkeit verdienen die Exponate des småländischen Künstlers *John Bauer*, den seine Darstellungen von Kobolden, Trollen und Prinzessinnen berühmt machten. – Die KUNSTGALERIE mit wechselnden Ausstellungen und ein Einblick in die Geschichte der letzten 10.000 Jahre ergänzen den positiven Eindruck.

■ Das **FREILICHTMUSEUM** im Stadtpark vermittelt mit seinen unterschiedlichen Gebäuden einen guten Einblick in die Kultur und die bäuerliche Bewirtschaftung Smålands vor 1900.

Die TIERGEHEGE mit Schafen, Ziegen und Rehwild sind besonders bei den Kindern beliebt. – Im VOGELMUSEUM, am Rande des Parks, sind rund 1.500 präparierte Vögel zu sehen, darunter über 300 in Schweden brütende Vogelarten samt umfangreicher Eiersammlung. 1.5.–31.8. täglich 11–17 Uhr. Eintritt 15 SEK. – Schön ist der Spaziergang durch das ARBORETUM mit seinem vielfältigen Busch- und Baumbestand.

■ **PARKS**: Weitere grüne Oasen im Stadtgebiet sind der RÅDHUSPARK, im Stil der vorletzten Jahrhundertwende, das ROSENLUNDS ROSARIUM und der VATTENLEDNINGSPARK, an den Hängen südwestlich der City.

Im Stadtpark geben mehrere Plätze eine wunderbare AUSSICHT über Jönköping frei. – Einen ebenso herrlichen Blick haben Sie vom HUSKVARNABERG.

IN HUSKVARNA

In Huskvarna liegt SMEDBYN, ein Stadtteil, der im 18. Jh. Mittelpunkt der Waffenschmiede war.

■ Smedbyn – das ist auch **GALERIE SMEDBYN**, mit einer großen Anzahl von Werkstätten und Ateliers, in denen Künstler und Kunsthandwerker arbeiten, ausstellen und verkaufen. Smedbyn ist ein Vorbild für die Restaurierung sowie sinnvolle Nutzung eines alten Holzhausviertels.

■ **HUSQVARNA FABRIKSMUSEUM** in Smedbyn, Tel. 146 162. 1.6.–31.8. Mo–Fr 10–17 Uhr, Sa+So 13–16 Uhr, sonst Sa+So 13–16 Uhr. Eintritt 25 SEK.

In dem ehemaligen PULVERHAUS ist die gesamte Palette an Qualitätsprodukten von Husqvarna versammelt. Vor allem Nähmaschinen und Haushaltsgeräte Marke Husqvarna sind vielen Menschen ein Begriff. Fahrräder, Motorräder, Waffen u.a. ergänzen die Sammlung.

Jönköping schrieb Streichholzgeschichte

Ausflüge

■ **NORRAHAMMARS INDUSTRIMUSEUM** (Taberg), Hammarvägen, Tel. 073–949 9291. 15.5.–31.8. Do–So 13–17 Uhr. Eintritt 20 SEK.

Wer in diesem Industriemuseum nur Exponate neben Exponaten erwartet, wird angenehm überrascht. Mit viel Einfühlungsvermögen und Sorgfalt wird dem Besucher die Gewinnung des Erzes aus dem Taberg und die Herstellung des Eisens von Anfang an verdeutlicht. – Hier legt man großen Wert auf die Bedeutung der Arbeit für die Bevölkerung um den Taberg. Sie sollten sich dieses Museum nicht entgehen lassen.

GRÄNNA

30 km nördlich von Huskvarna und am Ostufer des Vättern liegt Gränna, 1652 gegründet und bekannt als Stadt der Birnen (Obstplantagen) und POLKAGRISAR, der rot-weiß geringelten Zuckerstangen, einer typisch schwedischen, klebrigen, rotweißen Süßigkeit, zu deren Herstellung die arme Witwe *Amalia Eriksson* 1859 die schriftliche Genehmigung des Magistrats erhielt, um sich ein Zubrot zu verdienen; warum sie jedoch die Zuckerstange Polkagris (POLKASCHWEINCHEN) nannte, hat Amalia nicht verraten. Heute bietet *Grännas Polkagriskokeri* FÜHRUNGEN in mehreren Sprachen an.

Im Sommer entwickelt sich quirliges Leben in dem langen schmalen Örtchen zwischen dem Vättern und den steil aufsteigenden Felswänden. Von der Hauptstraße aus geben steil hinab führende Seitenstraßen ständig den Blick auf den See und die Insel Visingsö frei. Im Jahr 2002 feiert Gränna seinen 350. Geburtstag.

Gränna die Heimatstadt von *Salomon August Andrée*. Im Juli 1897 brach Andrée mit den Kameraden *Frænkel* und *Strindberg* von Spitzbergen aus zu ihrer legendären Ballonfahrt zum Nordpol auf, eine Reise ohne Wiederkehr. Gränna ist das folgerichtige Zentrum der schwedischen HEISSLUFTBALLONFAHRER, die alljährlich im Juli mit einem Aufstieg an S.A. Andrée erinnern.

■ **TURISTBYRÅ GRÄNNA**, Andréemuseet, SE–56322 Gränna, Tel. 0390–410 10, Fax 102 75, turist@grm.se, www.turist.grm.se. Ca. 7.5.–31.8. täglich 10–17 Uhr, ca. 16.6.–1.8. bis 19 Uhr, sonst So–Fr 12–16 Uhr.

■ Die gut erhaltenen Gegenstände, Tagebuchaufzeichnungen und Fotografien, die nach 33 Jahren noch entwickelt werden konnten, sind im **ANDRÉE-MUSEUM** ausgestellt. Erst 1930 entdeckte eine norwegische Arktis-Expedition das letzte Lager der Verschollenen auf der Insel Vitö und barg die sterblichen Überreste zweier Teilnehmer. Brahegatan 38, Tel. 410 15. Im Sommer täglich 10–17, im Juli bis 19 Uhr.

Das Gebäude beherbergt auch das VÄTTERN-MUSEUM zur Natur- und Kulturgeschichte der Region.

VISINGSÖ

Vor Gränna liegt die Insel Visingsö, die nachweislich SEIT 6.000 JAHREN bewohnt ist. Man nimmt an, dass die BURG NÄS um 1160 von *Karl Sverkersson* erbaut wurde. Mit Beginn

Die Fotos der gescheiterten Nordpol-Expedition konnten nach 33 Jahren im Eis noch entwickelt werden: zu sehen im Andrée-Museum in Gränna ▶

der Großmachtzeit erhielt Schwedens erster Graf, *Per Brahe d. Ä.*, 1562 Visingsö als Lehen *Eriks XIV.* Die Familie Brahes hinterließ auf Visingsö wertvolle Kulturdenkmäler. 1681 zog die Krone das Lehen wieder ein.

Ein Besuch dieser Insel beginnt mit einer 20-minütigen Fährfahrt. Danach begibt man sich am besten per Pferdefuhwerk, genannt »Remmalag«, oder mit per Fahrrad (zu mieten in Gränna am Fähranleger) auf Erkundungsfahrt über die 14 km lange und etwa 3 km breite Insel.

Wanderungen

Wandern am Taberg siehe dort. – Wandererlebnisse besonderer Art sind die Wege über die Hochmoore Dumme Mosse und Komosse (siehe Naturreservate). – Der 59 km lange Wanderweg HOLAVEDSLEDEN führt von Gränna bis nach Tranås. – Der 50 km lange JOHN-BAUER-LEDEN beginnt in Huskvarna und endet in Gränna. Eine Begegnung mit Elchen ist nicht ausgeschlossen. – Die Südspitze des Vättern umwandert man auf dem SÖDRA-VÄTTER-LEDEN von Huskvarna bis Mullsjö. – Der VÄSTRA-VÄTTER-LEDEN führt von Mullsjö weiter Richtung Norden bis ins Bergslagen-Gebiet. – DUNKELHALLALEDEN, ein 5 km langer Wanderweg entlang des Flusses. – Und PUSTA-LEDEN ist ein 2,5 km langer Weg, eine Mischung aus Natur und Kultur, Parkplatz Smedbyn.

Naturreservate

Innerhalb des Gemeindegebiets erstrecken sich die Hochmoore *Dumme Mosse* und *Komosse:*

Durch DUMME MOSSE führt ein 10 km langer Holzsteg. (Start/Ziel Axamo-Flugplatz). – KOMOSSE ist ein Hochmoor auf einem 348 m hohen Plateau, ca. 35 km westlich von Jönköping, interessant dank seiner ungewöhnlichen Pflanzen- und Vogelvorkommen.

Weitere Naturreservate innerhalb der Großgemeinde Jönköping sind VISINGSÖ (Eichenwälder, reiches Vogelleben), HUSKVARNA BERGE (geologisch und botanisch interessant), ROSENLUNDS BANKAR (30 m hohe Strandfelsen, Schwalbenkolonie, zwischen Jönköping und Huskvarna), BONDBERGET (südlich Huskvarnas, Höhenzug mit Laubwald, Wiesen, Weiden, vielen Vögeln und herrlichen Aussichtspunkten auf den Vättern).

■ **STORE MOSSE** (große Moore), zwischen Värnamo und Hillerstorp, am besten zu besuchen im Rahmen der Weiterreise nach Süden (E 4) oder eben einfach als Tagesausflug: Parkplätze und Aussichtstürme bei Björnekullen sowie am Hornsjön; Kävsjön sowie Vogelbeobachtungsturm (behindertengerecht) von der Str. 151 zu erreichen, Parkplatz und Ausstellung über den Park; Svänö und Lövö ebenfalls mit dem Auto erreichbar; die alten Wohngebäude sind renoviert und kurzzeitig zu vermieten: *Domänverket,* Tel. 20920.

Store Mosse, seit 1982 National-

TABERG

Ein beliebtes Ziel, 15 km südlich von Jönköping, ist der Aussichtsberg Taberg, 343 m ü.d.M. Man hat dort eine einzigartige Sicht über die umliegenden Dörfer, Wälder, den See Vättern und die kleineren Seen, bei klarem Wetter bis zu 80 km weit!

Sagen und Geschichten ranken sich um den Taberg. Die Überlieferung, er sei ein Meteor, der vor über 1 Million Jahren die Erde traf, kann nicht bewiesen werden; nachweisbar aber ist, dass es diese Gesteinszusammensetzung nur noch einmal auf der Erde gibt. Seit vielen Jahrhunderten haben Fantasie und Aberglaube in diesem mystischen Berg eine Bewohnerin angesiedelt: die TROLLBERGFRAU. Wehe dem, der ihre Behausung zerstört...

Trotz alledem begann man 1500 am Taberg mit der Ausbeutung der reichen und qualitativ hochwertigen Erzvorkommen; anfangs im Tagebau, später auch unter Tage. Um die Menschen von ihrem Tun abzubringen, soll die Trollbergfrau durch ihr Erscheinen immer wieder Unglücksfälle angekündigt haben – aber umsonst. Bauern wurden verpflichtet, im Berg zu arbeiten. Im 19. Jahrhundert gab es bereits 17 Schmelzöfen, etwa 20 Stangeneisenwerke und in deren Folge Eisen verarbeitende Betriebe. Zum Ende dieses Jahrhunderts stagnierte die Eisenindustrie, und der Berg kam zur Ruhe. Mit dem Ausbruch des Zweiten Weltkriegs begann die erneute Ausbeutung, diesmal noch erbarmungsloser. Die Wunden, die man bis 1955 der Natur hier zufügte, sind bis heute nicht ganz verheilt. Der Vorschlag aus dem Jahr 1974, den Berg ganz abzutragen und aus den Schlacken einen neuen zu »bauen«, stieß bei der ortsansässigen Bevölkerung auf Entrüstung und Ablehnung.

Heute machen SELTENE GEWÄCHSE, KLEINGETIER UND VÖGEL – in den Stollengängen hausen 12 Fledermausarten –, aber auch Kulturelles aus mehreren Jahrhunderten (von der Schiffssetzung bis zur Eisenindustrie) den Taberg und seine Umgebung zu einem besonderen Ziel. Sämtliche Pflanzen des Tabergs sind geschützt: Pflücken verboten!

Eine GEFÜHRTE GRUBENWANDERUNG von Mai bis Oktober, Information: Gruvgården in Taberg, Tel. 642 23. Festes Schuhwerk, warme Kleidung und Taschenlampe mitbringen!

Als Spazierwege eignen sich der BERGTEMPELSTIGEN, ein Treppenweg vom Fuß des Berges bis zur *Toppstugan,* sowie der Weg von dort weiter zur westlichen Erhebung an. Auch eine Autostraße führt hinauf.

park (7.850 ha), ist Schwedens größtes HOCHMOOR- UND SUMPFGEBIET südlich von Lappland – ein »Norrland in Miniatur« – Norrland ist die nördlichste schwedische Provinz –, mit vielen Pflanzen- und Vogelarten, die sonst nur in nördlicheren Breiten vorkommen. Das Moor entstand vor etwa 6.000 Jahren, als der ausgetrocknete, sandige Seegrund durch Klimaveränderung versumpfte. Die DÜNEN IM MOOR trug der Wind zusammen; auf diesen Sandrücken verlaufen heute die Wanderwege. Der Vogelsee KÄVSJÖ ist nicht nur Station für rastende Zugvögel; die meisten der im Park brütenden Vögel bevorzugen das Gebiet dieses einzigen Sees mit klarem Wasser (ab 1.3.–30.9 Zutrittsverbot): Entenvögel, die Lachmöwenkolonie, Singschwan, Grünschenkel und Zwergschnepfe, Rohrweihe etc. Im Moor brütet die größte KRANICHKOLONIE Südschwedens, auch Sumpfohreule, Brachvogel, Goldregenpfeifer sowie Turmfalke und andere haben hier ihre Nester. Die Vegetation ist verschieden, in nährstoffarmen Zonen wachsen Glockenheide, Moosbeere und Zwergbirke, während im nährstoffreichen Björnekullakärret auch Orchideen blühen (hier Zutritt 1.4.–15.7. verboten, gilt nicht für den Wanderweg). Eine artenreiche Flora findet man auch auf den Moorinseln Lövö und Svänö.

Wanderwege: KÄVSJÖLED, 12 km; ANDERSBERG – KITTLAKULL-LÖVÖ, 13 km; Übernachtungsmöglichkeiten bestehen unterwegs in mehreren Hütten und alten Höfen.

Verschiedenes

■ **SIGHTSEEING**: TOUR DE KULTUR mit dem OLDTIMER *Veteranbus*. – Ausflugsboote auf dem VÄTTERN. Beliebt ist die M/S »Nya Skärgården«: 1.6.–31.8. Sa+So 13 Uhr, Ticket 150 SEK. Abfahrt 19 Uhr, pro Person 175 SEK, Dauer 3 Stunden. Abendliche Kreuzfahrten mit wechselnden Themen und Musik, etwa Südstaatenkreuzfahrt à la Louisiana oder Country & Western. An Bord gutes Restaurant, Reservieren wird empfohlen.

■ **ANGELN**: Ein beliebtes Angelgewässer ist der VÄTTERN. Häufig vorkommende Fische in den Seen sind: Barsch, Bachsaibling, Hecht, Zander, Regenbogenforelle, Felch, Aal und Forelle. Im Touristenbüro Broschüre (auch auf Deutsch).

■ **BADEN**: in fast allen umliegenden Seen. Beliebt ist die Wasserlandschaft im ROSENLUNDSBAD.

■ **RAD FAHREN**: Das Touristenbüro hat eine Karte mit allen Radwegen innerhalb des Stadtgebiets. – Ein 340 km langer Radwanderweg führt das VÄTTERN-UFER entlang durch dunkle Wälder bis zum See Sommen. – ASTRID LINDGRENSLEDEN zwischen Jönköping und Västervik. – SMÅLANDSLEDEN verbindet Jönköping mit Kalmar. – Die neue Strecke RUND UM DEN VÄTTERN bietet viel Natur und Kultur.

FAHRRADVERMIETUNG: *Cykelexperten,* Birkagatan 10, Österängens Centrum, Tel. 144 269.

■ **KANU**: auf den Seen BUNN, ÖREN und STRÅKEN.

■ **WANDERN**: Spaziergänge in den Parks der Stadt, entlang der Strandpromenade und über den DUNKELHALLAVÄG, der Pfad an verschwundenen Industriebetrieben vorbei; an den früheren Standorten der Fabriken sind Info-Tafeln angebracht.

■ **VERANSTALTUNGEN**: KALAJS I MAJ, das Jönköping-Volksfest mit südlichem Flair und heißen Rhythmen, in der zweiten Maihälfte. – ANDRÉEDAGEN am 11.7. in Gränna. Bei guten Wetter- und Windverhältnissen starten die BALLONS vom Flugfeld nahe Grännastrands Camping. – Mitte Juli FEIERT DIE GRAFSCHAFT: Graf Per Brahe erscheint. – Mitte August MUSIK I SOMMARGRÄNNA, Konzerte aller Art.

■ **KUNSTHANDWERK**: *Konsthantverkerna i Jönköping*, Zusammenschluss von 20 Kunsthandwerkern in fast allen Techniken. Tändsticksgränd 20. Di–Fr 14–18 Uhr, Sa 9–13 Uhr, So 12–16 Uhr; 1.6.–31.8. So geschlossen. – *Galleri Smedbyn,* Huskvarna, Smedbygatan 3 C. Täglich 10–18 Uhr. Wechselnde Ausstellungen. – *Pappers Verkstan*, Gränna, Hallska Gården. Im Sommer täglich 11–17 Uhr. Schauen Sie zu, wie sich handgeschöpftes Papier entwickelt und Muster durch eingepresste Gräser und Blumen entstehen.

■ **POSTAMT**: Odengatan.

■ **TRANSPORT**: Busterminal am Bahnhof, Centrum Väst: Stadtbusse u. Busse im Nahverkehr. – Fährverkehr Gränna-Visingsö Fahrzeugreservierung unter Tel. 0390–41025.

■ **ÄRZTLICHE VERSORGUNG**: *Länssjukhuset Ryhov* (Krankenhs.), Tel. 321 000. – Ambulans: Tel. 322 650.

Weiterreise

■ **FLUGZEUG**: Flughafen Jönköping (Axamo): Tel. 681 00.

■ **BAHN**: Hauptbahnhof am Järnvägstorget, Tel. 172 220. – Verbindungen zu den Umsteigebahnhöfen Falköping oder Nässjö.

■ **BUS**: Ab Hauptbahnhof Busse nach Västervik und Växjö. – *Eurolines Scandinavia* hält in Huskvarna.

■ **AUTO**: **NACH VÄXJÖ** über Str. 30, unterwegs möglicher Abstecher auf Str. 127 nach Nydala am See Rusken – und zum KLOSTER **NYDALA**, 1.4.–30.9. täglich 9–18 Uhr. Das 1143 von französischen Zisterziensermönchen gegründete Kloster war einst ein geistliches Zentrum in Småland und DEPENDANCE des französischen KLOSTERS CLAIRVAUX – Clairvaux bedeutet helles Tal, Nydala neues Tal. Von der alten Kirche sind Chor und Querschiff erhalten; sie wurden 1688 zur neuen Kirche ausgebaut und im Barockstil ausgeschmückt.

NACH LINKÖPING. E4. Nordöstlich von Gränna erhebt sich nahe der Autobahn die Ruine **BRAHEHUS**; 1644 erbaut, brannte das Schloss bereits 1708 nieder; die Ruine ist wegen der Aussicht auf Vättern und Visingsö ein populäres Besuchsziel, zu Fuß von der Tankstelle an der Autobahn E 4 zu erreichen; von dem »Turistvägen« führt ein Weg (vorbei an einem kleinen Café) zur gewaltigen Ruine. Schwedens beeindruckendster Runenstein, der Röksten, steht ebenfalls nahe der Route (siehe Seite 212 f.).

Östergötland

Östergötlands Ebene mit den Seen BOREN, ROXEN und GLAN begrenzen bewaldete Höhen im Norden und im Süden. Diese Kontraste machen die Landschaft abwechslungsreich; Felsen, Schluchten und dichte Wälder erwecken stellenweise einen Eindruck von Urwald-Natur. Die westliche Grenze der Provinz verläuft im Binnenmeer Vättern und an Närke vorbei; im Norden grenzt Östergötland an Södermanland, während der Süden in das Hochland Smålands übergeht. An der Ostsee hat Östergötland Teil an einem wunderschönen SCHÄRENARCHIPEL. Im südlichen Zipfel der Provinz gelten der See ÅSUNDEN mit einer Kette von schmalen Seen und dem sie verbindenden KINDA KANAL sowie der vielarmige See SOMMEN als Tipps für Naturliebhaber.

Östergötland ist mit 9987 km² die elftgrößte Provinz Schwedens, während rund 400.000 Einwohner in der inländischen Bevölkerungsstatistik den sechsten Rang einnehmen.

Nachdem die letzte Eiszeit vor rund 10.000 Jahren das Land frei gegeben hatte, lebten die Menschen in der Nähe des Vättern in Pfahlbauten, wie Archäologen es herausfanden. Zeugnisse der Bronzezeit sind die FELSZEICHNUNGEN bei Norrköping. Spuren von Verteidigungsburgen an der Ostsee dokumentieren die Zeit der Völkerwanderung um 400. Und die Wikinger haben die Runensteine hinterlassen, von denen der RÖKSTEIN der berühmteste ist (siehe Seite 212 f.).

Das Christentum erreichte Östergötland später als das benachbarte Västergötland im Westen, die Klöster Alvastra und Vreta waren für die Kirche von großer Bedeutung. Die Macht in jener Zeit teilte sich die kirchliche Obrigkeit mit dem Königsgeschlecht der Folkunger. Nach der Reformation im 16. Jahrhundert ließ Gustav Vasa alle Güter der Kirche beschlagnahmen.

Im nördlichen Östergötland begann im 14. Jh. die Verarbeitung von Erz, einem Rohstoff, der im 17. Jh. bereits von Södermanland eingeführt werden musste. Wegen ihres Knowhows bei der Eisenherstellung hatte man Wallonen ins Land geholt; bei der Messingproduktion waren deutsche Handwerker hilfreich. 1810 wurde in FINSPÅNG die zweite Glashütte Schwedens gegründet.

Im gleichen Jahr begann man mit dem Bau des GÖTA KANALS, der auf der östgötischen Seite von MOTALA bis zur Ostsee das Land durchzieht und 1832 in Mem bei Söderköping eingeweiht wurde. Er brachte zunächst Aufschwung für viele Orte, hatte aber bereits zur Jahrhundertwende die Bedeutung verloren, die sein Erbauer Baltzar von Platen vorausgesagt hatte. Die Industrialisierung begann früh in Östergötland, NORRKÖPINGS bewahrtes Industriemilieu gibt hierin Einblicke.

Im Herrenhof-Hotel auf dem Anwesen Aspa bruk (siehe Seite 219 f.) ▶

Östergötland hat Touristen viel zu bieten: Außer der abwechslungsreichen Landschaft und den damit verbundenen Naturerlebnissen, zu denen auch KOLMÅRDEN zählt, der größte Tierpark Schwedens, ist diese Provinz überaus reich an kulturgeschichtlichen Denkmälern von der Frühzeit bis heute. Dazu zählen die Schlösser der Großmachtzeit, der Freiheitszeit und der Gustavianischen Zeit (1780–1800), die Klöster und Kirchen, die feudalen Herrenhäuser der Hüttenbesitzer und die alten Industrieanlagen. Zu den bekanntesten aber gehört wohl der Göta Kanal mit seinen Schleusen, vor allem der siebenstufigen Schleusentreppe und weiteren acht Schleusen in BERG. Eine Fahrt auf diesem Teil des Kanals, dem sogenannten Blauen Band, bleibt unvergesslich.

Vättern rund

Den 136 km langen und bis zu 31 km breiten See Vättern umrundet eine der schönsten Uferstraßen im Land. Besonders die Oststrecke von Jönköping über *Gränna* und *Ödeshög* bis *Askersund* ist berühmt, und einige Teilstrecken sind mit dem Symbol einer schönen Touristenstraße, der weißen Marguerite auf braunem Grund, ausgezeichnet.

Rund um den Vättern bieten kleine, beschauliche Orte, alte Kirchen und Klosterruinen, Runensteine, Schlösser und Parkanlagen, Herrenhöfe und Urwälder eine abwechslungsreiche Reise durch Vergangenheit und Gegenwart. Von Süden kommend, ist Jönköping ein guter Ausgangspunkt (siehe dort).

Von Jönköping nach Motala

OSTROUTE VÄTTERN RUND

■ Bis **GYLLENE UTTERN** hat man von der Autobahn aus mehrfach einen herrlichen Blick auf den See, fast so schöne wie der Riese VIST, die 9 m hohe Holzfigur von *Calle Örnemark* auf einem Hügel rechts der Europastraße. Der »Goldene Otter« ist ein bekannter Rastplatz an der E 4. Die »Ritterburg« entstand jedoch erst um 1930; von dem kleinen Café im Holzgebäude rechts hat man von drinnen wie draußen einen schönen Blick über den See.

■ Eine Nebenstrecke ermöglicht den Abstecher nach **GRÄNNA** sowie zur Insel **VISINGSÖ** (siehe Seite 204).

■ Bleiben Sie auf der Touristenstraße, der alten E 4. Bald sehen Sie die Ruine **BRAHEHUS** vor sich. Das 1644 erbaute Schloss brannte 1708 nieder. Wegen der Aussicht auf Vättern und Visingsö gilt Brahehus als häufig gewähltes Besuchsziel. Bevor nach etwa 25 km Ödeshög erreicht wird, kann man vom KRÅKERYD NATURRESERVAT bei klarem Wetter die andere Uferseite des Sees sehen.

■ Der nächste Höhepunkt ist der **RÖKSTEN**, der Runenstein bei Rök. Sie können auf der Touristenstraße bleiben, aber auch die schnelle Verbindung über die E 4 wählen. Der Röksten ist ein Vermächtnis der Wikingerzeit. Um 800 hat ein Mann mit Namen *Varin* die Runenschrift mit fast 800 Zeichen verfasst; sie wird als die erste bekannte Form von schwedischer Dichtung angesehen und ist angeblich die längste zusammenhängende RUNENINSCHRIFT überhaupt. Der 4 t schwere und 4 m große Granitblock vor der Kirche – ein Teil des Steines ist eingegraben – ist überdacht, ebenso wie der Informationsstand am Rastplatz; hier werden die Runen und die Zeit, in der sie entstanden, bildhaft erklärt. Zudem können Sie sich ein Tonband einschalten lassen und dem »Wikinger«

Der Röksten trägt die älteste bewahrte Form schwedischer Dichtung

lauschen, der den Text vorliest. Weitere Informationen, auch in deutscher Sprache, erhalten Sie in dem kleinen Touristenbüro. Geöffnet im Mai 9–15 Uhr, 1.6.–31.8. 10–16 Uhr.

■ Von Rök führt die Str. 926 an Heda vorbei. Die **HEDA KYRKA** wurde im 12. Jh. begonnen und in den nächsten Jahrhunderten jeweils im Stil der Zeit erweitert. Von den wertvollen mittelalterlichen HOLZFIGUREN ist eine sitzende Madonnenfigur die bekannteste. Ihr widmete *Verner von Heidenstam* das Gedicht »Die Himmelskönigin von Heda«.

■ Aktuelle Kunst stellt die **KONSTGALLERI** in **HEDA** aus.

■ Vor Alvastra kommt man an der in Nordeuropa einzigen bekannten **STEINZEITLICHEN PFAHLBAUSIEDLUNG** vorbei. Die Reste des Pfahlwerks wurden zwar nicht freigelegt; doch zeigt eine Rekonstruktion das ungefähre frühere Aussehen dieser rund 5.000 Jahre alten Siedlung.

■ Am Fuße des Ombergs erreicht man die Ruinen des **KLOSTERS ALVASTRA**. Das Zisterzienserkloster wurde 1143 von französischen Mönchen aus Clairvaux gegründet. Königin Ulfhild, Sverkers Gemahlin, schenkte auf Anraten des Bischofs in Linköping ihren Königssitz Alvastra den Mönchen. Das ERSTE KLOSTER SCHWEDENS entstand nach den strikten Vorschriften der Ordensbrüder, und 1164 kam der erste Erzbischof, der Mönch Stefan, nach Alvastra. In den folgenden Jahrhunderten wurde Alvastra zum geistigen und kulturellen Zentrum; die Mönche lehrten die Bevölkerung neue Methoden in Heilkunst, Landwirtschaft, Fischerei und Bauhandwerk. In all den Jahren schenkten Menschen dem Kloster Höfe und Güter; sie glaubten, sich damit einen Platz im Himmel zu erkaufen. Zur Blütezeit gehörten bis zu 438 Höfe rund um den Vättern zu Alvastra. Zu den bekannten Persönlichkeiten, die in der Nähe wohnten, gehörte Ulf Gudmarsson – er wurde 1344 vor Ort begraben; seine tief religiöse Frau Birgitta lebte nach dem Tod ihres Mannes in einem Haus auf dem Klostergelände. Das reiche Alvastra wurde nach der Reformation von der Krone eingezogen, und 1545 soll Gustav Vasa das Kloster als Steinbruch für sein Schloss in Vadstena benutzt haben. Die Ruinen in Alvastra sind gut erhalten und vermitteln einen Eindruck von der einstigen Anlage. Geöffnet ca. 1.7.–15.8. täglich 14.30–16 Uhr; deutschsprachige Führung.

■ Die folgenden möglichen Abstecher nach **HÄSTHOLMEN**, **STRAND** und zum **NATURUM** in Stocklycke sind im Kapitel über Vadstena beschrieben (siehe Seite 231).

■ Die Str. 50 verläuft am Ostrand des 10 km langen, bewaldeten Höhenzugs **OMBERG** entlang, dessen höchste Kuppe 263 m erreicht. Östlich der Straße erstrecken sich das Moor DAGS MOSSE sowie der See Tåkern; das Vogelreservat TÅKERN finden Sie im Kapitel Vadstena beschrieben.

In VÄVERSUNDA ist das Exterieur der MITTELALTERLICHEN KIRCHE seit dem 12. Jh. weitgehend unverändert geblieben. Die schönen Gewölbemalereien sind der Mitte des 17. Jhs. zuzuordnen.

■ Die KIRCHE VON **ROGSLÖSA** ist im 12. Jh. entstanden und vor allem wegen ihrer prachtvollen schmiedeeisernen Tür bekannt, die ebenfalls aus dem Mittelalter stammt. Beachtenswert sind auch der Altarschrein und das Triumphkruzifix (15. Jh.).
■ **VADSTENA** wird ausführlich im nächsten Kapitel vorgestellt. 2 km außerhalb der Stadt kommt man am VÄTTERVIKSBAD (kilometerlanger Sandstrand, Campingplatz) vorbei.
■ Wenig später kann man rechts nach **HAGBYHÖGA** abbiegen. Die MITTELALTERLICHE KIRCHE mit sehenswerten Deckenmalereien und die Aussicht über die umliegende Landschaft lohnen den Abstecher.

Motala

Die Hafenstadt Motala am Ostufer des Sees Vättern ist eine wichtige Etappe des Göta Kanals, der innerhalb des Stadtgebiets die Seen Vättern und Boren verbindet und parallel zum Fluss MOTALA STRÖM verläuft. Eng mit der Stadtgeschichte verbunden ist der Name *Baltzar von Platen* – dem Erbauer des Göta Kanals (siehe Seite 216).

INFORMATION
■ **MOTALA TURISTBYRÅ**, Folkets Hus, Repslagaregatan 1, SE–59123 Motala, Tel. 0141 – 225 254, Fax 521 03, turistbyran@motala.se, www.motala.se. 1.6.–25.8. Mo–Fr 10–19, Sa+So 10–17, sonst Mo–Fr 10– 17 Uhr. Sommerfiliale im Yachthafen.

SEHENSWERTES
■ Am Hafen, beim Übergang von Vättern und Göta Kanal, informiert das **KANAL- OCH SJÖFARTSMUSEUM** über Bau und Geschichte des 1832 eröffneten Kanals sowie über den Schiffsverkehr auf Göta Kanal und Vättern. An einem Modell können die Besucher einen Schleusenvorgang selbst imitieren. Unterhaltsam ist die GROSSBILD-SHOW, untermalt mit Musik und Toneffekten, in der Baltzar von Platen »zu Wort« kommt und die Ereignisse des Kanalbaus schildert.

Wer die SCHLEUSENWÄRTERWOHNUNG (1820) sehen möchte, erhält an der Rezeption den Schlüsel dazu. Die Wohnungseinrichtung stammt aus der vorletzten Jahrhundertwende. Anfang Mai bis Mitte August ab 9 Uhr, Mittagspause ab 12 Uhr.
■ Wenige hundert Meter nordöstlich steht das SCHLOSS CHARLOTTENHOLM aus dem 17. Jh. Hier ist das STADTMUSEUM **MOTALA MUSEUM** beheimatet. Die Schnitzarbeiten aus Birkenholz (Hängebirke) von *Sofie Isberg,* einer Laien-Künstlerin aus dem 19. Jh., gelten als Kleinod. Sie erregten große Aufmerksamkeit auf den Weltausstellungen in Paris 1855 und in London 1862. Neben alten Kachelöfen zeigen Abteilungen die Stadt- und Kanalgeschichte, die Entwicklung der Fischerei und Wolfsjagd, ferner die Schankstube eines alten Wirtshauses und eine Sammlung geklöppelter Spitzen mit Mustervorlagen. Auch eine Kunstausstellung ist zu besichtigen. Di–Fr und So 13–16 Uhr, Do auch 18–20 Uhr. Eintritt frei.

GÖTA KANAL

Die Verbindung von Nord- und Ostsee war ein jahrhundertealter Traum in Schweden. 1800 war der Trollhätte Kanal eingeweiht worden, ein Wasserweg für Schiffe bis 140 t von Göteborg bis zum See Vänern. Aber erst 1810 konnte *Baltzar von Platen* den König und den Reichstag von der Bedeutung überzeugen, die ein Nord-Ostsee-Kanal für die schwedische Wirtschaft und auch militärische Belange haben würde.

Im Mai 1810 erfolgte der erste Spatenstich. In 22 harten ARBEITSJAHREN bewegten 58.000 Arbeiter, meist Soldaten (darunter auch eine Kompanie russischer Kriegsgefangener), 8 Mio. Kubikmeter Erde mit Handspaten und Schubkarren, sprengten 200.000 Kubikmeter Fels und bauten 250.000 Kubikmeter Mauerwerk auf, 12 Stunden am Tag. Von den Schleusen ist FORSVIK (1813) die älteste; dort wurde auch eine eiserne Klappbrücke, hergestellt in England, in Betrieb genommen, die älteste ihrer Art im Land. Zwischen Motala und Mem warten entlang der Gesamtstrecke von 92,5 km 37 Schleusen, ein AQUÄDUKT bei Ljungsbro und eins bei Kungs Norrby, östlich von Borensberg. Die Strecke vom Vänern (Sjötorp) zum Vättern (Karlsborg) ist 66 km lang, wovon 37 km gegraben und gesprengt werden mussten; dieser Teil hat 21 Schleusen.

Am beeindruckendsten aber ist die SCHLEUSENTREPPE BEI BERG mit sieben aufeinanderfolgenden Stufen. Vom Vänern bis zum Vättern fuhren die Schiffe bereits 1822, der gesamte Göta Kanal wurde 1832 mit viel Pomp in Mem eingeweiht. Er bildete jetzt zusammen mit dem Trollhätte Kanal das BLAUE BAND von der Nord- zur Ostsee. Der Verfechter der Idee und Erbauer, Graf von Platen, hat die Eröffnung seines Kanals nicht mehr erleben dürfen; seine Grabstätte liegt in Motalas Verkstadsvägen, 10 Minuten Spazierweg ab Strömsbron. So blieb ihm auch die Erklärung erspart, warum der Kanal das Sechsfache der veranschlagten Summe kostete. Doch bereits 30 Jahre nach der Einweihung, als die Eisenbahn das Land eroberte und sich als das schnellere Transportmittel erwies, verlor die Wasserstraße an Bedeutung. Das größte Bauvorhaben in der schwedischen Geschichte wurde zum ökonomischen Flop, auch wenn weiterhin Frachtschiffe den Kanal befuhren. Um 1900 wurde er zur Touristenattraktion und die weiße Flotte der Kanalboote im Ausland bekannt.

Heute sind »Juno«, »Wilhelm Tham« und »Diana« die Veteranen des Kanals auf der Reise zwischen Göteborg und Stockholm, beliebt bei allen »Kreuzfahrern« und bei Flitterwöchlern. Seit langem ist das Blaue Band die bekannteste Attraktion Schwedens und seit 1978 nur noch Freizeitparadies für Wassersportler, Radfahrer, Angler, Wanderer, Camper – eine wunderbare Strecke, Schweden zu entdecken und zu genießen, AUCH PER FAHRRAD am Kanal entlang oder rund um den See Boren.

Eng und gemütlich geht es fast überall auf den Göta-kanal-Schiffen zu, ob in den Kabinen, im Speisesaal – die Passagiere essen in zwei Schichten – oder auf der Brücke: hier auf der Juno, dem dienstältesten Schiff (1864) ▶

■ Über den Borensvägen gelangt man zu den fünf SCHLEUSEN von Borenshult: **BORENSHULTS SLUSSAR**, die den Höhenunterschied zwischen Boren (73,3 m) und Vättern (88,5 m) zu überwinden helfen. (Hier spielt ein Kriminalroman mit Kommissar Beck, Verfasser: Sjöwall / Wahlöö.)

Weitere Ausflugsziele sind die alte STEINBRÜCKE über den Motala ström und das moderne AQUÄDUKT des Göta Kanals bei Kungs Norrby.

FAHRRADTOUREN

Motala glänzt mit gut ausgebauten Radwegen. Das Touristenbüro hat eine Radfahrer-Karte, Tourenvorschläge und Informationen parat.

Zu empfehlen sind die Fahrt am GÖTA KANAL entlang oder rund um den BOREN. – Wer sich an einer längeren Rundfahrt versuchen möchte, radle ab Motala in einem großen Bogen über Linköping, Mjölby, Skänninge und Vadstena zum Ausgangspunkt zurück, vorbei an zahlreichen Sehenswürdigkeiten.

■ Die bekannte **FAHRRADWOCHE** im Juni beginnt mit TJEJ-VÄTTERN, einer 90 km langen Wettfahrt für Frauen. Es folgen der JUNIOR-VÄTTERN und der MIN-VÄTTERN, ein Fest für die Jüngsten. VÄTTERN-RUNDAN heißt schließlich die große Etappe von 300 km Länge.

BADEN

■ Im nordwestlichen Stadtgebiet von Motala, abseits der Str. 50, liegt **VARAMOBADEN**, Schwedens größtes BINNENSEEBAD MIT EINEM KILOMETERLANGEN SANDSTRAND (Camping).

Von Motala nach Karlsborg

WESTROUTE VÄTTERN RUND

■ Nördlich von Motala kann man auf eine schöne ALTERNATIVSTRECKE abbiegen, über die man u.a. Övralid und Medevi Brunn erreicht.

Die **VILLA ÖVRALID** wurde 1925 für den berühmten schwedischen Schriftsteller *Verner von Heidenstam* (1859–1940) nach seinem eigenen Entwurf gebaut. Das Haus ist seit Heidenstams Zeiten fast unverändert geblieben. Der 1940 verstorbene Dichter, der 1916 den Literatur-Nobelpreis erhielt, ist im Park von Övralid begraben. – Die AUSSICHT über den Vättern von Övralid sucht ihresgleichen.

MEDEVI BRUNNS Tradition reicht bis ins Jahr 1678 zurück. Ungefähr 70 alte HOLZHÄUSER verleihen dem ÄLTESTEN KURORT SCHWEDENS eine spezielle, idyllische Atmosphäre – Medevi wirkt wie eine zeitlose Oase.

Die Blütezeit des Kurortes war im 18. Jh., als reiche Adelsfamilien hier ihre Villen bauten. Gleichzeitig entstanden die Kirche, eine Apotheke u.a. Die »Reichen« bezahlten ein Kurheim für die »Armen«; gerade die hatten großen Bedarf an Gesundheitsfürsorge; schließlich sollte Arbeitskraft erhalten bleiben. Doch mussten die Armen frühmorgens um 3 Uhr zur Trinkkur gehen, damit man sich nicht begegnete.

Tradition pflegt der GRÖTLUNKEN – Gäste und Besucher ziehen, angeführt von einem Orchester, vom Kurhaus den breiten Weg entlang zur alten Straße und in einer großen Schleife wieder zurück. Der Marsch erfreut sich großer Beliebtheit, von Mittsommer bis Anfang August laufen viele mit und schauen noch mehr zu. Grötlunken wurde einst als Verdauungsspaziergang ins Leben gerufen, damals noch ohne Musik...

Heute wird an Urlauber und Erholungssuchende vermietet, das eisenhaltige Heilwasser unverändert aus KUPFERNEN Schöpfern serviert. Mittsommer wird in Medevi groß gefeiert, ebenso der URBAN-HJÄRNE-DAG am 25.7. Eine Woche später ist das große Liederfestival. Getanzt wird jeden Mittwochabend. Außerdem gibt es Kunstausstellungen und Konzerte. Die Saison beginnt etwa am 20.6. und reicht bis ca. 5.9.

■ Nördlich von Medevi überquert man die Grenze zwischen den Bezirken Östergötlands län und Örebro län und erreicht so die mittelschwedische Landschaft Närke.

Seit 1995 überspannt die **HAMMAR-BRÜCKE** den Nordzipfel des Vättern und sein Schärengebiet in etwa 25 m Höhe. Am südlichen Brückenfuß ist ein hübscher Rastplatz; das Nordende der Brücke gibt eine herrliche Aussicht auf die Inseln des Vättern frei.

■ **ASKERSUND** ist ein gemütliches kleines Städtchen am Ufer der Vättern-Bucht Alsen. Der alte Marktflecken erhielt 1643 die Stadtrechte; er war früher der Umschlagplatz für Waren aus dem Schmiedebezirk von Südnärke. Fast alle Häuser aus dieser Zeit fielen dem großen Stadtbrand von 1776 zum Opfer, so dass die Bausubstanz überwiegend aus dem 18. und 19. Jh. stammt. Besucher zieht die Kirche LANDFÖRSAMLINGENS KYRKA an, die 1664–70 nach Plänen von *Jean de la Vallée* entstand. – In dem Freilichtmusem im Stadtpark steht eines der wenigen Häuser, die das verheerende Großfeuer überstanden. Es ist heute als HEIMATMUSEUM erhalten. – Auf dem RATHAUS, im Barockstil des 18. Jhs. erbaut, erklingen jede halbe Stunde die Schläge eines Schmieds auf einer ERZUHR – Symbol für die früheren Nagelschmieden im Bezirk.

■ Das Schloss **STJÄRNSUND** liegt südlich Askersunds am Ostufer der Alsen-Bucht. Seine Geschichte geht bis ins 17. Jh. zurück, als die Familie Oxenstjerna das Schloss bauen ließ. Erweiterung und Umbau erfuhr das Gebäude durch seinen neuen Herren, den Inhaber des Hüttenwerkes, in den Jahren 1798–1808. Bereits 1823 verkaufte dieser wieder an die Königsfamilie Bernadotte. Der Enkel des Königs Karl XIV. Johan, Prins Gustaf, war oft hier und ließ in den Jahren 1848 bis 1852 die Räume kostbar einrichten. Er starb, nur 25 Jahre alt, bevor er sich an dem neu eingerichteten Palais erfreuen konnte. Mitte Mai bis 1. September täglich Führungen 11,12, 14, 15 und 16 Uhr. Eintritt 40 SEK.

■ Die Str. 49 führt von Askersund an der Westseite des Vättern bis Mölltorp. Links der Straße liegt **ASPA** HERRGÅRDSHOTEL, ein besonders schönes und stimmungsvolles Haus der Kette Countryside Hotels. Auf dem Anwesen ASPA BRUK residierten im 14. Jh. der Ehemann der Heiligen Birgitta, Ende des 17. Jhs.

der »Eisenkönig von Tiveden, *Anton van Boij* (siehe den Kastentext) u.a. Der heutige Herrenhof, den der Offizier Duwall, ein Mäzen des Liedersängers Bellman, 1740 errichten ließ, ist behutsam restauriert worden. Die Speiseräume und Salons im Haupthaus sind im gustavianischen, englischen und französischen Stil eingerichtet, die Gästezimmer im romantischen »Laura-Ashley-Stil«. Die Hotelküche ist über die Grenze Götlands hinaus bekannt.

Auf der anderen Straßenseite führt ein ausgeschilderter Weg zum Parkplatz am Waldsee **FAGERTJÄRN** mit seinen roten Seerosen. – 1856 hörte der Theologiestudenten *Bernhard Agaton Kjellmark* bei einem Besuch in Aspa, dass im Fagertärn die WEISSEN SEEROSEN ROT seien, was auf Mutation zurückzuführen ist. Seit dieser Zeit jedenfalls gilt der Fagertjärn als Ursprungsort aller roten Seerosenarten. Die Protagonisten blühen (hell- bis dunkelrot) von Mitte Juli bis Mitte August. Auf einem 2,5 km langen Waldweg lässt sich der See umwandern.

■ Wenn Sie das Schild »Nationalpark Tiveden« sehen, in Richtung Stenkällegården und Tived, sollten Sie links abbiegen. Die Strecke führt zum **TIVEDEN-NATIONALPARK**: riesige, durcheinander liegende Felsblöcke, steile Hänge, dunkle Wälder, kristallklare Seen und Waldteiche und immer wieder Steinbrocken, mit Moosen und Flechten bewachsen – gute Schuhe sind unbedingte Voraussetzung, will man einen Streifzug unternehmen. Es verwundert nicht, dass diese Szenerie Fantasien anregte sowie Geschichten von Kobolden und Hexen hervorbrachte.

Bereits am schön gelegenen Campingplatz (Tel. 0505–60015) Stenkällegården lohnt eine Pause: kein Urwald ohne Troll – den ersten und vielleicht einzigen begegnen Sie hier! Dann führt ein Kies-Lehmweg weiter zum Parkplatz mit Info-Zentrale (nur im Sommer geöffnet), am Südzipfel des Sees Stora Trehörningen. Eine Ausstellung widmet sich der Natur und der geologischen Entwicklung von Tiveden, und es gibt Broschüren über den Nationalpark, seine Wanderwege und imposanten geologischen Formationen.

Der rund 2,5 km lange markierte Rundweg STENKÄLLERUNDAN ist allen zu empfehlen, die über ordentliche Schuhe verfügen und nicht fußkrank sind. Eine Stunde müssen Sie mindestens dafür einplanen, es geht über Steinblöcke auf und ab; als ausgesprochen schwierig habe ich den Weg aber nicht empfunden. Durch das Tiveds-Gebiet verlaufen noch andere Wanderwege, darunter auch der Fernweg BERGSLAGSLEDEN mit den Etappen Stenkällegård-Tivedstorp (12 km), Tivedstorp-Gråmon (14 km) und der MUNKASTIGEN von Olshammar zum Kloster Ramundeboda (50 km).

■ Über Tivedstorp und Tived können Sie zurück zur Str. 49 am Vättern nach **GRANVIK** gelangen. Der Ort steht unter Naturschutz und der angelegte englische Park mit Gutshof ist ein Überbleibsel aus der Epoche der Hüttenindustrie.

■ Südlich der Straße erstreckt sich ein schönes NATURSCHUTZGEBIET, durch das Wander- und Spazierwege angelegt sind; außerdem hat man Grillplätze und Badestellen am zerklüfteten Vättern-Ufer eingerichtet. – Im nördlichen Djäknasund gibt es Klippen und Sandstrand, geeignet zum Baden.

Von **VALEKLEVEN** (südlich Granviks) überblickt man Vättern und Ombo-Inseln. Die Strandlinie mit steil abfallenden Felsen, Inseln und Buchten spiegelt die urzeitlichen Kämpfe der Naturgewalten wider.

■ An der Abzweigung der Str. 202 ist der Abstecher nach **FORSVIK** zu empfehlen, ein Ort voller Tradition mit einer alten, sehenswerten Industrielandschaft und mit der ÄLTESTEN SCHLEUSE des Göta Kanals; im Sommer herrscht hier wegen des starken Freizeitbootsverkehrs reger Betrieb.

Am Göta Kanal steht Schwedens älteste GUSSEISERNE KLAPPBRÜCKE, »made in England«. Bis 1956 in Gebrauch, ist die Brücke heute ständig geöffnet.

INDUSTRIEGESCHICHTE IN FORSVIK

Die ersten industriellen Anlagen vor Ort bauten die Mönche von Vadstena. Die genutzte Wasserkraft des Flusses trieb eine Mühle, eine Säge und ein Hammerwerk an. Von dieser von den Mönchen angelegten Infrastruktur profitierte nach der Reformation die Krone.

Nach dem Niedergang durch Kriege und Brände erlebte Forsvik ab 1686 eine neue Blütezeit durch den Eisenhüttenbetrieb des Patrons *Anton von Boij,* die auch nach seinem Tod anhielt. Von erheblicher Bedeutung war der Bau des Göta Kanals; 1844 wurde ein neues Wasserkraft-Sägewerk gebaut, 1860 verfügte man über eine Gießerei und eine Metall verarbeitende Werkstatt. 1869 gründete man eine Aktiengesellschaft, produziert wurden u.a. landwirtschaftliche Maschinen.

Als die Konjunktur der Eisenwerke schwächelte, stellte man auf die Herstellung von Holzmasse um und die Maschinenfabrik baute Holzschleifmaschinen. Ende des 19. Jhs. wurde in Forsviks Skogen ein mit Dampfkraft getriebenes Sägewerk gebaut. Auch in der Maschinenfabrik ging man mit der Zeit, produzierte fortan Pumpen, Ventile, Petroleummotoren, Dampfkessel, Turbinen etc. Doch ab 1940 verstummten die meisten Maschinen in Forsvik, als vorletzte schlossen Gießerei und Maschinenfabrik die Tore. Nur das moderne Sägewerk in Forsviks Skogen führt die gut 500 Jahre alte Tradition fort; sie stellt heute vor allem Paletten her.

In den 1980er Jahren begann eine umfassende Renovierung, um die gesamte Anlage am Forsvikå als Industriemuseum zu erhalten. Führungen 1.6.–1.9. täglich 10–17 Uhr. Eintritt 30/0 SEK. Am FORSVIKDAGEN, dem ersten Samstag nach Mittsommer, sind die alten Betriebe mit Leben erfüllt. Es gibt eine Jugendherberge im Museumsgebiet. Im Internet präsentiert man sich unter www.forsvik.com (bisher nur knapp auf Deutsch).

Karlsborg

In Karlsborg, das von Bottensjön und Vättern umgeben wird, mündet der Göta Kanal in den Vättern. Das Städtchen ist vor allem wegen seiner beeindruckenden Festung bekannt, Schwedens zweitgrößtem Bauwerk des 19. Jhs.

SEHENSWERTES

■ Nach dem verlorenen Krieg 1809 gegen Russland, in dessen Verlauf auch Stockholm bedroht war, konnte *Baltzar von Platen* seine Idee von einer starken **FESTUNG** mitten im Land und dem Kanal von Nordsee zur Ostsee, dem Göta Kanal, bei König und Regierung durchsetzen. Mit dem Bau begann man dann 1819. In Kriegszeiten sollten hier Königsfamilie und Regierung wohnen sowie das Gold der Reichsbank und die Kronjuwelen verwahrt werden. Von Platen baute den Göta Kanal gleichzeitig zwischen Vänern und Vättern sowie weiter zur Ostsee, um die Versorgung in einem Krisenfall so früh wie möglich zu gewährleisten.

Am Ende hatte man für den Bau der Festung 90 Jahre benötigt und aus finanziellen Gründen häufiger Abstriche gemacht, so dass das Bollwerk bei der Fertigstellung völlig veraltet war. In Folge der raschen technischen Entwicklung hatten die zwei größten schwedischen Bauprojekte des 19. Jahrhunderts am Ende ihrer Bauzeit falsche Dimensionen erhalten: Die Festung war zu groß und der Göta Kanal zu schmal.

In dem 678 m langen Endwehr der Festung, genannt »Europas längstes Wohngebäude« (mit seinen 2–3 m dicken Kalksteinmauern), ist heute das KARLSBORG MUSEUM untergebracht. Die anschaulichen Ausstellungen informieren über den Bau von Festung und Göta Kanal, über das Umland und die Bevölkerung. Interessant sind auch die Flughistorische Ausstellung sowie die Abteilung des Leibhusaren-Regiments.

Das Festungsgelände ist eine richtige kleine Stadt mit einer Kirche, Wohnhäusern und anderen Einrichtungen; es kann sogar mit dem Auto durchfahren werden. Folgen Sie den gelben Hinweisschildern. Startplatz: FÄSTNINGSTORGET. Außerdem werden FÜHRUNGEN angeboten. Museum: Ende Juni bis 1.8. 12 Führungen zwischen 10 und 17 Uhr, bis ca. 15.8. 6 Führungen sowie ab 1.6. und bis 25.8. täglich um 13 Uhr. Teilnahme 70/35 SEK.

Die Festung Karlsborg wird immer noch militärisch genutzt, u.a. werden hier Soldaten ausgebildet. Gleichzeitig ist sie – samt Umgebung – auch ein schönes Freizeitgebiet mit Spazierwegen sowie Aussichtpunkten.

INFORMATION

■ **KARLSBORGS TURISTBYRÅ**, Ankarvägen 2, 54630 Karlsborg, Tel. 0505 – 17350, Fax 17351, per E-mail: turistbyra@karlsborgsfastning.se/ Geöffnet ca. 10.5.–10.6. und 20.8.–1.9. Mo–Fr 11–15 Uhr, Sa+So 10–16 Uhr, während der Hauptsaison täglich 10–18 Uhr. Ist das Touristenbüro geschlossen, erhalten Sie an der Statoil-Tankstelle Informationen.

UNTERKUNFT

■ Das gut 100 Jahre alte charmante **KANALHOTEL** strahlt ein besonderes Flair aus. Tel. 0505 – 12130, Fax 12761. EZ ab 650 SEK, DZ ab 680 SEK. Gutes Restaurant. Schöne Bilder auf www.kanalhotel.se.

■ Jugendherberge **GULA VILLAN**, Ankarvägen 2, Tel. 0505 – 44600 oder 0708 – 111 741. 1.6.–31.8., sonst nur mit Vorbestellung. Im 2–6-Bett-Zimmer 175/85 SEK.

AUSFLÜGE

Karlsborg und Umgebung sind ein guter Ausgangspunkt für viele Freizeitaktivitäten, Ausflüge in eine abwechslungsreiche Natur und zu historischen Sehenswüdigkeiten.

■ Ausflüge auf dem **GÖTA KANAL** nach Töreboda mit »M/S Sandön«, 10.6.–20.8. Di, Do, Sa 10.30, eine 4-stündige Fahrt auf einer landschaftlich schönen Strecke, zurück mit einem Bus. Preis 215/95 SEK (Lunch 95 SEK), plus Bustransfer 55 SEK.

Von Karlsborg nach Mullsjö

■ Die nächste Ortschaft, **MÖLLTORP**, liegt reizvoll am Südufer des Sees KYRKSJÖN. – In der KIRCHE aus dem 13. Jh. sind Deckenmalereien und spätbarockes Inventar zu sehen. – Neben der Kirche steht das HEIMATMUSEUM mit einer alten Schusterwerkstatt. Am Kirchsee befindet sich ein beliebter Badeplatz.

■ In Mölltorp zweigt die Str. 195 nach Jönköping von der Str. 49 ab. Die 195 führt in einem Bogen an Hjo vorbei. Als Tourist sollte man dort aber einen Besuch abstatten.

HJO, eine hübsche Kleinstadt am fruchtbaren Uferstreifen GULDKROKEN des Vättern-Ufers, ist ein alter Handelsplatz, der schon im Mittelalter eine gewisse Bedeutung besaß. Der Stadtplan von 1696 ist erhalten, und die Viertel um den Marktplatz repräsentieren das alte Hjo, wegen der vielen mit Schnitzwerk verzierten Holzvillen auch HOLZSTADT genannt. Lebensgrundlage war früher der Fischfang im Vättern – bis heute gehört GERÄUCHERTE RENKE zu den lokalen Spezialitäten. Hjo entwickelte sich im 19. Jh. zum Kurort, in den letzten Jahren auch zum Urlaubsziel für ein breiteres Publikum.

Mitten in dem 100.000 m^2 großen Stadtpark – identisch mit dem 1878 angelegten ehemaligen Kurpark – thront das alte KURHAUS. Es beherbergt heute ein AQUARIUM, das die Unterwasserwelt des Vättern sichtbar macht. Im Anschluss kann man die SCHMETTERLINGSAUSSTELLUNG besuchen sowie thailändischen Weberinnen bei der Verarbeitung von hauchdünnen Seidenfäden zusehen: Seidenstoffe, Schals etc. verkauft die Butik. – Im Stadtpark stehen zudem weitere große, reich verzierte HOLZVILLEN, die zwischen 1884 und 1895 erbaut wurden.

INFORMATION: Hjo Turistbyrå, Floragatan 1, 54433 Hjo, Tel. 0503 – 35255, Fax 35295. Die Broschüre »Hjo, die Holzstadt am Vättern« erhalten Sie im Touristenbüro.

In Hjo und Umland finden sich reichlich Wanderwege, Badeplätze sowie Unterkünfte diverser Kategorien – von Campingplatz und Jugendherberge in einer alten Holzvilla bis zum gepflegten Hotel. An Veranstaltungen seien die große Handwerksmesse SLÖJDMÄSSA am zweiten Juliwochenende und SIKENS DAGAR (Renken-Tage) am ersten Augustwochenende hervorzuheben.

Von Hjo aus startet der mehr als 100 Jahre alte Eisbrecher und Passagierdampfer S/S TRAFIK zu Rundfahrten AUF DEM VÄTTERN und zu abendlichen Jazz-Fahrten.

■ Bald darauf erreicht man die Kreuzung mit der Str. 193, die nach **TIDAHOLM** führt. Die Geschichte dieses Ortes im Zusammenhang mit der industriellen Entwicklung schildert das TIDAHOLMS MUSEUM auf dem alten Fabriksgelände der Vulcanön. Wagen und Autos aus der Fabrikation von »Tidaholms Bruk«, in den 1920er Jahren die größte Autofabrik Schwedens, Webmaschinen aus der Spinnerei Holma und natürlich die Zündholzherstellung der STREICHHOLZFABRIK VULCAN sind zu sehen. – Im alten Büro der Zündholzfabrik ist heute ein Atelier für Künstler: KONSTLITOGRAFISKA VERKSTADEN stellt lithografische Arbeiten ihrer Schüler aus. In einem weiteren Raum befindet sich eine Werkstatt für manuelle Papierherstellung.

Auf der Insel TURBINHUSÖN entstand aus dem früheren Turbinenhaus eine Kunsthalle. In einem Lagergebäude stellen die Schüler der Volkshochschule Helliden, die in einem Schloss-ähnlichen Herrenhaus (1859) beheimatet ist, Silberschmiede- und Textilarbeiten sowie Keramik aus. Die alten Schmiedehütten sind zeitgemäß eingerichtet und ermöglichen einen Blick auf frühere Wohnverhältnisse zu. Ein kleines Café lädt in schöner Umgebung zum Verweilen ein.

INFORMATION: Tidaholms Turistbyrå, Ö. Drottningsvägen 4, SE–52283 Tidaholm, Tel. 0502–16208, Fax 16380, www.tidaholm.se.

■ Der nächste Ort an der Str. 195 ist **BRANDSTORP**. Nur wenige 100 m von der Landstraße entfernt steht die HOLZKIRCHE aus dem Jahr 1626. Sie ist mit farbenfrohen Malereien 1748 von *J. P. Kinnerus* verschönert worden. Die Bildnisse zeigen in einfacher, aber eindrucksvoller Form an der Decke das Jüngste Gericht, Moses mit den Gesetzestafeln sowie Abraham mit Lazarus auf dem Knie, ferner im südlichen Teil das Paradies, die Vertreibung und ihre Folgen, im nördlichen die Auferstehung Jesu, im Hintergrund dabei die Brandstorp Kirche, womit Kinnerus an den Kirchen-Neubau 1694 erinnern wollte. Die Orgelempore ziert die Schilderung grausamer Höllenqualen. Der geschnitzte Altaraufsatz ist aus der Mitte des 18. Jhs.

UNTERKUNFT: Brandstorps Stugby, Hökensås Sportsfiske, Tel. 0502–50013, Fax 50024. Elf FALUROTE Holzhäuschen, etwa 1 km zum Vättern.

■ Westlich von Brandstorp erhebt sich der Höhenzug **HÖKENSÅS**, zum Teil als NATURRESERVAT geschützt. Hökensås hat über 50 Seen, die gute

Möglichkeiten zum Angeln sowie Fliegenfischen bieten (Angelkarte). Die Wildnis von Hökensås bildet einen reizvollen Kontrast zur fruchtbaren Ufernlandschaft des Vättern. Das Feriendorf Hökensås (auch Camping) ist ein idealer Ausgangspunkt zum Wandern, Reiten, Radeln, Baden, Angeln etc. Das Gebiet ist auch reich an Waldfrüchten, Beeren und Pilzen.

UNTERKUNFT: Feriendorf Tidaholm Hökensås Semesterby och Camping, Tel. 0502–23053, Fax 230 23, www.camping.se/plats/R14. Das ganze Jahr über geöffnet. 130 Stellplätze ab 110 SEK, 35 Ferienhütten ab 400 und 10 Hütten ab 300 SEK.

■ Der nächste Ort ist **HABO**. Die Beschilderung HABO KYRKA führt zur alten Kirche von Habo außerhalb des Ortszentrums, die EINZIGE DREISCHIFFIGE HOLZKIRCHE Schwedens. Die »malerische« Holzkathedrale, wie sie oft genannt wird, war 1723 zur Form einer Basilika erweitert worden; 1741-43 schmückten die Maler *J. P. Kinnerus* und *J. C. Petterson* noch den letzten Winkel mit farbenprächtigen Malereien. Auch die geschnitzte Kanzel mit Apostelbildern sowie einem Baldachin in Form einer Krone faszinieren viele Betrachter. Zu den mittelalterlichen Kleinodien der Kirche gehören die große Holzskulptur »Johannes der Täufer« sowie das Taufbecken. Die Sakristei aus Stein ist der älteste Teil des Gebäudes. – In der Kirche finden Sie auch eine Kurzbeschreibung in deutscher Sprache. Von Mittsommer bis Anfang August ist die Habo-Kirche von 10 bis 18 Uhr geöffnet. Mo–Fr um 16 Uhr ist Zeit für eine 15-minütige Orgelandacht.

UNTERKUNFT: Wer in dieser schönen Gegend Halt machen möchte, kann dies im Sjöhaga Pensionat in Furusjö tun, Tel. 0392–20010. Das B & B erinnert in seiner Art an die »gute alte Zeit«. Waschgelegenheit mit kaltem und warmem Wasser im Zimmer, Du/WC auf dem Flur und vor allem freundlicher, persönlicher Service der Wirtsleute.

■ Im nahe gelegenen **MULLSJÖ** werden sportliche Aktivitäten groß geschrieben: Golfen, Reiten, Wandern und vor allem KANUFAHREN. Der gesamte Fluss TIDAN ist als Kanustrecke mit Rastplätzen und Hinweisen zu befahren. Kanuten können von hier oder dem etwas südlicher liegenden Bottnaryd bis nach Mariestad am Vättern fahren.

Natürlich sind auch Kurzstrecken möglich. In der Gemeinde Mullsjö gibt es zudem eine KANUZENTRALE: KC Kyrkekvarn Kanotcenter, Sandhem, Tel. 0515–761 005, Fax 761 189, www.kyrkekvarn.com. Ab Str. 47/48 in Richtung Tidaholm zweigt hinter Sandhem rechts ein kleiner Weg ab; die Kanuzentrale liegt 1 km nördlich des Sees Stråken.

Vadstena

Vadstena, eine Gemeinde mit rund 8.000 Einwohnern, hat an Historie interessierten Reisenden viel zu bieten. Die Geschichte der Stadt ist eng verknüpft mit dem Namen der *Heiligen Birgitta* (1303-1373), der Begründerin des Birgittinen-Ordens. Der Orden dehnte sich im Mittelalter, ausgehend vom Mutterkloster Vadstena, in halb Europa aus. Um das Kloster herum, das ein wichtiges geistiges Zentrum war, entstand der Ort Vadstena, der bereits 1400 die Stadtrechte erhielt. Die Entwicklung des Klosters nahm mit der Reformation ein jähes Ende; den größten Teil der umfangreichen Besitztümer beschlagnahmte *Gustav Vasa*. Dafür ließ er in Vadstena ein Schloss errichten, das zu einer der Lieblingsresidenzen der königlichen Familie auf dem Lande wurde. Seit 1935 gibt es den Birgittinen-Orden wieder in Vadstena; 1989 besuchte Papst *Johannes Paul II.* die Klosterstadt am Vätternstrand.

Vadstena ist heute eine idyllische Kleinstadt, deren mittelalterlicher Ursprung erkennbar ist. Der Ort hat sich zu einem beliebten Touristenziel entwickelt. Dies ist nicht nur den vielen bewahrten historischen Gebäuden zu verdanken, sondern auch der Lage am Ostufer des Vättern.

Zudem steht der Name des Ortes für die hier gefertigten Klöppelspitzen-Arbeiten. Die kunsthandwerkliche Tradition ist ein Erbe der Klosterfrauen, die wegen ihrer Handarbeitskunst bekannt waren.

INFORMATION

■ **VADSTENA TURISTBYRÅ**, Slottet, SE – 59200 Vadstena, Tel. 0143 – 31570, Fax 31579, E-mail: tourist@vadstena.se, www.vadstena.se.

Im Juli täglich 10–19, ab 1.6. und bis ca. 12.8. 10–18, Rest August 10–17 Uhr, bis ca. 15.9. Mo–Fr 10–16, Sa+So 11–15 Uhr, ab etwa 15.5. tägl. 11–16, ab 15.4. Mo–Fr 11–15 Uhr.

Unterkunft

Das Touristenbüro ist bei Buchungen von Hotels, Pensionen, Ferienhäusern und Privatzimmern behilflich. In der Zeit vom 1.6.–31.8. jeden Tag nach 15 Uhr bucht man hier für Sie Hotelzimmer, die noch frei sind, zu Last-minute-Preisen. Gegen Gebühr können Sie ein Verzeichnis der privaten Ferienhäuser, Apartments und Zimmer anfordern und danach selbst buchen. Die Buchung durch das Turistbyrå kostet 50 SEK.

■ **PENSIONAT SOLGÅRDEN**, Strågatan 3, Tel. / Fax 14350, Internet: http://home.swipnet.se/111/solgarden. EZ ab 400 SEK, DZ ab 590 SEK. 14 Gästezimmer, alle mit Waschgelegenheit, etliche mit Du/WC.

Die große Holzvilla (1905) in zentraler Lage war einst das pompöse

DIE HEILIGE BIRGITTA UND IHR KLOSTER

Birgitta wurde im Juni 1303 in Finsta (in Uppland) geboren. Sie wurde streng erzogen und im Alter von 13 Jahren mit dem 18-jährigen Ulf Gudmarsson von Ulvåsa, dem späteren Richter von Östergötland, verheiratet. Sie bekam vier Söhne und vier Töchter und wohnte in den ersten 20 Ehejahren auf Ulvåsa Gård am See Boren. Mit 32 Jahren wurde sie Hofmeisterin beim jungen König Magnus Eriksson. In dieser Zeit wohnte Birgitta auch im Bjälboättens-Palast in Vadstena. Hier soll sie einen Teil ihrer Visionen gehabt haben, nach denen sie sich beauftragt fühlte, ein Kloster für Nonnen *und* Mönche zu gründen.

Wallfahrten mit ihrem Mann nach Nidaros (Trondheim) in Norwegen und nach Compostela in Spanien folgten. Nach der Spanien-Reise starb ihr Mann und wurde im Kloster Alvastra begraben. Nahe des Klosters lebte Birgitta fünf Jahre lang zurückgezogen. 47-jährig reiste sie 1349 nach Rom, um vom Papst die Genehmigung für die Gründung eines Ordens und eines »doppelten Klosters« zu erlangen. Erst 1370 bestätigte Papst Urban V. die Klosterregeln. Danach pilgerte Birgitta nach Jerusalem; wieder in Rom, starb sie am 23. Juli 1373. Sie hat Schweden nicht wiedergesehen, aber ihr Vermächtnis in lateinischer und schwedischer Sprache wurde in Vadstena befolgt. Kloster und Klosterkirche wurden gemäß ihren Weisungen gebaut. 1391 wurde Birgitta heilig gesprochen.

DAS NEUE KLOSTER

In den 1920er Jahren hatte die Amerika-Schwedin *Elisabeth Hesselblad* vom Papst die Erlaubnis erhalten, einen reformierten Zweig des Birgittinen-Ordens zu gründen. Man erwarb ein Grundstück in Vadstena und baute ein Gästehaus. 1962 wurden die Nonnen einem alten Birgittinen-Kloster in den Niederlanden unterstellt, 1973 die neue Klosterkirche und das Kloster eingeweiht.

Die Nonnen des Birgittinen-Ordens tragen die gleiche graue Tracht, die die Heilige Birgitta einst vorschrieb, mit schwarzem Kopfschleier und der »Krone« aus weißen Bändern mit fünf roten Zeichen, die die Male der Dornenkrone symbolisieren. Das Klosterleben verläuft gleichmäßig, der Tag beginnt um 6 Uhr und endet um 21 Uhr mit dem Gebet. Tagsüber verrichten die Schwestern die ihnen zugeteilten Aufgaben: Haushalt, die Betreuung der Gäste, Studien und Gebete.

Außer den Birgittinen-Nonnen gibt es in Vadstena die TÖCHTER MARIAS. Sie waren ursprünglich ein protestantischer Orden, konvertierten aber Ende der 1980er Jahre zum Katholizismus. Seit dieser Zeit tragen die Schwestern die schwarze Tracht der Benedektiner-Nonnen.

Heim eines Amtsgerichtspräsidenten. Stuckornamente, alte Kachelöfen und Kristall-Lüster schmücken die Räume. Jedes Zimmer trägt einen Namen und ist individuell eingerichtet. Online können Sie sämtliche Zimmer inspizieren. Freundlicher Empfang unde guter Service.

■ **LEKSAKSMUSEET**, Hamngatan, Tel. 29275, Fax 29276. DZ ab 490 SEK, Du/WC auf dem Korridor. Aus einem ehemaligen Hafenmagazin am Schloss wurde ein Spielzeugmuseum und Restaurant mit Zimmervermietung. Die Zimmer unter der Dachschräge sind für ein paar Nächte bestens geeignet.

■ **VADSTENA VANDRARHEM**, Skänningegatan 20, Tel. 10302, Fax 10404. Geöffnet ca. 10.6–25.8., sonst nach Absprache. Im 2–4-Bett-Zimmer 185/95 SEK. Frühstück.

■ **VANDRARHEM BORGHAMN**, STF, Borghamnsvägen, Tel./Fax 40 820. Ganzjährig geöffnet. 73 Betten in 2–4-Bett-Zimmern, 175/80 SEK. Frühstück. Schöne Lage am See, einen Steinwurf vom Hafen entfernt, kleines Fischereimuseum. Am letzten Augustwochenende feiert man das SIKFEST mit geräucherten und gegrillten Renken.

■ **VANDRARHEM OMBERG**, STF, Stocklycke, Tel. 0144–33044. Geöffnet 1.5.–15.9., sonst prinzipiell anmelden. 55 Betten in 2–6-Bett-Zimmern 175/90 SEK. Frühstück, Lunch, Abendessen. Schöne Lage im Grünen am Fuß des Ombergs, zum Vättern 500 m.

■ **VÄTTERVIKSBADETS CAMPING**; Tel. 127 30, Fax 141 48, Internet: www.camping.se/plats/E09. Geöffnet 30.4.–16.9. 360 Stellplätze ab 110 SEK, Wohnwagen ab 400 SEK, Hütten ab 300 SEK, Zimmer p.P. ab 300 SEK. Schöne Anlage am See, vor allem mit kilometerlangem, seichtem Sandstrand, mit Wasserrutschbahn, Slipanlage für Kleinboote, Fahrradvermietung. 3 km nö an der Str.50.

Essen und Trinken

Allgemeine Lunchzeit Mo–Fr 11–14 Uhr. Tagesgericht, oft mit Salatbuffet, Getränk, Butter, Brot und Kaffee mit Plätzchen, ab 50 SEK.

■ **RESTAURANG RÅDHUSKÄLLAREN**, Rådhustorget, Tel. 12170. Täglich ab 12 Uhr, nur à la carte. Das alte, weiße Gemäuer mit der niedrigen Balkendecke verspricht im Sommer Kühle. Für Sonnenliebhaber auch Plätze im Freien. Pub, Do und Sa abend, Sa Live-Musik.

■ **MICASA**, Storgatan 9, Tel. 14101, Mo–Sa ab 10 Uhr, So ab 12 Uhr. Lunch um 50 SEK, kleine Gerichte ab 45 SEK. Die beiden kleinen Räume sind stets gut besucht.

■ **LEKSAKSMUSEET CAFÉ**, Hamngatan, Tel. 29275. Die neuen Räume mit Blick auf das Schloss sind ansprechend möbliert, die kleinen Gerichte lecker und appetitlich angerichtet. Ab 50 SEK.

■ **GAMLA KONDITORIET**, Storgatan 18, bei Sonne auch im Garten. Mo–Fr 9–19 Uhr, Sa 9–18 Uhr, So 11–18 Uhr. Auch Paj, Salate etc. ab 39 SEK.

Sehenswertes

■ Die **KLOSTERKIRCHE**, wegen des blaugrauen Tons der Granitquader auch BLÅ KYRKAN (die Blaue Kirche) genannt, wurde nach den Anweisungen, die Birgitta in ihren Offenbarungen erhalten und notiert hatte, erbaut und 1430 eingeweiht. Die dreischiffige Hallenkirche wirkt besonders durch die Schlichtheit des hohen lichten Raumes. Der Innenraum ist in den Jahrhunderten stark verändert worden; früher soll es hier 60 Seitenaltäre gegeben haben. Zum Inventar gehören wertvolle mittelalterliche sakrale Kunstgegenstände, darunter 30 HOLZSKULPTUREN. Der Flügelaltar an der Westwand ist eine Lübecker Arbeit von 1460, der Hochaltar ist um 1520 in Brüssel entstanden. Der mit rotem Samt bekleidete Reliquienschrein der Heiligen Birgitta war reich geschmückt mit silbernen Wappen; schätzungsweise 250 davon wurden im Lauf der Jahre auf den abenteuerlichen Irrfahrten des Schreins gestohlen. Geöffnet täglich ab 9 Uhr.

Nördlich der Kirche steht das KONVENTHAUS DER NONNEN, dessen Nordflügel aus einem Mitte des 13. Jhs. erbauten Gutshof hervorging – das Kloster entstand im Übrigen zwischen 1350 und 1400. Im unteren Stockwerk ist der Kapitelsaal erhalten, in der oberen Etage das Dormitorium der Nonnen restauriert worden. Hier findet man auch den Saal, der die Reliquien der Heiligen Birgitta aufnehmen sollte und Ende des 17. Jhs. zu diesem Zweck ausgeschmückt worden war. Im KUNGASALEN wird heute das Frühstück für die Hotelgäste serviert.

■ Südwestlich der Kirche steht das bescheidenere **MÖNCHSKLOSTER**, das zwischen 1763 und 1770 weitgehend verändert wurde und kaum noch mittelalterliche Züge trägt. Heute befindet sich ein Restaurant im Kloster und die Kräuter des ursprünglichen Klostergartens finden Anwendung in der Küche.

■ Nicht weit vom Klosterkomplex entfernt steht das **MÅRTEN SKINNARES-HAUS** (1520), das dem reichen Pelzhändler *Mårten Nilsson* gehörte. Er gründete hier eine Heil- und Pflegeanstalt, der Beginn des heutigen Birgitta-Krankenhauses. Museum, Führungen 1.6.–31.8. täglich, im Juli 13–15 Uhr, im Juni und im August um 14 Uhr.

■ Das alte **RATHAUS**, am Rådhustorg, schon Mitte des 15. Jhs. erbaut, ist im Vergleich zu Klosteranlage und Schloss klein dimensioniert – ein Anzeichen für die untergeordnete Stellung des Bürgertums. Sein heutiges Aussehen fand es im 17. Jh.

■ Das **STADTMUSEUM**, ebenfalls am Rådhustorg, informiert über die Entwicklung von Stadt und Kloster. Etwa 10.6.–15.8. Mo–Fr 13–15 Uhr. Eintritt 20 SEK.

■ Der ROTE TURM **RÖDTORNET** ist Teil der 1828 abgerissenen alten Stadtkirche aus dem 15. Jh., an deren Stelle das Gymnasium errichtet wurde, das mit dem Turm verbunden ist. Die drei Glocken im Turm rufen auch heute noch zur Andacht in der Klosterkirche, da diese über keinen Glockenturm verfügt.

■ In unmittelbarer Nachbarschaft findet man auch das 1470 erbaute BISCHOFSHAUS: **BISKOPSHUSET**. Hier wohnten die Linköpinger Bischöfe während ihrer Klosterbesuche.

Nach der Reformation gehörte das Gebäude der Krone, doch bereits 1568 schenkte es König Johan III. der Kirche, gedacht als Wohnhaus des Pfarrers. Es ist unverändert im Besitz der Kirche.

■ **GOTTFRID-LARSSONS-GÅRDEN**, an der Skänningegatan, zeigt Figuren des Bildhauers *Gottfrid Larsson*, der 1875 in Skänninge geboren wurde. Er studierte in Paris, erlangte aber nie solche Popularität wie die namhaften Kollegen Carl Eldh und Carl Milles. Die GRANITSKULPTUR BLUMENMÄDCHEN im Schlosspark ist sein Werk.

■ Westlich des Stadtkerns, nahe dem Vättern-Ufer, erhebt sich das massive **SCHLOSS** (1545–1620). Der Bau wurde während der Regentschaft Gustav Vasas – der hier die Hochzeit mit seiner dritten Frau Katarina Stenbock feierte – als Verteidigungsanlage begonnen. Sein Sohn Johan III. führte dann den Bau als Wohn- und Repräsentationsschloss im holländischen Renaissancestil weiter. Der nächste Bauherr war Karl IX. Nach dem verheerenden Brand 1598 erhielt das Schloss ein neues Dach und den Ostgiebel. Der Westflügel kam allerdings erst 1620 hinzu. Bis 1716 residierten hier Mitglieder der königlichen Familie; danach begann das Schloss zu verfallen und diente im 18. und 19. Jh. als Getreidespeicher und Weberei.

1899 zog das Archiv für den Regierungsbezirk Östergötland in die renovierten Räume. Heute hat das Archiv für Ahnenforschung seine Räume in einem wiederhergestellten Teil des Walls. Nach dem die Restaurierungsarbeiten des Schlosses 1985 abgeschlossen waren, hat man in den 1990er Jahren auch die alte Wallanlage wieder aufgebaut. Die neuen Räume haben das erweiterte Landesarchiv, die Vadstena Akademie sowie das Touristenbüro bezogen. 15.5.–30.9. täglich Führungen. Eintritt 50/10 SEK.

Ausflüge

■ **TÅKERN** gehört zu den bekannten VOGELRESERVATEN Nordeuropas. Im Lauf der Zeit verlandete der See immer mehr durch Schlammablagerungen ebenso wie durch ein Absenken des Wasserspiegels. In dem seichten, nährstoffhaltigen Wasser entwickelte sich eine üppige Vegetation, die wichtigste Grundlage für den Vogelreichtum – über 250 Vogelarten hat man hier beobachtet.

Mit einer freien Wasserfläche von rund 25 km^2 ist Tåkern seit 1975 als Vogelreservat geschützt. Vom 1.4. bis 30.6. dürfen Besucher sich nur auf den ausgewiesenen Geländen und Pfaden aufhalten! VOGELBEOBACHTUNGSTÜRME befinden sich am Nordufer bei HERRESTAD und HOV. Am Südufer zwischen Svanshals und Kumla führt ein Weg zum Beobachtungsturm GLÄNÅS. Ein befestigter Pfad (2 km) durch Strandwald, offene Strandwiesen und Schilfgürtel bis zum nächsten Turm verspricht vielfältige Natur-Erlebnisse.

■ **OMBERG** ist ein 10 km langer, bewaldeter Höhenzug, dessen höchste Kuppe 263 m erreicht. Es gibt Fahr- und Wanderwege, Rastplätze und mehrere Aussichtspunkte mit schönem Blick über den Vättern, zu dem die rötlichen Granitwände des Ombergs steil abfallen. – In Stocklycke gibt es eine Jugendherberge, zu der auch ein NATURUM gehört, eine anschauliche und informative Ausstellung zu Geschichte, Geologie, Flora und Fauna des Ombergs, der als guter Ausgangspunkt für Wanderungen und Spaziergänge bekannt ist.

Am Südrand von Omberg liegt STRAND, der Wohnsitz der Schriftstellerin *Ellen Key*, die sich innerhalb der schwedischen Frauenbewegung engagierte. Führungen 1.5.–1.9. Di–So um 11, 14, 15, 16 Uhr.

■ In **BORGHAMN** wurde im Mittelalter aus dem Kalksteinbruch das Baumaterial für das Kloster Alvastra, die Klosterkirche und für das Schloss in Vadstena gewonnen.

Heute gibt es in dem Fischerhafen ein Fischereimuseum.

■ Imposant wirkt die fast 20 m lange Grotte **RÖDGAVELGROTTAN** in der Steilküste, die von Hästholmen nur per Boot zu erreichen ist (zu buchen im Touristenbüro Ödeshög).

■ **SKÄNNINGE** war während des Mittelalters ein bedeutendes geistliches und kulturelles Zentrum, bis es unter Gustav Vasa das benachbarte Vadstena ablöste. Deutsche Kaufleute, die sich hier niederließen, trugen entscheidend dazu bei, dass sich Skänninge zu einem wichtigen Handelsort entwickelte. Alljährlich, am Donnerstag nach dem ersten Mittwoch im August, findet ein großer Markt statt – SKÄNNINGE MARKEN lockt Tausende von Besuchern an.

Die VÅRFRUKYRKAN ist eine Ziegelsteinkirche, die deutsche Kaufleute am Ende des 13. Jhs. nach dem Vorbild der Kirche in Rostock errichten ließen. Die Größe der Liebfrauenkirche bezeugt(e) den Wohlstand dieser mittelalterlichen Stadt, ebenso wie die angeblich größte Barockorgel Schwedens.

Die idyllischen Straßenzüge FOLLINGEGATAN und VISTENAGATAN stehen unter Denkmalschutz, und in den in zarten Pastelltönen gestrichenen Häuschen wird wie eh und je gewohnt und gearbeitet. Das alte Rathaus am Markt fungiert heute als Museum.

Verschiedenes

■ **SIGHTSEEING**: Bequem können Sie mit dem Stadtzug HJULIUS durch die Straßen rollen. Abfahrt Parkplatz am Schloss. Ticket 40/20 SEK. – MIT DEM BOOT: Touren auf Vättern sowie Göta Kanal von Vasa-Schloss zu Vasa-Schloss. Auch kürzere Strecken sind auf dem Göta Kanal möglich.

■ **KUNSTHANDWERK**: VAS VITREUM, Kunstglashütte im Hamnmagasinet. Glasbläserei Mo–Fr 9–17 Uhr. Glasshop Mo–Fr 9–17 Uhr, Sa 12–15 Uhr.

■ **ANGELN**: VÄTTERN, Angeln frei. – TÅKERN, nur mit Lizenz.

■ **BADEN**: VÄTTERVIKSBADET, 3 km nördlich, ein langer, flacher Sandstrand. – NÄSSJA sowie JERNEVID, außerhalb der Bucht, am Vättern. – BÅRSTADBADET in Borghamn.

■ **RAD FAHREN**: Sieben Touren unterschiedlicher Länge (11–68 km), Karte im Turistbyrå. – Fern-Radweg VÄTTERN-SOMMEN-LEDEN.

FAHRRADVERMIETUNG: *Sportaffären,* Rådhustorget.

■ **KANU**: Kanuvermietung am Vätterviksbadet, siehe oben.

■ **SEGELN**: Gasthafen am Schloss, Tel. 100 05.

BOOTSCHARTER: *Båtuthyrning Vettern,* Tel. 29887, Internet: www.rentaboatvettern.com.

■ **WANDERN**: Am schönsten wandert es sich auf markierten Wegen am OMBERG.

■ **VERANSTALTUNGEN**: Juli bis August Musik- sowie Opernaufführungen der Vadstena-Akademie im Schloss und in dem alten Theater. – RENÄSSANSEMARKNAD: Markttage auf dem Burghof, Mitte Juni.

■ **POSTAMT**: Storgatan 28.

■ **TAXI**: Järnvägsgatan, Tel. 103 20.

■ **ÄRZTLICHE VERSORGUNG**: *Vårdcentralen,* Jungfruvägen 5, Tel. 59 232. – Zahnarzt: Folktandvården, Knivsmedsgatan 3, Tel. 78900.

Weiterreise

■ **BAHN**: ab Motala oder Mjölby.

■ **BUS**: *Östgötatrafiken* fährt in die umliegenden und größeren Orte des Landes. – Expressbus und Wochenendbus mit »Swebus« nach Stockholm.

■ **AUTO**: **NACH MOTALA**, Str. 50.

NACH ÖDESHÖG und weiter am Vättern entlang nach Jönköping. Alternativroute ist die alte E 4, ausgeschildert als Touristenroute.

NACH SKÄNNINGE und weiter bis zur E 4 auf der Landstraße 206.

Linköping

Linköping ist die größte Stadt in der Provinz Östergötland und eine bedeutende Industriestadt in der Region. Sie ist zugleich Bischofssitz, Garnisons- und seit den 70er Jahren Universitätsstadt; sie liegt verkehrsgünstig an der Autobahn E 4 und an der Eisenbahnstrecke von Malmö nach Stockholm. Göta und Kinda kanal wurden zu Attraktionen des Fremdenverkehrs; schon seit Urzeiten kreuzen sich hier Handelswege, auf die sich die lange, traditionsreiche Geschichte gründet. Umgeben von alten Kultstätten (wie Mardevi, Ullevi, Allguvi) entwickelte sich hier früh ein Handels- und Tingplatz.

Mit der Christianisierung Schwedens wurde Linköping bereits 1060 Bischofssitz, dessen Bischöfe eine wesentliche Rolle in der Landesgeschichte spielten. Anlässlich eines Kirchentreffens in Linköping 1152, bei dem Schweden der römischen Kirche angeschlossen wurde, begann man mit dem Bau einer Kathedrale, die den alten, aus Holz errichteten Dom aus dem Jahre 1000 ersetzen sollte. Der Bau dieses neuen Doms wurde endlich 1516 nach etlichen Umbauten abgeschlossen.

Die Macht und Bedeutung, die Linköping zu dieser Zeit hatte, wird dadurch deutlich, dass hier 1219 Johann Sverkersson und 1251 Valdemar Birgersson zu Königen gewählt wurden. Als geistiges Zentrum etablierte sich Linköping mit der Gründung eines Domkapitels und einer Stiftsschule. Vom 17. Jh. an schwand die Rolle Linköpings.

Erst mit dem Bau des Göta kanals im 19. Jh. begann die industrielle Entwicklung. In den 1930er und 40er Jahren sorgten große neue Fabrikbetriebe, Saab-Flugzeugwerke u.a., für Aufschwung. In den 70er Jahren entstand im Westen Linköpings das Universitätsviertel. Von den Fakultäten ist die naturwissenschaftlich-technische herauszuheben. Die Uni Linköping unterhät in der Nachbarstadt Norrköping eine »Filiale«.

Auch in der weiteren Umgebung finden sich Sehenswürdigkeiten, die von der langen Geschichte der Region zeugen: Zahlreiche Kirchen, wie die Klosterkirche Vreta-Kloster aus dem 12. Jh. oder die Schlossruine in Stjärntorp, dokumentieren die Macht früherer Tage. Trotz der ortsansässigen Industrie kann man doch Erholung und Spaß in der Natur finden, in weiten Waldgebieten oder an einem der zahlreichen Seen.

INFORMATION

■ **TURISTBYRÅN LINKÖPING**, Quality Hotel Ekoxen, Klostergatan 68, SE–58223 Linköping, Tel. 013 – 206 835, Fax 121 903, turism@linkoping.se, www.linkoping.se. Ganzjährig.

■ **JUGENDHERBERGE BERG**, Mitte Juni bis Mitte August, 12–20 Uhr.

■ GESCHÄFT **HEMSLÖJDEN**, Storgatan 41, Ende Juni bis Mitte August, Mo–Fr 10–18, Sa 10–14 Uhr.

◀ **Freizeithafen hinter dem Schloss, nahe dem Vättern-Ufer in Vadstena**

Unterkunft

■ **STÅNGÅ CITY HOTELL,** Tullgränd 4, Tel. 311 275, stangahotell@telia.com. Zentrale Lage, 100 m zum Bahnhof. Große Zimmer, auch mit 3/4 Betten. Ruhig gelegen. Kostenloses Parken. DZ 890/595 SEK, Familienzimmer 675 SEK.

■ **GOOD EVENING HOTEL**, Hantverkaregatan 1, Tel. 129 000, Fax 138 850. Frisch renoviertes Familienhotel im Zentrum. Hoteleigene Tiefgarage, nahe gelegenes Parkhaus. Der Bus zur Altstadt Gamla Linköping hält 200 m vom Hotel entfernt. EZ 795/475 SEK, DZ 895/575 SEK.

■ **LINKÖPINGS VANDRARHEM,** STF, Klostergatan 52 A, Tel. 359 000, Fax 359 080, und im Internet: www.linkopingsvandrarhem.se. Ganzjährig geöffnet. Im 1–6-Bett-Zimmer 210/165 SEK, EZ werktags/weekend 565/455 SEK, im DZ 340/275 SEK p.P. Alle Zimmer mit Bad. Zum Bahnhof 700 m, Bus 50 m. Beschränkte Parkmöglichkeiten.

■ **GLYTTINGE CAMPING**, Berggårdsvägen, Tel. 174 928, Fax 175 923, glyttinge@swipnet.se, www.camping.se/plats/E28. Mai bis September. Stellplätze ab 130 SEK, von Hecken umgebene 100 m² große Flächen. Hütten ab 375 SEK. Bus 214.

■ **SANDVIKS CAMPING**, beim Vreta Kloster, Tel. 61 470, Fax 61 211. Ganzjährig geöffnet. Am See Roxen, 22 km nö. 100 Stellplätze, 10 gut ausgestattete, winterfeste Hütten. Mit Laden. Badestrand. Bus 525.

■ **SÄTRAVALLENS FRILUFTSGÅRD**, 590 55 Sturefors, Tel. 400 19, Fax 400 89, www.come.to/satravallen. Ganzjährig geöffnet. 100 Zeltplätze ab 75, 100 sonstige ab 100 SEK. Hütten ab 250 SEK, Ferienhütten ab 700 SEK. Vermietung von Kanus, Fahrrädern, Surfbrettern u. Tretbooten. Am See Sätrasjön, 24 km südlich.

Essen und Trinken

■ **GULA HUSET**, Ågatan. Mo–Fr ab 11 Uhr, Sa ab 12 Uhr, So ab 13 Uhr. Tagesgericht um 60, Hausmannskost ab 75, à la carte ab 100 SEK. Ein großes Bier vom Fass 29 SEK. Gemütlicher Barteil, das Restaurant wirkt etwas karg, nett die blau gepolsterten Stühle, der rote Steinfußboden. Bekannt für das PLANKSTEK und das leckere VEGETARISCHE BUFFET, das es allerdings leider nicht immer gibt. Die Garderobe ist im Gula Huset abzugeben (10 SEK).

■ RESTAURANT & BAR **RALLY**, Storgatan, Tel. 238484. Mo–Fr 11.30–14 Uhr. U.a. Buffet-Lunch für 59 SEK, mit großem SALATBUFFET.

■ **ÖVERSTE MÖRNER**, Stora Torget 8, Tel. 310 647. Mo+Di 16–23, Mi+Do 16–24, Fr 16–1.30, Sa 13–2 Uhr. Tagesgericht um 60 SEK, sonst ab 79 SEK. Gemütlich, auch draußen.

Sehenswertes

■ **DOMKYRKAN**, St. Persgatan, Tel. 205 060, Fax 205 061, im Internet:

GAMLA LINKÖPING

Das »Freilichtmuseum« Gamla Linköping entstand 1946 auf Initiative *Lennart Sjöbergs;* sein Vorbild war »Den gamle By« in Århus/Dänemark. Aber hier sollte nicht einfach das alte Stadtbild Linköpings erhalten bleiben, die Häuser sollten zum Teil bewohnt sein, um keine tote Museumsstadt, sondern ein LEBENDIGES ALTES STADTVIERTEL zu bewahren.

So konnten im Laufe der Zeit 80 Holzhäuser aus dem 17. bis 19. Jh. aus Linköping und Umgebung der Abrissbirne entgehen und hier auf dem 50 ha großen Gelände wieder aufgebaut werden. Die Hausbewohner haben einige Auflagen zu beachten. Es dürfen keine Antennen montiert werden, und die hübschen Blumengärten sollen ein Abbild von Omas Garten sein; andere Häuser wiederum wurden nur authentisch eingerichtet und sind teilweise zu besichtigen, am besten im Rahmen einer Führung. Zum Reiz Gamla Linköpings gehören die kopfsteingepflasterten Gässchen, manche gerade mal 80 cm breit, die alten Straßenschilder und die Straßenlaternen von »anno dunnemals« sowie die vielen Läden, in denen Handwerker auf traditionelle Weise ihr Handwerk ausüben und dem Besucher vorführen. Es gibt einen Krämerladen, eine Bäckerei, aus der es immer herrlich duftet, ein Geschäft für Schokolade und Konfekt in eigener Herstellung mit einem Schokoladenmuseum, einen Gewürzgarten, eine herrliche alte Apotheke, eine alte Post, eine »Reeperbahn« und vieles mehr. Der Rundgang gleicht einer Reise in das 19. Jh.

Eine Attraktion für sich ist das FENOMENMAGASINET in der alten Lagerhalle einer Zuckerfabrik. Naturwissenschaftliche, vor allem physikalische Rätsel werden hier anschaulich erklärt, einige Experimente können Sie auch selbst durchführen. Mit dieser Ausstellung wird auf den berühmten Naturwissenschaftler *Jöns Jacob Berzelius* hingewiesen, der in Linköping zur Schule ging.

Kryddbodtorget 1, Tel. 121 110, Fax 123 029. Info-Büro Mai bis August täglich geöffnet. Eintritt kostenlos, die meisten Museen haben während des Sommers täglich geöffnet (um 10–17 Uhr); es gibt aber Ausnahmen.

www.domkyrkan.nu. Täglich 9–18 Uhr. Im Sommer Cafè im Park.

1152 begann man mit dem Bau einer romanischen Basilika an jener Stelle, an der zuvor vermutlich eine alte Holzkirche stand. 1230 wurde die Kathedrale erheblich vergrößert, 1412 folgte ein neuer Umbau: Unter der Leitung des Kölner Baumeisters *Gerlach* entstand ein neuer, großer Chor mit Umgang und drei Kapellen. Das kupferne Dach, eine Schenkung des Bischofs *Hans Brask,* kam erst kurz vor der Reformation an seinen Platz. 1885 erhielt der Dom einen neuen Westturm im neugotischen Stil nach Plänen *Helgo Zettervalls.* Die beiden Osttürme, mit deren Bau einst Meister Gerlach begonnen hatte, wurden 1967 fertig gestellt, womit der Dom sein heutiges Aussehen erhielt.

Im Innenraum der Kirche fällt das moderne Altargemälde des Norwegers *Henrik Sörensen* auf (1934). Ihm zur Linken und zur Rechten sind katholische Heilige (= Reformatoren) dargestellt. Auf der Rückseite des Altars hängen Gobelins der Künstlerin *Marta Afzelius.* Die Arbeiten der beiden Künstler gelten als beste Beispiele moderner, SKANDINAVISCHER KIRCHENKUNST.

Aus dem Mittelalter stammen das Taufbecken, zwei Sakramentshäuschen aus Stein und der Flügelaltar.

■ Im **KUNGSTRÄDGÅRD** liegt das alte Schloss. Zum Bau der damaligen Bischofsburg benötigte man drei Jahrhunderte. Nach Bränden, Aufbau, erneutem Verfall und Restaurierung fand man 1785 endlich eine vernünftige Verwendung: Sie wurde Residenz des Landeshauptmanns, 1930 nochmals modernisiert und beherbergt heute den Landtag.

■ **ÖSTERGÖTLANDS LÄNSMUSEUM**, Raoul Wallenbergs Plats, Tel. 230 300, Internet: www.linkoping.se/lansmuseum. Di 10–20 Uhr, Mi–Fr 10–17 Uhr, Sa+So 11–16 Uhr.

Das Landesmuseum wurde 1864 gegründet und zählt damit zu den ältesten Museen Schwedens. In dem 1939 errichteten Museumsgebäude lagern Sammlungen, die um 100.000 Gegenstände umfassen: archäologische und kunstgewerbliche Stücke sowie Exponate aus der traditionellen Bauernkultur der Provinz. Die Ausstellungen zu Medizin- und Naturwissenschaft und zur Textiltechnik gehören zu den neueren Errungenschaften. Die MUSEUMSGALERIE besitzt Werke aus drei Jahrhunderten, u.a. Boucher, Tintoretto, Lucas Cranach d.Ä. mit dem »Sündenfall«.

■ Den **FOLKUNGABRUNNEN**, Stora torget, schuf *Carl Milles,* Schwedens BERÜHMTESTER BILDHAUER im 21. Jh. Der Brunnen stellt die östergötländische Folkunga-Saga dar. Er zeigt den halbblinden Folke Filbyter hoch zu Pferd auf der Suche nach seinem entführten Enkel. Er ist die Hauptfigur im Roman »Folkungaträdet« von *Verner von Heidenstam.*

■ **S:T LARS KYRKA**, St. Larsgatan, Tel. 205 038. Mo–Do 11–16 Uhr, Fr 11–15 Uhr, Sa 11–13 Uhr sowie während der Gottesdienste.

Bei einer Renovierung 1802 stieß man auf Reste einer noch älteren Kirche, deren Grundmauern in der Krypta zu sehen sind. Den Kirchenraum schmücken Bilder von *Pehr Hörberg,* der mit seiner naiv-romantischen Malweise einen wichtigen Platz in der einheimischen Malerei des 18. Jhs. einnimmt.

■ Ein erholsames Päuschen ermöglicht der Besuch im Park der **TRÄDGÅRDSFÖRENING** mit dem neueren NATURZENTRUM. – Von dem Hügel ganz in der Nähe des Parks hat man eine gute AUSSICHT über Linköping und Umgebung.

■ Der **VALLA FRITIDSPARK** grenzt südwestlich an das Gelände Gamla Linköpings. Um den alten Gutshof Valla hat man einen großen FREIZEITPARK mit Waldlehrpfad u.a. angelegt. Auf dem Gelände ist ein großes Pony-Gestüt beheimatet.

■ **FLYGVAPENMUSEET**, Carl Cederströms gata, Malmslätt, Tel. 283 567, www.flygvapenmuseum.nu. Juni bis August täglich 10–17 Uhr, sonst Di–So 12–16 Uhr. Eintritt ab 30/0 SEK. Führungen kostenpflichtig. 6 km westlich der Stadt, Bus 213.

FLUGZEUGMUSEUM mit Exponaten aus 85 Jahren. Ein altes Flugzeug und der Flugsimulator sind aus der Nähe zu inspizieren.

Ausflüge

■ **KAGA KYRKA**, (7 km nw), von König Sverker d. Ä. nördlich des alten Kultplatzes Allguvi (Heiligtum aller Götter) im 12. Jh. erbaut, ist vor allem wegen der Fresken bekannt; zu den ältesten Motiven gehören der erste schwedische Erzbischof Stephan von Alvastra sowie die Priorin, Kain und Abel, St. Olof und der Kindermord in Betlehem. Im Langhaus hat Meister Amund auf dem Triumphbogen das Gastmahl des Herodes dargestellt. Links davon berichten die Malereien von den Qualen der hl. Kakukilla, die wegen ihres Glaubens im Gefängnis von Ratten angegriffen worden sein soll; die Bauern, die sie als Schutzpatronin verehrten, beteten damals zu ihr, sie möge helfen, ihre Höfe von der Rattenplage zu verschonen.

■ Die Klosterkirche **VRETA KLOSTER** aus dem 12. Jh. wurde Anfang des 20. Jhs. restauriert; innen befinden sich Grabkapellen der Königsgräber aus dem 12. Jh. Zur Kirche gehörte ein Zisterzienserkloster, das erste Nonnenkloster im Land und bis zur Gründung des Klosters der hl. Birgitta in Vadstena von Bedeutung. Die Klosterruinen liegen nahe der Straße nach Motala, 11 km nw.

■ **BERGS SLUSSAR** (1 km no Vreta kloster): Die eindrucksvolle Schleusentreppe des Göta kanals überwindet – mit sieben aufeinanderfolgenden Kammern – 17 m Höhe.

Das Restaurant KANALKROGEN serviert am Kanalufer Spezialitäten des Landes; es ist im Stil des Kanal-Erbauers *Baltzar von Platen* eingerichtet (Mai bis August).

■ **EKENÄS SLOTT**, Tel. 77146, www.ekenasslott.nu. Führungen von Mitte Mai bis Ende August Sa+So 13–16 Uhr, im Juli Di–So 13–16 Uhr.

20 km östlich, auf einer Klippe liegend, lugt Ekenäs Slott mit seinen weißen Mauern und dem schwarzen Dach mit den drei Türmchen wie ein MÄRCHENSCHLOSS aus dem üppigen Grün hervor. Den Grundstein legte man um 1730, für die Erweiterung war Reichsrat *Mauritz Wellingk* verantwortlich; die Sage erzählt nichts Gutes über ihn, der einen Knecht, der zuviel über ihn wusste, lebendig eingemauert haben soll. Den Besuchern wird dieses makabre Grab als NISSES HÅLA (Nisses Loch) gezeigt. Weitere spannende Details zur Geschichte des Schlosses erfahren Sie bei einer Führung, die auch auf die Architektur und den Stil der Inneneinrichtung eingeht.

Das farbenprächtige Turnierspiel zu Pfingsten ist ausgesprochen populär. Erwachsene 85 SEK, Kinder 40 SEK; mit Rittern hoch zu Ross!

■ **SOMMEN** heißt der See im Südwesten von Linköping, an der Grenze zu Småland. Die Fahrt um den See führt in die herrliche Natur am Südzipfel von Östergötland, wo es mancherorts aussieht, als wäre man viel weiter nördlich. Obwohl für den Straßenbau zuletzt viel Fels weggesprengt wurde, verblieben einige romantisch schmale Lehm-Kieswege, die sich den Gegebenheiten der Natur anpassen.

Ein GEOLOGISCHES Phänomen ist die PELARGROTTE bei Malexander, eine Höhle mit einem mächtigen Dachblock, die vor langer Zeit die Wellen des Sommen aus dem weichen Gestein herausarbeiteten und deren härteres Gestein zum Teil wie tragende Säulen stehen blieben.

DUNKLE WÄLDER, FELSIGE HÖHEN und AUSBLICKE auf den stark verzweigten See machen die Rundfahrt zum reizvollen Erlebnis. Man sagt auch, der See habe so viele Inseln wie Tage im Jahr. BADEPLÄTZE gibt es an der über 300 km langen Strandlinie überall, und Angler können in diesem See Forellen, kleine Maränen, Saibling, Hecht oder Barsch an den Haken bekommen. In den Feriendörfern werden Boote vermietet.

Rund um den Sommen verteilen sich die hübschen roten Holzhäuser mit weißen Fensterrahmen und viel Platz zu den Nachbarn, die typische schwedische STUGA. Das größte Feriendorf befindet sich in MALEXANDER, das Vandrarhem Sommarhagen, mehr eine Pension, im früheren Pfarrhof, 2 km no am See Malgen.

Wer den See intensiver kennen lernen möchte, kann dies mit einem HAUSBOOT tun. Fragen sie beim Lebensmittelhändler in Sommen, er vermietet zwei dieser Boote. Zudem fährt das Ausflugsboot BOXHOLM II, ein Holz-befeuertes DAMPFSCHIFF, auf dem See. Weitere Informationen: im Touristenbüro in Boxholm oder auf www.ostgotaporten.com.

Der **KINDA-KANAL** ist eine etwa 90 km lange Fluss-, Seen- und Kanalstrecke, über den See Roxen mit dem Göta kanal verbunden. Allzu viele Freizeitskipper haben das romantische, schmale, verästelte Gewässersystem noch nicht entdeckt. Um den Fluss und fünf Seen miteinander zu verbinden, baute man Mitte des 19. Jhs. Kanalstücke und 15 Schleusen, die 50 m Höhenunterschied zu überwinden halfen. Bis Mitte des 20. Jhs. wurde der Kanal kommerziell genutzt, heute tuckern Ausflugsboote gemächlich durch die grüne Landschaft, sind auch die Kanuten vertreten. Alle Schleusen bedienen Schleusenwärter manuell. Die Schleuse Sturefors sieht aus wie 1871, mit Schleusenwärterhäuschen, bunten Blumen und altem Obstgarten. Ab Hamra-Hovetorp beginnt der ausgeschachtete Kanal, den aber bald wieder Seenpassagen ablösen. Auf die letzte Schleuse in Brokind folgen die Seen Järnlunden und Åsunden. Die Fahrt an der Kanal-Ostseite entlang ist sehr zu empfehlen. Tel. 126 880, Fax 12 38 80, www.kindakanal.se.

KANALFAHRTEN

■ **AUSFLUGSBOOTE**: Tagestour mit M/F WASA LEJON auf dem Göta kanal von Berg nach Borensberg. Abfahrt Berg 10 Uhr, Ankunft Borensberg 14 Uhr, oder umgekehrt. Neun 9 Schleusen und ein Brückenkanal (Aquädukt). – Auf dem Kinda kanal verkehrt unter einem grünen Blätterdach die M/F KIND. – Tages- oder Abendtouren auf Kinda oder Göta kanal zu buchen im Touristenbüro oder bei den Reedereien.

Wanderungen

Spazierwege gibt es reichlich in den grünen Oasen in und um Linköping, dazu die Naturlehrpfade Rydsskogen, Vallarundan bis Gamla Linköping, Sätravallen, Västerbystigen.

■ Leicht ist die 60 km lange Etappe des **ÖSTGÖTALEDEN** VON LINKÖPING NACH ÅTVIDABERG durch ein ausgedehntes Eichenwaldgebiet sowie den Kinda kanal berührend.

■ Der 75 km lange Wanderweg von **BOXHOLM NACH SMEDSTORP** tangiert ab und zu den See Sommen, für die »Aufstiege« belohnen herrliche Aussichten über den weit verzweigten See mit seinen vielen Inseln.

■ 70 km lang ist die Tour von **RIMFORSA NACH ÖSTERBYMO**, die zum größten Teil einem alten Saumpfad folgt. Wald- und Kulturlandschaft, Sehenswürdigkeiten und zahlreiche Aussichtspunkte machen die Tour abwechslungsreich. Auch für Anfänger und Kinder geeignet.

Verschiedenes

■ In Rimforsa kann man geräumige, komfortable und leicht manövrierbare **KANALBOOTE** MIETEN. Ein Erlebnis, gemütlich auf dem Kanal entlangzuschippern. INFORMATION: *Rederi AB Kind,* Box 282, 59123 Motala, Tel. 0141 – 233 370, Fax 209 959, www.rederiabkind.se.

■ **ANGELN**: Sehr gut lässt es sich im STÅNGÅN angeln, mitten in Linköping. Von Slattfors stromabwärts bis zum Roxen schwimmen Hecht, Barsch, Schlei und Brachse im Wasser. Angler trifft man unterhalb der Schleuse Tannefors, oberhalb der Brücke Braskens bro und unterhalb der Schleuse Nykvarn. – Im ROXEN leben angeblich 24 Fischarten, der See BOREN hat einen ähnlichen Ruf. – Im Süden Linköpings gehören die Flüsse Stångån und SVARTÅN sowie die Seen ÄRLÅNGEN und RÄNGEN zu den begehrten Gewässern. Für welche Sie eine Lizenz benötigen, weiß das Touristenbüro. Von Stegen oder Privatgrundstücken ist das Angeln verboten!

■ **BADEN**: Beheizte Freibäder TINNERBÄCKSBADET im Zentrum sowie VALKEBOBADET u. GLYTTINGEBADET. – Im Fluss STÅNGÅN Johannelund, Emmalund, Hjulsbrobadet, Sturefors. – An vielen Seen im Umland sind Badestege, Umkleidekabinen usw. eingerichtet. Eine Übersicht erhalten Sie im Touristenbüro.

■ **RAD FAHREN**: Gut radeln lässt es sich auf dem TREIDELPFAD am Göta kanal zwischen Ljungsbro und Borensberg, oder in Richtung Norsholm und weiter bis Mem. – Rundtour VON LINKÖPING ZUM STUREFORS SLOTT, weiter nach Sätravallen und wieder zurück. – 310 km lang ist der SOMMENLEDEN über Vadstena, Gränna, Tranås, Sommen, Boxholm, Mjölby, Skänninge und zurück nach Vadstena, markiert mit dunkelblauen Schildern; er führt durch flaches Kulturland, Wald- und Seenlandschaften und enthält auch ein paar Steigungen; die Mühen lohnen sich!

■ **GOLF**: *Landeryds Golfklubb,* Tel. 362 200, Fax 362 202, kansli@landerydsgolf.se. 2 18-Loch-Plätze und eine 9-Loch-Kurzbahn. Richtung Sturefors, ca. 8 km vom Zentrum. – *Linköpings Golfklubb,* Tel. 120 646. 18-Loch-Platz nahe der Uni im Westen der Stadt.

■ **KANU**: In der Umgebung Linköpings sehr zu empfehlen ist die Strecke vom Sommen zum Roxen auf dem Fluss SVARTÅ und auf dem STÅNGÅN vom See Ösjön zum See Roxen. – Auf dem KINDA KANAL wird offiziell nur gemeinsam mit anderen Freizeitbooten kanalabwärts geschleust, allerdings schrieben uns auch Leser mit gegenteiligen Erfahrungen. – Eine Tourenbeschreibung der Gewässer UM ÅTVIDABERG (sö Linköpings) hat das Touristenbüro.

KANUVERMIETUNG: Kanuzentrale *Stiftsgården Vårdnäs* in Rimforsa, Tel. 013 – 368 500, www.vardnas.com. Täglich 8–16 Uhr, im Sommer verlängert. Auch Unterkunft in Hütten und preiswerten Zimmern mit Frühstück. – Ferner *Kinda Båtuthyrning,* Brokind, sowie bei den Unterkünften *Sätravallens Friluftsgård* und *Sandviks Camping* (s.o.).

■ **UNTERHALTUNG**: Folkets Park, Majgatan. Ein Vergnügungspark im Stil des Tivoli.

■ **VERANSTALTUNG**: LINKÖPINGSFESTIVALEN, meist Mitte August.

■ **POSTAMT**: Kungsgatan 20. Mo–Fr 9–18 Uhr, Sa 10–13 Uhr.

■ **TRANSPORT**: wichtigste Bushaltestelle Drottninggatan. Die Linien 201, 202, 204, 207, 208 und 210 fahren immer. – Die Linien 203, 205, 206, 211, 212 und 216 fahren Mo–Fr bis 19 Uhr, nicht während der Ferien. – Die Linien 213–215 fahren Mo–Fr ab 19 Uhr sowie Sa+So, feiertags und während der Ferien den ganzen Tag.

■ **TAXI**: *Taxi Bil AB,* Tel. 146 000.

■ **ÄRZTLICHE VERSORGUNG**: *Universitetssjukhuset* (Krankenhaus), Lasarettsgatan, Tel. 222 000.

Weiterreise

■ **FLUGZEUG**: Flughafen Linköping, Auskunft Tel. 181 030.

■ **BAHN**: Bahnhof an der Järnvägsgatan, Mo–Fr 6–19.30, Sa 6.45–15.30 Uhr, So 8–19.30 Uhr. Auskunft und Platzbestellung: Tel. 242 300.

Linköping liegt an der Hauptstrecke *Södra Stambana* von Malmö nach Stockholm. – Nahverkehrszüge im Netz der *Södra Stambana:* Tranås-Boxholm-Mjölby, Mantorp-Vikingstad-Linköping-Norrköping. – *Länsjärnvägen* nach Kalmar. – *Tjustbanan* über Åtvidaberg nach Västervik. – *Stångådalsbanan* nach Kisa, Vimmerby, Hultsfred.

■ **BUS**: *Resecentrum* (Reisezentrum) am Bahnhof. Gutes Busnetz im Überlandverkehr, Zuschlag für Expressbusse. Fragen Sie nach Touristentickets für ein oder drei Tage.

■ **AUTO: NACH NORRKÖPING**. Am schnellsten auf der E 4.

NACH SÖDERKÖPING. E 4 bis zur Abzweigung der Str. 210, auf der sich kurz darauf ein Abstecher zur SKÄRKINDS KYRKA anbietet (19. Jh.); ungewöhnlich ist die Turmspitze aus dem Jahr 1906; zur selben Zeit wurde das Innere mit Jugendstildekor geschmückt; das wertvollste Kleinod ist der ALTARSCHREIN, eine Antwerpener Arbeit um 1500; zu erwähnen sind ferner das Votiv-Schiff aus dem 17. Jh. sowie die Grabkapelle nahe der Kirche, diese der Chor des alten Gotteshauses aus dem 15. Jh.

NACH MOTALA UND ZUM VÄTTERN gelangt man am besten über die Str. 36.

NACH JÖNKÖPING ist die Autobahn E 4 die schnellste Verbindung; zwischen Mjölby und Ödeshög ist der wohl berühmteste schwedische Runenstein nicht zu versäumen, der RÖKSTENEN (Seite 212 f.); vor Ödeshög besteht die Möglichkeit zu dem Besuch einer WOLLSPINNEREI: Abzweigung bei Stora Åby in Richtung Kirche, danach den Schildern folgen, nach 4 km rechts nach Storeryd, nach 1 km erreicht man ÖSTERGÖTLANDS ULLSPINNERI & VÄVERI, wo nach alten Methoden Schafwolle gesponnen und u.a. zu warmen Decken gewebt wird. Der Maschinenpark wird ständig erweitert, um das traditionsreiche Handwerk zu erhalten. Im Sommer stellen in der Halle über der Spinnerei Handwerker aus. Führungen Juni bis August, Information auch über *Ödehögs Turistbyrå,* Tel. 0144 – 35 000, E-mail: tourism@odeshog.se/ Ab Rök (bzw. Ödeshög, von der E 4 abfahren) folgen Sie der ausgeschilderten Touristenroute, den braunen Schildern mit der weißen Margarite.

Norrköping

Norrköping gehört wohl kaum zu den schönsten Städten Schwedens. Trotzdem ist es einen Besuch wert, da es industrielle Traditionen repräsentiert. Die Stadtgeschichte reicht zurück bis ins Mittelalter, als man 1384 (Albrecht von Mecklenburg) die Stadtrechte erhielt. Zahlreiche frühgeschichtliche Funde beweisen darüber hinaus, dass die Gegend um Norrköping zu den früh besiedelten Gebieten gehört. Im Mittelalter waren die Mühlen und die Fischerei die Existenzgrundlage; *Louis de Geer* war der örtliche Industriepionier mit einer Waffenmanufaktur 1609 und der Herstellung von Messing 1623.

Es folgten Wollspinnereien, Tuchfabriken, Papierherstellung. Tabak- und Zuckerfabriken ließen den Ort ab dem 19. Jh. zu einer bedeutenden Industriestadt werden. Die Herstellung von *snus* (Schnupftabak) der Fa. *Petter Swartz* war einer der wichtigen »Lebensmittel«-Sparten. Zudem war Norrköping Exporthafen der Gruben- und Eisenindustrie geworden. Als Mitte des 19. Jhs. zu den Bekleidungstextilfabriken auch drei große Baumwollspinnereien hinzu kamen, erhielt die Stadt den Beinamen SCHWEDENS MANCHESTER.

Diese Ära Norrköpinger Industriegeschichte ist abgeschlossen, die großen Baumwollspinnereien sind längst stillgelegt. An ihre Stelle sind Metallverarbeitung, Kunststoffherstellung, Elektronikfirmen wie auch moderne Branchen (IT) getreten – sowie seit Eröffnung des LINDÖ KANALS einer der größten Öl- und Exporthäfen der Ostküste entstanden. Der Verkehrsknotenpunkt verfügt über Flughafen sowie gute Straßen- und Eisenbahnverbindungen.

In den letzten 25 Jahren hat man die Infrastruktur grundlegend geändert. Alte Wohn- und Industrieviertel wurden abgerissen, Industriebetriebe aus der City ausgelagert; immerhin blieben Teile der typischen historischen Industriearchitektur erhalten, findet man nirgendwo sonst ein ähnlich geschlossenes Bild einer Industrielandschaft – und gehört Norrköping zu den beiden schwedischen Städten, die sich ein intaktes Straßenbahnnetz erhielten.

Die Gemeinde Norrköping hat ein vielfältiges, landschaftlich schönes Umland. Schwedens längster Meeresarm BRÅVIKEN reicht 50 km tief ins Land hinein und teilt die Großgemeinde in die Waldlandschaft im Norden und das fruchtbare, südlich gelegene VIKBOLANDET. Die Stadt liegt zwischen Bråviken und Glan-See am breiten Fluss Motala ström.

INFORMATION

■ **DESTINATION NORRKÖPING**, Dalsgatan 16, SE–60181 Norrköping, Tel. 011 – 155 000, Fax 155 074, info @destination.norrkoping.se, www.destination.norrkoping.se. Im Juli Mo–Fr 9.30–19, Sa+So 10–17 Uhr, sonst Mo–Fr 10–18, Sa 10– 14 Uhr.

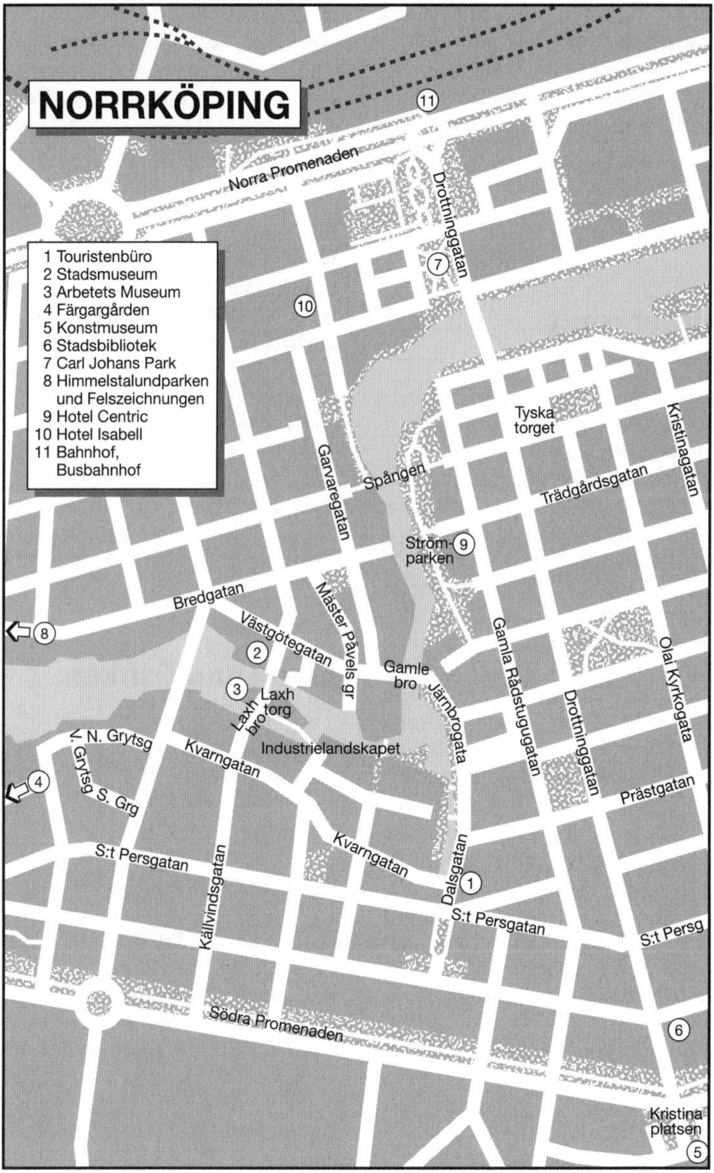
NORRKÖPING
1 Touristenbüro
2 Stadsmuseum
3 Arbetets Museum
4 Färgargården
5 Konstmuseum
6 Stadsbibliotek
7 Carl Johans Park
8 Himmelstalundparken und Felszeichnungen
9 Hotel Centric
10 Hotel Isabell
11 Bahnhof, Busbahnhof
Norra Promenaden
Drottninggatan
Tyska torget
Kristinagatan
Trädgårdsgatan
Spången
Garvaregatan
Ström-parken
Bredgatan
Västgötegatan
Mäster Påvels gr
Gamle bro
Järnbrogata
Gamla Rådstugugatan
Olai Kyrkogata
Drottninggatan
Laxh torg
Laxh bro
N. Grytsg
V. Grytsg
S. Grg
Kvarngatan
Industrielandskapet
Prästgatan
Kvarngatan
S:t Persgatan
Källvindsgatan
Dalsgatan
S:t Persgatan
S:t Persg
Södra Promenaden
Kristina platsen

■ Die Info-Broschüre **DESTINATION NORRKÖPING** erscheint jährlich in schwedischer, deutscher und englischer Sprache. Sie finden Kapitel über Unterkunft, Sehenswürdigkeiten, Freizeit, Tierpark, Ausflüge in das Umland, Veranstaltungen, Restaurants, Rabattkarten u.a.

Unterkunft

Das Touristenbüro hilft kostenlos bei der Buchung von Hotel-, Pension- und Privatunterkünften.

■ **HOTELL CENTRIC**, Gamla Rådstugugatan 18–20, Tel. 129 030, Fax 180 728, info@centrichotel.se, www.centrichotel.se. EZ 695 / 390 SEK, DZ 795/560 SEK. Parken kostenlos. Zentral, nur 300 m zum Bahnhof.

■ **HOTELL ISABELL**, Vattengränd 7, Tel. 169 082, Fax 160 904. EZ 450/350 SEK, DZ 550/450 SEK, Bad auf dem Flur. Hunde erlaubt. Zentral, nur 150 m vom Bahnhof entfernt.

■ **STF VANDRARHEM**, Turistgården, Ingelstagatan 31, Tel. 101 160, Fax 186 863, info@turistgarden.se, www.turistgarden.se. Ganzjährig geöffnet. Im 2–4-Bett-Zimmer ab 190/145 SEK. Parken gratis. Auf Anfrage wird das Frühstück auch serviert. Zentrale Lage, 800 m zum Bahnhof.

■ **STF VANDRARHEM**, Lindö/Aborreberg), Tel. 319 344, Fax 317 930, info@abborreberg.nu, im Internet: www.aborreberg.nu. Ca. 1.5.–30.9. Im 2–6-Bett-Zimmer 170/125 SEK, zudem Hütten. 5 km östlich, in reizvoller Lage an einem Meeresarm.

■ **KOLMÅRDENS CAMPING**, Bodaviken, Tel. 398 250, Fax 397 081, info@kolmardenscamping.se, Internet: www.kolmardenscamping.se. Ende April bis Mitte September. Stellplatz Mitte Mai bis Mitte August ab 150 SEK, sonst ab 105 SEK. Hütten 625/495 SEK. Zimmer 495/395 SEK. Restaurant, großer Spielplatz, zwei Wasserrutschbahnen. 22 km nordöstlich, 5 km zum Tierpark.

■ **CITYCAMPING HIMMELSTALUND**, Campingvägen, Tel. 171 190, Fax 170 987, pallej@algonet.se/ Das ganze Jahr geöffnet. Zeltplatz p.P. und Tag 30 SEK, Stellplätze ab 130 SEK, 10 winterfeste Hütten 450–600 SEK. Moderner Familiencampingplatz in reizvoller Umgebung. Von der E 4 die südliche Ausfahrt nach Norrköping, 3 km vom Zentrum.

Essen und Trinken

■ **BACCHUS**, Gamla Torget 4, Tel. 100 740. Mo–Fr 11.30–13.30 u. 17–23, Sa 12.30–23.30, So 12.30–18 Uhr. Lunch um 60 SEK, á la carte ab 120 SEK. Restaurant im Stil des 18. Jhs.

■ **PALACE KÖK & BAR,** Bråddgatan 13, Tel. 189 600. Lunch mit Selbstbedienung. SOMMERVERANDA mit Aussicht auf den Motala ström.

■ **BUTLERS HÖRNA**, G:a Rådstugatan 48, Tel. 162 969. Mo–Fr 11–22, Sa 12–22, So 13–21 Uhr. Lunch bis 14.30 Uhr, ab 60 SEK, à la carte ab 95 SEK. Eine nette Gaststätte mit gepolsterten Stühlen, im Sommer auch einige Plätze im Freien.

Sehenswertes

■ Herausragend in Norrköping ist die **INDUSTRIELANDSCHAFT** am Motala ström, die sich im Rahmen einer FÜHRUNG am besten erkunden lässt. Fragen Sie im Touristenbüro nach den aktuellen Terminen und buchen Sie nach Möglichkeit Ihre Teilnahme (siehe den Kastentext zu » Sightseeing«, Seite 250).

■ **STADSMUSEUM**, Västgötegatan 21, Tel. 152 620. Di, Mi, Fr 10–17, Do 10–20, Sa+So 11–17 Uhr. Eintritt frei.

Das Stadtmuseum befasst sich vor allem mit Norrköpings Entwicklung vom Handwerk zur Industrie; in den alten Fabrikhallen sind funktionstüchtige historische Textilmaschinen, eine Tischlerwerkstatt, ein Laden aus der Zeit um 1900, eine Arbeiterwohnung u.a. zu sehen.

■ **FÄRGARGÅRDEN**, Värdshusgatan 8, Tel. 152 620. Etwa Anfang Mai bis Ende August nachmittags geöffnet. Eintritt frei. Führungen zu bestimmten Zeiten möglich.

Der FÄRBERHOF liegt direkt am Fluss. Das in einem Handwerkerhof (19. Jh.) untergebrachte FREILICHTMUSEUM umfasst eine vollständige Werkstatt mit Laden, Büro, Wohnräumen. Im Garten wachsen Kräuter und Pflanzen, die man zum Färben verwendete. Das Café drinnen und draußen (Tel. 107 641) ist von Mai bis August täglich geöffnet, im April nur samstags und sonntags.

■ **ARBETETS MUSEUM**, Strykjärnet, Laxholmen, Tel. 189 800, Fax 182 290, www.arbetetsmuseum.se. Täglich 11–17 Uhr. Eintritt frei.

Mitten in der Industrielandschaft Norrköpings liegt auf einer kleinen Insel im Fluss ein schmales, hohes Gebäude, das der Volksmund DAS BÜGELEISEN nennt. Hier informiert das MUSEUM FÜR ARBEIT mit Ausstellungen über die Entwicklung der Arbeit vom frühindustriellen Zeitalter an. Werkstätten, Archiv, Bibliothek. Vom Restaurant *Lax & Strömming* blickt man auf die Stadt.

■ **KONSTMUSEET**, Kristinaplatsen, Tel. 152 600, Fax 135 897, www.norrkoping.se/konstmuseet. 1.6.–31.8. Di–So 12–16, Mi bis 20 Uhr, sonst Di–So 11–17, Di+Do bis 20 Uhr. Eintritt 30/0 SEK. Bus 112, 113, 116.

Die fünf gut aufgebauten Abteilungen des städtischen Kunstmuseums vollziehen den Einfluss jeder kunstgeschichtlichen Epoche auf die Malerei nach. Barock und Rokoko, englische Landschaftsmalerei, die Zeit des Besinnens auf die Antike, Impressionismus, Nationalromantik, der Beginn der Moderne bis zu den neuesten Kunstrichtungen. Der Schwerpunkt der Sammlungen ist die Zeit nach 1850 und es sind nur schwedische Maler vertreten. Die Abteilung MODERNE KUNST gehört zu den besten im Land. Die Skulpturen im Park sind aus dem 20. Jh.

■ Der **CARL JOHANS PARK** ist vor allem dank seiner Kakteen bekannt – über 25.000 dieser Pflanzen hat man zu Bildmotiven angeordnet. In Parknähe steht das 1802 fertig gestellte Rathaus (Stadshuset), das zu Repräsentationszwecken dient.

■ Ein Besuch wert ist auch **GAMLA TORGET** (Alter Markt), westlich der Drottninggatan, nahe dem Motala ström. Hier befanden sich vor 1655 das Rathaus und die Gildenhalle der Bürgerschaft. Heute umgeben schöne Gebäude aus dem frühen 19. Jh. der Platz. Und hier steht die von *Carl Milles* geschaffene Statue des Holländers *Louis de Geer,* der bei der Entwicklung der Norrköpinger Industrie eine verdienstvolle Rolle spielte und Gründer der Fabrik Holmens bruk war. Der markante Torturm von Holmens bruk (1750) und die angrenzenden Fabrikgebäude sind in der für Norrköping so typischen gelben Farbe gestrichen.

Ausflüge

■ **KOLMÅRDENS DJURPARK**, Telefon 249 000, info@kolmarden.com, www.kolmarden.com. Mai täglich 10–17 Uhr, 1.6.–31.8. 9–18 Uhr, September Sa+So 10–17 Uhr. Eintritt Tierpark 195/95 SEK, Safari 80/40 SEK. Bus 432.

27 km nordöstlich, am Nordufer des Bråviken, liegt Norrköpings bekannteste Attraktion, der ZOO Kolmården. Auf 250 ha leben hier einige 100 verschiedene Tierarten. Viele Besucher beginnen mit der Fahrt durch den Safaripark. Vom eigenen Auto aus sind heimische wie exotische Tiere aus der Nähe zu sehen.

Der Zoo ist flächenmäßig angeblich der größte Europas. In typisch schwedische Wildnislandschaft eingefügt, streifen Tiger, Elefanten, Giraffen, Kamele, Bären u.a. umher. Auch ein schwedischer Bauernhof mit Pferden und Kühen, Schweinen, Hühnern, Gänsen etc. gehört dazu.

Im DELPHINARIUM (mit Delphin-Lagune) finden mehrmals täglich Vorführungen (gegen Eintritt) statt. Im TROPENHAUS leben Krokodile, Schlangen, Echsen, Vögel und weitere exotische Tiere.

Durch die Anlage führt eine 3 km lange SEILBAHN, die außer dem Tierpark die umliegende Wald- und Schärenlandschaft aus der Vogelperspektive erleben lässt. Auf dem großen Abenteuerspielplatz in Kolmården vergnügen sich die Kinder mit Wasseranlagen, Rutschbahnen, Wikingerstadt u.v.a.

■ **LÖFSTAD SLOTT**, (10 km s, Abfahrt Löfstad slott), Tel. 335 067, Fax 335 086, lofstad.slott@telia.com, Internet: www.lofstad.nu. Führungen: April, 1.9.–31.10. So 13 u. 14 Uhr, Mai Sa+So 12, 13 u. 14 Uhr, Juni u. August täglich 12, 13 u. 14 Uhr, Juli 11, 12, 13, 14, 15 Uhr. Eintritt ab 50 SEK. Bus 481.

Das Schloss, umgeben von einem schönen Park, wurde Mitte des 17. Jhs. für den Feldmarschall Axel Lillié erbaut. Sein heutiges Aussehen erhielt es im Wesentlichen nach einem verheerenden Brand 1750. Das bewahrte Interieur ist ein anschauliches Beispiel für die Wohnverhältnisse der herrschenden Klasse während des 18. und 19. Jhs., so der reich dekorierte Saal im SÜDFLÜGEL. Die letzte Besitzerin des Schlosses, das Fräulein Emilie Piper, starb 1926.

■ **FINSPÅNG**, nordöstlich Norrköpings, gilt als Zentrum des früheren Erzbergbaugebietes Östgöta Bergslagen. Herzog Johan von Östergötland beauftragte 1580 einen Holländer namens de Wijk, eine Eisenhütte aufzubauen. Bald war *Finspångs Bruk* Lieferant für die Kriegsschauplätze Europas. Heute ist Finspång ein Zusammenschluss unterschiedlicher Konzerne (Turbinenbau, Aluminium- und Kupferproduktionen sowie Metalllackierungen).

Neben dem BRUKSMUSEUM, das einen Eindruck vom Leben der Arbeiter im 18. Jh. vermittelt, empfiehlt sich der Besuch der MESSINGKAMMARE. Interessante Industriedenkmäler sind HÄFLA HAMMARSMEDJA, die Hammerschmiede, und HÄFLA KVARN, die alte Mühle, die noch immer in Betrieb ist: Hier wird frisch gemahlenes Mehl verkauft.

■ **RISINGE GAMLA KYRKA**, 5 km südöstlich Finspångs, ist eine kleine alte Kirche mit KALKMALEREIEN des 15. Jhs., die nie übertüncht wurden. Auch wenn die Farben im Laufe der Jahrhunderte etwas verblasst sind – die biblischen Szenen, aufgeteilt in Medaillons, sind gut zu erkennen. Dies ist die wohl schönste Arbeit des Kirchenmalers *Christianus Pictor*, der in Östergötland mehrere Kirchen ausschmückte und darum den Beinamen RISINGE-MEISTER erhielt. Weitere Kleinodien sind der Altar, eine Lübecker Arbeit (1476), und ein Triumphkruzifix aus dem frühen 14. Jh. Auf dem Friedhof ruht Kirchenmaler *Pehr Hörberg* (1746–1816).

■ **REJMYRE GLASHÜTTE**, Rejmyre, Tel. 871 84, Fax 872 03, Internet: www.rejmyreglasbruk.se. *Glasladen*: 1.5.–30.9. Mo–Fr 9–18, Sa+So 10–16 Uhr, sonst Mo–Fr 9–17, Sa 10–16, So 11–16 Uhr. – *Glashütte*: ganzjährig Mo–Fr 9–14.30 Uhr, 1.5.–30.9. auch Sa 10–16, im Juli auch So 11-16 Uhr.

Die Rejmyre Glashütte war die nördlichste in Schweden, 1810 gegründet. Als man Finnland nach dem verlorenen Krieg abtreten musste, verlor man auch die dort ansässigen Glashütten. Dass gerade hier eine Hütte gegründet wurde, lag am Vorkommen von Quarz und dem unermesslichen Waldreichtum. Noch bis 1960 wurden die Öfen mit Holz befeuert; dann stellte man auf Öl um. Jedoch baute man 1984 wieder neue Öfen für Holzbefeuerung.

Handwerkstradition und Qualität sind die Wertmaßstäbe der heutigen modernen Hütte geblieben. SCHAUEN SIE DEN GLASBLÄSERN bei ihrer schwierigen Arbeit ZU; es ist faszinierend zu sehen, wie der rot-orangefarbene glühende Klumpen bearbeitet wird, geblasen, gedreht, wieder geblasen, gezogen, in Form gerückt, wieder ins Feuer usw. Es dauert seine Zeit, bis man erkennt, was jeweils entstehen soll.

■ Die Burgruine **STEGEBORG** liegt auf einer kleinen Insel im Meeresarm Slätbacken: www.stegeborg.se. Etwa 1.5.–15.6. 12–21 Uhr, bis 15.8. 12–23, bis 31.8. 12–20 Uhr, September 12–18 Uhr. Eintritt 25/15 SEK.

Die im 13. Jh. angelegte Burg war während des Mittelalters eine der stärksten Festungen Schwedens. Im 14. und 15. Jh. errichtete man einen 26 m hohen, mächtigen Rundturm. *König Johan III.* ließ die Burg zu einem Renaissance-Schloss umbauen. Im 18. Jh. verfiel die Pracht; die Reste restaurierte man 1952. Bootshafen und 24-Stunden-Camping.

■ Unweit Stegeborgs steht die Kirche von **SKÄLLVIK** (13. Jh.) mit einer Orgel (1762) und einem Marienaltar (1400). Anbei ein Heimatmuseum.
■ Das **SCHÄRENGEBIET VON ST. ANNA** ist landschaftlich hinreißend. Die Straße führt bis Tyrislöt auf der Insel NORRA FINNÖ. Zu Finnös Naturschutzgebiet gehören sehr schöne Sandstrände. Am eindrucksvollsten erlebt man diese Inselwelt VOM BOOT AUS: von Mitte Juni bis Mitte August ab Tyrislöt.

Söderköping

15 km südlich von Norrköping liegt das malerische Städtchen Söderköping, im Mittelalter ein bedeutender Handelsort, als die Handelsschiffe der Hanse auf dem Fluss Torån bis zum Rathausplatz segelten. Bis ins 16. Jh. hielt man hier Reichstage und andere wichtige Versammlungen ab. Von der völligen Zerstörung durch dänische Truppen während des Nordischen Kriegs 1567 erholte sich Söderköping nicht wieder, während der ehemalige kleine Nachbarort Norrköping zur führenden Handelsstadt der Region heranwuchs.

SEHENSWERT
■ Die dreischiffige **ST. LAURENTII-KIRCHE** entstand im 13. Jh. in HANSEATISCHER BACKSTEIN-GOTIK. Zum wertvollen Inventar gehören ein Flügelaltar vom Anfang des 16. Jhs., ein Triumphkreuz aus dem 14. Jh. sowie ein Altargemälde *(Pehr Hörberg)*.
■ Das **ST. RAGNHILDS GILLES MUSEUM**, Gamla Skolgatan, ist im ältesten Gebäude der Stadt beheimatet (Anfang 16. Jh.). Im Sommer täglich 11–17, sonst Mo–Do 9-12 Uhr.
Mittelalterliche Funde sowie die Stadtgeschichte von Anfang an.
■ In der **DROTHEM KIRCHE** (Ende 13. Jh.) gibt es spätmittelalterliche Holzskulpturen sowie einen norddeutschen Altar (Ende 15. Jh.!).
■ Nahe der restaurierten Kurbrunnenanlage Åpromenaden versammelt das kleine FREILICHTMUSEUM **KORSKULLEN** einige ältere Gebäude aus der Umgebung.
■ Auf dem **GÖTA KANAL** herrscht im Sommer reger Freizeitbootverkehr. Ebenfalls im Sommer stellen im alten MAGAZIN AM KANALHAFEN Handwerker ihre Erzeugnisse aus. – Die SKULPTUR SCHLEUSENWÄRTER *(Elis Nord)* erinnert an die Bedeutung des Kanals für Söderköping.

INFORMATION
■ **SÖDERKÖPINGS TURISTBYRÅ**, Margaretagatan 19, SE–61480 Söderköping, Tel. 0121–18160, Fax 15833, turistbyran@soderkoping.se, www.soderkoping.se.

Ferien aktiv

WANDERUNGEN U. RAD FAHREN
■ **MARMORSTIGEN** heißt ein 4 km langer Wanderweg mit Startpunkt Campingplatz Kolmården, der auch am Marmorbruch vorbeiführt. Der grüne Kolmårdsmarmor ist in vielen

öffentlichen Gebäuden zu finden, etwa in Stockholms Stadshus, dem Rockefeller Center in New York, dem UN-Gebäude in Genf u.a. Marmor brach man hier schon im 13. Jh.

■ **NUNNEBANAN**: ein 18 km langer Rad- und Wanderweg, der sich von Sandviken bis Virå erstreckt. Einst verlief hier eine Eisenbahnstrecke. Beschreibung und Karte um 45 SEK im Touristenbüro.

■ **SÖRMLANDSLEDEN**: ein 865 km langer Rundweg durch Wildnis und Kulturlandschaft um Sörmland. Es lassen sich gut kurze Etappen wandern, da die Strecke fast überall direkt oder über Anschlusswege leicht zu erreichen ist, auch per Bahn/Bus.

■ Von Söderköping aus führt der **ÖSTGÖTALEDEN** nach Süden; mit dem OSTKUSTLEDEN lässt sich eine Tour von Söderköping über den See Strolången bis Stegeborg wandern, insgesamt 50 km.

■ **VRINNEVISKOGEN** ist ein großes Wandergebiet nahe der Stadt. Auch in den weiten, dunklen Wäldern von **KOLMÅRDEN**, Grenzwall zwischen Östergötland und Sörmland, gibt es ausgezeichnete Möglichkeiten. Beschreibung um 20 SEK pro Faltblatt.

SIGHTSEEING
Stadtwanderungen durch die INDUSTRIELANDSCHAFT am Motala ström. *Nedre Industrilandskapet:* etwa 15.6.–31.7. So um 19 Uhr ab Gamla Torget. *Övre Industrilandskapet:* etwa 25.6.–5.8. So um 19 Uhr ab Skvallertorget, Kungsgatan. Ticket 30/0 SEK. Dauer jeweils 1 Stunde, begrenzte Teilnehmerzahl, Buchung erfragen. – Die STRASSENBAHN-VETERANLINIE Gamla Ettan startet im Juli/August ab Resecentrum/Bahnhof (Stadtplan). Ticket 25 SEK. Keine Reservierung, begrenztes Platzangebot.

Verschiedenes

■ **ANGELN**: STRÖMPARKEN im Motala ström. Am BRÅVIKEN sowie an den Seen GLAN, NEDRE GLOTTERN, AGELSJÖN. Angelscheine gibt's an Tankstellen und im Touristenbüro.

■ **BADEN**: Badestellen im Bråviken, am Ensjön, am Glan-See sowie bei Kolmården. Folgende Freibäder sind besonders beliebt: HIMMELSTALUNDS-BAD, Norrköping (nahe der E 4). – ENSJÖ-BAD. – TINGSBRÖTENBAD IM SEE GLAN/Svärtinge. – MÅRÄNGSBAD bei Mårängens Camping. – BODAVIKEN, nördliches Bråviken-Ufer. – SÖRSJÖN (25 km nördlich). – GRANSJÖNÄS-BAD, Boot zur Insel Esterön. – LILLA ÄLGSJÖN, kleiner idyllischer Waldsee. Im Touristenbüro erhalten Sie genaue Bäder- und Wegbeschreibungen.

■ **RAD FAHREN**: Die Broschüre CYKLING I NORRKÖPING stellt rund 40 Radtouren vor: entlang des alten Bahnwalls von Finspång über Sonstorp nach Borggård; oder am Göta kanal entlang. Im Touristenbüro.

■ **GOLF**: *Bråvikens Golfklubb,* Manheims Säteri, Tel. 340072.

■ **KANU**: Im Touristenbüro erhält man Karten und Infos über Routen in der Gemeinde. – Vom See Byngaren führt MOCKASINSPÅRET, eine etwa 35 km lange Strecke, stromabwärts bis Söderköping. – Das Gewässersystem der GEMEINDE FINSPÅNG eignet sich für kürzere wie längere Touren. – Mit Rastplätzen versehen ist die Tour durch die Seen AVERN-GLAN und TISNAREN-GLAN.

KANUVERMIETUNG: Kanuzentrale *Lotorpskiosken,* Torgvägen 2–4, Lotorp, Tel. 0122–29200, Fax 16606, cl-18372@mailbox.calypso.net/ Im Sommer täglich 10–21 Uhr. – *Kolmårdens Kanotcenter,* Innervik, Bremyra (Rejmyre), Tel. und Fax 011–89471, rolf.oras@swipnet.se, www.kolmardenkanotcenter.se. Geöffnet von April bis Oktober. Auch Transportservice.

■ **VERANSTALTUNGEN**: NORRKÖPINGS KARNEVAL, Volksfest in der ersten Augusthälfte. Während des Umzugs am letzten Tag tanzt die Stadt Samba auf den Straßen.

■ **POSTAMT**: Drottninggatan 20. Mo–Fr 9–18 Uhr, Sa 10–13 Uhr.

■ **TRANSPORT**: Busterminal Norra Promenaden. Es gibt Rabattkarten für 24 und für 72 Stunden.

■ **TAXI**: *Taxibil i Östergotland,* Tel. 100100; *Taxikurir Norrköping,* Tel. 120320.

■ **PARKEN**: für Wohnmobile und Wohnwagen an Norra Promenaden /Orangeri gatan, östlich des Bahnhofs. – Sjötullsgatan, Motala ström.

■ **ÄRZTLICHE VERSORGUNG**: *Vrinevilasarettet* (Krankenhaus), Gamla Övägen 25, Tel. 222000.

Weiterreise

■ **FLUGZEUG**: Internationaler Flughafen Norrköping, 4 km östlich der Stadt. SAS-Auskunft: Tel. 237500, Inlandflüge Tel. 020–720000, Auslandsflüge Tel. 020–727555. Bus 115 fährt vom Busterminal zum Flughafen (16 SEK); mit dem Taxi zahlen Sie ab Resecentrum etwa 100 SEK.

■ **BAHN**: Bahnhof, Norra Promenaden. Auskunft Tel. 212221. Platzbestellung Tel. 212226. Travel Café.

■ **BUS**: Busbahnhof, Resecentrum, Norra Promenaden. Die 24 Stunden-Karte und die 72-Stunden-Karte berechtigen zur freien Fahrt auf allen Linien, auch auf Expressrouten. Verbindungen zu allen größeren Städten.

■ **AUTO**: **NACH SÖDERKÖPING**. E 22, im Verlauf der weiteren Fahrt nach Süden passiert man GUSUM mit einer Glashütte, die u.a. Elche herstellt, sowie einem Messing-Kunsthandwerksbetrieb.

NACH VÄSTERVIK. Str. 35 über Åtvidaberg sowie E 22.

NACH VIMMERBY IN SMÅLAND. Str. 34 über Kisa.

NACH LINKÖPING. Am schnellsten auf der E 4.

Norrköpings Industrielandschaft am Motala ström;
Kunsthandwerk aus Stroh besitzt besonders in Dalsland Tradition (siehe Seite 383/375) ▶

Halland

Die Provinz Halland ist nur klein, aber auf den 4.876 km² sind Naturareale ganz verschiedener Art zu finden. Von Überbevölkerung zu reden wäre übertrieben, leben hier doch nicht einmal 240.000 Menschen.

Hallands Westgrenze ist das Kattegatt, im Osten grenzt die Provinz an Småland und Västergötland, im Norden an Göteborg und im Süden markiert der Höhenzug HALLANDSÅSEN den Übergang nach Skåne.

Die Küste gefällt mit kilometerlangen, breiten, weißen Sandstränden und mit hohen Dünen im Süden, nördlich des Flusses ÄTRAN wird der Sandstrand schmaler, Geröllfelder und Strandwiesen gehören dazu und bald wird aus dem Sandstrand zunehmend Schärenküste, die im Norden von Halland mit dem Granitplateau der Halbinsel ONSALA einen völlig anderen Landschaftstyp zeigt. Entlang der Küste erstreckt sich heute fruchtbares Ackerland, das allmählich in leicht hügelige Landschaft mit Nadel- und Laubwäldern, mit vielen kleinen Seen und Flussläufen übergeht.

An Zeugen aus Steinzeit und Eisenzeit herrscht auch in dieser Provinz kein Mangel. In der Wikingerzeit ist zum ersten Mal von Grenzen zwischen den nordischen Ländern die Rede: Halland gehörte zu Dänemark, denn die See war zu dieser Zeit ein besseres Bindeglied zwischen Ländern als die wenigen und schwer zugänglichen Pfade im Binnenland. Das Christentum war bereits Ende 900 in Halland bekannt, aber ein Kloster wurde erst 1194 in Ås gebaut. Im 13. Jh. verschaffte sich das Königreich Schweden an der Mündung des Götaälv Zugang zur Nordsee, einen Landkorridor, um den es ständig Streit geben sollte.

Hallands Bevölkerung hatte oft unter dem Zwist zwischen den nordischen Ländern zu leiden. Im 13. und 14. Jahrhundert war der Landstrich mal norwegisch, mal schwedisch oder dänisch, je nach Lehen, königlichen Eheschließungen oder Unionen. In einem Friedensvertrag 1343 trat König *Valdemar Atterdag* die Provinzen Skåne, Blekinge und Halland an den schwedisch-norwegischen König *Magnus Eriksson*, genannt Magnus Smek, ab. Aber bereits 1366 – Atterdag hatte seine Stellung und seine Finanzen in Dänemark gestärkt – holte er sich die ehemaligen Besitzungen mit dem Schwert zurück. Die Unionszeit ab 1397 unter Königin *Margrethe I.* versprach Frieden, aber 1430 eroberte der schwedische Bauernführer *Engelbrekt* Halland, das jedoch dänisch blieb. Die Kontrahenten verhandelten 1450 in Halmstad, und man beschloss, die Union fortzusetzen, und versprach Frieden. Nach dem Blutbad 1520 in Stockholm war die Union endgültig zu Ende. 1524 schloss man erneut Frieden, ab 1563 wütete der Nordische Krieg sieben Jahre, wobei Halland besonders in Mitleidenschaft gezogen war. Wieder folgten 40 Jahre Frieden, wieder ein Krieg und neue Friedensverhandlungen. 1619 trafen sich *Gustav II. Adolf* und *Christian IV.* in Halmstad: Schweden löste für eine Million Reichstaler die Festung Älvsborg ein, ein versöhnlicher Handschlag versprach Ruhe an den Grenzen. – Bis 1643, diesmal siegten die Schweden und bei den Friedensverhandlungen in Brömsebro 1645 trat Dänemark die Provinz Halland für 30 Jahre als Pfand an Schweden ab. Dieses Pfand wurde nie eingelöst, denn 1658 verloren die Dänen auch die übrigen südlichen Landschaften jenseits des Öresunds. Nach dem Friedensvertrag von Roskilde versuchten die Dänen verlorenes Terrain wiederzugewinnen: Auf halländischem Boden wurde zum letzten Mal 1676 gekämpft, Halland blieb jedenfalls schwedisch.

Die Fischerei hat in Halland immer eine Rolle gespielt, vor allem gilt das für den Lachs. 1160 begann das Privileg der Mönche, im Fluss LAGAN Lachs zu fischen; bald gehörten alle Lachsgewässer der Kirche. Mit der Reformation beschlagnahmte der Staat diese Einnahmequelle, aber die Bürger stritten für ihre Rechte, mit wechselndem Erfolg.

Früher war jener Lagan der fischreichste Fluss, es heißt, man fing damals von Mai bis August am Tag etwa 100 Fische.. Mit beginnender Regulierung der Flüsse Anfang des 20. Jhs. und durch die Umweltverschmutzung ging der Lachsbestand drastisch zurück. Lachszuchtanstalten und verbesserte Umweltbedingungen haben den Edelfisch in die Flüsse zurückkehren lassen, heute ist der Ätran der gefragte Lachsfluss.

Zu den Spezialitäten der Provinz zählen daneben die Käseherstellung sowie der Anbau von Meerrettich. Von den Mönchen wurde die Wurzel einst als Medizin eingesetzt, heute ist sie reine Gaumenfreude. Im Übrigen ist Halland hauptsächlich Agrarland, auch wenn sich diverse Industriesparten angesiedelt haben.

Mit Halland verbindet man auch bäuerliche Malerei, die sogenannten BONADER, gemalte Wandbehänge, meist mit biblischen Motiven. In den traditionsreichen Häusern Hallands, der *ryggåsstuga* – einem Holzhäuschen, dessen Dachraum nicht abgeteilt war – schmückten bonader die Wände und Schrägen im Wohnbereich. Im 17. Jh. war für die armen Kleinbauern ein Nebenerwerb lebenswichtig; so entstand eine Handwerkstradition, die sich bis dato hält. Die halländischen Strickereien nach überlieferten Mustern, sogenannte BINDSLÖJD (auch BINGE genannt), sind nach wie vor gefragt, ebenso wie kunstvolle Holzschnitzarbeiten und Keramikprodukte.

In den sechs Kommunen Hallands sind Freizeitaktivitäten vieler Art möglich. Die Küste trägt die Beinamen »Riviera« oder »Badewanne« Schwedens, wo im Juli und August SOMMER-SONNE-STRAND angesagt ist. Beim Wandern, Fahrrad- und Kanufahren kommt man der Natur am nächsten, deren Schönheit man als Autofahrer auf der E 6 nicht einmal erahnen kann.

Halmstad

Halmstad, die Hauptstadt Hallands, liegt an der Westküste Schwedens, auf halbem Weg zwischen Malmö und Göteborg.

Im 13. Jh. als Övraby erstmals urkundlich erwähnt, lag der Ort noch weiter landeinwärts an einer Furt durch den Fluss NISSAN. Im frühen 14. Jh. fand die Verlegung an die heutige Stelle statt.

Die Stadthistorie ist eng verknüpft mit den dänisch-schwedischen Auseinandersetzungen, geprägt vor allem von *Christian IV.*, dem großen König der Dänen. Anfang des 17. Jhs. ließ er die Hafen- und Handelsstadt mit Wallanlagen und Bastionen befestigen, 1615 wurde das kleine, einfache Schloss am Ufer des Nissan gebaut. Anfang 1619 lud Christian IV. Widersacher Gustav II. Adolf zum Fest auf das Schloss. Den Handschlag der Versöhnung zeigt eine Skulptur auf dem Marktplatz.

Im August 1619 zerstörte ein großes Feuer fast die komplette Stadt; nur Schloss und Kirche und ein paar Steinhäuser überstanden den Brand. Das gab Christian IV. die Möglichkeit, eine neue Stadt im Stil der Renaissance, mit rechtwinkligen Straßen und regelmäßigen Vierteln, aufzubauen. Aus dieser Zeit sind aber nur wenige Gebäude erhalten.

Der Marktplatz *Stora Torg* von 1619 ist unverändert das pulsierende Stadtzentrum. Rund um den Europa-Brunnen stehen die Marktbuden mit einem reichhaltigen, bunten Angebot an Gemüse, Obst, Blumen etc. Markante Gebäude an der Südseite des Platzes sind die imposante St. Nikolai Kirche, das Fachwerkhaus Tre Hjärtan und das neue Rathaus. Halmstad gilt Sommerfrischlern als beliebter Badeort, der Hafen als einer der besten entlang der Westküste.

INFORMATION

■ **HALMSTADS TURISTBYRÅ**, Halmstad slott, Box 47, SE–30102 Halmstad, Tel. 035 – 132 230, Fax 158 115, info@tourist.halmstad.se, www.halmstad.se. 1.4.–30.9. Mo–Fr 9–12.30 und 13.30–17 Uhr, 2.5.–31.5. und ca. 15.8.–31.8. Mo–Fr 9–18 Uhr, Sa 10–13 Uhr, 1.6. bis Mittsommer und ca. 5.8.–14.8. Mo–Fr 9–18 Uhr, Sa 10–15 Uhr, Hochsaison Mo–Sa 9–19 Uhr, So 15–19 Uhr.

■ Halmstad bringt jedes Jahr einen dreisprachigen kleinen **STADTFÜHRER** heraus. Die Themen sind Sport, Geschichte und Kultur, Übernachtungsmöglichkeiten u. Restaurants, Unterhaltung, Tipps für Familien mit Kindern, Transport u.a.

Unterkunft

Das Touristenbüro ist bei Buchungen von Hotels, Pensionen, Privatzimmern und Ferienhäusern (gegen

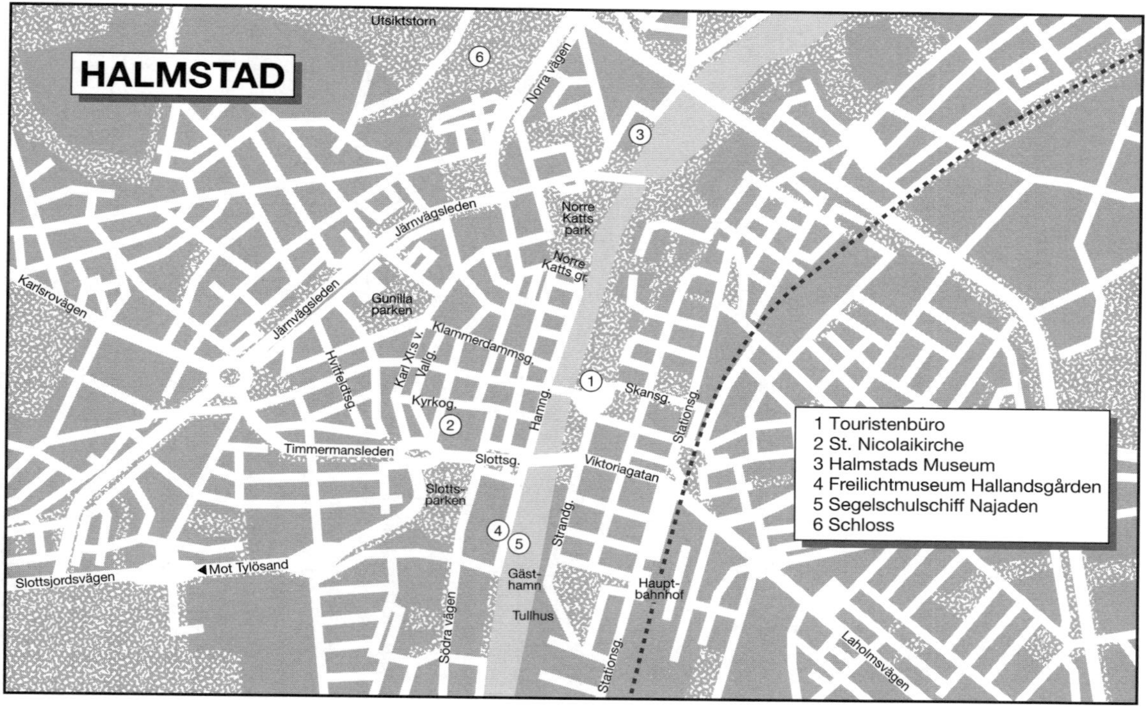
HALMSTAD
Utsiktstorn
Norra vägen
Järnvägsleden
Norre Katts park
Norre Katts gr.
Karlsrovägen
Järnvägsleden
Gunilla parken
Klammerdammsg.
Karl XI:s v.
Vallg.
Hvitfeldtsg.
Kyrkog.
Hamng.
Skansg.
Stationsg.
Timmermansleden
Slottsg.
Viktoriagatan
Slotts-parken
Strandg.
Mot Tylösand
Slottsjordsvägen
Gäst-hamn
Tullhus
Södra vägen
Haupt-bahnhof
Stationsg.
Laholmsvägen
1 Touristenbüro
2 St. Nicolaikirche
3 Halmstads Museum
4 Freilichtmuseum Hallandsgården
5 Segelschulschiff Najaden
6 Schloss

Gebühr) behilflich. Hier erfahren Sie auch Wissenswertes über Weekend-, Sommer- sowie Last-minute-Tarife oder Spezialarrangements in Hotels.

■ **HALMSTADS VANDRARHEM**, SVIF, Skeppargatan 23, Tel. 120 500. 15.6.–20.8. Im 2–4-Bett-Zimmer mit Bad ab 140 SEK pro Bett.

■ **STENINGE VANDRARHEM**, SVIF, Kustvägen, 31042 Haverdal, Tel. 52 054. 1.6.–31.8., sonst nach Absprache. 2–4-Bett-Zimmer mit Waschbecken.

■ **HAGÖNS CAMPING**, Tel. 125 363, Fax 124 365, www.camping.se/plats/N17. 30.4.–31.8. 550 Stellplätze ab 130, Hützten ab 400 SEK. An der Küste, 6 km südöstlich von Halmstad, flach abfallender Sandstrand.

■ **KRONOCAMPING TYLÖSAND**, Tylösand, Tel. 30 510, Fax 32 778, www.camping.se/plats/N25. Ende April bis 1.9. 420 Stellplätze ab 130, Hütten ab 525 SEK. Mit einem großen Kinderspielplatz. 1 km bis Tylösand, 9 km bis Halmstad.

■ **GULLBRANNAGÅRDENS CAMPING**, Eldsberga, Tel. 42180, Fax 461 80, www.gullbrannagarden.se. 1.2.–30.11. 200 Stellplätze ab 130, Hütten ab 400, Zimmer ab 310 SEK. 10 km südlich Halmstads, an der Laholms-Bucht, zum Meer 10 Minuten.

■ **STRANDGÅRDEN**, Vilshärad, Tel. 53180. April–Oktober. Zimmer mit Jugendherbergsstandard u. kleiner Campingplatz mit 40 Stellplätzen u. rund 30 Zeltplätzen. Im Restaurant Lunch und á la carte ab 60 SEK. Herrliche Lage an einer Bucht mit Sicht auf Meer und Strand. Gehört zur Vereinigung KGS, den christlich geführten Häusern.

Essen und Trinken

Lunchzeiten etwa von 11.30–14 Uhr, die Preise schwanken zwischen 55 und 75 SEK.

■ **LILLA HELFWETET**, Hamngatan, Tel. 210 420. Mo–Fr 11.30–14 Uhr Lunch, Mo–Do 18–1, Fr 16–2, Sa 18–2 Uhr. Eine gastliche Stätte mit Auszeichnung. Lassen Sie sich von dem kleinen Teufel des Logos in seine Hölle *(lilla helvetet)* entführen, einem großzügig gestalteten Raum mit Backsteinmauern, großen Fenstern, Pfeilern, Stuck-geschmückten Wänden. Man berichtet, das Essen sei höllisch gut. Für einen kompletten Lunch zahlen Sie dem Teufel nur 69 SEK, für ein Tellergericht am Abend mehr als das Doppelte.

■ **FISKKROGEN KLOSTERKÖKET**, Klammerdamsgatan 21, Tel. 124050. Mo–Fr 11.30–14 Uhr, Mo–Sa 18–23 Uhr. Dagens ab 74 SEK, à la carte ab 129 SEK, Grillbuffet 159 SEK. Ambiente rustikal gemütlich, im Sommer wird im Innenhof serviert.

■ **FRIDOLFS KROG**, Brogatan 26, Tel. 211 666. Mo–Sa 18–24 Uhr, So 17–23 Uhr. Ein gemütliches Restaurant, im Sommer wird im Innenhof serviert, für jeden Geschmack etwas. Der Fischspieß ist zu empfehlen: 169 SEK, sonst ab 149 SEK.

■ **CAFÉ NYGATAN**, Nygatan 8, Tel. 121 088. Mo 9–19 Uhr, Di–Fr 9–24 Uhr, So 9–16 und 19–24 Uhr. Restaurant im Bistrostil. Kleinere Gerichte ab 65 SEK, Buffet 85 SEK, à la carte ab 145 SEK. Bei schönem und warmem Wetter kann man auch draußen Platz nehmen.

Sehenswertes

■ Die im 14. Jh. im gotischen Stil errichtete **ST. NICOLAI KIRCHE** ist die einzige in Halland, die die Größe einer Kathedrale erreicht. Ihr Innenraum gilt als der schönste weit und breit. Große Restaurierungsarbeiten fanden um 1870 und 1940 statt. Zu den alten Inventarien zählen der Taufstein (1479), die Kanzel (1630) und der Altar (18. Jh.). Eindrucksvoll sind die Glasfenster mit farbintensiven Malereien von *Einar Forseth* und *Erik Olson* (1953–78). Professor Einar Forseth gestaltete die acht Fenster des Chorumganges und das der Taufkapelle. Berühmt geworden war er 1923 durch seine Mosaiken im Goldenen Saal im Stadshuset in Stockholm; seine Arbeiten im Dom zu Coventry in England sowie in der Kongresshalle des Weltkirchenrats in Genf fanden internationale Anerkennung. Erik Olson, der die beiden Rundfenster an den Langseiten des Kirchenschiffs und das moderne Taufbecken gestaltete, war Mitglied der Künstlergruppe HALMSTADGRUPPEN; er ist auch mit Arbeiten im Museum des Vatikans in Rom vertreten.

Kirchenführungen Juni – August täglich 12–19 Uhr. Im Sommer Sa 10–10.25 Uhr und Di 12–12.20 Uhr Orgelmusik, Konzerte: Do 20 Uhr.

■ Den Marktplatz **STORA TORG** dominiert die berühmte Brunnenanlage mit der Skulptur EUROPA MIT DEM STIER, eine der bekanntesten Arbeiten des schwedischen Bildhauers *Carl Milles*. Das Rathaus in BACKSTEINARCHITEKTUR schmücken die Figurengruppen des Glockenspiels von *Stig Blomberg*, die Granitskulptur (1952) von *Edvin Öhrström* an der Rathausecke erinnert an das Treffen der beiden königlichen Widersacher, Gustav II. Adolf und Christian IV. Das schöne Fachwerkhaus daneben (aus dem 18. Jh.) war einst Landeshospital, später Brauerei und ist jetzt das Gasthaus mit den drei Herzen. Von hier – ganz besonders, wenn man draußen sitzen kann – lässt sich das Treiben auf dem Markt beobachten.

■ In einigen Straßen um den Markt konnte sich Halmstad seinen kleinstädtischen Charakter bewahren.

In der Kyrkogatan gehören, von der Kirche aus gesehen, der Jakob Rancks Gård rechts, Gereckegården links sowie das Fachwerkhaus **BROOKTORPSGÅRDEN** mit seinem schönem Innenhof auf der rechten Straßenseite zu den ältesten Gebäuden. Die Vallgatan (nach rechts) lässt durch die niedrige Bebauung die alte Zeit erahnen, und in der Klammerdammsgatan hat man das **MELLGRENSKA HUSET** wieder im Fachwerkstil aufgebaut. Die Storgatan (nach links) führt bis **NORREPORT**, Teil der alten Stadtbefestigung mit einem der wenigen Stadttore, die im Land erhalten sind. Es beherbergt heute eine **KUNSTGALERIE**. Geöffnet ca. 10.6.– 25.8. Di–Fr 12–18 Uhr, Sa 12–14 Uhr.

Weitere bemerkenswerte Häuser in der Storgatan sind Nr. 23, ehemals die 1619 gegründete Apotheke, und Nr. 32, das **KERSTIN MUNKS HUS** aus grün glasiertem Ziegel (1600).

Ein Stück der alten Zeit ist mit der DROTTNINGKRISTINAPASSAGEN neu belebt worden. Zu dem heimeligen Flair tragen vor allem die roten Ziegelwände sowie die Beschaulichkeit abseits der Einkaufsstraße bei.

■ An der Tollsgatan nördlich vom Norre Katts Park steht das **LÄNSMUSEET**. Außer der Kunstausstellung mit Arbeiten der »Halmstad-Gruppe« sowie einer Seefahrtsabteilung sind die Exponate bemalter halländischer Wandbehänge erwähnenswert. Di–So 12–16 Uhr, Mi bis 21 Uhr, 11.6.–14.8. täglich 10–19, Mi ebenfalls bis 21 Uhr.

■ Auf dem Galgberg, im Norden der Stadt, liegt das Freilichtmuseum **HALLANDSGÅRDEN** mit Bauern- wie Stadthäusern und u.a. einer alten Schule. Ca. 5.6.–12.8. täglich 11–17 Uhr, kurze Führung täglich um 14 Uhr. Café mit Waffelbäckerei.

Vom AUSSICHTSTURM hat man einen schönen Blick auf die Stadt. 1.5.–31.8. täglich 10–18 Uhr.

■ **TROPIKCENTER**, Strandgatan, Tullhuset, Tel. 123 333. Täglich 10–16 Uhr, im Sommer bis 18 Uhr.

Schlangen, Spinnen, Affen, Vögel, eine bunte tropische Fauna für Auge und Ohr. Kinder lieben die zahmen Papageien Jakob und Åke (sprich: Oke).

■ Im **MINILAND** G:a Tylösandsvägen mit Miniatur-Kopien (Maßstab 1:25) berühmter schwedischer Gebäude kommen sich die Besucher vor wie Riese Gulliver, spazieren sie durch die schöne Anlage, vorbei am Stockholmer Schloss, am Dom von Uppsala, dem Schloss Gripsholm und vielen anderen Bauten. Für die Kleinsten gibt es die Mini-Bahn, den Mini-Zoo und das Märchenland Sagolandet. 1.5.–1.9. Mo–Fr 10–16, Sa, So 10–18 Uhr, 25.6.–20.8. täglich 10–19 Uhr. Eintritt 75/40 SEK.

KUNST IN HALMSTAD

■ Im **MJELLBY KONSTGÅRD**, Söndrum, haben die Werke der Künstler *Axel* und *Erik Olson*, *Sven Jonsson*, *Waldemar Lorentzon*, *Stellan Mörner* und *Esaias Thorén* ein Zuhause gefunden. Die dem Surrealismus verhafteten Maler schlossen sich 1929 zu der HALMSTAD-GRUPPE zusammen. Die Brüder Axel und Erik hatten bereits 1915 mit ihrem Cousin Waldemar eine Malergruppe gegründet. Bei ihren Studienaufenthalten in Berlin und Paris lernten sie den Kubismus und den Surrealismus kennen. 1928 kehrten sie nach Halland zurück und gründeten mit Sven, Esaias und Stellan, die in Paris studierten, die *Halmstadgruppen.* Erik Olson, der einige Zeit in Kopenhagen arbeitete, musste 1944 das besetzte Dänemark verlassen, da die Deutschen einige seiner Bilder auf die schwarze Liste gesetzt hatten. Kritiker behaupten, dass die Küstenlandschaft und das flirrende Licht über dem Wasser ihre Kunst positiv beeinflussten. Die Künstler blieben übrigens zusammen. 1986 starb mit Axel Olson der letzte der Gruppe.

In der Kunsthalle werden zudem wechselnde Ausstellungen zeitgenössischer Kunst präsentiert. 16.4.–15.6. Sa+So 14–18 Uhr. 20.6.–10.9. Di, Mi u. Fr–So 14–18 Uhr. Das Gartencafé serviert kleinere Gerichte.

■ Nicht zu vergessen die fast 500 **BONADER**, Wandbehänge mit naiver Bauernmalerei aus dem 18./19. Jh. im Länsmuseet, ebenso die **KIRCHENKUNST** (St. Nikolaikirche und Martin Lutherkirche) und natürlich die **SKULPTUREN** in Parks und Straßen, dabei die auffällige 15 m hohe Skulptur MANN UND FRAU aus Stahlbeton, die genehmigte Nachbildung einer kleinen Figur von *Pablo Picasso,* und die Bronze-Plastik DER SPRINGENDE LACHS *Walter Bengtssons* am Fluss unterhalb der Schlossbrücke.

Ausflüge

ZUR KÜSTE: VON MELLBYSTRAND BIS FALKENBERG

■ Westlich von Laholm liegt **MELLBYSTRAND**. Der 15 km lange Badestrand erstreckt sich bis Skummeslöv.

■ **PÅARPS KLAPPERSTENSGRAVFÄLT** ist nicht nur Hallands größtes vorzeitliches GRÄBERFELD, sondern auch ein NATURSCHUTZGEBIET, das die Mündung des Fylleån ins Meer einschließt. Den langen Sandstrand der Laholm-Bucht unterbrechen hier eiszeitliche Geröllfelder, blank geschliffene flache Klippen mit dem GROSSEN FINDLING SLYNGESTENEN, Strandwiesen und kleinen Dünen mit schützendem Nadelgehölz.

■ **TYLÖSAND**, 8 km westlich Halmstads, trägt den Beinamen SCHWEDISCHE RIVIERA: ein herrlicher langer Sandstrand, sauberes Wasser – seit 1995 hisst Tylösand die blaue Flagge – und fröhliche Badegäste verhelfen zu diesem Image. Wer es etwa ruhiger mag, verzieht sich auf die lang gestreckte Landzunge.

■ Durch das NATURSCHUTZGEBIET **HAVERDAL** mit seinem fast 5 km langem Sandstrand führen Spazierwege, auch zum STORA SANDKULLEN, mit 36 m die höchste Düne Schwedens. Ein Weg führt zu den nördlich liegenden Klippen SKALLEN mit einer tollen Aussicht auf das Wasser, vor allem bei Sonnenuntergang.

■ **STENSJÖSTRAND**, 3 km nördlich von Steninge, erreicht man am besten von der alten Küstenstraße aus. Die abwechslungsreiche Landschaft mit beweideten Strandwiesen, Klippen und Sandstrand, unterbrochen von HEIDEFLÄCHEN und niedrigem Laubwald mit Vogelgezwitscher, ist ein ideales Gebiet zum Umherstreifen. In diesem 160 ha großen Areal trifft man auf Überbleibsel aus der Steinmetzepoche. In Steninge gibt es einen kleinen Hafen.

■ **GRIMSHOLMEN** ist eine Küstenlandschaft bei Skrea, bestehend aus Weiden, Heide und Wacholdersträuchern, dann wieder Strandwiesen und dem Strand mit großen und kleinen Steinblöcken, der bei Grimsholmen in einen reinen Sandstrand übergeht. Auch die Anhöhe SMÖRKULLEN gehört dazu, von dessen Felsen die Küste Hallands zu überblicken ist.

Von See aus ist der kahle Gipfel eine gute Orientierungsmarke.

■ Das 90 ha große NATURSCHUTZGEBIET **MORUPS TÅNGE**, nördlich von Falkenberg, ist für sein reiches

VOGELLEBEN bekannt. Das Gebiet wurde schon 1940 zum Vogelschutzgebiet erklärt. Das heutige Naturreservat umfasst Strandwiesen, Weideland, Sanddünen und die Vogelschäre KARET. Hier wächst noch ein kleiner Bestand der STRANDDISTEL. Geschützt! Ein guter Wegweiser ist der LEUCHTTURM MORUPS TÅNGE FYR. Aber auch alle anderen Wege in Richtung Glommen führen zum Parkplatz des Reservats in der Nähe des Leuchtfeuers.

■ **FALKENBERG** ist eine Sommerstadt mit liebenswertem Kleinstadtcharakter, mit einer Prise Kultur, mit vielen Veranstaltungen und einem üppigen Angebot an Urlaubsaktivitäten. Um den Gåsatorg ist die Altstadtidylle, mit niedrigen Holzhäusern und kopfsteingepflasterten Gassen, erhalten geblieben. – Der lachsreiche Fluss Ätran gilt als Magnet für Petri-Jünger und außerdem als landschaftlich schönstes Flusstal von Halland. Darüber hinaus bestehen herrliche Bademöglichkeiten, so ein 10 km langer Strand mit Dünen, Sand und ein paar Klippen.

Die fünfbogige alte ZOLLBRÜCKE, 1756–61 nach den Zeichnungen von *Carl Hårlemann* und *C.J. Cronstedt* erbaut, ist die markanteste Sehenswürdigkeit der Stadt und steht unter Denkmalschutz. Bis 1913 wurde an der Steinbrücke über den Ätran ein Brückenzoll erhoben. Sie dient unverdrossen dem Straßenverkehr, allerdings als Einbahnstraße; wer von Halmstad kommend ins Zentrum fährt, darf die Brücke überqueren, sofern es sich beim Fahrzeug nicht um einen Traktor, Lastwagen, ein Gespann oder Wohnmobil handelt.

GÅSATORGET, der Gänsemarkt, war das Zentrum der Altstadt, mit Kopfsteinpflastergassen und malerischen kleinen Holzhäusern. Hier wurde gehandelt, u.a. mit Gänsen. Am Marktbrunnen traf man sich, um Neuigkeiten auszutauschen oder Wasser zu holen. Die ST. LAURENTIUS-KIRCHE, deren älteste Teile aus dem 14. Jh. stammen, war damals nur 12 m lang. Im 15./16. Jh. wurde sie erweitert und erhielt einen Glockenturm. 1787 kam das Waffenhaus dazu, und dem Turm wurde die Kupferhaube aufgesetzt. Die hölzerne Tonnendecke schmücken Ölmalereien aus dem 18. Jh. und im Rahmen einer Restauration kamen über 300 Jahre alten Wandmalereien zum Vorschein.

In einem alten Kaufmannshof in der S:t Lars Kyrkogata 8 ist im HEMBYGDSMUSEUM die Geschichte der Stadt von der Frühzeit bis 1900 aufbereitet. Zu diesem Heimatmuseum gehören auch das authentisch eingerichtete Wohnhaus HINDSTRÖMSKA GÅRDEN (1737) in Storgatan 9 sowie SJÖBERGSKA GÅRDEN mit Sammlungen alter Fischfanggeräte und der LACHSRÄUCHEREI von 1857.

TÖRNGRENS KRUKMAKERI, Krukmakaregatan 4, am Hafen, Tel. 103 54. Mo–Fr 9.30–12 und 13–16 Uhr. Die TÖPFEREI Törngren ist von Beginn an, seit 1789, im Familienbesitz. Früher stellte man nur Gebrauchsartikel wie Geschirr oder Kachelöfen her, heute ist Kunstgewerbliches und Nippes der Verkaufsschlager. Nachdem man der Vorführung des Handwerks zugesehen hat, können tönerne Produkte in der Butik, Nygatan 34, erwerben werden.

INFORMATION: Falkenbergs Turistbyrå, Stortorget, SE- 31123 Falkenberg, Tel. 0346-17410, Fax 145 26, info@falkenbergsturist.se/

INS INLAND

■ **LAHOLM** existierte schon im Mittelalter; die Stadt entwickelte sich im Schutz der dänischen Burg Lagaholm; die Ruinen sind teilweise restauriert worden. Alljährlich finden hier, auf einer Insel im Fluss LAGAN, Freilichtspiele statt. Laholm ist auch die Stadt der Skulpturen und Reliefs; viele davon hat *Stig Blomberg* geschaffen.

Die Altstadt GAMLEBY trägt mit ihren holprigen Gassen und kleinen Holzhäuschen noch spürbar mittelalterliche Züge. – Die ältesten Teile der STADTKIRCHE (Deckengemälde: *Einar Forseth,* Glasfenster: *Erik Olson)* können bis in die Zeit um 1525 zurückdatiert werden. – Das Heimatmuseum EBBAREDSTUGAN liegt am Rande des Stadtparks.

Zur Geschichte der Stadt gehört außer der Lachsfischerei das Töpferhandwerk. Auf private Initiative entstand das KERAMIKMUSEUM. In den Räumen eines früheren Lachshandelshofs sind 400 Jahre Kunsthandwerk in Ton zu sehen. Im oberen Stockwerk finden wechselnde Ausstellungen statt. 25.6–5.8. Di–Sa 11–16 Uhr, So 13–16 Uhr.

■ **HJÄRNERÖDSJÖAR**: Nicht nur für Kanufahrer, Sportfischer und Wanderer ist ein Ausflug zu den Seen empfehlenswert. Von der Str. 24 abzweigen in Richtung Ysby, weiter in Richtung Skogaby Kapell, Abzweig Richtung Vippentorpet. Die Straße durch den Wald ist relativ schmal. Eine kleine Lichtung vor der Brücke eignet sich für Camper mit Wohnwagen oder mit Wohnmobil für eine Nacht; Toiletten sind aber nicht vorhanden. Auf der anderen Seite der Brücke hat die Kanuzentrale ihr Gelände. Schautafeln informieren über die Seen. Den »grünen« Wanderpfad von 6,6 km Länge kann man in drei unterschiedlichen Varianten angehen.

■ Einige Kilometer weiter liegt der Hof **VIPPENTORPET** seit 1778 am Weg. Die festlich geschmückte gute Stube wird Juni, August Sa+So von 14–17 Uhr gezeigt, im Juli Mi–So 14–17 Uhr.

■ Über KNÄRED fährt man weiter Richtung MÄSTOCKA. Nach kurzer Zeit weisen Schilder zum **BOLLALTEBYGGET**, einem Vierseitenhof des 18. Jhs. Auch hier ist die Stube zum Fest geschmückt mit gemalten Wandbehängen, Gewebtem sowie Geflochtenem.

■ In der **MÄSTOCKA HEIDE** leuchtet im Frühjahr der goldgelbe GINSTER, im Herbst streicht der Wind durch die rosarote HEIDE. SO SAH ES FRÜHER IN HALLAND ÜBERALL AUS, bevor Wälder und kultiviertes Land sich ausbreiteten. Nur die gedrungenen schottischen Hochlandrinder gehörten damals nicht in die weite Landschaft.

■ In **BREARED** wird das LANTHANDELSMUSEUM, ein Krämerladen der vorletzten Jahrhundertwende, gerne besucht. Juni, Sa+So 14–18 Uhr, 1.7.–5.8. Di–So 14–18 Uhr.

■ **LONEBERG KERAMIK** Kullen, Simlångsdalen. Dem Töpfer dürfen Sie bei der Arbeit über die Schulter schauen. Ein schönes Mitbringsel ist ein Tonkrug gefüllt mit Heidehonig.
■ Das schöne **SIMLÅNGSDAL** mit seinen Seen und dem Fluss Fylleån ist ideal zum Wandern, Paddeln oder zum Radfahren auf dem alten Bahnwall. Vom Simlångsgården auf einer Anhöhe hat man beste Sicht auf das Tal. Kanuvermietung sowie Übernachtung möglich.

Wanderungen

■ Der Fernwanderweg **HALLANDSLEDEN** führt 380 km lang auf kleinen Waldwegen und Pfaden durch die Provinz. Von den Städten entlang der Küste, darunter selbstverständlich auch Halmstad, gibt es Busverbindungen zu Punkten entlang des Hallandsleden, von denen man kürzere Wanderungen unternehmen kann. Broschüre im Touristenbüro.
■ Der **GISLAVEDSLEDEN** führt auf 85 km von Isaberg nach Kinnared; dort hat man Anschluss an den Hallandsleden. In der näheren Umgebung gibt es auch mehrere beleuchtete Trimm-Strecken.
■ Im **SKEDALASKOG** sind 18 markierte Wanderwege vorhanden, die mit immer neuen Aussichtspunkten überraschen. Der 4 km lange Pfad um den See TORVSJÖ ist behindertengerecht.

Verschiedenes

■ **ANGELN**: HOCHSEEANGELTOUREN von Halmstad aus. Angeln im Meer ist frei. In den Flüssen und Seen der Umgebung angelt man Lachs, Forelle, Barsch, Hecht, Aal. In einigen Seen beißen auch Zander, Plötze, Brachse und Schleie. Informationen über die einzelnen Gebiete und Angelscheine beim Touristenbüro.
■ **BADEN**: Halmstad ist bekannt für seine Sandstrände an der Küste.

Strandbäder: Südlich Halmstads liegt TÖNNERSA, ein Naturschutzgebiet mit tollen Dünen. – PÅARP, LAXVIK und GULLBRANNA sind kleine Sand- und Felsenstrände. – An der Mündung des Fylle-Flusses liegt der offizielle FKK-Strand HAGÖN. – ÖSTRA STRANDEN (5 km vom Zentrum, hinter einem Dünengebiet) fällt lang und flach ins Wasser ab (mit Wasserrutschbahn). – RINGENÄS, mit Geländer im Wasser für Behinderte (hier kann man mit dem Wagen fast bis ans Wasser heran fahren). – Die Dünengebiete VILSHÄRAD und HAVERDAL. – Felsenstrand SKALLEN.

Binnenseen: TORSTORP, TOFTA, TORV und BREARED.

Bei schlechtem Wetter bietet das SANNARPSBADET Spaß für die ganze Familie. Växjövägen. Di–Fr 10–17 Uhr, Sa+So 10–16 Uhr.
■ **RAD FAHREN**: Das Touristenbüro hat eine deutschsprachige Broschüre über die drei Fahrradrouten GINSTLEDEN (204 km entlang der Küste von Båstad nach Göteborg), HYLTESLINGAN (durchs Nissan-Tal von Halmstad und zurück 165 km)

und CYKELSPÅRET (302 km durch Hallands Inland von Båstad bis nach Göteborg).

FAHRRADVERMIETUNG: *Cykel & Sport AB Arvid Olsson,* Tel. 212 251, Norra vägen 11. Mo–Fr 9.30–18 Uhr, Sa 9–12 Uhr. Preise: 1 Tag 100 SEK, 1 Woche 280 SEK.

■ **GOLF**: Zwischen Laholm und Kungsbacka gibt es mehr als 20 Golfplätze. Halmstad ist ein Mekka des Golfsports. Hier hat man auch ein Herz für Anfänger. Es gibt einige Kurzbahnen, Sie brauchen kein Clubmitglied zu sein, und die Schläger können Sie leihen. Adressen hat das Touristenbüro.

■ **KANU**: Kanufahren kann man vor allem auf dem Fluss NISSAN, der von den Färgensjöarna flussabwärts bis Halmstad für Kanuwanderer präpariert wurde.

KANUVERMIETUNG bei *Halmstad Kanuklubb,* Tel. 108 720.

■ **SURFEN**: Surfschule am Simstadion. Beliebte Strände sind MELLBYSTRAND, TYLÖSAND, RINGENÄS und SKREA STRAND.

■ **KUNSTHANDWERK** hat eine 300-jährige Tradition in Halland: BINDSLÖJDEN, auch BINGE genannt – heute sagt man stricken – ist eine HALLAND-TYPISCHE Handarbeit, die vor allem wegen der vielfältigen Muster geschätzt wird. – Auch das Töpferhandwerk genießt hier einen Ruf.

HALLANDSKA HEMSLÖJDEN, Storgatan 48, Tel. 216 430. Mo–Fr 10–18, Sa 10–14 Uhr. Textilien, Keramik, Kunstschmiede- und Holzarbeiten.

FATTIGHUSET, Bankgatan 5, Lilla Torg. Mo–Fr 10–18 Uhr, Sa 10–14 Uhr. Das Backsteingebäude (1859) war ursprünglich ein Armenhaus, später Irrenanstalt und Domizil der städtischen Feuerwehr. Seit 1997 ist der Gebäudekomplex mit schönem Innenhof Podium von Werkstätten u. Ausstellungen namhafter Kunsthandwerker; das Bistro »The Café« lädt zum Verweilen ein.

HEAGÅRDS KONST OCH HANDVERK, Kustvägen (in Richtung Steninge). Etwa 25.5.–20.6. Sa, So 12–18 Uhr, bis ca. 25.8. täglich 12–18 Uhr. Holz, Textilien, Glas, Keramik, Metall. Einigen Handwerkern können Sie bei der Arbeit auf die Finger sehen.

■ Das **SCHULSCHIFF NAJADEN** lief 1897 in Karlskrona vom Stapel. Der weiße Segler, ein fast 50 m langes Vollschiff, liegt vor dem Schloss vertäut. Juni bis August Di+Do 17–19 Uhr, Sa 11–15 Uhr Führungen.

■ Das **SCHLOSS HALMSTAD** wurde im 17. Jh. im Stil dänischer Lustschlösser erbaut und ist heute Sitz des Regierungspräsidenten.

■ **KIRCHEN**: Die MARTIN LUTHER KIRCHE (Långgatan) wurde 1970 aus Stahl erbaut und wird vor allem wegen ihrer guten Akustik geschätzt. Die künstlerische Ausschmückung stammt von *Erik Olson.* 15.6.–15.8. Führungen Mo–Fr 14–18 Uhr, Sa u. So 16–18 Uhr. 10.6.–14.8 sonntags um 19.30 Uhr Konzert. In der ersten Juliwoche findet hier eine INTERNATIONALE MUSIKWOCHE statt.

■ **HAUPTPOSTAMT**: Stora Torg.

■ **TRANSPORT**: Busterminal der Stadtbusse, Österskans.

■ **TAXI**: Tel. 218 000.

■ **PARKEN**: Preiswert und zentral parkt man gegenüber vom Schloss, auf der anderen Flussseite.

■ **ÄRZTLICHE VERSORGUNG**: Diensthabender Arzt und Zahnarzt, Länssjukhuset, Lasarettsvägen, Tel. 900 00.

Weiterreise

■ **FLUGZEUG**: Flughafen Halmstad Tel. 126 040. Flüge nach Stockholm und Kopenhagen. Flughafenbus ab Centralstation (Bahnhof).

■ **BAHN**: SJ-Strecke Malmö-Göteborg-Oslo. – Mit *SJ-Länstågen* nach Helsingborg, Malmö, Göteborg u.a. – *Kustlinjen* tägl. nach Kopenhagen.

■ **BUS**: Busterminal der Überlandbusse: Gunillaparken und Norra Station. – Hallandsexpress Halmstad-Göteborg ab Bahnhof sowie Österskans-Terminal. – Swebus-Express: Malmö-Halmstad-Norrköping-Stockholm u.a.

■ **AUTO**: Anstelle der langweiligen Autobahn E 6 in nördlicher und südlicher Richtung empfiehlt es sich für Reisende ohne Zeitdruck, auf küstennahe Straßen auszuweichen.

NACH VÄXJO. Str. 25 über Simlångsdalen nach Ljungby an der E 4 und weiter nach Växjö.

NACH JÖNKÖPING. Str. 26 durch das Nissan-Tal.

NACH HELSINGBORG auf der E 6 vorbei an Laholm, Ängelhom und Landskrona.

NACH VARBERG. Autobahnabfahrt Heberg zur LAXBUTIKEN. Täglich 10-19 Uhr. Selbstbedienung ab 45 SEK, sonst ab 84 SEK. Die Plätze im Freien mit Sonne und Autolärm, in der großen Glasveranda sitzt man ruhiger und bequem in Korbstühlen. An der Ladentheke bestellt man das Essen oder kauft ein zum Mitnehmen, Lachs in allen Variationen, darunter selbst Taschen aus Lachshaut etc.

Varberg

Varberg liegt an der Westküste; bis Göteborg sind's noch 75 Kilometer.

Ende des 13. Jhs. ließ hier Herzog *Jacob von Halland* auf der Anhöhe Whardberg eine Burg am Meer angelegen. Oft war die Stadt Leidtragende kriegerischer Konflikte zwischen Dänemark und Schweden; als im Mittelalter enge Beziehungen zur Hanse bestanden, blühte allerdings der Handel.

Richtig bekannt wurde Varberg erst, nachdem man 1811 die Heilquelle Svartekällan in Apelviken entdeckt hatte. Ende des 19. Jhs. promenierten hier die Kurbadbesucher und lauschten den Konzerten ebenso gerne wie die Touristen heute. Im Zentrum der Stadt ist mit den pastellfarbenen ein- und zweistöckigen Holzhäuschen etwas von dieser Kleinstadtidylle erhalten geblieben.

Mit der verkehrsgünstigen Lage an der E 6, an der Eisenbahnstrecke Kopenhagen-Oslo und der Fährverbindung mit Dänemark ist Varberg ein Verkehrsknotenpunkt im Südwesten geworden. Die Region zeichnet sich durch landschaftliche Vielfalt aus: neben dem herrlichen Küstenstreifen im Osten auch wald- und seenreiche Gebiete; ganz besonders schön ist die Landschaft im Bereich Kungsäter, Gunnarsjö, Åkulla-Bysjö und GETTERÖN. Varberg gehört dank seiner weitläufigen Strände zu den beliebten Seebadeorten.

INFORMATION

■ **VARBERGS TURISTBYRÅ**, Brunnsparken, Box 150, SE-43224 Varberg, Tel. 0340-88770, Fax 611 195, www.turist.varberg.se. Mittsommer bis Anfang August Mo–Sa 9–19, So 15–19 Uhr, ab Anfang Juni und bis Ende August Mo–Fr 9–18, Sa 10–15 Uhr, April, Mai u. September Mo–Fr 9–17, Sa 10–13 Uhr, sonst Mo–Fr 9–17 Uhr.

■ Die Broschüre **VARBERG** enthält neben allgemeinen Infos Kapitel zu Sehenswürdigkeiten, Aktivitäten, Unterkünften, Restaurants, Shopping, Veranstaltungen, eine kleine Übersichtskarte und einen kleinen Stadtplan der Innenstadt. Das DIN-A-4-große Heft erscheint dreisprachig, auch auf Deutsch, und enthält hilfreiche homepages und E-Mail-Adressen.

Unterkunft

Das Touristenbüro ist bei Buchungen von Hotels, Pensionen, Privatzimmern und Ferienhäusern (gegen Gebühr) behilflich. Hier erfahren Sie auch Wissenswertes über Weekend-, Sommer- sowie Last-minute-Tarife oder Spezialarrangements in Hotels.

■ **VARBERG KURORT & KUSTHOTELL**, Nils Kreugers väg 5, Tel. 629 800, Fax 629 850, info@kusthotellet.varberg.se/ Juni/Juli EZ 1.350 SEK,

DZ 2.090 SEK, sonst EZ 1.045 SEK, DZ 1.350 SEK. Am Strand, 2 km ab Zentrum.

■ **HOTELL VARBERG**, Norrgatan 16, Tel. 161 25, Fax 159 02, hotell@varberg.se, www.hotellvarberg.nu. Ende Juni bis Mitte August 575–675 SEK, sonst 750–900 SEK, weekend 575–675 SEK. Modern eingerichtete Zimmer. Zentral, Parkplatz am Hotel. Gutes Restaurant im Haus.

■ **VARBERGS FÄSTNING**, Jugendherberge SVIF, Tel. 887 88. Ganzjährig geöffnet. Im EZ, DZ, Mehrbettzimmer ab 145 SEK. Küchenbenutzung. Fahrzeuge dürfen nicht in die Festung. Bevorzugtes Domizil der Rucksackreisenden.

■ **VANDRARHEM VARBERG**, STF, Vare kommungård, Tel. 410 43, Fax 416 00, vare.vandrarhem@swipnet.se/ 1.4.–30.9. Im 2–6-Bett-Zimmer ab 165 / 70 SEK. Selbstversorgerküche. 1.4.–31.5. sowie 1.9.–30.9. nur nach Vorbestellung. Bushaltestelle 1,5 km, Zentrum Varberg 7 km.

■ **GETTERÖNS CAMPING**, Tel. 168 85, Fax 104 22. Mitte April bis Ende September. Stellplatz ab 130, Hochsaison ab 180 SEK. Hütten ab 330, Ferienhütten ab 570 SEK. Moderne Sanitärgebäude. Fahrräder zu vermieten. 4 km zum Zentrum, 200 m zum Meer. Im Süden der Halbinsel.

■ **APELVIKENS CAMPING**, Telefon 141 78, Fax 87538, im Internet: www.apelvikenscamping.se. Von Ostern bis Ende Oktober. Stellplatz ab 115, Hochsaison ab 160 SEK, Hütten ab 300/450 SEK). Restaurant. Fahrradvermietung. Familiencampingplatz: Kinderanimation in der Hauptsaison. Schöne Lage am Meer, Badeklippen im Norden, Sandstrand im Süden, dazwischen die Anlage. 3 km zum Zentrum.

■ **TRÄSLÖVSLÄGES CAMPING**, Tel. 670 080, Fax 670 280. Ca. Ende April bis Mitte September. Stellplätze ab 180 SEK. Träslövsläge ist ein hübscher kleiner Fischerort, 5 km südlich von Varberg. 700 m zum Meer.

Essen und Trinken

■ **KUSTHOTELLET**, Apelviken, Nils Kreugers väg 5, Tel. 29800. Zum Lunch wird ein VEGETARISCHES BUFFET geboten, 195 SEK. Abendessen à la carte ab 125 SEK. Terrasse mit WUNDERBAREM AUSBLICK. Mo–Fr 11.30–13.30, Sa+So 11.30–14 Uhr, Mo–Sa 17–18.30 Uhr, So 17–19.30 Uhr, à la carte bis 22 Uhr.

■ **SOCIETÉN**, Societetsparken, Tel. 76500. Lunch Mo–Fr 11.30–14 Uhr, 79 SEK inkl. SALATBUFFET. Brasserie 16–22 Uhr, im Restaurant 19–2 Uhr, á la carte ab 130 SEK. Auch ein PUB Di–So.

■ **BLÅ DÖRREN**, Norrgatan 1, Tel. 73440. Mo–Fr 8–18, Sa 8–16 Uhr, So 9.30–17 Uhr. Im Sommer ab 7 Uhr Frühstücksbuffet.

Ein Lokal, in dem Sie viele Varberger treffen werden. Lunch Mo–Fr 11–14 Uhr, ab 50 SEK, Salate, gut belegte Baguettes und pajer, nicht mit Pizza zu verwechseln, alles wird FRISCH ZUBEREITET. Bei Schönwetter wird DRAUSSEN SERVIERT. Wechselnde Ausstellungen von regionalen Künstlern in der 1. Etage.

Sehenswertes

DIE FESTUNG

■ **VARBERGS FÄSTNING** (Länsmuseet Varberg, Fästningen), Tel. 0340 – 108 66, www.lansmuseet.varberg.se. Mitte Juni bis Mitte August täglich 10–18, Führungen zu jeder vollen Stunde 11–16 Uhr, Eintritt 40/10 SEK; Führungen für Kinder s.u.

Die direkt an der Küste gelegene, alles überragende Festung Varberg ist die größte Touristenattraktion. Ihren Mittelpunkt bildet die Burg aus dem 13. Jh., die im 14. Jh. zum Schloss umgebaut wurde. Hier residierten der norwegisch/schwedische König Magnus II. und die Königin Blanche. Während des Nordischen Kriegs 1563–70 wurden große Teile des Schlosses zerstört, aber die strategisch wichtige Lage Varbergs bewog *Christian IV.*, an dieser Stelle die ihrer Zeit modernste Verteidigungsanlage bauen zu lassen: 1618 war Architekt *Hans van Stenwinkel* mit dem Mammutprojekt fertig.

1645 musste Dänemark die Provinz Halland an Schweden abgeben; als keine ernsthaften Versuche mehr unternommen wurden, um dies rückgängig zu machen, hatte die Festung ihre Bedeutung als Verteidigungsanlage verloren. Sie wurde aber weiterhin militärisch genutzt, später saßen zu lebenslanger Haft Verurteilte ein; der letzte Strafgefangene verließ 1931 den Gefängnistrakt. In diesem Haus, heute Jugendherberge, gibt es eine Zelle, die über ein großes Fenster mit Blick aufs Meer verfügt. In diesen vier Wänden, der Zelle Nr. 13, hausen zu dürfen bedeutete damals eine Vergünstigung. Heute werden Besucher in einem Rundgang durch die alten Gefängnisverliese und Kanonenräume der Festung geführt.

■ **BARNENS FÄSTNING** heißen die nur im Juli stattfindenden besonderen Führungen für Kinder im Alter zwischen 5 und 10 Jahren. Täglich 11, 13, 14 und 15 Uhr; ab SEK 50.

■ **STADSMUSEUM**, Telefon 185 20. Ganzjährig geöffnet. Mitte Juni bis Mitte August täglich 10–18, sonst Mo–Fr 10–16, Sa+So 12–16 Uhr. Eintritt 50/10 SEK.

Die Entwicklung der Stadt Varberg im Schatten der Burg und das Leben früherer Zeiten in Halland. Berühmt ist der sogenannte BOCKSTEINFUND, eine Moorleiche, deren Bekleidung das einzige vollständig erhaltene Gewand aus dem Mittelalter ist. Ferner rühmt man sich, hier die TODESKUGEL zu besitzen, die einst Karl XII. traf; um den Tod dieses Königs ranken sich viele Sagen, eine davon wird hier dargestellt. Die Ausstellung BAUERNLEBEN vollzieht die Entwicklung der Landwirtschaft vom 18. Jh. bis heute nach; zur bäuerlichen Tradition gehören auch die BONADER, mit biblischen Motiven bemalte Wandbehänge, meist aus Papier, die an Festtagen die gute Stube schmückten. Weitere Themen sind FISCHEREI sowie BAUEN UND WOHNEN zur Wohnkultur Hallands. Schließlich sind Exponate der VARBERGER SCHULE, der Künstlergruppe aus den 1890er Jahren, der auch *Nils Kreuger* angehörte, ausgestellt.

MARKT UND KUNSTHANDWERK
Der Marktplatz ist das sprichwörtliche Zentrum der Stadt: mittwochs und samstags findet hier der Wochenmarkt statt. Hier kann man z.B. Stoffe »pfundweise« kaufen.

■ **HAMNMAGASINET**, eine sanierte Lagerhalle im Hafen, bietet heimischen KUNSTHANDWERKERN die Möglichkeit, dort zu arbeiten.

■ Die **GLASBLÄSERWERKSTATT** stellt Kunst- und Alltagsglas her. Sie dürfen den Glasbläsern bei der Arbeit zuschauen. Mai/Juni täglich 15-18 Uhr, Juli/August 12-18 Uhr. Tel. 15220.

■ In der **KERAMIKWERKSTATT** wird gedreht, gebrannt und glasiert. Und jedes Stück ist ein Unikat. Von Anfang Juni bis Ende August 9–20 Uhr, sonst 9– 17 Uhr. Tel. 77177.

■ In der **SILBERSCHMIEDE** werden neben Schmuck auch größere Arbeiten hergestellt. Mo–Fr 10–18, Sa 10-14 Uhr, So 12-16 Uhr. Tel. 80606, www.silversmed.nu.

Die oberste Etage ist für FREIE KÜNSTLER reserviert. Kunstclub und Künstlerverein Varberg arrangieren wechselnde Ausstellungen.

Ausflüge

■ **DEROME TRÄBEARBETNINGS-MUSEUM**, Derome, Tel. 312 12 od. 070 – 673 1212 (13–18 Uhr: Tel. 313 33). Mitte Juni bis Mitte August Di–So 10–17 Uhr.

Ein interessantes Museum für die ganze FAMILIE: mit etwa 400 alten Werkzeugen zur Holzbearbeitung die größte Sammlung in Schweden. Es wird verständlich, wie viel Mühe und Zeit diese Arbeit früher in Anspruch nahm; per Videofilm werden moderne Techniken vorgeführt. Bewirtung. Abzweig von der Str. 41.

■ Nordöstlich von Varberg liegt die **KIRCHE VON TORPA**, die zu den besterhaltenen mittelalterlichen Kirchen Hallands zählt. Das Inventar stammt zum Teil aus dem 17. Jh. Die Holzdecke wurde 1760 bemalt, die Medaillonmalereien (1788) an einer Wand zeigen Szenen aus dem Alten Testament, auf der anderen Seite neutestamentarische Bilder. Im frei stehenden Turm hängt eine Glocke (1595).

■ **ÅKRABERGS TRÄDGÅRD**, bei Väröbacka, Tel. 0340 – 665 300. Im Juni / Juli auf Anfrage Führungen.

Die hübsche Gartenanlage ist besonders wegen des Mini-Dorfs Nasareth sehenswert, eines Modellbaus im Maßstab 1:7. Der Chef vor Ort, *Gunnar Svensson,* hat mit viel Ausdauer Informationen über die alten Siedlungen Sunvära und Åkraberg und deren Bewohner gesammelt. Er verfolgt die Geschicke der Dörfer ab 1800. Das radikalste Ereignis für die Menschen in dieser Zeit war die Flurbereinigung, also die Zusammenlegung von verstreut liegenden Wirtschaftsflächen, die gewachsene Dorfstrukturen auseinanderriss, wodurch die Ärmsten der Armen einmal mehr die Verlierer waren: Einige Höfe und Häuser mussten verlegt werden, kein Bewohner zog freiwillig um – die neue Ortschaft erhielt den Beinamen Nasareth. Svensson hat dieses Dorf, wie es um 1850 ausgesehen hat, mit Akribie nachgebaut; er führt selbst durch die Anlage. Auch die Klosteranlage Ås, das erste Kloster Hallands, ist als Modell im Garten aufgestellt. Åkraberg liegt 17 km nördlich von Varberg.

■ **RADIOSTATION GRIMETON** aus dem Jahr 1924 (Str. 153). Besichtigungen von Ende Juni bis Mitte August Mo+Do 18.30 Uhr, Dauer rund 1 Stunde. Buchung über Varbergs Turistbyrå, Tel. 0340 – 88770. Ticket 20/0 SEK. www.alexander.n.se.

■ **DIE KIRCHE VON ROLFSTORP**, ursprünglich mittelalterlich, wurde 1817 zu einer Kreuzkirche umgebaut. Den Innenraum dominieren Wandmalereien aus dem 13. und 15. Jh., ein Taufbecken aus dem frühen 19. Jh. und schönes Barockmobiliar. Ein im Wege stehender Rosenbusch wurde beim Bau der Kirche kurzerhand abgeschlagen, nicht aber seine Wurzeln entfernt. Also bahnte sich der Strauch seinen Weg durch Mauer und Fensterbrett in den Innenraum und blüht jedes Jahr zu Mittsommer; das Fenster finden Sie im Waffenhaus auf der rechten Seite.

■ **ROLFSTUGAN**, Rolfstorp: BROHULTAREN *Thage Johansson* stellt hier seine Holzfiguren aus: einfache Menschen bei schwerer Arbeit, Karikaturen, Typen. Juni bis August, nur nachmittags. Eintritt ab 25 SEK. Str. 153.

■ Ein frühgeschichtliches **GRÄBERFELD** liegt in Broåsen, zwischen Gödestad und Grimeton; es ist eines der größten in Halland und umfasst u.a. schiffsförmige Steinsetzungen und mehrere Bautasteine (Gedenksteine). Hier fand man ferner eine Siedlung aus der Jungsteinzeit und eine kleine Schmelzanlage aus der Bronzezeit. In einem Grab aus der Epoche der Völkerwanderung (um 500) legte man Schwertgriffe, Knöpfe, Spangen, Armbänder und Helmteile frei.

■ Eher kurios, ca. 20 km südöstlich in der Nähe von Torstorp, sind die sogenannten **BEXELLSCHEN STEINRITZUNGEN**. Der damalige Gutsbesitzer ließ von zwei angeblich meist alkoholisierten Steinmetzen Sprichwörter und Namen historischer Persönlichkeiten in die Feldsteine seines Grundstücks meißeln – Namen von Personen, die ihm unlieb waren, wurden verkehrt herum angebracht. Zu erreichen u.a. ab Åkulla Friluftsgård, ein schöner Spazierweg. Führung während der Sommersaison zu buchen über: Varbergs Turistbyrå, Tel. 887 70.

■ Idyllisch ist der Hafenort **TRÄSLÖVSLÄGE**, das größte Fischerdorf in Halland mit guten Bademöglichkeiten. Die aus Holz erbaute Ortskirche schmücken Gemälde von *Joel Mila*.

■ **HIMLERIKET**: Tel. 433 70, www.himleriket.com. Von Ende Juni bis Mitte August täglich 10–19 Uhr. Eintritt 150 SEK p.P. (Kinder unter 3 zahlen 30 SEK), Familienkarten. Der Eintritt berechtigt zur Benutzung aller Einrichtungen.

Der VERGNÜGUNGSPARK HIMMELREICH, nur wenige Kilometer südlich Varbergs, wendet sich an Kinder von 3 bis 12 Jahren und alle Junggebliebenen. Statt Benzin-Go-Karts sind Pferde und Wagen mit einer Fuhre

Heu für und mit den Kindern unterwegs. Weitere Themen sind der Zirkus oder die Landwirtschaft mit ihrem Kreislauf von Produkt und Wiederverwertung, dazu Märchentheater, Karussell und Kletterwand, Wasserspiele, ein BAUERNHOF mit zahmen Tieren, Reitmöglichkeiten auf einem Esel u.v.m.

■ **VÄRO TRÄ,** Värobacka, Tel. 66 50 50. Mo–Fr 9–16.30 Uhr. Ausstellung sämtlicher in Europa vorkommenden Raubvögel und Eulen in naturgetreuer Umgebung.

Wanderungen

■ Zu Varberg gehört die HALBINSEL **GETTERÖN**: www.getteron.com und Tel. 87510. Die frühere Insel hat fünf Buchten, Klippen und Sandstrände, Wiesen, Feucht- und Heidegebiete. – BEKANNT ist Getterön durch das VOGELRESERVAT, in dem u.a. Schnatter- und Pfeifenten, Uferschnepfen sowie Alpenstrandläufer nisten. Das NATURUM (Fr–So 10–16 Uhr) eröffnet den Besuchern herrliche Ausblicke auf Wasser, Strandwiesen und auf die Vogelwelt. Man kann sich ausführlich über hier vorkommende Zugvögel und die Vögel im Schutzgebiet informieren. Beobachtungstürme und auch -verstecke stehen Besuchern gratis zur Verfügung. Zum Ausruhen lädt ein Cafè (mit Blick auf das Vogelreservat).

■ Die **KÜSTE DER GEMEINDE VARBERG** bietet auf 60 km Länge abwechslungsreiche Strandabschnitte zum Wandern. Ein besonders schönes Bild bietet an stürmischen Tagen die Bucht von Apelviken, wenn Windsurfer ihr Können zeigen.

■ **ÅKULLA BOKSKOGAR** ist Hallands größtes zusammenhängendes Buchenwaldgebiet. Markierte Wege führen auf und ab, an kleinen Waldseen vorbei und geben immer wieder faszinierende Ausblicke frei. Der ÅKULLA FRILUFTSGÅRD am See Yasjön bietet Übernachtungen, Ruderboote, Kanus oder Fahrräder an; man kann eine Angelkarte erwerben und in den Seen versuchen, die Fische ein wenig zu ärgern. Ganzjährig geöffnet, Tel. 360 57, info@akulla.nu, www.akulla.nu. Unterkunft ab 185/135 SEK, Frühstück ab 50 SEK (EZ / DZ p.P.), Tagesmiete Ruderboot / Kanu 150 SEK.

■ Der FERNWANDERWEG **HALLANDSLEDEN** führt (über Åkulla) durch das östliche Gemeindegebiet von Varberg. Dieser 380 km lange Wanderweg entlang der gesamten Westküste lässt sich in Tagesetappen einteilen. Im Süden kann man auf dem Skåneleden weiter laufen, im Norden über den Bohusleden. Spezialkarten im Touristenbüro.

Verschiedenes

■ **SIGHTSEEING**: Stadtwanderung im Sommer. Auskunft: Tel. 198 00 oder 621 471. – RUNDFLÜGE mit *Varbergs Flygklubb.*

■ **ANGELN**: In den Häfen tummeln sich Aale, Plattfische, Heringe, Makrelen, Hornhechte und noch einige andere Fischarten. – Als der beste Platz für Hornhechte gilt der FYRSTRANDSFJORD (im Mai). Meerforellen kommen bei RÖDSKÄR, GETTERÖN, NORRA NÄS, SUBBE und LAHALL in Landnähe. Wer sich durch nichts abschrecken lässt, kann im aufgewärmten Wasser in der Nähe des Kernkraftwerks Ringhals sogar einen Barsch aus dem Meer erwischen – guten Appetit!

Den Sommer über finden täglich ANGELFAHRTEN statt, nach Fladen (8 Stunden) und nach Middelgrund (4 Stunden). Fahrpläne im Touristenbüro und im Elbe-Hafenshop.

Binnenseeangeln in HIMLEÅN, VISKAN, GÄLLARPSJÖN ST. NEDEN, ÅKULLA u.a.

Ausführlicher Prospekt und Angelscheine im Touristenbüro.

■ **BADEN**: 14 Badestrände südlich von der Festung: APELVIKEN, SÖDRA NÄS, TRÄSLÖVSLÄGE, GAMLA KÖPSTAD, GALTABÄCK, BJÖRKÄNG. – FKK-Bäder GODA HOPP für Männer, KÄRINGHÅLAN u. SKARPE NORD für Frauen.

Nördlich der Festung erstreckt sich ein KINDER-BADESTRAND. GETTERÖN, KÄRRADAL, ESPEVIK: Alle Badestrände haben einen flach ins Wasser abfallenden Sandstrand.

SCHWIMMBAD MIT BEHEIZTEM MEERWASSER südlich der Festung: etwa Juni bis August, Tel. 641 164, www.friskvagen.se. – Kaltbadehaus, Meerbad und Sauna: Mitte Juni bis Mitte August.

■ **RAD FAHREN**: Der Radwanderweg GINSTLEDEN (Ginsterweg) verläuft über 204 km an der Westküste entlang. – CYKELSPÅRET (Radweg) ist ein 300 km langer Fern-Radweg, der das östliche Halland durchquert.

FAHRRADVERMIETUNG: *Team Sportia,* Kyrkogatan 3, Tel. 124 70. – *Getteröns Camping* und *Apelvikens Camping:* ab 40 SEK/Tag, nur für Gäste des Campingplatzes.

■ **GOLF**: *Varbergs Golfklubb,* Tel. 37470 sowie 43445. Zwei 18-Loch-Plätze. – *Hofgårds Golfplatz,* Tel. 37187. Ein Platz für alle mit einem 18-Loch-Platz. Pro Tag ab 140 SEK.

■ **SURFEN**: *Surfers Paradise,* Tel. 677 055. Surfschule, Verkauf, Vermietung. In Apelviken.

■ **TAUCHEN**: *Varbergs Dykcenter.* In den Sommermonaten einwöchige Intensivkurse. Tauchtouren: Anmeldung Tel. 670 350.

■ **POSTAMT**: Kungsgatan 9. Mo–Fr 8–18 Uhr, Sa 10–13 Uhr.

■ **TRANSPORT**: Das Netz der städtischen- sowie Nahverkehrsrouten deckt außer der Gemeinde die angrenzenden Gebiete ab. – Eine Busfahrt in Varberg und bis Träslövsläge kostet 20 SEK (Hallands Trafikk: www.hlt.se).

■ **TAXI**: Västra Vallgatan, 24-Std-Service. Tel. 16500.

■ **PARKEN**: fast überall in der Stadt kostenlos.

■ **ÄRZTLICHE VERSORGUNG**: Västra Vallgatan 14, Tel. 816 00. – Krankenhaus, Träslövsvägen, Tel. 810 00. – Zahnarzt: Tel. 890 50. – Notdienst Tel. 010 – 285 1458. Ambulanz für Touristen: Tel. 0771 – 299 299, nur in der Sommersaison.

Weiterreise

■ **SCHIFF**: Autofähre **GRENÅ** (Dänemark) – Varberg *(Stena Line* am Hafen in Varberg, Tel. 690 900). Autofähre 2x täglich (morgens sowie nachmittags), Fahrzeit 4 Stunden..

■ **BAHN**: Hauptbahnhof in der Västra Vallgatan. Varberg liegt an der Hauptlinie Kopenhagen-Oslo.

■ **BUS**: Expressverbindungen mit größeren Städten in Halland und in den angrenzenden Bezirken.

■ **AUTO**: **NACH GÖTEBORG**. Rasch über die Autobahn E 6: Oder alternativ auf der Küstenstraße über Väröbacka, Åsa bis Kungsbacka. An der Abfahrt Fjärås vor Kungsbacka wird auf **TJOLÖHOLMS SLOTT** als Sehenswürdigkeit hingewiesen; den Auftrag für den Bau des herrlich am Kungsbackafjord gelegenen Schlosses erhielt Ende des 19. Jhs. der Architekt *Lars Israel Wahlmann* vom Göteborger Kaufmann J.F. Dickson; der gebürtige Schotte wollte sich ein Stück Heimat schaffen, und so entstand der Bau im Tudorstil; Dickson hat den fertigen Prachtbau nicht erlebt, seine Frau Blanche den Bau in seinem Sinn zu Ende geführt sowie das Gut verwaltet; die Inneneinrichtung ist luxuriös: Der Komfort war zur Jahrhundertwende das Beste, was Baumeister und Innenarchitekten anbieten konnten; ein verzweigtes Warmluftsystem sorgte für behagliche Wärme, zur Reinigung hatte man extra einen Staubsaugerwagen mit 40 m langen Schläuchen gebaut – Pferde zogen ihn rund um das Anwesen, die Schläuche wurden jeweils durch die Fenster geleitet; die Gebäude für das Personal sind im englischen Landhausstil gebaut, im Dorf sieht man die schmucken kleinen Holzhäuschen der Landarbeiter; Dickson war Pferdezüchter, sein Faible für Karossen schlägt sich im Wagenmuseum nieder, auch der STAUBSAUGERWAGEN steht dort; in der Manege, der ehemaligen Reithalle, ist heute ein Café-Restaurant beheimatet; Park, Badestrand sowie herrliche Wanderwege machen das Gebiet zum beliebten Ausflugsziel. Stündliche FÜHRUNGEN Mitte Juni bis Ende August täglich 11–16 Uhr, 1.4.–30.9. Sa+So 11–16 Uhr. Ein Abstecher für Freunde historischer Gebäude führt in Richtung FÖRLANDA, diesmal östlich der Autobahn E 6; eine kleine Nebenstraße bringt den Feriengast zum Dorf **ÄSKHULTS BY** mit vier alten Höfen; einige Gebäude entstanden bereits im 17. Jh., die anderen im 18. und 19. Jh.; die Flurbereinigung riss das Dorf nicht auseinander, deshalb sieht es hier noch fast so aus wie im 18. Jh.; die Häuser wurden nie gestrichen und die graue Verwitterung des Holzes schimmert je nach Beleuchtung; Ende des 19. Jhs. lebten noch 35 Menschen hier, doch bis 1914 waren 25 gen Amerika ausgewandert und der letzte Einwohner starb 1964; wer etwas Muße mitbringt, erlebt das Rad der Zeit einige Rotationen zurückgedreht; das Dorf verwaltet eine STIFTUNG, die Felder bestellen junge Leute auf traditionelle Weise; im Sommer sind Besucher willkommen: Mai bis August täglich 10–18 Uhr, September Sa+So 10–17 Uhr; weitere Informationen: Tel. 0300–542159; zur Anlage gehört übrigens ein kleines Cafè (Hof *Bengts,* Ende Juni bis Mitte August täglich 12–17 Uhr, Mai/Juni u. zweite Augusthälfte Sa+So 12–17 Uhr). Mögliche Stationen im Rahmen der Weiterreise oder auch Ausflugsziele von Göteborg aus sind das Städtchen **KUNGSBACKA**, von dessen Hafen SIGHTSEEING-Boote auf den KUNGSBACKAFJORD hinausfahren, die **ONSALA-HALBINSEL** samt BADEKÜSTE (Klippen, Sandstrand), die alte KIRCHE von Onsala, die Kutschen und Schlitten in den Kirchenställen, daneben ein Fischerhaus; ein besonders hübsches Dorf auf Onsala ist GOTTSKÄR. Nördlich der Halbinsel ist **SÄRÖ** ein weiteres schönes Reiseziel: Mitte des 19. Jahrhunderts entwickelte sich Särö zum Badeort und avancierte zum Treffpunkt der Könige, des Adels, der Reichen und der Künstler; den Glanz vergangener Tage spiegeln alte HOLZVILLEN mit Schnitzwerk und Veranden wider; ein Beispiel solcher Architektur ist der *Särö Golfkrog & Gästgiveri* nahe der Kirche; von hier führt Bassängbacken zum Hafen Sandvik an weiteren alten Villen vorbei; von den NATURRESERVATEN RINGSUM ist SÄRÖ VÄSTERSKOG ein besonderes, denn hier gibt es noch Wald, der im 18. Jh. nicht abgeholzt worden war; in den betagten Bäumen fühlen sich viele Vogelarten wohl, vor allem Familie Specht; in dem Reservat sind schöne Spazierwege und Badeklippen aufzuspüren.

NACH HALMSTAD. E 6 vorbei an Falkenberg. Auch in diesem Fall ist es eine Überlegung wert, auf die attraktive Küstenroute auszuweichen. Der Fischerort **TRÄSLÖVSLÄGE** hat einen geschützten Yachthafen, umgeben von roten Bootsschuppen. Im CAFÉ AM KAI könnte man meinen, auf einem Kutter zu sitzen – durch große Glasscheiben blickt man auf Schiffe und Meer, mitten zwischen Tischen und Stühlen steht ein Skipper aus Holz am Ruder.

NACH BORÅS: Die Str. 41 führt durch das schöne TAL DES VISKAN. In **HORRED** gibt es eine LEINENWEBEREI von 1859, wo unverändert nach alten Mustern gewebt wird; Besichtigung möglich. In KINNA empfiehlt es sich, dem Flusstal zu folgen und die nördlich gelegene Landstraße nach **RYDAL** zu nehmen. Die TEXTILFABRIKEN von Rydal (1853) fungieren heute als ein anschauliches Museum (siehe Seite 320); Führung durch die alte Spinnerei 15.6.–15.8. Di–Fr 11–17, Sa+So 12–16 Uhr, sonst Di–Do, Sa+So 12–16 Uhr.

Göteborg

Göteborg, Schwedens zweitgrößte Stadt, liegt an der Westküste, zu beiden Seiten des GÖTA ÄLV, kurz vor dessen Mündung in das Kattegatt. Durch die – im Vergleich zur Hauptstadt Stockholm – verkehrsgünstige Lage ist die Stadt zum größten Hafen Nordeuropas geworden.

Bis zur Gründung Göteborgs vergingen Jahrhunderte machtpolitischer Kämpfe zwischen Dänemark, Norwegen und Schweden, die an anderen Stellen ausführlich behandelt werden. Im März 1619 gründete *Gustav II. Adolf* eine neue Hafen- und Handelsstadt, die den Namen Götheborg erhielt. Das Gebiet am Göta älv war teils Marschland, teils felsig und hügelig, weshalb der König Holländer ins Land holte, die sich auf Entwässerung sowie Bebauung von Marschland verstanden.

Der erste Stadtplan (1619/20) mit Kanälen und Brücken, geraden und rechtwinkelig aufeinander treffenden Straßen wurde unter der Leitung der holländischen Baumeister *Jost van Wierdt* und *Jan Arentz* verwirklicht. Der Hafenkanal gab Booten Möglichkeit, im Schutz der Stadt zu ankern und Waren zu löschen, die kleinen Kanäle dienten Entwässerung und für Abwasser zugleich.

Bereits 1623 erhielt Götheborg die Privilegien einer Stadt. Wegen der exponierten Lage wurden umfangreiche Befestigungsanlagen mit Wallgräben errichtet, die weitere Bastionen hoch auf den Felsen (zum Beispiel Skansen Kronan) verstärkten. Weit vor Götheborg, auf einer Insel im Fluss, entstand dann 1653 die neue Festung ÄLVSBORG.

Während zunächst die Holländer Handel und Wirtschaftsleben dominierten, wurden sie nach und nach von Deutschen und schließlich von Engländern und Schotten abgelöst – noch bis ins 20. Jh. hinein besaß ausländisches Kapital großen Einfluss auf die Entwicklung der Stadt. 1731 war die OSTINDISCHE KOMPANIE gegründet worden, ein Jahr später segelte der erste Frachter nach China. Die Ostindien-Fahrer ankerten im Göta älv bei Klippan, dort wurde die Ware auf kleine Schiffe umgeladen und in die Stadt verfrachtet. STORA HAMNKANALEN war der spannendste Handelsplatz der Stadt.

1845 baute man das Hafenbecken STENPIREN. Immer mehr und immer größere Schiffe machten in Göteborg fest. Im 19. Jh. legten auch viele Auswandererschiffe mit dem Ziel Amerika in Göteborg ab. Die Anlegestellen wanderten weiter flussabwärts und mit ihnen die Bebauung auf beiden Seiten des Flusses. Die industrielle Revolution des 19. Jhs. und die Ausweitung der Handelsverbindungen beschleunigten die ökonomische Entwicklung der Stadt. Auch die Eröffnung des Trollhätte kanals und die neuen Eisenbahn- und Dampfschifflinien waren dabei wesentliche Faktoren.

Die Stadt wuchs, doch aus Furcht vor verheerenden Großfeuern sollten keine Holzhäuser mehr gebaut werden. In manchen Stadtteilen war der Untergrund aber nicht tragfähig für große Steinhäuser. Um die Wohnungsnot zu lindern, genehmigte der *landshövding* (Landeshauptmann) Bauten, deren Erdgeschoss zwar aus Stein waren, die zwei darüber liegenden Stockwerke jedoch aus Holz sein durften. Die »Landshövdingehäuser« sind in Schweden einmalig, einige davon im Stadtteil HAGA und in MAJORNA erhalten.

Seit 1891 ist Göteborg Universitätsstadt, die Technische Hochschule »Chalmers« ist führend in Schweden. Die Seefahrtstadt entwickelte sich zunehmend zur Industriestadt. Der Schiffbau ging, wie überall, zurück: Nur noch eine Reparaturwerft arbeitet in Göteborg. Die größten Industriebetriebe sind »Volvo« und »SKF« (Kugellager).

Göteborg ist trotz Industrie und Großstadtbetrieb für Touristen sehr attraktiv. Die alte Stadtstruktur innerhalb des Wallgrabens *(vallgraven)* ist erhalten, obwohl die Kanäle meist zugeschüttet worden sind. Die Grüngürtel entlang des Wallgrabens – TRÄDGÅRDSFÖRENINGEN sowie KUNGSPARKEN – sind die früheren Freiflächen vor den Geschützen. Fünf große Stadtbrände und Sanierungsmaßnahmen haben das Stadtbild sehr verändert. Aus der Gründerzeit sind nur wenige Gebäude erhalten, die – außer dem Kronhuset – im 19. Jh. dem neuen Stil der Zeit angepasst und modernisiert wurden. Göteborg dehnte sich immer weiter aus, zu den Stadtteilen, die im Halbkreis um Altstadt und Wallgraben entstanden, gesellte sich ein zweiter Kreis. Inzwischen haben Vororte mit Hochhäusern, Eigenheimsiedlungen u.a. sowie Trabantenstädte Groß-Göteborg auf rund 850.000 Einwohner anwachsen lassen.

Die beliebte Einkaufsstadt mit der Prachtstraße KUNGSPORTSAVENYN, von den Bürgern liebevoll AVENYN genannt – und deren vielen kleinen quirligen Seitenstraßen, den großen Parkanlagen in der Innenstadt und den zahlreichen Museen hat ein spezielles Flair, auch als Küstenmetropole samt landschaftlicher Vielfalt, »buten wie binnen«. Außerdem gibt es LISEBERG, Skandinaviens größten Vergnügungspark, und dank guter Fähr- und Eisenbahnverbindungen ist Göteborg von Mitteleuropa aus schnell zu erreichen und somit für viele die erste Station in Schweden oder sogar Ziel einer Kurzreise.

Göteborg macht den Eindruck einer lebensfrohen Stadt, von der viele Schweden behaupten, hier würden sie gerne wohnen. Göteborg hat eben was...

INFORMATION

■ **GÖTEBORGS TURISTBYRÅ**, Kungsportsplatsen 2, SE–41110 Göteborg, Tel. 031–612 500, Fax 612 501, E-mail: turistinfo@gbg-co.se, www.goteborg.com.

1.9.–30.4. Mo–Fr 10–18 Uhr, Sa 10–14 Uhr. Mai Mo–Fr 9–18 Uhr, Sa+So 10–14 Uhr. 1.6.–25.6. und 15.8.–31.8. täglich 9–18 Uhr. 26.6.–14.8. täglich 9–20 Uhr, Mittsommer 9–14 Uhr.

■ **GÖTEBORGS TURISTBYRÅ** IN NORDSTAN: Nordstadstorget, Tel. 150705. Im Sommer Mo–Fr 9.30–18 Uhr, Sa 10–16 Uhr, So 12–15 Uhr.

■ **BESÖKSKARTAN GÖTEBORG** ist ein großes Faltblatt, auf der einen Seite der Stadtplan zu beiden Seiten des Flusses, auf der anderen ein Plan des Zentrums mit Parkplätzen, eine schematische Darstellung der Straßenbahnlinien sowie eine Übersichtskarte der Region. Dazu ein Straßenregister und der Überblick einiger Sehenswürdigkeiten. Gibt's im Touristenbüro.

■ Das DREISPRACHIGE JAHRESHEFT **GÖTEBORG GUIDE** informiert kurz über Historie, Sehenswürdigkeiten, Museen, Ausflugsziele und Veranstaltungen, enthält die Adressen von Hotels, Restaurants und Einkaufsmöglichkeiten sowie praktische Informationen.

■ **PARKEN IN GÖTEBORG**: Die Innenstadt ist in 5 Verkehrszonen eingeteilt: V. NORDSTADEN, Ö. NORDSTADEN, ROSENLUND, DOMKYRKAN, BRUNNSPARKEN. Als motorisierte/r FahrzeuglenkerIn können Sie nicht beliebig zwischen den einzelnen Zonen hin und her wechseln, sondern in jede Zone nur über die Ringstraße sowie die von ihr abbiegenden Zufahrtsstraßen gelangen. Fast alle Straßen in der Innenstadt sind Einbahnstraßen. – Die PARKGEBÜHREN steigen, je näher man dem Stadtkern kommt, eine Park-Stunde kostet um 15 SEK im Zentrum. Größere Parkflächen in der Stadt sind Heden, Ullevi-Stadion, Maritima Centrum, Skeppsbrokajen. Das größte Parkhaus gehört zu dem Shoppingcenter Nordstan. Mit der GÖTBORGSKARTE sind die KOMMUNALEN PARKPLÄTZE KOSTENLOS.

Unterkunft

ZIMMERVERMITTLUNG

Das Touristenbüro ist bei Buchungen von Hotel, Pensionen etc. behilflich. Hier erfahren Sie Wissenswertes über Weekend- und Sommertarife, Last-minute-Preise oder spezielle Paketangebote der Hotels und der Touristenbüros.

Private Unterkünfte vermittelt ebenso das Touristenbüro. Ein Einzelzimmer (EZ) kostet um 230 SEK pro Nacht, ein Doppelzimmer (DZ) um 380 SEK, Bettwäsche inklusive. Buchungsgebühr 60 SEK.

Die (reduzierten) Preisangaben hinter dem Schrägstrich gelten an Wochenenden und im Sommer vom 15.6. bis 12.8.

■ **BARKEN VIKING**, Gullbergskajen, Tel. 635800, Fax 150058, www.liseberg.se. Mannschaftslogi: EZ ab 400, DZ ab 550 SEK. Offizierslogi: EZ 1.000/800, DZ 1.400/1.000 SEK. Koje 2–6 Personen 800–1.500 SEK, Bad auf dem Flur. Auf der renovierten Viermastbark im Hafen Lilla Bommen gibt es 45 Kabinen à 2 Kojen sowie 3 Kabinen mit 1 Koje. Die Kabinen sind eng, die Kojen liegen übereinander, sanitäre Anlagen auf dem Korridor. Die Matrosen von damals würden ihr Logis mit hellen Möbeln und Jugendstil-Acessoires nicht wiedererkennen. Wer richtig

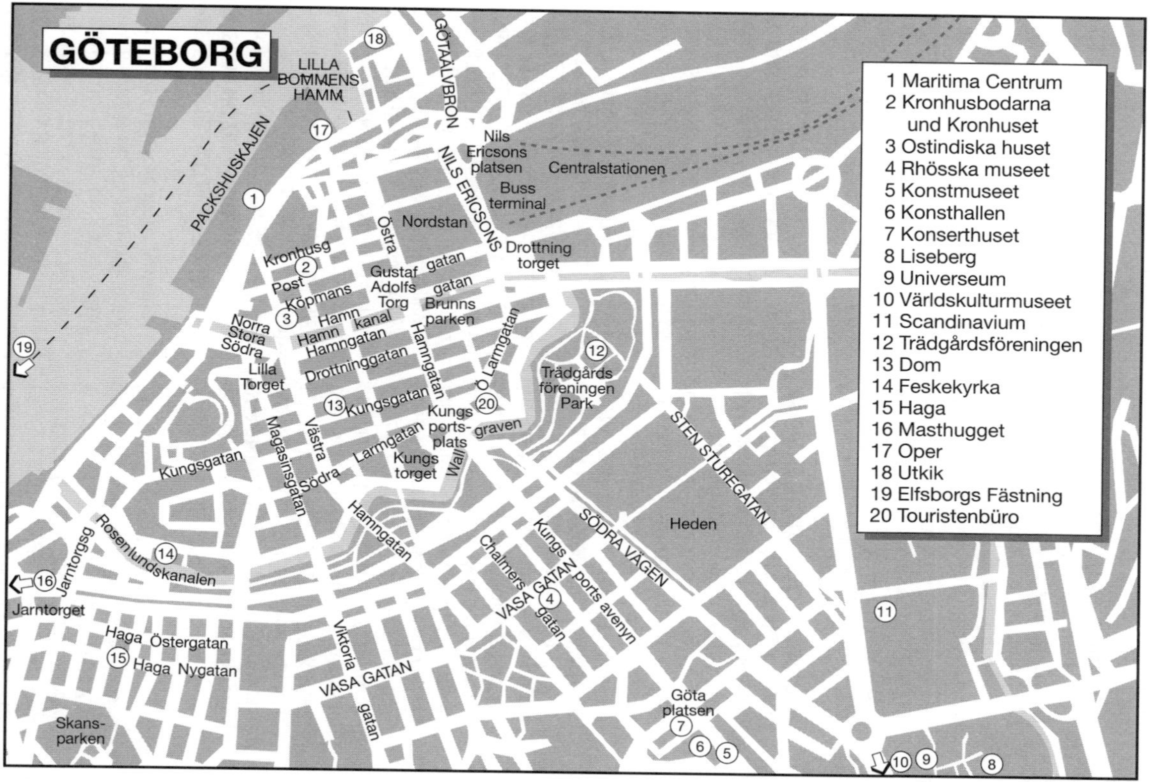
GÖTEBORG
LILLA BOMMENS HAMM
PACKSHUSKAJEN
GÖTAÄLVBRON
NILS ERICSONS
Nils Ericsons platsen
Centralstationen
Buss terminal
Nordstan
Östra
Drottning torget
Kronhusg
Post
Köpmans
Gustaf Adolfs Torg
gatan
Brunns parken
Norra
Stora
Södra
Hamn
kanal
Hamngatan
Lilla Torget
Drottninggatan
Hamngatan
Ö Larmgatan
Trädgårds föreningen Park
Kungsgatan
Kungs ports-plats
graven
Västra
Magasinsgatan
Södra
Larmgatan
Kungs torget
Wall
Kungsgatan
STEN STUREGATAN
Heden
SÖDRA VÄGEN
Kungs ports avenyn
Chalmers gatan
VASA GATAN
Hamngatan
Rosenlundskanalen
Jarntorgsg
Jarntorget
Haga Östergatan
Haga Nygatan
Viktoria gatan
VASA GATAN
Skans-parken
Göta platsen
1 Maritima Centrum
2 Kronhusbodarna und Kronhuset
3 Ostindiska huset
4 Rhösska museet
5 Konstmuseet
6 Konsthallen
7 Konserthuset
8 Liseberg
9 Universeum
10 Världskulturmuseet
11 Scandinavium
12 Trädgårdsföreningen
13 Dom
14 Feskekyrka
15 Haga
16 Masthugget
17 Oper
18 Utkik
19 Elfsborgs Fästning
20 Touristenbüro

Komfort wünscht, nächtige in einer der 6 Doppelkabinen, eingerichtet mit Möbeln der vorletzten Jahrhundertwende, Gardinen vor den Bullaugen und Bad. So luxuriös haben selbst die Offiziere nicht gewohnt.

PREISWERTE HOTELS, PENSIONEN

■ **SPAR HOTEL MAJORNA**, Karl Johansgatan 66–70, Tel. 420 020, Fax 426 383, www.sparhotel.se. EZ ab 595/495 SEK, DZ ab 895/595 SEK Angenehmes Hotel. Tiefgarage gratis, auf jeden Fall vorher buchen.

■ **FLORA HOTEL**, Grönsakstorget 2, Tel. 138 616, Fax 132 408, www.hotelflora.nu. EZ 740/650 SEK, DZ 960/850 SEK, Budget (Bad auf dem Flur) EZ 415, DZ 575, 3-Bett-Zimmer 735 SEK. Ordentliches, kleines Hotel, zentral am Wallgraben.

■ **CITY HOTEL**, Lorensbergsgatan 6, Tel. 708 4000, Fax 708 4002, www.cityhotelgbg.se. EZ 695/595 SEK, DZ 895 SEK. EZ ohne Bad 395, DZ ohne Bad 495 SEK. Auch Familien- u. Mehrbett-Zimmer. Zentral zwischen Kungsports- u. Götaplatsen.

■ **IBIS HOTEL GÖTEBORG CITY,** Gullbergskaj 217, Tel. 802 560, Fax 802 644, www.goodmorninghotels.se. EZ/DZ 650/560 SEK. Akzeptabel und preiswert. Am Hafen Lilla Bommen.

■ **HOTELL AVENY TURIST**, Södra vägen 2, Tel. 205 286, Fax 203 945. www.avenyturist.com. EZ 495, DZ 595 SEK, Bad auf dem Flur. Auch Familienzimmer und Apartments, 1–3 Personen 695–995 SEK. Alte Villa des 19.Jhs.: hohe Räume, alte Kachelöfen, Stuck. Nahe Liseberg.

■ **SGS VECKOBOSTÄDER**, Utlandagatan 24, Tel. 708 1330, Fax 812 497, www.vb.sgsbostader.com. Pro Tag EZ 370 SEK, DZ 490 SEK, pro Woche EZ 1.850, DZ 2.180 SEK Zugang zu Du/WC und Küche. Etwa 1 km südlich von Liseberg.

JUGENDHERBERGEN

■ **MASTHUGGSTERRASSENS VANDRARHEM**, SVIF, Masthuggsterrassen 8, Tel. 424 820, Fax 424 821. 1.1.–31.12. TADELLOSE UNTERKUNFT, 2–4-Bett-Zimmer, alle mit Aussicht zum Hafen. Anfahrt mit Auto Richtung Fähre Fredrikshamn, am besten nachmittags, wenn Parkplätze in der Umgebung frei sind; Tiefgarage relativ preiswert. Mit Straßenbahn 3, 4, 9 bis Masthuggstorget. Wer die vielen Stufen scheut, lässt sich mit dem Lift nach oben bringen.

■ **SLOTTSKOGENS VANDRARHEM**, STF, Vegagatan 21, Tel. 426 520, Fax 142 102. Ganzjährig geöffnet. Zwei 12–Bett-Zimmer, 82 3–6-Bett-Zimmer, 34 DZ. Preise nach Zimmer und Saison ab 145/95 SEK. Fahrradvermietung. Tolle Lage,wenige Parkplätze. Frühzeitig buchen!

■ **LINNÉ HOTEL OCH VANDRARHEM,** SVIF, Vegagatan 22, Tel. 121 060, Fax 121 051, im Internet: www.vandrarhemmet-linne.com. Im 2–4-Bett–Zimmer ab 150/110 SEK. EZ 340 SEK, DZ 170 p.P. Du/WC auf dem Flur. Nahe zur Flaniermeile Linnégatan, mit hübschen Butiken und gemütlichen Restaurants, zum alten Stadtteil Haga, zum Slottskogen, Botanischen Garten u.v.a.

■ **GÖTEBORGS MINIHOTEL**, Tredje Långgatan 31, Tel. 241 023, www.minihotell.se. Ganzjährig geöffnet.

GÖTEBORGSKORTET
Die Göteborgkarte (im Text mit »GK« abgekürzt) beinhaltet gebührenfreies Parken auf städtischen Parkplätzen, beliebig viele Fahrten mit Bussen und Straßenbahnen, mit dem Boot »Älvsnabben« und den Schärenbooten und einen Bootsausflug zur Festung Elvsborg. Außerdem freien Eintritt in Liseberg und einigen Museen sowie Rabatte bei den übrigen. Ebenso gibt es ein kleines Rabattheft zum Shoppen in der »Nordstan«.
Die Karte mit Informationsheft erhalten Sie beim Touristenbüro. Preise 2002: 24 Std. 95 SEK, Kinder bis 17 Jahre 50 SEK.

Geräumige Zimmer mit Einzelbetten und/oder Etagenbetten, Vorlieben im Voraus angeben. Preise p.P. DZ 180 SEK, im 3/4/6-Bett-Zimmer 160/150/130 SEK. Große Küche für Selbstversorger, Bad auf dem Flur. Frühstücksbuffet 1.6.–31.8 täglich, sonst nur Sa+So 45 SEK. Nähe Stena Terminal u. Stadtteil Haga. Mehrere Parkplätze in der Umgebung.

■ **GÖTEBORGS VANDRARHEM I CENTRUM**, Mölndalsvägen 23, Tel. 401 050, Fax 401 151, Internet: www.goteborgsvandrarhem.se. Neueres Gästehaus mit 150 Betten in 47 Zimmern. Preise p.P. 160/110 SEK. DZ 185 SEK, Familienzimmer mit Bad 200 SEK pro Bett. Babybett verfügbar. 2 große Küchen für Selbstversorger. Frühstücksbuffet, Terrasse auf der Südseite, Sauna. Nahe Liseberg und Messezentrum. Gute Parkmöglichkeiten. Straßenbahn 4 Richtung Mölndal bis Almedal.

■ **KVIBERGS VANDRARHEM**, Kvibergsvägen 5, Tel. 435 055, Fax 432 650, www.vandrarhem.com. Ganzjährig geöffnet. EZ bis 5-Bett-Zimmer ab 130 SEK. EZ und DZ nicht in der Hochsaison. Preise nach Saison. Große Küche für Selbstversorger, Frühstücksbuffet 45 SEK, Sauna, Solarium. Hütten à 24 m² mit 5 Schlafplätzen. Preise pro Nacht und Saison: Fr–So ab 700 SEK, So–Fr ab 600 SEK, 1 Woche 3.000–4.500 SEK. Angenehme Unterkunft auf früherem ansehnlich restaurierten Industrieareal, ruhige Lage, im Sommer Frühstück auf dem Balkon. Im Norden der Stadt, mit dem Auto schwer zu finden, vorab anfragen, Richtung Kortedala. Straßenbahn 6, 7.

CAMPING

■ **LISEBERGS CAMPING & STUGBYAR KÄRRALUND**, Tel. 840 200, Fax 840 500, web: www.liseberg.se. Ganzjährig geöffnet. 200 Stellplätze ab 140 SEK je nach Saison, Ferienhütten ab 600 SEK, Hütten ab 400 SEK, Zimmer ab 295 SEK. Gäste der Hütten und Zimmer haben freien Eintritt in Liseberg. Ruhige Lage im Grünen; sehr populär, deshalb nicht zu knapp anfragen. Straßenbahn 5 in wenigen Minuten in der Innenstadt.

■ **DELSJÖ CAMPING**, Tel. 252 909, Fax 843 278, www.camping.se/O39. Ca. 30.6.–12.8. 230 Stellplätze ab 135 SEK, am See im Naturschutzgebiet Delsjön. Kanuvermietung. 4,5 km ö Göteborg; Straßenbahn 5, Rabatt auf Fahrscheine.

■ **LISEBERGS CAMPING & STUGBY ASKIM STRAND**, Tel. 282 261, Fax 681 335, www.camping.se/plats/O38. Ca. 10.5.–25.8. 350 Stellplätze ab 150 SEK, Hütten ab 500 SEK inklusive Eintritt in Liseberg. An der Askim-Bucht gelegen, 200 m bis zum Sandstrand. 10 km s Göteborg. Express-Bus 15 Minuten zum Zentrum.

Essen und Trinken

LUNCHRESTAURANTS

Allgemeine Lunchzeit Mo–Fr 12–14 Uhr. Die aufgeführten Lunch-Restaurants sind abends nicht geöffnet.

■ **AMANDA BOMANN**, Saluhallen, Kungstorget, Tel. 137 676. Mo–Fr ab 11 Uhr. Dagens ab 65 SEK, à la carte ab 75 SEK. Restaurantnische in der MARKTHALLE, Nichtraucher.

■ **ALEXANDRAS**, in Saluhallen am Kungstorget, Stand 46. Lange Theke. Die GRIECHISCHEN UND SCHWEDISCHEN GERICHTE (deutsche Übersetzung) sind preiswert und gut.

■ **BRYGGERIET**, Kungsportsavenyn 3, Tel. 711 9260. Mo–Fr ab 11 Uhr, Sa+So ab 12 Uhr. Lunch ab 60, à la carte ab 94 SEK. Göteborger essen ERBSENSUPPE am liebsten hier.

CAFÉS

■ **FRÖKEN OLSSON'S KAFÈ**, Östra Larmgatan 14, Tel. 138 193. Mo–Do 9–22, Fr 9–24, Sa 10–24 Uhr. Bekannt für eine SPITZEN-AUSWAHL an Selbstgebackenem, an appetitlichen Salaten und belegten Broten, Pies und Suppen. Zur Lunchzeit sehr gefragt, Leckeres ab 39 SEK. Tische auch im Innenhof.

■ **CAFÉ CAPPUCINO**, Östra Larmgatan 14 (gegenüber Touristenbüro), Tel. 136 695. Mo–Fr 8–22, Sa 9–23, So 10–20 Uhr. Typisches Café, bei Sonnenschein wird draußen aufgetischt. Auch Frühstück und Lunch. Dagens 59, à la carte ab 60 SEK.

■ **JUNGGRENS CAFÉ**, Kungsportsavenyn 37, Tel. 161 751. Mo–Fr 8–23 Uhr, Sa+So 9–23 Uhr. Belegte Brote und Baguettes, appetitlich FRISCH und PREISWERT. 1899 gründeten die Schwestern Junggren das Café; ein Wandgemälde zeigt sie mit Personal um 1900, ein zweites das Café in den 40er Jahren, ein weiteres bringt das Grün eines Parks in das kleine Café. Im Sommer sitzt man auch draußen auf dem breiten Boulevard.

■ **FRUCTUS FRUKTKONDITORI**, Trädgårdsgatan 2, Tel. 130 129. Mo–Fr 11–21, Sa 10.30–21, So 12–19 Uhr. Für Süßschnäbel, exotische Fruchtdrinks und Kuchen, Eis etc. Inventar nüchtern, FRUCHTEIS traumhaft.

FISCH FÜR FEINSCHMECKER

■ **GABRIEL FISK & SKALDJURBAR**, Feskekörka, Tel. 139 051. Di–Fr 9–17, Sa 9–13.30 Uhr. Dagens Special 125 SEK, à la carte ab 95 SEK. In der ersten Etage mit Blick auf Kanal oder die Fischstände.

■ **RÄKAN**, Lorensbergsgatan 16, Tel. 169 839. Mo–Fr 11.30–14 Uhr, Sa 17–1, So 15–22 Uhr. Pub Fr+Sa 18–23 Uhr. À la carte ab 160 SEK. Lunch. Gemütliches Lokal mit der klassischen Fischkarte. Seefahrt und Fischerei bilden das maritime Ambiente mit Wasserbecken, Leuchtturm und Fischreusen. Auf kleinen Holztäfelchen – die Dekoration an Wänden und Fensternischen – haben sich Gäste verewigt. Wenn sie sich für RÄKOR entscheiden, dürfen sie die Krabbenlast selbst auf einem ferngesteuerten Fischkutter zu ihrem Tisch dirigieren.

■ **SJÖMAGASINET**, Klippans Kulturreservat, Tel. 775 5920. Mo–Fr 11.30–14.30 u. 17–22, Sa 17–22 Uhr, So 14–20 Uhr. Rustikale, angenehme Atmospäre im alten Magazin des Hafens mit Aussicht über denselben. ERSTKLASSIGE KÜCHE UND PREISE.

GEHOBENE KÜCHE

■ **TVÅKANTEN**, Kungsportsavenyn 27, Tel. 182 115, www.avenyn.se/tvakanten. Täglich 11.30–15 Uhr, Lunch, mehrere Gerichte zur Wahl ab 79 SEK. 17–23 Uhr à la carte ab 185 SEK. Rote Ziegelsteinwände harmonieren mit Parkettboden und hellen Holzmöbeln. Die Nichtraucher nehmen, gut abgeschirmt, auf gepolsterten Stühlen Platz. Die vielfach ausgezeichnete Küche bringt Schwedisches in neuen Variationen auf den Tisch, dabei auch exklusive vegetarische Kost; sonst dominieren Fleisch- wie Fischgerichte die Speisekarte. An der Bar schmeckt Wein oder auch ein Bier zum Plausch.

VEGETARISCH

■ **NYA ANDRUM**, Restaurant & Cafè, Östra Hamngatan 19 A, Tel. 138 504. Mo–Fr 11–20 Uhr, Sa 12–17 Uhr. Tagesgericht vom VEGETARISCHEN BUFFET um 60 SEK, auch Tellergerichte. Und auch hier gibt es ein paar Plätzchen im Freien.

INTERNATIONALE KÜCHE

Man nennt Göteborg häufig Klein-London, so groß ist das Angebot der exotischen Vielfalt. Ein kleinen Eindruck vermittelt:

■ **NK RESTAURANGTORG**, NK, Östra Hamngatan 43. Chinesisch, Indisch, Französisch, Mexikanisch, Griechisch und Italienisch wählt der Gast à la carte. Dagens um 60 SEK.

■ **OAKLEYS**, Tredje Långgatan 16, Tel. 426 080. Mo–Fr 11–14 Uhr. Lunch mit SALATBUFFET 59 SEK. Mo–So ab 11 Uhr à la carte ab 110 SEK. Das Restaurant mit Westerntouch. Innen stilvoll bis rustikal verteilt auf mehrere Räume. Im Innenhof DARF JEDE/R DEN GRILL MIT EIGENEN ZUTATEN BELEGEN und hier verzehren. Ein neues Konzept nach australischem Vorbild.

PUB

■ **GAMLE PORT**, Östra Larmgatan 18, Tel. 711 0702. Mo–Do 11.30–1.30 Uhr, Fr 11.30–3 Uhr, Sa 12–3 Uhr, So 12–1 Uhr. Zur Lunchzeit im PUB: Dagens Rätt um 60 SEK inkl. Salatbuffet, Getränk, Brot und Butter und Kaffee. Restaurant 1.Etage, à la carte ab 69 SEK.

Transport

Göteborg ist eine von zwei schwedischen Städten, in denen die Modernisierungswut der Stadt- und Verkehrsplaner die Straßenbahn nicht getilgt hat. Mit Erfolg: Bus und Straßenbahn bilden ein dichtes Nahverkehrsnetz. ZUR INFORMATION: TIDPUNKTEN, Brunnsparken und Drottningtorget (vor dem Bahnhof) sowie Nils Ericsonsplatsen.

Die VETERAN-STRASSENBAHN 7 verkehrt im Sommer auf der »Lisebergslinie« ab Hauptbahnhofsvorplatz. Mit GK frei.

■ **STRASSENBAHN UND AUTOBUS**: Touristen empfiehlt sich die preiswerte 24-STUNDEN-NETZKARTE à 40 SEK, mit der man (nur nicht nachts) innerhalb der Stadtgrenzen beliebig oft fahren kann. An Wochenenden gilt sie für 2 Erwachsene und 2 Kinder unter 16 Jahren. Zudem gibt es Einzelfahrscheine und die KUPONGKORT (Magnetstreifenkarte), die Sie bei den FahrerInnen kaufen, aber selbst entwerten! Eingestiegen wird bei/m FahrerIn.

Ein EINZELFAHRSCHEIN *(kupong)* kostet 8 SEK, für die kleinste Tarifzone benötigt man zwei Kupongs, d.h. man drückt im Entwerter der Straßenbahn/Bus auf die »2«, oder bezahlt bei FahrerIn 16 SEK. Kupongkort bei FahrerIn 120 SEK, als »Förköpskort« à 50 (8 Kupongs) und à 100 SEK (22 Kupongs) nur in den Göteborgs Läns-Trafik-Kiosken Tidpunkten. Auch das sind Magnetstreifenkarten, die entsprechend der Tarifzone zu entwerten sind. – Mit den Rabattkarten dürfen mehrere Personen gleichzeitig reisen, natürlich müssen sie für jede Person einzeln entwertet werden. Steigt man während der Fahrt um, muss diesmal die Karte mit *byte* gekennzeichnet werden. Jugendliche zwischen 7 und 16 Jahren bezahlen die Hälfte (1 Kupong), Hunde auch. Bei Fahrten mit einem Expressbus ist ein Kupong mehr zu bezahlen, im Nachtbus kostet es vier Kupongs mehr. Auf den Nachtlinien bezahlen Jugendliche und Erwachsene die gleiche Anzahl Kupongs.

■ **ÄLV-SNABBEN**: Die Linie 80 ist die Bootsverbindung im Hafen Göteborgs und gehört zum Liniennetz der Stadt. Man benutzt also dieselbe Streifenkarte, stempelt an Bord. Einzelfahrscheine kauft man beim Decksmann. Fahrräder werden kostenlos befördert, wenn Platz ist. Abfahrt Lilla Bommen, erste Haltestelle Rosenlund Nähe Järntorget, nächster Stop Lundbystrand am anderen Ufer des Göta älv, von da weiter nach Lindholmen und Eriksberg am selben Ufer. Hier liegt die Werft Terra Nova, die den alten Segler und Ostindienfrachter »Götheborg III« nachbaut. In Eriksberg steht noch ein Bockkran zur Erinnerung an die einstige Werft. Wer Mut hat, kann vom Kran »Bungee jumpen«. Heute sind hier Ausstellungshallen, Hotel, Restaurant und auch neue Wohnungen entstanden. Um zur letzten Haltestelle zu gelangen, wird das Fahrwasser gekreuzt. In Klippan, dem Freilichtmuseum für Industriekultur, ist Endstation. Die Fahrt dauert eine halbe Stunde.

■ Zum öffentlichen Nahverkehrssystem gehören auch die **SCHÄRENROUTEN**, der Fährverkehr mit der Linie 81 zu den Schären.

■ **TAXI**: Tel. 650 000.

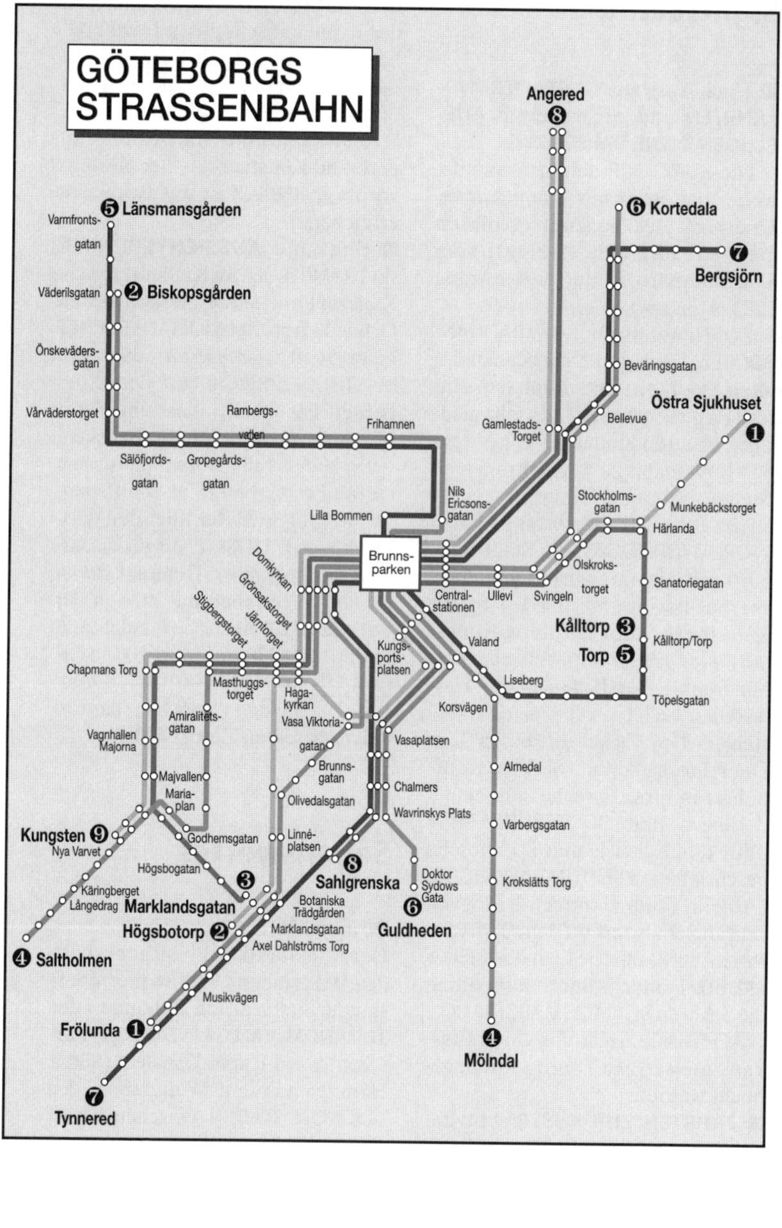
GÖTEBORGS STRASSENBAHN
Angered 8
6 Kortedala
7 Bergsjörn
5 Länsmansgården
Varmfronts-gatan
Väderilsgatan
2 Biskopsgården
Önskeväders-gatan
Vårväderstorget
Rambergs-vallen
Frihamnen
Gamlestads-Torget
Beväringsgatan
Bellevue
Östra Sjukhuset 1
Sälöfjords-gatan
Gropegårds-gatan
Nils Ericsons-gatan
Stockholms-gatan
Munkebäckstorget
Lilla Bommen
Härlanda
Brunns-parken
Domkyrkan
Grönsakstorget
Järntorget
Stigbergstorget
Olskroks-torget
Sanatoriegatan
Central-stationen
Ullevi
Svingeln
Kålltorp 3
Torp 5
Kålltorp/Torp
Valand
Kungs-ports-platsen
Liseberg
Chapmans Torg
Masthuggs-torget
Haga-kyrkan
Vasa Viktoria-gatan
Korsvägen
Töpelsgatan
Amiralitets-gatan
Vagnhallen Majorna
Vasaplatsen
Brunns-gatan
Almedal
Majvallen
Maria-plan
Chalmers
Olivedalsgatan
Wavrinskys Plats
Kungsten 9
Nya Varvet
Godhemsgatan
Linné-platsen
Varbergsgatan
8 Sahlgrenska
Högsbogatan
3
Doktor Sydows Gata
Krokslätts Torg
Käringberget
Långedrag
Marklandsgatan
Botaniska Trädgården
6 Guldheden
Högsbotorp 2
Marklandsgatan
Axel Dahlströms Torg
4 Saltholmen
Musikvägen
Frölunda 1
4 Mölndal
7 Tynnered

Sightseeing

■ Eine Auswahl an **STADTRUNDFAHRTEN** und organisierten **AUSFLÜGEN IN DIE UMGEBUNG**:

Die KURZTOUR dauert 1 Stunde, wobei die Besucher einen kurzen Überblick der bedeutungsvollsten Gebäude erhalten. (Abfahrt vom Touristenbüro in der Seitenstraße Lilla Nygatan.)

Die Rundfahrt mit den PADDANBOOTEN führt durch die Kanäle im alten Stadtkern und durch den Hafen. Es geht unter 20 teils sehr niedrigen Brücken hindurch. (Unterwegs 55 Minuten, bis zu 4 Abfahrten jede Stunde, Abfahrt Kungsportsplatsen, im Juli auch abends bis 21 Uhr.)

OPEN TOP TOURS, die Stadtrundfahrt mit einem Cabrio-Doppeldeckerbus beginnt mit der 1. Abfahrt 9.30 Uhr ab Stora Theatern, Kungsportsavenyn und weiter zu jeder halben Stunde. Sie dürfen an den Haltestellen beliebig oft ein- und aussteigen. Das Ticket gilt einen Tag. Der Führung können Sie über Kopfhöhrer in Ihrer Sprache lauschen.

Eine weitere BOOTSRUNDFAHRT führt durch den Hafen ZUR bereits beschriebenen FESTUNG ÄLVSBORG. (Abfahrt Lilla Bommen.) Möglich sind auch Fahrten auf dem GÖTA KANAL, ABENDLICHE SCHÄRENKREUZFAHRTEN oder Rundtouren durch die Schären BIS NACH MARSTRAND...

ACHTUNG: Auch mit Göteborgskarte müssen alle Touren vorher gebucht werden.

■ **FAHRTEN ZUR KÜSTE**: Mit der Straßenbahnlinie 4 erreicht man den Vorort SALTHOLMEN, direkt an der Küste mit sehr guten Bademöglichkeiten. Dort legen übrigens auch die Schärenboote ab, die Teil des öffentlichen Verkehrssystems sind. SÖDRA SKÄRGÅRD im Süden: Asperö und Köpstadsö. – Der Küstenvorort FISKEBÄCK ist mit Bus 95 zu erreichen.

■ Bekannte **AUSSICHTSPUNKTE** sind RAMBERGET im Keillers (sprich: Kielers) Park, SKANSEN KRONAN im Ortsteil Haga, der SJÖMANSTORNET beim Seefahrtsmuseum sowie die MASTHUGGS-KIRCHE auf dem Stigberget. Eine weite Aussicht bietet sich auch von den Götaälv-Brücken.

Im Hafen Lilla Bommen ragt ein rot-weißes Gebäude in Schiffsbauarchitektur 86 Meter über der Wasserlinie auf: UTKIK (Ausguck) entwarf der bekannte Architekt *Ralph Erskine*. Von oben hat man in der Tat eine TOP-AUSSICHT auf Stadt, Hafen und Umgebung. 30/0 SEK (mit GK 50 %). Sa+So 11–16 Uhr, 1.5.–25.8. täglich 11–18 Uhr; das Café ist zur selben Zeit geöffnet.

Sehenswertes

INNENSTADT

Der alte Stadtkern liegt innerhalb des Wallgrabens. Selbst hier überstanden kaum ältere Gebäude – der Teil INOM VALLGRAVEN liegt zwischen Stora-Hamn-Kanalen (Södra Hamngatan) und Wallgraben, der Teil NORDSTADEN zwischen Kanal (Norra Hamngatan) und Hafen.

**Unterwegs mit den Paddan-Booten,
vorbei an der Oper (oben) und an der Fischauktionshalle mit Restaurant**

■ **SALUHALL** (Markthalle), Kungstorg. Mo–Do 9–18 Uhr, Fr 8–18 Uhr, Sa 8–13 Uhr. Tram 2, 4, 5, 6, 8 zum Kungsportsplatsen.

Wer holt sich keinen Appetit bei einem Gang durch eine Markthalle mit frischen, gut präsentierten Lebensmitteln und Spezialitäten aus aller Herren Länder? Eine solch traditionelle MARKTHALLE IST TYPISCH SKANDINAVISCH, da das hiesige Klima im Winter den Marktverkauf im Freien nicht immer zulässt. LUNCHKROG unter demselben Dach.

■ **FISKHALLEN**, Rosenlundskanal/ Rosenlundsplatsen. Di–Do 9–17 Uhr, Fr 9–18 Uhr, Sa 9–13.30 Uhr. Tram 1, 2, 4, 9 bis Hagakyrkan; oder mit Älvsnabben bis Rosenlund.

Das einer Kirche ähnelnde Bauwerk ist die FISCHMARKTHALLE. Im Göteborger Dialekt heißt sie wegen ihres Aussehens *Feskekörka* (sprich: feskeschörka – Fischkirche). In dem 1873/4 errichteten Gebäude werden täglich alle denkbaren Leckerbissen aus dem Meer verkauft. In Etage 1 hat man ein FISCHRESTAURANT mit Blick auf die Verkaufshalle eingerichtet. (Fischauktionen am Fischereihafen, Di–Fr 7 Uhr.)

■ **ANTIKHALLARNA,** Västra Hamngatan 6. Mo–Fr 10–18, Sa 10–14 Uhr, Juni bis August Mo–Fr 10–17 Uhr. Tram 1, 3, 4, 7, 9 zum Lilla Torget.

Erwähnenswert in diesem Viertel ist ferner die ANTIQUITÄTENHALLE. Rund 30 Geschäfte sind eine wahre Fundgrube für Sammler.

■ **GÖTEBORGS STADSMUSEUM**, Ostindiska huset, Norra Hamngatan 12, Tel. 612 726. 1.5.–31.8. täglich 11–16 Uhr, sonst Di–So 11–16 Uhr, Mi bis 20 Uhr. Eintritt 40/10 SEK. Alle Straßenbahnen bis Brunnsparken, danach zu Fuß; oder Bus 19, 64, 85, 86 bis Lilla Torget.

1993 schlossen sich Historisches, Archäologisches und Industriehistorisches Museum als »Göteborgs Stadtmuseum« zusammen, das seit 1996 seine Sammlungen der Öffentlichkeit präsentiert.

Zur Vor- und Frühgeschichte von Westschweden sind Grabfunde ausgestellt; ein besonders WERTVOLLES Exponat ist das WIKINGERSCHIFF ÄSKEKÄRRSKEPPET, übrigens das einzige, das man in Schweden gefunden hat. – Die Ausstellung VIKINGER spannt einen Bogen von Gott Odin zu Christus. – Das Mittelalter ist die Zeit der Hanse, der Kämpfe um die Vorherrschaft in Skandinavien und der Anfänge des Handelsplatzes Lödöse am Göta älv.

Eine Abteilung widmet sich der Entwicklung Göteborgs zur Industriestadt, informiert über Arbeitsbedingungen und Freizeitmöglichkeiten, den Traum eines besseren Daseins im 20. Jh. Weitere Themen sind die Armut der Bevölkerung im 19. Jh. und die daraus folgende Emigration vieler, vieler tausend Schweden nach Übersee.

Die ehemals guten Handelsbeziehungen mit Asien finden ihren Ausdruck in zahlreichen Exponaten (Porzellan u.a.). – Die Ausstellung DRAKENS MYNT gewährt einen Einblick in chinesiche Kultur- und Handelsgeschichte.

Für Kinder gibt es das BUSEET, wo sie spielend das Gestern und Heute nachvollziehen können.

DIE OSTINDISCHE HANDELSKOMPANIE

Die Geschichte der Ostindischen Handelskompanie ist untrennbar mit der Stadtgeschichte Göteborgs verbunden. 1731 erhielten der schwedische Kaufmann *Niclas Sahlgren* und sein schottischer Kompagnon *Colin Campbell* das schwedische Handelsmonopol für China und Indien, mit der Auflage, die Schiffe ihrer Handelsflotte nur in Schweden bauen zu lassen. Als der erste Frachtsegler 1733 – beladen mit kostbaren Seidenballen und Lackschränkchen, zartem chinesischem Porzellan und anderen Luxusartikeln, mit exotischen Gewürzen, Tee und Kaffee – in Göteborg festmachte, wussten diejenigen, die in das Unternehmen investiert hatten, dass ihr Risiko sich in klingende Münze verwandelt hatte. Die Geschäfte der folgenden Jahre brachten große Gewinne, die meisten Reisen gingen nach Kanton in China, einige Schiffe fuhren auch nach Surat und Bombay in Indien.

Nach 15 gewinnbringenden Jahren baute die Gesellschaft OSTINDISKA HUSET, das »Ostindische Haus«. Die Architekten waren der Göteborger *Bengt Carlberg* und der bekanntere *Carl Hårleman*. Das Gebäude im holländischen Renaissancestil wurde 1750–62 erbaut, die gelben Ziegel importierte man aus Holland. Das neue Haus beherbergte Lager- und Büroräume, hier fanden die Auktionen statt, die stets von deutschen, holländischen und englischen Kaufleuten besucht waren, da gegen Ende des Jahrhunderts die Ostindische Kompanie das alleinige Handelsrecht für bestimmte Waren aus Indien und China besaß.

1806 war die Ära Ostindische Kompanie zu Ende; das Haus erstand 1807 ein Göteborger Kaufmann, ein Teil gehörte aber unverändeert der Handelsgesellschaft. 1810–1815 erlebte der Göteborger Handel nochmals goldene Jahre, verursacht durch Napoleons Versuch, Englands Wirtschaft durch die Kontinental-Blockade lahm zu legen. Göteborg wurde zum Nabel des Welthandels; Göteborger Kaufleute hatten so große Reichtümer erworben, dass sie es sich leisten konnten, der Stadt großzügige Schenkungen zu machen. Die Namen der Spender begegnen einer/m allerorts; deshalb nannte man Göteborg auch häufig die Stadt der Donatoren. Als Handelsgesellschaft aufgelöst wurde, ging das Haus schließlich in den Besitz von Stadt und Krone über.

1833 wurde hier das »Naturhistorische Museum« ins Leben gerufen, 1861 dem Museum das halbe Haus zur Verfügung gestellt, es erhielt nun den Namen »Göteborgs Museum«. Bei einer Renovierung 1895 entstanden die Wandmalereien, die Kunst und Wissenschaft, Handel und Seefahrt thematisieren. Im Ostindischen Haus rief man fast alle kulturellen Institutionen und Aktivitäten der Stadt ins Leben.

Das Museumscafé und -restaurant ist vom Stil des 18. Jhs. inspiriert, das Möblement eine Kopie alter Originale des Museums, das blau-weiße Porzellan stammt aus China (und ist käuflich), das Personal ist zeitgemäß gekleidet. Lunch und Café, abends nur à la carte. Im Sommer wird auch draußen auf der Norra Hamngatan serviert, ebenso im Innenhof.

■ **KRISTINE KYRKAN**, Norra Hamngatan. Mo–Sa 12–15 Uhr. Die Kristine-Kirche war früher vor allem auch als DEUTSCHE KIRCHE (Tyska kyrkan) bekannt. Erbaut im 17. Jh. (zur Zeit der Königin Kristina), erhielt sie ihr heutiges barockes Äußeres nach mehreren Großfeuern. Seit 1961 erklingt täglich ein GLOCKENSPIEL um 8, 12, 18 und 20 Uhr.

■ **KRONHUSET** (Eingang Postgatan), ein roter Backsteinbau im holländischen Baustil, ist das älteste Gebäude in Göteborg (1654), ehemals das Zeughaus der Garnison. In dem großen Saal des Erdgeschosses wurde 1660 der Reichstag abgehalten, in dessen Verlauf König Karl X. starb und der vierjährige Erbprinz Karl zum König ausgerufen wurde. 1688 wurde aus dem Saal die Kirche der Garnison. Heute hört man andere Töne, ist hier doch GÖTEBORG MUSIKEN beheimatet, ein BLASORCHESTER mit umfassendem Repertoire.

■ **KRONHUSBODARNA**, Postgatan, Mo–Fr 10–17 Uhr, Sa 10–14 Uhr, Tram 1–9 bis Brunnsparken.

Die über 200 Jahre alten Lagerschuppen und Werkstätten des Militärs beherbergen Kunsthandwerkstätten (Glasbläserei, Keramiker, Goldschmied etc.) und kleine Läden wie »Stibergs Lanthandel«, wo es nach allerlei duftet, während in der traditionellen »Bod & Kaffestuga« frischer Kaffee und Gebäck locken. Kronhusbodarna gleicht einer Oase im Stadtleben – die Autorin erlebte hier den flüsternd leisen Besuch einer Kindergartengruppe, als wären die lieben Kleinen von der ruhigen Atmosphäre angesteckt worden.

■ Die Atmosphäre des »modernen Schweden« bzw. SHOPPING TOTAL ist im Einkaufszentrum **NORDSTAN** angesagt; in der östlichen Nordstadt (Östra Nordstaden). Auf 225.000 m² sind Geschäfts- und Büroflächen, Cafés, Pubs und Restaurants unter einem Dach vereint.

■ **MARITIMA CENTRUM**, Packhuskajen 8, hinter der Oper. Museumsschiffe täglich 1.3.–30.5. u. 1.9.–30.11. 10–16 Uhr, Juni u. August 10–18 Uhr, Juli 10–19 Uhr. Eintritt 50/25 SEK (mit GK 2 für 1). Tram 5; Bus 19, 40, 85 bis Lilla Bommen, Fußgängerbrücke ab Einkaufszentrum Nordstan.

Zu diesem Freilichtmuseum mit einem Hauch von Salzwasser-Romantik gehören das FEUERSCHIFF FLADEN (1915–1961), der anderthalbmastige Frachtsegler vom Vänern VALBORG II (1902), das Bugsierboot STORM PRINCESS (1908), der Trawler GUNHILD VON BOHUSLÄN (1930er Jahre), das Feuerlöschboot FLODSPRUTAN, die von Dampfmaschinen angetriebene Fähre FÄRJAN 4, das Bugsierboot ESAB IV, der einzige erhaltene Lastpram GÖTEBORGSPRÅM und das 1962 fertig gestellte U-Boot NORDKAPAREN.

Vor dem Zollmuseum *(Tullmuseum)* liegt der Zollkreuzer EDUARD

MELIN vor Anker, 1882 als Bugsierboot gebaut, danach als Kanalboot und als Frachter unterwegs – heute ist dort ein Café eingerichtet. Die FRYKEN ist ein Stückgutfrachter aus den 1930er Jahren, die SMÅLAND ein Marineschnellboot. Die MARIEHOLM fuhr auf der Amerikalinie und fungiert jetzt als Restaurant. Die Kabinen des Motorschiffes SEASIDE dienen heute als Jugendherberge.

Im Fahrzeugmuseum sind unterschiedliche, kleine Bootstypen ausgestellt, das älteste aus dem 4. Jh. v. Chr. In der Mannschaftsmesse läuft ein Film über das Leben an Bord.

■ In der Nähe, am Gullbergskajen im Hafen LILLA BOMMEN, liegt die Viermastbark **VIKING**. Führungen ca. 15.6.–25.8. zu jeder vollen Stunde 12–18 Uhr. Eintritt 25/0 SEK. Tram 5; Bus 40, 85 (Lilla Bommen).

Ein STOLZER WINDJAMMER, mit Klüverbaum 108 m lang, die größte Breite 13,9 m, die Höhe des Großmastes 55,5 m und eine Segelfläche von 3.600 m². Die alte Dame hat ein bewegtes Leben hinter sich. Gebaut 1906 als Ausbildungsschiff für Seeleute, führte ihre Jungfernfahrt 1907 nach Hamburg und von dort aus mit 2.550 t Koks im Bauch nach Australien. Kap Horn hat sie häufiger umrundet, im Logbuch steht zum Beispiel im Juli 1909: »Der Wind pfeift im Rigg und die Segel spannen sich wie ein Ballon. Über 20 m hohe Wellenberge überschütten das Deck mit Wasserkaskaden und ein harter Wind treibt die Bark ostwärts«. Die Viking hat in Australien Weizen geladen und kämpft sich um Kap Horn herum, der Kapitän misst eine Rekordgeschwindigkeit: 15,5 Knoten. Seit Göteborg den Segler 1951 erwarb, lag sie zunächst als Schule für Seeleute und Schiffsköche vor Anker, bevor eine Generalüberholung den Windjammer für die Zukunft bewahrte, indem man Mannschaftslogis, Offizierskabinen, Kapitänskajüte etc. in ein Hotel mit Konferenzräumen und Restaurant sowie angeschlossener Fachschule umwandelte. Wie sehr das Vorhaben gelang, davon können Sie sich bei einer Führung durch das Schiff selbst überzeugen; ein kleines Museum gibt es auch. Auf Deck sind im Sommercafé die Plätze begehrt, besonders an Abenden mit Live-Musik; welche Band spielt, ist immer eine Überraschung. Die beiden Restaurants auf dem Hauptdeck haben ganzjährig geöffnet.

Am davorliegenden Kai haben KANALBOOTE aus der Zeit der vorletzten Jahrhundertwende festgemacht. Mit ihnen kann man u.a. einen Ausflug auf dem Göta kanal nach Trollhättan oder durch die Schären nach Marstrand machen.

■ **OPERAN**, Christina Nilssons Gata (Hafen), Tel. 131 300. Führungen.

Das ultramoderne OPERNHAUS in bester Lage am Göta älv wurde 1994 eingeweiht: Das PUBLIKUM SCHÄTZT DIE fabelhafte AKUSTIK; ausgefeilte technische Finessen lassen die Vorstellungen zum Erlebnis werden. Im Foyer dominieren Holz und Glasfronten, die den Blick auf das im Abendlicht glitzernde Wasser lenken. Nur über den äußeren Eindruck des Glas-Stahl- und Steinbaus gehen die Meinungen auseinander.

Wer in die Oper will, kommt mit der Tram 5 oder dem Bus 40 zur Haltestelle Lilla Bommen, oder geht 1 km zu Fuß vom Bahnhof aus, oder parkt im Parkhaus Nordstan. Die Eintrittspreise sind gestaffelt nach Vorstellung und Platz, wobei Ballet das preiswerteste und Musical/Oper das teuerste Vergnügen ist.

■ Der **GUSTAV ADOLFS TORG** mit der Statue des Stadtgründers *B.E. Fogelberg* ist der alte Mittelpunkt der Stadt. An der Westseite des Platzes liegt RÅDHUSET (Gerichtsgebäude, 1672, umgebaut 1814), den neuen Anbau entwarf 1937 Architekt *Gunnar Asplund*. – An der Nordseite wurde WENNERGRENSKA HUSET, das Wenngrensche Haus, 1759 errichtet und 1820 aufgestockt.

Die BÖRSE entstand in den 1840er Jahren im Stil der Neurenaissance. Den oberen Fassadenabschluss zieren sechs Statuen, als Symbole für Industrie, Reichtum, Seefahrt, Handel, Glück und Fleiß. Im Gebäude befinden sich u.a. ein großer Festsaal sowie ein kleinerer Raum, der dem Komponisten *Friedrich Smetana* gewidmet ist. Der Tscheche Smetana, zu dessen bekanntesten Werken »Die Moldau« zählt, lebte von 1856 bis 1861 in Göteborg. Die Gebäude stehen unter Denkmalschutz; sie werden von der Stadt- und Kommunalverwaltung genutzt.

VASASTADEN UND LORENSBERG

Diese beiden Viertel entstanden wie die meisten erst nach 1870.

Vasastaden ist einer der schönsten Stadtteile, vor allem im Bereich von Vasaplatsen und Vasaparken. Hier baute die wohlhabende Bürgerschaft Ende 19. / Anfang 20. Jh. Steinhäuser mit reich geschmückten Fassaden.

■ Zwischen dem Stadtkern und den neuen Vierteln erstrecken sich längs des Wallgrabens zwei schöne Parks: **KUNGSPARKEN** (der KÖNIGSPARK) und der Park des Gartenvereins:

■ **TRÄDGÅRDSFÖRENINGEN** (Gartenverein). Eingänge: Drottningtorget, Nya Allén sowie Södra vägen. *Park:* 1.5.–31.8. 7–21 Uhr / Eintritt 15/0 SEK, sonst 7–19.30 Uhr / Eintritt frei. – *Palmhuset:* 1.5.–31.8. 10–17 Uhr, sonst 10–16 Uhr, Eintritt 20 SEK (inkl. ein Monat lang Einlass in die Gewächshäuser im Botanischen Garten). – *Fjärilshuset:* 1.4.–31.5. und 1.9.–30.9. Di–So 10–16 Uhr, 1.6.–31.8. tägl. 10–17 Uhr, 1.10.–31.3. Di–So 10–15 Uhr. Eintritt 35/10 SEK.

Auf den 1806 geschleiften Befestigungsanlagen entstand 1842 dieser 8 ha umfassende Park. Zum Garten gehören das mehr als 100 Jahre alte PALMENHAUS mit vielen tropischen Pflanzen, ein ROSARIUM mit etwa 3.000 Sorten, ein hübsch angelegter STEINGARTEN, SKULPTUREN, die sich harmonisch einfügen, sowie ein KINDERTHEATER; zudem kann man musikalischen Darbietungen lauschen. Ein sinnliches Erlebnis ist auch der DUFTGARTEN mit duftenden Blüten, Blättern und Gewürzen. Populär ist Fjärilshuset, das SCHMETTERLINGSHAUS. Über 200 der zarten Geschöpfe schwirren durch die Luft, flattern von Blüte zu Blüte. Will man diese exotischen Schönheiten in Ruhe betrachten, braucht man ein wenig Geduld. Der Park gilt als OASE mitten in der Stadt, in der es auch Kindern nicht langweilig wird. Eine Stärkung bieten das ROSENKAFÉ u.a.

■ Vom verkehrsreichen Kungsportsplats am Wallgraben führt die Kungsportsavenyn zum Götaplats in Lorensberg. Die breite Avenue ist immer noch die PRACHTSTRASSE Göteborgs, obwohl die schmucken Vorgärten ihrer vornehmen Wohnhäuser vermeintlichen Modernisierungsmaßnahmen zum Opfer fielen.

Von der Kungsportsavenyn zweigt die Vasagatan zum KUNSTGEWERBEMUSEUM **RÖHSSKA MUSEET** ab, Vasagatan 37–39, Tel. 613 850. 1.5.–31.8. Mo–Fr 12–16 Uhr, Sa+So 12–17 Uhr, 1.9.–30.4. Di 12–21 Uhr, Mi–Fr 12–16 Uhr, Sa+So 12–17 Uhr. Eintritt 25/5 (mit GK frei). Tram 2, 4, 5, 6, 8; oder Bus 40 bis Valand.

Das Hauptentré flankieren MARMORLÖWEN aus der Ming-Dynastie. Dahinter wartet eine umfangreiche Sammlung mit Stücken aus unterschiedlichen Epochen und Ländern. Im Erdgeschoss finden wechselnde Ausstellungen statt. Die Architekturhalle beherbergt u.a. zwei Reliefs aus Babylon; von der Treppe zur ersten Etage blickt man auf die Architekturhalle wie auch auf Deckenmalereien, kopiert aus einer Kirche. Im Anschluss gelangt man zur Ausstellung VON ELLEN KEY BIS IKEA, die komprimiert die Entwicklung der INNENARCHITEKTUR im 20. Jahrhundert zeigt. Die deutsche Bauhaus-Gruppe ist ebenso vertreten wie der schwedische Möbeldesigner *Carl Malmsten* und Designer der letzten Jahre. Ein Speisesalon eines schwedischen Landhauses von 1785 und ein MUSIKSALON in französischem Rokoko aus Rouen sorgen für einen Hauch Nostalgie. In der Halle 9 wird Kunst und Kunsthandwerk der Gegenwart präsentiert. Etage 2 zeigt Kunsthandwerk und Einrichtungen diverser Stilrichtungen, dazu wertvolles Porzellan, Glas, Silber, Zinn und Bücher. Etage 3 widmet sich bevorzugt alter chinesischer und japanischer Kunst.

■ Den großen, markanten **GÖTAPLATSEN** legte man 1923 anlässlich des 300-jährigen Stadtjubiläums an. Hier findet man öffentliche Kultureinrichtungen, wie das Konzerthaus (1935), das Stadttheater (1934), die moderne Stadtbibliothek sowie das:

■ **KONSTMUSEET**, Götaplatsen, Tel. 612 980. 1.5.–31.8. Mo–Fr 11–16 Uhr, Sa+So 11–17 Uhr, sonst Di–Fr 11–16 Uhr, Mi bis 21, Sa+So 11–17 Uhr. Eintritt 40/10 SEK (mit GK frei). Tram 4, 5 bis Berzelligatan; oder Bus 40, 58 bis Götaplatsen.

Das KUNSTMUSEUM verfügt über die zweitgrößte Kunstsammlung in Schweden. Hier sieht man nordeuropäische Kunst vom 17. Jh. bis in unsere Zeit (Carl Larsson, Anders Zorn, Edvard Munch, die Skagenmaler u.a.), alte holländische Meister (Rembrandt, Rubens) und namhafte Künstler des 19. sowie 20. Jhs. (Picasso, Gauguin, Pissaro, Cézanne, van Gogh, Moore u.a.). In der KUNSTHALLE (Konsthallen) werden Sonderausstellungen arrangiert. Das HASSELBLAD CENTER zeigt Ausstellungen internationaler Fotografen.

■ Mitten auf dem Götaplatsen steht der fotogene **POSEIDON-BRUNNEN** von *Carl Milles* (1931).

Einige 100 m östlich vom Götaplats erstreckt sich die GRÖSSTE Freizeit-ATTRAKTION Göteborgs: der Vergnügungspark **LISEBERG** mit der typisch skandinavischen Tivoli-Mischung aus Kirmes, Varieté und Parkanlage, auch wenn im Vergleich zum Kopenhagener Tivoli die KIRMES eindeutig den Vorzug hat. Liseberg ist auf dem neuesten Stand in Sachen Fahrgeschäfte: je rasanter, desto besser. Dabei entgeht vielen Besuchern, dass man vom RIESENRAD auf dem Liseberg einen famosen Blick auf Göteborg genießt.

Wer sich zwischen all den Buden, Gastronomiebetrieben, Bühnen, Karussells, Loopings und anderen Attraktionen zurecht finden will, sollte sich am Eingang mit einem Lageplan versorgen. Ein Coupon kostet 10 SEK, ein 24er Heft 190, ein 1-DAY-RIDE-PASS 235 SEK, Eintritt exklusive. Auffallend die emsigen jungen Leute, die jedem Fetzen Abfall nachstellen.

■ LISEBERGS PARK, Örgrytevägen. Täglich ca. 15.5. bis 25.8., ab ca. 20.4. u. bis 30.9. an den (verlängerten) Wochenenden. – Eintritt 50 SEK, Kinder (bis 6 Jahre) frei, mit GK frei. – Tram 5 direkt bis Liseberg, Tram 4 und Bus 51 bis Korsvägen.

■ Auf der anderen Straßenseite erheben sich die Messegebäude von SVENSKA MÄSSAN, die große Mehrzweckhalle **SCANDINAVIUM** mit ihren 12.500 Sitzplätzen sowie das Schwimmbad VALHALLABADET.

■ **UNIVERSEUM**, Korsvägen, Tel. 335 6400, www.universeum.se. Di–So 11–18 Uhr, Mi bis 20 Uhr. Eintritt 80 SEK, Sa+So 110 SEK.

Gegenüber von Liseberg freuen sich die Besucher in dem neuen und preisgekrönten Gebäude (schönstes Haus der letzten 50 Jahre) auf Entdeckungen und Experimente in NATURWISSENSCHAFT UND TECHNIK. Themen und Attraktionen sind u.a. das Ökosystem Regenwald, Wasser und Mensch in Skandinavien, der Liebling der Besucher und Tierpfleger, ein zahmer Haubentaucher, die Aquarien mit Rochen, Hai etc. Auf 10.000 m² (bei Schlechtwetter) ideal als mehrstündige Entdeckungsreise mit Aha-Erlebnissen.

Auf der anderen Straßenseite erfolgte Ende 2001 der erstes Spatenstich für das VÄRLDSKULTURMUSEET – die Entscheidung der Regierung, diese wichtige Kulturinstitution zu bauen, fiel zur Überraschung mancher für Göteborg. – Die Sammlungen des ETNOGRAFISCHEN Museums werden ab 2003 hier zu sehen sein.

HAGA

Haga liegt westlich von Vasastaden. Im ältesten Stadtteil außerhalb des Wallgrabens gab es in den 1960er bis 70er Jahren Aufruhr, als viele alte Häuser zwecks Sanierung dem Erdboden gleich gemacht wurden; erst nach massiven Bürgerprotesten und Hausbesetzungen ließ man das restliche Fünftel des ehemaligen Arbeiterviertels stehen und restaurierte behutsam.

Typisch für Haga ist die Mischbebauung aus Stein und Holz, auch die

»Landshövdingehäuser« (siehe Einleitung) gibt es hier. Wenige Häuser stammen noch aus dem 18.–19. Jh., die meisten sind 1850–1910 entstanden. Im Haus Nr. 7 der Haga Nygata zeigt das Historische Museum die Wohnverhältnisse von zwei Arbeiterfamilien im 19. Jh. und eine alte Schusterwerkstatt. Durch die Sanierung ist zwar kein Museumsviertel entstanden, aber es behauptete sich eine lebendige Kleinstadtidylle mit Läden zum Stöbern und Einkaufen, mit Werkstätten und Handwerkern. Dass die Göteborger gerne in Haga sind, beweisen die oft gut besetzten Restaurants und vor allem Cafés.

Über dem neuen alten Viertel erhebt sich im Skansparken die Verteidigungsschanze KRONAN, 1697 als Teil der Stadtverteidigung fertig gestellt. Im Turm ist MILITÄRMUSEET, das Militärhistorische Museum, untergebracht. – Von der hoch gelegenen Schanze blickt man auf die Stadt und das Haga-Viertel.

■ In Haga verläuft **LINNÉGATAN**, eine breite Prachtstraße der vorletzten Jahrhundertwende, angelegt mit befestigtem Trottoir, breiten Fahrwegen sowie einem Reitweg in der Mitte. Hier fuhr die HIGH SOCIETY sonntags IM LANDAUER spazieren, um zu sehen und gesehen zu werden.

Vom Järntorget, dem Markt, auf dem früher die Eisenwaage stand, bis zum Linnéplatsen, Slottsskogen, ist die Straße genau 1 km lang.

Die Bebauung fing am Järntorget um 1890 an; imposante Steinbauten mit Verzierungen, Türmchen und Balkons – damals das Modernste – werden abgelöst vom Stil der 1920er und 30er Jahre; dazwischen immer wieder moderne Gebäude der 80er Jahre, die abrissreife alte Häuser ersetzten.

Das reich verzierte Haus Nr. 27 wurde 1900 gebaut. – Haus Nr. 32 A, die hölzerne VILLA IDEBORG (1898) steht unter Denkmalschutz. – Nr. 61–63 ist ein sechstöckiges Wohnhaus (1925) aus handgeformtem gelben Backstein. – Haus Nr. 68–80 gegenüber ist ein Neubau der 1980er Jahre, wie die Glasfronten und die Atelierwohnungen verraten. Dass es auf der Linnégatan auch viele Geschäfte, Restaurants und Cafés gibt, macht die Straße sehr lebendig.

Nicht zu übersehen ist die OSCAR FREDRIKS KYRKA (1889–93), auch wenn sie nicht direkt an der Linnégatan liegt. An dem Gotteshaus im neugotischen Stil haben namhafte Künstler mitgewirkt. Architekt war *Helgo Zettervall*, der Maler *Albert Eldh* hat Fenster und Wände ausgeschmückt, der Altar ist ein Gemeinschaftswerk von *Erik Abrahamsson* sowie *Ivar* und *Lars Lindecrantz*.

■ **NATURHISTORISKA MUSEET**, SLOTTSSKOGEN, Tel. 775 2400. 1.5.–31.8. täglich 11–17 Uhr, sonst Di–So 11–17 Uhr. Eintritt 40/10 SEK (mit GK frei). Tram 1, 2; oder Bus 51, 210, 703, 705 bis Linnéplatsen.

Südlich von Haga, am Rande des großen Parks Slottskogen, befindet sich das 1833 gegründete und 1923 hier eingeweihte NATURGESCHICHTLICHE MUSEUM. Die umfangreichen und interessanten Sammlungen informieren über die Flora und Fauna der Erde im Allgemeinen und die nordische im Besonderen. Zu den

Attraktionen zählt der Blauwal, der 1865 bei Askim strandete. Sehenswert ist auch die Sammlung von Mineralien und Edelsteinen. Obwohl die meisten der 10 Millionen Tiere – davon mehrere Millionen Käfer und 25.000 Vögel – in Glasvitrinen ausgestellt sind, ist das gesamte Museum doch ein Erlebnis, das ganz besonders Kinder anspricht. Die wechselnden Themenausstellungen sind stets gelungene Präsentationen.

■ Die Parkanlage **SLOTTSSKOGEN** (Schlosswald) misst 137 ha und wird von mehreren Spazierwegen durchzogen. Schöne Pflanzungen, wie das AZALEEN-TAL, sind zur Blütezeit Anfang Juli populär, die Vogelteiche, u.a. mit Flamingos, die Volieren, der Tiergarten, das Seehundbecken und der »Kinderzoo« beleben den Park. Restaurants und schöne Aussichtsstellen laden zum Verweilen ein. Im nördlichen Teil des Parks steht ein OBSERVATORIUM, und am östlichen Parkrand, unweit des Naturhistorischen Museums, verteilen sich typische BAUERNHÄUSER aus Dalsland, Halland, Småland, Västergötland.

■ Südöstlich von Slottsskogen, auf der anderen Seite des Dag Hammarskjöldsleden, erstreckt sich **BOTANISKA TRÄDGÅRDEN**, der Botanische Garten. Die Anlage ist 175 ha groß, durchzogen von 35 km Wegen und Pfaden, ein gutes Terrain für Spaziergänge mit tollen Aussichtspunkten. – Der eigentliche Garten umfasst nur 20 ha, der übrige Teil gehört zum NATURRESERVAT Änggårdsbergen, 15 ha davon zum ARBORETUM mit zahlreichen nicht einheimischen Bäumen und Büschen. Im Süden der Anlage finden Sie eine westschwedische Küstenlandschaft, in der sich die Pflanzenwelt frei entfalten kann.

Carl Skottsbergs Gata 22, geöffnet ab 9 Uhr bis Sonnenuntergang, die Treibhäuser täglich 10–17 Uhr. Eintritt Gewächshaus 20 SEK, die Karte gilt einen Monat, ebenso für das Palmenhaus im Park von Trädgårdsföreningen. Tram 1, 2, 7; oder Bus 58 bis Botaniska Trädgården; ebenso Bus 51, 87, 210, 703 und 705 bis Annedalskyrkan.

■ **MASTHUGGET**: Dieser Stadtteil liegt nördlich von Slottsskogen; hier zimmerte man früher die Masten für Segelschiffe. Die 1910–14 erbaute Kirche MASTHUGGSKYRKAN ist ein schönes, weithin sichtbares Beispiel für die nationalromantische Architektur dieser Zeit. Vom Inventar herauszuheben sind das Altargemälde und das Kruzifix von *Ninnan Santesson*. Vom Stigberget hat man eine weite Sicht über den Hafen und die Stadt. (Storebackagatan)

■ **GATHENHIELMSKA RESERVATET**, Allmänna Vägen: mit den winzigen, roten Holzhäuschen, in denen im 18. Jh. Seeleute und Handwerker der nahe gelegenen Werft wohnten, heute ein kleines Idyll.

■ **SJÖFARTSMUSEET**, Karl Johansgatan 1-3, Tel. 612 900. 1.5.–30.9. Mo–Fr 9–17 Uhr, Sa+So 10–17 Uhr, sonst Di–Fr 9–16 Uhr, Mi bis 21 Uhr, Sa+So 10–17 Uhr. (Das Aquarium öffnet um 10 Uhr.) Eintritt 40/20 SEK (mit GK frei). Tram 3, 4, 9, bis Stigbergstorget.

Unterhalb des Reservats, am Anfang der Karl Johansgatan, steht das

SEEFAHRTSMUSEUM. Die Entwicklung der Seefahrt vollziehen Modelle, Originalgegenstände, Dokumente, Bilder u.a. nach. Abteilungen informieren über Spezialthemen, etwa Fischfang, Werften, Kriegsschiffahrt usw. In AQUARIEN sind einheimische ebenso wie tropische Fische und andere Wassertiere zu sehen.

Bei den Göteborgern beliebt sind die Krokodile Hugget und Stucket (Hauen und Stechen).

■ Beim Museum bietet **SJÖMANSTORNET** (der SEEMANNSTURM) in 62 m Höhe eine weite Aussicht.

■ Westlich vom Seefahrtsmuseum beginnt das Gelände des Fischereihafens **FISKHAMN**, wo montags bis freitags ab 7 Uhr öffentliche Fischauktionen stattfinden. Ein Erlebnis, wenn man beobachtet, wie Kisten voll Meerestiere den Besitzer wechseln, ohne dass man ein Gebot vernommen hat. Jede/r kann zuschauen; man muss nur früh aufstehen.

■ **MAJORNA** war früher eine »Arme-Leute-Gegend«. Hier wohnten Seeleute und die Arbeiter der Werften. Der Stadtteil mit einigen landshövdingehus (etwa in der Djurgårdsgatan) ist Architekturinteressierten zu empfehlen.

■ Rund 500 m westlich von Majviken befindet sich das Freilichtmuseum **KLIPPAN**, mit Gebäuden aus dem 18. und 19. Jh. und der St. Birgitta Kapelle. Die Schlossruine von Älvsborg (um 1360), GAMLA ÄLVSBORG SLOTTSRUIN, liegt versteckt zwischen alten Fabrikgebäuden.

Die große Tonne ließ der Zuckerfabrikant und Brauereibesitzer Carnegie anlässlich des Besuches seiner Majestät, Karl IX.Johan, erbauen. Im Rahmen eines kleinen Trinkgelages im Fass erhielt er vom König das Monopol, alle Gasthäuser entlang von Wegen beliefern zu dürfen.

■ Ab Klippan gelangt man mit dem Älvsnabben auf die andere Seite des Flusses. Auf dem Gelände der alten Eriksberg Werft wird der Frachtsegler **GÖTHEBORG III** nachgebaut. 2002 soll der Stapellauf stattfinden, ab 2004 SCHWEDENS FLAGGSCHIFF die Meere befahren und internationale Kontakte knüpfen, kultureller sowie wirtschaftlicher Art. Ausstellungen auf der Werft TERRA NOVA, Mo–Fr 11–18 Uhr, Sa+So 11–16 Uhr. Werftführung und Diavortrag, Mo–Fr 13 und 15 Uhr, Sa+So 12 und 14 Uhr, Dauer etwa 1 Stunde. Eintritt 50/0 SEK. www.soic.se.

■ Im Norden der Stadt, am anderen Ufer des Göta älv, wo sich vor allem große Industriegebiete erstrecken, liegt **KEILLERS PARK** mit dem

BRÜCKEN ÜBER DEN GÖTAÄLV
Zwei Brücken überqueren den breiten Götaälv und verbinden die südliche und die nördliche Hälfte (Hisingen) der Stadt miteinander. Die ältere ist die 1939 eingeweihte, 950 m lange, knapp 20 m hohe Götaälv-Brücke. Die Älvsborgsbron wurde 1966 fertig gestellt und ist mit 933 m Länge eine imposante Hängebrücke (Spannweite 471 m). Ihre lichte Höhe beträgt 44 m – hoch genug, dass selbst große Fährschiffe in den Hafen einlaufen können.

86 m hohen AUSSICHTSPUNKT RAMBERGET (auf Altschwedisch: Rabenberg). Die Anlage gründet sich auf die Stiftung des Industriellen *James Keiller* (1906). Der PANAROMAVÄG führt Autofahrer rund um das Plateau zum Gipfel.

■ **NYA ELVSBORGS FÄSTNING**, 7.5.–4.9. Mo–So 9.30–15 Uhr, 1.7.–ca. 10.8. auch 16–20 Uhr. Preis Boot und Führung: 75/50 SEK (Bootsfahrt mit GK frei). Die Boote verkehren regelmäßig vom Hafen Lilla Bommen aus. Zu dem Hafen fahren Tram 5 und die Busse 40 und 85, zum Lilla Torget Bus 86 oder bis Domkyrkan mit Tram 2, 3, 4, 7, 9.

Eine der ältesten Sehenswürdigkeiten der Stadt liegt stromabwärts in der Mündung des Göta älv: Nya Elvsborgs fästning. – Diese Festung Elvsborg (1670) war die wichtigste Verteidigungsanlage von Göteborg. Eine Kanonenkugel über dem Eingang der Festungskirche ist die »Erinnerung« an den dänischen Angriff 1719, der erfolgreich zurückgeschlagen wurde. Im 19. Jh. diente die Festung (bis 1866) als Kerker, doch bereits gegen Ende des Jahrhunderts wurde das Areal zu einem populären AUSFLUGSZIEL. Innerhalb der restaurierten Verteidigungsanlage befinden sich ein HISTORISCHES MUSEUM (im Lazarett von 1770), das Kommandanten- und Offiziershaus (Mitte des 18. Jhs.), Magazin- und Schlafgebäude, der Kerker und die 1708 eingeweihte Kirche, heute eine beliebte Hochzeitskirche.

1745 ging der OSTINDIENFAHRER »Götheborg« mit seiner wertvollen Last vor der Festung unter.

FARBSEITEN 297 – 304:

Seite 297:
Utkik mit Barken Viking im Hafen von Göteborg

Seite 298:
Steht wie kein zweiter Ort für die Schärenküste Bohusläns: Smögen

Seite 299 oben:
Mit der Draisine zwischen Dalsland und Värmland unterwegs: hier am See Nedre Kalven nahe Forsbackabaden, auf dem Rückweg von Svanskog

Seite 299 unten:
Im Naturreservat Glaskogen am See Lilla Rämmingen

Seite 300 oben:
Die gute Stube in der Jugendherberge »Tre björnar« (Drei Bären) in Älvdalen

Seite 300 unten:
Erste Sonnenstrahlen tasten sich voran – Tagesanbruch am See Glafsfjord, auf dem Campingplatz Ingestrand nahe Arvika

Seite 301 oben:
Freilichtbühne im Kalksteinbruch – Dalhalla nahe Rättvik am Siljan-See

Seite 301 unten:
Wetterwechsel an der Dalälven-Brücke in Husby, südöstlich von Falun

Seite 302:
Der frei stehende Glockenturm in Mora, dekorativ im traditionellen Falu-Rot

Seite 303 oben:
Rund um den großen Siljan-See sind die Dala-Pferdchen allgegenwärtig, hier an der Promenade in Mora

Seite 303 unten:
Im Stadtkern von Mora

Seite 304 oben:
Abendstimmung im Hafen von Göteborg

Seite 304 unten:
Die Sonne geht über dem Vänern unter, hier im Schärengarten Ekens skärgård, nahe Schloss Läckö

Herstellung: Fuldaer Verlagsagentur

SKANSKA

FAM. BLOMKVIST

Ausflüge in die Schären

AUSFLUGSBOOTE kreuzen durch die Schären, zum Beispiel das M/S YLVA, das Öckerö, Hönö, Fotö, Marstrand u.a. ansteuert.

Die Schäreninsel Öckerö kann man sogar mit dem Auto erreichen. Von Lilla Varholmen (Str. 155 Richtung Hisingen-Öckerö) geht die Autofähre nach Hönö, die per Damm und Brücke mit den Inseln Öckerö und Hälsö verbunden ist.

■ Auf **HÖNÖ** zieht es Natur- und Vogelkundler ins ERSDALEN. Hinter dem Windschutz auf der Südwestspitze bei Kråkudden lassen sich gut Seevögel beobachten. Auch seltene Gewächse wie die weiße Heide sind auf Hönö aufzuspüren. BADENIXEN bevorzugen die Strände bei Sandvik, Ersdalsviken und Rävholmen. Kulturinteressierte zieht es zum interessanten FISKEMUSEUM im Süden der Insel: In 11 Räumen wird all das gezeigt, was die Inselbewohner in den letzten Jahrzehnten bewegt hat: Auswirkungen des Zweiten Weltkriegs, die Arbeit von Lotsen und Zoll, die Küstenbewachung, natürlich die Fischerei u.v.a. Mit etwas Glück sehen Sie das Wikingerschiff VIDFAMNE mit dem 88 m^2 großen, gestreiften Rahsegel in See stechen. Hönö Klåva Hamn, 1.5.–30.9. tägl. 10–18 Uhr. Vom Alltag der Inselbewohner erzählt auch der Hof HEINÖGÅRDEN in Gårda, 1.7.–31.8. Mo–Fr 10–15 Uhr.

Die beste AUSSICHT auf die Inselwelt bietet der Wasserturm, zu erreichen über Utsiktsvägen.

■ **ÖCKERÖ** grüßt aus der Ferne mit seiner Kirchturmspitze. Die Kirche (Mitte 15. Jh.) geht auf eine Holzkirche zurück, die bereits 1240 hier gestanden haben soll. Sein jetziges Aussehen erhielt das Gotteshaus nach mehreren umfassenden Restaurierungen. Auf wissensdurstige Touristen warten zwei Tonbänder, die über die Kirche und die Historie des Kirchspiels berichten. Auch auf Öckerö lassen sich schöne Badeplätze aufspüren, Vögel beobachten und interessante Ausflüge in die Botanik unternehmen.

■ **HÄLSÖ**, die dritte im Bunde, liegt im Norden. Auf Hälsö stehen die Häuschen dicht an dicht. Früher gab es hier zwei Bootswerften, als die Fischerei große Erträge abwarf. Heute drängen sich im Hafen Freizeitboote, während nur wenige Kutter ihre angestammten Plätze belegen.

Wer noch weiter will, erreicht per Boot ab Burö, im Norden von Halsö, die Inseln Källö-Knippla, Hyppeln und Rörö:

■ **KÄLLÖ-KNIPPLA** ist eine hügelige Felseninsel; die schmalen Gassen und Häuser mussten den Gegebenheiten angepasst werden. Die ungewöhnlich FARBIGE FLORA der Insel überrascht; es gibt hier auch Wassersalamander. Eine schöne Badebucht gibt es an der Ostküste, nördlich des Hafens.

■ Auf **HYPPELN** ist ein Badeplatz schöner als der andere, dazu kommen eine reiche FLORA UND FAUNA. Einmalig ist der gespaltene Stein KLUVNA STENEN, der wie ein riesiges Ei aussieht, das in zwei Hälften gespalten wurde.

■ **RÖRÖ** ist NATURSCHUTZGEBIET. Von den Hügeln eröffnet sich ein fabelhafter Blick. Auf der Ostseite breitet sich Laubwald aus, während im Westen Sturm-erprobte Kiefern wachsen. Die Felsen bestehen vorwiegend aus Gneis, aber auch andere Gesteinsarten kommen vor, die manchmal wie eine Musterkollektion aussehen. Dazu hat man auf der Insel fast 200 Arten von Gewächsen registriert. Die beiden Süßwasserseen mit ihrem großen Schilfgürtel sind Heimat für zahlreiche Vögel.

■ **INFORMATION**: Touristenbüro Öckerö. Tel. 965 080, im Sommer im Hönö Klåva Hamn. www.ockero.se.

■ Die südlichen, autofreien **SCHÄREN** zum Baden, Rad fahren etc. erreicht man **AB SALTHOLMEN**, Straßenbahn 4. Dort legen die Schärenboote zu den Inseln Asperö, Brännö, Styrsö, Donsö, Vargö, Vrångö ab.

■ **KREUZFAHRT ZU DER BRÄNNÖ BRÜCKE** mit MS Dahlqvist 1,5 Stunden durch die südlichen Schären. In der Zeit können Sie frische Krabben probieren. Auf der Insel Brännö angekommen, erwartet Sie Tanz auf der Brücke zu Live-Musik bei untergehender Sonne. Nach 2,5 Stunden geht's mit Musik wieder zurück nach Göteborg. Ticket 120 SEK.

Kungälv / Marstrand

Kungälv liegt nördlich Göteborgs am Göta älv, dessen Mündungsarme von hier aus die Insel Hisingen umfließen. Im 10. Jh. war Kungälv, damals Kongahälla, eine der wichtigsten Städte Norwegens, war über die Grenzen hinaus wegen ihres Reichtums bekannt. Entsprechend häufig wurde sie gebrandschatzt, belagert und war von den Schweden begehrt.

Im Kungälv von heute gehört der Fremdenverkehr zu den wichtigen Wirtschaftszweigen. In der Großgemeinde, die sich zwischen Göta älv und Küste erstreckt, liegen mit den Inseln Koön, Klåverön sowie Marstrandsön gefragte Ferienziele, auf Marstrandsön das alte Fischerdorf Marstrand und die Festung Carlsten.

Kungälv ist am schnellsten über die E 6 zu erreichen und gut auch als Station im Rahmen der Weiterreise in Richtung Norden möglich. Aber auch die Verbindungen mit kommunalen Verkehrsmitteln ab Göteborg sind ausgezeichnet.

INFORMATION

■ **KUNGÄLV-MARSTRAND TURISTBYRÅ**, Fästningsholmen, SE-44281 Kungälv, Tel. 0303 – 99200, Fax 171 06, E-mail: info@turism.kungalv.se, www.kungalv.se/turism. Ca. 20.8.–10.8. Mo–Fr 9–18 Uhr, Sa 10–17, So 12–16 Uhr, sonst Mo–Fr 9.30–17/18 Uhr. Auf der Festungsinsel.

SEHENSWERT IN KUNGÄLV

■ **BOHUS FÄSTNING**, Fästningsholmen. Etwa 25.6.–5.8. täglich 10–20 Uhr, ab 1.5. und bis 31.8. täglich 10–19 Uhr, 1.9.–30.9. täglich 11–16 Uhr, April Sa+So 11–16 Uhr. Führungen 25.6.–31.7. täglich um 11.30, 12.30, 13.30, 15 sowie 16 Uhr. Geänderte Öffnungszeiten bei Veranstaltungen möglich. Eintritt 25/10 SEK.

Mit dem Bau der Festung Bohus, die der gesamten Region den Namen Bohuslän gab, wurde 1308 unter dem norwegischen König Håkon V. begonnen. Zunächst errichtete man innerhalb der Verteidigungswälle einfache Holzhäuser, die aber Steinbauten ersetzten. Im 15. Jh. ließ der Dänenkönig Christian I. Bohus stärker befestigen. Im Siebenjährigen Nordischen Krieg (1563–1570) hielt Bohus den Belagerungen stand, erlitt jedoch durch die Explosion des Pulverturms erhebliche Schäden.

Ende des 16. Jh. ließ Christian IV. die innere Burg als Renaissance-Schloss wieder aufbauen; ein Befestigungsgürtel mit großen Bastionen und unterirdischen Kasematten entstand außerhalb der Ringmauer.

Bohus war die standhafteste norwegisch-dänische Festung in dieser Grenzregion: Obwohl sie vierzehnmal belagert wurde, blieb sie unbesiegt. Erst mit dem Frieden von Roskilde (1658) wurde sie – und mit ihr die gesamte Provinz – schwedisch.

Die Instandsetzung der Burganlage dauerte 100 Jahre, dazu gehörte auch der Turm FARS HATT, auf den Grundmauern des alten Turms wieder aufgebaut. Das alte, berüchtigte 6 m tiefe Verlies darunter blieb aber erhalten. In der Folgezeit wurde Bohus vor allem als Kerker benutzt, war vorübergehend auch Residenz der Bezirksverwaltung. Im 18. Jh. verfiel die Burg; ihre Steine wurden zum Teil als Baumaterial abgetragen. Heute ist die Festung mit ihren 8–9 m dicken Mauern zum Teil restauriert und gilt mit ihren beiden erhaltenen Türmen als das WAHRZEICHEN DER STADT. Von der Burg hat man einen herrlichen Ausblick über Kungälv und Umgebung.

Außer dem Touristenbüro befinden sich eine Jugendherberge und ein Campingplatz auf dem Gelände.

■ Sehenswert ist auch die **STADTKIRCHE** am alten Markt, erbaut 1679 von Baumeister *Christopher Brack*. Die Barockkirche schmücken schöne Deckengemälde (von *Erik Grijs*, 1698). Die Kanzel, mit prachtvollen INTARSIEN- UND SCHNITZARBEITEN, stammt aus dem Göteborger Dom. Kleinodien sind auch der Altaraufsatz und die Kronleuchter. Geöffnet 10.6.– 20.8. 12–19 Uhr.

MARSTRAND

Das Städtchen Marstrand liegt auf den Inseln Koön und Marstrandsön. Gegründet vom norwegischen König Håkon V. im 13. Jh., begann die Blütezeit im 16. Jh., als hier große Heringsschwärme auftauchten. Mit dem Frieden von Roskilde wurde die Stadt endgültig schwedisch und bereits 1775 der erste Freihafen im Land. Heute gilt Marstrand als beliebtes Sommerferienziel, vor allem bei Badegästen und Seglern: Jedes Jahr finden von Mai bis September hochrangige Regatten statt.

■ ACHTUNG: Marstrand ist völlig **AUTOFREI**. Man parkt am Hafen von Koön (genug Kleingeld für die Automaten nicht vergessen!) und benutzt die Fähre nach Marstrand (Dauer 5–10 Minuten, im Pendelverkehr unterwegs).

■ **CARLSTENS FÄSTNING**, Tel. 602 65. Führungen Juni–August täglich 12–16 Uhr. Eintritt 30 SEK.

Auch Marstrands Stadtbild prägt eine Festung. Ende des 17. Jhs. wurde diese Festung Carlsten unter der Leitung des schwedischen Baumeisters *Erik Dahlgren* erbaut, benannt wurde sie nach König Carl X. Gustav. Im 18. und 19. Jh. war die Festung ein schwedisches Staatsgefängnis, die Gefangenen nannte man im Volksmund »die Kronjuwelen«. Im Jahr 1781 installierte man auf dem Festungsturm den ersten Leuchtturm mit Drehlicht in Schweden. Typisch für das Stadtbild sind die alten, im 19. Jh. gebauten Holzhäuser, im Stil jener Zeit mit reichen Holzarbeiten verziert. – Auch Carlstens Fästning eröffnet eine prima AUSSICHT.

■ Vor Marstrandsön liegen die **PATER NOSTER SCHÄREN**. Den hiesigen Leuchtturm ließ *Niels Gustaf von Heidenstam* – Vater des Dichters *Verner von Heidenstam* – errichten. Es war der vierte Leuchtturm, der an der durch die zahlreichen blinden Schären gefährlichen Westküste in Betrieb ging.

Die Pater Noster Schären sind berüchtigt wegen der bis zu 10 m hohen Wellen, die sich hier bei Sturm bilden können.

■ **WANDER- UND SPAZIERWEGE**: Ein Rundweg um die Insel führt ab Kungsplanen am Hotel Båtellet an der Küste entlang bis zu Knektkyrkogården, südlich des Hafens. Mehrere Wege auch quer über die Insel sind im Stadtplan markiert, erhältlich im Touristenbüro, ebenso wie die Broschüre »Rundwanderung in Marstrand«, mit einer Beschreibung der lokalen Geschichte, zudem auch einzelner Gebäude.

Ausflug nach Alingsås

Alingsås ist eine über 380 Jahre alte Kleinstadt, 45 km nordöstlich Göteborgs am See MJÖRN gelegen. Bekannt wurde sie durch einen Sohn der Stadt, *Jonas Alströmer* (1685–1761), der die Kartoffel nach Schweden brachte sowie die örtliche Textilindustrie ins Leben rief. Alingsås wird gern mit Beinamen versehen, etwa »die Kartoffelstadt« (s.o.) oder »die Karamellestadt« aufgrund der Süßwarenfabriken. Oder »die Holzstadt« – schließlich hat sie für ein gut erhaltenes HOLZHAUSVIERTEL sogar ein Diplom erhalten; herausragend HÉDENS REIHE am Stora Torg mit dem rosa Rathaus (1769), in Drottninggatan 24 der GERBERHOF mit einem Handwerkermilieu vergangener Tage, in Kungsgatan 26 der Innenhof HJELMQVISTSKA GÅRDEN mit kleinen Butiken sowie dem Restaurant »Nya Magasinet«. Oder die »Café-Stadt«, da das hiesige Angebot an Cafés und Bäckereien in vergleichbaren schwedischen Städten seinesgleichen sucht; für eine Probierrunde empfehlen sich zum Beispiel *Jungblad*, Lilla Torget, *Storken*, Norra Strömgatan, *Classic Coffee House*, Nygatan 18 a, oder *Tallhyddans Servering*, Nolhaga Allé.

INFORMATION

■ **ALINGSÅS TURISTBYRÅ**, Stora Torget 1, SE – 44181 Alingsås, Tel. 0322 – 75200, Fax 637 370, E-mail: turistbyra@alingsas.se/ 1.6.–31.8. Mo–Fr 10–18 Uhr, Sa 10–13 Uhr, sonst Mo–Fr 11–15 Uhr.

SEHENSWERT IN ALINGSÅS

Für den Rundgang durch das Holzhausviertel gibt's im Touristenbüro eine begleitende Broschüre.

■ **ALSTRÖMERSKA MAGASINET – ALINGSÅS MUSEUM**, Kungsgatan 14, Lilla Torget, Tel. 75200. Di–Fr 12–16 Uhr, Sa 10–13, So 12–16 Uhr.

Im ältesten Haus der Stadt (1731), einem Lagerhaus der von Alströmer und Polhem gegründeten Manufaktur, ist das HEIMATMUSEUM untergebracht. Alströmer hat viel für die Stadt bedeutet. 1723 gründete er eine Textilmanufaktur, in der Bänder und Strümpfe gewebt wurden. 1724 ließ er das erste Kartoffelfeld Schwedens und eine Tabakplantage anpflanzen. Auch den Bau der Mühle STAMPENS KVARN veranlasste er.

Den großen Aufschwung der Webereien aber verdankt die Stadt dem Engländer *Charles Hill* (1816–89), der 1861 die Baumwollspinnerei in Alingsås gründete. 1889 produzierte man im Jahr 3–4 Mio. Meter Tuch.

Ein Ausstellungsthema, das nicht fehlen darf, ist die Entwicklung dieser Textilindustrie im 18. und 19. Jh. Dabei kann man auch einen Blick in die Küche der Weberin Emma oder in den Salon des Herren Fabrikdirektors Hill tun. Der alte Strumpfwebstuhl, mit dem alles begann, ist Schmuggelware aus Holland: Jonas Alströmer hat ihn 1723 nach Alingsås gebracht. Aber nicht nur die Textilstadt wird dargestellt, ebenso das Leben der Metallarbeiter, mit Arbeitallstag und Freizeitgestaltung in den Jahren von 1930–50.

■ Der im Stil der italienischen Neurenaissance erbaute Herrenhof **NOLHAGA** fungiert heute als KULTURZENTRUM: In der KUNSTHALLE werden wechselnde Ausstellungen gezeigt, es werden Konzerte gegeben und im ehemaligen Speisesaal ist ein Restaurant.

Der PARK, in dem Alströmer seine Kartoffeln erntete – ist ein gut frequentiertes FREIZEITGEBIET mit einem Tierpark; beliebt bei Kindern ist die Abteilung Bauernhof. Im Vogelpark piepsen, trällern, schnattern über hundert Arten der gefiederten Freunde; im Tropikhaus kreischen die Affen, und nebenan machen sich Amazonaspapageien bemerkbar.

Falls sie im Park ein Picknick abhalten, kann es passieren, dass ein stolzer Pfau Ihnen Gesellschaft leistet. – Zum Park gehört auch NOLHAGAVIKEN, ein Naturschutzgeiet mit vielen Vogelarten. Im Frühjahr rasten hier Watvögel, Enten, Singschwäne. Zu den Nistvögeln zählen Goldammer, Rohrammer, Schafstelze, Kiebitz, Schilfrohrsänger, Krickente, Haubentaucher, Bekassine, Fischadler u.a. Im Gelände gibt es einen Beobachtungsturm.

■ Seit 1990 dreht der liebevoll restaurierte Dampfer S/S HERBERT unverdrossen seine Runden auf dem See **MJÖRN**.

■ Zwischen Anten und Gräfsnäs, auf einer 11 km langen Schmalspurstrecke, verkehrt während des Sommers eine **MUSEUMSEISENBAHN**. Dampfloks, Holzwaggons und vieles mehr sind an der alten Bahnstation in Anten zu bestaunen.

■ Der Schlosspark **GRÄFSNÄS** ist zu allen Jahreszeiten einen Besuch wert. Den Park durchstreifen kann man immer, das HEIMATMUSEUM, die Soldatenkate oder die Handwerker besuchen und ihnen bei der Arbeit zuschauen allerdings nur im Sommer, wenn auch der Badestrand in der Gunst ganz oben steht. Das Schloss Gräfsnäs wurde Mitte des 16. Jhs. gebaut – einer Weissagung nach sollte es im Abstand von 100 Jahren dreimal brennen, und das tat es auch: 1634, dann 1743 und zuletzt 1834. Die RUINE ist teilweise restauriert, und in einem Gewölbe hat man eine Ausstellung zur Geschichte des Schlosses aufbereitet. Für viele Veranstaltungen sind die alten Gemäuer eine hervorragende Kulisse.

■ Ein schöner Ausflug führt zum Südende des Sees Anten und seiner Canyon-artigen Verbindung mit dem See Mjörn. Wanderwege mit tollen Aussichtspunkten führen durch das Naturreservat **BROBACKA** mit seinen durch die Eiszeit entstandenen GLETSCHERMÜHLEN. – Mehr über Geomorphologie, Fauna und Flora dieses Gebietes erfährt man im BROBACKA NATURUM, am Fuß des Åsöbergs. Die Ausstellungen sind in einer früheren Soldatenkate untergebracht. – Hier startet auch der Wanderweg LÄRKESKOGSLEDEN. 15.5.–15.9. Sa+So 12–18 Uhr.

■ **VERANSTALTUNGEN**: Das POTATISFESTIVAL (Kartoffelfest) wird Mitte Juni durch einen Salut aus den Kanonen der »Göta Artilleriegruppe« eröffnet. Am Freitagnachmittag gibt es gratis Kartoffeln mit Hering (sill) für alle. – Mittsommer wird im Park bei Schloss Gräfsnäs gefeiert. – TORNERSPEL ist ein Turnierspiel der alten Ritter im Park Gräfsnäs.

Ferien aktiv

■ **ANGELN**: Informationen beim Touristenbüro bzw. über organisierte Angelfahrten auf dem Meer auch in der Tagespresse.

■ **BADEN**: Die Auswahl an Freibädern und Badeplätzen in der Natur ist enorm. Halten Sie sich an den aktuellen Göteborg Guide oder entsprechende Broschüren des Touristenbüros. – Der Elch empfiehlt: SALZWASSER: Fiskebäcksbadet (nahe Yachthafen, Kinder-Bucht mit Sandstrand, Badestegen, Gastronomie, Parkplatz, Bus 95). – Stora und Lilla Amundöns badplats (schöne Natur; auf Lilla Amundön auch Einrichtungen für Behinderte, Gastronomie; auf Stora Amundön fehlen Duschen und Umkleidekabinen, die Natur ist aber noch abwechslungsreicher, Fußweg vom Parkplatz, Bus 58, 82). – SÜSSWASSER: Delsjöbadet (6 km südlich, Badesteg, Klippen, Sandstrand, Kanuverleih, ein Parkplatz, Tram 5 und 2 km Fußweg).

■ **RAD FAHREN**: Eine Fahrradkarte von Göteborg im Touristenbüro für 20 SEK. – Die gekennzeichnete Fahrradstrecke rund um Göteborg, TURISTSTRÅKET, berührt auch das Gebiet der DELSJÖ-SEEN; sie ist mit gelben Schildern deutlich markiert. Mit ausführlicher Beschreibung und Karte. Fast sämtliche Wege sind übrigens asphaltiert.

VERMIETUNG: *Sportkällaren,* Bohusgatan 2 (am Skandiahuset), Tel. 162 346. Mo–Fr 10–18, Sa 10–14 Uhr.

■ **KANU**: BILLDALS SKÄRGÅRD, geschützt gegen Wind und Seegang. –

DELSJÖARNA, gutes Gebiet für Tagestouren. – KÅSJÖN, STENSJÖN-RÅDASJÖN, YXSJÖN sind geeignet für Tagestouren. – VÄTTLEFJÄLL-SURTESJÖSYSTEMET, geeignet sowohl für Tages- als auch für längere Touren.

KANUVERMIETUNG: *Kanotpool Vättlefjäll,* Kryddnejlikegatan 9, in Angered, Tel. 302265, Saison etwa 2.5.–15.9. Auch geführte Touren sowie Karten und Beschreibung. – *Kanotcentralen Delsjön,* Näsets Paddlarklubb in Göteborg, Tel. 403488. Saison etwa 10.6.–20.8.

■ **SEGELN**: YACHTHÄFEN *Lisebergs Gästhamn,* Lilla Bommen (Innenstadt), Tel. 150004. – *Klippan* (Älvsborgsbrücke), Tel. 144677.

WERFT UND ZUBEHÖR: *Wahlborgs skeppshandel,* Tel. 967150. – Eine Liste mit den Charterfirmen hat das Touristenbüro.

■ **WANDERN**: Innerhalb des Stadtgebiets hat man einige schöne Wander- und Spazierwege angelegt, so in den Stadtparks, im Slottsskogen, im Botanischen Garten, den anschließenden Änggårds-Bergen sowie im Djupedal auf der Insel Hisingen. – Östlich des Vororts Partille beginnt am See Aspen das NATURRESERVAT SÄVEÅN mit Wanderwegen. – Schön ist auch die Partie am Fluss Sävelången. – VÄTTLEFJÄLLSLEDEN mit Start etwa in Lövgärdet, 25 km). – DELSJÖRUNDAN ist 20 km, SANDSJÖBAKKALEDEN 22 km lang. – Der 360 km lange BOHUSLEDEN führt ab Göteborg nordwärts durch Bohuslän bis Strömstad und hat im Süden Anschluss an den Hallandsleden.

IM UMLAND VON KUNGÄLV: Das KRONOPARK SVARTEDALEN (2.500 ha) ist trotz intensiver Waldwirtschaft ein beliebtes Freizeitgebiet nördlich von Kungälv mit Wanderwegen verschiedener Länge und Schwierigkeitsgrade. – Vom See St. Bjurvattnet, im Norden des Gebiets, führt ein schöner Waldweg NACH HÅLT. Von dort aus führt ein Weg am See Håltesjön entlang zur BOTTENSTUGA. – Von der Bottenstuga, am See Ålevattnet, besteht die Möglichkeit, zwischen zwei markierten Wegen zu wählen (2,5 und 5 km lang). – Auch um die Seen Timmervattnet, Hungervattnet und Storsjön gibt es schöne Wanderwege, die alle leicht zu begehen sind. – Der markierte, 8 km lange Wanderweg rund um den See ST. HOLMEVATTEN durchquert stark hügeliges Gelände und erfordert darum gutes Schuhwerk.

Verschiedenes

■ **KRABBEN-KREUZFAHRT**. Mögen Sie RÄKOR? Das Motorschiff »Poseidon« kreuzt 4 Stunden lang durch die Schären, in der Zeit können Sie Krabben satt genießen. Musik, Tanz und Unterhaltung und eine hinreißende INSELWELT bei Sonnenuntergang; wer möchte da nicht mit dabei sein? Preis um 250/125 SEK.

■ **TRÄGÅR'N** im Park Trädgårdsföreningen: sehr gut und sehr teuer. Restaurant für Feinschmecker UND Tanzlustige.

■ **KAJSKJUL 8**, Packhuskajen (an der Oper), Tel. 105969. Hier treffen sich die Jazz-Liebhaber.

■ **VOLVOMUSEUM**: Hisingen, Volvo Arendal. 1.6.–31.8. Di–Fr 10–17 Uhr, Sa+So 11–16 Uhr, sonst Di–Fr 12–17 Uhr, Sa+So 11–16 Uhr. Eintritt 30/10 SEK. Die Firmenhistorie seit 1927, nachvollzogen an der Entwicklung der Fahrzeuge u.a., dazu Motoren vom ersten Außenborder über den modernen Aquamatic bis zu Flugzeugmotoren. Ein Thema ist Volvos bekanntes »Streben nach Sicherheit«.

■ **KUNSTHANDWERK**: *Konsthantverkshuset,* Vallgatan 14, Tel. 774 00 91. Mo–Fr 11–18 Uhr, Sa+So 11–16 Uhr. Textil, Keramik, Holz, Metall-Schmuck. – *Lerverk,* Västra Hamngatan 24–26, Tel. 131 349. Mo–Fr 10–18 Uhr, Sa 10–14 Uhr. Keramik und Studioglas. – *Sintra,* Landsvägsgatan 5, Tel. 775 0120. Mo–Fr 11–18, Sa 11–16 Uhr. Keramik, Studioglas, Metall, Schmuck.

■ **POSTAMT** im Einkaufszentrum Nordstan: Mo–Fr 9–19 Uhr, Sa 10–15 Uhr, So 12–15 Uhr.

■ **WECHSELSTUBE**: *Forex,* Bahnhof u. Avenyn 22, täglich 7–21 Uhr. Nordstan, Kungsportsplatsen sowie Fredsgatan 7, Mo–Fr 9–19 Uhr, Sa 10–16 Uhr.

■ **ÄRZTLICHE VERSORGUNG**: Sahlgrenska sjukhus (Krankenhaus), Tel. 342 1000. – Östra Sjukhus, Tel. 343 4000. – Akuten, Spezialklinik für zahnärztliche Notbehandlung, Stampgatan 2 (nahe Nordstan), Tel. 807 800. – Unter Tel. 415 500 erfahren Sie, an wen Sie sich im Krankheitsfall wenden können (Notzahnarzt etc.). – Apotheke Vasen, Nordstan, täglich 8–22 Uhr.

Weiterreise

■ **FLUGZEUG**: internationaler Flugplatz Göteborg-Landvetter, 25 km östlich von Göteborg, Tel. 941 000. Flughafenbus ab Nils Ericsons Plats, Kungsportsplatsen, Park Avenue, Korsvägen und Lisebergstationen. SAS fliegt nonstop nach Hamburg, Düsseldorf, Frankfurt am Main sowie München; weitere Verbindungen via Kopenhagen.

■ **BAHN**: Hauptbahnhof Südausgang Drottningtorget, Nordausgang Nils Ericsonsplatsen. Der »X 2000« fährt nach Malmö und in ca. 3 Stunden bis Stockholm. Bis Helsingborg benötigt der IC 3 Stunden, bis Oslo der ICE 4,5 Stunden. Ferner Pendelzüge und Nahverkehrsverbindungen (Bohuståget).

■ **BUS**: Busterminal Nils Ericsonsplatsen. – »Swebus-Express« nach Mamö, Oslo und Stockholm. – Expressbusse in alle größeren Städte Schwedens. – Länstrafik, Busse zu den umliegenden Orten.

■ **AUTO**: **NACH UDDEVALLA**. Die E 6 führt an Kungälv (siehe oben unter »Ausflüge«) vorbei und weiter über Uddevalla nach Strömstad (bis Norwegen). Wer es nicht zu eilig hat, seien die kleinen Straßen, 160, 161, 162, 171, 174 und 163 durch die Inselwelt Bohusläns empfohlen. Wer auf Tjörn und Orust keinen (längeren) Aufenthalt plant, sollte zumindest das neue NORDISKA AKVARELLMUSSET IN SKÄRHAMN (siehe dort) besuchen, wofür man in Stenungsund auf die Str. 169 zur Brücke nach Tjörn abzweigt.

NACH TROLLHÄTTAN. Die Str. 45 ist eine schöne Strecke durch das Tal des Göta älv. Die Glashütte in **SURTE** gehörte im 19./20. Jh. zu den größten Fabriken für die Herstellung von Flaschen und Gebrauchsglas aller Art; Formen, Größen, Farben sind im GLASBRUKSMUSEUM zu bewundern; Surte Centrum: 1.5.–31.8. Mo–Fr 10–17, Sa+So 10–15, sonst Di–Fr 12–15, So 11–15 Uhr. In **ÄLVÄNGEN** steht die 300 m lange REEPERBAHN unter Denkmalschutz: Im REPSLAGARMUSEET erwarten Sie keine verstaubten Maschinen, sondern Garne aller Art, geschlagen und gedreht zu Seilen, Tauen und Trossen, umhüllt vom Duft nach Teer und Faserprodukten; hier wird übrigens alles Tauwerk für den Nachbau des Ostindienfahreres »Götheborg« gefertigt, der auf der Werft Terra Nova in Göteborg bald seinen Stapellauf erleben soll; Tågvirkesgränd, Älvängen, 1.5.–31.8. Di–Fr 10–17, Sa+So 10–15, sonst Di–So 12–15 Uhr. **LÖDÖSE** ist eine der ältesten Städte Schwedens; im 11. Jh. ein lebhafter Handelsplatz und Vorgänger Göteborgs; über das Leben in dieser mittelalterlichen Stadt, über die Handelsverbindungen und über den Untergang von Gamla Lödöse berichten die Ausstellungen im MUSEUM, www.alvlanmus.se/lodose, geöffnet Di–So 11–16 Uhr, Do bis 19 Uhr.

NACH SKARA. E 20 in nordöstlicher Richtung. **LERUM** an der E 20 ist das Zentrum einer Großgemeinde mit rund 30.000 Einwohnern; für Urlauber bedeutet Lerum vor allem Erholung oder sportlichen Betätigung: Der VATTENPALAST, mitten im Zentrum, steht für nasses Vergnügen drinnen und draußen; auf dem SÄVEÅN kann man durch Lerum bis zum See Aspen paddeln, durch das Flusstal führt ein 5 km langer Wanderweg bis Floda; die Gewässer der Umgebung sind unter Anglern hoch im Kurs; die Gegend um Lerum ist reich an Wild, Begegnungen mit Rehen und ELCHEN sind nicht ausgeschlossen – besonders morgens und abends in der Dämmerung ist deshalb bei Fahrzeuglenkern erhöhte Aufmerksamkeit angebracht. – Zwischen Lerum und Tollered thront das weiße **SCHLOSS NÄÄS** auf einem Hügel; schon Selma Lagerlöf hat es in »Die wunderbare Reise des kleinen Nils Holgersson« beschrieben; 1874 gründete der Besitzer August Abrahamson hier eine Kunsthandwerksschule; nach Jahren des Stillstands führt eine Stiftung die Handwerkstradition weiter; Kunsthandwerker der Region stellen hier ihre Produkte aus Naturmaterialien aus; Mitte Mai bis Mitte August täglich, im September Sa+So geöffnet. Die Stadt Alingsås samt Umland finden Sie oben als Ausflugsziel vorgestellt.

NACH BORÅS. Die Schnellstraße 40 ist doppelspurig ausgebaut, vorbei am Flughafen Landvetter.

NACH VARBERG. Die Str. 158 ist die westliche Alternativroute zur E 6; in MÖLNDAL (8 km s) liegt das Schlösschen **GUNNEBO** am See Rådasjön inmitten einer schönen Parkanlage. Die weitere Strecke finden Sie in umgekehrter Richtung beschrieben unter »Varberg, Weiterreise«.

Västergötland

Die Provinz Västergötland liegt zum Teil zwischen den großen Binnenmeeren VÄTTERN und VÄNERN. Die Westgrenze stößt an das nördliche Bohuslän und an das südliche Halland, das auch den Süden begrenzt. Im See FEGEN, der südlichsten Provinzecke, fängt die östliche Grenze zu Småland an, das bis zum Vättern Landesgrenze ist. Daran anschließend gehört fast der halbe Vättern zu Västergötland. Nördlich begrenzen Värmland und Närke und vor allem das Binnenmeer Vänern diese große Provinz, die mit zu den bevölkerungsreichsten in Schweden gehört: Auf 16.672 km^2 verteilen sich über 1.100.000 Bewohner.

Auch in Västergötland hinterließen Millionen Jahre und die letzte Eiszeit eine vielfältige Landschaft. Im hügeligen Süden bildeten sich in den von Nordwest nach Südost verlaufenden Verwerfungsspalten Seen und Flüsse. In den größten Spaltentälern rauschen der VISKAN und der ÄTRAN Richtung Kattegatt. Kennzeichnend für die Landschaft südlich des Vänern sind Plateauberge wie HUNNEBERG und HALLEBERG, KINNEKULLE, ÅLLEBERG und BILLINGEN, dies die bekanntesten; ihr Kalkgestein begünstigt eine üppige Vegetation. Der SCHÄRENGARTEN des Vänern ist ähnlich eindrucksvoll wie »Schwedens südlichste Wildnis«, der Nationalpark TIVEDEN im Nordosten der Provinz. Zu dem Landschaftsmosaik gehören ebenso alte Kulturlandschaften, Laub- und Nadelwälder, Moore und seichte Seen mit Vogelreichtum.

An Zeugnissen aus der Frühzeit reich ist die Gegend um FALKÖPING, wo fast die Hälfte aller vorgeschichtlichen Gräber entdeckt wurden. Die Zeit der Völkerwanderung um 400 bis 500 n. Chr. muss eine »glänzende Periode« gewesen sein. Von den bis dato gefundenen drei goldenen, meisterlich gefertigten Halskragen im Land stammen zwei aus Västergötland, dazu weitere Goldschätze. Die Wikingerzeit trug sich mit Runensteinen, die von weiten Fahrten berichten, in die Geschichtsbücher ein. Die Christianisierung der Bevölkerung begann vor 1000 – *Olof Skötkonung* war der erste in Schweden getaufte König; er soll 1007 in der Quelle bei HUSABY von dem englischen Missionar und späteren Heiligen *St. Sigfrid* getauft worden sein. Damit der Glaube ein geistiges und kulturelles Zentrum hatte, gründete der König das Bistum SKARA. Der erste Bischof war *Turgot* vom Erzbistum Bremen-Hamburg. Auch der Alltag der Westgoten unterlag bald relativ festen Regeln: ÄLDRE VÄSTGÖTALAGEN soll das älteste dokumentierte Gesetz in Schweden sein.

Västergötland war Bauernland: Ackerbau und Viehzucht gehörten zu den wichtigsten Erwerbsquellen. – bis 1724 in Schweden unbekannt war die Kartoffel. *Jonas Alströmer*

Folkloretanz im Handwerkerdorf bei Hällekis (siehe Seite 334) ▶

baute sie als Erster in ALINGSÅS an, und bald wurde sie zu *dem* Volks-Nahrungsmittel.

Die Weberei wurde schon immer als Heimarbeit betrieben und von fahrenden Händlern unter die Leute gebracht. Im 19. Jh. begann die Textilherstellung in Fabriken, die Spinnereien und Webereien um BORÅS. KINNA und MARK stellen bis heute Stoffe und Garne her.

Die Wasserfälle in TROLLHÄTTAN trieben immerhin 30 Mühlen sowie Sägewerke an. Dem Traum Gustav Vasas, die Trollhätte-Fälle zu überwinden und eine Wasserstraße bis zum Vänern zu bauen, kam *Christopher Polhem* mit seinem Schleusenbau 1755 sehr nah; aber erst 1800 konnte der Trollhätte Kanal eingeweiht werden. 1810 begann der Bau des GÖTA KANALS, der auf der västgötischen Seite, bis zum Vättern, 21 Schleusen hat und 1822 fertig gestellt war. Die Einweihung des Wasserkraftwerks Olidan 1910 war der Auftakt zur Ansiedlung zahlreicher Industrien, darunter »Volvo Flugmotoren« und die »Saabwerke«.

In dem alten Kulturgebiet Västergötland gibt es viel zu entdecken. *Kurt Tucholsky,* dessen Name meist nur im Zusammenhang mit Schloss Gripsholm genannt wird, lebte von 1929 bis zu seinem Tod 1935 hier in Hindås, 30 km östlich von Göteborg. Seine Sommerferien verbrachte er in Lysekil (Bohuslän). Eine Reise mit einem »Schnaufeschiff« der vorletzten Jahrhundertwende auf dem BLAUEN BAND Schwedens, auf dem idyllischen Göta-Kanal-Abschnitt zwischen Vänern zum Vättern, hätte sicher auch ihm gefallen. Die zur Gewinnung elektrischer Energie gebändigten Wasserfälle des Göta älv in Trollhättan erlebt man in ihrer ganzen Kraft, wenn im Sommer an einigen Tagen das Wasser durch das alte Flussbett tobt. Im April ist der HORNBORGA-See das Ziel von Naturliebhabern, die den Balztanz der Kraniche beobachten möchten. Der Urwald des Nationalparks Tiveden, die mächtigen, moosbewachsenen Steinblöcke, die aufeinanderliegend Höhlen bilden, können die Fantasie wahrlich beflügeln.

Borås

Borås liegt in der seenreichen, hügeligen Landschaft im südlichen Västergötland. Von diesem landschaftlich so schönen, abwechslungsreichen Teil Südschwedens sind es bis nach Göteborg gerade mal 67 km.

Die Gegend rund um Borås *(Sjuhäradsbygden* = sieben Rechtsbezirke) war karges Land, die Bauern waren gezwungen, sich durch in Heimarbeit hergestellte Gebrauchswaren – hauptsächlich Holz- und Kleinschmiedeartikel und gewebte Textilien – ein Zubrot zu verdienen. So entstand die Berufsgruppe der sogenannten *Knallar* (Hausierer), die als wandernde Händler von Ort zu Ort zogen und ihre Waren verkauften. Um den Handel besser überwachen zu können, befahl König *Gustav II. Adolf* 1622 den »Knallar«, sich niederzulassen und eine Stadt zu gründen – Borås. Bereits zwei Jahre später erhielt die Stadt das gesetzliche Recht, Handel im ganzen Land bis über die Nachbarprovinzen hinaus zu treiben. Um 1790 zählte man etwa 2.000 solcher Handelsreisenden.

Mit dem »freien Handelsgesetz« von 1864 hörte die Umherzieherei der Knallar auf. Man kann durchaus sagen, dass ihre Rolle mittlerweile die vertrauten Versandhäuser übernommen haben.

Als 1834 *Sven Erikson* mit dem mechanischen Webstuhl in Rydboholm die maschinelle Textilherstellung einführte, fand er im gesamten »Sjuhärads«-Gebiet Nachahmer. In den 1860er Jahren sorgten die neue Eisenbahn und der Rohstoff Baumwolle für weiteren Aufschwung in und um Borås.

Vom 17. bis zum 19. Jh. brannte die Stadt mehrmals ab. Die Textilindustrie überstand alle Rückschläge, ob Großfeuer oder Stilllegungen als Folge von Rationalisierungen, so dass die Gemeinde Borås unverändert das Zentrum der schwedischen TEXTILPRODUKTION ist. Die Hochschule Borås bildet Textilingenieure und Textil-Designer aus; außerdem gibt es die »Nordische Designschule«. Das erste Versandhus wurde 1897 gegründet; heute haben sich knapp 50 dieser Häuser zusammengeschlossen und bilden in der Stadt ein riesiges Einkaufszentrum, das KNALLELAND. Weitere Wirtschaftssparten sind IT, Logistik, Distribution, Elektronik, Maschinenbau u.a. Eine andere Zahl belegt den ökonomischen Rang von Borås, das bei 62.00 Einwohnern immerhin 46.000 Arbeitsplätze aufbringt! Die Kommune zählt 100.000 Einwohner.

Das Freizeitangebot ist groß: der bekannte Tierpark von Borås, Theater, Museen und zahlreiche Sportanlagen – hinzu kommen natürlich die guten Einkaufsmöglichkeiten in Stadt und Umland. Das Gemeindegebiet mit den Flüssen NOLÅN und VISKAN und zahlreichen Seen zeichnet sich durch gute Kanu- und Angelmöglichkeiten aus.

INFORMATION

■ **BORÅS TURISTBYRÅ**, Hallbergsplatsen 1, SE-50180 Borås, Tel. 033-357090, Fax 358566, E-mail: tourist@boras.se und www.boras.se. Ca. 25.6.–10.8. Mo–Fr 9–19 Uhr, Sa 9–15 Uhr, sonst Mo–Fr 9–17 Uhr. Parken am besten im Åhléns Varuhus, gegenüber.

■ **STADTPLAN**: ein großer Faltplan mit Stadtplan, vergrößertem Innenstadtbereich, Übersicht der Kommune und ihrer Orte. Ein hilfreiches Straßenverzeichnis und eine kleine dreisprachige Information zur Stadt und sehr viel Werbung. – Jeweils ein DIN-A-4-Plan über Stadtgebiet und Parkplätze.

■ **BORÅS** heißt die jährlich erscheinende Broschüre mit Beiträgen zur Stadtgeschichte, zu Kultur und Ausflügen in die Umgebung. Adressen von Restaurants sind verzeichnet, Unterkünfte werden vorgestellt. In der Mitte befindet sich ein Stadtplan.

Zudem gibt es weitere deutschsprachige Prospekte über die Stadt und das Umland.

■ **PARKEN IN BORÅS**: Die Innenstadt umgibt eine Ringstraße – der Cityringen. Nahe zum Ring, innerhalb wie außerhalb, verteilen sich Parkplätze und Parkhäuser.

Unterkunft

■ **SWEDEN HOTELS VÄVAREN**, Allégatan 21, Tel. 100020, Fax 411882, www.hotel-vavaren.se. EZ 1.045/595, DZ 1.245/695 SEK. Wohnlich eingerichtete Zimmer mit modernem Komfort. Zentrale Lage sowie eigene Garage. Auch Fitnessraum und Sauna, Restaurant, Brasserie *Allée* und Bar, Lunch Mo–Fr 11.30–14 Uhr, um 62 SEK. Mo–Mi +So 16–23 Uhr, Do–Sa 16–2 Uhr. After Work 17–20 Uhr ab 78 SEK (auch das Bier kostet jetzt weniger), im Anschluss à la carte ab 129 SEK.

■ **GOOD MORNING HOTEL CITY**, Allégatan 32, Tel. 417 510, Fax 410 551, www.hotelcityboras.se. EZ u. DZ 795/595 SEK. Kleineres Hotel mit 46 Zimmern, nahe Zentrum.

■ **BORÅS CAMPING SALTEMAD** u. **VANDRARHEM**, Tel. 353280, Fax 140582, www.camping.se/plats/P11. Ganzjährig geöffnet. 445 Stellplätze ab 115 SEK, Ferienhütten ab 550 SEK, Hütten ab 250 SEK. JUGENDHERBERGE, STF. Ganzjährig geöffnet. 44 Betten in 2–4-Bett-Zimmern, 175/90 SEK. Im nördlichen Stadtgebiet am Fluss Viskan sowie nahe des Boråsparken, an der Str. 42. Zum Bahnhof 2 km, zum Bus 400 m.

In der Nähe das 500 ha große Naturreservat RYA ÅSAR: Pfade, Wege führen durch Laub- und Nadelwald, an Seen und Aussichtspunkten vorbei. Beliebt ist der Badesee ÖRESJÖ bei Almenäs, etwa 1 km nördlich.

Essen und Trinken

■ **EARL'S COURT**, Rådhus, Stora Torget, Tel. 106300. Täglich ab 12 Uhr, zum Lunch Tellergerichte um 69 SEK. À la carte ab 139 SEK und für den kleinen Hunger ab 69 SEK. Drinnen wie draußen mit Blick auf das Markttreiben.

■ **OLIVEN**, Lilla Brogatan (gegenüber Kaufhaus Åhléns), Tel. 101 065. Mo–Fr 11.30-14.30 und 16.30–23, Fr bis 24, Sa 12–24 Uhr, So 13–24 Uhr. Lunch um 59 SEK, à la carte, für den kleinen Hunger ab 59 SEK, sonst ab 89 SEK. Großzügig eingerichtetes Restaurant mit mediterraner Küche – der Name verpflichtet – wie auch schwedischer Hausmannskost.

■ **AMANDA'S**, Allégatan 20, Tel 140 924. Mo–Fr 11.30–14 Uhr Lunch ab 75 SEK inkl. gutem Salatbuffet. Mo–Sa 18–21.30 Uhr, So 14–19 Uhr. À la carte ab 155 SEK. Fr–So Smörgasbord 175 SEK. Gute, französisch inspirierte Küche mit schwedischem Touch. Tadelloser Service, dezente Musikuntermalung.

■ **CAFÉ TANT GRÖN**, Allégatan 27, Tel.124 700. Mo–Fr ab 7.30, Sa ab 9, So ab 10 Uhr. Lunch ab 45 SEK. Belegte Brote, Paj, Salate und leckeres Gebäck. Die vielen kleinen, runden Tische sind immer gut besetzt, im Sommer auch draußen.

Sehenswertes

■ **BORÅS DJURPARK**, Skaraborgsvägen (Str. 42 in Richtung Trollhättan), Tel. 353 277, Fax 353 275, www.boraszoo.se. Ca. 10.6.–12.8. täglich 10–18 Uhr, ab 1.4. und bis ca. 15.9. Mo–Fr 10–16 Uhr, Sa+So 10–17 Uhr, bis Ende Oktober Sa+So 10–16 Uhr. Eintritt 90/60 SEK.

Die BEKANNTESTE Sehenswürdigkeit von Borås ist der ZOO, einer der größten seiner Art in Schweden und im nördlichen Stadtgebiet gelegen. Die Anlage umfasst eine rekonstruierte afrikanische SAVANNE mit Elefanten, Nashörnern, Giraffen, Zebras, Antilopen, Gnus sowie andere Sektionen mit Elchen, Hirschen, Bären, Wölfen usw. Auch Affen und LÖWEN fehlen nicht – letztere WERDEN inzwischen SOGAR EXPORTIERT. Populär ist die Bootsfahrt auf dem See, um Seelöwen und Robben aus der Nähe zu beobachten. – Seit 2002 verstärkt ein afrikanisches Elefantenmädchen namens *Kwanza* die Belegschaft: Erstmals konnte in einem schwedischen Tierpark eine Elefantendame nach 22 Monaten von einem gesunden Baby entbunden werden. Zu den Neuerwerbungen zählen afrikanische Wildhunde.

Im STREICHELZOO können Kinder Bekanntschaft mit Haustieren schließen, auf dem BONNAGÅR'N das Leben der Tiere auf einem traditionellen Bauernhof kennenlernen.

Dinosaurier gibt es auch in Borås: 25 Attrappen in Lebensgröße.

■ **TROPIKHUSET** (am Tierpark), Tel. 412 001. 1.5.–9.6. Mo–Fr 10–17 Uhr, Sa+So 10–18 Uhr, 10.6.–13.8. täglich 10–19 Uhr, 14.8.–1.9. täglich 10–16 Uhr. Eintritt 40/30 SEK.

In der Nachbarschaft des Zoos setzt das TROPIKHAUS exotische Akzente. Während Krokodile, kleine giftige Spinnen, Skorpione und Giftschlangen abgeschirmt hinter Glas leben, können Sie sich mit der großen Boa gerne fotografieren lassen, sofern sie es wagen.

■ Im Anschluss an das Tropikhaus befindet sich der Vergnügungspark **BORÅSPARKEN** mit Karussells und diversen Ständen. In der Nachbarschaft erstreckt sich die weitläufige Freibad-Anlage ALIDEBERGSBADET.

■ **TEXTILMUSEET**, Druveforsvägen 8, Tel. 358 950. Di+Do 12–20 Uhr, Fr–So 12–16 Uhr. Eintritt 30/0 SEK.

Am Viskan steht ein großes, in seinen Proportionen harmonisches Bauwerk aus gelbem Ziegelstein; es wurde 1898 von dem englischen Industrie-Architekten *P.S. Stott* für die »Åkerlundska Bommullsspinneriet« erbaut. Hier blieb das typische industrielle Milieu der 1920er Jahre erhalten, spiegelt in dieser authentischen Umgebung das Textilmuseum die Entwicklungsgeschichte der Branche wider. Zu den Sammlungen gehören Gerätschaften, Maschinen, Textilien, Konfektion etc. Bei Vorführungen wird die Funktionstüchtigkeit historischer Maschinen, wie z.B. der lärmenden Spinnmaschinen und Webstühle, demonstriert. Ein Blick in die Arbeitswelt der Weber, der Textilarbeiter und der Näherinnen ist ebenso interessant wie die Sammlungen zu 200 Jahren Textilien und Mode. Die »Textilwerkstatt« ist ein Betätigungsfeld für Besucher, hier können Sie alles ausprobieren, was mit Textilem zu tun hat. Und es gibt eine Butik, den Textilladen, wo Sie auf den alten Maschinen hergestellte zeittypische Produkte kaufen können.

■ **BORÅS MUSEUM**, Ramnaparken, Tel. 358 580. 1.5.–30.9. Mo–Fr 10–16 Uhr (1.5.–31.8. Di sogar bis 18 Uhr), Sa+So 12–16 Uhr, sonst täglich 12–16 Uhr. Eintritt 20/0 SEK.

In dem schönen RAMNAPARK, im westlichen Stadtgebiet jenseits des Flusses, dokumentiert das Freilichtmuseum mit 13 alten Gebäuden 300 Jahre Bautradition und Lebensverhältnisse in Sjuhäradsbygden.

Die Holzkirche von 1690 mit einem Flügelaltar, Deckengemälden und altem Gestühl wurde 1902 im Park aufgebaut; heute werden hier regelmäßig Gottesdienste abgehalten sowie Hochzeiten und Taufen veranstaltet. Im NYMANSKA GÅRDEN informiert eine Ausstellung über Volksglauben, Handwerk sowie die Stadtgeschichte von Borås.

■ **KONSTMUSEET** (im Kulturhaus) P.A. Halls Terass, Tel. 357 672. 1.6.–31.8. Di–Fr 12–16 Uhr, sonst Di+Do 12–20, Mi+Fr 12–16, Sa 11–16 Uhr. Eintritt 30/0 SEK.

Vor allem schwedische Kunst des 20. Jhs., dazu ein modernes Theater und eine Bibliothek im Kulturhaus.

■ Das **RATHAUS**, bei Stora Torget, wurde 1910 gebaut. Älter sind die Bürgerhäuser **FLAMENSKA GÅRDEN** (mit Galerie) sowie **UTFALLSKA GÅRDEN** am Södra Torget, errichtet nach dem letzten großen Stadtbrand von 1827.

■ Im westlichen Stadtgebiet liegt der Aussichtspunkt **RYSSBY KLINT** (248 m), gut per Auto zu erreichen.

Ausflüge

Die Gemeinde Mark mit dem Ort Kinna, die Kommune SVENLJUNGA, die Gegend nördlich Borås' und die Landschaft nach Osten bis Ulricehamn bietet vielfältige Möglichkeiten, den Urlaub erholsam wie aktiv zu gestalten.

■ Die **TEXTILFABRIKEN IN RYDAL** (1853) fungieren als lebendiges Museum; eine Führung durch die alte Spinnerei mit den großen Maschinen, die zu Demonstrationszwecken in Betrieb gesetzt werden, und die authentischen Milieustudien geben einen Einblick in die früheren Arbeitsbedingungen und das Arbeitsleben dieser Branche. Die Rydalsfabrik war 1882 Schwedens erste Industrieanlage mit elektrischer Beleuchtung – damals für die Arbeitgeber eine wichtige Investition, da die Arbeitszeit um 5.30 Uhr begann und um 20 Uhr endete. Aus der alten Baumwollreinigungshalle ist ein lichter Ausstellungsraum geworden, in dem Kunst und Design der Textilbranche gezeigt werden. Auch Erzeugnisse anderer Spinnereien oder Ausstellungen lokaler Künstler finden hier Platz. 15.6.–18.8. Di–Fr 11–17 Uhr, Sa+So 12–16 Uhr, sonst Di–Do, Sa+So 12–16 Uhr. Im Sommer täglich Führung auch auf Englisch, Textheft auf Deutsch ausleihbar.

■ **TORPA STENHUS**, gelegen an der Südwestspitze des Sees Åsunden, ist eine mittelalterliche Burg mit Wallgräben aus dem 15. Jh. Sie war einst eine fast uneinnehmbare Festung, nur wenige Meilen von der damaligen dänischen Grenze entfernt. Torpa war das Stammgut der Familie von Stenbock. Der 56-jährige Gustav Vasa »holte« sich hier seine dritte Frau, die erst 17 Jahre alte Katarina Stenbock. Mit der fast 500-jährigen Geschichte des Hauses sind Anekdoten, Sagen und Historisches verbunden. Sehenswert sind der im Stil der Renaissance eingerichtete Rittersaal und die Schlosskapelle aus dem 17. Jh. im Barockstil. Die Burg beherbergt auch museale Sammlungen. Die alten Gewölbe und Räume sind nur im Rahmen einer Führung zu besichtigen. 1.5.–1.9. täglich 11–17 Uhr, Führung jede volle Stunde, die letzte um 16 Uhr.

■ Eine herrliche Aussicht über den ganzen Åsunden hat man vom **RUDE KULLE**, am Westufer des Sees, vom Parkplatz etwa 100 m.

■ **RASKA MINAS STUGA** ist eine Kote aus dem 19. Jh. Das Wohnhaus mit Torfdach und zeitgemäßer Einrichtung ist täglich geöffnet (von der Straße zum See Tolken abzweigen).

■ Die Mühle **ÅRÅS KVARN** mit der schönen Lage am See Vållern geht auf das 15. Jh. zurück. Heute befindet sich hier eine JUGENDHERBERGE; die einzelnen Räume hat man im Stil vom 18. Jh. bis in die 1950er Jahre eingerichtet, so wie die Eigentümer und Dienstboten hier lebten.

Baden, Angeln, Wandern, Boots- und Kanu- und Fahrradvermietung; im Sommer wird Kaffee serviert.

■ Die **KIRCHE VON BORGSTENA**, rund 20 km nördlich von Borås, wurde im 13. Jh. errichtet. Sie ist wegen ihrer Malereien und der schönen Inneneinrichtung aus der Zeit um 1763 bekannt. Als Wahrzeichen gilt ihr FREI STEHENDER GLOCKENTURM.

■ **STORA MOLLUNGEN** ist ein großer Buchenwald, auf dessen Höhe man eine feine AUSSICHT genießt.

KNALLELAND

Borås gilt als das Zentrum des Versandhandels in Schweden. »Das Paket aus Borås« ist ein Begriff. Die zahlreichen Fabrikverkaufsgeschäfte und Läden mit Sonderangeboten sind ein beliebtes Ziel für Shoppingfahrten von kauflustigen Schweden und Norwegern. Fast vier Millionen Menschen kommen jährlich nach Borås, um hier günstig Kleider, Stoffe, Sport- und Hobbyartikel zu erstehen. Lagerverkäufe von Restposten oder Waren mit kleinen Fehlern finden reißenden Absatz.

Im Knalleland, nördlich des Zentrums, konzentrieren sich die Verkaufshallen der großen Versandhäuser, in denen Katalogware über den Ladentisch verkauft wird. In der City sind die kleineren Läden mit Verkauf ab Werk oder Lager, oder Ware mit kleinen Fehlern und Restposten zu günstigen Preisen. Im Sommer sind die Geschäfte am Donnerstag bis 21 Uhr geöffnet.

Wer des Kaufens und des Sehens müde ist, kann sich im nahen Stadtpark am Viskan erholen. Von der Innenstadt ist der Park über vier Brücken zu erreichen, mit dem Auto über die Sven Eriksonsgatan.

Außerhalb Borås' hat sich DALSJÖFORS zu einem ähnlichen Umschlagplatz entwickelt. Im Sektor Gold- und Silberwaren buhlen zwei »Preisbrecher« um die Gunst der Kunden, die auch bei preiswerter Freizeitkleidung vor Ort fündig werden; zudem offeriert Almedahls Fabrikverkauf eine große Auswahl an Stoffen, Gardinen, Tischwäsche etc. In dem ganzen Gebiet Sjuhäradsbygden gibt es sogenannte KLUTABODAR mit Stoffen und Heimtextilien für Schnäppchenjäger.

An diese wenden sich auch FRUFÄLLAN und FRISTAD mit Stoffen, Wolle, Kunsthandwerk und zum Ausruhen einem hübschen Café.

Im Touristenbüro Borås bekommen Sie das Heft FYNDA, mit Adressen und Öffnungszeiten der Schnäppchen-Stellen, zeilenweise auch deutschsprachig. Ein gleiches Blatt gibt es auch über die Kommune Mark.

Von den Spaziergängen ausruhen kann man in der *Säteri* (Gutshof) mit Kräutergarten und Café. Ab und zu gibt es Tanz auf der Tenne. Das Naturreservat liegt ca. 30 km nördlich von Borås, erreichbar über Str. 183.

■ Die Mühle **VÄNGA KVARN** aus dem Jahr 1850 mahlt – modernisiert und vergrößert – Getreide aus biologisch kontrolliertem Anbau. Einmal im Jahr wird hier nach »guter alter Art« Kartoffelmehl hergestellt. Im Mühlencafé kann man frisch gebackenes Brot probieren. 1.6.–31.8. Di–So 11–19, Mi bis 22 Uhr. Mai u. September Sa+So 11–19 Uhr,

■ Die KIRCHE VON **HEDARED** (Str. 180), ist die einzige bewahrte **STABKIRCHE** Schwedens, vermutlich aus dem 13. Jh. Das Innere schmücken Malereien, das Inventar stammt teilweise original aus dem Mittelalter.

Wanderungen

■ **KRÖKLINS HAGE**, Naturreservat mit Wegen. Parkplatz an der Str. 42.
■ Natureservat **MÖLARPS KVARN** mit vorhistorischen Zeugen in schöner Natur, fotogen die alte Brücke Örebro. Ebenfalls über die Str. 42.
■ Von Göteborg nach Hindås führt der 100 km lange **VILDMARKSLEDEN**, Teil des Europa-Wanderwegs.
■ Der 50 km lange **KNALLELEDEN** führt von Hindås zum Ymergård in Borås; er ist orangefarben markiert; Unterkunft in Windschutzhütten.
■ Der **SJUHÄRADSLEDEN** beginnt am Ymergård und führt über 35 km bis Ulricehamn. Auch dieser Weg ist orangefarben markiert; eine beliebte Raststätte an diesem Pfad ist die RASKA-MINAS STUGA in Tvärred, ein 150 Jahre altes Blockhaus, das rund um die Uhr geöffnet ist (siehe auch Seite 320).

Verschiedenes

Im Touristenbüro gibt's Blätter mit Vorschlägen zu Aktivitäten in der Natur, darunter auch Freeclimbing und Draisinetouren. Auf Deutsch.
■ **SIGHTSEEING**: STADTRUNDFAHRT etwa 20.6.–15.8. So um 15 Uhr. Unterwegs erfahren Sie Wissenswertes über die Stadtgeschichte mit Anekdötchen sowie Veranstaltungstipps. Führung auf Englisch oder Deutsch, möglichst drei Tage im Voraus anmelden. Teilnahme 60/30 SEK.
■ **ANGELN**: Hecht, Barsch, Aal, Zander, Plötze, Regenbogenforelle, Aalraupe, Saibling, Brachse. In den Seen HULTASJÖN, KOLBRÄNNINGEN, KYPESJÖN, GLASÖGONSJÖN u.a.
■ **BADEN**: 25 Badeplätze an den umliegenden Seen. – Freibad ALIDEBERGSBADET, mit beheizten Becken. – Im Hallenbad STADSPARKSBADET Wellenbad, Sprudelbecken, Wasserrutsche.
■ **GOLF**: *Borås Golfklub*, Östra Vik, Tel. 250250. Zwei 18-Loch-Plätze südlich der Stadt.
■ **KANU**: Der Fluss VISKAN ermöglicht zusammen mit den Seen abwechslungsreiche Touren. Es gibt Rastplätze und Windschutzhütten. Ein gutes Revier ist der See FRISJÖN, mit Buchten und vielen Inseln, oder die GESEBOLSJÖARNA. – Auf dem 100 km langen VILDMARKSLEDEN sind auch kürzere Etappen möglich. Informationen und Karten: Marks Turistbyrå, Tel. 0320–17270 (siehe auch linke Spalte).

KANUVERMIETUNG: *Camping Saltemad* (siehe unter »Unterkunft«).
■ In der **GEMEINDE MARK** ist der See **VÄSTRA / ÖSTRA ÖRESJÖN** als Ausflugsziel populär, ebenso wie an seiner Nordspitze in ÖRBY der Mos-Strand als schöner Badeplatz oder Beginn einer Kanufahrt; Två Skyttlar südlich davon ist ein Ferienzentrum mit Boot- und Fahrradvermietung, Wanderwegen und Naturum. – Von dem 147 m hohen HYLTENÄSBERG am Västra Öresjön hat man einen herrlichen Blick auf drei Seen.
■ **VERANSTALTUNG**: STADTFEST in Borås, letztes Augustwochenende.
■ **POSTAMT**: Torggatan 9–13.

■ **TRANSPORT**: Busse in die größeren Stadtteile verkehren im 20-Minuten-Takt von Södra Torget aus. Zu den umliegenden Orten gibt es werktags (6–22 Uhr) stündlich Bus- oder Zugverbindungen, während des Berufsverkehrs halbstündlich. Die wichtigsten Haltestellen sind Centralstation sowie Södra Torget.

■ **TAXI**: Tel. 127 070.

■ **ÄRZTLICHE VERSORGUNG**: im Krankenhaus Brämhultsvägen 43, Tel. 161000.

Weiterreise

■ **BAHN**: Bahnhof Centralplanen. *Kust till Kust Banan* Göteborg-Borås-Kalmar. – Borås-Varberg.

■ **BUS**: Expressbusse in alle größeren Orte.

■ **AUTO**: **NACH JÖNKÖPING** auf der Schnellstraße 40, unterwegs der Abstecher Richtung Hökerum für Bewunderer sakraler Bauten. Die KIRCHE von **SÖDRA VING** (12. Jh.) hat ihre mittelalterliche Gestalt bewahrt. Kunsthistorisch bedeutende Wandmalereien (15. Jh.), Kanzel und Empore (17. Jh.) sowie ein kunstvolles Südportal.

NACH GÖTEBORG: Schnell auf Str. 40. – Oder eine Südschleife über die Gemeinde Mark (siehe letzte Seite).

NACH TROLLHÄTTAN: Str. 180, 190 sowie 42, möglicher Aufenthalt in und um Alingsås (siehe Seite 308).

Trollhättan

Trollhättan ist ein Industriezentrum am Göta älv, unweit des Vänern. Die von schöner Landschaft umgebene Stadt ist vor allem wegen der inzwischen gebändigten Trollhätte-Wasserfälle bekannt, früher ein großes Hindernis auf dem Wasserweg zwischen Kattegatt und Vänern.

Bereits 1413 ist die Mühle Trollhättekvarn im Steuerbuch des Union-Königs Erik von Pommern erwähnt. Ende des 17. Jhs. zählte man 31 Sägewerke und Mühlen vor Ort. 1750 fasste man kleinere Sägewerke zu einem Großbetrieb zusammen, neue Werke kamen hinzu. Voraussetzung für diese Entwicklung der war der Bau des Trollhätte kanals bzw. 1832 der fertige Göta kanal als durchgehende Verbindung von der Ostsee bis zur Nordsee.

Mit Inbetriebnahme des Kraftwerks Olidan 1910 sowie eines zweiten Kraftwerks 1942 mit zusammen 230.000 kw Kapazität legte man den Grundstein für moderne Industriesparten, damals vor allem Betriebe für Elektrochemie. Von den Firmen, die heute vor Ort produzieren, sind »Saab« und »Volvo-Aero Corp« die bekanntesten. Neben den spannenden Spuren der langen industriellen Tradition in der Stadt lockt Trollhättan mit viel Natur in der näheren und weiteren Umgebung.

INFORMATION

■ **TROLLHÄTTANS TURISTBYRÅ**, Innovatum, Åkersjövägen 10, SE–46129 Trollhättan, Tel. 0520–48 84 72, Fax 488 408, tourist@gotanet.se, www.trollhattan.se. Ca. 10.6.–20.8. täglich 9–18 Uhr, sonst Mo–Fr 10–16 Uhr. Anfahrt über die Ringstraße, abseits der Innenstadt.

Unterkunft

■ **ALBERT KÖK HOTELL & KONFERENS**, Kvarnliden, Strömslund, Tel. 12990, Fax 13311. EZ 995/795 SEK, DZ 1.195/995 SEK. Von den hübsch eingerichteten Zimmern haben 31 einen Balkon mit Blick auf den Göta älv. Zur City ca. 5 Minuten zu Fuß.

■ **BED & BREAKFAST I TROLLHÄTTAN**, Garvaregatan 18, Tel. 411 139. EZ 260 SEK, DZ 350 SEK, Mehrbett-Zimmer 150 SEK p.P. Bad auf dem Flur. Kleines privates Gästehaus im Zentrum.

■ **GULA VILLAN VANDRARHEM**, STF, Tingvallavägen, Tel./Fax 388 50. 10.1.–21.12. Im 2–6-Bett-Zimmer 170/85 SEK, eng und gemütlich.

■ **TROLLHÄTTANS CAMPING**, Tel. 306 13, www.camping.se/plats/P07. 1.6.–31.8. Stellplätze ab 130 SEK, Hütten ab 350 SEK, Zimmer p.P. ab 220 SEK. 1 km nö des Zentrums.

■ **TROLLHÄTTAN SWECAMP STENRÖSET**, Tel. 70710, Fax 71104, www.camping.se/plats/P25. Ganzjährig geöffnet. 50 Stellplätze ab 110 SEK, Hütten ab 350 SEK. 5 km südlich der Stadt, Str.45. Ruhige Lage.

Essen und Trinken

■ **RESTAURANG HÖGBO WÄRDSHUS**, Strömslundsgatan 65, Tel. 428 455. Mo–Fr ab 11 Uhr, Sa+So ab 13 Uhr. Lunch ab 55 SEK, à la carte ab 80 SEK. Kein Gourmetrestaurant, aber preiswert und recht ordentlich. Herrliche Terrasse mit Blick in das Flusstal. In Richtung Schleuse, über die Oskarsbro; das weiße Haus am Hang ist von weitem zu sehen.

■ **RESTAURANG & CAFÉ SPIKÖN**, Tel. 428 980. Mo–Fr ab 17, Sa ab 15, So 13–19 Uhr. Snacks ab 85 SEK, sonst ab 145 SEK. Auch kleine warme Gerichte, belegte Brote, Kaffee und Kuchen, Eis. Auf der Insel Spikön, an der Spikö-Brücke. Im Sommer ist hier immer etwas los.

■ **SLUSSCAFÉET**, Övre slussarna, Åkersberg, Tel. 411 348. Konditorwaren, Salate, Spezialität: frisch belegte Brote. Im Mai nur an den Wochenenden, etwa 10.6.–20.8. täglich. Gartenlokal an der alten Schleuse.

Sehenswertes

■ **TROLLHÄTTE KANAL**: Die großen Wasserfälle bei Trollhättan mit einem Kanal zu umgehen war schon ein Traum Gustav Vasas. Aber erst 1607 wurde die erste (schwedische) Schleuse bei LILLA EDET eingeweiht; damit war der Göta älv von Göteborg bis Trollhättan schiffbar. Den Auftrag, einen Kanal zu bauen, der die mächtigen Wasserfälle bei Troll-

INNOVATUM

Das Innovatum trägt der Verbundenheit Trollhättans mit der lokalen Industrie Rechnung. Auf dem ehemaligen Industriegelände NOHAB fertigte man einst Lokomotiven und Turbinen, Flug- und Dieselmotoren – der Anfang von »Saab« und »Volvo Aero«. Industriegeschichte ist hier heute ebenso ein Thema wie aktuelle Entwicklungen. U.a. hat hier »Film i Väst« Quartier bezogen, unter deren Produktionsleitung so bekannte Filme wie »Dancer in the dark«, »Fucking Åmål«, »Zusammen«, »Tzatsiki, Mutter und der Polizist« entstanden. Auch das Touristenbüro sowie ein gut frequentiertes Restaurant sind auf dem Gelände beheimatet. In unregelmäßigen Abständen finden zudem kulturelle Veranstaltungen wie Konzerte statt.

■ **INNOVATUM KUNSKAPENS HUS**, Tel. 488 480, Fax 488 491, Internet: www.innovatum.se. Di–So 11–18 Uhr, etwa 10.6.–20.8. bis 18 Uhr. Eintritt 50/30 SEK.

Jede Menge Ausstellungen, um Technik u.a. zu verstehen, (spielend) zu erlernen, sogar anzufassen und damit zu experimentieren. Nicht nur naturwissenschaftlichen Phänomenen können die Besucher auf den Grund gehen, auch in der TRAUMFABRIK in die Filmwelt eintauchen u.a. (s.o.). Auf Kinder warten besondere Aktivitäten während der Sommersaison.

■ **SAAB-BILMUSEUM**, Tel. 84344. Ca. 10.6.–20.8. täglich 10–18 Uhr, sonst Di–So 11–16 Uhr. Eintritt 30/20 SEK.

Eine weitere Attraktion auf dem Gelände ist das SAAB-AUTOMUSEUM. Vom »Saab« bis zum jüngsten Modell kann man die rasante Entwicklung der Technik in der Autoindustrie verfolgen. Die Firma SAAB (**S**venska **A**eroplan **A**ktie **B**olag – Schwedische Flugzeuggesellschaft) wurde 1937 gegründet. Aus den Flugzeugwerken wurde nach und nach eine Autofabrik. 1947 wurde der Prototyp der Öffentlichkeit vorgestellt, 1966 die Produktion der Zweitakter umgestellt, mit der 99er Serie ein neuer Autotyp kreiert; gleichzeitig stellte man die Fließbandarbeit auf Teamwork um. Ab 1976, dem Beginn der 900-er Serie, erhielten die Automonteure eiserne Kollegen. Neben dem Ur-Saab sind auch Rallye- und andere Wagen ausgestellt, und es werden Filme gezeigt.

■ **LINBANAN INNOVATUM**, Tel. 488 480. Etwa 10.6.–20.8. täglich 10–18 Uhr, Mitte April und bis September Sa+So 11–16 Uhr. Ticket 40/20 SEK.

Vom Innovatum-Gelände führt eine SEILBAHN in bis zu 30 m Höhe auf 400 m Länge über das Kanalgebiet; von der Seilbahn aus haben Sie zweifellos den besten Blick. – Auf der anderen Seite angekommen, können Sie alles unternehmen, was in diesem Kapitel vorgeschlagen und vorgestellt wird. Im »Energiehaus Insikten« präsentiert sich der auch auf dem deutschen Markt aktive schwedische Energiekonzern *Vattenfall.*

hättan überwindet, erhielt der Ingenieur *Christopher Polhem* 1718 von König Karl XII. Bauschwierigkeiten und Geldknappheit setzten das Projekt vorerst aus. 1752 machte die neue Schleuse bei BRINBERGSKULLE die Fahrt von Trollhättan bis zum Vänern frei. Die Wasserfälle überwand ab 1800 ein Kanal mit insgesamt acht Schleusen – 1844 baute man neue Schleusen, um die Fahrrinne dem neuen Göta kanal anzupassen. Nach weiteren Umbauten erhielt der Kanal 1916 sein heutiges Bett, das 1972–75 nochmals verbreitert und vertieft wurde.

Der Trollhätte kanal ALS TEIL DES GÖTA KANALS zwischen Göteborg und Trollhättan ist 82 km lang; davon sind nur 10 km künstlicher Wasserweg. Der Höhenunterschied von 44 m wird durch die Schleusen Lilla Edet (6 m), die Schleusentreppe mit 4 Kammern in Trollhättan (32 m) und in Brinkebergskulle (6 m) überwunden. Das Schleusen in einer Kammer dauert etwa 7 Minuten und bedarf des Wasseraustausches von 12.000 m^3. Schiffe bis zu 4.000 BRT, einem Tiefgang von 5,4 m, einer Breite von 13,2 m sowie einer Länge von 88 m können den Kanal passieren.

Während der restliche Göta kanal hinüber zur Ostsee wirtschaftlich heute keine Rolle mehr spielt, ist der Trollhätte kanal einer der wichtigsten Wasserverkehrswege des Landes, auf dem jedes Jahr rund 4 Mio. Tonnen Güter transportiert werden, etwa zehn Frachtschiffe täglich unterwegs sind, während zur Sommerzeit mehr als 6.000 Freizeitboote die Schleusen passieren.

■ **SCHLEUSEN DES TROLLHÄTTE KANALS**: Die drei Schleusenwege von 1800, 1844 und 1916 sind alle erhalten und südlich vom Stadtkern, am Rande der City, zu besichtigen. Die Straße zum Schleusengebiet ist gut ausgeschildert. Der Wegweiser »Nedre Slussarna« führt zu den alten, stillgelegten Schleusen (Wiesenparkplatz). Der erste Schleusenkanal, den Sie (zu Fuß) überqueren können, ist von 1844; die Fahrrinne biegt im Wasserbecken nach rechts ab, führt über die Schleusentreppe empor zum großen Becken, durch einen weiteren Kanal zum Vorhafen. Diese elf Kammern kletterten Schiffe mit einer Breite von mehr als 7 m und einer Länge von 35 m in drei Etappen empor.

Der nächste Schleusenkanal wurde 1800 eingeweiht, die erste schiffbare Verbindung von Göteborg bis zum Vänern. Der Anblick der imposanten acht Kammern in zwei Etappen macht einem die enorme technische Leistung vor 200 Jahren bewusst. Schiffe von bis zu 6 m Breite sowie 36 m Länge brachten Waren von Göteborg ins Inland.

Die kleine Straße am Fluss entlang führt zur jetzigen Schleusenanlage mit 4 Kammern in 2 Etappen, die 32 Höhenmeter überwinden.

Über den Rundweg um die alten Schleusen gelangt man zum KANALMUSEUM, dem alten Kanalbüro und dem hübschen Café (um 1890). Hier sehen sie die drei Schleusenbauten nebeneinander: Die älteste, von der Mutter Grün allmählich zurückerobert, die von 1844 und die heutige. (S.u. »Verschiedenes, Wandern«.)

Wenn die Staudammklappen geöffnet werden: Fallens dagar (siehe Seite 328); vor der Einfahrt in die Schleusentreppe kanalaufwärts (unten) ▶

■ **KANALMUSEUM**, Övra slussarna, Tel. 472206. 10.6.–20.8. täglich 10–19 Uhr, ab 1.4. sowie bis 1.10 Sa+So 12–17 Uhr. Eintritt 20/0 SEK.

In einem Lagerhaus (1893) kann man sich über die Kanal-Entstehung samt der daraus folgenden Veränderungen für Natur und Mensch informieren. Schiffsmodelle, Unterwasserwerkzeuge u.v.a. vervollständigen die Ausstellung. Im Filmsaal laufen mehrere Streifen.

■ Ein großes Schauspiel wird dem Besucher Trollhättans während der **FALLENS DAGAR** geboten. An bestimmten Sommertagen werden einige Klappen in den Staudämmen geöffnet, und der Wasserfall rauscht wieder durch sein altes Bett, an den Freitagabenden illuminiert. Beiprogramme machen das Wasserspektakel zum Volksfest. Mehr als 100.000 Besucher strömen manchmal herbei und verleihen dem Naturschauspiel eine gewisse Jahrmarktatmosphäre.

Führt der Vänersee im Frühjahr Hochwasser, sind ein oder gar zwei Klappen ständig offen. Für Fallens Dagar werden danach, ab Juni, zwei weitere Klappen geöffnet.

Mai und Juni: an den Wochenenden, Juli und August: Mi, Sa+So um 15 Uhr für ca. 3 Minuten, von Ende Juni bis etwa 10.8. Fr um 23 Uhr illuminiert (besser Termine überprüfen). Die beste Sicht hat man von Kopparklinten und Oscarsbrücke.

■ Unterhalb der Wasserfälle wurde 1910 das **OLIDANS KRAFTWERK** in Betrieb genommen, das gegenwärtig 130.000 Kilowatt produziert.

Dieses Kraftwerk bedeutete den Grundstein zur rapiden industriellen Entwicklung Trollhättans. 1942 ging das HOJUM-KRAFTWERK mit 100.000 Kilowatt Leistung ans Netz. 10.6.–15.8. täglich Führungen 10–17 Uhr.

■ In der Nähe der Polhem-Schleusen von 1752 befindet sich eine Art Gästebuch für schwedische Könige, die **KUNGSGROTTAN** (Königshöhle), auch Gletschermühle genannt. König *Carl XVI. Gustav* trug sich schon 1973 ein. Folgen Sie den Wegweisern ab der Oscarsbrücke.

■ Eine famose Aussicht über Trollhättan und das Flusstal bietet **KOPPARKLINTEN** (am Westufer, gegenüber vom Olidan-Kraftwerk). Kleiner Parkplatz an der Zufahrtstraße, dann Fußweg, den man auch als Spazierweg am Hang über dem Fluss begehen kann. – Weitere Aussichten eröffnet der **NYCKELBERGET**.

■ Auf dem Berg, am Westufer des Göta älv, markiert ein roter hölzerner Glockenturm das FREILICHTMUSEUM **FORNGÅRDEN** mit seinen historischen Gebäuden, Möbeln, Gerätschaften etc. Aussicht und Spazierwege. 1.6.–31.8. So 13–17 Uhr.

Ausflüge

■ **HALLEBERG** und **HUNNEBERG** sind zwei Tafelberge im Osten der benachbarten Stadt VÄNERSBORG. Ihre steil aufragenden Wände begünstigen eine artenreiche Flora am Fuß der Berge, die unter dem Diabas eine kalkreiche Schieferschicht verbergen. Die herrlichen Laubwälder wiederum sind Lebensraum für viele, auch seltene Vogelarten. Auf den Plateaus wachsen vorwiegend Nadelbäume; ebenso sind Moorflächen vertreten.

Beginnen Sie den Besuch im Freizeitzentrum Bergagården im HUNNEBERGS NATURUM, das mit seiner Ausstellung über Geologie, Natur- und Kulturgeschichte der Berge informiert. Die Tierwelt (Fischadler, Birkhuhn, Auerhahn, Elch, Rotwild u.a.) ist ebenso Thema wie die Forstwirtschaft von gestern bis heute und ein verheerender Sturm 1969 samt seinen Auswirkungen. Berühmt geworden sind die Berge jedoch durch den reichen Elchbestand. Das Touristenbüro veranstaltet im Sommer ELCHSAFARIS.

■ Dem Elch verpflichtet ist ebenso das neue **KUNGSJAKT OCH VILTMUSEUM**, das sich der königlichen Jagd damals und heute widmet. Die Lebensbedingungen des Elchs vom Frühjahr bis in den Winter; der Elch im Straßenverkehr; wie sieht, hört und riecht ein Elch; der Elch als Comicfigur u.v.a. Auf dem Hunneberg.

■ Am See **HULLSJÖN**, östlich von Trollhättan sowie südwestlich vom Hunneberg, kann man viele Vögel beobachten und ihrem Gezwitscher lauschen. Bisher zählte man 260 Vogelarten. BEOBACHTUNGSTURM.

Verschiedenes

■ **SIGHTSEEING**: SLUSSPILEN heißt ein bunter Tuff-Tuff-Zug, der in den Sommermonaten durch Trollhättan gondelt, sehr zur Freude der Kinder und vieler Touristen. 10.6.–20.8. täglich 12–17 Uhr, ab Zentrum zu jeder halben Stunde, ab Schleusen (Slussarna) 12.30–17.30 alle 30 Minuten.

Mit dem Boot M/S STRÖMKARLEN auf dem Trollhätte kanal, ab Trollhättan (Kanalmuseum), Vänersborg und Lilla Edet. Verpflegung an Bord. Fahrplan im Touristenbüro.

■ **ANGELN**: Im GÖTA ÄLV und in den Seen ÖRESJÖ und LIPEREDSJÖN.

■ **BADEN**: in den Seen ÖRESJÖ (etwa 10 km w) und SJÖLANDASJÖN bei Sjuntorp. – Freibad ÄLVHÖGSBORG, Kanaltorget.

■ **FAHRRADVERMIETUNG**: Innovatum / Touristenbüro.

■ **GOLF**: *Trollhättan Golfclub,* Tel. 441 000, www.trollhattansgk.com. 18-Loch-Platz in Koberg. 1.5.–31.8.

■ **SEGELN**: Wer auf eigenem Kiel den Trollhätte kanal befahren will, sollte sich die Broschüre »Mit dem Freizeitboot durch den Trollhätte kanal« besorgen bei: *Sjöfartsverket,* Trollhätte kanals sjötrafikområde, SE – 46188 Trollhättan, Tel. 472 233.

■ **WANDERN**: Drei NEUE SPAZIERWEGE durch das Gelände der Wasserfälle und Schleusen sind thematisch gegliedert und entlang der Wege mit erklärenden Tafeln versehen. Thema Schleusen: NILS ERICSSONS PROMENAD, Start am Kanalmuseum erkundet der Rundweg das alte Schleusengebiet. – Thema Wasserkraft: VILHELM HANSENS PROMENAD, Start am Aussichtsturm, weiter am Einlaufbauwerk und Kraftwerk Olidan vorbei etc. – Thema Natur, Ruinen und Mythos: DE LA-

VALS PROMENAD, Start an einer der Polhem-Schleusenwerke, unterhalb der Strömkarlsbron. – Ein Spazierweg auf der westlichen Flussseite, oberhalb der Fälle, führt hinüber in das älteste Viertel der Stadt, nach STRÖMSLUND.

In Källstorp, Slätthult, Sjuntorp, Knorren und Öresjö verlaufen markierte, 1–10 km lange Wanderwege.

■ Die **KIRCHE** der Stadt im neugotischen Stil wurde 1862 eingeweiht. Dieses GESCHENK der Kanalgesellschaft steht oberhalb der Fälle.

■ **GALERIEN**: KONSTHALLEN, die Kunsthalle, ist das Ziel für Kunstliebhaber, um sich Wanderausstellungen diverser Kunstrichtungen anzuschauen. Kungsgatan 25, Folkets Hus/Kulturhuset. Etwa 20.6.–20.8. Di–Sa 12–16 Uhr, sonst Di–Do 12–19, Sa 11–14, So+Mo 12–16 Uhr. – PUMPHUSET, Hjulkvarnelund. Mai bis September Sa+So 12–16 Uhr, ca. 12.6.–12.8. Di–So 12–16 Uhr.

■ **KUNSTHANDWERK**: HANDKRAFT im alten Hafenmagazin, hier stellen ortsansässige Kunsthandwerker ihre Arbeiten aus und verkaufen auch. Magasinsgatan 1, Tel. 429 242. Mo–Fr 11–18 Uhr, Sa 10–14 Uhr.

■ **VERANSTALTUNGEN**: FALLENS DAGAR, am dritten Juliwochenende, Festival in der ganzen Stadt (siehe oben). – WESTGOTHAFESTIVALEN, Rockmusik auf mehreren Bühnen, am ersten Junisonntag. – DRAKBÅT-FESTIVAL: Drachenboote fahren auf dem Trollhätte kanal um die Wette, am dritten oder vierten Samstag im August.

■ **POSTAMT**: Polhemsgatan.

■ **TAXI**: Tel. 82000.

■ **ÄRZTLICHE VERSORGUNG**: Norra Älvsborgs Länssjukhus (Krankenhaus), Lärketorpsvägen, Tel. 91 000. – Notzahnarzt: Tel. 70 020.

Weiterreise

■ **BAHN**: Bahnhof in der Bangårdsgatan. Information bei Tidpunkten, Drottningtorget. Mo–Fr 7.15–18, Sa 10–13 Uhr. www.vasttrafik.se.

■ **BUS**: Busterminal am Drottningtorget. Gute Verbindungen in alle umliegenden Orte.

■ **AUTO**: **NACH KUNGÄLV**. Die Str. 45 verläuft im Tal des Göta älv bis Göteborg.

NACH UDDEVALLA. Str. 44.

NACH LIDKÖPING. Str. 44.

Lidköping

Lidköping liegt an einer südlichen Bucht des Vänern, des größten Sees in Schweden. Mit Lidköping verbinden die Einheimischen vor allem das Schloss LÄCKÖ, den SCHÄRENGARTEN DES BINNENMEERES VÄNERN, die Porzellanfabrik Rörstrand und den »blühenden« Berg KINNEKULLE.

Magnus Gabriel de la Gardie, ein Reichskanzler Schwedens und Graf von Läckö, erhielt 1670 die Erlaubnis, einen Stadtteil westlich des Flusses anzulegen. Nur zwei Jahre später baute er »seine Stadt« um einen großen Platz herum und veranlasste die Überführung eines seiner Jagdschlösser dorthin, wo es als Rathaus für beide Stadtteile dienen sollte.

Handel und Seefahrt begünstigten die Entwicklung der Stadt: Mitte des 19. Jhs. wurden in dem Hafen 150.000 Tonnen Getreide verschifft.

Die Industrialisierung profitierte von der handwerklichen Tradition vor Ort. In diesem Sektor sind heute das Porzellan von *Rörstrand* und die Metallsägen von *Sandvik* ein Begriff. Der moderne Hafen ist über den Trollhätte kanal auch für größere Schiffe zu erreichen.

Zur Kommune Lidköping gehört auch die Halbinsel KÅLLANDSHALVÖ. Die Umgebung von Lidköping ist sehr fruchtbar und wird daher landwirtschaftlich intensiv genutzt. In dem alten Kulturland verteilen sich zahlreiche Sehenswürdigkeiten.

INFORMATION

■ **LIDKÖPINGS TURISTBYRÅ**, Stationshuset, SE – 53102 Lidköping, Tel. 0510 – 770 500, Fax 770 464, per E-mail: turist@lidkoping.se, www.lidkoping.se/turist. 2.5. bis etwa 5.6. Mo–Fr 9–17 Uhr, Sa 9–13 Uhr, bis ca. 25.6. Mo–Fr 9–18, Sa 10–18, So 13–18 Uhr, bis etwa 12.8. Mo–Fr 9–20, Sa 10–20 Uhr, So 13–18 Uhr, bis 1.9. Mo–Fr 9–18, Sa 10–18, So 13–18 Uhr, sonst Mo–Fr 9–17 Uhr.

■ **GÖTENE / KINNEKULLE TURISTBYRÅ**, Pilgrimsgården, Tel. und Fax 0511 – 343 260. 1.6.–31.8. täglich 10–16 Uhr, in der Vorsaison ab Ende April Sa+So 12–16 Uhr.

Unterkunft

Das Touristenbüro bucht Hotel und Pension, informiert über Wochenend- und Sommerpreise, vermittelt Hütten und Privatzimmer (Gebühr).

■ **HOTEL LÄCKÖ**, Järnvägsgatan 11, Tel. 23000. EZ 690/490 SEK, DZ 890/690 SEK.

Kleines, 100 Jahre altes Hotel mit nostalgischem Charme. Farblich variierende Raumgestaltung, große Badezimmer. 200 m zum Bahnhof.

■ **LIDKÖPINGS VANDRARHEM**, STF, Nicolaigatan 2, Tel. 66430. Im 2–6-Bett-Zimmer ab 175/80 SEK. Angenehmes, gepflegtes Haus, zentral gelegen, 200 m zu Bus und Bahn.

■ **FALKÄNGENS VANDRARHEM**, STF, Touristenapartments, Hällekis, Tel. 540 653, Fax 540 085. Ganzjährig geöffnet. Im 2–5-Bett-Zimmer mit Bad, 190/85 SEK. Nette Lage, einst Arbeitersiedlung, heute Handwerkerdorf mit Apartments sowie Zimmern.

■ **FILSBÄCKS CAMPING**, Tel. 546 027, Fax 546 376. Ganzjährig geöffnet. Tarife saisonabhängig, für Stellplätze 50–120, Hütte 250–350 SEK. Am Vänern, 4 km bis Lidköping.

■ **KRONOCAMPING**, Tel. 26 804, Fax 21 135. Ganzjährig geöffnet. Für Stellplatz 120–170 SEK, Hütten für 310–400 SEK. Eigener Badestrand. Fußweg zum Zentrum.

■ **LÄCKÖ CAMPING**, Tel. 10 501 od. 21 010. Ca. 1.6.–15.8. 50 Stellplätze 110–140 SEK. Nahe Schloss Läckö.

■ **KINNEKULLE CAMPING**, Hällekis, Tel. / Fax 544 102 und 540 785. Ende April bis Mitte September. Je Stellplatz 100–140 SEK, Hütten ab 300 SEK. Frisches Brot jeden Morgen zu kaufen. Am ALTEN HAFEN in Hällekis, an der Nordwestseite des Kinnekulle.

Essen und Trinken

■ **TROJA**, Skaragatan 27, Telefon 264 00. Mo–Do 11.30–23, Fr 11.30–24, Sa 12–24, So 12–22 Uhr. Lunch bis 14.30 Uhr um 60 SEK, à la carte ab 105 SEK.

■ **GARSTRÖMS KONDITORI**, Mellbygatan 2, am Limtorget, Hantverksgården, Tel. 200 93. Ein traditionsreiches Café (seit 1857!), eingerichtet im Stil der vorletzten Jahrhundertwende. Kaffee und 1 Stück Kuchen ca. ab 20 SEK.

Sehenswertes

■ **RÅDHUSET**, das Rathaus, ist das bekannteste Gebäude und steht am Marktplatz. 1960 abgebrannt, baute man es nach Originalzeichnungen wieder auf. De la Gardie stellte man vor Ort ein Denkmal auf.

■ **VÄNERMUSEET**, Framnäsvägen 2, Tel. 770 065, Fax 771 116. Ganzjährig geöffnet. Di–Fr 10–17, Do bis 21 Uhr, Sa+So 12–17 Uhr. 1.6.-31.8. auch am Mo geöffnet. Eintritt 20/10 SEK. Führungen auf Anfrage.

Neben einigen Dauerausstellungen wie *Das große Wasser* (Seefahrt, Wracks, Leuchttürme...), *Zwischen Fluss und Insel* (Lidköping in Herz und Sinn) und *Spuren von Leben* (Erdgeschichte an dem Beispiel von Steinen) zeigt das Museum vor allem Kultur und Natur rund um den Väner-See. Mit 2.000 Kilometern Küste, 22.000 Inseln und Klippen bietet das Binnenmeer reichlich Material von der Steinzeit bis heute, mit der Entwicklung der Natur wie auch der Menschen, für die der See Lebensgrundlage war. Boote gehören zum Vänern, das Kunstwerk aus Glas von *Bertil Vallien* weist darauf hin. In einer BOOTSBAUEREI wird dieses alte Handwerk demonstriert. Computer, Video, Filme und Modelle ergänzen die spannende Führung.

Der Museumskiosk ist im Stil eines SCHIFFSBEDARFSHANDELS eingerichtet; das Restaurant hat spezielle Gerichte der Väner-Region auf der Speisekarte.

■ **RÖRSTRANDS MUSEUM**, Fiskaregatan, Tel. 823 46. Mo–Fr 10–18 Uhr, Sa 10–14 Uhr, So 12–16 Uhr.

Im Nordteil der Weststadt, in Hafennähe, liegt das PORZELLANMUSEUM der bekannten Firma *Rörstrand,* die 2001 ihr 275-jähriges Jubiläum feierte. Hier hat man Gelegenheit, Porzellan aus drei Jahrhunderten zu bewundern. – Neben dem Museum befindet sich der Fabrikverkauf der Firma, die außer eigenen Produkten (Auslaufmodellen u. zweite Wahl) auch Töpfe und Zubehör des Hackmann-Konzerns verkauft.

■ **DIE NEUE STADT (NYA STADEN)** trennt der Fluss Tidan von der Altstadt (Gamla Stan). Dort ist vor allen Dingen der LIMTORGET interessant, an dem einige jener alten Gebäude vom großen Stadtbrand verschont geblieben sind.

Ausflüge

KÅLLAND UND KÅLLANDSÖ

■ **LÄCKÖ SLOTT**, (20 km nördlich), Info / Buchung Tel. 103 20. Führungen 1.5.–31.8 täglich zu jeder vollen Stunde 11–17, 1.9.–30.9. 11–13 Uhr. Eintritt Mitte Juni bis Ende August 70/15 SEK, sonst 40/10 SEK.

SCHLOSS LÄCKÖ ist das meistbesuchte Ziel der Region. Der Herrensitz liegt hoch im Norden der Insel Kållandsö. Vom 14. bis 16. Jh. war es der erste Sitz der Bischöfe von Skara, 1615 kam es in den Besitz der Familie de la Gardie. Graf *Magnus de la Gardie* gab Schloss Läckö in der zweiten Hälfte des 17. Jhs. mit Um- und Anbauten sein heutiges Aussehen. Das schön gelegene Läckö verfügt über 248 Räume und wird seit 1965 vom Touristenverband Västergötland betreut, der hier jedes Jahr Themenausstellungen arrangiert.

Ein besonderes Erlebnis ist Läckö für die Passagiere der Göta kanal-Schiffe, die in Göteborg in Richtung Stockholm aufbrechen; sie passieren das Schloss am ersten Abend ihrer Reise – im Sommer während der SPÄTEN ABENDDÄMMERUNG, wenn der Landzipfel in Stille und ein sanftes, eigentümliches Licht getaucht ist – ein faszinierender, außergewöhnlicher Zeitpunkt auch für einen Besuch von Land aus.

■ Das malerische Fischerdorf **SPIKEN** liegt noch etwas weiter nördlich auf Kållandsö (Fischräucherei).

RUND UM KINNEKULLE

Nördlich der Str. 44 erhebt sich der bis zu 306 m hohe TAFELBERG Kinnekulle – ein landschaftlich und kulturhistorisch interessantes Gebiet. Die RUNDFAHRT um den Tafelberg beginnt man am besten in Husaby.

■ Der älteste Sakralbau in Västergötland ist die ROMANISCHE KIRCHE (frühes 12. Jh.) von **HUSABY**, deren Turm vermutlich schon im 11. Jh. erbaut wurde und zu einer Stabkirche gehörte; zu dieser Zeit war Husaby Bischofssitz. Die Kirche birgt wertvolles Inventar, u.a. einen Bischofsstuhl aus dem 11. Jh. Das Gewölbe wurde im 15. Jh. eingezogen und mit kunstvollen Malereien geschmückt. Die zwei mittelalterlichen Gräber am Turmeingang sind angeblich die letzte Ruhestätte des Königs *Olof Skötkonung* und Königin Estrid.

In der Husaby-Quelle soll – so wird berichtet – Olof Skötkonung im Jahr 1007 getauft worden sein.

■ Weitere Abstecher: **LILLA FLYHOV** (FELSZEICHNUNGEN; von der Landstraße Weg am Bauernhof vorbei zu einem kleinen Parkplatz) – NATURRESERVAT **ÖSTERPLANAHED** (Heidegebiet mit seltenen Steppenpflanzen; Wanderwege) – KIRCHE **KINNE-VEDUM** (Sandstein, 12. Jh.).

■ Die **KIRCHE** in **FORSHEM**, eine ursprünglich mittelalterliche, jedoch oft umgebaute Pilgerkirche, hat ein sehr schönes TYMPANON (Giebelfeld über Fenster und Türen). Sie ist angeblich die einzige Grabeskirche des Nordens und gleichzeitig die Kirche für den »Orden des heiligen Grabes in Jerusalem«. Die berühmten Grabstätten aus dem 12. Jh. wurden bei Umbauarbeiten in die Kirchenwände eingemauert, die Gewölbemalereien bei einer Restaurierung entdeckt (Anfang 17. Jhs.).

■ Der Ort **HÄLLEKIS** an der Nordflanke der Halbinsel entstand ab 1892 gleichzeitig mit dem Zementwerk (wegen des nahen Kalksteinbruchs). Acht Häuser der Werksarbeiter hat man behutsam restauriert. Im Erdgeschoss haben Kunsthandwerker Arbeits- und Ausstellungsräume, die übrigen Wohneinheiten sind privat oder werden von STF als Gästezimmer oder Apartments vermietet. In einem der Häuser ist eine Wohnstube als Café eingerichtet, nebenan das Touristenbüro. Von Anfang Mai bis Ende August kann man von 10 bis 18 Uhr den Handwerkern zusehen. Veranstaltungen sind oft folkloristischer Art.

■ Bald kann man zum **KINNEKULLEGÅRDEN** abbiegen, der Freizeit- und Erholungsanlage mit Restaurant und dem NATURUM, einer Ausstellung mit Informationen über Geologie, Flora, Fauna und Kulturgeschichte der Kinnekulle-Region. Rund um die 306 m hohe Bergkuppe laden mehrere Pfade zum Wandern ein. Von dem AUSSICHTSTURM (325 m ü.d.M., 281 m über Vänern) soll man bei klarem Wetter mehr als 50 Kilometer WEIT SEHEN können! Bis zum Aussichtsturm sind es 900 Meter. Mai Sa+So 11–16, Juni täglich 11–16, Juli und August täglich 11–19/18, September Sa+So 11–16 Uhr. Eintritt 10/5 SEK.

■ Über eine Abzweigung von der Landstraße erreicht man das Gut **HELLEKIS SÄTERI**, das eine Vorgeschichte besitzt. Der erste bekannte Eigentümer (1305) war Herzog Erik, Sohn des Königs Magnus Ladulås. Das heutige Gebäude ließ Graf Nils Posse nach den Zeichnungen von Olof Tempelman (1791) errichten.

Im Park mit Nussbäumen und Esskastanien ist der über 100 Jahre alte GINKO BILOBA das meist exotische Gewächs, Farbe bringen Staudenrabatte und Rosenrondell. Im Sommer beleben dazu Kunstwerke die Anlage, locken Gewächshäuser und Mustergarten viele Besucher an. In der *Växt-och konsthantverksbutik* werden besondere Pflanzen und Kunstgewerbliches der regionalen Künstler verkauft; dazu Selbstgemachtes, wie Marmelade, Honig, etc. Die alte Orangerie wurde umgebaut und erweitert, die an den Wänden und dem Glasdach entlang RANKENDEN REBSTÖCKE selbstverständlich erhalten. Nun lädt ein Café-Restaurant mit freundlichem, persönlichen Service Die Küche von *Kristina* und *Björn Lindbergh* verwendet nur frische Zutaten aus dem Garten und aus ökologischem Anbau; alles wird liebevoll auf dem mit Blumen und Früchten der Saison geschmückten Buffet angeordnet. Die Gäste vergessen fast die Zeit in der Oase für Seele, Gaumen und Gemüt. Wenn im September die blauen kleinen Trauben an den Ranken in Griffhöhe über den Tischen reif sind, darf man naschen.

■ **VIN OCH PIMPINELLA**, Tel. 544 256, Fax 544 257. www.vinopim.com. 1.5.–30.6. Mi–So 12–18 Uhr, (Küche bis 16 Uhr), 1.7.–31.8. täglich 12–20 Uhr, 1.9.–31.10. Mi–So 12–16 Uhr. Gerichte ab 60 SEK.

■ In Källby (Str. 44) befinden sich innerhalb eines großen Fundgebiets aus der Eisenzeit zwei Runensteine, die **KÄLLBY HALLAR**; den einen ziert eine menschenähnliche große Figur mit hundeähnlichem Kopf (*Styrlag errichtete diesen Stein nach Kaur, seinem Vater*), der andere trägt ein Kreuz, die Runen loben einen gottesfürchtigen Mann *(Ulv und Ragnar errichteten diesen Stein nach Fare, ihrem Vater … Er glaubte fest an Gott)*. Beide Steine sind Symbol der Begegnung zwischen Heiden- und Christentum.

Verschiedenes

■ **SIGHTSEEING**: bei Läckö BOOTSTOUREN mit M/S Gabriel durch die Schären: Ausgangspunkt im Hafen beim Schloss. – Bootsrundfahrten durch den SCHÄRENGARTEN EKENS SKÄRGÅRD, nördlich der Insel; wer will, kann unterwegs auf den Blankesund-Inseln aussteigen und später wieder an Bord gehen. Dauer 75 oder 120 Minuten.

■ **ANGELN**: im/am VÄNERN beißen Lachs, Forelle, Hecht, Barsch, Zander, Brasse, Maräne.

■ **BADEN**: VÄNERN: Framnäs, Filsbäck, Tofta, Läckö, Sandbäcksbadet, Svalnäs! – BADESEE JÄRPAS.

■ **RAD FAHREN**: FAHRRADVERMIETUNG auf Campingplätzen. – Karten VÄSTGÖTALEDEN im Touristenbüro.

■ **GOLF**: *Lidköpings Golfbana,* Tel. 546 144, 18-Loch-Platz. – *Lundsbrunns Golfbana,* Tel. 0511 – 575 60. 18-Loch-Platz.

■ **KANU**: die SCHÄREN des Vänern. Kanus zu mieten am Schloss Läckö, Tel. 101 11.

■ **WANDERN**: Die Vorschlagsliste krönt der KINNEKULLELEDEN! *Carl von Linné* bezeichnete den Kinnekulle 1746 als blühenden Berg. Obwohl die Menschen in die Natur eingriffen, so blieb doch die kalkreiche Grundwasserversorgung Voraussetzung für den ARTENREICHTUM an Pflanzen. Dieser Pfad ist 45 km lang (Beschreibung und Karten im Touristenbüro); auch Nachtwanderungen auf Kinnekulle. – Die nur 5 km breite LANDZUNGE HINDENS REV reckt sich weit in den Vänern hinaus.

■ **VERANSTALTUNGEN**: TANZFEST Lidköping (etwa 20.4.) – LIDKÖPINGSFESTEN auf dem großen Markt (im Frühsommer) – FESTIVAL DER PORZELLANSTADT (Mitte August).

■ **POSTAMT**: Hamngatan.

■ **TRANSPORT**: *Kinnekullebanan* Hallsberg-Herrljunga.

■ **PARKEN**: großer Parkplatz an der Fabrik Rörstrand, auch an der Kållandsgatan auf dem Weg zwischen Touristenbüro und Rörstrand.

■ **TAXI**: Tel. 220 80 und 250 50.

■ **ÄRZTLICHE VERSORGUNG**: *Bassjukhuset* (Krankenhaus), Mellbygatan 11–15, Tel. 850 00.

Weiterreise

■ **BAHN**: Strecke Hallsberg über Lidköping nach Herrljunga.

■ **BUS**: Schnellbus Uddevalla-Lidköping-Örebro-Kopparberg. – Wochenendbus Göteborg-Uddevalla-Lidköping-Örebro-Stockholm.

■ **AUTO**: **NACH FALKÖPING**. Auf Str. 184 über SKARA, diese Gegend siehe unter »Falköping, Ausflüge«.

NACH TROLLHÄTTAN sowie Vänersborg. Auf Str. 44.

NACH BORÅS. Str. 18, E 20 bis Vårgårda, Str. 42 und 183.

Falköping

Falköping liegt am Fuße des Tafelberges MÖSSEBERG, rund 50 km südlich des Binnenmeeres Vänern und 40 km westlich des großen Sees Vättern auf der Hochebene Västergötlands. Die Geschichte dieser Gegend reicht bis in die Steinzeit zurück: Allein in Falköping gibt es zehn Steinkammergräber, und aus der Zeit der Völkerwanderung stammen Reste einer mächtigen Fluchtburg auf dem nördlichen Mösseberg, dem Gipfel STÅNGABERG; auch der einzigartige Goldkragen, 1827 am Fuß des Ållebergs gefunden und jetzt im Stockholmer Historischen Museum zu sehen, ist ein Relikt dieser Epoche.

Während Funde aus der Wikingerzeit weniger zahlreich sind, weiß man, dass sich das Christentum bereits vor 1000 in der Fal-Gegend ausbreitete. Im frühen Mittelalter standen die Kirchen hier dicht bei dicht, da VÄSTGÖTALAGEN, das älteste Gesetzeswerk Schwedens, vorschrieb, dass der Bischof in die Wünsche der Bauern, die sich eine Kirche bauen wollten, einwilligen musste.

In Falköping kreuzten sich im Mittelalter zwei wichtige Verkehrswege: die sogenannte Königsstraße (auch Eriksgata) sowie der ÄTRANLEDEN, der ins benachbarte, damals dänische Halland führte. Vermutlich besaß der Ort damals Stadtprivilegien, aber die kriegerischen Auseinandersetzungen mit Dänemark und die neue Grenze – 1645 wurde Halland 1645 schwedisch – ließen Falköping an Bedeutung verlieren.

Anfang des 19. Jhs. kam die Textilfertigung auf: Hutmacher setzten erste Akzente. Mit der neuen Eisenbahn kam der Aufschwung. Ackerbau und Viehzucht waren das Markenzeichen der FAL-GEGEND (FALBYGDEN). 1878 war das Gründungsjahr der Käserei FALBYGDENS OST, die heute noch am Markt ist. Ab den 1950er Jahren folgten Goldschmiedeindustrie, Möbelfabrikation, feinmechanische Betriebe. Heute ist die Gemeinde Falköping ein bedeutender Handels- und Industrieort, wobei die genannten Wirtschaftssparten unverändert eine Rolle spielen.

Das Umland prägt die auf Kalkstein gebildete Hochebene mit den für diesen Teil Västergötlands typischen Tafelbergen. Falköping liegt 220 m ü.d.M., eine Höhe weit über dem Landesdurchschnitt; vom Ålleberg sind bei klarer Sicht neun PLATEAUBERGE auszumachen. Die vielen Kirschbaumplantagen der Fal-Gegend sind ein bezaubernder Anblick zur Blütezeit.

INFORMATION

■ **FALKÖPINGS TURISTBYRÅ**, Trädgårdsgatan 22, SE – 52142 Falköping, Tel. 0515 – 13195, Fax 81756, E-mail: turistbyran@turism.falkoping.se, Internet: www.falkoping.se/turism. Geöffnet: 1.6.–15.8. Mo–Fr 9–18 Uhr, Sa 10–14 Uhr, sonst Mo–Fr 9–17 Uhr, ab April auch Sa 10–14 Uhr.

◀ **Schloss Läckö (siehe Seite 333 und 335)**

Unterkunft

■ **FALKÖPINGS VANDRARHEM**, Mössebergsparken, Lidgatan, Tel. 85020, Fax 10043. Ganzjährig geöffnet. 56 Betten, 2–6-Bett-Zimmer, 165/90 SEK. Waschmaschine und Trockner. Fahrradvermietung. Ruhige Lage im Park. Vorbestellen, da oft von Schulklassen belegt.

■ **FALKÖPING SWECAMP MÖSSEBERG**, Tel. / Fax 85021, Internet: www.camping.se/plats/R07. Ganzjährig geöffnet. 140 Stellplätze ab 110 SEK, Ferienhütten ab 400 SEK, Hütten ab 250 SEK. Herrliche Lage auf dem Mösseberg, mit Blick ins weite Land. Zum Zentrum 3,5 km, Bus 32. Die Häuser sind gut eingerichtet, Joggingwege und Badesee Skogssjön fast vor der Haustür.

■ **HORNBORGASJÖNS STUGBY**, in Bjellum, Tel. / Fax 0511 – 600 40. Ganzjährig geöffnet. Saisonpreise pro Nacht und Hütte (5 Personen) 600 SEK. Es stehen 7 Häuschen und ein Apartment zur Verfügung.

Sehenswertes

■ **STADSMUSEET**, St. Olofsgatan 23, Tel. 850 50, www.falkoping.se/museer. Mo–Fr 11–16 Uhr, Sa+So 13–16 Uhr. Eintritt 20/0 SEK.

Dieses Stadtmuseum verfolgt ein modernes Konzept: Akustische und visuelle Reize versetzen die Besucher in die Steinzeit oder in das beginnende Mittelalter. Protagonisten sind das Skelett des Hundes vom Hornborga-See (9.000 v. Chr.), das »Himbeer-Mädchen« aus dem Åsle Moor (3.000 v. Chr.), der Gerum-Mantel aus dem Moor Gerumsberg (etwa 300 v. Chr.), der Strick-Fäustling vom Åsle-Moor (300 n. Chr.) sowie der einmalige goldene Halskragen von Ålleberg (400 n. Chr.), aber »nur« als Kopie.

Das zweite Jahrtausend n. Chr. ist der Veränderung der Landschaften und der Lebensbedingungen gewidmet. Eine Landkarte vom Ende des 17. Jhs. auf dem Boden lässt die Besucher in eine vergangene Zeit der Fal-Gegend eintreten. Auf dem Weg durch 1.000 Jahre werden die Veränderungen kirchlicher, königlicher und staatlicher Macht, der Umbruch in der Landwirtschaft durch Flurbereinigung und neue Geräte, die Industrialisierung sowie das Wachsen von Städten und Verkehr anschaulich dokumentiert. Den Höhepunkt und Abschluss der Zeitreise bildet eine Bild- u. Ton-Komposition, die eine verlockende Landschaft außerhalb der Museumsmauern kreiert. Eine Einladung auf eigene Faust das Umland Falköpings zu entdecken.

■ Im Stadtpark liegt das **GANGGRAB KYRKERÖR.** Das Steinzeitalter in Schweden, aufgeteilt in ältere, mittlere und jüngere Zeit, hinterließ gerade in Falbygden seine Spuren: Die ältesten, am seltensten vertretenen Gräber sind die sogenannten *dösar*, Grabkammern aus großen Steinblöcken mit einem alles überdeckenden Block, in denen höchstens drei Personen bestattet wurden. Der Archäologe *Dr. Lars Blomqvist*

(Bägerfält) will herausgefunden haben, dass die Ganggräber (*gånggrift*) der mittleren Zeit 3.300-3.000 v. Chr. entstanden. – Diese Steingräber mit einem Gang zur Grabkammer ordnet man als Begräbnisstätte eventuell mehrerer Generationen ein. Danach folgte die *Hällkisttid*, eine Zeit, in der rechteckige, flache Steinplatten die wuchtigen Steine ersetzten und die Steinkisten entstanden.

Im Stadtgebiet verstreut liegen weitere neun Ganggräber.

■ Der 327 m hohe **MÖSSEBERG** bietet eine hinreißende Aussicht auf Falköping und Umgebung (vor Ort Aussichtsturm, Campingplatz, Ferienhäuser, Restaurant, Tierpark und Wanderwege). Autostraße.

Ausflug nach Skara

Skara liegt zwischen den Binnenmeeren Vänern und Vättern. Diese Gegend ist seit frühgeschichtlicher Zeit bewohnt. Noch während der Wikingerzeit befand sich hier ein Tingplatz. Als Bischofssitz des Landes war Skara »Ausgangspunkt« für die Christianisierung der Schweden. Im Mittelalter machten eine renommierte Klosterschule und ein Gymnasium Skara zu einem Zentrum des geistigen Lebens. Im 16. Jh. bauten die Vasa-Könige Schloss Skaraborg, das die Dänen während des Krieges 1612 zerstörten. Nach einem großen Brand 1719 wurde es ruhig um Skara, das erst mit dem Ausbau des allgemeinen Verkehrsnetzes wieder in den Blickpunkt geriet. Neben den erwähnten traditionsbehafteten Bildungseinrichtungen wird Skara mit den vielen Betrieben verbunden, die (häufig) Produkte der umliegenden Landwirtschaftsbetriebe weiter verarbeiten. Der weitgehend bewahrte mittelalterliche Kern verleiht Skara einen besonderen Charme.

In der Landesbibliothek lagert übrigens die vermutlich älteste Handschrift Schwedens, SKARA-MISSALE (um 1100), neben rund 3.000 weiteren wertvollen Handschriften.

INFORMATION

■ **SKARA TURISTBYRÅ**, Skolgatan 1, SE–53288 Skara, Tel. 0511 – 325 80, Fax 325 84, turistbyran@skara.se/ Mo–Fr 9–13 u. 14–17 Uhr, im Sommer Mo–Fr 9–19 Uhr, Sa 10–14 Uhr, So 13–17 Uhr.

SEHENSWERT IN SKARA

■ **VÄSTERGÖTLANDS MUSEUM**, Stadsträdgården, Tel. 26000, www.skaramuseum.se. 1.5.–30.9. Mo–Fr 10–17, Sa+So 12–17, sonst Mo zu u. Mi bis 21 Uhr. Eintritt 30/0 SEK.

Einzigartige, fast 3.000 Jahre alte BRONZESCHILDE samt ihrer Historie nehmen einen besonderen Platz ein: Auf der Halbinsel Kålland förderte 1985 der Pflug eines Bauern einen metallenen Gegenstand zu Tage: ein halber Bronzeschild, dem nach Ausgrabungen weitere 15 Schilde und Fragmente folgten. Die nur 3–5 mm dünnen Schilde waren als Opfergabe in einer Bucht des Vänern versenkt worden; eine spannende Multimediashow schildert, wie das Ritual abgelaufen sein könnte.

Die Ausstellung SKARA IM MITTELALTER präsentiert u.a. ein Modell der Stadt mit Holzhäuschen, die sich im Schatten der mächtigen Kirche ducken, und ein Wandgemälde, das einen Markttag 1289 darstellt. Noch unmittelbarer wird die Begegnung, schlendert man durch die mittelalterlichen Gassen und vertiefen Licht und Geräusche die Stimmung.

In der ausgezeichneten Abteilung BACKSPEGELN, Rückspiegel, können die Besucher am Computer an den Museumsschätzen teilhaben.

■ Angeschlossen ist **FORNBYN**, das FREILICHTMUSEUM mit Häusern aus dem ganzen Bezirk, darunter einfache Bauernkaten ebenso wie Wohlstand bezeugende Gutsherrenhöfe. Das RITTERGUT KRÅK (18. Jh.) wurde zeitgenössisch eingerichtet, in den Kellergewölben ist ein RESTAURANT zur Mittagszeit zu empfehlen.

■ **DOMKYRKAN**, der erste DOM in Skara, wurde 1150 – nach 100 Jahren Bauzeit – eingeweiht; älter ist nur der Dom in Lund. Die Kirche wurde mehrfach umgebaut und bei großen Restaurierungsarbeiten unter *Helgo Zettervall* 1868–94 mit NEUGOTISCHEN STILELEMENTEN geschmückt. Die farbintensiven Glasmosaiken der Fenster schuf 1945–49 *Bo Beskow,* das letzte erst 1976. Die Reliefs an der Tür zur Sakristei entstanden schon im 15. Jh.

IN SKARAS NÄHERER UMGEBUNG

■ **SKARA SOMMERLAND**, 8 km östlich (Str. 49), www.sommarland.se. Geöffnet etwa 25.5.–20.8. täglich 10–17/18/19 Uhr. Eintritt ab 95 SEK schließt fast alle Attraktionen ein.

Dieser größte Freizeitpark Skandinaviens (500.000 m^2) lockt jährlich zig tausende Besucher an. – Attraktionen sind u.a. die 130 m lange Wasserrutschbahn, Wasserskilaufen, die Spielburg Brioland, eine Wildwest-Stadt, eine Super-Loopingbahn, die Kletterwand und der Bungy-Jump.

■ Die **KLOSTERKIRCHE VARNHEM** gehört zu den herausragenden Kulturdenkmälern Schwedens. Um 1150 gründeten hier ZISTERZIENSERMÖNCHE ein Kloster, das nach der Reformation verfiel, so dass heute nur noch imposante Ruinen zu besichtigen sind. Ein kleines MUSEUM zeigt interessante Ausgrabungsfunde.

Die mittelalterliche Kirche wurde nach französischem Vorbild gestaltet. Der Besuch gleicht einer schwedischen Geschichtsstunde, denn das Gotteshaus war die Begräbniskirche für Regenten aus dem Geschlecht der Eriks – auch Birger Jarl, der Gründer Stockholms und M.G. de la Gardie liegen hier begraben. Der Reichskanzler *Magnus Gabriel de la Gardie* hatte sich diese damals fast verfallene Basilika als seine Begräbnisstätte ausgesucht und ließ sie im 17. Jh. renovieren. Die Strebpfeiler, die sie als notwendige Stütze erhielt, gaben ihr das unverwechselbare Äußere. Heute ist sie in voller Pracht innen wie außen zu bewundern.

■ Die KIRCHE von **NORRA LUNDBY** nahe Varnhems stammt aus dem 12. Jh. Ihr Taufbecken hat ein Abflussloch zum Ablassen des Taufwassers, da geweihtes Wasser nicht das Gotteshaus verlassen durfte. Also ließ man es durch den Taufstein in den Boden fließen.

Die mittelalterliche Klosterkirche in Varnhem

Weitere Ausflugsziele

■ Der **HORNBORGA-SEE** ist für seinen VOGELREICHTUM bekannt. Im April ist er das Mekka der Ornithologen, die sich dem Paarungstanz der Kraniche hingeben. Am besten kann man das Schauspiel nahe STORA BJURUM (südlich von Skara) betrachten. Das Info-Büro dokumentiert die Renaturierung des Sees.

Auf der Ostseite des Sees, bei BOLUM, steht ein sechseckiges Holzhaus auf Pfählen im See – auf dem Dach eine GLASPAGODE mit Rundumsicht. Das Gebäude dient als Naturum, Aussichtsturm, Info-Zentrale, Cafeteria und Restaurant. Eine Ausstellung und Dioramen berichten über den See und seine Bedeutung für Mensch und Tier; mit Beginn des 20. Jhs. machte man hier aus einem funktionierenden Ökosystem einen öden Sumpf. Die Renaturierung in den 80er Jahren war damals eine Art europäisches Pilotprojekt, dokumentiert durch eine spannende Diashow. Holzstege führen über das Wasser zu Observationsverstecken und am Ufer entlang zu Beobachtungstürmen. Zudem züchtet der Naturschutzverein auf dem Areal gefährdete schwedische Landrassen wie Gotland-Schafe, Väner-Kühe und Linderöds-Schweine.

HORNBORGA NATURUM, ca. 25.3.–10.6. täglich 9–19 Uhr, sonst 11–18 Uhr. Eintritt 10 SEK.

■ Im **KONSTGÅRDEN REDBERGA**, Marka, sind die Werke von *Harald Wiberg* (1908–1986), eines beliebten Malers der Region, zu bewundern: Ihm hatten es Landschaften, Tiere, Gnome und Trolle angetan. Sa+So 13–17 Uhr. Eintritt Galerie 15 SEK.

■ **GÖKHEMS KIRCHE** ist eine romanische Apsiskirche aus dem 12. Jh. Bäuerliche Malereien von *Meister Amund* zieren Decken und Wände. 15.5.–31.8. 8–19 Uhr.

■ Im südwestlich gelegenen Vorort Floby schuf der Landbriefträger *F.J. Gegerfeldt* über Jahre hinweg das **ALPHEMS ARBORETUM** mit Pflanzen aus aller Welt. Das kleine Paradies mitten im Wald pflegt heute ein Heimatverein, im Sommer wird in dieser herrlichen Umgebung Kaffee serviert. 20.5.–20.8. nur Sa+So, im Juli täglich. Eintritt 20 SEK.

■ Östlich von Floby steht die **GÖTEVE KIRCHE**, ebenfalls eine Apsiskirche aus dem 12. Jh., deren naive Malerei an den Wänden und barocke Ausschmückung der Decke die Aufmerksamkeit erweckt. Hervorzuheben auch der Taufstein mit dekorativen Ranken und der Christuskopf, einst Bestandteil eines Kruzifixes (13. Jh.). 1.5.–30.9. 8–19 Uhr.

■ Nördlich Falköpings liegt **GUDHEM**, das im frühen Mittelalter große Bedeutung besaß, nachdem 1160 ein Zisterzienserkloster für Nonnen gebaut worden war; es sollte zu einem der größten und reichsten im westlichen Schweden werden. Seine königliche Gönnerin Katarina ist mit einem Grabmonument geehrt. Die Ruinen des 1529 abgebrannten Klosters werden derzeit restauriert. In einem Gebäude (18. Jh.) erzählt ein Museum über das mittelalterliche Klosterleben. 1.4.–31.10. Mo–Fr 10–16 Uhr, Sa+So 13–17 Uhr.

■ Von Gudhem über Håkantorp gelangen Sie nach **EKORNAVALLEN**, einer vorgeschichtlichen Grabstätte der Stein-, Eisen- und Bronzezeit. Bedeutend ist, dass auf demselben Platz Menschen von 3300 v. Chr. bis 1000 n. Chr. mit verschiedenen Bestattungsritualen beigesetzt wurden und dass einige Ganggräber, Steinhaufengräber, flache Steinsetzungen u.a. erhalten blieben. Am Parkplatz steht eine große Hinweis-Tafel.

■ **ÅLLEBERG** ist der südlichste und höchste TAFELBERG Västergötlands. Wer gut zu Fuß ist, kann hinauf wandern und botanische Raritäten entdecken. Im Gegensatz zu den übrigen Plateaubergen finden sich auf der Höhe Heide, Äcker und Wiesen, jedoch keine Wälder – was die Ansiedlung eines Zentrums für Segel- und Drachenfliegerei begünstigte.

■ **ÅSLE TÅ** ist die größte erhaltene Häusler-Siedlung des armen Schwedens, »tå« (Zehe) die Bezeichnung für ein schmales Stück Land. – Anfang des 18. Jhs. durften die armen Tagelöhner, die kein Land besaßen, hier ihre Hütten errichten. In Åsle wohnten 1880 etwa 85 Personen; danach sank die Einwohnerzahl – die bittere Armut und der Glaube, in Amerika ein besseres Leben führen zu können, trieb die Häusler aus der Heimat. Die Industrialisierung, die Hoffnung auf Arbeit und Lohn versprach, veranlasste eher die Jungen, ihre armseligen Hütten zu verlassen.

In Åsle Tå, heute ein Idyll und beliebt bei Künstlern, sind Hütten dieser Zeit sind zeitgerecht möbliert zu besichtigen. 1.5.–31.8. täglich 10–18 Uhr. Eintritt 20/10 SEK.

FALBYGDENS OST ist darauf spezialisiert, Käse zu verfeinern und bis zur endgültigen Reife zu lagern. Aus ganz Schweden liefert man Käse an, der hier in den Käsekellern bis zu 18 Monate lagert. Lagerzeit, Temperatur und auch die Veredelung geben dem Käse das volle Aroma. Sind die Läger gefüllt, liegen 1.000.000 kg in den Regalen. Das Familienunternehmen unterhält u.a. eine Auslieferung in Hamburg.

OSTERIAN, Falbygdens Ost, Göteborgsvägen 19, Telefon 776690, www.falbygdensost.se. Mo–Fr 9–17.30 Uhr, Sa 9–13.30 Uhr, So 11–15.30 Uhr. Gemütlich-rustikale Gaststätte mit KÄSEBUFFET. – Im Käseladen bietet eine 15 m lange Theke entsprechende Auswahl. – Die Geschenkbutik legt nahe, dass Falköping der »Kuh-reichste Ort« Schwedens sein dürfte.

■ **EKOMUSEM FALBYGDEN-ÄTRADALEN** meint die in 6.000 Jahren gewachsene Kulturlandschaft im Tal des Ätran zwischen Ulricehamn und Falköping, ca. 40 km Strecke. Eine kleine deutschsprachige Broschüre fasst 70 Sehenswürdigkeiten zusammen, darunter schöne Naturareale, Kulturdenkmäler, Museen, Kunst, Kunsthandwerk beschrieben sowie auf einer Karte verzeichnet. Gibt es im Touristenbüro. Zum Teil eignen sich die Ziele als Stationen im Rahmen der Weiterreise (in diesem Kapitel Richtung Jönköping).

Verschiedenes

■ **SIGHTSEEING**: Ein kleiner himmelblauer Zug rollt durch die Stadt. Der RANTEN-EXPRESS zuckelt am Stora Torget los, duch die S:t Olofsgatan und erklimmt den Mösseberg, an Tierpark und Aussichtsturm vorbei und wendet am Campingplatz. Bei heißem Wetter wird für durstige Seelen ein Stopp eingelegt. Nach einer Stunde ist man am Markt zurück. Etwa 15.5.–15.8. täglich 13 und 15 Uhr. Ticket 20/10 SEK.

■ **BADEN**: Im See SKOGSSJÖN. – ODENBAD, Hallen- und Freibad mit Warmwasser-, separatem Sprung-, Planschbecken und Wasserrutsche.

■ **RAD FAHREN**: Das Touristenbüro hat einige Vorschläge ausgearbeitet und vermittelt das Mieten von Fährradern, zum Beispiel bei: *Holgers Cykel & Motor,* St. Olofsgatan 39, Tel. 106 94.

■ **GOLF**: *Falköpings Golfklubb,* Berga, Tel. 31270. 18-Loch-PLatz.

■ **WANDERN**: Wander- und Trimmpfade auf dem MÖSSEBERG. – Das Moor HÖRNA MOSSE (Mösseberg) ist für Botaniker interessant. Neben Glockenheide und verschiedenen Flechtenarten findet man Sonnentau, eine Insekten fressende Pflanze. Zudem bietet sich von dem über einem Steilhang liegenden Moor ein herrlicher Ausblick. – Das Spaltental VRÅHÅLAN teilt den Mösseberg, Ausblick auf den Ålleberg, Orchideen-Vorkommen. Str. 47 Richtung Vänersborg, nach etwa 5 km nach rechts, kleiner Weg zum Bergsjön. Vråhålan ist ausgeschildert.

Der BRUNNHEMSLEDEN (10 km), bei Stenstorp, ist orangefarben markiert. Startpunkt entweder Albienstuga oder längs Faledreven. Durch abwechslungsreiche Natur mit Aussicht auf den Hornborgasjön. Rasten in Schutzhütten, übernachten in einer Lappenkote möglich

■ **KUNSTHANDWERK**: *Atelje Anna-Karin Medin,* Trädgårdsgatan 16, Tel. 107 11. Malerei in Öl, Aquarell, Acryl, Tusche. Di–Fr 14–18 Uhr.

■ **VERANSTALTUNGEN**: Mitte Mai: FEST I STAD. – Mitte August, in jedem 2. Jahr (2003...): KARNEVAL.

■ **POSTAMT**: Storgatan 1–3.

■ **TRANSPORT**: Hauptbahnhof an der Järnvägsgatan 5. – Centrum Stora Torget, Stadtbusse in 4 Linien. Nahverkehrsbusse z.B. nach Stenstorp, Floby, Odensberg-Vilske-Kleva, Ålleberg-Falekvarna. Alle Busse halten in der S:t Olofsgatan.

■ **TAXI**: Tel. 100 10 und 106 00.

■ **ÄRZTLICHE VERSORGUNG**: *Vårdcentralen,* St. Olofsgatan 8, Tel. 87 880. Auch Zahnarzt, Tel. 87 830.

Weiterreise

■ **BAHN**: Bahnhof *Falköpings Central* in der Järnvägsgatan, Ecke S:t Sigfridsgatan. – Falköping ist Station zwischen Göteborg u. Stockholm. – VÄTTERTÅG Skövde, Falköping, Jönköping, Nässjö.

■ **BUS**: Busterminal Järnvägstorget. U.a. nach nach Ulricehamn, Tidaholm, Skövde, Mullsjö, Skara-Götene-Mariestad. Lidköping-Falköping ist Station der Schnellbuslinie Jönköping-Uddevalla.

■ **AUTO: NACH JÖNKÖPING**, flott auf der Str. 47, zum empfehlen aber der Umweg auf der Str. 46 nach Süden in Richtung Ulricehamn. Ein Abstecher in Richtung VARTOFTA bringt Sie zunächst zum Ganggrab LUTTRA, auch wenn nicht mehr alle Steinblöcke vorhanden sind; vor ca. 4.500 Jahren soll das Grab entstanden sein, etwa zur gleichen Zeit, als Sklaven in Ägypten die gewaltigen Pyramiden bauten; das Vorzeitgrab war bereits schwedisches Briefmarkenmotiv. Bei **ÅSARP** erlaubt das Freilichtmuseum EKEHAGENS FORNTIDSBY eine Reise in die Vergangenheit; wer sich anmeldet, darf mit steinzeitlichen Arbeitsgeräten Korn mahlen, spinnen, Leder schaben, Lehmtöpfe formen und vieles andere. Als das Inlandeis sich zurückzog, kamen Nomaden ins Land. Das Tal des Ätran und die Gegend zwischen Falköping und Ulricehamn gehörten zu den ersten Siedlungsplätzen, wie Funde beweisen. Die Zeit der Jäger, Sammler und Fischer reichte etwa von 10.000 – 4.000 v. Chr. Die Nomaden lebten in schlichten Hütten, möglichst an einem Gewässer. In Ekehagen hat man fünf solcher Behausungen nachgebaut: ein Oval, gestützt von gegabelten Birkenstämmen, mit Rieddach, den Boden mit Rinde bedeckt. In dem Zeitraum 4000–1800 v. Chr., im Bauern-Steinzeitalter, wurde man sesshaft und baute Langhäuser, in denen die Menschen das ganze Jahr über wohnten; sie bestellten Äcker, zermahlten Korn, begannen mit Viehhaltung, brannten Keramik etc. Fallen geben Einblick in die Art des Jagens; das Wildschwein war das am meisten gejagte Tier. Das Bronzezeitalter datiert von 1800–500 v.Chr. In diese Zeit fiel eine Klimaveränderung, es wurde kälter und nasser, das Vieh brauchte einen Stall, die Menschen begannen Wolle zu Kleidern zu verarbeiten. Durch Einflüsse aus Zentraleuropa lernten sie aus Kupfer und Zinn Bronze zu gießen. Das Haus dieser Zeit in Ekehagen ist der Nachbau einer archäologischen Ausgrabung bei Köpingebro. Es hat zwei Räume, einen für die Menschen, den anderen für die Tiere. Die Wände aus Flechtwerk sind mit Lehm verschmiert; vor die Fenster sind Häute aus Kuhmägen gespannt. Die Zeit von 500 v.Chr. bis 1050 n. Chr. rechnet man zur Eisenzeit; diese Epoche ist in Ekehagen noch im Aufbau. 1.5.–31.8. täglich 10–17 Uhr. Der Fluss Ätran macht nördlich von Ekehagen einen großen Bogen. Östlich Åsarps liegt auf einer Insel im Ätran ein kleines Blumenparadies, EKEBERGA BLOMSTERGÅRD, eine Gartenanlage mit über 1.000 Pflanzen, die sich vom Frühjahr bis zum Herbst in eine Farbsinfonie verwandeln. 1.5.–15.8. täglich 10–17 Uhr.

Wer die Str. 47 vorzieht, kann an der Kreuzung mit der Str. 193 einen Abstecher nach Karleby machen: In **KARLEBY LÅNGA** verbirgt sich in einem Gräberfeld westlich der Str. 193 das angeblich größte GANGGRAB des Nordens, RANGVALDSGRAV, mit einer 17 m langen Kammer; von hier sieht man drei weitere Ganggräber, die in einer Linie liegen; auf der anderen Wegseite befindet sich eine Häuserzeile, ein Dorf mit 1.000-jährigen Ahnen. Das 500 m lange und nur 50 m breite Tal **DJUPADALEN**, östlich der Str. 193, grub ein Flüsschen in die Kalkstein-, Schiefer- und Sandsteinlager; herrliche Aussicht! Die Rundkirche SKÖRSTORP KYRKA (Ende 12. Jhs.) versuchte man 1935 möglichst originalgetreu zu restaurieren. Schlüssel im gelben Haus.

NACH LIDKÖPING, Str. 184, vorbei an Skara (siehe unter »Ausflüge«) und vorher am Hornborga-See; in **BJURUM** fahren sie am NATURUM TRANDANSEN vorbei, das leider nur im Frühjahr von Interesse ist, wenn die Kraniche um den 10.–20.4. hier rasten: bis zu 7.000 Exemplare, bevor sie zum Brutplatz weiter ziehen; jeden Morgen ab 6 Uhr bis zur abendlichen Dämmerung sind die ca. 1,20 m großen Vögel zu beobachten; ein einmaliges Schauspiel ist der TANZ DER KRANICHE, wenn sie Pirouetten drehen, sich verneigen, in die Höhe hüpfen oder ihre Trompetenschreie ausstoßen. Unvergesslich am Abendhimmel, wenn einer nach dem anderen sich mit schwerem Flügelschlag in die Lüfte erhebt und zum Schlafplatz fliegt.

NACH TROLLHÄTTAN, Str 47 und weiter über die Str. 44. SPARLÖSASTENEN, Abzweig von der Str. 47, etwa 7 km vor Grästorp Richtung Gillstad und Mellby, ist ein eigenartiger Runenstein (etwa 800 n. Chr.), enthält Bildornamente und Runen des älteren und jüngeren dänischen Runenalphabets sowie schwedisch-norwegische Runen.

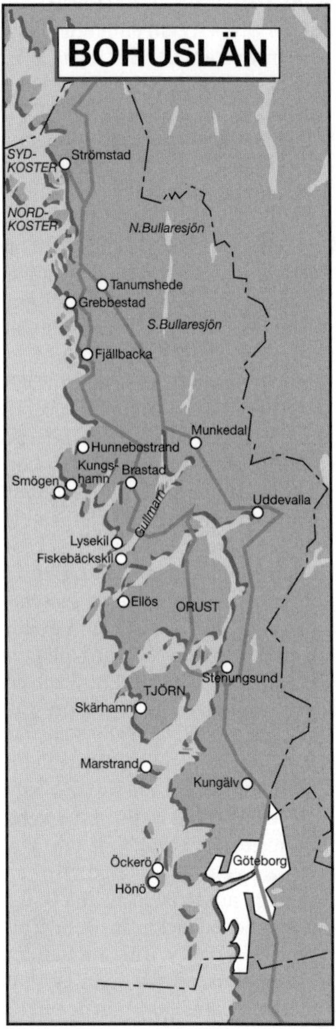

Bohuslän

Bohuslän bildet den nördlichsten Teil der schwedischen Westküste. 4.447 km² Land, Klippen, Schären und Inseln bewohnen 230.000 Menschen. Im Osten grenzt die Provinz an Dalsland und Västergötland, der Nordzipfel reicht nach Norwegen hinein und im Süden liegt Göteborg an der Grenze zu Halland.

Der etwa 170 km lange und 30 km breite Landesteil am Skagerrak ist das beste Beispiel für die Kräfte des Inlandeises vor über 10.000 Jahren. Als das Eis sich langsam zurückzog, formte es die Küste mit unzähligen glatt geschliffenen Klippen. Befreit vom schweren Eispanzer, hob sich das Land, ließ aus dem großen Wasser Binnenmeere (wie den Vänern) entstehen und schnürte Flüsse ab, so dass nur die tiefen, weit ins Land einschneidenden Förden übrig blieben.

Der entstandene SCHÄRENGÜRTEL bildet eine innere, geschützte sowie eine raue Außenküste. Die Granitbuckel, auf die das anrollende Meer zuerst trifft, sind flach, kahl, blank gespült. Manche Felsplatten lieben die Seehunde, um sich ein Päuschen (bei Sonnenschein) zu gönnen.

Die INNEREN SCHÄREN sind höher und häufig mit fruchtbaren kleinen Tälern durchzogen. Die östliche, höher gelegene Seite, das INLAND, bietet wiederum so viel Abwechslung, wie man sie hier gar nicht erwarten mag: FJÄLL, gebirgsähnliche Landschaft, Urwaldgebiete, schmale und lange Seen, Flüsse mit kurzen Stromschnellen und Wildnis mit Mooren sowie dichten Wäldern samt Reichtum an Beeren und Pilzen. Auch das Inland hat seinen Fjord. Er zieht sich von Göteborg, zwischen den Inseln TJÖRN und ORUST, bis nach UDDEVALLA hinein. Die Landschaft dieser beiden großen Inseln wechselt ab mit waldbewachsenen Berghängen, Tälern und kleineren Seen.

Die Westküste bestimmen kahle Granitfelsen und Spaltentäler. Malerische Fischerdörfer, Holzhäuser, die, teils eng aneinander gekauert, teils an Felswänden klebend, Windschutz suchen, alte Kirchen und Museen sowie vorzeitliche Altertümer bedeuten viel Sehenswertes.

Bohuslän ist schon seit tausenden Jahren besiedelt, wie Steingrabhügel, Steinkammergräber und hunderte Felszeichnungen aus diesen Zeiten belegen. Nach der Wikingerära stritten sich Dänen, Norweger und Schweden um den Landesteil. Von etwa 700 bis 1047 herrschten meist die Dänen hier, danach gehörte Bohuslän bis zur Unionszeit zu Norwegen, bis auf die Jahre 1319–1355, in der *Magnus Eriksson* Norwegen und Schweden regierte. KUNGÄLV, damals Kongahälla, galt lange Zeit als wichtigste Stadt Norwegens. Gegenüber Kongahällas wurde 1257 Myklaborg (später Ragnhildsborg) auf einer Insel im Fluss Göta älv gebaut. 1308 entstand, ebenfalls auf einer Insel weiter flussaufwärts, die mächtige Festung BOHUS, die der Landschaft ihren Namen gab.

Die Christianisierung des Landes ging langsam vor sich. Erst sicherte sich die Kirche ihre Anhänger bei der führenden Schicht, dann wurde das gemeine Volk überzeugt – wie auch immer. Die Heidentempel ersetzten Holzkirchlein, oft an derselben Stelle. Der Bischof saß in Oslo, aber die kleinen Landkirchen waren beste Propagandazentralen für den neuen Glauben, die Priester wurden von der Bevölkerung versorgt, daraus entstand der spätere Kirchen-»Zehnt.« Ab 1397 ermöglichte die Kalmarer Union zollfreien Handel: Die Bauern aus Västergötland und Dalsland tauschten ihre Produkte gegen Salz und Fisch aus Bohuslän; MARSTRAND blieb Posten für den Außenhandel mit der Hanse, später mit den Niederlanden. Auf dem Papier bestand die Union bis 1523; als Gustav Vasa in Schweden die Macht ergriff, löste er sie auf.

Bohuslän war wieder Grenzland, diesmal unter dänischer Herrschaft. Mehrmals gab es Konflikte zwischen Dänemark und Schweden. Bei den Friedensverhandlungen in Roskilde 1658 muss Dänemark die Provinz Bohuslän schließlich an Schweden abtreten. Nur noch zweimal, 1676 und 1678, musste die Festung Bohus Belagerungen standhalten; danach war ihre Bedeutung als Grenzbastion nordische Geschichte.

Die Menschen in Bohuslän lebten vom Fischfang; der Hering war lange Zeit ausschlaggebend für fette oder magere Jahre. Nach und nach entwickelte sich die Hochseefischerei, jedoch auch hier sind die besten Zeiten vorüber. Weitere Erwerbszweige waren Schifffahrt, Landwirtschaft und ab 1844 die Steinbrüche, und einige Orte profilierten sich mit der Zeit als BADEKURORTE. Die Eisenbahn und die Industrialisierung brachten zudem neue Impulse. Heute ist LYSEKIL neben Göteborg der wichtigste Ölhafen mit Raffinerie, in STENUNGSUND hat sich petrochemische Industrie angesiedelt, und in Uddevalla werden heute statt Schiffen Autos gebaut.

Nördlich von Göteborg beginnt die Klippen-Landschaft Bohusläns, deren Granitfelsbuckel rosa, grünlich oder fast schwarz schimmern können. Pittoreske Fischerorte, die sich in Felsbuchten verstecken, eine Flora, die man hier nicht vermutet, und immer wieder Erinnerungen an die Menschen der Bronzezeit, die uns mit ihren Felszeichnungen ein paar Rückblicke gewähren. Dieser an sich karge Küstenstrich ist von ganz eigenem Reiz, den man am besten entdeckt, folgt man den kleinen Straßen über die Inseln, zum Beispiel auf Tjörn und Orust, die sich unter dem plakativen Namen BÄSTKUSTEN (die beste Küste) um die Urlauber bemühen. Diese haben die Fischerdörfer geradezu erobert; indem viele Häuser als Urlaubsdomizile hergerichtet wurden. Diese Entwicklung hat stellenweise ein beunruhigendes Ausmaß angenommen, das der Küste dort den Reiz zu nehmen droht.

Tjörn und Orust

Stenungsund

Stenungsund wird vor allem mit den BRÜCKEN hinüber nach Tjörn verbunden (siehe in der rechten Spalte unter »Tjörnleden«).

Der frühere Bade- und Urlaubsort hat sich zu einem Industriezentrum entwickelt (Kraftwerk, petrochemische Industrie). Zwar wirken die Industriekomplexe in der Küstenlandschaft deplatziert, dafür stellen sie ein stattliches Kontingent Arbeitsplätze. Stenungsund ist Mittelpunkt der gleichnamigen Großgemeinde (gut 20.000 Einwohner), mit einem Geschäftszentrum direkt am Wasser, gleich beim Yachthafen.

■ Hier steht auch **KULTURHUSET**, das Kulturhaus mit dem Turistbyrå, Ausstellungen sowie der **MOLEKYL-VERKSTA'N** (die Molekülwerkstatt), eine Ausstellung einheimischer Unternehmen, um Kindern Experimentierfelder bereit zu stellen und ganz nebenbei ein Podium für Eigenwerbung zu betreiben. Führungen nach Anmeldung. Mo 8.30–15 Uhr, Di–Fr 8.30–17, Sa 11–15, Sommerferien auch So 11–15 Uhr. Eintritt frei.

■ Das alte Viertel **KYRKEBERGET** vermittelt einen Eindruck von der ursprünglichen Bebauung des Orts.

INFORMATION

■ **TURISTBYRÅ STENUNGSUND**, Kulturhuset Fregatten, SE-44430 Stenungsund, Tel. 0303-83327, Fax 68049, info@bastkusten.se, www.bastkusten.se. Mo–Fr 9–17, Do bis 18 Uhr, 1.6.–31.8. Mo–Sa 9.30–18, Ende Juni bis Ende August auch So 11–15 Uhr.

TJÖRNLEDEN

Hinter der Abzweigung nach Stenungsund beginnt der schönste Abschnitt der Str. 160, der ca. 9 km lange Tjörnleden, eine eindrucksvolle Straßen- und Brückenverbindung über vier Inseln und drei Sunde.

Die größte der drei 1960 fertig gestellten Brücken, die zur Insel Kyrkön führt, stürzte im Januar 1980 ein, nachdem ein Schiff im Nebel einen Brückenpfeiler gerammt hatte – ein Unglück, bei dem Menschleben zu beklagen waren, da Fahrzeuge in die Tiefe stürzten. Erst Ende 1981 war die Brücke wieder befahrbar.

Der Campingplatz nahe der Brücke ist nicht unbedingt der schönste!

Tjörn

Tjörn ist mit 147 km^2 die landesweit fünftgrößte Insel, bewohnt von rund 14.750 Menschen – 3.500 mehr als vor 12 Jahren, begünstigt als Teil des Einzugsgebiets von Göteborg sowie durch die günstige Lage draußen im Skagerrak. Die Wirtschaft floriert, Wochenendausflügler und Urlauber schätzen die Möglichkeiten vor Ort, zuallererst die BADESTELLEN entlang der Küste. Ein mögliches erstes Ziel ist das Dorf RÖNNÄNG im Süden der Insel, das als Fischereizentrum ausgebaut werden soll.

■ Vom **TJÖRNEHUVUD** sieht man über die Schärenwelt mit den Pater-Noster-Inseln und der Festung Carlsten auf Marstrand (siehe dort). Im Hafen Rönnäng starten Hochseeangeltouren und Ausflugsboote zu den Inseln Åstol und Dyrön.

■ Die Felsinsel **ÅSTOL** ist ganz eng bebaut. Die lokale RÄUCHEREI verkauft fangfrische DELIKATESSEN, die man draußen am Wasser probieren kann; URIGER ist der mit historischen Fotos sowie MARITIMEM INTERIEUR (Netze etc.) gestaltete Innenraum – Åstol ist ein idyllisches Ausflugsziel.

NORDISKA AKVARELLMUSEET, Skärhamn, Södra Hamnen 6, Tel. 0304-600080, Fax 600099. 1.5.–15.8. täglich 11–19, sonst Di–So 12–17 Uhr. Eintritt 40/10 SEK. Das Aquarellmuseum ist das erste seiner Art in Europa, begreift sich mehr als Kulturprojekt denn als Museum. Etwas BESONDERES ist das Angebot, als Single, Paar oder Familie unter Anleitung einen MALKURS in Aquarelltechnik zu belegen. Nebenbei lassen sich internationale ZEITGENÖSSISCHE KÜNSTLER blicken, sollen am felsigen Ufer platzierte Ateliers den Austausch zwischen Künstlern sowie Experimente und Projekte in Gang bringen. Das Gebäude liegt herrlich am SCHÄRENUFER, das Restaurant Vatten erzielt immensen Anklang. Sehr gute website: www.akvarellmuseet.org.

■ **KLÄDESHOLMEN**, über eine Brücke zu erreichen, ist seit 1920 Standort der Fischkonservenfabrikation; acht Konservenfabriken sind tätig. In einer stillgelegten Fabrik erzählt das KLÄDESHOLMENS MUSEUM von der guten alten Zeit. Ende Juni bis Mitte August täglich 15–19 Uhr.

■ **SKÄRHAMN**, an Tjörns Westküste, ist das Verwaltungszentrum der Insel. Einst ein großer Fischereihafen, heute die Basis von Schwedens drittgrößter Handelsflotte und Ziel vieler Freizeitskipper. Hier erleben die Besucher WESTKÜSTE PUR – betagte, bunt gestrichene Holzhäuser und die felsige, karge Klippenlandschaft. Das kleine SEEFAHRTSMUSEUM (Sjöfartsmuseet) ist von Anfang Juni bis Mitte August geöffnet: Sa+So 15–18 Uhr, im Juli auch Mo–Fr 17–20 Uhr. Und es besteht die Möglichkeit, mit einem Boot zu Angeltouren auf das Meer hinauszufahren oder aber eine Bootsfahrt durch die Schären zu unternehmen. Das Touristenbüro für ganz Tjörn befindet sich am Hafen (siehe unten).

■ Auf dem Weg Richtung Kyrkesund ist beim Abzweig nach Hällene eine FELSZEICHNUNG (15 Schiffe) zu sehen. 1 km danach erreicht man das GRÄBERFELD **PILANE** mit über 500 Grabhügeln der Eisenzeit.

■ Der Fischereihafen **KYRKESUND** mit Häuschen aus der Zeit um 1900 ist jedes Jahr am dritten Augustwochenende der Anziehungspunkt für Schaulustige, wenn die Teilnehmer

An der Schärenküste bei Skärhamn (oben); Relikt aus Lysekils glorreichen Tagen als Bade- und Kurort (siehe Seite 359 ff.) ▶

an der Segelregatta Tjörn Rund den engen Sund passieren.

■ Auf der Rückfahrt über Lilldal in Richtung Insel Mjörn kommt man am Freilichtmuseum **BRÄCKE HEMBYGDSGÅRD** vorbei, das u.a. Trachten ausstellt. Schmiede, Schulklasse, Kolonialwarenhandel etc. 1.6.–31.8. Sa+So 13–17 Uhr.

■ Die Str. 160 streift den Nordosten von Tjörn, führt an der Ostküste der Insel Mjörn entlang sowie über den **SKÅPESUND** mit HERRLICHEM Blick auf den inselreichen STIGFJORD und auf die Insel Orust (388 km^2).

INFORMATION

■ **TURISTBYRÅ SKÄRHAMN**, Södra Hamnen, SE – 47132 Skärhamn, Tel. 0304 – 671 040, Fax 671 670. Mo–Fr 12–17, Sa 11–15 Uhr, 1.6.–31.8. Mo–Sa 9.30–18, Mitte Juni bis Ende August auch So 10–14 Uhr.

Orust

Orust ist Schwedens drittgrößte Insel und bildet eine eigene Gemeinde mit rund 15.000 Einwohnern. Sie ist schon seit der Steinzeit bewohnt und hat mehrere frühgeschichtliche Denkmäler vorzuweisen. Im Norden und Nordwesten ist die Insel bewaldet, im Osten fruchtbar, während den Südwesten eine karge, reizvolle Küstenlandschaft prägt.

Die Str. 160 führt quer über die Insel zunächst nach Torp und folgt darauf dem Ostufer des Koljö-Fjords (Badestellen, Camping).

Lohnender ist der Bogen im Westen von Orust, wobei mehrere Nebenstraßen Abstecher ermöglichen.

■ Westlich von STALA befindet sich **HAGADÖSEN**, ein rund 4.500 Jahre altes Grab aus der Steinzeit.

■ **MOLLÖSUND**, im Südwesten der Insel, ist ein pittoreskes Fischerdorf, Spezialität: das DÖRREN von Fisch – vielerorts sieht man die Trockengestelle mit den an Stöcken aufgereihten Filets; vor der Zubereitung werden die an der Luft gedörrten Stockfische in einer Lauge wieder aufgeweicht: *lutfisk* ist ein Gericht, das bei keinem echten schwedischen Weihnachtsessen fehlen darf. Das Ortsmuseum MOLLÖSUNDS HEMBYGDSMUSEUM ist in einer Fischerkate des 18. Jhs. eingerichtet. Ca. 20.6.–25.8. täglich 11–13 und 17.30–19.30 Uhr.

■ Von HÄLLEVIKSSTRAND, nördlich von Mollösund, kann man die karge Felseninsel **KÄRINGÖN** per Boot erreichen. Käringön, früher auch eine Fischerinsel, ist heute Lotsenstation und Einsatzbasis der Seenotrettung. Im Südwesten der Insel gibt es einen BADEPLATZ FÜR FAMILIEN, mit langem Sandgrund ins Wasser hinein. Auf Käringön soll es schon im 16. Jh. Fischer gegeben haben; als im 19. Jh. ein Priester auf die verrufene Insel zog, ließ er zuerst einmal das Wirtshaus schließen, um die Inselbewohner wieder auf den rechten Pfad der Tugend zu führen.

■ Auf der Insel **HÄRMANÖ** liegt **GULLHOLMEN** – angeblich ältestes Fischerdorf Schwedens mit dichter, intakter alter Bebauung. Die zwei Heimatmuseen SKEPPARHUSET und STENSTUGAN spiegeln gegensätzliches Wohnmilieu aus der Zeit um 1900 wider. Das Naturreservat Hermanö eignet sich für Streifzüge durch eine abwechslungsreiche Natur. Täglich Personenfähre ab TUVESVIK.

■ Nordöstlich von Ellös steht die KIRCHE VON **MORLANDA** (14. Jh.), mit einem Chorraum aus der zweiten des 17. Jhs., mit schönen Wandmalereien geschmückt. Die Orgel vom Anfang des 17. Jhs. ist unermüdlich im Einsatz.

In Morlanda residiert der ORUST GOLFKLUBB, Tel. 0304–531 70. Platz mit 18 Löchern.

INFORMATION

■ **TURISTBYRÅ HENÅN**, Norra Strandvägen 3, SE–47334 Henån, Tel. 0304–311 40, Fax 314 01. Di+Mi+Fr+Sa 10–14, Do 14–18 Uhr, 1.6.–31.8. Mo–Sa 9.30–18, Ende Juni bis Ende August auch So 10–14 Uhr.

Unterkunft

Tjörn und Orust sind populäre Ferienziele, so dass Sie in der Hauptsaison und an Wochenenden nicht von einem freien Bett Ihrer Wahl ausgehen dürfen. Sprechen Sie im Touristenbüro Stenungsund vor, bevor Sie es direkt auf den Inseln versuchen. In fast allen kleineren Orten und Fischerdörfern sind Ferienunterkünfte zu finden, doch die Suche von Ort zu Ort kann mürbe machen.

■ **SLUSSENS PENSIONAT**, Orust, Tel. 0304–37525, Fax 375 91. EZ ab 700, DZ mit Bad 900, ohne Bad 750, Familienzimmer ab 1.350 SEK. Tolle Fjordlage, mit Aussicht und Balkon zum Wasser, wenn auch landeinwärts an der Ostseite von Orust.

■ **RÖNNANGS VANDRARHEM**, auf Tjörn, Tel. 0304–677 198, Fax 677 674. Ganzjährig. 165 SEK p.P.

■ **VANDRARHEM ORUST**, Stocken, Tofta gård, Tel. 0304–503 80, Fax 502 98, info@ctd.nu, www.ctd.nu/tofta. 1.5.–30.9. 68 Betten in DZ und 4-Bett-Zimmern ab 175/90 SEK. Im Inselwesten auf einem umgebauten Hof. Kajak- und Bootsvermietung.

■ **TJÖRNBRO PARK CAMPING**, auf Tjörn, Myggenäs, Tel. 0304–66 12 90, www.camping.se/plats/O34. Das ganze Jahr über geöffnet. 250 Stellplätze 170, Zimmer 275–475 SEK. In der Nähe der Brücke, etwas abseits von den schönsten Plätzen auf Tjörn. Bootsslip, zu mieten Kanus, Kajaks, Fahrräder.

■ **STOCKEN CAMPING**, auf Orust, Tel. 0304–51100, www.camping.se/plats/O26. 1.4.–30.9. 230 Stellplätze ab 110 SEK, Hütten 290–490 SEK. Im Westen der Insel, schöner gelegen und preiswerter als die Konkurrenz auf Tjörn. Kanuvermietung.

Uddevalla

Wegen der verkehrsgünstigen Lage am Fluss BÄVEÅN, der Wasserstraße vom Meer ins Binnenland, und einer Brücke über den Fluss für die Nord-Südverbindung entstand Ende des 15. Jhs. an dieser Wegkreuzung ein Warenumschlagplatz und bald auch ein Gästgivaregård, ein Wirtshaus. An den Stromschnellen siedelten sich Mühlen und Sägewerke an, so dass aus dem Marktflecken Uddevalla schließlich die größte Siedlung in Bohuslän wurde. 49.000 Einwohner zählt heute die Kommune.

Als Bohuslän 1658 an die schwedische Krone überging, brachte das vor allem Nachteile. Der bis dahin lebhafte Handel mit Norwegen war einzustellen, Uddevalla entzog man zu Gunsten Göteborgs die Rechte, eigene Schiffe im Außenhandel einzusetzen. Nach langem politischem Tauziehen exportierte die Stadt Anfang des 18. Jhs. wieder Holz und Eisen; die wichtigste Importware war Salz. Stockholm, Göteborg und Uddevalla waren damals die Städte mit dem höchsten Steuersatz.

Nach den Heringsschwärmen (im 18. Jh.), als Salz zu einem der wichtigsten Produkte geworden war, der Eröffnung der Eisenbahnlinie nach Herrljunga 1867, der Industrialisierung (Textilien und Streichhölzer) und der Rezession der 1930er Jahre, die den Industriestandort Uddevalla erheblich heimsuchte, folgte nach dem Krieg die Blütezeit der Werften bis 1985. Heute ist *Volvo Cars AB* das bekannteste Unternehmen. Als Ausbildungs- und Dienstleistungszentrum versorgt Uddevalla ein großes Umland. Seit 2000 überquert die E 6 den Sund westlich der Stadt über die 1.712 m lange, 51 m hohe Hängebrücke UDDEVALLABRON.

Die Nähe zu Meer und Schären, das hügelige Inland mit Seen, dichten Wäldern und den Hochplateaus, Uddevalla ist ein Knotenpunkt wie schon im 15. Jh. Zur Gemeinde gehören die renommierten BADEORTE LJUNGSKILE und GUSTAFSBERG, bis Mitte des 19. Jhs. Anlaufstelle für die High Society. Bekannte Persönlichkeiten aus dem Kulturleben erholten sich hier ebenso wie königliche Gäste vom »Alltagsstress«. Gustafsberg zieren zahlreiche Holzgebäude der vorletzten Jahrhundertwende im »Zuckerbäckerstil«. Das alte Badehaus ist heute eine Jugendherberge, das Restaurant wie schon immer ein Speisetempel (im Sommer) und das *Café Snäckan* lädt zur Rast ein.

INFORMATION

■ **UDDEVALLA TURISTBYRÅ**, Kungstorget 4, SE–45181 Uddevalla, Tel. 0522 – 997 20, Fax 997 10, www.udevallaforum.se. 25.6.–10.8. Mo–Fr 10–18, Sa 10–15/17, So 10–15 Uhr, sonst Mo–Fr 10–18 Uhr.

■ **LJUNGSKILE TURISTBYRÅ**, Norra Motet, SE–45993 Ljungskile, Tel. 0522 – 224 05, Fax 215 03, E-mail: ljungskile. turist@telia.com/

Unterkunft

■ **HOTEL GYLDENLÖWE**, Lagerbergsgatan 8, Tel. 146 10, Fax 172 96, www.hotelgyldenlowe.se. EZ 825/520 SEK, DZ 925/700 SEK. Mit zeitgemäßem Komfort, Zimmer in Pastellfarben. Zentrale Lage, Parkdeck mit Eingang zum Hotel.

■ **CENTRALHOTELLET** SKÖNA RUM, Strömstadsvägen 24, Tel. 394 70, Fax 303 18, www.skona-rum.com. EZ ab 450 SEK, DZ ab 600 SEK, 3-Bett-Zimmer ab 650 SEK, 4-Bett-Zimmer ab 700 SEK. Einfaches Familienhotel, schmucklose, jedoch preiswerte Zimmer. 200 m zum Bahnhof.

■ **VANDRARHEM UDDEVALLA**, STF, Gustafsberg 124, Tel. 152 00, (Reservierung: 152 00), Fax 386 58, jan.gustafsberg@telia.com/ 15.6.–15.8. 55 Betten in 2–5-Bett-Zimmern ab 155 / 85 SEK. Frühstück auf Bestellung. Sauna.

■ **UNDA CAMPING**, Uddevalla, Tel. 863 47, www.camping.se/plats/O30. Ganzjährig geöffnet. 120 Stellplätze ab 120 SEK, Hütten ab 300, Ferienhütten ab 450 SEK. 6 km bis Uddevalla, Abzweigung von der E 6 Richtung Oslo. Am Byfjord. Badeplatz, Kanus und Fahrräder zu mieten.

IN LJUNGSKILE

■ **VILLA SJÖTORP**, Tel. 0522 – 201 74, www.welcome.to/villasjotorp. EZ klein/groß 795/1.095 SEK, DZ 895/1.195 SEK, im Sommer zusätzliche Zimmer ohne Bad (eine Treppe tiefer) 695 SEK. In traumhaft gelegener, verschnörkelter HOLZVILLA direkt am Wasser, mit Zimmern im Stil der »guten alten Zeit«, eher Geschmackssache; wunderbar die Veranda und die Möglichkeit, im Grünen am Wasser zu speisen.

■ **VANDRARHEM ULVÖN / LJUNGSKILE**, STF, Box 31482, Tel. 0522 – 291 84, Fax 201 71. 20.6.–20.8. Im 2–4-Bett-Zimmer mit Bad 195 / 85 SEK. Im Ulvesund vor Ljungskile, Badeplätze. Bushaltestelle 4 km.

Essen und Trinken

■ **MUSEIKAFÉET**, im Landesmuseum, Tel. 656 500. SPEZIALITÄTEN aus Bohuslän: Die Küche erhielt Preise, stellt alles aus frischen Zutaten her. Am Eingang des Cafés können Sie sich informieren, woher die Zutaten des Tages kommen. Wie wär es am Mittwoch mit Taubes Fischsuppe? Zu jedem Lunchgericht gehört auch ein Nachtisch. Di–Do 10–19.30 Uhr, Fr–So 10–16 Uhr, nur 1.6.–31.8. Mo 10–14 Uhr. LUNCH 11.30–15.30 Uhr.

Sehenswertes

■ **BOHUSLÄNS MUSEUM**, Museigatan 1, Tel. 656 500. 1.6.–31.8. Mo–Fr 10–20, Sa+So 10–16 Uhr, sonst Mo geschlossen. Eintritt frei.

Im LANDESMUSEUM am Stadthafen (Bäveån) schaffen großzügige Räume und die verwendeten Naturmaterialien eine freundliche Atmosphäre. Die Ausstellungen widmen sich der Geschichte und Natur Bohusläns. In Szenen lernen die Besucher Leben und Arbeit von Fischern und Bauern kennen, die Arbeit in Steinbruch, Bootsbau und Konservenfabrik. Die aufgebauten Milieus wirken authentisch. Da ist das Boot »Äran«, das manchen Sturm auf See erlebt hat und voll Fisch in den Heimathafen zurückkehrte – heute dürfen Kinder ins Boot klettern und im Spiel den Anker lichten. Schlendern Sie durch die Stadtstraße des 19. Jhs. Man vermeint die Maschinen in der Spinnerei oder die Nähmaschinen in der Schneiderei lärmen zu hören. Diashows ergänzen die Ausstellungen. www.bohusmus.se.

Niederländische Kunst aus dem 17. Jh. ist ebenso präsent wie schwedische Werke aus der Zeit um 1900 und zeitgenössische Kunst.

Das preisgekrönte Café-Restaurant finden Sie unter »Essen und Trinken« vorgestellt.

■ **SKALBANKSMUSEET**, Kurödsvägen, Tel. 0522 – 138 91. 1.5.–31.8. täglich 11–17, sonst Sa+So 11–17 Uhr. Eintritt 30/0 SEK.

Das SCHALENTIERBANKMUSEUM zeigt, wie z.B. Muschelbänke als Relikt der Eiszeit entstanden. Im Umland Uddevallas gibt es eine Reihe solcher Phänomene (siehe die rechte Spalte). Ein Unikat, das Museum.

■ **SVERIGES SJÖMANSHUSMUSEUM**, St. Hellevigsgatan 4, Tel. 134 60. Mo–Fr 11–16, Sa 11–13 Uhr.

Das Seemannshaus berichtet, wie das Meer das Leben der Anwohner bestimmte. Antiquarisches der Seefahrt, Gemälde sowie ein originaler Kapitänssalon (1890).

■ Im Zentrum mischen sich neue und **ALTE BEBAUUNG**: das RATHAUS (1817), die neuklassizistische KIRCHE (1811), der GLOCKENTURM (1806) abseits der Kirche auf einem Hügel; so konnten die Glocken in weiter Umgebung gehört werden. Die Statue auf dem KUNGSTORGET stellt König *Karl X. Gustaf* und *Erik Dahlberg* (Ratgeber des Königs beim Feldzug gegen Dänemark) dar.

Ausflüge

■ Ausgezeichnete Bade- und Wandermöglichkeiten in **GUSTAFSBERG** und in den angrenzenden Gebieten BODELE, LINDESNÄS, EMAUS sowie SKEPPSVIKEN machen den südlichen Teil Uddevallas zum beliebten Ausflugsziel.

■ Bei BRÄCKE, KURÖD und SAMNERÖD (ö der Stadt) sind 10.000 Jahre alte **MUSCHELBÄNKE** erhalten, die aus der Zeit stammen, als die Küste weiter landeinwärts verlief. Wissenschaftler aus aller Welt untersuchten diese einzigartigen Muschelvorkommen, die die Anwohner früher als Hühnerfutter, Dünger oder Füllmaterial bei Bauarbeiten verwendeten. Das Gebiet steht mit seiner artenreichen Flora heute unter Naturschutz! Str. 172 Richtung Dalsland.

■ CHATEAU SMÅRÖD heißt das EISENBAHNMUSEUM vor **MUNKEDAL** an der E 6, nördlich von Uddevalla. Die Modellsammlung umfasst mehr als 2.700 Exemplare in den Maßstäben 1 : 10 bis 1 : 220. Wer selbst den

Lokführer mimen möchte, hat hier die Gelegenheit, und zwar 1.4.–30.9. So 10–18 Uhr, im Juli täglich. Oder nach Absprache: Tel. 0524–20173.

Von Mitte Juni bis Ende August jeden So (im Juli auch Sa) zuckelt eine SCHMALSPURBAHN mit Dampflok von Åtorp (Eisenbahnmuseum) auf Industriegleisen nach Munkedal Hafen am Saltkällefjord. Auskunft und Reservierung: Tel. 0524–12368.

■ Wer Västergötland nicht im Ferienkalender stehen hat, sollte zumindest den Abstecher nach **TROLLHÄTTAN** unternehmen (siehe dort).

Verschiedenes

■ **SIGHTSEEING**: BOOTSAUSFLÜGE in der Saison u.a. nach Mollösund auf Orust, Smögen und Käringön.

■ **BADEN**: Populär ist das Freibad LANDBADET bei Gustafsberg: temperiertes Meerwasser in 3 Bassins. – UNDABADEN (Busverbindung nach Uddevalla). – Und viele andere...

■ **RAD FAHREN**: Das Touristenbüro hat TOURENVORSCHLÄGE ausgearbeit, darunter die 60 km lange Tour um die Halbinsel BOKENÄS. Es werden auch Fahrräder vermietet.

■ **GOLF**: *Uddevalla Golfbana,* in Bången, Tel. 825 01. 18–Loch-Platz. – *Lyckorna Golfbana*, Ljungskile, Tel. 201 76. 18-Loch-Platz.

■ **VERANSTALTUNGEN**: MITTSOMMERFEIERN in Gustafsberg und beim Bohusläns Museum. – FJORDFESTIVALEN in der ersten Juliwoche, mit einem Blick in die Wikingerzeit.

■ **POSTAMT**: Kungsgatan 1.

■ **TRANSPORT**: zentrale Haltestelle TIDPUNKTEN im Kampenhof (gegenüber Bohusläns Museum).

■ **TAXI**: Tel. 144 00.

■ **ÄRZTLICHE VERSORGUNG**: *Sjukhus* (Krankenhaus), Tel. 920 00. Besetzt auch den Zahnarztnotdienst.

Weiterreise

■ **BAHN**: Nahverkehrszug BOHUSTÅGET Strömstad - Tanum - Munkedal - Uddevalla - Stenungsund - Göteborg; Fahrzeit nach Göteborg wie nach Strömstad 80 Minuten. – Linie 67 verbindet Uddevalla mit Vänersborg und Borås.

■ **BUS**: Haltestelle siehe »Transport«. SMÖGEN-EXPRESSEN: Göteborg - Uddevalla - Munkedal - Smögen, einige Busse über Nordens Ark. – LYSEKIL-EXPRESSEN: Göteborg - Uddevalla - Lysekil. – STRÖMSTADS EXPRESSEN: Göteborg - Uddevalla - Tanumshede - Strömstad. – Mehrere Verbindungen nach Trollhättan. – Nahverkehr nach Orust: Henån, Ellös, Tuvesvik, Stocken, Mollösund. – Auch nach Lysekil. – Nach Dalsland: über Bäckefors (dort umsteigen nach Bengtsfors) nach Ed.

■ **AUTO**: **NACH STRÖMSTAD**. Alle Varianten im nächsten Kapitel.

NACH DALSLAND. Str. 172.

NACH TROLLHÄTTAN. Str. 44.

NACH GÖTEBORG. Schnellstens in 45 Minuten auf der E 6. Schöner aber der Umweg über Orust / Tjörn.

Küstenreise

VON UDDEVALLA NACH STRÖMSTAD

Wer es ganz eilig hat, nimmt die E 6 in Richtung Oslo, unternimmt einen Abstecher an die Schärenküste, besichtigt die Felszeichnungen bei Tanumshede, besucht Strömstad oder lässt es bleiben und setzt die Reise nach Dalsland und Värmland fort.

Dieses Kapitel plädiert für etwas mehr Muße und führt nahe der Küste bis in den Norden von Boshuslän.

Bokenäs und Skäftö

Die Halbinsel Bokenäs erstreckt sich westlich von Uddevalla sowie nördlich von Orust, eingerahmt von den Fjorden Koljöfjord und Gullmarn: Sie ist ein günstiges Terrain für RADTOUREN und hat Kulturhistorisches zu bieten. Ihr vorgelagert und über eine Straße miteinander verbunden liegt Skäftölandet, wo sich Felslandschaft, landwirtschaftliche Parzellen und Laubwälder abwechseln und jede Menge Aktivitäten möglich sind: Wandern, Rad fahren, Baden, Angeln, Golfen, Reiten, Surfen.

■ Der 1.500 Jahre zählende Grabhügel **GRANHOGEN** ist mit 3 m Höhe und 30 m Durchmesser angeblich einer der größten in der Provinz. Auf Bokenäs, nahe der Inselhauptstraße 161, ebenso wie:

■ **BOKENÄS GAMLA KYRKA**: Die alte KIRCHE auf Bokenäs stammt aus dem 12. Jh. und ist das angeblich älteste erhaltene Bauwerk Bohusläns, was Experten ihr sogar ansehen: Sie besitzt keine Nordfenster; der Norden galt noch in der Übergangszeit vom Heiden- zum Christentum als Aufenthaltsort böser Geister. Den Innenraum prägt barocker Stil. Anbei erhebt sich ein GRABHÜGEL aus der Bronzezeit (Aussicht!).

■ Den idyllischen Fischer- und Ferienort **FISKEBÄCKSKIL** auf Skäftö trennt eine schmale Bucht in Östersidan und Fiskebäckskil. Wer durch die Gassen schlendert, kann an der BEBAUUNG erkennen, in welchen Sparten die Inselbewohner ihr Geld verdien(t)en: Zuerst bauten die Heringsfischer ihre Häuschen mit der Giebelseite zum Wasser; zu Zeiten der (für manche) lukrativen Frachtschiffahrt sowie des Badetourismus' baute man größer, mit der Front zum Wasser und umgeben von Gärten. *Wilhelmsson*, ein Sohn dieses Ortes, verewigte in seinen Bildern das Leben an der Küste; einige seiner Bilder hängen im Speisesaal des Hotels Gullmarsstrand. Neubauten sind fast nur noch funktionale Ferienhäuser, Immobilienbesitzer leben fast ausschließlich vom Tourismus.

Die ORTSKIRCHE (1770), ein Holzbauwerk mit typischer Küstenarchitektur, ist im Inneren mit Malereien verziert; zu erwähnen auch zwei Votivschiffe und der Taufstock (Eiche).

Weitere schöne Dörfer auf Skäftö sind GRUNDSUND im Südwesten und RÅGÅRDSVIK im Süden. Naturfreunde zieht es in die Klippenlandschaft im Süden und Westen und in die VÄGERÖDS DALAR auf der Ostseite, mit Buchen- und Eichenwald und einer vielfältigen Flora.

UNTERKUNFT

■ **VANDRARHEM RÖRBÄCK**, STF, Bokenäs, V. Rörbäck 29, Tel. 0522–650 190, Fax 650 990, rorback@telia.com/ 1.6.–31.8. (Mai und September nur mit Reservierung). 54 Betten in 2–6-Bett-Zimmern ab 155 / 85 SEK. Schöne Lage am Sund. 4 km bis zur Bushaltestelle.

WEITERREISE

Am Ende der Str. 161 auf Bokenäs verkehrt die AUTOFÄHRE über den Gullmarn nach Stångenäs / Lysekil.

Lysekil

Lysekil auf der Halbinsel Stångenäs ist ein traditionsreiches Bade- und Industriestädtchen, das seine ersten besseren Zeiten mit dem Fang und der Verarbeitung von Hering im 16. und später wieder im 18. Jh. erlebte, im 19. Jh. abgelöst durch die Frachtsegler des Handels. Als die Dampfschifffahrt dem ein Ende bereiteten, waren die Weichen für den Kur- und Badeort Lysekil längst gestellt; bereits 1846 war das erste Seebad entstanden, dem Warm- und Kaltbadehaus, Restaurant und Societätshaus folgten: Die gut situierten Badegäste wurden verwöhnt; sie wohnten oft in Holzvillen, die ab den 1880er Jahren bevorzugt im SCHWEIZER STIL gebaut wurden: Holzarchitektur mit verspielten, oft kunstvollen Schnitzereien. So entstand ein neues Zentrum um Havsbadsparken, das Badeviertel; zumal ständig Menschen in die Stadt strömten, auf der Suche nach Arbeit in den neuen Fabriken.

Heute sichert primär der Ölhafen den Wirtschaftsstandort Lysekil, jedoch auch der Tourismus spielt eine Rolle. Gemäß seiner Tradition wird Lysekil meistens als Feriendomizil überschätzt; im Vergleich mit vielen anderen Städtchen an der Westküste ist es zwar geschäftig und ebenso vom Touristenrummel vereinnahmt, wirkt aber weniger harmonisch. Das HAVETS HUS freilich ist jederzeit den Abstecher wert (siehe unten).

INFORMATION

■ **LYSEKILS TURISTBYRÅ**, Södra Hamngatan 6, SE–45323 Lysekil, Tel. 0523 – 130 50, Fax 125 85, turistinfo @lysekil.se/ Im Juli Mo–Fr 9–21, Sa +So 9–19 Uhr, Vor- und Nachsaison Mo–So 9–19, sonst Mo–Fr 9–17 Uhr. Sehr gut sortiert und kompetent in der Beratung.

SEHENSWERT IN LYSEKIL

■ **HAVETS HUS**, Strandvägen 9, Tel. 165 30, www.havetshus.lysekil.se. 10.6.–15.8. täglich 10–18, sonst 10–16 Uhr. Eintritt 60/30 SEK.

Das HAUS DES MEERES zeigt in mehr als 30 Aquarien Meeresbiotope und ihre Bewohner. Im TUNNEL-AQUARIUM, das publikumswirksam durchschritten werden kann, dürfen die Besucher sich wie Taucher unter Dornenhaien, riesigen Rochen u.a. fühlen. Im STREICHELAQUARIUM ist das Berühren von Pflanzen, Krabbe, Seeigel und Seestern erlaubt. Hummer und Plattfische, die sich jeweils hellem oder dunklem Meeresgrund anpassen, sind ebenso zu bewundern wie farbenfrohe Seeanemonen.

Im Laboratorium/Wissensbereich stehen Computer und Apparaturen zur Verfügung, die ohne Hilfe sowie wegen der Sprachbarrieren nur bedingt zu benutzen sind. Keine Hilfe benötigt man zum Zoomen auf einen exemplarischen Meeresboden.

Die Kopie einer 265 kg schweren Lederschildkröte, die 1994 tot in ein Fischernetz geriet (nachdem sie an einer verschluckten Plastiktüte verendet war) hängt an der Decke. Gebisse von Hai und Bartwal oder das Seeschneckenhaus sind andere plastische Beispiele der Meeresfauna.

Optische Effekte, akustische Simulationen (Wellen, Möwen, Wetter) und maritime Dekorationen ergänzen die Aquarien und schaffen etwas authentisches Milieu.

Das CAFÉ HAVETS HUS serviert kleine Gerichte, Selbstgebackenes u.a. Mit Veranda und Meeresblick.

■ **STÅNGEHUVUD** ist ein Naturreservat mit rötlichen Granitklippen im Westen der Stadt, wo sich Sonnenanbeter, Wasserratten, Spaziergänger und Jogger ein Stelldichein geben. Dass der Granit nicht gierigen Steinbruch-Unternehmen zum Opfer fiel, ist privater Initiative zu verdanken. INFO-TAFELN berichten vom Artenreichtum der Botanik.

■ **STADTWANDERUNG**: In der Altstadt GAMLESTAN, nordwestlich der City, überstanden schmale GASSEN und Holzhäuschen aus der Fischerära Großfeuer und Stadterneuerung; vor allem in Gamla Strandgatan und Bansviksgatan, in der TROLLHÅLET, eine 18 m lange, 1–2 m hohe Grotte als Relikt der EISZEIT unter Wasser geschliffen und ausgespült.

Die Vermögenden, Kapitäne und Kaufleute etwa, wohnten entgegengesetzt im Südosten, dort wo heute auch restaurierte Villen IM VIERTEL HAVSBADET die goldenen Zeiten des Badetourismus um 1900 bewahren.

Die LYSEKILS KYRKA zwischen Hafen und City hat bisher Stürmen und salzigen Meereswinden getrotzt, mit Blessuren. Im Inneren KOSTBAR die Malereien von *Albert Eldh* und die Kanzel (1670) von *Marcus Jäger* aus Stralsund. SOMMERKONZERTE!

■ Im **SOMMER** präsentiert Lysekil einen reichen Veranstaltungskalender. Die Bimmelbahn CITY-TUFFEN zuckelt durch die Stadt und im Hafen starten BOOTE zu Sightseeing, Angelfahrten und Seehundsafaris.

UNTERKUNFT

Wer in Lysekil übernachten will, in diesem Buch nicht erste Wahl, frage im Touristenbüro nach den Blättern, die Hotels, Jugendherbergen sowie Campingplätze samt Preisangaben auflisten bzw. nehme direkt den Buchungsservice in Anspruch.

WEITERREISE

■ Bei BRASTAD, nördlich von Lysekil, sind **FELSZEICHNUNGEN** aus der Bronzezeit erhalten. Folgen Sie ab

Brastad Richtung Backa den Schildern. Unweit des Weges sind auf einer Felsplatte Schiffe, Sonnenräder, Menschen und die lebensgroße Darstellung eines Mannes mit erhobener Axt, des SKOMAKAREN (der Schuhmacher), eingeritzt. Auch die Darstellung eines Schiffes (3,30 m lang) mit umfangreicher Mannschaft ist zu sehen; es sollen 44 Strichmännchen sein. Die größeren Zeichnungen sind mit roter Farbe hervorgehoben. Wer die übrigen inspizieren will, tue es bei tief stehender Sonne, noch besser in einer hellen Sommernacht mit einer Taschenlampe.

■ Eine Fährverbindung auf die im Norden gelegene Halbinsel Sotenäs gibt es nicht, nur die Personenfähre nach Fiskebäckskil auf Skäftö sowie landeinwärts die Autofähre hinüber nach Bokenäs.

So erreicht und verlässt das Gros aller Besucher Lysekil auf der teils schnurgeraden Str. 162; doch weder der starke Verkehr noch die Halbinsel Stångenäs lassen während der Fahrt Hochgefühle aufkommen.

■ Die Kirche von **BRODALEN**, 5 km nördlich Brastads, schmücken farbenfrohe DECKENMALEREIEN (1709, *Christian von Schönfeldt*). Die Kirche entstand im 14. Jh.

■ Von Brodalen gelangt man nach Westen auf die Halbinsel Härnäset, mit Badebuchten am Åby- und Brofjord. Auf der Südspitze erstreckt sich das stille NATURSCHUTZGEBIET **NÄVERKÄRR**, mit altem Waldbestand und einer reichhaltigen Flora. Südlich des Waldes schließt sich ein Erlenbruch an, im Vorsommer mit den gelben Schwertlilien prachtvoll

Felszeichnung bei Brastad: Skomakaren; Schneeleopard in Nordens Ark ▶

anzusehen. Die geschützte Bucht Karlsviken ist zum BADEN mit Kindern besonders gut geeignet, da der Sandstrand flach ins Wasser abfällt.

Sotenäs

Sotenäs ist *die* Halbinsel der Küste Bohusläns, die am weitesten in das Skagerrak ragt. An ihrer Spitze liegt mit SMÖGEN der Ort, der wie kein zweiter für das Schärenparadies des schwedischen Südwestens steht und der in wohl jedem Bildband vertreten ist. Mit Smögen sind die schönen Plätze auf Sotenäs aber längst nicht alle aufgezählt.

INFORMATION

■ **SOTENÄS TURISM**, Hamngatan 6, SE-45622 Kungshamn, Tel. 0523-665 550, Fax 665 559, Internet: www.sotenasturism.se. Im Sommer sind auch Filialen in Smögen und Hunnebostrand geöffnet.

SEHENSWERT AUF SOTENÄS

■ **NORDENS ARK**, Åby Säteri, Tel. 0523-795 90, www.nordensark.se. 10.6. bis etwa 20.8. täglich 10–19, ab Mitte März und bis Anfang November 10–17, sonst 10–16 Uhr. Eintritt 105/60 SEK, Familie (2+2) 300 SEK.

Der Name ARCHE DES NORDENS auf dem Gelände des Herrenhofes Åby Säteri wurde 1989 ins Leben gerufen, um seltene bzw. gefährdete Tierarten zu züchten und einen Beitrag zu leisten, um sie vor dem Aussterben zu bewahren. Dazu gehören Haustierarten, Tiere aus Nordeuropa wie auch Exoten. Dieses Projekt findet viele Unterstützer. Die Arche tauscht mit Tierparks im Ausland Zuchttiere aus, ist an internationalen Zuchtprogrammen beteiligt und wildert Jungtiere aus, sofern möglich.

In den weitläufigen Gehegen sind mehr als 25 Arten beheimatet; darunter zum Beispiel SCHNEELEOPARDEN, PANDABÄREN, südamerikanische Mähnenwölfe, nordamerikanische Schneeziegen und mongolische Wildpferde, die eigentlich schon seit den 1960er Jahren als ausgestorben gelten. Die nordische Fauna vertreten Wölfe, Vielfraße, Füchse, Otter u.a. Im 1999 fertig gestellten LANTGÅRDEN, einem Bauernhof mit ansprechender Architektur, leben vor allem Haustiere, die es kaum noch gibt. Oder die es nicht mehr gibt, da sie in der Landwirtschaft nicht mehr produktiv genug waren, soll heißen: die vor Ort zurückgezüchtet werden sollen, wie zum Beispiel die Kuh aus dem westnorwegischen Fjordland.

Das GELÄNDE ist HÜGELIG und erfordert schon etwas Ausdauer; wer einen Tagesausflug in Nordens Ark plant, sollte etwas zu essen mitbringen, denn die Verpflegung im Park bleibt hinter dem Standard zurück, besonders außerhalb der Saison. Am Vielfraßgehege ist ein Picknickplatz eingerichtet, mit formidablem Blick auf den Åbyfjord.

Fragen Sie am Eingang nach den aktuellen FÜTTERUNGSZEITEN.

■ **SMÖGEN** ist einer der großen Fischerorte Bohusläns, wo Trawler im Hafen anlegen und werktags Auktionen stattfinden: die Fischauktion

Mo–Do um 17 Uhr. Den fotogenen malerischen Holzschuppen und dem langen Holzsteg am Kai verdankt Smögen den Umstand, an sonnigen Sommertagen das einzige »Ziel aller Touristen« zu sein. Entlang dem 1 km langen Holzpier, der SMÖGENBRYGGAN, reihen sich Imbissbuden, Eisdielen, Souvenirläden und Butiken aneinander – seltsame Butiken, so als wären die feilgebotenen Klamotten zollfrei zu erstehen.

In der Hochsaison kommen Sie um den Rummel nicht herum; wem es zu viel wird, begebe sich zur Granitküste, wo ein paar Stege zwischen den SCHÄREN weiter hinaus führen und (nicht nur) ein Sprungturm zu einem Hüpfer ins kühle Nass bittet.

Falls Sie an Bootsausflügen in die Schärenwelt interessiert sind, fragen Sie in den Touristenbüros nach den aktuellen Daten.

■ Die Insel **HÅLLÖ** vor Smögen ist als NATURSCHUTZGEBIET ausgewiesen. So bleiben fantastische Granitplatten, Gletschermühlen, über 100 Pflanzenarten und das reiche Vogelleben bewahrt. Fähre ab Smögen.

■ Im benachbarten **KUNGSHAMN** können sich im TUMLAREN alle die vergnügen, die sich nicht ins Meer wagen. Mehrere Bassins, auch für Kinder, dazu Solarium, Sauna, Fitness. Dinglevägen 59, Tel. 0523–799 50. Öffnungszeiten wechselnd.

■ **SOTENKANALEN**, die teilweise in die GRANITFELSEN gesprengte, etwa 7 km lange Wasserstraße mündet in den Ramviksfjord. Die Brücke über den Kanal erreicht man über einen Abstecher von der Str. 174, Hinweis zum RAMSVIKSLANDET, eine Granitlandschaft von eigenartigem Reiz. Das Steinreich ist von Feuchtgebieten, Heide und Wiesen durchzogen. Auf dem roten Granit hat die letzte Eiszeit ihre Spuren hinterlassen, wie Gletschermühlen, seltsam geformte Steine oder »Schrammen«. In den glatt geschliffenen, im Sommer angenehm warmen Klippen, findet jede/r ihr/sein Badeplätzchen.

Nördlich von Smögen und Kungshamn, im Westen von Sotenäs.

■ **HUNNEBOSTRAND** ist ein weiteres Fischerdorf, das sich zur »Sommerfrische« entwickelt hat, aber ein Ort mit Charme geblieben ist (viel Felsen und Sandstrand). Durch die HUNNEBO KLYFTA, einen schmalen Gang zwischen zwei großen Steinblöcken, gelangt man auf eine Anhöhe mit Grabhügel und Aussicht.

■ **SVENSKA HUMMERAKADEMIEN** in Hunnebostrand, Östra Strandgatan 4, Tel. 0523–558 80, Fax 558 81, www.sha.nu.

Ein Unikat ist die HUMMERAKADEMIE, die alles Wissenswerte rund um den Hummer sammelt und sich mit Gleichgesinnten austauscht.

Touristen können an Fangausflügen und Hummeressen teilnehmen und sich in der Östra Strandgatan im Sommer Hummer in allen Entwicklungsstadien ansehen. 16–20 Uhr in der Hochsaison.

■ Im **SOTENÄS STENHUGGARMUSÉET** lernen die Besucher einen traditionellen Erwerbszweig kennen, der mit Fisch nichts und mit Schiffen nur indirekt zu tun hatte. Denn Granit aus Bohuslän war 120 Jahre lang in vielen Ländern eine gefragte Ware und dorthin zu exportieren.

Das STEINMETZMUSEUM zeigt u.a. in Handarbeit, mit Kränen, Schmiede und originalem Arbeitsgerät den Alltag im Steinbruch sowie den Prozess vom Abbau zum Endprodukt. Unter Anleitung erfahrener Steinmetze können Sie selbst Hammer und Meißel ansetzen. Bei Hunnebostrand. Mitte Juni bis Mitte August Di–So 14–17 Uhr, Führungen um 14 Uhr, Tel. 0523–553 80.

Der KULTURSTIGEN erlaubt eine Wanderung durch die nähere Umgebung; feste Schuhe empfohlen.

UNTERKUNFT

■ **VANDRARHEM HOVENÄSET**, STF, Tel. 0523–374 63. Etwa 10.6.–15.8. Im 4-Bett-Zimmer 145/70 SEK, im 10-Bett-Zimmer 120/70 SEK. Keine Mahlzeiten. In Hovenäset, kurz vor Kungshamn. Zum Bushalt 100 m.

■ **VANDRARHEM HUNNEBOSTRAND**, STF, Gammelgården, Tel. 0523–587 30, Fax 587 33. Etwa 10.6.–25.8. Im DZ oder 4-Bett-Zimmer ab 175/90 SEK. Beim Freilicht- u. Steinmetzmuseum. Bushalt 300 m.

■ **JOHANNESVIK CAMPING & STUGBY**, Kungshamn, Tel. 0523–323 87, www.johannesvik.nu. Ende April bis Mitte September. Riesige, aber wunderschön auf und zwischen Felshügeln platzierte 4-Sterne-Anlage, als Tipp Utsiksberget, der Aussichtshügel, wenn auch windanfällig für Zelte. Unterhalb Sund mit kleinem Strand und Bootsanleger. 300 Stellplätze ab 120, in der Hauptsaison 165 SEK, Hütten 350/550 SEK, Ferienhütten 475-800 SEK, Wohnwagen auf Anfrage. Fahrräder, Kanus und Boote zu mieten.

Tanum

Die Gemeinde Tanum schließt sich nördlich an die Kommune Sotenäs an. Ihr Zentrum ist TANUMSHEDE, das landeinwärts an der E 6 liegt.

■ **SVENNEBY GAMLA KYRKA**, die alte Kirche von Svenneby, steht unterhalb einer Felswand. Das hölzerne Tonnengewölbe wurde Anfang des 18. Jhs. eingezogen und prachtvoll bemalt. Der zugehörige GLOCKENTURM thront auf dem Felsen hoch über Kirche und Friedhof.

■ In **HAMBURGSUND**: Anfang August HORNBORE TING, ein Wikingermarkt mit *mjöd* (Met) aus Trinkhörnern, einer Aufführung aus Wikingerzeiten u.v.a. Das alles findet auf der Klippe statt, auf der einst die Festung Hornborg stand. Von oben blickt man auf die Schärenwelt...

■ **FJÄLLBACKA** ist ein bekannter Ferienort und großer Fischereihafen. Der Schärengarten ist hier am größten. Am Fuße des Vette-Berges geben 76 m aufsteigende Felswände Fjällbacka sein unverwechselbares Aussehen. Die ca. 200 m lange Felsschlucht RAMNEKLOVAN war eine Szenerie für den Film »Ronja Räubertochter«. Auf der Schäreninsel STENSHOLMEN liegt auf dem Soldatenfriedhof der deutsche Poet und Seemann *Gorch Fock* begraben.

■ **GREBBESTAD** ist bekannt als Fischerort: Hummer, Krebse, Austern werden hier angelandet. Im Sommer strömen die Touristen in die Restaurants mit urigen Veranden auf der 200 m langen Brücke am Wasser. Im Ort ist ein Teil der alten Bebauung

FELSZEICHNUNGEN...

... sind in Skandinavien weit verbreitet. In Schweden hat man besonders in der Küstenlandschaft von Bohuslän viele dieser Malereien entdeckt. Zu den wichtigsten gehören die Fundorte rund um Tanumshede, die die UNESCO auf ihre Liste schützenswerter Kulturdenkmäler setzte.

Während der Eiszeit schliffen die mächtigen Eismassen den felsigen Untergrund glatt und schufen so die Leinwand für die älteste künstlerische Ausdrucksform der nordischen Ursprungsbevölkerung. Als die Zeichnungen in der Bronzezeit (1500–500 v.Chr.) entstanden, lag die Küste in Bohuslän ca. 15 m höher als heute.

Die Felsbilder sind nicht immer leicht zu finden; oft führen Schilder mit dem Hinweis *hällristning* (Felszeichnung) oder *fornminne* (Altertumsdenkmal) an die richtige Stelle. In der Kommune Tanum sind das Vitlycke, Litsleby, Aspeberget und Fossum.

■ VITLYCKE MUSEUM, Tanumshede, Tel. 0525 – 20950. 1.4.–30.9. tägl. 10–18, Oktober Di–So 10–16 Uhr. Eintritt 50/30 SEK.

In der Nähe der BERÜHMTESTEN Felszeichnungen Schwedens, ein imponierend in die Landschaft integriertes Bauwerk, das eine im Sommer belebte Siedlung aus der Bronzezeit ergänzt. Im Museum werden die Felsritzungen erklärt oder interpretiert, in den Zusammenhang der Bronzezeit gestellt.

erhalten, und ein Spaziergang durch die winkligen Gassen erlaubt Blicke auf immer wieder neue Panoramen der Inselwelt. Der Ausflug zur Insel OTTERÖN mit Orchideenwiesen und Sandstränden ist eine Abwechslung.

■ Die größte Sehenswürdigkeit in Tanum liegt südlich Tanumshedes:

Auf der anderen Seite der Staße, vom Vitlycke Museum aus gesehen, ist die **VITLYCKE-PLATTE** die größte, Figuren-reichste mit Felsritzungen im Land. Die Felsbilder lassen ein »Brautpaar«, eine Gruppe Männer mit erhobenen Streitäxten oder einen Mann mit erhobenen Händen vor einer Schlange u.a. erkennen.

■ In **LITSLEBY** zeigen die Ritzungen neben Schiffsabbildungen auch die überdimensionierte Darstellung eines Mannes, die weitere Motive überlagert.

■ Die Motive der Felszeichnungen in **ASPEBERGET**, auch *Tegnebyristning* genannt, sind Menschen, Stiere, ein Bogenschütze u.a. Sie sind inzwischen überdacht, um sie vor der Verwitterung zu schützen.

Nahe der Abzweigung der Straße in Richtung Åmål, unweit der Kirche, steht ein RUNENSTEIN (um 400). Er ist, laut Inschrift, einem Mann namens Travinge gewidmet.

■ Über diese Straße erreicht man die eindrucksvoll gestalteten Felszeichnungen von **FOSSUM**, die Jagd- und Kampfszenen darstellen.

INFORMATION

■ **TANUM TURIST**, Stora Oppen 5, SE – 45791 Tanumshede, Tel. 0525 – 204 00, Fax 298 60, tanum.turist@swipnet.se, www.tanumturist.se.

UNTERKUNFT

■ **BOHUSLÄNS BED & BREAKFAST**, Tanumshede, Olseröd 3, Tel. 0525 – 106 35, Fax 614 60. EZ 400 SEK, DZ 620 SEK, auch Familienzimmer ab 620 SEK, je nach Anzahl und Alter der Kinder.

■ **VANDRARHEM FJÄLLBACKA / VALÖ**, Tel. 0525 – 312 34. 15.6.–10.8. sowie ab 2.5. und bis 25.8. nur nach Anmeldung. 12 Betten im DZ und 4-Bett-Zimmer ab 175/100 SEK. Insel Valö, Fjällbacka vorgelagert, hin mit dem Taxiboot. Kleine Herberge. Baden, Angeln, Bootsausflüge.

■ **FJÄLLBACKA CAMPING**, Tel. 0525 – 314 90, www.camping.se/plats/O13. 1.5.–15.9. 144 Stellplätze ab 110, Hütten 150–500, auch Wohnwagen ab 250 SEK. Südlich von Fjällbacka, einfacher Standard bei 2 Sternen.

■ **GREBBESTADS FAMILJECAMPING**, Tel. 0525 – 612 11, Internet: www.camping.se/plats/O10. Ganzjährig geöffnet. 470 Stellplätze 120/150 SEK. Baden. Südlich von Grebbestad, 1 km zur Freizeitanlage Tanumstrand mit Schwimmbad.

Strömstad

Das schön gelegene Strömstad liegt nahe der Grenze zu Norwegen, inmitten der reizvollen Küste mit zahlreichen Buchten und Halbinseln sowie dem vorgelagerten Archipel der KOSTER-INSELN.

Im 16. Jh. machten holländische Schiffe fest, löschten ihre Salzfracht und luden Holz. Erst als Bohuslän schwedisch war, bekam Strömstad 1667 Stadt- und Handelsrechte, um den norwegischen Städten Halden und Fredrikstad Frachtquoten abzunehmen, doch dies misslang: Strömstad blieb eine künstliche Stadt. Die Scharmützel mit Dänemark/Norwegen hielten sich in Grenzen. Großbrände dagegen veränderten allmählich das Stadtbild.

Mit der Entdeckung einer Quelle 1781 begann Strömstads Karriere als Bade- und Touristenort; außerdem verdiente man sein Geld in Fischerei und Steinbrüchen – und mit Beginn des 20. Jhs. auch in der KRABBENFISCHEREI: Um 1920 waren in der Region 34 Trawler gemeldet.

Nach der Rezession der 30er Jahre versank Strömstad im Dornröschenschlaf, tausende wanderten ab. Erst mit den 80er Jahren zogen wieder mehr Menschen hierher als fort. Heute leben etwa 11.250 Einwohner in der Gemeinde, gut die Hälfte in der Stadt. Größte Arbeitgeber sind Verwaltung, Containerhafen sowie Tourismus; der Grenzhandel ist ein ordentliches Geschäft, solange Norwegen sich ein höheres Preisniveau leistet und zum Beispiel ausgedörrte Kehlen nach billigerem schwedischen Bier lechzen. Mitunter kann das ziemlich nervig sein, wenn Norweger in Gruppen ihre Freude über gesparte Kronen in betonter Fröhlichkeit kundtun, doch das kennen etwa die Dänen wiederum von ihren schwedischen Nachbarn.

Der Hafen ist das Herz der Stadt, wo Fischerboote ihren Fang anlanden – Spezialität und Werbesymbol von Strömstad sind nach wie vor die

Krabben *(räkor)* –, Fähren und Ausflugsboote ablegen und sich zahllose Freizeitskipper einfinden. Die anhaltende Bautätigkeit unterstreicht, dass Strömstad gefragt ist wie lange nicht. Ausländische Schweden-Urlauber reisen aber eher selten in den von Norwegen umgebenen Knick auf der Landkarte.

INFORMATION

■ **STRÖMSTAD TURISTBYRÅ**, Tullhuset, Norra Hamnen, SE-45222 Strömstad, Tel. 0526-623 30, Fax 62335, www.stromstadtourist.se. Geöffnet etwa 20.6. bis Anfang August täglich 9–19 Uhr, sonst Mo–Fr 9–17 Uhr. In der Hochsaison sind Buchungen frühzeitig vorzunehmen.

STADTRUNDGANG

■ Das älteste Viertel ist **BUKTA** gegenüber vom Bahnhof. Pastellfarbene Holzhäuschen an kopfsteingepflasterten Gassen versuchen einen Hauch Nostalgie zu bewahren.

■ Im **FISCHEREIHAFEN** steigen regelmäßig AUKTIONEN, eine Veranstaltung, der Zuschauermangel unbekannt ist. Di–Fr um 7 Uhr.

■ In der Stadtkirche finden von Juli bis Mitte August KONZERTE statt – **SOMMARMUSIK** umfasst Oper, Kirchen- und klassische Musik ebenso wie Rock, Jazz, Gospel und Programme für Kinder. An der Södra Kyrkogatan, zentral gelegen.

KOSTER-INSELN

Man sagt die Koster-Inseln *(Kosteröarna)* und meint damit Nord- und Süd-Koster. Eigentlich sind es dutzende kleiner Inseln und Klippen, das westlichste Stück Schweden und vom Festland etwa 10 km entfernt. Die Steinwelt Kosters unterscheidet sich vom sonst überall anzutreffenden Bohus-Granit; diese Inseln sind aus Gneis, durchzogen von 1–10 m breiten schwarzen Diabas-Bändern, meist in nord-südlicher Richtung. Die großen Inseln Nord-Koster und Süd-Koster trennt ein ENGER SUND, den Bootsanleger sowie -schuppen auf beiden Seiten einrahmen.

NORD-KOSTER hat zwei Gesichter: im Süden Häuser und grüne Landschaft, im Norden karge Vegetation. Die schönsten Strände mit Klippen oder Sand findet man an der Westseite. An den ungeschützten Nordklippen bietet sich bei Sturm ein beeindruckendes Schauspiel. Um den höchsten Punkt der Insel, KOSTERBONDEN, können Sie durch Heide und Nadelwald streifen. Wer die Insel mit dem Fahrrad erkunden will, muss ein paar Steigungen in Kauf nehmen.

Auf SÜD-KOSTER verteilt sich die Besiedlung fast über die ganze Insel. Hier zeigt sich auch der Reichtum der VEGETATION des Archipels, der auf die unterschiedliche Bodenbeschaffenheit und klimatischen Zonen zurückzuführen ist: Da spielt etwa der Abstand zum Strand und dem salzigen Meer eine Rolle; andere Faktoren sind Nord- oder Südlage und vorherrschende Windrichtung. Man findet Laubwälder wie im südlichen Schweden oder Nadelwälder wie im Norden, trockene oder feuchte Gebiete mit Orchideen und anderen seltenen Pflanzen. All das begünstigen milde Winter und regenarme Sommer, eine Kombination von maritimem und kontinentalem Klima. Auf Süd-Koster laden lange Sandstrände und Klippen und ein VERZWEIGTES WEGENETZ durch grüne und blühende Landschaft zu Entdeckungstouren ein. Autos gibt es auf den Inseln nicht, nur Traktoren, Fahrräder und die so typischen LASTEN-MOPEDS, das *flakmoped,* auch Koster-Taxi genannt.

Für die Fischer der Koster-Inseln sind Schalentiere, wie *räkor* (Krabben), *kräftor* (häufig *havskräfta* = Kaisergranat), *krabba* (großer Taschenkrebs) und die Hummer von Interesse. Ende September beginnt die Hummersaison, wenn sich auf den Anlegebrücken in dem schmalen Sund die Fangkörbe stapeln.

■ **ANREISE**: Die Boote nach Koster legen vom Norra Hamnen ab. Über Fahrpläne und Fahrausweise erkundigen Sie sich aktuell im Touristenbüro. Fahrräder können Sie auf den Inseln mieten.

■ Weitere mögliche Ausflugsziele im Archipel sind **RAMSÖ**, im Süden (Klippen- und Sandstrände zum Baden, Faulenzen, Picknicken), sowie **URSHOLMEN**, die zwei äußeren Inseln im Südwesten, eine wildromantische Landschaft mit steil abfallende Klippen samt schwarzen Diabasgängen und zwei Leuchttürmen (nur einer noch in Betrieb).

MEHR AUSFLÜGE AB STRÖMSTAD

■ **ALASKA** liegt auf der Insel Nord-Långö – und es hat eine besondere Geschichte, die Geschichte einer resoluten, erfolgreichen und doch bescheiden gebliebenen Frau, die ihre Träume gelebt hat. *Hilma Wounsch* wurde 1870 auf der Nachbarinsel Syd-Hälsö geboren und gehörte zu den Auswanderern, die in Amerika ihr Glück versuchten, in Alaska auf Goldsuche ging und einen norwegischen Goldsucher heiratete. Als sie Land auf Nord-Långö erbte, kam sie allein zurück, und als 60-jährige begann sie auf dem kargen Boden eine grüne Oase zu schaffen, eine Art japanischer Gartenanlage mit Pavillons, Türmchen, Tempel, Terrassen, Brücken sowie Wegen mit Bänken und Tischen, gebaut aus Steinen und Muscheln. Hilma hatte den »grünen Daumen«, und bald empfing sie im Wirtshaus »Golden Inn« die ersten Gäste, war Alaska ein beliebtes Ziel der Ortsbevölkerung wie auch vieler Touristen. Hilma zog in den 50er Jahren aufs Festland, starb 1965.

Nach zwischenzeitlichem Verfall ist Alaska seit 1992 wieder ein Ziel für Ausflügler. Bootsverbindung ab Södra Hamnen.

■ **BLOMSHOLM** ist die zweitgrößte Schiffssetzung im Land, in der Nähe des gleichnamigen Gutshofes.

Die Steinsetzung Blomsholm ist 42 m lang, 10 m breit und besteht aus 49 Steinen, die schiffsförmig gesetzt *(skeppsättning)* wurden, so etwa um das Jahr 800. Die Stevensteine, d.h. die Bug- und Heckmarkierungen, sind 3–4 m hoch. Die übrigen Steine im Oval sind in der Mitte am niedrigsten. Die kaum auffallenden Hügel im Gelände sind Grabhügel. Auf der anderen Seite der Straße liegt im Wald eine weitere Kultstätte mit runden (10–15 m im Durchmesser) u. länglichen Hügeln (15–30 m lang).

VERSCHIEDENES

■ **STRÖMSTADFESTIVAL**: in der zweiten Juliwoche – Kultur, Artisten, Jahrmarkt und viel Essbares.

■ **BADEN**: SELÄTER, Klippen, Sand. – FURHOLMEN, Klippen. – SALTÖ, Naturreservat, Klippen und Sand. – ALASKA, Nord-Långö, Klippen und Sand. – NORD- UND SÜD-KOSTER, Klippen und Sand.

■ **FERIEN AKTIV**: MIT DEM KAJAK durch die Schären. – Tauchen an der Küste. – Golfclub bei Seläter. – U.a.

■ **WANDERN**: Strömstad ist Ausgangspunkt des 360 km langen Fernwanderwegs BOHUSLEDEN. In drei Teile teilt sich das Kartenwerk, wobei die erste Karte die Strecke von Strömstad zum Kynnefjäll beinhaltet; dabei führt die Route an Blomsholm vorbei (Schiffssetzung, s.o.).

UNTERKUNFT

■ **HOTEL KRABBAN**, Södra Bergsgatan 15, Tel. 142 00, Fax 142 04, per E-mail: hotell.krabban@swipnet.se/ EZ 690 SEK, DZ 790 SEK. Bezahlbare Zimmer ohne großen Komfort. Zentral gelegen.

■ **VANDRARHEM STRÖMSTAD**, STF, Norra Kyrkogatan 12, Tel. 101 93. 10.1.–9.12. Im 2–5-Bett-Zimmer ab 185/90 SEK. Nahe der Kirche, im Zentrum gelegen: zum Bahnhof und Södra Hamn 300 m.

■ **VANDRARHEM LOMMELAND**, STF, Råsshult, Röd Lommeland, Tel. 0526 – 420 27. 20.5.–1.9. 57 Betten in 2–6-Bett-Zimmern ab 165/90 SEK. Kanuvermietung und Reiterhof in der Nähe. 5 km südöstlich der Svinesund-Brücke nach Norwegen, abseits im Grünen.

■ **CAMPING**: Es gibt 11 Campingplätze rund um Strömstad und einen einfachen, ohne Komfort im Naturreservat auf Nord-Koster. Während der Hauptsaison kann es eng werden; deshalb soll an dieser Stelle eine große Anlage stehen, die zudem (fast) ganzjährig geöffnet ist:

■ **DÄFTÖ FERIECENTER**, 5 km südlich von Strömstad an der Str. nach Tjärnö, Tel. 260 40, www. dafto. nu. 10.1.–21.12. 630 Stellplätze 130–230 SEK, der üppigste uns bekannte Tarif während der Hochsaison (20.6.–10.8.), Hütten 350/400 und 600/650, (2 und 4 Betten), Ferienhütten 500–800 SEK. Badestrand und Schwimmbecken, zu mieten Ruderboote, Kanus und Fahrräder. Bootsslip. Start zu Angelausflügen und Seehundsafaris. Großes Angebot für Kinder.

WEITERREISE

■ **BAHN**: Nahverkehrszug BOHUSTÅGET Strömstad - Tanum - Munkedal - Uddevalla - Stenungsund - Göteborg; Fahrzeit nach Göteborg laut Fahrplan um die 2:35 Stunden.

■ **BUS**: Terminal am Bahnhof. Mit STRÖMSTADS EXPRESSEN: über Tanumshede und Uddevalla nach Göteborg. Nach Dalsland mit Linie 770 über Ed, Billingsfors und Bengtsfors nach Åmål.

■ **AUTO**: **NACH DALSLAND**. Ab Skee, südöstlich von Strömstad, auf Str. 164 über Ed, Billingsfors sowie Bengtsfors nach Åmål.

RICHTUNG SÜDEN / GÖTEBORG. Alle erwägenswerten Reiseziele finden Sie in diesem Kapitel.

Dalsland

Dalsland, auch *Dal* genannt, ist mit 4.139 km² eine der kleinsten Provinzen Schwedens und gleichzeitig die SEENREICHSTE. Mit einer Länge von bis rund 100 km und einer Breite von rund 70 km grenzt sie im Westen an Bohuslän, im Nordwesten etwas an Norwegen, im Norden an Värmland und im Süden eine kurze Strecke an Västergötland.

Dalsland steht für einsame Waldgebiete, kahle Berghöhen, fruchtbare Täler, Orchideenwiesen und viele Seen und Wasserwege, ein Eldorado für Kanuten, Angler und Wanderer. 50 % Wald und 11 % Gewässer bedecken den größten Teil Dalslands, und in den sechs Kommunen leben weniger als 55.000 Menschen.

Millionen Jahre mit Eiszeiten und den Perioden dazwischen haben die LANDSCHAFT verändert – der Grund eines Eismeeres ist heute fruchtbarer Boden, die sogenannte Dal-Formation ist ein Teil einer ehemaligen Gebirgskette, die sich Schicht für Schicht auf dem Meeresboden aufbaute; vorherrschend sind Ton- und Kalkschiefer und Quarzit. Die letzte Eiszeit hinterließ ihre Spuren, die Berge wurden fast flach geschliffen, ENDMORÄNEN und GLETSCHERTÖPFE blieben zurück. Die die Landschaft besonders prägenden schmalen und langen Seen sind Verwerfungsrisse im Grundgebirge, die die Gletscher auseinander drückten und in denen nach dem Abschmelzen das Wasser zurückblieb. Ein solch typischer See ist der STORA LE, in dessen Wassertiefe von 102 Metern bei 4°C noch Eiszeitmeeresgetier lebt.

Archäologische Funde beweisen, dass das Land bereits während der Steinzeit von Jägern BESIEDELT war. Die bekanntesten Spuren der Bronzezeit sind die Felszeichnungen bei HÖGSBYN. Gräberfelder belegen die Eisenzeit. Die ersten Kirchen entstanden Ende des 12. Jhs. 1304 bauten die Herzöge Erik und Valdemar die befestigte DALABORG auf einer Klippe über dem Vänern. Hier wurde 1388 Geschichte geschrieben, als man Königin *Margrethe I.* von Dänemark und Norwegen ebenso als Regentin von Schweden besätigte, ein Schritt, der der Kalmarer Union vorausging. Während der Bauernaufstände unter Engelbrekt wurde die Festung 1434 zerstört.

Auch die GRENZE ZU NORWEGEN sorgte in Dalsland für unruhige Zeiten: War Frieden, wurde Handel getrieben, vor allem mit dem norwegischen Fredrikshald. Diese Festung wurde 1718 dem kriegerischen König Karl XII. zum Verhängnis, als ihn eine Kugel tödlich traf. Womit das Ende schwedischer Großmachtzeit eingeläutet war.

Im 19. Jh. brachte die Eisenproduktion Gewinne, obwohl Erzfunde gering waren. Die Grundlage dazu war der HOLZREICHTUM des Landes; deshalb ließen Grubenbesitzer aus Värmland und Bergslagen ihr Erz in

Dalsland verarbeiten. Die anderen wichtigen Erwerbszweige waren der Ackerbau und die Viehzucht, wie es auch das Wappentier Dalslands bezeugt, der Stier. In der Ebene DALBOSLÄTTEN war Hafer das wichtigste Getreide für den EXPORT.

Missernten 1867 und 1868 sowie sinkende Exportpreise stürzten die Landwirtschaft in eine KRISE. Kleine Bauernhöfe konnten ihre Großfamilien nicht einmal mehr ernähren, die bekannte Auswanderungswelle war die Folge. Von 1850 bis 1900 zogen beinahe 64.000 Menschen in die Fremde.

Die zweite Hälfte des 19. Jhs. war auch vom beginnenden INDUSTRIEZEITALTER geprägt. 1868 wurde der DALSLANDS KANAL eröffnet, in den 1870er Jahren erreichte die Eisenbahn das Land. Die Verbindungen über Wasser- und Schienenstraße und das Ausnutzen der Wasserkraft waren von großer Bedeutung für die industrielle Entwicklung der kleinen wald- und seenreichen Provinz. Als zum Ende des 19. Jhs. Konjunkturflauten ein Eisenwerk nach dem anderen zum Erliegen brachte, begann man die eigenen RESSOURCEN (Wasserkraft und Holz) intensiver zu nutzen: Als neue Industriesparte etablierte sich jetzt die ZELLULOSEHERSTELLUNG.

Heute ist die Natur der Reichtum Dalslands, und man ist bestrebt, sie zu erhalten und gleichzeitig touristisch zu nutzen. Zu den beliebtesten Ferienzielen gehören natürlich die zahlreichen Seen, der Dalslands kanal mit dem berühmten AQUÄDUKT in HÅVERUD, der die Verbindung der lang gestreckten Seenkette bis zum Vänern ermöglichte, die Höhenzüge Kroppefjäll und die Dal-Formation mit ihren Quarzitbergen, die im Film »Ronja Räubertochter«, nach dem Buch von Astrid Lindgren, eine IMPOSANTE KULISSE abgab. Das fast unberührt erscheinende Waldland TRESTICKLAN im Nordwesten besitzt in weiten Teilen URWALDCHARAKTER und steht seit 1996 als Nationalpark unter besonderem Schutz.

Elch und Rehwild gehören zu den festen Bewohnern des Landes, aber auch die Familie Luchs ist schon gesehen worden und der Biber längst heimisch. Zudem kann Dalsland mit herrlichen SÜSSWASSERSCHÄREN aufwarten, ein Wirrwarr von Inseln und blank gespülten Felsinselchen vor der Küste des Vänern. Die große BUCHT DES BINNENMEERES vor der dalsländischen Küste heißt DALBOSJÖN. Die Halbinseln Kållandsö im Süden und Värmlandsnäs im Norden trennen sie mit einer Kette dazwischenliegender Inselchen nahezu vom Vänern ab. Dieses abwechslungsreiche Landschaftsmosaik und der ARTENREICHTUM AN FLORA UND FAUNA machen Dalsland zu einem häufig gewählten Ferienziel für Naturliebhaber, AKTIV oder auch nur zum STILLEN GENIESSEN. Tourismusmanagern ist das freilich zu wenig; sie beklagen die relativ geringe Zahl an Ferienhäusern, die auch die Touristen länger in Dalsland verweilen lassen würden, die nicht bevorzugt wegen der Natur kommen. Für den klassischen Dalsland-Urlauber mag der jetzige Zustand der bessere sein.

■ **INTERNET**: www.dalsland.com

INFORMATION

■ **BENGTSFORS TURISTBYRÅ**, Tinghustorget, SE–66621 Bengtsfors, Telefon 0531–526354, Fax 12400, turism@bengtsfors.se, www.bengtsfors.se.

■ **DALS-EDS TURISTBYRÅ**, Strömstadsvägen 2, SE–66821 Ed, Tel. 0534–10103, Fax 10550, tourist@dalsed.se, www.dalsed.se. 1.5.–30.9.

■ **DALSLAND CENTER** in Håverud, SE–46472 Mellerud, Tel. 0530–30580, Fax 30880, tourism@mellerud.se, www.mellerud.se. 1.6.–31.8.

■ **ÅMÅL TURISTBYRÅ**, Hamngatan 1, SE–66231 Åmål, Tel. 0532–17098, Fax 16750, amaltourism@telia.com, www.amal.se.

Dalslands kanal

Der Dalslands kanal ist seit mehr als 130 Jahren eine Art Pulsader für die Provinz Dalsland. Während er früher eine große ökonomische Rolle spielte – erst als Transportmittel für die Eisenwerke, später für die Papierfabriken –, zieht er heute viele Kanuten und andere Wassersportler aus In- und Ausland fast wie ein Magnet an.

1865 wurde mit dem Bau begonnen – nur drei Jahre später feierte man bereits seine Einweihung, auch deshalb, weil der eigentliche Kanal, die Teilstrecke, die GEGRABEN werden musste, nur 10km lang ist. Die schwierigste Aufgabe stellte sich mit der Überbrückung der Schlucht bei Håverud. Der Eisenbahnbauer *Nils Ericsson* konstruierte als Lösung ein AQUÄDUKT, eine 32m lange Rinne aus Stahlplatten, zusammengehalten von 33.000 Nieten, die bis heute dem Wasserdruck Paroli bieten.

31 SCHLEUSEN überwinden einen Höhenunterschied von 66 Metern. Der Dalslands kanal verbindet das Seensystem zwischen Vänern und Årjäng im Südwesten Värmlands, eine Strecke von rund 250km. 1915 konnte man die Erweiterung nördlich von Töcksfors bis Östervallskog einweihen. Die Seen Ånimmen und Ärr sind durch den SNÄCKE-KANAL mittels Schleusen ebenfalls mit der Wasserstraße verbunden.

Am eindrucksvollsten erlebt man die abwechslungsreiche Landschaft entlang des Kanals mit einem Boot. Die PASSAGIERBOOTE befahren im Sommer die Strecken von Håverud nach Bengtsfors oder von Köpmannebro nach Bengtsfors und zurück. Ein Ausflugsdampfer nimmt Kurs auf die Felszeichnungen bei Högsbyn (Tisselskog). Dazu muss man jedoch anmerken, dass es an Spitzentagen in der Hochsaison eng an Bord werden kann, wodurch längere Touren mit kleinen Kindern nicht anzuraten sind. Die größeren Boote servieren Mahlzeiten an Bord.

BOOTSFAHRTEN

■ **M/S STORHOLMEN**: auf der Route Håverud-Bengtsfors. Ende Juni bis Mitte August. Kombination mit Schienenbus möglich (siehe unten). Tel. 0531–10633, Fax 42482, www.storholmen.com. – Ab Bengtsfors Mo, Mi, Fr, ab Håverud Di, Do, Sa. Ticket 190/95 SEK.

Ausflugsboot in Håverud nach der Überquerung des Aquädukts »seenaufwärts« ▶

■ **M/S DALSLANDIA**: auf der Route Köpmannebro-Bengtsfors, also auf dem gesamten Kanal. Ende Juni bis Ende August. Kombination mit Schienenbus möglich (siehe unten), auch Möglichkeit zum Aussteigen unterwegs. Tel. 0530-31001, Fax 31027. Ab Bengtsfors Di, Do, Sa, ab Köpmannebro Mo, Mi, Fr.

■ **M/F DALSLAND**: Rundfahrten ab Herrenhof Håfveruds Herrgård bei Håverud. Ende Juni bis Mitte August. Fahrt über das Aquädukt, die Seen Åklången und Råvarpen zu den Felszeichnungen bei Högsbyn. Start 13 Uhr, Rückkehr 16.30 Uhr, zusätzliche Abfahrten im Juli. Tel. 0530-31097, Fax 31097, Internet: www.kbk-charterboat.com. 120/60 SEK. Ab Bengtsfors Di, Do, Sa, ab Köpmannebro Mo, Mi, Fr.

INFORMATION

■ Jedes Jahr neu erscheint das Heft **DALSLAND-KANAL** mit einem Portrait von Kanal und Region sowie aktuellen Daten zu den Bootsfahrten, Schleusenzeiten und -gebühren, dies hilfreich auch für Kanuten und Freizeitskipper. Zu bekommen bei den lokalen Touristenbüros und direkt bei:

■ **DALSLANDS KANAL AB**, Box 181, SE-66224 Åmål, Tel. 0532-10466, Fax 10477, info@dalslandskanal.se, www.dalslandskanal.se.

HÅVERUD

Das Aquädukt in Håverud ist Dalslands Touristenattraktion Nr. 1. Die entsprechende INFRASTRUKTUR mit Hotels, Restaurants, Fischräucherei, Kunsthandwerk etc. ist vor Ort.

■ Nennt man Håverud, denkt man an das berühmte **AQUÄDUKT** – eine verkehrstechnische Sehenswürdigkeit. Der Dalslands kanal überquert mit Hilfe dieser 32 m langen Rinne aus Stahl auf Granitpfeilern eine tiefe Schlucht, durch die sich früher reißende Stromschnellen abwärts warfen. Auf unterschiedlichen Ebenen kreuzen zudem die Landstraße und die Eisenbahn den Taleinschnitt. In Håverud ist der Weg zum Aquädukt ausgeschildert. Halten Sie sich bitte an die ausgewiesenen Parkplätze; es ist wenig Platz direkt am Kanal. ES EMPFIEHLT SICH vielmehr, Håverud auf dem Wasser oder auf Gleisen anzusteuern und wieder zu verlassen.

■ **KANALMUSEET**, Museivägen 3, Tel. 0530-30624. Mai, September täglich 10–16, Juni, August 10–18, Juli 10–19 Uhr. Eintritt 20/0 SEK.

NEUE Ausstellung, ANSPRECHEND in Szenen aufbereitet. Im Fokus der Dalsland kanal, von den Kanalpionieren bis zum Tourismus auf dem Wasserweg. Viel Raum werden der KULTUR dieser Region und traditionellen Erwerbssparten eingeräumt, die teils mit dem Kanal verbunden, teils nicht mehr relevant oder sogar verschwunden sind: Wassermühlen, Köhlermeiler und die FLÖSSEREI; als man die Stämme noch per Hand beförderte oder an Booten befestigte; oder die Zellulosefabriken, wie AUS DEM WALD PAPIER wird.

■ Das **DALSLAND CENTER** hat die Räumlichkeiten der alten Papierfabrik bezogen. Es stellt Wirtschaftsprodukte der Region aus. Ausstellungen von international bekannten Firmen ebenso wie einheimischen

Handwerkern. Daneben Kunst- und Themenausstellungen. INFO-STELLE, Cafeteria, Souvenirshop. 1.6.–31.8. täglich. Sehr touristisch aufgemacht.
■ Zur Haltestelle des **SCHIENENBUSSES** zwischen Bengtsfors und Mellerud folgen Sie dem Sträßchen links vom Eingang zum Kanalmuseum vom Kanal weg und dann hügelaufwärts. Den Fahrplan erhalten Sie in vielen Unterkünften, im Dalsland Center oder unter www.dvvj.com.

UPPERUD...

... liegt südöstlich von Håverud, am anderen Ende des Sees Övre / Nedre Upperudshöljen. Ein Sträßchen verbindet Upperud mit Håverud.
■ **DALSLANDS MUSEUM**, Tel. 0530 – 300 98. Täglich 10–18 Uhr. Eintritt 20/0 SEK.

Das Haus baute man nach ökologischen Kriterien, mit Naturmaterialien wie zum Beispiel Schiefer aus dem Kroppefjäll, Naturfarben und gewachstem Kiefernholz. Die schöne Lage am See mit dem Dalslands kanal ist eine weitere Attraktion.

1995 vom schwedischen Königspaar eingeweiht, ist dieses Museum vor allem der Initiative des Sammlers *Sten Torstensson* zu verdanken. Präsentiert wird dalsländische Kunst mit MALERN des 19. und 20. Jhs., wobei dem berühmtesten Dalslänning, dem Maler *Otto Hesselbom*, große Aufmerksamkeit zuteil wird. Vertreten sind ferner *Sixten Lundbohm, Olof-Sager-Nelson, Georg Suttner, Frideborg Bryth* u.a. Zu sehen sind auch alte Bauernmöbel mit kunstvollen Malereien oder Intarsien; ein KURIOSUM ist der Stuhl mit »Kuhbeinen«. Keramik-, Kupfer-, Eisengeräte und besonders die SILBERSAMMLUNG komplettieren den Museumsfundus.
■ Vom **CAFÉ BONAPARTE** gleich nebenan haben Sie einen traumhaften Blick auf die SEENLANDSCHAFT. Warum Bonaparte? Weil hier Napoleons Nichte, *Egypta Bonaparte*, im 19. Jahrhundert wohnte. Sie hatte den schwedischen Grafen *Arvid Posse* geheiratet, Eigentümer der Eisenhütten Billingsfors und Upperud. Lange hielt sie es hier nicht aus, sie verließ ihren Mann und zog wieder nach Paris. Trotzdem pflegt man die Erinnerung: Das Essservice des Grafenpaares ist hier ausgestellt.
■ Im **HANTVERKSHUSET**, auf der anderen Seite des See-Ausflusses, stellen rund 100 Kunsthandwerker der Region ihre Produkte aus. Eine große Abteilung ist STROHARBEITEN gewidmet. 1.1.–31.3. Sa+So 10–18, sonst täglich 10–18 Uhr. Eintritt frei.

Vom BOOTSANLEGER anbei bricht der MINI-DAMPFER M/S HAMFRI in der Hochsaison mehrmals täglich zu kleinen Kreuzfahrten auf.

Im Kanu unterwegs

Eines der BESTEN und größten KANUGEBIETE Schwedens ist Dalsland samt dem Grenzland zu Värmland. Es gibt eine Fülle von lang gestreckten Wasserflächen und sich schlängelnden Flüssen. Die Seen sind meist schmale Spaltenseen, ihre Ufer bedecken abwechselnd Steine, Felsplatten, Kies oder Sand. Wälder und Berge prägen die Umgebung.

Was ist schöner, als lautlos durch die Natur zu gleiten, vielleicht Biber oder Elche zu beobachten und morgens von einem beschwingten Vogelkonzert geweckt zu werden? In Dalsland ist die Gelegenheit günstig.

SEENPROFILE

■ Der **ÅNIMMEN** und die anderen Seen SÜDLICH VON BENGTSFORS gehören zu einer offenen freundlichen Landschaft, während die nördlichen imposante, wildere Szenerien offenbaren und ihr klares, sauberes Wasser Trinkqualität besitzt. Hier kann man bedenkenlos die Wasserflasche füllen, am besten mitten im See.

■ Der **ÅKLÅNGEN** ist ein typischer langer, schmaler Spaltensee. An seinem Ostufer bedingt der kalkhaltige Boden eine artenreiche Flora.

■ Um den **LAXSJÖN** herum liegen die meisten Herrenhöfe der früheren Hüttenbesitzer. Der bekannteste ist BALDERSNÄS mit seiner Parklandschaft auf einer Halbinsel.

■ Die Ufer des langen, schmalen **SVÄRDLÅNGEN** nordöstlich Bengtsfors' stehen UNTER NATURSCHUTZ; das Zelten ist nur auf den offiziellen Lagerplätzen am Ostufer gestattet.

■ **LELÅNGEN**, nördlich von Bengtsfors, ist einer der imposanten Seen. Nutzen Sie eine Rast zu einer Wanderung auf den Egersknatten. Wenn Sie die Bergkuppe erreicht haben, stehen Sie 170 m über dem See und haben ein herrliches Panorama. Auf der Insel Taraldsön dokumentieren GLETSCHERMÜHLEN die Gewalt der Eiszeitströme.

■ Paddelt man über Gustavsfors in den **VÄSTRA SILEN**, grüßt ein Mini-Schärengarten. Der **ÖSTRA SILEN**, erreichbar über die Schleuse Krokfors, bietet Kanufahrern enge Passagen, Inseln, tief ins Land schneidende Buchten – ungestörte Natur.

■ **STORA LE** ist der größte See hier: 70 km lang sowie 102 m tief. An den Ufern wechseln sich Wald und Felsen ab. Die Bebauung ist spärlich, das Naturerlebnis dafür garantiert.

■ Der **FOXEN** hat wohl die besten SANDSTRÄNDE des Gebiets, jedoch auch viele Inseln, große wie kleine, bewachsen oder kahl. Die sich anschließenden Seen ÖSTEN und TÖCKEN sind schmale Paddelgewässer.

ROUTENWAHL

Man kann die Touren gut variieren, von Süden nach Norden fahren oder Rundtouren machen. Man kann die Touren mit Wanderungen, Fahrrad- oder den populären Draisinen-Routen kombinieren (siehe dort).

Eine schöne Tour von einer Woche kann man in Billingsfors starten. Dann auf dem Lelången via Bengtsfors und Gustavsfors zum Västra Silen. Weiter in den Östra Silen, zum Västra Silen zurück und den Svärdlången hinunter bis zum Laxsjön.

SCHLEUSEN

Der Dalsland Kanal verbindet Dalsland von Köpmannebro am Vänern mit Årjäng sowie Östervallskog im südlichen Värmland und mit Otteid in Norwegen. Das westlich gelegene Ed ist ebenso über den Kanal zu erreichen, wie Ånimskog und Fröskog über den SNÄCKE KANAL im Osten.

31 Schleusen verteilen sich auf 17 Kanalstationen, die einzelnen Kammern sind etwa 22 m lang, 4 m breit und 1,8 m tief. Der Hub der Schleusenstationen variiert von 0,1–13,1 m.

■ **ÖFFNUNSGZEITEN**: Für Freizeitskipper sind sie von Anfang / Mitte Juni bis August geöffnet, Richtzeit Mo–Sa 9–19 Uhr, in der Hochsaison länger und auch So, an Mittsommer verkürzt. Die Schließzeiten sind definitiv; beachten Sie deshalb die:

■ **VERSCHLEUSUNGSDAUER**, angegeben in Minuten: Köpmannebro 10, Upperud 20, Håverud 60, Buterud 10, Mustadfors 15, Långed 60, Långbron 15, Billingsfors 30, 18. Schleuse 10, 19./20. Schleuse 30, Bengtsfors 25, Lennartsfors 30, Töcksfors 60, Gustavsfors 20, Krokfors 25, Snäcke 20, Strömmen 15.

Die wirkliche WARTEZEIT an den Schleusen kann der Gegenverkehr erheblich verlängern. So sollte man zur Sicherheit nicht zu knapp kalkulieren; zudem sind Pausen von je zweimal 30 Minuten am Tag für die Schleusenwärter vorgeschrieben.

Die Boote werden zwar in Reihenfolge des Eintreffens am Wartesteg aufgerufen; um jeden verfügbaren Platz in der Kammer optimal zu nutzen, muss die Reihenfolge aber mitunter geändert werden.

■ **TARIFE**: Das Schleusen pro Kanu und Kammer kostet je nach Größe und Personenzahl 20 – 40 SEK und ist während der Saison Pflicht; das Vorbeitragen der Kanus ist nicht erlaubt. Sie bezahlen bar an der ersten Schleuse für Ihre gesamte beabsichtigte Strecke und erhalten SCHLEUSENTICKETS für unterwegs.

■ Der **SCHLEUSENVORGANG** ist nicht sehr kompliziert, die Schleusenwärter sagen genau, was zu tun und zu lassen ist. Sie bekommen vor Ort zwei Halteleinen für Ihr Kanu zugeworfen, die gefiert oder eingeholt werden müssen, je nachdem, ob es auf- oder abwärts geht. Denken Sie daran, dass in Schweden das Tragen einer Schwimmweste Pflicht ist.

■ Wenn an Schleusen **PORTAGEN** erlaubt sind, ist ein Kanuwagen sehr zu empfehlen. Landtransporte an den Schleusen Håverud, Lennartsfors, Krokfors, Töcksfors, Långed und Billingsfors sowie an Schleuse 18–20 sind schwierig; entweder gibt es keine geeigneten Aus- / Einsetzstellen oder die Portagen sind sehr lang.

INFRASTRUKTUR

■ Die Seenlandschaft **DALSLAND** und **NORDMARKEN** (das südliche Värmland) ist populär und wird entsprechend stark frequentiert. So hat man um 100 offizielle **LAGERPLÄTZE** eingerichtet, wo Sie Feuerstellen, Toiletten, Unterstände usw. vorfinden. Die Benutzung der Plätze begleicht man mit der NATURVÅRDSKORT, 20 SEK je Person und Nacht. Dieser Beitrag ist u.a. für die Pflege der Lagerplätze und für die weitere Infrastruktur bestimmt (Müll und Toiletten entsorgen, Brennholz beschaffen etc.). An einigen Stellen ist das Zelten verboten, zum Beispiel an den Ufern des Sees Svärdlången.

ACHTUNG: GRUPPEN ab 6 Personen MÜSSEN auf den ausgewiesenen Lagerplätzen übernachten. Außerhalb dieser Plätze ist OFFENES FEUER an den Seeufern von Laxsjön,

Svärdlången, Lelången, Västra Silen, Östra Silen, Stora Le, Ärtingen, Råvarp sowie Bengtsbrohöljen von April bis September nicht erlaubt. In Värmland weisen rote Flaggen mit gelbem Kreuz auf ein eventuelles allgemeines Verbot von offenem Feuer hin, in Dalsland nicht. Zum Kochen dürfen dann lediglich Gas- oder Spirituskocher unter Vorsicht verwendet werden, ein Mobil-Grill jedenfalls nicht.

Zuständig für die Lagerplätze, für Hilfe und Kontrolle sind sogenannte RANGER, die in der Paddelsaison im gesamten Gebiet unterwegs sind.

INFORMATION

■ In dem guten Heft **KANULAND** mit Karten im Maßstab 1:100.000 lassen sich die notwendigen Informationen zu Lagerplätzen etc. an Symbolen ablesen. Das Heft eignet sich auch zur Planung, enthält Angaben zur Paddeltechnik und Portraits der Seen sowie der wichtigsten Tiere und Pflanzen vor Ort. Erhältlich in Kanuzentralen und Touristenbüros. 95 SEK.

■ **DALSLANDS KANAL AB**, Box 181, SE–66224 Åmål, Tel. 0532 – 10466, Fax 10477, info@dalslandskanal.se, www.dalslandskanal.se.

■ Wer weitere Kanutouren beabsichtigt, zum Beispiel in Värmland, sei unser Buch **KANUWANDERN IN SCHWEDEN** empfohlen (Seite 38).

KANUVERMIETUNG - AUSWAHL

Im Kapitel über Årjäng finden Sie zwei weitere zertifizierte Kanuzentralen für Nordmarken, das angrenzende süd(west-)liche Värmland.

Über Mietpreise gibt das Kapitel »Ferien aktiv« im allgemeinen Teil dieses Buches Auskunft. Bis auf die letztgenannte Adresse ist die Vermietung von Zubehör obligatorisch.

■ **BENGTSFORS**: *Silverlake Canoeing,* Brogatan 2 (an der Schleuse), Tel. 0531 – 12173, Fax 61711, mobil 070 – 6655 222, www.silverlake.se. 1.5.–30.10. Ausgebildete Kanulehrer, geführte Touren, Transportservice, Umkleideräume und Dusche, Bewirtung, Proviantierung, Unterkunft vermittelbar. Als Fremdsprache Englisch. – *Dalslands Camping & Kanotcentral,* Tel. 0531 – 10060, Fax 10070, www.dalslandsinfo.com/camping. 1.4.–30.9. Proviantierung, möglich sind Unterkünfte, Bewirtung, Duschen, Umkleiden. Fremdsprache Englisch. – *D. Gustavssons eftr.,* Kvarnviken N., Tel. 0531 – 230 22. Eigentümer Börje Gustavsson ist das ganze Jahr über erreichbar, spricht nur wenig Deutsch. Transportservice.

■ **DALS-LÅNGED**: *Fritid och Sjöliv,* Kanalvillan, Stenbyvägen 11, Tel./Fax 0531 – 41116, www. kanalvillan.com. – *Laxsjöns Friluftsgård,* Tel. 0531 – 30010, Fax 30555, Internet: www.laxsjonsfriluftsgard.com. Außer bei Frostwetter tagsüber geöffnet, sonst auf Anfrage. Kanulehrer, Transportservice, Duschen, Bewirtung möglich.

■ **ED**: *Canodal Kanotuthyrning,* Gamla Edsvägen 4, Tel. 0534 – 61 803, Fax 61 912, www.canodal.com. 1.4.–31.10. 9–13 u. 14–18 Uhr. Transportservice, Proviantierung u. Duschen möglich, Unterkunft vermittelbar. Als Fremdsprache Englisch.

■ **KÖPMANNEBRO**: *KBK Charterboat,* Parkudden, Tel. 0530–31090, Fax 35175. Transportservice. Auch in Upperud und Håverud.

Auf Gleisen unterwegs

DRAISINE BENGTSFORS-ÅRJÄNG
Die im Ausland wohl bekannteste Tour führt über stolze 52 Kilometer hinauf nach Årjäng. In der Hochsaison läuft ohne Reservierung nichts. Sie können die Draisinen-Fahrt mit Kanutouren und /oder Goldwasch-Einlage verbinden. Mehr über diese Attraktion lesen Sie bitte im Kapitel über Årjäng in Värmland.
■ **INFORMATION** IN BENGTSFORS: ganzjährig Tel. 0531–526801, Fax 526803, info@dvvj.com, www.dvvj.com.

DRASINE FORSBACKA-SVANSKOG
Die kürzere, rund 13,5 km einfacher Weg lange Variante startet am idyllischen See NEDRE KALVEN, wo die Gemeinde einen BADESTRAND AM WALDRAND unterhält, wie man ihn sich schöner kaum vorstellen kann.

Die Schienen führen in einem Bogen ins nördlich gelegene Svanskog, wo der alte Bahnhof lediglich noch im Sommer ein wenig Betriebsamkeit erfährt, wenn ab und zu die Museumseisenbahn aus Åmål eintrifft oder das Gros der Draisinenfahrer von hier aus den Rückweg antritt.

Wer bis Svanskog in die Pedale tritt, hat abwechslungsreiche Stunden durch die vertraute WALD- UND SEENLANDSCHAFT hinter sich. Gerade die unmittelbare Nähe zum Wasser ist ausgesprochen reizvoll, zuerst am ÖVRE KALVEN, kurz hinter Forsbackabaden, später auf der anderen Seite am ÖMMELN, wo man das Gefährt mit Kraftaufwand auf das Nebengleis wuchten kann, um am See oder an der ausgedienten Bahnstation eine Rast einzulegen. Zwischen den Passagen entlang der Seen kann man gut nachvollziehen, wie diese Eisenbahntrassen einst gebaut werden mussten – nämlich indem man für den ebenen Schienenweg einiges an Gestein weghacken oder -sprengen musste. Ein Höhepunkt eigener Art ist der 263 m lange TUNNEL zwischen Ömmeln und Svanskog, der in seiner Mitte eine Kurve beschreibt und deshalb so richtig dunkel wird.

Vor der Abfahrt weist der Veranstalter jede/n Fahrer/in, jede Gruppe in die Strecke und in korrektes Verhalten vor Ort ein; wer Vorfahrt hat, wieviel Abstand man halten soll etc. Und eine Taschenlampe gibt es auch, doch wer ohnehin eine im Gepäck hat, sollte diese einstecken.

Der Veranstalter *Daltrail* organisiert auch Kanu- und Reitausflüge, kombinierte Unternehmungen u.a.
■ **PREISE**: Tagestour (24 Stunden) 240, Ausflug (4 Stunden) 180 SEK, Probestunde 80 SEK. Wer sich beim »Ausflug« nicht hetzen will, sollte hinter dem Tunnel umkehren und auf Svanskog verzichten.
■ **INFORMATION**: *Daltrail,* John Bryntesons väg 15, SE–66250 Svanskog, Tel. 0532–43115, Fax 30317, office@daltrail.com, www.daltrail.com.

■ Wer nicht gerade die Tagestour mit Übernachtung unterwegs (Ausrüstung mitbringen) vor hat, sollte wegen des herrlichen BADESTRANDS **FORSBACKABADEN** trotzdem einen vollen Tag einplanen.

MIT DER MUSEUMSEISENBAHN

Rund fünfmal am Samstagabend im Juli bis Mitte August bricht in ÅMÅL eine von einer DAMPFLOKOMOTIVE gezogene Museumseisenbahn nach SVANSKOG auf. Der Schienenstrang führt über Forsbackabaden und entspricht ab dort jener Route, auf der die Draisinen nach Svanskog unterwegs sind (siehe oben). Die ABENDLICHE FAHRT an den Seen vorbei ist vor allem bei Sonnenschein faszinierend, das Entdecken eines Elchs am Waldrand durchaus möglich.

■ Nach 75 Minuten in **SVANSKOG** eingetroffen, erwartet die Fahrgäste ein geöffneter Bahnhof mit liebevoll hergerichtetem EISENBAHNMUSEUM und Musikprogramm, wenn die Eisenbahner-Oldieband Volksliedgut präsentiert. In einem Bahnhofs-Nebenraum können sich die Fahrgäste mit ausrangierter Dienstkleidung als Souvenirs eindecken. Das meiste Interesse vor Ort findet aber die von Hand bediente Drehscheibe, auf der die Dampflok wieder in die richtige Fahrtrichtung gebracht wird. Sonst ist die Umgebung des Bahnhofs keinen Ausflug wert; auf den Gleisen harren ein paar ausgediente Schienenfahrzeuge der Zukunft.

■ **TERMINE UND PREISE**: Abfahrt um 18 Uhr in Åmål Djuphamn; das ist nicht der Hauptbahnhof, darum durchfragen. Zurück um 21.30 Uhr. Ticket retour 2. Klasse 90 SEK. Ticket retour 1. Klasse 120 SEK lohnt sich wegen der spürbar bequemeren Sitze. Ticket inklusive Verpflegung im Speisewagen 250 SEK.

ACHTUNG: Die Kurzstrecke nach FORSBACKABADEN (60 SEK) eignet sich mehr für Gruppen; dort wird gegrillt, das Essen stellen die Teilnehmer selbst. Den schönsten Streckenteil verpasst man dann allerdings.

■ **INFORMATION**: Eine eigene Broschüre auf Deutsch liegt noch nicht vor. Achten Sie auf Anzeigen oder Hinweise in den vielerorts ausliegenden Zeitungen für Touristen.

■ **BUCHUNG**: obligatorisch, am einfachsten im Touristenbüro in Åmål, auch Säffle ist möglich. Museumseisenbahn-»Reisechef« Dan Berglund ist auch ansprechbar und kann etwas Deutsch: Tel. 031–209 379.

MIT DEM SCHIENENBUS

Von 1916 bis 1986 tingelten die Züge DAL VÄSTRA VÄRMLAND JÄRNVÄG von Mellerud über Bengtsfors und Årjäng nach Arvika. Während die Gleise zwischen Årjäng und Arvika schnell entfernt wurden, übernahm die Stiftung DVVJ die Zuständigkeit für die Strecke Bengtsfors-Mellerud und setzte historische Schienenbusse aus den 1950er Jahren im Sommer als Touristenzüge ein. Später fanden auch die Gleise von Bengtsfors nach Årjäng als Route für Draisinen Verwendung (siehe oben).

■ Es drängt sich geradezu auf, eine **RUNDFAHRT** mit Schiff UND Zug zu unternehmen, zumal der Schienenbus den Dalslands kanal über weite Strecken begleitet.

Vor der Rückfahrt: die Dampflok auf der handgekurbelten Drehscheibe in Svanskog; vor der Einfahrt in den Tunnel: Draisinen-Route Forsbackabaden – Svanskog ▶

112

Håverud reicht als südlicher Endpunkt der Zugreise aus: Die Route von Håverud nach Mellerud durchquert eine offenere Landschaft und kann es nicht mit dem Rest der Strecke aufnehmen; es sei denn, Sie wollen Mellerud einen Besuch widmen.

■ **HALTESTELLEN**: Bengtsfors, Billingsfors, Friluftsgården (Laxsjön), Långbron, Dals-Långed, Tisselskog, Buterud, Håverud, Åsensbruk (bei Upperud), Mellerud.

■ **TERMINE**: Der Schienenbus pendelt etwa vom 25.6. bis zum 25.8. immer von Montag bis Samstag zweimal täglich in jede Richtung. Dauer 55 Minuten für die einfache Strecke. Ankunfts- und Abfahrtszeiten sind zum Teil mit den Schiffen auf dem Dalslands kanal abgestimmt. Nicht verzagen, wenn der Schienenbus zu spät die Haltestelle erreicht; normalerweise klappt alles.

■ **PREISE**: gesamte Strecke einfach 80/40 SEK, *Kanalrundan* Håverud-Långbron und zurück mit Schiff und Schienenbus 190/95 SEK, kleine Kanalrunde Bengtsfors-Långbron und zurück mit Schiff und Zug 120/60, die ultimative Rundfahrt Håverud-Bengtsfors und zurück mit Schiff und Zug 260/130 SEK.

Von Ort zu Ort

Nachdem wir die schönsten Reisewege und -formen in Dalsland vorgestellt haben, macht es jetzt Sinn, die einzelne Orte mit Lage, Sehenswürdigkeiten sowie weiteren Ausflugszielen kennen zu lernen, damit jede/r für sich eine möglichst geeignete, soll auch heißen: günstig gelegene Unterkunft vor Ort aussuchen kann.

RUND UM ED

Ed ist das Zentrum einer mit knapp 2.000 Einwohnern dünn besiedelten Großgemeinde im westlichen Dalsland. Die von den Eisrandzonen geprägte hügelige Landschaft ist gut zu erkennen. Nördlich des Orts reicht der rund 100 km lange, schmale See STORA LE bis nach Norwegen, ein typischer Spaltensee, den ein fast 60 m hoher Moränenwall abschließt. Der südliche LILLA LE, eingebettet in Moränenhügel, liegt 33 m höher. In Ed lassen sich vor allem Kanuten, Skisportler und Wanderer blicken, die genau wissen, was sie wollen. Wer in Dalsland neu ist und Verschiedenes unternehmen will, wohnt weiter östlich günstiger dank kürzerer Wege.

■ Einen schönen Ausblick auf die Seen haben Sie vom Naturreservat **SKANSEN**, das mitten in Ed auf 4 ha eine artenreiche FLORA schützt. Hin ab Bahnhof (Info-Tafel).

■ **CARL XII STUGAN** ist das älteste Gebäude in Ed (Mitte 18. Jh) und ist als HEIMATMUSEUM hergerichtet, außergewöhnlich die umfangreiche SAMMLUNG von Gegenständen aus TOPFSTEIN.

■ 8 km westlich von Ed liegt gleich neben der Str. 164/166 die Schanze **PARSETJÄRN**. Diese Verteidigungsanlage entstand 1940, nachdem die deutsche Wehrmacht das neutrale Nachbarland Norwegen besetzt hatte. Zu sehen gibt es hier nicht viel, die Bäume lassen die Hügelstellung allmählich verschwinden.

■ **TRESTICKLAN** ist ein noch junger NATIONALPARK (1996) mit seltenen Tieren und Pflanzen. Zu erreichen über die Straße am Stora-Le-Westufer. – Ausstellung am Eingang zum Nationalpark. – Deutschsprachiges Faltblatt samt Karte im Touristenbüro, als Vorbereitung unerlässlich.

BENGTSFORS

Die Lage inmitten des Seensystems des Dalslands kanals macht Bengtsfors interessant für Kanufahrer. Am Südende des schmalen Sees Lelången gleichen zwei Schleusen den Höhenunterschied (4 m) zwischen Lelången und Bengtsbrohöljen aus.

In Bengtsfors wie auch südlich in Billingsfors erinnern Holz verarbeitende Fabriken an die traditionellen Industriesparten Dalslands. In Billingsfors sind es fünf Schleusen, die den Höhenunterschied von gut 14 m zwischen den Seen Bengtsbrohhöljen und Laxsjön meistern.

Die Gemeinde ist bekannt für ihr ihre Kunsthandwerker; eine Besonderheit Dalslands sind Arbeiten aus STROH – 1885 startete in Upperud eine Musterschule für Strohflechtkunst, 1946 hatte die Steneby-Schule gut 100 Kunstgewerbelieferanten.

■ Die schöne Lage des Ortes macht sehr gut am Hügel MAJBERG oberhalb des Bahnhofs aus. Auf dessen Bergkuppe fanden zwischen Felsen und Kiefern rund zwanzig alte Gebäude aus der Umgebung ihre malerische letzte Bleibe im **FREILICHTMUSEUM GAMMELGÅRDEN**. In einem ehemaligen Herrenhaus (1748) hat heute eine JUGENDHERBERGE ihr Domizil; urig sind die kleinen, niedrigen Schlafstätten in den Lagerhäusern Härbre (1860) sowie Stolpbod (1845); das Härbre strich man nur an den Seiten zur Straße hin: Farbe war damals eben unbezahlbar. Die *stolpar* (Säulen) beim Stolpbod sind so bearbeitet, dass sie für Ratten und Mäuse nicht zu überwinden sind – Sie können ruhig darin nächtigen... Museum Juni bis August Führungen 11–19 Uhr, Tel. 0531 – 12620, www.gammelgarden.com.

■ **HALMENS HUS**, Majbèrget, Tel. 126 42, www.halmenshus.com. 1.5.–30.9. täglich 11–18 Uhr, 1.3.–30.4. u. 1.10.–30.11. Do+Sa+So 12–16 Uhr. Eintritt 30/0 SEK.

RUND UMS STROH, beginnend mit Abdrücken aus Lehm, die Stroharbeiten um 5000 v. Chr. belegen, den diversen Arbeitstechniken, der Tradition der *Ärtemarker* Strohhüte in der Region. Alltag und Arbeit der Handwerker, der Einsatz maschineller Hilfen, der weitere Weg der Produkte bis zum Kunden sind ebenso Themen wie die Entwicklung in der Hutmode hin zu farbigen, fantasievollen Modellen. Neben Hüten sind u.a. Bienenkörbe, Teppiche, Weihnachtsschmuck ausgestellt.

Das Museums-Café serviert köstliche Waffeln und gibt einen tollen Blick auf den Dalslands kanal frei.

■ Zu den populären **VERANSTALTUNGEN** auf dem Majberg gehören eine echte BAUERNHOCHZEIT IN ALTEN TRACHTEN, die zu Mittsommer gefeiert wird. – Am ersten Augustsonntag, dem HALMENS DAG, dreht sich alles ums Stroh.

■ **WANDERUNG**: Ab dem Majberg führt ein 5,2 km langer Pfad zum See LYSETJÄRN, für den es auch Angelscheine zu erwerben gibt.

RUND UM BENGTSFORS

■ Wer gut zu Fuß ist und sich auf Karte und Kompass versteht, sollte ab der Siedlung Lund, ca. 6 km nördlich, zum Naturreservat **SKARSDALEN** wandern. Statt den selben Weg zurück kann man etwa in der Mitte des Skarsdals den Steig zwischen den steil aufragenden Höhen des Skardals-Berges nach Norden nehmen. Der Weg ist nicht markiert und führt durch unberührte Wald-Wildnis, über Hügel und Senken.

Hat man den Waldsee Ekorrtjärn erreicht, ist es nicht mehr weit zum:

■ **EGERSKNATTEN**: 170 m über den von bewaldeten Höhen eingebetteten See Lelången, ein Ziel für viele Wanderer. 3 km lang ist der leichte, markierte Weg zur Bergkuppe – der sich auch für die Skarsdalen-Gänger als Rückweg empfiehlt und zur Str. 172 zurückkehrt, unweit des Startpunktes zum Skarsdalen.

■ Das Touristenbüro hat eine Wegbeschreibung für die ca. 5 km lange, vorwiegend am Wasser verlaufende Wanderung **VON VAMMERVIKEN NACH GUSTAVSFORS**, nördlich von Bengtsfors.

■ Westlich der Kirche von Steneby liegt das Naturschutzgebiet Steneby mit den 12 **GLETSCHERMÜHLEN** im TAL DES STENBYÄLV. Als sich das Inlandeis vor etwa 12.000 Jahren aus Dalsland zurückzog, schliffen wirbelnde Schmelzwasserströme durch mitgeführtes Geröll zum Teil beinahe kreisrunde Trichter in den Berg. Die größte Gletschermühle hat einen Durchmesser von fast 10 m und ist 7 m tief: »Ingrids Kammer« findet man am Flussufer. Ein MARKIERTER WEG führt durch das Gelände.

BALDERSNÄS

Nördlich von Dals-Långed liegt auf einer Halbinsel im See Laxsjön der Herrenhof Baldersnäs. Dessen Park mit seltenen Gewächsen steht unter Naturschutz und ist der Öffentlichkeit zugänglich.

Die Halbinsel BALLENÄS gehörte zur Eisenhütte Billingsfors am gegenüberliegenden Seeufer. Das erste Herrenhaus auf Ballenäs wurde 1796 gebaut. Einer der späteren Eigentümer, *Carl Fredrik Waern,* war eine schillernde Figur, Besitzer von Eisenhütte und Sägewerk, innovativ als Unternehmer, Gutseigner sowie Selfmademan als Gartenarchitekt – 15 km Parkwege erschließen das Resultat: die Alleen, Grotten, Pavillons, künstliche Inseln, Badehäuser (die Orangerie brannte ab); vor allem sollen 240 Bäume und Büsche edler heimischer Arten angepflanzt worden sein. – Waern änderte den Namen des Guts in Baldersnäs, nach dem nordischen Gott BALDER, Sinnbild des Lichts und der Friedfertigkeit. Waerns Sohn C.F. Waern d.J. war Mitinitiator für den Dalslands kanal, dessen Einweihung 1868 mit einem großen Fest auf Baldersnäs im Beisein des Königs Karl XV. gefeiert wurde.

1908 erwarb die Familie Liljeqvist das Anwesen, ließ ein neues Wohngebäude errichten, entwickelte die

Landwirtschaft fort und betrieb eine Schreinerei (bis 1970). Seit 1975 ist Baldersnäs in öffentlichem Besitz, getragen von einer Stiftung. Die Bibliothek, der Speisesaal und die Eingangshalle mit offenem Kamin im englischen Stil finden als Restaurant Verwendung. In zwei Gebäuden hat man Fremdenzimmer eingerichtet.

■ Aus der Zeit der Familie Waern sind **ALTE GEBÄUDE** erhalten, etwa SCHMIEDE, BRENNEREI, LAGERHAUS, DALAHAUS und PAVILLON. Zum Teil sind hier Ausstellungen zu besichtigen und wird Kunsthandwerk angefertigt und verkauft. 1.6.–31.8. täglich 11–18 Uhr.

■ In dem als NATURSCHUTZGEBIET ausgewiesenen Areal informiert in einer alten Remise das **NATURUM** über Dalslands Flora, Fauna, Geologie. Mo–Fr 9–16 Uhr.

■ Für Gäste auf eigenem Kiel gibt es einen geschützten **BOOTSHAFEN**. Die stattliche ULMENALLEE führt hinauf zum Hauptgebäude.

■ Als Kulturzentrum für Dalsland ist Baldersnäs Schauplatz von zahlreichen **VERANSTALTUNGEN**, etwa die Dalslandtage Mitte Juli. Auch an Mittsommer wird gefeiert, und es finden Konzerte ganz verschiedener Musikstilrichtungen ihr Publikum. – Seit 1983 findet um den 10.8. herum der BALDERSNÄSLAUF statt (für Erwachsene 6/12 km).

■ **FÜHRUNGEN**: Mo–Fr um 12 und 14 Uhr während der Hauptsaison.

■ **INFORMATION**: STIFTELSEN BALDERSNÄS, Baldersnäs 52, SE – 66010 Dals-Långed, Tel. 0531 – 412 13, Fax 0531 – 412 45, www.baldersnas.com.

BRUDFJÄLLSVÄGEN

Einst nur ein Pfad für Pferde, ließ ein Hüttenbesitzer die Verbindung von Tisselskog nach Håverud Mitte des 19. Jhs. zum befahrbaren Weg ausbauen, womit er die Hungersnot vieler Familien milderte, indem er die Arbeiter mit Getreide entlohnte. Zuvor gab es 24 Höfe auf dem Brudfjäll, doch in diesen Jahren wanderten viele Bauern nach Amerika aus.

■ Die **FELSZEICHNUNGEN** *(hällristningar)* bei Högsbyn sind die bekanntesten in Dalsland. Auf den flachen Felsen am Strand des Råvarpen erkennt man Schiffe, Sonnenräder, Hände und Fußsohlen, alles andere ist schwer zu deuten. Außer der Felsplatte am See finden sich weitere Felsbilder etwas weiter oben auf der Landzunge und auf der anderen Seite des Weges im Wald.

■ Jetzt beginnt eine Wegstrecke, die selbst in Dalsland ihresgleichen sucht. Kurven über Kurven, bergauf- und ab führt das Sträßchen über die HÖHE BRUDFJÄLL. Ungefähr auf der Hälfte des Weges passieren Sie einen stillgelegten SCHIEFERBRUCH. Schiefer kommt hier vielerorts vor.

Aussteigen sollten Sie beim Aussichtspunkt **BUTERUDS KLACK**, dort gedeiht eine artenreiche FLORA. Etwas weiter steht noch ein alter Meilenstein mit der Jahreszahl 1854 und als Entfernungsangabe eine halbe Mil. Die Meilensteine wurden früher im Abstand einer Viertelmeile gesetzt, das hieß 2.672 m. Man nannte das *fjärdingsväg,* ein Viertel Weg. Wer in Schweden heute Entfernungen in Meilen angibt, meint mit einer solche Meile exakt 10 km.

VON HÅVERUD / UPPERUD NACH KÖPMANNEBRO

■ Auf dem Weg nach Köpmannebro liegt oberhalb des Sees Nären die **SKÅLLERUDS KYRKA**. Ein Hüttenbesitzer von Upperud, Paul Rokes, ließ 1676 das Holzkirchlein auf eigene Kosten bauen, der Chor soll einer älteren Kirche entstammen.

Das reiche barocke Inventar, die Malereien von *Erik Eriksson Grijs* (1682), der Taufstein aus Topfstein (13. Jh.) u. der Kronleuchter (1670) gehören zu den Besonderheiten des Gotteshauses. Auf dem Friedhof erinnern alte SCHMIEDEEISERNE Grabkreuze an die Eisenhüttentradition.

■ **RYRHALVÖN** ist über die Str. 45 zu erreichen. Nördlich Köpmannebros heißt es in Richtung Snäcke abzweigen, bald danach kann man den Schildern folgen. Der stark kalkhaltige Boden des Naturschutzgebiets lässt einen ungeahnten Reichtum an Blumen wachsen – im VORSOMMER erscheint die größte FARBENPRACHT und Vielfalt; dann blühen die Orchideen, oft Ende Mai / Anfang Juni, sofern sich der Frühsommer nicht verspätet hat. Halten Sie sich bitte an die ausgetretenen Pfade.

■ In **KÖPMANNEBRO** beginnt der Dalslands kanal mit der von Süden aus allerersten Schleuse, die 10 cm Höhenunterschied ausgleicht! Ein kaum zu überschauendes Netz von Inseln und Wegen verleihen diesem Ort seinen CHARME.

VON KÖPMANNEBRO NACH ÅMÅL

Alle im Folgenden erwähnten Naturrservate sind im Jahresheft des Touristenbüros Åmål portraitiert.

■ Die Schären bei **YTTRE BODANE** erschließen markierte Pfade, die auf Stegen von Insel zu Insel und somit hinaus IN DEN VÄNERN führen. Hier kann man trefflich baden, aber auch Vögel beobachten. Ab Str. 45, 8 km nö Köpmannebros, ausgeschildert.

■ Zwischen den Seen Ånimmen und Furusjön steht die mittelalterliche **STEINKIRCHE** von **ÅNIMSKOG** (13. Jh., umgebaut im 17. Jh.). Den Innenraum mit geschnitzter Kanzel, Altar sowie den Deckenmalereien schufen *Nils Falk* und *Hans Georg Schüffner,* ein Meister des dalsländischen BAUERNBAROCK. – Auf dem Friedhof ruht ein berühmter Sohn des Orts, der Maler *Otto Hesselbom.*

■ Auf dem Weg nach Norden fährt man durch das Gebiet, das als Kulisse für den Film »Ronja Räubertochter« diente. Westlich des Sees Ånimmen erstreckt sich das Naturreservat **SÖRKNATTEN** mit Urwaldbestand. Nahe der Nordspitze des Ånimmen (P-platz, Info-Tafeln) beginnt ein 4 km langer Wanderweg über den kargen QUARZRÜCKEN der Husdalsberge Richtung Sörknatten.

■ Auf einem Hügel über dem See Ärr steht die mit Holzschindeln verkleidete KIRCHE **FRÖSKOGS** (1729). Unscheinbar von außen, schmückte *H.G. Schüffner* den Innenraum mit kraftvollen Malereien. Die schmiedeeisernen GRABKREUZE auf dem Friedhof fertigten ebenfalls die einst verbreiteten Schmieden im Land.

■ Der **BALJÅSEN** bei Edsleskog ist mit 301 m ü.d.M. Dalslands höchste Erhebung, die bei klarer Sicht sogar den Kinnekulle am Vänern-Südufer erkennen lässt.

ÅMÅL

Der Film »Raus aus Åmål« (im Original: Fucking Åmål) beschreibt u.a. die Langeweile von Teenagern in einer Kleinstadt à la Åmål. Dabei ist Åmål (sprich: *omol)* in seinem historischen Kern nicht einmal trist, da die von mehreren Stadtbränden verschonten Holzhäuser sogar den Modernisierungselan von Stadtplanern überstanden. 1643 gegründet, handelte man zunächst mit Holz, bevor die Konflikte mit Dänemark Åmål zurückwarfen. Als die nahe EISENSCHMIEDE FORSBACKA BRUK boomte, war Åmål für seine Gold- und Silberschmiede bekannt. Mit Anbindung an die Eisenbahn 1879 kamen neue ökonomische Impulse. Heute stellt das produzierende Gewerbe immer noch 30 % der Arbeitsplätze, mehr als im Landesdurchschnitt. In Åmål selbst leben rund 10.500 Menschen, in der Gemeinde etwa 13.200. Die Stadt ist Sitz von Landesregierung und Kommunalverwaltung.

■ **STADTWANDERUNG**: Die meisten Sehenswürdigkeiten Åmåls sind leicht zu Fuß zu erreichen. Im Jahresheft des Touristenbüros (»Willkommen in Åmål«) mit STADTPLAN finden Sie die schönsten bewahrten Gebäude samt ihrer Geschichte, gelegen neben der Grünanlage PLANTAGET, dort wo der Fluss Åmålså in den VÄNERN mündet. Dahinter am Gasthafen befindet sich das Touristenbüro, mitten auf der Landzunge das HEIMATMUSEUM in einem alten Hafenmagazin, im Grünen nebenan die Kirche GAMLA KYRKAN (1669), die zwischenzeitlich ebenso als Lagerhaus herhalten musste.

■ **KUNGSBERGET**, im 17. Jh. noch der Galgenhügel, ermöglicht ein Panorama auf Vänern und Åmål.

■ Ab Kungsberget die Uferstraßen Strandgatan und Gamla Örnäsgatan entlang, gelangt man zum größten Park in Åmål: **ÖRNÄSPARKEN**. Hier hat man den Großbauernhof SNARHÖGSGÅRDEN und weitere Gebäude vornehmlich aus dem 19. Jh. wieder aufgestellt. Das Ende dieser Landzunge belegt ein Campingplatz.

■ Das **EISENBAHNMUSEUM** residiert in einem alten LOKSCHUPPEN, der mehrere Schätze beherbergt, so die 1908 in Motala gebaute Dampflokomotive, die bis in die 50er Jahre Güterwaggons durchs Land zog. Neben den drei Dampfloks gibt es eine Tanklok, Schienenbusse, Draisinen, Waggons u.v.a. zu sehen und zum Teil auch zu besteigen. Die erstaunliche Sammlung erklärt sich in der REPARATURWERKSTATT, die die Staatsbahnen hier unterhielten. Östra Bangatan 2, 500 m südlich vom Bahnhof. Ende Juni bis Mitte August täglich 13–16 Uhr, sonst nach Vereinbarung mit Tel. 154 28, oder mit dem Touristenbüro, Tel. 170 98.

■ **UNTERHALTUNG**: Åmål besitzt einen guten Ruf für seine musikalischen Veranstaltungen, allen voran das international besetzte BLUESFEST am zweiten Juliwochenende. – MITTSOMMER wird im Örnäspark beim Snarhögsgården gefeiert. – ÅMÅLSHÄLJA heißt das Stadtfest am ersten Augustwochenende, ein buntes Fest mit viel Kirmes und auch Kultur. – ANGLER zieht es Anfang September hierher, wenn FISKEHÄLJA für Wettkämpfe und Beiprogramm steht.

WIE EIN REISEAUTOR EIN SPITZENRESTAURANT AUSFINDIG MACHTE
Ginge es nach dem Autor dieser Zeilen, hieße jener häufig zitierte Film »Fucking Säffle« anstatt »Fucking Åmål«. – Oder was soll man denken, wenn man nach einem Tag »knallharter Recherche« abends durch die Straßen zieht, um eine Pizzeria ausfindig zu machen, in der man gemütlich sitzen und Pasta verzehren kann, aber keine findet. Denn 5 x Pizzeria in Säffle bedeutete 5 x Take away, 2 x sogar ganz ohne Pasta, dafür mit Shawarma sowie 0 x ein gemütliches Plätzchen. So stand ich mitten in Säffle, mit knurrendem Magen und immerhin einigen Bekannten, denn während des Streifzugs war mir X x ein amerikanischer Straßenkreuzer begegnet, dessen spätpubertierender Besatzung nichts Besseres einfiel, als durch leere Straßen zu kreuzen, in denen sie niemand beeindruckten. Und so landete ich im STENMAGASINET – und bekam dort sogar frisch zubereitete Pasta serviert, zusammen mit Hähnchenfilet, mit Äpfeln und Ingwer gefüllt und an einer Curry- und Cidresauce. Gebratenes Barschfilet an Zitronen- und Kräutersauce mit Dillkartoffeln wäre ebenso denkbar gewesen, oder mariniertes Wildschwein an Senfsauce mit Rösti. All diese Köstlichkeiten, sprich Hauptgerichte kosten 125 (Sie ahnen schon, mein Hähnchen) bis 239 SEK, sind der Qualität allerdings entsprechend. Billiger ist es zum Lunch: 65 SEK mit Getränk und Salat (11.30–14 Uhr). Sonst: Di–Do 18–23, Fr 18–24, Sa 14–2, So 14–18 Uhr. Früher ein Lagerhaus, davor eine Wassermühle (am Stadtfluss). Tel. 149 49.
Im Erdgeschoss gibt es einen Pub, wo man sich auf einen Drink niederlassen und auch kleinere Gerichte (25–89 SEK) zu sich nehmen kann.

SÄFFLE...
...liegt bereits in Värmland, dort jedoch weitab von den wirklichen Höhepunkten; möchte man dagegen in der Gegend Åmål, Forsbacka, Svanskog etwas unternehmen, mag sich die Anreise aus Säffle auch mehr als einmal lohnen. Denn vor der Stadt liegt am Vänern ein wunderschöner Campingplatz und in der Stadt gibt es mit dem »Scandic« ein Spitzenhotel, das im Sommer seine Tarife teilweise mehr als halbiert (siehe unter »Unterkunft«).

Das Hotel steht gleich neben dem imposanten WASSERTURM, eine Art Wahrzeichen Säffles, das wiederum sich auf dem mächtigen GRABHÜGEL erhebt, unter dem der legendäre Wikingerhäuptling *Olof Trätälja* begraben liegen soll (siehe Seite 392).

Ansonsten haben Sie Säffle beste Seiten kennen gelernt, wenn Sie einen Spaziergang auf der PROMENADE rund um den Fluss BYÄLVEN unternommen haben. Die Schleuse markiert den Endpunkt des 80 km langen Wasserwegs VIKINGALEDEN über den Glafsfjord bis Arvika, der bereits in der Wikingerzeit genutzt und später sogar zum SÄFFLE KANAL ausgebaut wurde.

■ »Eine Zeireise entlang des Wikingerwegs« heißt eine Gratis-Broschüre des Touristenbüros, mit der Sie Stationen auf dem **VIKINGALEDEN** Richtung Arvika aufspüren und besichtigen können.

■ »**RUNDREISE DURCH SÄFFLES VORZEIT**« heißt ein ähnliches Heft, das Sie zu 17 Schauplätzen der Frühgeschichte führt: Felszeichnungen, Thingplätze, Grabfelder und -hügel, Steinsetzungen u.a.

■ **INFORMATION**: *Säffle Turistbyrå,* Billerudsgatan 5, 661 80 Säffle, Tel. 0533–106 00, Fax 416 89, www.saffle.se. Im Sommer Mo–Fr 9–17, Sa 10–17, So 12–17 Uhr.

Verschiedenes

■ **ANGELN**: Im VÄNERN ist das Angeln kostenlos; es beißen bevorzugt Hecht, Barsch, Zander, Lachs und Saibling. Fragen Sie im Inland nach speziellen BROSCHÜREN für Angler, wie zum Beispiel der »Angelführer« der Kommune Bengtsfors. Überall Erfolg haben werden Sie nicht, denn so einige Gewässer in dieser Region sind zu sauer für Fischpopulationen.

■ **BADEN**: Mehr als anderswo gilt hier Selbst-Entdecken. Unser Tipp lautet: Vänern-Buchten und Forsbackabaden im Inland...

■ **ELCHSAFARI**: zum Beispiel jeden Mi Abend ab Duse Udde und Säffle Turistbyrå. 150/75 SEK. Buchen bis Di verbindlich: Tel. 0533–106 00.

■ **GOLF**: *Forsbacka Golfklub*, Tel. 430 55. 18-Loch-Platz in Forsbacka, 7 km nordwestlich von Åmål. Anbei auch ein Golferhotel.

■ **RAD FAHREN**: Ähnlich wie beim Baden bedarf es hier keiner weisen Anleitung, denn die kaum befahrenen Nebenstraßen erlauben zahlreiche Kombinationen wie auch Rundfahrten. – Der 358 km lange DALSLANDSLEDEN lässt sich gut in Etappen teilen. Die Schleife um Åmål ist etwa 118 km lang. – Durch das östliche Dalsland führt SVERIGELEDEN, der Schwedenweg. Diese verkehrsarmen Strecken sind gut beschildert und in einer Spezialkarte, 1:100.000, detailliert beschrieben. Einige Streckenabschnitte kann man mit Bahn, Bus oder Boot kombinieren.

■ **WANDERN**: Der PILGRIMSLEDEN von Åmål über Edsleskog bis Mellerud ist mit geschützten Lagerplätzen sowie Feuerstellen eingerichtet. Der Weg folgt den alten Pfaden der frommen Gläubigen, die 1050–1560 zum Grab Olavs des Heiligen in Nidaros pilgerten. Man wandert überwiegend über die Dal-Formation, ein Höhenzug bestehend aus vielen Gesteinsarten: leicht auszumachen sind Schiefer und weiße Quarzithügel. Es geht durch dunkle Wälder, vorbei an klaren Seen, über blühende Wiesen, kahle Höhen. Begegnungen mit Auerhahn, Reh, Elch und Biber sind allemal drin, auch kürzere Etappen möglich. – Einige Tagestouren sind auf das Kapitel verteilt.

■ **ÄRZTLICHE VERSORGUNG**: *Dalslands Sjukhus* (Krankenhaus), Bäckefors, Mo,Di,Mi,Do 16.30–7, Fr–Mo 16.30–7 Uhr. Tel. 0530–667 00. In Süddalsland.

Unterkunft

Bed & Breakfast, Privatzimmer und Ferienhäuser erfragen Sie besser in den Touristenbüros. Die Reihenfolge entspricht der »Von Ort zu Ort«.

HOTELS

■ **HOTEL HEMGÅRDEN**, in Bengtsfors, Brogatan 2 (an der Schleuse), Tel. 0531 - 12173, Fax 61711 www.silverlake.se. EZ ohne Bad 325, DZ ohne Bad 425 SEK, mit Bad jeweils 100 SEK Aufschlag. Einfach, renoviert, preiswert. Gehört der KANUZENTRALE Silverlake, Kombi-Angebote für Kanu-/Draisinenausflüge.

■ **BALDERSNÄS HERRGÅRD**, Dals-Långed, Tel. 0531-41213, Fax 41 245, www.baldersnas.com. In verschiedenen Kategorien EZ 695/345, DZ 895/500 SEK. Herrliche Lage im Park Baldersnäs. jede Menge Freizeitangebote vor Ort.

■ **HÅVERUDS HOTELL & KONFERENS**, Håverud, Upperudsvägen 12, Tel. 0530-35000, Fax 30351, www.haverudshotell.se. EZ 750 SEK, DZ ab 850 SEK. Mit die schicksten Zimmer in der Gegend und von allen ein vorzüglicher SEEBLICK. SPEISEKARTE FORMIDABEL.

■ **SCANDIC HOTEL SÄFFLE**, Säffle, Olof Trätäljagatan, Tel. 0533-792 700, Fax 792 711. EZ 1.090/680 SEK, DZ 1.450/680 SEK! Oberhalb der City, schön neben Wasserturm und Park. Schöne, moderne Zimmer, im Sommer mit FAMILIENTARIF fast ein Schnäppchen in dieser Kategorie. Kleines Schwimmbecken im Keller. Im Restaurant akzeptable Preise.

JUGENDHERBERGEN (STF)

Alle vier Herbergen liegen ZENTRAL!

■ **ED VANDRARHEM**, Strömstadsvägen 18, Tel. 0534-101 91, Fax 105 50. 15.5.–31.8. 46 DZ 155/85 SEK, im 4–6-Bett-Zimmer 145/85 SEK. Das Frühstück wird im *Hotel Carl XII* (im Schweizer Stil) eingenommen.

■ **BENGTSFORS VANDRARHEM**, Gammelgården, Tel. 0531-61075, Fax 610 75. 1.5.–31.8. Im 2–7-Bett-Zimmer ab 160/70 SEK. Mitten im Freilichtmuseum oberhalb des Zentrums, kurze Wege. Kanu- und /oder Draisine-Touren können vermittelt werden. www.gammelgarden.com.

■ **HÅVERUDS VANDRARHEM**, Museivägen 3, Tel. 0530-302 75, Fax 309 66. Ganzjährig geöffnet. Im 2–5-Bett-Zimmer 165/90, DZ 180 SEK. Mitten im Geschehen am Aquädukt mit Zimmern im Kanalmuseum.

■ **ÅMÅL VANDRARHEM**, Gerdingsgatan 7, Tel. 0532-102 05, Fax 105 50. Etwa 5.1.–20.12. Im 2–5-Bett-Zimmer 165/70, DZ 240 SEK. Aktivitäten werden vermittelt, auch großes Angebot in Åmål selbst.

CAMPING

Nicht zu vergessen die Kanuzentralen, die teilweise auch Unterkünfte offerieren (siehe Seite 378). Gehen Sie die Liste bis zum Ende durch...

■ **NATURA CAMPING GRÖNNE BACKE**, Ed, Tel. 0534-10144, www.camping.se/plats/P08. Ganzjährig. 180 Stellplätze ab 110 SEK, Hütten ab 250, Wohnwagen ab 350 SEK. Zu mieten Kanus, Boote, Fahrräder.

■ **DALSLANDS CAMPING & KANOTCENTRAL**, Bengtfors, Tel. 0531-100 60, www.camping.se/plats/P01. 1.5.–

15.9. 238 Stellplätze zu 90/135, Zimmer ab 225, Hütten ab 270, Ferienhütten ab 400 SEK. Siehe Seite 378.

■ **LAXSJÖNS CAMPING OCH FRILUFTSGÅRD**, Dals-Långed, Tel. 30 010, www.laxsjonsfriluftsgard.com. 1.4.–30.9. Stellplätze ab 110 SEK, Hütten ab 315, Ferienhütten ab 480, Zimmer ab 290 SEK. Weitläufiges, hügeliges Gelände, ebene Stellplätze deshalb rar. Sanitäranlagen nicht wie bei Frau Saubermann. Als Plus die Zeltplätze draußen an der Bucht IM WALD (ohne Fahrzeugzufahrt), der Strand, obwohl verschlickt, und die Haltestelle des Schienenbusses. MITTEN in Dalsland. Kanus, Boote.

■ **ÖRNÄS CAMPING**, Åmål, Tel. 170 97, ornascamping@amal.se. Das ganze Jahr über geöffnet. 80 Stellplätze ab 115, Hütten ab 340, Ferienhütten ab 470 SEK. Unter Birken und Kiefern campen Sie am Vänern. Bootsslip, Kanu- und Bootsvermietung. Ins Zentrum zu Fuß 10 Min.

■ **DUSE UDDE CAMPING**, Säffle, Tel. 0533 – 420 00, www.camping.se/plats/S11. Von Anfang Mai bis Mitte September. 300 Stellplätze ab 100, Hütten ab 200, Ferienhütten ab 450 SEK. Zwar etwas abseits und schon in Värmland, aber zweifellos der allerschönste Platz der Region; für *die* Dalsland-Urlauber geeignet, die etwas im Raum Åmål, Forsbacka und Svanskog unternehmen wollen. Der Platz erstreckt auf der gleichnamigen Landzunge südlich Säffles, teils unter Bäumen, Leuchtturm vor Ort. 4 markierte Pfade ringsum, im August kann man in der Nachbarschaft Himbeeren pflücken. Baden, Kanus und Boote, Radeln top.

GOURMETS AUFGEPASST!
Wer auf der Straße 164 zwischen Bengtsfors und Dals-Ed unterwegs ist, wird normalerweise an FALKHOLT'S GESTGIFVERI unachtsam vorbeifahren. Dass sogar aus Deutschland Gourmets nur wegen dieser Küche anreisen, lässt erahnen, welcher Geheimtipp da oberhalb der Straße zu Hause ist, dekoriert mit vielen AUSZEICHNUNGEN. Unter der vorgeschlagenen Menüs gibt es auch immer eins für Vegetarier. Der Qualität entsprechend, müssen Sie je Person mindestens 400 SEK veranschlagen. Der erlesene Weinkeller bedarf kaum der Erwähnung. Übernachtungen auf Falkholt's sind derzeit nicht möglich, aber für die Zukunft wieder geplant.

■ FALKHOLT'S GESTGIFVERI, Steneby, 66010 Dals Långed, Tel. 0531 – 350 70, Fax 350 77, www.falkholt.com (samt SPEISEKARTE, aber bisher nur auf Schwedisch).

Weiterreise

■ **BAHN**: Åmål und Mellerud liegen an der Bahnlinie Göteborg-Kil; von dort Verbindung Oslo-Stockholm

■ **AUTO**: **NACH ÅRJÄNG**. Str. 172 ab Bengtsfors; zuletzt sehr schöner Abschnitt am Sees Västra Silen.

NACH KARLSTAD. E 18 nahe des Vänern-Westufers; wer noch nicht in Åmål oder Säffle war, kann dies jetzt nachholen (siehe dort).

Värmland

Die westlichste Landschaft Mittelschwedens schmiegt sich wie eine Zipfelmütze über den Nordteil des großen Binnenmeeres Vänern. Der untere Landesteil im Westen grenzt an Dalsland, entlang des oberen verläuft die »Reichsgrenze« zu Norwegen. Auf der östlichen Seite der Zipfelmütze ist im oberen Teil Dalarna der Nachbar und daran wiederum schließen sich Västmanland, Närke und ein bisschen Västergötland an.

Die fast 20.000 km^2 große Provinz Värmland misst in der größten Länge um 250 km und in der Breite etwa 180 km. Der Bezirk VÄRMLANDS LÄN umfasst 16 Gemeinden mit zur Zeit 276.700 Einwohnern. Die Landesregierung hat ihren Sitz in KARLSTAD.

Auch in Värmland haben Stein-, Bronze- und Eisenzeit ihre Spuren hinterlassen. Den ältesten Runenstein Schwedens (um 550) fand man hier, der bekannteste Grabhügel ist der des sagenhaften Wikingerhäuptlings *Olof Trätälja* in SÄFFLE: er ist fast 5 m hoch und misst 44 x 43 m. Vor allem in Westvärmland hat man die INTERESSANTESTEN ARCHÄOLOGISCHEN FUNDE gemacht.

Värmland war eigentlich immer schwedisch; dass es in grauer Vorzeit manchmal zu Norwegen gehörte, zählt in Schweden nicht mehr. Der Handel mit Norwegen florierte stets gut, auch die Christianisierung wurde durch das Nachbarland begünstigt, denn PILGRIMSVÄGEN, der Pilgerweg NACH NIDAROS, dem heutigen Trondheim, verlief durch diese Region. Dass die Grenze eine offene war, zeigte sich im letzten Weltkrieg, als sich Flüchtlinge aus Norwegen durch die Wälder hinüber nach Värmland retteten. Heute werden solche alten Schleichpfade als Wanderwege hergerichtet.

Värmland war lange das Land der Kleinbauern – Anfang des 17. Jhs. holte König Karl IX. Finnen zur Urbarmachung in das einsame Land und versprach ihnen jahrzehntelange Steuerfreiheit. Sie bauten sich kleine Kotten, legten Brandrodungen und bauten Getreide und Rüben an. Diese Kotten im nördlichen Värmland sind heute Ausflugsziele und in jeder touristischen Broschüre erwähnt.

Bereits seit dem 15. Jh. wurde Erz abgebaut. Als man zur Eisengewinnung immer mehr Holzkohle benötigte, wurden die Brandrodungen verboten. Die ersten GRUBEN lagen im Tal des Klarälven, weitere folgten im östlichen Värmland. Die Besitzer der Gruben, Hochöfen und Eisenverarbeitung bauten sich nicht nur stattliche GUTSHÖFE, sie trugen auch zur sozialen wie kulturellen Entwicklung der Gesellschaft bei. Die schwere Wirtschaftskrise Ende des 19. Jhs. ließ fast 80.000 Einwohner ihr Glück in einer neuen Heimat suchen – viele Värmländer fanden sich in den USA in Wisconsin wieder. Die beginnende Industrialisierung brachte viele kleine Betriebe in Schwierigkeiten, allmählich vollzog sich die Umstellung auf Forstwirtschaft und Sägewerke. Ein Stück alter Bergwerksgeschichte lässt sich gut in Ostvärmland nachvollziehen, da so manche Betriebe und Herrenhäuser in spannende Museen umgewandelt wurden.

Forstwirtschaft und Metallverarbeitung gehören in der Gegenwart zu den wichtigsten Industriesparten. Die Mitte des 17. Jhs. gegründete Hütte BOFORS ist ein Weltkonzern geworden.

Värmland ist auch das Land der Dichter und Denker. Zu den großen Literaten zählen *Esaias Tegnér,* sein Romanzyklus »Frithiofs saga« ist in Schweden ein Klassiker; ferner *Erik Gustaf Gejer,* Philosoph, Dichter sowie Komponist, Verfasser des Geschichtswerkes »Svenska folkets historia«; der Lyriker *Gustaf Fröding; Selma Lagerlöf,* die Nobelpreis-gekrönte Dichterin; *Göran Tunström,* dessen Roman »Solveigs Vermächtnis« verfilmt wurde.

Seinen LANDSCHAFTLICHEN Reiz verdankt Värmland dem Abwechslungsreichtum zwischen dunklen Wäldern, Hügeln, den 11.118 Seen, Flüssen und ihren Tälern. Besonders prägend ist der sich windende KLARÄLVEN, der nicht wie viele andere schwedische Flüsse von Nordwest nach Südost zur Ostsee strebt, sondern von Nord nach Süd das Land teilt. Im Vänern schafft er eine sich permanent verändernde DELTALANDSCHAFT. Im Süden des Vänern ändert er seinen Namen und fließt als Göta älv in das Skagerrak.

Das schöne Tal der FRYKEN-SEEN ist vor allem durch den Roman »Gösta Berling« von Selma Lagerlöf bekannt geworden, dessen Handlung sie in Orte und Höfe rund um den See gelegt hat. Lagerlöf selbst wurde in Mårbacka am Fryken-See geboren. Der nächste große See nach Osten ist der VÄRMELN, Namensgeber dieser Provinz. Nur wenige Kilometer Luftlinie sind es zum nächsten großen See, dem GLAFSFJORD, den Seen, Wasserläufe und Säffle kanal mit dem Vänern verbinden. Der Wasserweg VIKINGALEDEN wurde bereits in der Bronzezeit genutzt.

In der Waldlandschaft im Osten reichen viele der kleineren Seen nach Dalsland hinein. Eine weitere Abwechslung bietet die KÜSTENLANDSCHAFT DES VÄNERN und der Schärengarten mit Sand- oder Klippenstrand. Wald bewachsene oder kahle Inseln mit reichem Vogelleben sind per Ausflugsboot zu erreichen. Die markanten Gewässer in Ostvärmland sind von Nord nach Süd der Rådasjö, der Svartå, die unter Kanufahrern beliebte Seenplatte um Storfors und der See Skagern im Süden, den sich Värmland mit Västergötland teilt. Im Winter heißt es in den meisten Landesteilen Ski, Rodel, Schlittschuh, Eisangeln gut!

■ **INTERNET**: www.varmland.nu u. www.varmland.org.

Årjäng

Årjäng liegt gerade mal 30 Kilometer vor der Grenze zu Norwegen, im Südwesten von Värmland. Hier gibt es viel Platz: Bei etwa 10.000 Einwohnern in der Gemeinde kommen nur 7 Bürger auf einen Quadratkilometer. Übrigens sind es fast genau so viele Pferde, aber das hat seinen Grund: Ausgerechnet in dieser abseitigen Kante befindet sich nämlich das größte Zentrum für Trabsport in Nordeuropa: Auf fünf TRABRENNBAHNEN in Värmland, Dalsland und drüben in Norwegen schwingen die die Vierbeiner die Hufe. In Årjäng, gleich neben der Rennbahn, widmet sich ein (noch junges) Museum dem Trabrennsport.

Wem ein Ausritt in die Wälder weniger liegt, kann neben den typischen Aktivitäten in Värmland und Dalsland, WANDERN und KANUFAHREN, auf der DRAISINE die wald- und seenreiche Natur erkunden; vom alten Bahnhof aus geht es stolze 52 Kilometer nach Süden bis Bengtsfors. Die Möglichkeiten vor Ort, sich AKTIV IN DER NATUR aufzuhalten, sind nahezu unbegrenzt. Ein sehr schönes Gebiet ist das NATURRESERVAT GLASKOGEN nordöstlich der Kleinstadt, auf halber Strecke nach Arvika, ein Refugium für die Natur mit eigenen Schutzbestimmungen.

Årjäng selbst ist keine wirkliche Schönheit. Vor allem sein Zentrum mit den geraden Straßen und ausdruckslosen Häuserreihen erinnert einmal mehr an die kritischen Stimmen, die da sagen: In Schweden hat man sich vielerorts seiner historisch gewachsenen Bebauung ohne einen Krieg entledigt, die Modernisierung durch Stadtplaner hat zum gleichen Ergebnis geführt; wobei es so einige Orte im Land gibt, auf die diese Beschreibung wohl noch mehr zutrifft. Immerhin hat Årjäng seine meisten ortsansässigen Unternehmen in Enklaven außerhalb des Ortszentrums angesiedelt. Und hat mit dem überdimensionierten TROLL auf dem zentralen Platz ein individuelles Wahrzeichen sowie ein beliebtes Spielobjekt gefunden.

Årjäng ist dank seiner Lage inmitten all der herrlichen Natur aber ein günstiger AUSGANGSPUNKT FÜR NATURTRIPS und eignet sich deshalb allemal für ein paar Tage als Basis. Der Campingplatz südlich des Ortes gehört zwar nicht zu den Top Ten im Land, hat aber einen TRAUMHAFTEN BADESTRAND AM SEE VÄSTRA SILEN.

INFORMATION

■ **ÅRJÄNGS TURISTBYRÅ**, Torget, SE-67229 Årjäng, Tel. 0573-14136, Fax 14135, turist@arjang.se, www.arjang.se/turism. Ca. 20.6.–5.8. Mo–Fr 9–20 Uhr, Sa 9–18, So 12–17 Uhr, bis ca. 20.8. Mo–Sa 9–18 Uhr, sonst Mo–Fr 9–12 und 13–16.30 Uhr. Hier können Sie für Glaskogen die Besucherlizenz und Landkarte erstehen (siehe Seite 399) sowie Privatzimmer und Ferienhäuser buchen.

Unterkunft

Westlich von Årjäng, in TÖCKSFORS, fast an der Grenze nach Norwegen, gibt es fast noch mehr Unterkünfte als in Årjäng; diese Ortschaft liegt zwar am Nordende des Sees Foxen, aber eben nicht so zentral in Westvärmland wie Årjäng, wo das Touristenbüro auch Privatzimmer sowie Ferienhäuser vermittelt.

■ **NORDIC HOTEL**, Arvikavägen 6, Tel. 711 070, Fax 123 15. EZ 700/605, DZ 900/790 SEK.

Direkt am E-18-Kreisel gelegen. Typisches Konferenzhotel mit entsprechendem Freizeitangebot: Sauna, Solarium, Squah und Schwimmbecken. Die Zimmer wirken eher nüchtern, wie das ganze Hotel.

■ **BLOMSKOGS VANDRARHEM**, STF, Trättlanda, 67230 Årjäng, Tel. und Fax 310 35. Ende Mai bis Ende Oktober. Im 2–6-Bett-Zimmer ab 165/80 SEK. 1.6.–31.8. Frühstücksbuffet. Nahe der Draisinen-Strecke. 15 km südwestlich von Årjäng und westlich vom Västra Silen; Anfahrt: Str. 172 am Westufer des Sees, Abzweigung gen Trättlanda und Blomskog, beheimatet in einem falu-rot gestrichenen Hofgebäude.

■ **ÅRJÄNG SWECAMP RESORT** SOMMARVIK, südlich Årjängs, Tel. 120 60, Fax 120 48, swecamp@sommarvik.se, www.sommarvik.se. Ganzjährig geöffnet. Stellplätze je nach Lage ab 110 bis 200 SEK, Hütten und Ferienhütten ab 390 bis 890 SEK.

Am Hang über dem See Västra Silen gelegen, ein traumhafter STRAND mit flachem Einstieg und Sandbett; auch ein Schwimmbecken gibt's. Ansonsten wird hier jeder Zentimeter verplant, so dass es in der Hochsaison etwas eng werden kann, sofern man im Zelt übernachten will. Von den Hütten liegen die Sjöfåglarna, die Seevögel, mit Blick auf den See am schönsten; sie sind mit Mini-Bad und Mini-Küche ausgestattet und haben Schlafplätze unter dem Dach (590 SEK). ELCH als PLATZ-PORTIER.

■ **SANDVIKENS CAMPING**, Töcksfors, Parkvägen 18, Tel. 211 40, Fax 216 96. Stellplätze ab 80, Hütten ab 300 SEK. 1.5.–31.8. Alternative mit weniger Rummel in der Hochsaison. Freibad, Kanuvermietung und Tourenvorschläge.

SCHLEMMEN AN DER RENNBAHN

Trabrennbahn und Trabermuseum haben ein RESTAURANT, das gleichzeitig als Kantine fungiert. Wer hier zum Lunch einkehrt, erlebt sein kulinarisches Wunder! Der CHEFKOCH AUS BAYERN ist ein Meister seines Fachs, egal für welches der beiden Stammessen Sie sich entscheiden. Nachschlag kein Problem, Salat vom Buffet gibt es dazu, ein kaltes Getränk und Kaffee ebenso, und das alles für rund 60 SEK. Uns ist kein Ort in Schweden bekannt, an dem Sie so gut, preiswert und gleichzeitig in angenehmem Ambiente essen können – mit großer Glasfront zur Rennbahn, versteht sich.

RESTAURANG TRAVMUSEE, Mo–Fr Lunch 11.30–14, à la carte 11–17, 1.5.–30.9. auch Sa+So 11–15.

Auf der Rennbahn

■ **NORDISKA TRAVMUSEET**, an der E 18 Richtung Osten, Tel. 0573–711 800, Fax 711 018 www.travmuseet.com. 1.5.–30.9. Mo–Fr 11–18, Sa+So 11–15 Uhr, sonst Di–Fr 11–17, Sa 11–14 Uhr. Eintritt 40/15 SEK. Textheft auf Deutsch ausleihbar.

Das NORDISCHE TRABSPORTMUSEUM setzt dem Pferderennsport im Allgemeinen und dem in dieser traditionsbehafteten Region ein Denkmal. 700.000 Pferde gab es 1925 in Schweden, als ihr Einsatz in Fort- und Landwirtschaft auf dem Höhepunkt war. Obwohl im 20. Jh. Pferde auch vermehrt für den Sport entdeckt wurden – die erste Rennbahn in Schweden gab es 1907 bei Malmö, die in Årjäng kam 1935 zusammen mit drei anderen als Nr. 4–8 hinzu –, reduzierte sich die Zahl der Pferde landesweit bis zu den 70er Jahren um 90 %. Heute ist wieder ein Anstieg festzustellen, da die Vierbeiner zunehmend in SPORT UND FREIZEIT eingesetzt werden.

Das Museum beschäftigt sich mit der Geschichte des Pferderennsports seit Antike und Cirkus Maximus, referiert über die Anatomie des Pferdes und die Entwicklung der Veterinärmedizin, zeigt eine historische Werkstatt mit diversen Gerätschaften (zum Beschlagen etc.) sowie alte Rennutensilien (Sulky etc.), Fotos zum Beispiel über Bahnarbeiten im Winter oder lokale Heroen auf wie unter dem Sattel, ihre Kleidung und Geschirr, und natürlich Pokale und andere Auszeichnungen.

Die Rückblende im Filmsaal erinnert (auch) an die Zeiten, als die Pferderennen ein Vergnügen bevorzugt für die feine Gesellschaft waren – im Museum wird darauf hingewiesen, dass der Besitz eines Pferdes schon seit Jahrhunderten als Statussymbol galt. Im Sommer werden zudem wechselnde Ausstellungen arrangiert, bisher häufig mit Bezug zu nordischen Themen.

Wer sich für Pferde interessiert oder zumindest neugierig ist, findet hier eine nette ABWECHSLUNG zum Touristen-Alltag. Ansonsten reicht es aus, sich im RESTAURANG TRAVMUSEE eine Pause zu gönnen (siehe den Kasten auf der letzten Seite). Die Anlage samt Rennbahn liegt an der E 18 stadtauswärts in Richtung Karlstad. Auf dem Areal, gleich neben der Rennbahn und außerhalb der Renntage frei zugänglich, befinden sich ein Mini-Zoo und ein Spielplatz. Auch kann man bei den Pferdeställen bei der Pflege ebenso wie (unspektakulären) Trainingsrunden zuschauen. Dann ist es spannender, den Eintritt für einen RENNTAG ins Budget zu nehmen. Die Termine hat das Touristenbüro.

Ausflüge

In LÅNGELANDA (Richtung Arvika) sind ein alter Gerichtssaal samt Gefängnis (1802) zu besichtigen, und in DUSSERUD (in Richtung Norwegen) der bewahrte Bauernhof ÖGÅRN aus dem frühen 19. Jahrhundert, samt

Ein Tag auf der Rennbahn 1954: Vor voll besetzten Rängen trabt der damalige Abräumer Francis Bulwork mit Sören Nordin im Sulky zum Sieg; Glaskogen: eingerichtete Plätze für Rast und Übernachtung schützen die Natur ▶

Hausrat und Mobiliar. Das Touristenbüro hat zu beiden Ausflugszielen ein Info-Blatt mit den Öffnungszeiten (Ögårn nur zur Hochsaison).

■ Ein ganzes Stück südöstlich von Årjäng liegt **SVANSKOG**, im Sommer mehrfach Ziel einer Museumseisenbahn mit Dampflok, die jedoch noch weiter weg, in Åmål, aufbricht. Siehe im Kapitel über Dalsland.

■ Die meisten Möglichkeiten in der Natur (aktiv) zu sein bietet das Naturreservat **GLASKOGEN**. Am Startpunkt der unter »Wandern« vorgestellten kurzen Rundtour kann auch einfach NETT PICKNICKEN, wer nicht zu sportlichen Leistungen aufgelegt oder in der Lage ist.

Ferien aktiv

■ Ausflüge mit der **DRAISINE** üben auf viele Skandinavien-Urlauber einen großen Reiz aus, vor allem wenn die Strecke DURCH DIE NATUR führt, möglichst an wenig Spuren der Zivilisation vorbei. Eine solche Strecke ist die zwischen Bengtsfors in Dalsland und Årjäng, die auf 52 Kilometern Länge die typische WALD- UND SEENLANDSCHAFT dieser Region erkunden hilft – mit der Möglichkeit, jederzeit anzuhalten, Pausen einzulegen, das Tempo der Reise selbst zu bestimmen, ähnlich einer Fahrradwanderung, aber ohne auf motorisierte Fahrzeuge achten zu müssen.

Vom Zentrum Årjängs geht es in Richtung Camping Sommarvik und Västra Silen; schon 400–500 Meter hinter dem großen Troll führt rechter Hand die Järnvägsgatan zum alten Bahnhof, wo die Draisinen aufgereiht stehen. Auskunft, Buchung, Bezahlung im Bahnhofsgebäude.

TIPPS: Die Gefährte sind schwer, wiegen 60–70 kg, so dass Sie vor der Abfahrt auf jeden Fall prüfen sollten, ob Sie dem Gewicht gewachsen sind. Denn wenn Gegenverkehr angesagt ist, muss eine Draisine vom Gleis genommen werden, und zwar die, die *nach* Årjäng unterwegs ist: Je später Sie am Tag unterwegs sind (und zurückkehren), desto seltener müssen Sie die Draisine darum zur Seite heben; in der Regel gehen die Benutzer recht praktisch damit um: Trifft zum Beispiel eine Draisine mit Vorfahrt auf mehrere im Gegenverkehr, packen deren Benutzer an, heben die eine Draisine vom Gleis und auch wieder zurück. Lassen Sie sich vor Abfahrt die beste Grifftechnik zeigen und heben Sie die Draisine aus der Hocke heraus vorsichtig an.

TRANSPORT: Sie können die Draisine zurück- oder zu einem anderen (erreichbaren) Startpunkt transportieren lassen; macht 100 SEK Minimum und ist in der Hochsaison mitunter mit Wartezeiten verbunden.

Einen NACHTEIL hat die Strecke Årjäng-Bengtsfors freilich: Sie ist dermaßen POPULÄR, dass selbst in Vor- und Nachsaison normalerweise GEBUCHT WERDEN MUSS, häufig für mehrere Tage im Voraus. Rufen Sie also besser vorher an und erfragen Sie die Situation. Ein Wetterumschwung von »Gut« zu »Weniger gut« kann dafür plötzlich Draisinen frei werden lassen. Fortsetzung folgt...

GLASKOGEN

Der Glaskogen (GLA-WALD) ist ein NATURRESERVAT von etwa 28.000 ha, wenig besiedelt und ein ausgeprägtes Wildnisgebiet. In dieser hügeligen Landschaft gibt es eine große Zahl an Seen und Wasserläufen mit klarem und sauberem Wasser, an einigen Stellen mit bis zu 8 m Sichttiefe.
Die Fauna und Flora ist vielfältig und abwechslungsreich, Elch und Rotwild sind hier zu Hause, die Vogelarten im Wald und auf den Seen kaum aufzuzählen. In einigen Gegenden wird moderne Forstwirtschaft betrieben. Durch den Wald führen UNBEFESTIGTE, KURVIGE STRASSEN, hügelauf und ab, auch für Auto- oder Motorradfahrer ein Erlebnis. Man sollte sich jedenfalls an die Geschwindigkeitsbegrenzung halten, zumal der lose Belag durchaus seine Tücken hat.
Für Naturliebhaber gehört dieses Gebiet mit zu den schönsten in Värmland. ANGLER können einen See ganz für sich alleine haben, WANDERER werden selten jemand begegnen, und zum erfrischenden Bad gibt es immer irgendwo einen kleinen See. KANUTEN haben die Wahl zwischen großen Seen sowie verträumt daliegenden kleinen Teichen. Längere Rundtouren sind wegen der langen Landtransporte für Familien mit kleinen Kindern ungeeignet; ein Kanuwagen ist dann erforderlich.
Im Rahmen eines EU-Projekts hat man KANUTRAILS angelegt, die dem strukturschwachen Gebiet für das wachsende Interesse an FREIZEITLEBEN IN DER NATUR Möglichkeiten eröffneten: Windschutzhütten und Feuerstellen wurden gebaut, für Portagen zwischen den Seen mit Holzplanken und Grus befestigte Wege angelegt. Motoren sind auf den kleinen Seen verboten – um so schöner ist es, mit einem Boot leise durch das Wasser zu gleiten und zum Beispiel den scheuen PRACHTTAUCHER zu beobachten. Und immer hofft man auf das Glück, einem WEISSEN ELCH zu begegnen, die nördlich vom Glaskogen eine kleine Population haben.
Eine detaillierte, dreisprachige Spezialkarte des Gebiets gibt Auskunft über 300 km Wanderwege, Windschutzhütten, Badeplätze und vor allem über die Kanurouten. Die Karte bekommen Sie in den Touristenbüros der Region und im Büro der Stiftung Glaskogen in LENUNGSHAMMAR.
Der zugehörige Campingplatz liegt mitten im Wald. Im Glaskogen übernachten Sie bitte an den dafür vorgesehenen Plätzen; das wilde Campen ist verboten. Wer sich im Naturreservat aufhält, benötigt die Besucherkarte GLASKOGSKORTET (25 SEK je Person und Tag). Tages- und Wochenkarten gibt es für Angler und eine Übersichtskarte samt Kanu- und Wanderrouten, erhältlich in Lenungshammar und in den Touristenbüros.
■ **GLASKOGENS CAMPING & INFOCENTER**, Lenungshammar, SE–67020 Glava, Tel. 0570 – 44070, Fax 440 04, glaskogen@arvika.se, www.arvika.se/~glaskog. Mai und September 10–14 Uhr, Juni bis August 9–20 Uhr.

Es besteht die Möglichkeit, unterwegs zu ÜBERNACHTEN, im eigenen Zelt oder in der Jugendherberge Blomskog; dafür buchen Sie das Gefährt für 24 Stunden (dygn). In diesem Fall lesen Sie bitte unseren Text zum Allemansrätten (Seite 43). In Blomskog und in Gustavsfors können Sie einkaufen.

PREISE: Hochsaison (etwa 10.6. bis 10.8.)/Normalsaison (offiziell ganzjährig) Stunde 70 / 50, Tag 240 / 200, 24 Std. 390/450 SEK, Verlängerung 100 SEK pro Person und Tag. Gegen rund 35 % Aufschlag sind auch Tandems zu mieten. Es gibt auch Kombi-Angebote mit KANUTOUREN oder GOLDWASCHEN. www.dvvj.com.

INFORMATION: in Årjäng Tel. 711 790, Fax 711 760, info@dvvj.com/

Falls die Draisinen bei Ihrem Besuch langfristig ausgebucht sind, versuchen Sie es in Forsbackabaden in Dalsland (siehe dort).

■ **ANGELN**: in den Seen der Umgebung beißen vorwiegend Hecht und Barsch, auch Forelle u.a. Angelscheine ab 40 SEK im Touristenbüro.

AUSKUNFT: Campingplatz Årjäng Swecamp Sommarvik (s.o.). – *Sportfiske i Årjäng,* Slemtegen, Tel. 340 41, kurtmagnusson@hotmail.com/

■ **GOLF**: *Årjängs Nya Golfklubb,* Snarkil, beim See Svensbysjön, über die E 18 10 km östlich von Årjäng, Tel. 771 144. Ende April bis Ende September. Greenfee 150 SEK.

■ **KANU**: Das vorzügliche Kanurevier NORDMARKEN ist nicht nur von der Geografie her, sondern auch von der INFRASTRUKTUR FÜR KANUTEN mit dem Seensystem Dalslands verbunden. Siehe Seite 375 ff.

KANUVERMIETUNG: Campingplatz Sommarvik (siehe »Unterkunft«). – *Scandiatrail,* Grunnerud 301, Tel. 300 01, Fax 300 34, info@sandiatrail.com, www.scandiatrail.com. Auch geführte Touren u. ausgebildete Kanulehrer 15.5.–30.9. Am nördlichen Ende des Sees Stora Le (im Westen von Årjäng). – *Nordmarkens Kanot Center,* siehe anschließend unter »Outdoor-Zentrum«. Kanulehrer u. geführte Touren. 1.5.–30.9.

■ **OUTDOOR-ZENTRUM**: *Nordmarkens Kanot Center,* Risviken (am Ostufer des Västra Silen, rund 15 km südöstlich Årjängs), Tel. 380 60, Fax 380 95, canoes@swipnet.se, www.nordkanot. se.

Als Schwerpunkt Kanutouren, jedoch auch Survival, Multisport und andere Programme für Abenteuerlustige. Das Familienunternehmen ist seit 1956 auf dem Markt.

■ **RAD FAHREN**: Die Nebenstraßen zwischen den beiden Seen Västra Silen und Foxen im Westen ermöglichen TAGESTOUREN, wobei die stellenweise hügelige Landschaft nicht zu unterschätzen ist. Die E 18 ist wegen des Brummiverkehrs selbst für Etappen nur bedingt geeignet.

FAHRRADVERMIETUNG: Campingplatz Årjäng Swecamp Sommarvik (s.o.). Mountainbikes ab 140 SEK.

■ **REITEN**: *Glaciärhästar* in Gallerud, nö Årjängs, Tel. 0573 – 510 55. (Mehr-)Tagestouren auf Islandpferden. E 18 in Richtung Grenze, rechts ab, Lageplan im Touristenbüro.

■ **WANDERN**: Fragen Sie zunächst in Ihrer Unterkunft nach Tipps und Pfaden ganz in der Nähe, zum Beispiel nach Valekullen bei Blomskog.

– Wer eine Schnuppertour im **GLASKOGEN** probieren möchte, der/m empfehlen wir die Umrundung des Sees Lilla Rämmingen im Süden des Naturreservats. Auf knapp 4 km in streckenweise leicht hügeligem Terrain geht es durch den stillen Wald und üppige (im August reife) Felder mit Heidelbeersträuchern, ein paar Abstecher ans Seeufer eignen sich bestens für Picknick und Beuteverzehr. Anfahrt: E 18 Richtung Karlstad, hinter Sillerud (Kirche auf der rechten Seite) zwei Abfahrten nach Glaskogen über Finntorp. Auf dem losen Belag sollten Sie doppelt vorsichtig fahren. Parkplatz am See.

Oder Sie fahren direkt nach Lenungshammar und informieren sich dort bzw. nehmen Quartier; möglich auf der Weiterreise nach Arvika.

Im Touristenbüro Årjäng und in Lenungshammar bekommen Sie die Besucherkarte pro Person und Tag, eine vor Ort unentbehrliche ÜBERSICHTSKARTE (60 SEK) und eine Zusammenstellung von 19 Wanderungen auf Englisch (19 walks and a trip by car), mit Angaben zu Schiwerigkeitsgrad, Länge, Dauer (20 SEK).

Verschiedenes

■ **SIGHTSEEING**: Der See Stora Le ist Teil des DALSLANDS KANALS, auf dem im Sommer Ausflugsboote verkehren – in dieser Kante jedoch nur an einigen Sonntagen im Juli; weshalb solch eine Bootsfahrt leichter in Dalsland zu unternehmen ist.

■ **TRANSPORT**: Der BUSBAHNHOF befindet sich neben der E 18, Kvarnåsgatan, 100 m vom zentralen Platz.

■ **TAXI**: Tel. 101 50 und 102 00.

■ **ÄRZTLICHE VERSORGUNG**: *Vårdcentral* (Hospital), Storgatan (gegenüber Bahnhofsstraße), Tel. 711 000.

Weiterreise

■ **BUS**: Der BUSBAHNHOF befindet sich gleich neben der E 18. Die aktuellen Fahrpläne für die Fernverbindungen erfragen Sie am besten im Touristenbüro.

■ **AUTO**: **NACH ARVIKA**. Direkt auf der Str. 172; rund 7 km nördlich der Stadt zweigt rechts die Straße nach Lenungshammar mitten in Naturreservat Glaskogen ab (siehe dort); ab dort gelangen Sie über Glava parallel zum Ufer des Glafsfjords zurück zur Str. 172 und weiter nach Arvika.

NACH KARLSTAD. Schnell auf der E 18. Unterwegs mögliche Abstecher ins Glaskogen-Naturreservat (siehe linke Spalte unter »Ferien aktiv, Wandern«) sowie in Richtung Åmal und Säffle (siehe jeweils dort); es ist eine Überlegung wert, mindestens eine Nacht in SÄFFLE zu verbringen, wo es ein ausgezeichnetes Restaurant, ein in den Sommermonaten preisgünstiges Scandic-Hotel und vor allem einen der schönsten Campingplätze in Värmland (Dalsland einbezogen) gibt: DUSE UDDE CAMPING auf einer LANDZUNGE am Ufer des Vänern.

Arvika

Schon in der Bronzezeit war das Gebiet um den GLAFSFJORD eine Verkehrsader zwischen dem norwegischen Glomma-Tal und dem Kontinent; lange Zeit war die Verbindung mit Norwegen sehr eng. In dem Gebiet von Arvika gibt es folglich etliche Überreste aus der Wikingerzeit. Der Glafsfjord ist 40 km lang, das gesamte Seensystem bis zur Mündung des Byälven in den Vänern 70 km.

Früher wurden Boote an einigen Stellen über Land gezogen. Der Höhenunterschied in SÄFFLE beträgt lediglich 1 Meter, den eine Schleuse regelt. Dieser Wasserweg, den heute die Freizeitskipper benutzen, hat den Namen VIKINGALEDEN.

Arvika liegt an der fast kreisrunden Bucht KYRKVIKEN, nur durch eine schmale Fahrrinne mit dem Glafsfjord verbunden. Vom kleinen Dorf stieg Arvika zur zweitgrößten Gemeinde in Värmland mit mehr als 26.000 Einwohnern auf; seit 1911 darf Arvika sich Stadt nennen.

Zur Entwicklung trug die günstige Lage am Glafsfjord bei. Der Wasserweg Vikingaleden verband den kleinen Ort über den Vänern, den Göta älv und ab 1800 den Trollhätte kanal mit Göteborg. Beschleunigt wurde der weitere Fortschritt durch den Bau der Eisenbahn. Die günstige Lage an der Linie zwischen Oslo und Stockholm war für Industriebetriebe ideal. Zu den großen zählen heute *Volvo Wheel Leaders AB, Arvika Gjuteri AB* u.a. Im Handel bestehen mit den norwegischen Nachbarn enge Kontakte.

Kunsthandwerk und auch Musik haben in Arvika Tradition. Die Musikhochschule in INGESUND und die kommunale Musikschule tragen zum Kulturleben der Stadt aktiv bei, Chöre und Orchester sind oft auf Veranstaltungen zu hören Die Fertigkeit der handwerklichen Künste wurde von Generation zu Generation überliefert. Geredzu eine Blütezeit erlebte Arvika mit den Künstlern in der RACKSTAD-KOLONIE.

Landschaftlich hat Arvika viel zu bieten, selbst für schwedische Verhältnisse ist die Gemeinde sehr reich an Seen. Badende, Angler oder Kanufahrer, für alle ist Platz genug, und der Vikingaleden ist für Bootsenthusiasten die Verbindung zum Binnenmeer Vänern. Die Wälder laden ein zu WANDERUNGEN und sind zudem reich an Beeren und Pilzen. Dabei könnte man mit etwas Glück im Gemeindegebiet nördlich von Arvika einem weißen Elch begegnen; er ist auch bereits auf dem Campingplatz Ingestrand gesehen worden...

INFORMATION

■ **TURISTBYRÅ ARVIKA,** Stadsparken, SE–67132 Arvika, Tel. 0570–81790, Fax 81720, www.arvika.se. Ende Juni bis 31.7. Mo–Sa 9–20, So 10–18 Uhr, ab 1.6. und bis etwa 20.8. Mo–Sa 9–18, So 11–17 Uhr, sonst Mo–Fr 9–12 und 13–16 Uhr.

■ **ARVIKA TURISTGUIDE** heißt die Broschüre mit knappen Infos zu Sehenswertem, Kunst- u. Kunsthandwerk, Ausflügen, Aktivitäten. Eine Übersicht der Veranstaltungen ist ebenso enthalten wie Adressen von Unterkünften, Restaurants und allgemeinem Service. – Das Faltblatt ARVIKA BESÖKSKARTA mit Stadtplan und Straßenverzeichnis, Parkmöglichkeiten, Übersichtsplan der Gemeinde und kurzen Beschreibungen zu Sehenswürdigkeiten ist ebenfalls kostenlos.

■ Die **ARVIKA FRILUFTSKARTA**, die auch die Gebiete rund um Årjäng, westlich von Sunne sowie entlang der Grenze zu Norwegen bis Torsby umfasst, bekommen Sie zu Hause bei den meisten auf Skandinavien spezialisierten Versandbuchhandlungen. Im Maßstab 1 : 100.000.

Unterkunft

Das Touristenbüro vermittelt Hotel-, Privatzimmer und vor allem toll gelegene Ferienhäuser, die während der Vor- und Nachsaison nicht vollständig gebucht sind. Frau wechselt Geld, verkauft Postkarten, Souvenirs, Telefonkarten u.v.a.

■ **HOTELL ARKADEN**, Kyrkogatan 18, Tel. 132 35, Fax 186 50, www.hotelarkaden.com. EZ ab 500 SEK, DZ ab 650 SEK, Familienzimmer ab 900 SEK. Familiäres Hotel mit 20 freundlich eingerichteten Zimmern. Wochentags ist abends ein kleiner Imbiss inklusive. Zentral gelegen.

■ **BRUNSKOGS VANDRARHEM**, STF, Bergamon, Brunskog, Tel. 521 41, Fax 521 49. Ganzjährig geöffnet. 70 Betten im 2–5-Bett-Zimmern für 160/70 SEK p.P. Am See VÄRMELN, rund 20 km östlich von Arvika. Baden und angeln, wandern und Wasserski, Langlauf und Slalompisten. Ganzjährig Kunstaustellungen. Nahe zur Veranstaltung Gammelvala.

■ **SANDVIKENGÅRDEN**, Brunskog, SVIF, Tel. 500 25, Fax 501 38, www.sandvikengarden.s.se. 15.5.–15.9. 25 Zimmer mit 1–4-Betten, Waschbecken in jedem Zimmer, mit WC nur in der »Lägerstugan«, sonst Bad auf dem Flur; außerdem zwei Hütten. Vollpension möglich. Im DZ p.P. 165 SEK, Rabatt für Familien. Hier befindet sich eine KANUZENTRALE mit 25 Kanadiern. Sauna am Badestrand. Schön am See Värmeln gelegen, etwa 18 km östlich von Arvika, Abzweigung in Richtung Brunskog Kyrka.

■ **ARVIKA SWECAMP INGESTRAND**, Tel. 148 40, Fax 123 38, Internet: www.camping.se/plats/S15. Ganzjährig geöffnet. 240 Stellplätze ab 110, Hütten ab 200, Ferienhütten ab 450 SEK. Vermietung von Fahrrädern, Motorbooten u. Tretbooten. KANUZENTRALE in der Nähe. WUNDERBARE LAGE AM GLAFSFJORD, ca. 4 km südlich des Zentrums. Von den schön gelegenen Campingplätzen in Schweden einer der schönsten. Tadellose Servicegebäude.

■ **SJÖHAGET STUGBY**, Tel. 240 04, Fax 240 80, www.sjoehaget.se. 1.5.–31.8. 12 winterfeste Ferienhütten für 6/9 Personen, pro Tag bei 2 Personen 600 SEK, Wochentarif 4.200 SEK, die Hütte für 9 (ohne Ofen) 6.000 SEK. Ansonsten mit Bad, Kochnische und Kaminofen. Rauchen nicht gestattet. Am Glafsfjord, 5 km südlich Arvikas.

■ **ARENDSBERG**, Sulvik, Tel. 222 22. Ganzjährig geöffnet. http://hem.fyristorg.com/arendsberg. 6 Hütten mit Bad, Mini-Küche samt Geschirr, Bettwäsche und Handtücher. P.P. 250 SEK, die siebte Nacht ist gratis. 12 km nordwestlich von Arvika.

Essen und Trinken

■ **LASSE-MAJA**, Kyrkogatan 37, Tel. 850 00. Lunch Mo–Fr 11.30–14 Uhr ab 65 SEK. Mi, Do 18–1, Fr bis 23, Sa bis 2 Uhr. À la carte-Snacks ab 60 SEK, vegetarisch um 85 SEK. Hauptgerichte ab 145 SEK Am Wochenende DJ's, Jazzgruppen, viele junge Leute und die Türsteher mit großstädtischem Gehabe.

■ **OLSSONS BRYGGA**, Hamnen, Tel. 167 00. Am Hafen mit Veranda über dem Wasser, wurde zum Zeitpunkt der letzten Recherche wegen Hochwasserschaden renoviert. Bei SOMMERSONNE nachmittags oder an lauen Abenden ein herrlicher Platz.

■ **RACKSTADSMUSEETS CAFÉ**, Kungsvägen 11, Tel. 809 90. Geöffnet wie das Museum (siehe rechts). Das Café-Restaurant mit Flair, umgeben von harmonischer Architektur, mit Gemälden und Zeichnungen an den Wänden, ist der richtige Ort ZUM ENTSPANNEN. Die Küche genießt einen GUTEN RUF.

Sehenswertes

■ **TREFALDIGHETSKYRKAN**, Cisterngatan 25 A. Täglich 9–16 Uhr. Einen Besuch dieser Kirche sollten Sie sich nicht entgehen lassen. Man ist überrascht, welches Kleinod das Städtchen beherbergt. Geweiht wurde das Gotteshaus 1911, der Architekt war *Ivar Tengbom*, der auch das Konzerthaus in Stockholm entwarf. Jugendstilemente und Nationalromantik zusammen mit den Kunstwerken der ortsansässigen Künstler *Christian Eriksson* (Skulpturen), *Ola Eriksson* (Schnitzereien) und *Björn Ahlgrensson* (Altargemälde) machen diese Kirche so einzigartig. Tonbandbegleitung auf Deutsch.

■ **MIKAELIKYRKAN**, Mikaeligatan, am Wasser westlich des Zentrums. Die alte Kirche (1647) wurde einige Male umgebaut. Zu erwähnen sind hier die Kanzel und der Altaraufsatz von *Isaak Schulström* (Mitte 18. Jh.), das Taufbecken in Holz (Ola Eriksson) und die Skulptur »Demut« von Christian Eriksson.

■ **SÅGUDDEN**, Tel. 137 95, südlich des Stadtparks am Wasser, in Nähe des Touristenbüros, Parkplatz auch für Wohnmobile. 1.6.–30.8. täglich 11– 18 Uhr. Eintritt 40/15 SEK.

Die schöne Lage des FREILICHTMUSEUMS in einem Park am Wasser lockt viele Einheimische und Gäste der Stadt zu mehr als nur einem Besuch. Von den insgesamt 22 Gebäuden ist der Großbauernhof aus dem Jahr 1811 der Stolz des Museums, in dem auch bemalte Bauernschränke zu sehen sind. Die Sammlungen im

Ein außergewöhnliches Gotteshaus mitten in der Provinz: die Dreifaltigkeitskirche in Arvika ▶

fornsal (Altertumssaal) repräsentieren eine Reise durch die Jahrtausende. MITTSOMMER wird selbstverständlich auf Sågudden gefeiert.

■ **ARVIKA FORDONSMUSEUM**, Thermiavägen 2, Tel. 803 90. 1.4.–30.9. tägl. 11–18, sonst Do+Sa 11–16, So 11–18 Uhr. Eintritt 50/20 SEK.

Das Museum zeigt eine breite Palette von Fortbewegungsmitteln, ab Mitte des 18. Jhs. mit Schlitten, Pferdewagen und Fahrrädern, von den ersten Automobilen bis zu Modellen der 1970er Jahre. Kinder lieben dieses Museum; für sie stehen Spielautos bereit.

Ausflüge

■ **KLÄSSBOL LINNEVÄVERI** in Klässbol entstand um 1921 als kleiner FAMILIENBETRIEB. Das Handwerk erlernte *Hjalmar Johansson* in Borås, jener Stadt der Webereien. 1928 starb er, nur 43 Jahre alt. Mutter Augusta und ihre acht Kinder von 7 bis 19 Jahren entschieden sich für die Fortführung des kleinen Betriebes. Trotz mancher Widrigkeiten in der schlechten Zeit hat der damals 17-jährige Sohn Vitalis die Firma vergrößert und bis 1975 geführt, als er an seine drei Söhne übergab, die schon mit 14 Jahren angefangen hatten zu weben. Damast und Leinen aus Klässbol ist längst über Schwedens Grenzen bekannt. Die herausragende Qualität der Produkte wird geschätzt von Botschaften, dem Königshaus, und selbst das Nobelbankett wird auf feinstem italienischen Leinen gedeckt, gewebt nach Mustern aus Klässbol. Gewebt wird maschinell und von Hand, verwendet wird feine Baumwolle aus Ägypten sowie Leinen aus Italien und Irland. Beste Naturmaterialien sowie alte und neue zeitlose Muster tragen zu dem Erfolg des Unternehmens bei.

Die FÜHRUNG vermittelt die Herstellung der Leinen- und Damastgewebe vom Anfang bis zum fertigen Produkt. Auch ein Gang durch die lärmende MASCHINENHALLE, in der emsig gearbeitet wird, gehört dazu. Interessant ist zu sehen, wenn eine Maschine für ein neues Muster vorbereitet wird. Im Spätsommer sind Stoffe für Weihnachtsdecken sowie Servietten aktuell. In der BUTIK können Sie einkaufen, auch Stoffe mit kleinen Fehlern. Mo–Fr 8–18 Uhr, Sa+So 10–15 Uhr. Im Café Kaffe-Kvarnen, Söderborgsvägen, nur ca. 150 m südlich der Weberei, lässt sich lecker schmausen, kleine Gerichte und Gebäck. www.klassbol-linne.se.

■ **ÄLGÅ SPIKSMEDJA**: 26.6.–15.8. täglich 14–17 Uhr. Nördlich von Arvika am Älgåfjord, einer Verlängerung des Glafsfjords.

Die historische NAGELSCHMIEDE ist restauriert worden. Um 1879 waren die handgefertigten Eisennägel nicht mehr konkurrenzfähig, so dass der Betrieb schließen musste. Jetzt bewahrt die alte Schmiede die Erinnerung an vergangene Zeiten. Das Magazin am Hafen ist auch ein Relikt vergangener Tage.

RACKSTAD MUSEET
Dieses von außen wie innen LICHTE MUSEUM hat eine interessante Entstehungsgeschichte. Auf dem Hof HAGET in Taserud – das Wohnhaus ist heute der Eingang des Museums – wuchs *Christian Eriksson* (1858–1935) mit seinen Brüdern Ola, Karl und Elis auf. Die Möbelwerkstatt der Familie legte den Grundstein für die weitere Entwicklung des Möbeltischlers und Holzschnitzers Christian. Er wurde einer der führenden Bildhauer Schwedens, Taserud allmählich sogar zu einem Zentrum für Kunst und Kunsthandwerk.
Um die vorletzte Jahrhundertwende zog es viele Künstler aufs Land, ZURÜCK ZUR NATUR. Christian, der oft in seinem Stockholmer Atelier arbeitete, überließ sein Haus Oppstuhage (neben dem Museum und heute Gedenkstätte) Künstlerfreunden: *Gustaf* und *Maja Fjæstad*, *Björn Ahlgrensson*, *Fritz Lindström*. und andere haben zuerst hier gewohnt, bevor sie sich in dieser Gegend ein eigenes Heim bauten.
Die Künstlerkolonie der RACKSTAD-MALER entstand. Die Malergruppe wie auch die Möbelwerkstatt der Brüder Eriksson zogen in der Folgezeit weitere Künstler an. Kontakte zu Architekten kamen hinzu und so entstand die einmalig schöne Dreifaltigkeitskirche in Arvika. Die Künstler beglügelten die Vertreter weiterer Handwerkszweige: Kunstschmiedemeister, Keramiker, es entstand die Schule für Webkunst. Zum Freundeskreis zählte auch *Lars Zetterquist*, Professor für Violine an der Musikhochschule in Arvika, die unverändert einen guten Ruf hat.
In der dritten Generation wirken Nachkommen der Künstler in und um Arvika. Der Schwerpunkt der Gemäldeausstellung des Museums sind sehenswerte Werke der Rackstad-Künstler, die Motive der Landschaften entstammen oft der wunderschönen Umgebung am SEE RACKEN.
Oktober bis März Do, Sa, So 11–16 Uhr, 1.4.–31.5. und September Di–So 11–17 Uhr, 1.6.–31.8. täglich 11–17 Uhr. Eintritt 40/15 SEK. Führung täglich um 14 Uhr. Kungsvägen 11, Tel. 809 90, www.rackstadmuseet.s.se.

Ferien aktiv

■ In Värmland werden geführte **ELCH- UND BIBERSAFARIS** veranstaltet. Fragen Sie im Touristenbüro nach den aktuellen Daten.

■ **ANGELN**: Hier beißen Hecht und Barsch und auch Edelfische können sie an den Haken bekommen. Angelscheine verkauft das Touristenbüro, für Einzelgewässer oder mehrere Seen der Gemeinde.

■ **BADEN**: Im seenreichen Umland gibt es etwa 20 Badestrände mit sanitären Anlagen und Umkleidekabinen: so *Ingestrand Camping* und, 1 km weiter südlich, *Kjörselviken*, Västra Sund.

■ **GOLF**: *Arvika Golfklubb,* Tel. 54 133. 10 südlich der Stadt.

■ **RAD FAHREN**: Das Gebiet rund um Arvika ist recht flach und somit gut für Fahrradtouren geeignet. Die Fahrt RUND UM DEN GLAFSFJORD misst ungefähr 100 Kilometer. – Der 1.175 km lange VÄRMLANDSLEDEN durch Värmland ist in drei Touren und 18 Etappen eingeteilt und ausgeschildert; eine Etappe führt auch durch Arvika. Radwanderkarte mit Beschreibungen im Touristenbüro.

FAHRRADVERMIETUNG: Camping Ingestrand und Info-Stelle Glaskogen in Lenungshammar, Tel 44070.

■ **REITEN**: *Fågelsången*, Fiskevik, Tel. 30096, Reiten auf ISLÄNDERN. – *Sörtomta Hästgård*, Ö.Rud, Klässbol, Tel. 460422: geführte Ausritte und Touren mit Pferd und Wagen.

KANU

■ Der 80 km lange **VIKINGALEDEN** von Arvika bis Säffle ist eine populäre Tour. – Weitere finden sich im Buch »Kanuwandern in Schweden« der Edition Elch, auch eine RUNDTOUR DURCH GLASKOGEN, die längere Landtransporte umfasst und einen Kanuwagen erfordert.

KANUVERMIETUNG: Kanuzentrale *Arvika Kanot & Turistcenter,* Ingestrand, Tel. 0570–18245, Fax 15723, www.itadventure.se/arvika.canoe. 1.5.–30.9. 9–17 Uhr. Transportservice, Instrukteure (ausgebildete Kanulehrer), geführte Touren, Proviantierung möglich, 150 m südlich vom Campingplatz Ingestrand. – *EFS Sandvikengården*, Brunskog, Tel. 50025. – *Stiftelsen Glaskogen*, Lenungshammar, Tel. 44070.

WANDERN

■ Ein 3,5 km langer Weg führt vom Campingplatz Ingestrand auf den **STORKASBERG**. Die Mühe belohnt eine famose Aussicht auf den Glafsfjord und Umland. Weitere Wege in diesem Gebiet sind auf Schautafeln angegeben.

■ **DJUPDALSLEDEN** nennt sich der 7 km lange Weg (grün markiert), der an der Hütte JÖSSESTUGAN beginnt, am Ostufer des Sees Racken.

■ Der 240 km lange Fernwanderweg **FINNSKOGSLEDEN** beginnt in Morokulien an der Grenze zu Norwegen und führt weiter im Grenzgebiet bis Trysil. Die Beschreibung verkauft das Touristenbüro.

■ Im Naturreservat **GLASKOGEN** auf der Westseite des Glafsfjords sind insgesamt 300 Kilometer Wanderwege mit Schutz- und Übernachtungshütten ausgewiesen. Für Ihren Aufenthalt im Reservat benötigen Sie generell GLASKOGSKORTET, die »Glaskogen-Besucherkarte« (siehe Seite 399).

Verschiedenes

■ **AUSSICHT**: Von dem 192 m hohen STORKASBERG (mit Aussichtsturm) blickt man über Arvika und Umgebung, zu erreichen von der Str. 175 südlich Arvika.

BERGS KLÄTT liegt 10 km westlich der Stadt auf einer Halbinsel im Glafsfjord / Älgåfjord. Der schöne Aussichtsplatz gehört zu einem NATURRESERVAT mit Wanderwegen.

■ **KUNSTHANDWERK**: Die Kunsthandwerker der Region setzen eine lange Tradition fort. Im *Hantverksmagasinet* am Hafen stellen Künstler und Kunsthandwerker ihre Arbeiten aus. Ende Juni bis Mitte August 11–18 Uhr. – Im alteingesessenen Laden *Arvika Konsthantverk*, Kyrkogatan 17 B, finden sie ebenso Arbeiten ortsansässiger Künstler. – Im *Hantverkshuset* in Brunskog gibt es außer Künstlerischem auch eine TUNNBRÖDSBAGERI (Bäckerei von dünnem Fladenbrot) und ein Café. Im Sommer Mo–Fr 10–17 Uhr, Sa 11–14 Uhr. – In Värmland gibt es nur noch zwei GLASHÜTTEN: *Madame Glas* in Klässbol ist eine davon. Das große Fenster zum Verkaufsraum erlaubt den Blick auf die Arbeit am Schmelzofen. – In Klässbol ist auch *Schützers Tennsmide* zu Hause: Gebrauchsgegenstände und Schmuck nach eigenen Entwürfen.

■ **VERANSTALTUNGEN**: Anfang Juli in Brunskog, Skutboudden: HANTVERKSMÄSSAN, Handwerkermesse. – Mitte Juli sind in Arvika die Wikinger los, im Rahmen der VÄRMLANDS VIKINGERVECKA befahren sie mit ihren Schiffen den Vikingaleden von Arvika bis Säffle. – Im Juli ist die große Rockmusikveranstaltung ARVIKAFESTIVAL: Etwa 50 Gruppen rocken um die Gunst der Zuhörer. – In der letzten Juliwoche steigt in Brunskog das Fest der Feste: GAMMELVALA, d.h. »die alte Welt«; die Zeit wird um 100 Jahre zurückgedreht. Auftakt dieses 9-tägigen Festivals ist das Anzünden des Kohlenmeilers. Staunend sieht man bei fast vergessenen Arbeitstechniken zu. Unterhaltung: Gesangspiele, Trachtenschau, Musikabende etc.

■ **TAXI**: Tel. 801 00 und 107 00.

■ **TRANSPORT**: Busbahnhof Palmviken, alle Linien der Stadtbusse ab

■ **POSTAMT**: Ö:a Torggatan, Tel. 191 07.

■ **PARKEN**: Eine Übersicht enthält die Besökskarta Årjäng. Parkplätze am Touristenbüro sind kostenlos.

■ **ÄRZTLICHE VERSORGUNG**: *Vårdcentralen*, Fabriksgatan 7, Tel. 80 00, Mo–Fr 7.30–17 Uhr, sonst Tel. 820 82. – Zahnarzt: *Folktandvård,* Magasinsgatan 24, Tel. 160 30.

Weiterreise

■ **FLUGZEUG**: Nächster internationaler Flughafen ist *Gardermoen* bei Oslo/Norwegen. – Flugtaxi-Verbindung nach Karlstad, innerschwedische Linienflüge.

■ **BAHN**: Arvika liegt an der Bahnlinie Stockholm-Oslo. Es gibt auch eine Verbindung mit Göteborg.

■ **BUS**: Die Orte im Umland werden mit *Länsbussar* angefahren; die Fernverbindungen versorgt *Swebus Express* u.a.

■ **AUTO**: **NACH SUNNE**. Str. 238/45. Bevor man die Str. 45 erreicht, passiert man **FRYKDALSHÖJDEN**, mit 272 m ein guter Aussichtspunkt über das schöne Fryken-Tal; ab KW 25 ist das Café täglich 10–19 Uhr geöffnet.

NACH MOROKULIEN (Grenze zu Norwegen). Str. 61. Der Name der Grenzstation hob ein schwedisch-norwegisches Radioprogramm 1959

aus der Taufe. *Moro* (aus dem Norwegischen) und *kul* (Schwedisch) bedeuten Spaß. Das monumentale Friedensdenkmal, aufgestellt 1914, erinnert an den 100-jährigen Frieden mit der Inschrift: Fortan ist Krieg zwischen den skandinavischen Brudervölkern unmöglich. Das große INFO-CENTER über Norwegen und Schweden platzierte man direkt auf der Reichsgrenze. Ebenso eine kleine Kapelle: Gebetet wird in Schweden, die Glocken läuten in Norwegen. Dass man in dem »Spaß-Grenzreich« ein eigenes Postamt mit eigenem Poststempel hat, ist selbstverständlich; auch ein Restaurant und ein Campingplatz gehören zu dem beliebten Ausflugsziel, das für ausländische Touristen als Tagesziel ab Arvika nicht sonderlich interessant ist, sondern eher im Rahmen der An- oder Weiterreise über Norwegen.

NACH ÅRJÄNG (E 18). Str. 172.

NACH KARLSTAD. Str. 61 direkt; am See Värmeln möglicher Abstecher nach **VÄRMSKOG**, wo die Telefon-Ausstellung in seinem Geburtshaus an *Lars Magnus Ericsson* erinnert, den Urvater des gleichnamigen Konzerns und der Erfinder-Familie.

NACH DALSLAND (über Säffle in Richtung Åmål). Auf Str. 175 / 45. In **HÄLJEBOL**, etwa 10 km vor Nysäter, KONSTGÅRD mit Galerie und Café. In **GILLBERGA** KIRCHE aus dem 12Jh. mit Malereien. An dem 190 m hohen Aussichtsberg HÖSÅSKLÄTTEN vorbei kommt man nach **NYSÄTER**; erwähnenswert ist das Ensemble grasgedeckter Markthütten (18. Jh.); in der Nähe Grabhügel der Wikingerzeit; im Sommer ist Värmlands Wikingerwoche ein Publikumsmagnet. Der neue Verlauf der Str. 175 am OSTUFER des HAREFJORDEN ist landschaftlich sehr schön. Zu empfehlen ist aber auch die alte Westroute nach Kila/Västra Smedbyn und zum **VON ECHSTEDTSKA GÅRDEN** in Västra Smedbyn: Assessor Bengt von Echstedt erbaute um 1760 das Gehöft im Karolinischen Barock (Stil zur Zeit Karl XII.). 1939 erwarb das Värmlands Museum den baufälligen Hof. Restauration und zeitgemäßes Mobiliar gaben ihm fast das alte Aussehen zurück. Die Räume sind im Rokoko-Stil bemalt. Von der Wand der Eingangshalle grüßen zwei gar stramme Grenadiere die eintretenden Besucher. Im Saal sind die Malereien auf Leinen ausgeführt, die Motive der Bibel entnommen – die Tochter des Pharao findet Moses, Salomo zitiert aus seinen Sprichwörten etc. Noch bekannter als die Malereien im Haus sind die im *utedass,* dem Toilettenhaus im Garten. In dem kleinen Häuschen lud eine Bank mit fünf unterschiedlich großen Öffnungen (die Kindersitze liegen etwas niedriger) die Familie ein sich niederzulassen. Die Rückwand zieren Landschaftsmalereien, vis-a-vis blickt das Ehepaar Echstedt herab, Seit‘ an Seit‘ beim Toilettenbesuch, und daneben Diener, die Leinenläppchen bereit halten – Papier war zu jener Zeit Luxus! Der GARTEN mit seinen alten Apfelbäumen, ein KRÄUTERGARTEN und ein Café runden diesen Aufenthalt ab. Tel. 0533 – 630 74. 17.5.–30.8. täglich 11–18 Uhr. Eintritt 30 SEK. Textheft auf Deutsch auszuleihen.

Sunne

Aus Sunne ist in den letzten Jahren ein lebhaftes Touristenzentrum geworden. Im Herzen Värmlands liegt dieser Ort im FRYKENTAL an einem schmalen Sund, der Verbindung des Sees ÖVRE FRYKEN zum MELLAN FRYKEN. Eine weitere Engstelle im Süden verbindet Mellan Fryken mit dem NEDRE FRYKEN. Die gesamte Länge dieser drei schmalen Fryken-Seen – des oberen, mittleren und unteren – beträgt etwa 80 km.

Neben einer schönen vielgestaltigen Landschaft in bäuerlichem Kulturland sowie ausgedehnten Wald- und Wildnisgebieten findet man in der Umgebung mehrere interessante Sehenswürdigkeiten.

Weltweit bekannt gemacht haben dieses Gebiet die Schriftsteller *Selma Lagerlöf* und *Göran Tunström*. Vor allem der erste Roman von Selma Lagerlöf, »Gösta Berlings saga«, trug dieser Gegend den Beinamen SAGANS LAND ein, was viele Touristen hierher lockt, um all die Schauplätze dieses Romans kennen zu lernen: Der See Löven ist der Frykensee, das Kirchspiel Bro ist Sunne und Broby der Ortsteil Åmberg, und die Herrensitze Ekeby und Björne sind Rottneros und Sundsberg, Gurlitta klätt ist dic Höhc Tossebergsklätten und Lövdala ist Mårbacka und vieles mehr. In Göran Tunströms Roman »Solveigs Vermächtnis« (auf Schwedisch »Juloratoriet«) ist Sunnes Kirche ein Hauptschauplatz.

Sunne ist ferner das SÜDLICHSTE WINTERSPORTZENTRUM in Värmland; und sollte wirklich einmal wenig Schnee liegen, leuchtet dann einige Kilometer weiter nördlich bestimmt die weiße Pracht.

INFORMATION

■ **SUNNE TURISTBYRÅ**, Mejerigatan 2, SE – 68680 Sunne, Tel. 0565 – 135 30, Fax 105 67, www.sunne.se. 7.6.–10.8. Mo–Sa täglich 9–21.30, bis 15.9. Mo–Fr 9–17, Sa 9–14, So 10–14, sonst Mo–Fr 9–16 Uhr.

■ **SAGOLIKA SUNNE** ist eine reich bebilderte Broschüre mit Infos über Sehenswertes in und um Sunne, vielen Tipps und Serviceadressen. Eine Seite ist dem 2000 verstorbenen Autoren aus dem Ort, *Goran Tunström,* gewidmet; auch Lesenswertes über Selma Lagerlöf steht darin: Die »Literarische Wanderung in Sunne« ist wie ein Führer durch die Bücher von Tunström und Lagerlöf. Enthalten sind auch Naturschutzgebiete, Rad- und Wanderwege, hilfreich die ausklappbaren Karten mit Ortsplan sowie Gemeindeübersicht.

Unterkunft

Das Touristenbüro bucht Hotel- und Privatzimmer, Ferienhäuser u.a. Die Gebühr richtet sich dabei nach Unterkunft und Aufenthaltsdauer. Ein

Verzeichnis über Feriendörfer und -häuser können Sie sich im Voraus schicken lassen.

■ **BROBY GÄSTGIVAREGÅRD**, Långgatan 25, Tel. 133 70, Fax 125 53, www.broby.nu. EZ 690, DZ 850 SEK, im Nebengebäude 225 SEK p.P. inklusive Frühstück. Der kleine gemütliche Gasthof verfügt über 27 Zimmer mit zeitgemäßem Komfort. Im Nebengebäude (Annex) Bad auf dem Flur, sind Handtücher und Bettwäsche mitzubringen. Restaurant, mittags Lunchbuffet, Sitzplätze im Freien auf der Veranda.

■ **HOTEL FRYKEN STRAND**, Tel. 133 00, Fax 711 691, www.frykenstrand.se. EZ 795/650, DZ 1.190/700 SEK. Die Sommerpreise gelten vom 20.6. bis zum 20.8. Im Restaurant Lunch, HAUSMANNSKOST und Salatbuffet., abends à la carte. An der Straße 45, 5 km nördlich von Sunne.

Das Hotel mit traumhafter Lage am See hat einen großen Garten mit Boule und Minigolfanlage, einen kleinen Badestrand und eine eigene Anlegebrücke für das alte Dampfschiff »Freja«. Von den vier SAUNA-anlagen ist die AUF EINEM PONTON mittels eines Außenborders beweglich: Sie können also mitten auf dem See saunen. Die Zimmer sind geräumig und hell, in Pastellfarben oder warmen Farben gehalten. Im Restaurant werden Augen und Gaumen gleichermaßen verwöhnt. Auch von der Pianobar schweift der Blick am Abend ständig nach draußen auf das sich verändernde Licht auf dem See.

■ **SOLBACKA GÄSTGFVERI**, S. Ås, Östra Ämtervik, Tel. 301 00, Fax 300 55, www.solbacka.info.se. DZ 900, 3-Bett-Zimmer 1.100 SEK, inklusive Frühstück und middag, das Dinner am Abend. Ohne Dinner wird es 100 SEK günstiger.

Von der weißen Villa (um 1900) des ehemaligen Kurortes Ås blickt man übers Frykendalen. Helle Räume im Haus mit viel Weiß und gemütliche Zimmer unter der Schräge. 13 km südöstlich von Sunne und 3 km bis Mårbacka.

■ **SUNNE VANDRARHEM**, STF, Hembygdsvägen 7, Tel. / Fax 107 88. Ganzjährig geöffnet. 67 Betten in 2–4-Bett-Zimmern verteilt auf einige Holzhäuschen, p.P. 175 / 85 SEK. Frühstück 50 SEK. Küche im großen Speisesaal. Am nördlichen Ortsrand gelegen. Blick auf den See.

■ **TORSBY VANDRARHEM**, STF, Järnvägsgatan 34, Tel. 163 00, Fax 163 26. Juni bis Ende Juli. 50 Betten als EU und DZ, p.P. 175/115 SEK. Das Schülerheim der Stjerneskolan hat vorwiegend EZ. Am Sportplatz.

■ **SUNNE SWECAMP KOLSNÄS**, Tel. 164 00, Fax 164 60, Internet: www.camping.se/plats/19. Ganzjährig geöffnet. 404 Stellplätze ab 120, Hütten ab 250 SEK. Sauna, Beachvolleyball, Vermietung von Kanus und Fahrrädern, beheiztes Freibad, Sandstrand auch für Kinder geeignet – um nur einiges zu nennen. An der Landzunge legt der Dampfers »Freja« an. Achtung! Mittsommer und zum Volksfest Frykdalsdansen darf nicht gezeltet werden; außerdem gelten erhöhte Gebühren. Am südlichen Ortseingang, Str. 45.

■ **TORSBY CAMPING**, Tel. 710 95, Fax 301 97. 1.5.–15.9. 100 Stellplätze ab 115, Ferienhütten ab 550 SEK,

Hütten ab 300 SEK. Auch hier viele Freizeitangebote, in der Hochsaison dienstags Tanz, einige Abende unterhält ein TROUBADOUR. Strandcafé. 5 km südlich von Torsby, rund 200 m zur Str. 45 am Frykenstrand.

■ **LYSVIKS CAMPING**, Tel. 804 07, Fax 805 80, www.camping.se/plats/S32. 1.6.–31.8. 75 Stellplätze ab 120, Ferienhütten ab 400 SEK. Schöne überschaubare Anlage am Ostufer des Fryken-Sees. Populär das Restaurant FRYKENS PÄRLA. Von Süden über Sunne zu erreichen, von Norden kommend über Torsby.

■ **CAMPING UND FERIENHÄUSER HUMLETORP**, Östra Ämtervik, Tel. 320 47, Internet: www.varmland.nu/humletorp. 1.6.–15.9. 10 Betten 800, 4–5 Betten 400 SEK. Kleiner Campingplatz für Wohnmobile, Wohnwagen. Mit bezaubernder Aussicht auf den See Visten.

Einer der SCHÖNSTEN PLÄTZE im Frykendalen, einst ein Großbauernhof. Die früheren Hofgebäude sind zu Ferienhäuschen umgebaut, urige rote Holzhäuser aus dicken Bohlen gezimmert und innen im alten Stil möbliert sowie modern ausgerüstet geworden; einen Kamin gibt es auch.

Im alten Wohnhaus STORSTUGAN stehen 180 m² sowie 10 Betten zur Verfügung. Die übrigen kleinen und größeren Häuschen haben 4 oder 5 Betten. Die Häuser mit 2 Betten haben keine Dusche; dafür gibt es ein Gebäude mit Dusche, Sauna sowie Waschküche.

Die Sauna am See wird mit Holz angeheizt und steht den Gästen zur Verfügung. Vermietung von Kanus und Booten. Angellizenz im Kiosk: Es beißen Hecht, Barsch und kleine Maräne u.a. Von dem leicht erhöhten Gelände blickt man auf den See. Das Anwesen liegt 10 km südlich von Mårbacka.

Essen und Trinken

■ **KÖPMANGÅRDEN**, Ekebyvägen 40, Tel. 101 21. Di–Sa 11.30–21 Uhr, So 11.30–16 Uhr. Zum Lunch drei Gerichte zur Wahl, ab 59 SEK, à la carte 67–192 SEK.

Ein Restaurant mit stilvoller Einrichtung. Das dunkle, matt glänzende Holzmobiliar vermittelt eine heimelige Atmosphäre. In der Küche verwendet man NUR FRISCHE ZUTATEN und BACKT SELBST Brot. Freitag Abend Nachtclub oder DJ, Sa DJ.

■ **STRANDCAFÈET**, Strandpromenaden, Tel. 104 88. Im Sommer täglich 11–23 Uhr.

Café-Restaurant, anerkannt gute Küche. DAGENS RÄTT, à la carte, Eis und Gebäck. Große TERRASSE mit Plätzen direkt am Wasser.

Sehenswert

■ **SUNDSBERGS GÅRD**, Björnevägen, Tel. 103 63. Ende Juni bis etwa 10.8. Di–Do, Sa+So 12–16 Uhr.

BJÖRNE hieß dieser Hof in Selma Lagerlöfs Roman. Hier wird heute WOHNKULTUR der HERRENHÖFE aus drei Jahrhunderten gezeigt.

Rund um Fryken

Die populärsten Sehenswürdigkeiten in der Gemeinde Sunne liegen außerhalb des Hauptortes. Schon allein DIE FAHRT ZU DEN ZIELEN IST EIN GENUSS. Blickt man über die Farbsinfonie der Lupinen am Wege auf den See und die »blauen« Hügel im Hintergrund, sieht hier und da gelbe, rote, weiße Häuser aufleuchten, fühlt man sich einfach wohl. Wenn dann noch darüber ein blauer Himmel mit schneeweißen Wolkentupfern steht, kann ein schöner Tag beginnen. Für den Autofahrer wird die Fahrt auf Värmlands Straßen selten zum Stress – es sei denn, ein ELCH läuft kurz vor dem Fahrzeug über die Straße. Am auffälligsten im Straßenverkehr sind die riesigen Holzlaster, die Pferdeanhänger und die Wohnmobile/Wohnwagen, die letzteren meist aus Deutschland.

■ **MÅRBACKA**, die GEDENKSTÄTTE ZU EHREN SELMA LAGERLÖFS in Östra Ämtervik, südöstlich Sunnes. Etwa 10.5–1.9. täglich ab 10, im Juli ab 9 Uhr. Führungen zu jeder vollen Stunde, die letzte um 16 Uhr. In der Hochsaison Führungen in mehreren Sprachen jeweils zweimal pro Stunde, die letzte um 17 Uhr. 9 km.

Seit ihrem Tod haben mehr als eine Million Menschen ihr Zuhause besucht. Die Führung beginnt in der Halle, in der eine ausgestopfte Wildgans – eine Erinnerung an Akka aus Nils Holgerssons Reise – die Gäste begrüßt. In der Küche bewundert so mancher Hobbykoch den für die damalige Zeit einzigartig modernen Herd. Im Salon lächelt Frau Selma die Besucher von der Leinwand auf einer Staffelei an und im Schlafzimmer hängen ihre besonders schönen Roben fertig zum Anziehen. Das Arbeitszimmer mit den imposanten

Im Verlauf der Führung auf Mårbacka erfährt man so einiges über **SELMA LAGERLÖF** und ihre Lebensumstände. Die Autorin wurde am 20.11.1858 geboren, wuchs zusammen mit vier Geschwistern hier auf. Klein-Selma hatte einen angeborenen Hüftschaden, weshalb sie nicht wie andere Kinder herumtollen konnte; also saß sie viel bei ihrer Großmutter, die ihr gerne Geschichten erzählte und so früh die Fantasie des Kindes weckte. Mit 23 Jahren zog Selma Lagerlöf nach Stockholm, um sich dort als Lehrerin ausbilden zu lassen. Ein paar Jahre später, als ihr Vater starb, mussten Haus, Möbel und Ländereien verkauft werden – mit ein Grund, warum sie anfing zu schreiben. Bis 1907 hatte sie mit ihren Büchern »Gösta Berlings saga«, »Jerusalem« und »Nils Holgersson« so viel Geld verdient, dass sie den elterlichen Hof zurückkaufen konnte.
1909 erhielt sie als erste Frau der Welt den Nobelpreis für Literatur. In den 1920er Jahren ließ sie das Wohnhaus völlig umbauen. Sie wohnte hier bis zu ihrem Tod 1940. Ihre letzte Ruhestätte fand sie auf dem Friedhof im nahen Östra Ämtervik.

Selma Lagerlöfs Schreibtisch in Mårbacka;
idyllisch: am Fryken-Ufer in Rottneros (siehe Seite 417) ▶

Bücherregalen umfasst ihr gesamtes Werk auch in Übersetzungen; die Schreibmaschine an ihrem Platz - alles wurde fast unverändert belassen.

Die Führung beschließt Selma Lagerlöf selbst mit ihrer Rede von 1938 anlässlich der Ehrungen zu ihrem 80. Geburtstag an die schwedischen Mitbürger, um ihren Dank an alle auszusprechen, die dazu beigetragen hatten, ihren 80. Geburtstag so bedeutend zu machen.

Die alte Scheune ist dem Kommerz vorbehalten: Bücher, Andenken, Souvenirs, Bilder von Nils Holgerssons Reise und vieles mehr.

■ **SILLEGÅRDEN** in Västra Ämtervik, Tel. 500 05, auch Zimmer zu vermieten. Südlich des Ortes. Im Sommer täglich geöffnet.

Schon der Baustil des roten Holzhauses mit seinen weißen Fenstern macht neugierig. Gebaut wurde es um 1915 von *Ida Nilsson* geb. *Sahlström.* Die Textilkünstlerin und ihr Mann kauften das alte Warm-Badehaus in V. Ämtervik. Kurbäder waren damals in. Die Gäste schätzten vor allem das neue, im altnordischen Stil erbaute RESTAURANT. Die Ausschmückungen oblag den Geschwistern *Sahlström*, alle drei Künstler.

Die Malerin war Anna, die gusseisernen Leuchter sowie die Möbel sind von Bror, die Textilien fertigte Ida an. 1955 übernahmen Idas Tochter und ihr Mann, der Künstler *Erling Ärlingsson,* Sillegården.

Jetzt verwaltet eine Stiftung die Höfe, Sahlströmsgården in Torsby und Sillegården. Immer noch fühlen sich die Besucher des Restaurants in diesem hohen, lichten Raum wohl, doch ohne AUSGEZEICHNETE KÜCHE kämen sicher nicht so viele Gäste.

Beachtenswerte Ausstellungen – Kunst und Kunsthandwerk – lokaler und internationaler Künstler vor Ort. Vom Anleger der »Freja« führt eine Lindenallee zum Haus.

■ Eine Tour um den See **ROTTNEN** führt am 305 m hohen GETTJÄRNSKLÄTTEN vorbei. Das Touristenbüro hat entsprechende Wanderkarten, doch gutes Schuhwerk und Kondition müssen Sie selbst beisteuern. In der Umgebung findet sich eine interessante Fauna und Flora. Wunderschöne Aussicht.

Das Heimatmuseum HEMBYGDSGÅRD in **GRÄSMARK** befasst sich vor allem mit der hier sehr bedeutenden Einwanderung der Finnen im 17. Jh. Die Migranten haben die Kultur in der Region stark BEEINFLUSST. Sehr schön ist die weiße KIRCHE von 1738 mit ihren Deckenmalereien, beachtenswert auch der Altaraufsatz von *Isaak Schullström.* Tonbandbegleitung in deutscher Sprache.

RANSÄTER (STR. 62)

In dem kleinen Ort wurde 1901 *Tage Erlander* geboren, von 1946 bis 1969 Schwedens Ministerpräsident. Seine ersten Schuljahre verbrachte er unter der Aufsicht seines Vaters, der hier Lehrer war. 1920 machte er im Tingvalla-Gymnasium in Karlstad Abitur (Studenten).

Die Volksschule in Ransäter fungiert heute als Museum, die Dienstwohnung der Familie Erlander als Gedenkstätte; sie ist im ersten Stock authentisch im Stil der Zeit um 1900 eingerichtet.

ROTTNEROS

Bereits im 13. Jahrhundert gehörte der Hof mit Park einem begüterten Värmlänning. Dieser Herrenhof war Vorbild für das Gut Ekeby in dem Roman »Gösta Berlings saga« von Selma Lagerlöf. Nach dem Erfolg des Romans, der Verfilmung und der Oper kamen Menschen von nah und fern, um dieses traumhaft schöne Gut Ekeby des Romans zu sehen. Sie wurden enttäuscht, in Wirklichkeit war es der einfache Herrenhof Rottneros. 1918 wurde *Svante Påhlson* Besitzer der Papierfabrik *Rottneros Bruk* und des bescheidenen Gutes. Er war ein Freund der Kunst und der Literatur, ein brillanter Geschäftsmann und er hatte Visionen, die er auch umsetzen wollte. Er verstand sich als Verwalter eines Kulturerbes, des Erbes von »Sagans Ekeby« für alle Schweden.

Im Winter 1929 wurde der Herrenhof ein Raub der Flammen. 1932 war das neue Haus bezugsfertig, in der gleichen Art wie das alte, aber im neuklassizistischen Stil. Gleichzeitig wurde mit der Neugestaltung des Parks begonnen. Die Parkanlage mit Teichen, Fontänen, herrlichen Blumenrabatten, mit vielen, oft seltenen Baumarten, dem alten Bestand der über hundertjährigen Eichen sowie einem Gräberfeld (datiert 5000 v. Chr. bis 1000 n. Chr.) und den zahlreichen Skulpturen berühmter skandinavischer Künstler (wie Christian Eriksson, Carl Milles, Carl Eldh, Eric Grate u.a.) weihte Svante Påhlson 1953 ein. Sechs Jahre später starb er im Alter von 77 Jahren auf Rottneros. Im Herrenhof wohnt heute die Familie von Svantes Enkel Toste Påhlson-Möller, der dieses große Kulturerbe verwaltet und zeitgemäß weiterentwickelt und leitet. Für Kinder sind Mini-Zoo mit Tropikhaus, Nils Holgerssons Abenteuerspielplatz und der Park von Klein Anna und dem Gespenst Laban, jenen Figuren der Kinderbücher von *Inger* und *Lassse Sandberg,* die größten Attraktionen.

Weit unterhalb des Herrenhofs Rottneros sitzt die lebensgroße Skulptur SELMA LAGERLÖFS. *Arvid Backlund* hat diese Monumentalskulptur geschaffen, hat ihr Papier und Bleistift in die Hand gegeben und lässt sie sinnend auf den See hinaus blicken. Fryken, der See ihrer Träume, aus dessen Tiefe sie ihr Trollschloss steigen sah – wie sie einmal schrieb.

Nach einem langen Spaziergang durch den Park drängt sich eine Pause im Restaurant auf: Bei sonnigem Wetter ist die Terrasse der schönste Platz. Die kleinen Gerichte sind schmackhaft. Man bestellt am Buffet, nimmt sein Getränk mit und bekommt das Essen serviert; die Nummer wird aufgerufen. In Vor- und Nachsaison ist das Restaurant nicht immer geöffnet. Rottneros, Tel. 602 95. Mitte Mai bis Mitte September täglich 10–18 Uhr. Eintritt 70/30 SEK.

4 km südlich von Sunne, Zufahrt von der Str. 45. Rottneros Värdshus und Motell mit Campingplatz. Alle Erläuterungen im Park sind dreisprachig.

■ **TAGE ERLANDERGÅRDEN**, 15.5.–16.8. täglich 9.30–17.30 Uhr, Eintritt 40 SEK. Leihexemplar auf Deutsch.

Die reich bebilderte Ausstellung zeigt Stationen AUS DEM LEBEN des Ministerpräsidenten TAGE ERLANDER. Ein Ereignis, das den jungen Tage bewog, sich politisch zu engagieren und Verantwortung zu übernehmen, war, als er zusehen musste, wie Arbeiter aus ihren Häusern getrieben wurden, weil sie die Pacht nicht mehr bezahlen konnten. Die Armut eines Teils der Bevölkerung und andererseits der Überfluss bei den Adelsfamilien, vor allem im Süden, einem Landstrich mit fruchtbarem Boden oder mit Wald und Bodenschätzen – den Missstand wollte er zu beheben helfen. Erlander starb 1985 und ist in Ransäter beigesetzt.

In der Nachbarschaft steht:

■ **GEJERSGÅRDEN**. 15.5.–16.8. Di–So 9.30–12.30 und 14–16 Uhr. Eintritt 40 SEK.

Der Gutshof (teilweise aus dem 16. Jh.) gibt einen Eindruck von den Wohnverhältnissen einer gut situierten Hüttenbesitzerfamilie. Ende des 18. Jhs. wurde *Erik Gustaf Gejer* (1783–1847) hier geboren, eine herausragende Persönlichkeit Schwedens in KULTUR und WISSENSCHAFT, der in Ransäter auch noch die Kinder- und Jugendjahre verbrachte.

Die AUSSTELLUNG zeigt GEJERS VIELSEITIGE TÄTIGKEITEN als Historiker, Philosoph, Dichter, Komponist und auch Politiker.

Gejersgården war ebenso das Zuhause *Fredrik. A. Dahlgrens* (1816–1895), dem ebenfalls mit einer Ausstellung gedacht wird. Der Dichter HUMORVOLLER GEDICHTE in värmländischer Mundart schrieb u.a. das Volkslustspiel »Värmlännigerna« – eine värmländische Romeo-und-Julia-Romanze mit reichem Sohn aus gutem Hause und hübschem, jedoch armem Kätner-Mädchen; doch hier gibt's ein Happyend.

■ **RANSÄTERS HEMBYGDSGÅRD**, Ca. 8.6.–9.8. täglich 9.30–17.30 Uhr, ca. 10.8.–25.8. Mo–Fr 11–15 Uhr.

Im FREILICHTMUSEUM gruppieren sich mehrere Gebäude um einen Hofplatz. Spezielle Ausstellungen präsentieren das Eisenhüttenwesen – besonders fotogen ist der riesige alte Schmiedehammer –, Land- und Forstwirtschaft, Fischerei und Jagd. Auch Wohnformen aus vergangenen Zeiten sind ein Thema. Für Kinder sorgt die Abteilung TEKNOLOGEN für Kurzweil, Spannung, Spaß. Für das leibliche Wohl ist das Wirtshaus oder das Café geeignet.

Wer am zweiten Juniwochenende vor Ort ist, wird vielen Spielmannsgruppen lauschen können; zu Mittsommer singt und tanzt man überall und auf der Freilichtbühne wird, wie jedes Jahr, das Stück »Värmlänningerna« aufgeführt. Am zweiten Juliwochenende sammeln sich die ZIEHHARMONIKASPIELER vermutlich aus ganz Schweden. Und wer hier etwas länger verweilen möchte: *Ransäters Stugby* hat 124 Betten, 2–6 Betten je GRASSODEN-gedeckten Blockhäuschen am Freilichtmuseum.

SUNNE – TORSBY – EKSHÄRAD – MUNKFORS – SUNNE

Gleich hinter Sunne kommt man am LÄNSMANSGÅRDEN vorbei, der im

Roman »Gösta Berling saga« den selben Namen trägt. Heute sind hier ein Hotel und Restaurant zu Hause.

■ Bald danach folgt **ART BY 45**, ein Café mit Ausstellungen zeitgenössischer Kunst und Kunsthandwerk.

■ Ein ABSTECHER führt über eine SERPENTINENSTRASSE auf den 344 m hohen **TOSSEBERGSKLÄTTEN** mit AUSSICHTSTURM. 1.5.–1.9. Sa+So 11–18 Uhr, etwa 5.6.–16.8. täglich 10–21 Uhr. Restaurant mit feiner Küche und Handwerks-Butik.

■ **TORSBY** ist der Ort am Nordende des Frykendals. InfoCenter am Anfang der Str. 239, mit Touristenbüro, Tel. 0560–105 50, Fax 105 00. Siehe »Verschiedenes, Floßfahrten«.

Torsby, das Tor zur südlichsten Wildnis Schwedens, ist flächenmäßig eine der größten Gemeinden in Värmland. Zusammen mit den Gemeinden Malung und Älvdalen in Dalarna sowie Trysil und Engerdal in Norwegen werden Naturerlebnisse pur angeboten – eine kaum berührte Natur mit endlosen Wäldern, Gebirge und Tälern, klaren Gewässern und über allem eine erholsame Ruhe und Einsamkeit. Torsby, das sind die Wälder der Finnen; hier begegnen einem Namen wie Finnskoga, Noppikullen oder Purala, heute Heimatmuseum, oder MATTILA, ein bezauberndes und angeblich schneesicheres Feriendorf. Kein Wunder, dass in Torsby ein international tätige Dokumentar- und Naturfilmfirma ansässig ist, ebenso wie eine weiterführende Schule für angehende Skilangläufer. Und so wird 2003 ein 2,5 km langer SKITUNNEL zum Trainieren eröffnet – der zweite seiner Art nach dem Pilotprojekt in Finnland und mit konstanten –8°C wohl temperiert.

Zu empfehlen ist der Besuch des FINNKULTURCENTRUM, nebenan das FORDONSMUSEUM und im Südosten des Orts das Heimatmuseum KOLLSBERG mit einer traumhaften Aussicht über den See; mit RÖKSTUGA (Rauchstube), Krämerladen (1897) u.v.a. 5.1.–31.8. ab 12 Uhr.

Den Künstlerhof SAHLSTRÖMSGÅRDEN erreicht man über die Abzweigung von der Str. 239 Richtung Utterbyn. Auf dem Anwesen wuchsen die Geschwister Anna, Bror und Ida Sahlström auf. Nach der Kunstausbildung in Stockholm lebte die Malerin *Anna Sahlström* hier. Das schöne Heim, möbliert im Stil der vorletzten Jahrhundertwende, mit Kunst und Kunsthandwerk, ist nur im Rahmen einer Führung zu besichtigen. Fragen Sie im Touristenbüro nach.

■ Die Str. 239 endet an der Str. 62 in **EKSHÄRAD**. Die mit Holzschindeln verkleidete EKSHÄRADS KYRKA (1686–88) erhielt nach einer Renovierung ihren barocken Innenraum mit dekorativen Deckenmalereien zurück. Zum Interieur gehören außer dem Flügelaltar und dem Taufstein auch wertvolle mittelalterliche Textilien. Die königliche Portraitserie an der Orgelempore reicht vom Dänenkönig *Christian II.* bis zum Kriegerkönig *Karl XII.* (Tonband in deutscher Sprache). Der FRIEDHOF ist besonders bekannt wegen seiner fast 200 schmiedeeisernen stilisierten Lebensbäume mit eisernen Blättern – die im Wind hin und her schwingen. Jeder Arm des Baumes symbolisiert einen Familienzweig. Die Anzahl der Zweige war später jedoch auch ein Zeichen von Wohlstand. Diese Kunstwerke fertigten Schmiede der Gegend im 18. und im 19. Jh. In den alten Kirchenställen lassen sich im Sommer Handwerker über die Schulter schauen. RÄTTARBACKEN mit einer Ausstellung zur Schmiedekunst und Dal-Malereien.

■ **ROVDJURSCENTER**, Nygård 7. www.de4stora.com. 1.2. bis ca. 12.5. Do–So 12–17 Uhr, bis Anfang September täglich 10–17 Uhr. Eintritt 50/30 SEK. Südlich von Ekshärad.

THE BIG FOUR OF SCANDINAVIA – gemeint sind die vier Raubtierarten der nordischen Wälder: Bär, Wolf, Luchs und Vielfraß, über die Sie alles Wissenswerte erfahren. Jedoch auch der Elch ist anzutreffen, diesmal spielt er mehr die Rolle als Beutetier. Filme werden vorgeführt, auf Kinder wartet das WOLFSLAGER, in dem auch Eltern willkommen sind: Für viele Kleine ist der dunkle Eingang mit leuchtenden Wolfsaugen und Wolfsgeheul ohne die Hand von Mama oder Papa möglicherweise zu unheimlich.

■ Südlich von Råda kann man bei Myra zum Freilichtmuseum **KÄRNÅSEN** abbiegen: in Richtung Lysvik, nach der Fluss-Brücke etwa 200 m, dann rechts ab, noch 3 km bis Kärnåsen. 1.6.–31.8.

Etwas Besonderes ist der Besuch dieses schön gelegenen Heimatmuseums Anfang Juli, wenn KLAR-HÄLJA gefeiert wird: Dann ist hier nichts wie im Museum, kann man Vergangenheit miterleben, wenn 100 Jahre alte bäuerliche und handwerkliche Techniken vorgeführt werden; etwa 30 Bauernhäuser u.a. sind zeitgemäß möbliert, viele Geräte und Gegenstände aus 300 Jahren ausgestellt. Die Sennhütten sind in den Wochen 17–29 bewirtschaftet. Dort wird GEBACKEN, GEBUTTERT, KÄSE GEKOCHT, werden Ziegen und Kühe gemolken. Während der Festwoche ist ein Obolus zu entrichten.

■ **MUNKFORS** mit GAMLA BRUKETS MUSEER, Tel. 0563 – 162 60. 1.6.–15.8. täglich 12–19 Uhr. Eintritt 40 SEK. Führung um 13 und 16 Uhr, Dauer ca. 90 Min. http://home.swipnet.se/gamlabruket.

Einblick in eine längst vergangene Epoche, aber noch intakte Industrielandschaft: Im LILLA BRUKET ermöglichen mit Sorgfalt angefertigte Modelle Anschauungsunterricht zum EHEMALIGEN EISENWERK, zum Beispiel eine Hammerschmiede mit einem Eisenhammer aus Deutschland, ein Lancashire-Ofen etc. Alle Modelle im Maßstab 1:5, Erklärungen auf Englisch. Nicht zu übersehen ist der gewaltige MUMBLING-SCHMIEDEHAMMER vor dem Verwaltungsgebäude, der Anfang des 19. Jhs. in Sunnemo hergestellt wurde.

Auf dem Gelände steht ein intakter SIEMENS-MARTIN-OFEN, der bis 1941 im Einsatz war. In diesem Gebäude sind ferner alte Werkzeuge ausgestellt. Eine Texttafel erläutert die Entstehung des Eisenwerkes (in deutscher Sprache): 1670 wurde es gegründet und der erste Eisenhammer gebaut. 1868 führte man das erste Siemens-Martin-Ofenwerk ein, 1930 wurde das neue Stahlwerk gebaut, das heute als *Uddeholms Strip Steel AB* hochwertigen Stahl produziert. Gehen Sie den kurzen Weg bis zur Brücke über den Klarälven; er hat hier einen freien Fall von 17 Metern. Führt der Fluss viel Wasser, ist das Tosen der ungebändigten Kraft von weitem zu hören. Im Sommer werden an fünf Samstagen die Stauklappen geöffnet (erstmals zu Mittsommer), um Besucher an einem nun seltenen »Naturschauspiel« teilhaben zu lassen.

Im kleinen FEUERWEHRHAUS ist neben historischem Löschgerät eine mit Dampfkraft angetriebene, von Pferden gezogene Feuerspritze das Prunkstück.

Die TAGELSPINNERI (Rosshaarspinnerei) ist die einzige in Schweden. Auch hier versucht man ein altes Handwerk zu erhalten. Heutzutage wird Rosshaar vorwiegend zur Polsterung wertvoller Stilmöbel sowie Matratzen verwandt. Die Nachfrage nach diesen Matratzen nimmt zu. In dem Naturmaterial nisten sich keine Milben ein, womit sich die Allergiegefahr vermindert: Rosshaar hat eine lange Lebensdauer und vor allem Liegekomfort. Wenn Sie in einem Hotel in einem »Hästens säng« schlafen, dann genießen sie solchen Schlafkomfort einer Rosshaarmatratze. Gruppen-Führungen (mind. 10 Peronen); vielleicht findet ja gerade eine Führung statt, wenn sie da sind. Falls Sie noch etwas verweilen wollen, das Café in der alten Mühle GAMLA KVARNEN ist vom 1.6.–16.8. von 9.30–17.30 Uhr geöffnet. Über die Str. 241 gelangt man wieder nach Sunne.

Verschiedenes

■ **SIGHTSEEING**: Eine Fahrt mit dem alten DAMPFSCHIFF FREJA AF FRYKEN gehört zu den Attraktionen im Frykendalen. Gebaut wurde das Schiff 1868. Bei einer Fahrt im Jahr 1896 brachte eine schwere Bö das schlecht beladene Schiff bei Starkwind zum Kentern; nur wenige Passagiekonnten sich retten. Auf den Tag genau nach 98 Jahren brachte man das Schiff aus 52 m Tiefe wieder ans Tageslicht. Nach einer sorgfältigen Restaurierung erlebten tausende Zuschauer im Juli 1997 ihre »zweite Jungfernfahrt«.

■ **VERANSTALTUNGEN**: Am letzten Juliwochenende der FRYKSDALSDANSEN.

■ **ANGELN**: Ein VERZEICHNIS der Gewässer zum Angeln und Fliegenfischen hat das Touristenbüro.

■ **BADEN**: Beliebte Badeplätze: KOLSNÄSUDDEN in Sunne. – LYSVIK Camping mit Sandstrand. Ausführliche Liste im Touristenbüro.

■ **RAD FAHREN**: Die Geländeverhältnisse in Sunne kommen Pedaltretern entgegen. Im Sommer startet am Montagabend die APLUNGSRUNDAN am Heimathof in V. Ämtervik. Weitere Rundtouren und andere Vorschläge im Touristenbüro.

FAHRRADVERMIETUNG: *Kolsnäs Camping.*

■ **FLOSSFAHRTEN**: Informationen zu Floßfahrten auf dem KLARÄLVEN hat das Touristenbüro in Torsby, Info-Center, Tel. / Fax 0560 – 105 50.

■ **GOLF**: *Sunne Golfbana*, 18-Loch-Platz, Tel. 141 00.

■ **KANUVERMIETUNG**: Campingplätze *Humletorps Stugby, Kolsnäs, Lysvik*. – Touristenbüro *Gräsmark Turism*, Tel. 41061. Dort auch Tourenvorschläge.

■ **WANDERN**: In der näheren Umgebung gibt es mehrere NATURRESERVATE mit Wanderwegen. Recht gut frequentiert ist das Gebiet der Schwende-Finnen, die von 1560 bis Ende des 18. Jhs. ihre Katen bauten. – Der Fernwanderweg FINNSKOGSLEDEN entlang der norwegischen Grenze ist von Lekvattnet und Östmark zu erreichen. Das Touristenbüro hat die entsprechenden Wanderkarten.

■ **WINTERSPORT**: SKI SUNNE (7 Lifte) mit 10 Abfahrten unterschiedlicher Schwierigkeitsgrade. Beleuchtete Loipen von 1,5 bis 6 km Länge. Dazu Snowboard-Gebiet, Schlitten fahren, Eisangeln etc. Hier in diesem Sommer-Reiseführer erwähnt, um noch einmal die Eignung dieser Gegend als WINTERSPORTPARADIES bewusst zu machen, auch wenn die Hänge keinen alpinen Ansprüchen gerecht werden; aber wer ein nettes Plätzchen im Winter mit viel Schnee und mäßigem Trubel vorzieht...

Weiterreise

■ **FLUGZEUG**: nächster Kleinflugplatz in Karlstad, nächster internationaler Flughafen Gardermoen bei Oslo, rund 2 Fahrstunden entfernt.

■ **BAHN**: Frykdalsbahn zwischen Torsby und Karlstad.

■ **BUS**: Nahverkehr zu den umliegenden Orten.

■ **AUTO**: **NACH KARLSTAD**. Str. 45 und 61. Oder alternativ auf der Nebenstraße am Ostufer des Mellan Fryken entlang bis NILSEBY und dort über die preisgekrönte, auf falu-rot gestrichenen Holzpfeilern stehende Brücke **NILSEBYBRON** (1997, Architekt: Nils Slaatto aus Norwegen) auf die Westseite des Nedre Fryken wechseln. Ab KIL auf der Str. 61 oder 62 (Umgehung) nach Karlstad.

NACH MORA Str. 45. In **VÄGSJÖFORS** ist die Fahrt auf den 542 m hohen Berg HOVFJÄLLET zu empehlen, ein Freizeitgebiet für Wanderer und Skifahrer mit einer weiten Aussicht. Von hier sind es noch gut 100 km bis **MALUNG**. Der Ort ist vor allem bekannt als Zentrum der Lederbekleidungsindustrie in Schweden. Etwa 60 km nördlich liegt das beliebte Skigebiet **SÄLENFJÄLLET** – in BERGA wird der Vasalauf gestartet. Die Natur rundum eignet sich für Entdeckungen, zum Wandern, Kanufahren, Fliegenfischen, Jagen etc. Im Heimatmuseum HEMBYGDSGÅRDEN hat man alte Gebäude aus verschiedenen Orten der Gemeinde zusammengetragen; DALMALEREIEN, Trachten- und Textilsammlung, Lederausstellung, Kunstgewerbe etc. www.malung.se. Jetzt bleiben noch gut 60 km bis Mora.

Karlstad

Karlstad ist die HAUPTSTADT Värmlands, sie liegt am Nordrand des Binnenmeeres VÄNERN, der größte See Schwedens und der drittgrößte Europas. Hier mündet auch der 270 km lange KLARÄLVEN, der sich aus Norwegen fortsetzt, dort Trysilelva genannt wird und 230 km Länge misst. Der Fluss hat ein verzweigtes Delta geschaffen, so dass acht Arme in den Vänern münden. Im Lauf der Jahrhunderte entstanden viele Seen und Buchten, die das Stadtbild prägen.

Vorgänger der heutigen Stadt ist der mittelalterliche Gerichts- und Handelsplatz Tingvalla. 1584 erhielt Tingvalla von Herzog Karl, später König *Karl IX.,* die Stadtprivilegien und gleichzeitig den neuen Namen Karlstad. Die Stadt mit ihren Holzhäusern wurde mehrfach von Bränden heimgesucht. Das Inferno von 1865 verschonte nur wenige Gebäude. Die neu aufgebaute Stadt erhielt breite Straßen sowie Häuser aus Stein. Seitdem ist Karlstad nach und nach zu einem bedeutenden Zentrum mit 80.000 Einwohnern herangewachsen.

Industrie und Handel spielen eine wichtige Rolle. Eines der vielen mittelständischen Unternehmen macht sich mit einem unverwechselbaren Geruch bemerkbar, dem Duft nach frisch geröstetem Kaffee der Rösterei *Löfbergs Lila,* die der Stadt eine Arena für 8.000 Zuschauer verehrt hat, die für Konzerte ebenso wie für Sportveranstaltungen konzipiert ist und wo manche Zuschauer das Geschehen direkt aus der Sauna heraus verfolgen können. Die größten Perspektiven ermöglicht die IT-Branche, deren Unternehmen in der Umgebung rund um Karlstad erheblich an der Forschung beteiligt sind. Zudem gibt es vielfältige Bildungseinrichtungen: Universität, Schulen mit berufsbezogenen Sparten (Medien, Schweißtechnik, Holz etc.) und viele Arbeitsplätze in der Verwaltung.

Die Stadt hat zwar keine spektakulären Sehenswürdigkeiten aufzuweisen, ist aber in ihrem Kern ein recht harmonisch gewachsener Ort mit zahlreichen älteren Gebäuden und vielen Grünflächen. Durch die zentrale Lage zwischen Stockholm (300 km), Göteborg (250 km) sowie Oslo (250 km) ist Karlstad ein bevorzugter Kongresstagungsort, mit einer beachtlichen Kapazität an Hotelbetten, die im SOMMER preisreduziert angeboten werden. Die Sonne scheint hier übrigens häufiger als in den meisten anderen schwedischen Orten – sagt die Statistik!

Zwei Brücken verbinden Karlstad mit der vorgelagerten großen SCHÄRENINSEL HAMMARÖ. Deren Nordwesten nimmt Skoghall ein; der übrige größere Teil bietet kulturhistorisch Sehenswertes und viel Grün mit Wander- und Trimmpfaden, einer an Buchten reichen Küste samt flach abfallendem Strand – das Erholungsgebiet für Einheimische und

Touristen. Auf der Südspitze der Insel ist die Vogelstation besonders im Herbst ein Anziehungspunkt.

INFORMATION

■ **KARLSTADS TURISTBYRÅ**, Carlstad Conference Centre, Tage Erlandergatan 10 D, SE – 651484 Karlstad, Tel. 054 – 222 140, Fax 222 141, tourist@karlstad.se, www.karlstad. se. Anfang Juni bis Ende August Mo–Fr 9–19, Sa 10–19, So 11–16 Uhr, sonst Mo–Fr 9–17 Uhr.

■ **TOURISTENGUIDE** ist ein kleines Heft mit knappen Informationen zu Sehenswertem, Adressen der Restaurants und Hotels, Unterhaltung, praktischen Hinweisen, Möglichkeiten sportlicher Aktivität, Veranstaltungen und, in der Mitte, einem Übersichtsplan der Innenstadt mit Legende zu Hotels und Sehenswürdigkeiten.

Unterkunft

Das Touristenbüro ist bei Buchungen von Hotels, Pensionen, Privatzimmern und Ferienhäusern (gegen Gebühr) behilflich. Hier erfahren Sie auch Wissenswertes über Weekend-, Sommer- sowie Last-minute-Tarife oder Spezialarrangements in Hotels.

■ **STADSHOTELLET KARLSTAD**, Best Western, Kungsgatan 22, Tel. 215 220, Fax 188 211. EZ ab 1140/550 SEK, DZ ab 1395/695 SEK. Das Hotel (um 1900) liegt am Westarm des Klarälven, mitten in Karlstad, und bietet 139 komfortable Zimmer.

■ **SAVOY HOTEL**, V.Torggatan 1A, Tel. 156 640, Fax 157 429, www.swedenhotels.se. EZ 950/525 SEK, DZ 1.195/595 SEK. Restaurant mit guter Küche. Zentrale Lage.

■ **NYA SOLSTA HOTEL**; Drottninggatan 13, Tel. 156 845, Fax 153 598. EZ 525/375 SEK, DZ 695/495 SEK. Im Zentrum gelegen.

■ **IBIS HOTEL KARLSTAD CITY**, Västra Torggatan 20, Tel. 215 140, Fax 219 443, www.ibishotel.com. Zimmer 600/415 SEK. Zweckmäßige Einrichtung, einfaches Frühstücksbuffet. Im Zentrum gelegen.

■ **VANDRARHEM KARLSTAD**, STF, Ulleberg, Tel. 566 840, Fax 566 042. Ganzjährig geöffnet. 102 Betten in 1–6-Bett-Zimmern 155/85 SEK. Zur nächsten Bootsvermietung 4 km. Im Westen der Stadt, großer Parkplatz. Zum Bahnhof 3 km, Bus 11, 21, 32 ab Zentrum in Richtung Bellevue. Auto: E18, Abfahrt Hultebergsmötet Richtung Skoghall.

■ **HAMMARÖ RUM & PENSIONAT**. Barrstigen 6, Hammarö, Tel. 521 321, Fax 522 395, im Internet: www.hammaropensionat.se. Verteilt auf vier Häuser 130 Betten. EZ 295, DZ 395 SEK, einfacher Hotelstandard, Bad auf dem Flur. Je Haus zwei Küchen für Selbstversorger, auch Vollpension möglich, oder Verpflegung im nahen Golfrestaurant.

■ **VANDRARHEM HAMMARÖ**, STF, Skoghall, Djupsundsvägen 1, Tel. 510 440, Fax 518 158. 15.6.–5.8. 80 Betten in 1–4-Bett-Zimmern, mit Bad. 155/95 SEK. Sauna, Vermietung von Booten, Fahrrädern, Angelausrüstung. Zum Zentrum Karlstad 6 km, Busverbindung stündlich.

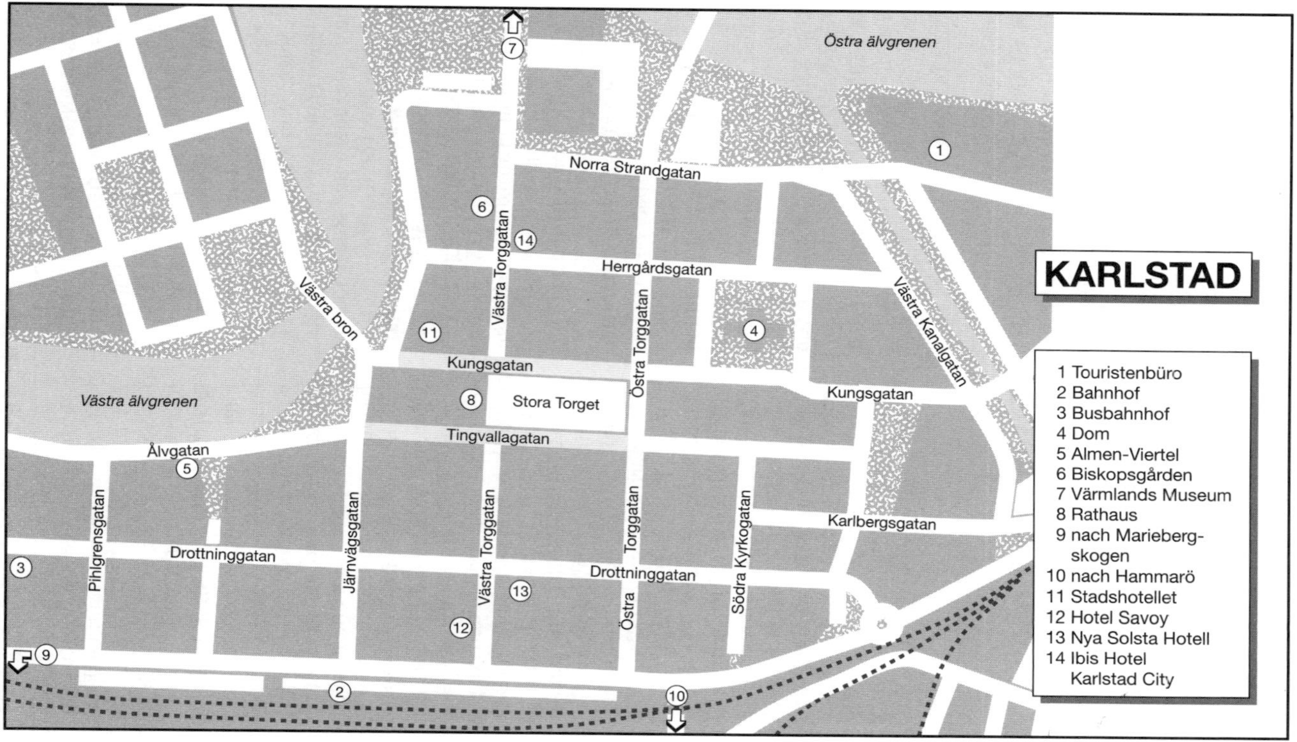
KARLSTAD
Östra älvgrenen
Västra älvgrenen
Norra Strandgatan
Herrgårdsgatan
Västra bron
Västra Torggatan
Östra Torggatan
Kungsgatan
Stora Torget
Tingvallagatan
Ålvgatan
Pihlgrensgatan
Järnvägsgatan
Drottninggatan
Södra Kyrkogatan
Karlbergsgatan
Västra Kanalgatan
1
2
3
4
5
6
7
8
9
10
11
12
13
14
1 Touristenbüro
2 Bahnhof
3 Busbahnhof
4 Dom
5 Almen-Viertel
6 Biskopsgården
7 Värmlands Museum
8 Rathaus
9 nach Marieberg-skogen
10 nach Hammarö
11 Stadshotellet
12 Hotel Savoy
13 Nya Solsta Hotell
14 Ibis Hotel Karlstad City

■ **CAMPING HAMMARÖ TURISTCENTER MÖRUDDEN**, Hammarö, Tel. 517711, Fax 515421, Internet: www.camping.se/plats/S52. Ganzjährig geöffnet. 80 Stellplätze ab 110, Hütten ab 250, Ferienhütten ab 450 SEK. Herrliche Lage AM VÄNERN, die Häuschen mit Veranda liegen im Schatten von Kiefern und Birken. Kleiner Hafen, Vermietung von Kanus, Fahrrädern und Ruderbooten. 9 km südlich von Karlstad.

■ **SWECAMP SKUTBERGETS CAMPING**, Karlstad, Tel. 535 139, Fax 535 170, www.camping.se/plats/S10. Ganzjährig geöffnet. 400 Stellplätze ab 110, Hütten ab 320, Ferienhütten ab 525 SEK. Sand- u. Klippenstrand. 7 km westlich von Karlstad und 1 km südlich der E 18.

■ **BOMSTAD-BADENS CAMPING,** Karlstad, Tel. 535 068, Fax 535 375, www.camping.se/plats/S09. 30.4.–1.10. 260 Stellplätze ab 100, Hütten ab 220, Zimmer p.P. ab 220 SEK. Diese Baderegion wird VÄRMLANDS RIVIERA genannt: 800 m langer, flacher Sandstrand. 9 km westlich von Karlstad, 2 km südlich der E 18.

■ **FERIENHÄUSER** vermitteln das Touristenbüro und *Bengt-Martins Resetjänst* in Karlstad, per Internet www.bengt-martins.se.

BED & BREAKFAST

■ **GLÄNNE GÅRD** in Ulvsbyn, Tel. 667 070, www.glanne.com. 13 km nö, an der Str. 63. Ganzjährig geöffnet, nur 4 Zimmer, p.P. 200 SEK, Kinder (bis 15 Jahre) frei.

Ein Herrenhof (1780) mit herrlichem Ambiente. Auf diesem Hof wurde *Gustaf Frödings* Großmutter väterlicherseits geboren. – Zu empfehlen ist das Restaurant: Di–Fr ab 17 Uhr, Sa+So ab 13 Uhr, im August Di–So ab 13 Uhr. À la carte ab 75, Kinderteller 50 SEK

■ **HULTSBERGS GÅRD** in Väse, bei Familie Persson, Tel. 840 353 (Buchung Tel. 0709 – 543 163). Ganzjährig geöffnet. Im DZ p.P. 400 SEK, Kinderrabatt. Bad auf dem Korridor, Aufenthaltsraum und Kochgelegenheit.

Schöner Gutshof AM VÄNERN gelegen, mit Kühen und Pferden, Enten und Hühnern. Auch der Hofhund fehlt nicht, Baden und Angeln möglich. Man spricht auch Deutsch. 27 km östlich, 3 km südlich der E 18.

■ **ALSTRUMS GÅRD**, Postadresse: Familie Nisser, 65593 Karlstad, Tel. 866 001, http://welcome.to/alstrum. Ganzjährig geöffnet. 4 DZ im Gästeflügel, Bad im Haupthaus, Person 200 SEK, Kinderrabatt 100 SEK.

Ein GUTSHOF (1770) mit vielen Pferden, reiten auf Isländern, in der Nähe Baden und Angeln möglich. Von Karlstad (E18) Abfahrt Str. 63, nach 10 km in Richtung Alsters K:a, am Schild »Rum & Frukost« abbiegen. Man spricht auch Englisch. Ca. 12 km nördlich von Karlstad.

Essen und Trinken

In der Innenstadt gibt es dermaßen viele Restaurants, Pubs, Bars sowie Cafés, und viele davon während der warmen Monate mit Sitzplätzen im Freien, so dass die Wahl schwer fällt.

■ **FREDEN**; Tingvallagatan 15, Tel. 211 792. Mo–Fr ab 11 Uhr, Sa+So ab 12 Uhr. Lunch ab 55 SEK, à la carte ab 105 SEK. In diesem Haus wurde 1905 Geschichte geschrieben und die Union mit Norwegen aufgelöst. Die Gaststätte kürten die Einheimischen zum BESTEN LUNCHRESTAURANT. HAUSMANNSKOST. Sitzplätze im Freien mit Blick auf Stora Torg.

■ **VALFRIDS KROG**, Bar & Restaurant, Ö. Torggatan 8, Tel. 183 040. Täglich ab 18 Uhr, à la carte ab 149 SEK. Angenehmes Ambiente und freundlicher Service, vor allem aber gutes Essen. Hinter der Glasschiebetür beobachtet man das Treiben auf der Straße.

■ **RESTAURANG PRÅMEN**, Älvgatan 2, Tel. 101 163. So–Fr ab 16 Uhr, Sa ab 12 Uhr. À la carte für den kleinen Hunger ab 50, sonst ab 130 SEK. Das RESTAURANT-BOOT liegt im Klarälven am Residenspark vor Anker. Gutes Essen. Am schönsten bei Sonne auf dem Deck.

■ **GRÖNA TRÄDGÅRDEN**, V.Torggatan 9, Tel. 190 255. Mo–Fr 11.30–15.30, Sa 12–16, im Sommer Mo– Sa bis 23 Uhr. LUNCHBUFFET mit Salat, Suppe, Brot sowie Hauptgericht ab 65 SEK, à la carte ab 70 SEK, Speisekarte auch mit Fleisch.

Vorwiegend VEGETARISCHES RESTAURANT. An den Wochenenden abends oft Musik, die Rhythmen je nach Thema des Abends, zum Beispiel kubanisch.

■ **BISHOP ARMS PUB**, Stadshotellet, Kungsgatan, Tel. 212 679. Ab Mittsommer bis etwa 1.9. ab 17 Uhr, sonst ab 16 Uhr, Sa ab 13 Uhr. Große Menüauswahl um 45–189 SEK.

TYPISCH BRITISCHER PUB, stets gut besetzt, gemischtes Publikum aller Altersklassen, eine große Auswahl an Biersorten. Sitzplätze drinnen wie draußen.

■ **HARRYS PUB**, Kungsgatan 16, Tel. 102 020. Mo–Sa ab 14 Uhr. Kleine Gerichte ab 98 SEK, à la carte ab 137 SEK. Bar und Tanz in 2 Etagen. Sobald die Jahreszeit es erlaubt, gibt es vor dem Restaurant unter einem Zeltdach Sitzplätze; viel junges Publikum.

■ Wer ganz unprätentiös einfach nur einen Kaffee, ein Stück Kuchen oder einen Snack zu sich nehmen will, kann dies trefflich in der **CAFETERIA DER BIBLIOTHEK** tun, während des Sommers gar auf dem Balkon. Die Bibliothek ist in der Torggatan (an der Ecke Norra Strandgatan) beheimatet, im Norden der Innenstadt nahe Biskopsgården, auf dem Weg zu Värmlands Museum.

Sehenswertes

■ **DOMKYRKAN**, Mo–Fr 8–16, Di+Do 8–19, Sa 9–19, So 9–17 Uhr.

KARLSTAD IST BISCHOFSSITZ. Der Dom aus dem Jahr 1730 (Restaurierung 1998) überstand den fürchterlichen Stadtbrand 1865.

■ Gleich gegenüber liegt das alte Gymnasium der Stadt, das **ADOLPHO FREDRICIANUM**, der Architekt (1754-59) war *Carl Hårleman,* der Namensgeber König Adolf Fredrik. Dieses Gebäude dient heute u.a. als SCHULMUSEUM.

■ Das kleine STADTVIERTEL **ALMEN** *(Kvarteret Almen,* Älvgatan) überstand ebenfalls den verheerenden Stadtbrand. Mit schönen Holzhäusern veranschaulicht es die im 18. Jh. übliche Bauweise in der Stadt.

■ Und auch **BISKOPSGÅRDEN**, Västra Torggatan, gehört zu den Holzhäusern, die den Brand überstanden, und ist heute gut 200 Jahre alt. In der Brandnacht soll der Bürgermeister Gott um Hilfe angefleht haben, der Bischof aber habe geflucht und gelöscht...

■ **VÄRMLANDS MUSEUM**, Sandgrundsudden. 20.9.–9.6. Di–Fr 8.30–17, Mi bis 21 Uhr, 10.6.–19.9. täglich 10–18 Uhr. Eintritt 40 SEK.

Auf der Landzunge Sandgrundsudden IM KLARÄLVEN liegt das 1998 eingeweihte 7-eckige Museum. Die konkaven Außenwände mit großen Fenstern sind mit waagerecht liegenden, falu-rot gestrichenen Holzpaneelen verkleidet. Das alte Museum, ockerfarben sowie aus Ziegel, übergab man 1929 seiner Bestimmung. Jetzt verbindet ein Glasgang die beiden Häuser. Während im alten Bau Kunstausstellungen, Kunsthandwerk sowie Fotoausstellungen zu sehen sind, liegt der Schwerpunkt im neuen Haus auf Värmlands KULTURGESCHICHTE. Spannend die Präsentation mit Licht- und Toneffekten über die »Begegnung mit Värmland«: beginnend mit einem 5 m hohen Monolith aus Schiefer; auch die Steinplatte mit symbolischem Fluss sowie die Bänke kommen aus dem Schieferbruch in Glava (See Glafsfjord); dann tritt man ein in die Eiszeit und erlebt die Entstehungsgeschichte einer Landschaft und ihrer Besiedlung. Aus dem Meer steigt man an den Strand, Klippen daneben, Licht und Ton geleiten durch Stein- und Bronzezeit bis zu den Wikingern; die Christenzeit beginnt, Burgen und Kirchen werden gebaut. Mit den Erzfunden entstehen die Hochöfen und Eisenwerke, gefolgt von der Industrialisierung, von dem Umbruch und von der Zeit der Auswanderer. 1905 finden in Karlstad die FRIEDENSVERHANDLUNGEN zwischen Schweden und Norwegen zum zukünftigen Status des Nachbarlandes statt.

Ein neues Jahrtausend beginnt: Cyberspace, Euro und geklonte Tiere. Und die Menschen? Sie bestimmen selbst, welchen Weg sie in die Zukunft wählen. Die begleitenden Themenausstellungen wechseln in einem Zeitraum von 1 bis 3 Jahren. Eine Basisausstellung in der oberen Etage befasst sich mit dem Rohstoff Wald. Ein anderes, zeitgeschichtliches Thema ist die Einwanderung der Finnen und ihrer Kultur und Lebensweise seit dem 17. Jh. Zudem gibt eine Sammlung volkstümlicher Trachten, Kleidung höherer Stände und Webtechniken einen Überblick der värmländischen Textilkunst.

Das CAFÉ-RESTAURANT ist besonders verlockend, wenn man draußen sitzen kann. Alles wird selbst zubereitet, die Gerichte aus besten Zutaten werden FRISCH ZUBEREITET. Lunch 65 SEK, Pasta 59 SEK, VEGETARISCHES BUFFET um 65 SEK.

■ Die zwölfbogige Brücke **ÖSTRA BRON** aus Granitstein (1761–1770) überquert den Klarälven. Das Bauwerk gilt mit 168 m als die LÄNGSTE STEINBRÜCKE Schwedens; sie ist für den Privatverkehr gesperrt. (In der Nähe des Touristenbüros)

■ Südwestlich vom Stadtzentrum liegt **MARIEBERGSSKOGEN**, gemeinhin als VERGNÜGUNGSPARK bezeichnet. Kurzweil bieten aber außer dem TIVOLI auch die Freilichtbühne sowie das Schwimmbad. Das FREILICHTMUSEUM GAMMELGÅRD zeigt den Besuchern u.a. eine Hofanlage finnischer Einwanderer (17. Jh.); das neu erbaute NATURUM in Form eines Blattes vermittelt Erkenntnisse über Wald, See und Sumpfgebiet. Einzigartig in dem Grüngebiet einer Stadt ist das DELTALAND, ein Sumpfgebiet, das durch Holzstege und Beobachtungsturm den Besuchern zugänglich gemacht ist. Ein MINI-ZOO erfreut die Kinder. Außerhalb der Saison stehen die Spielplätze offen.

Ab 2003 gilt es das Tivoli neu zu entdecken: 20 Mio. Kronen werden in einen neuen MÄRCHENPARK mit »Klein Anna und ihren Freunden« investiert. Die beliebten Kinderfiguren von *Inger* und *Lasse Sandberg* sollen zu Spaß und Spiel einladen... www.mariebergsskogen.se.

Hammarö

Die 55 km² messende Inselgemeinde Hammarö im Vänern südlich der Stadt ist ein beliebtes Ausflugsziel. Das schöne Schärengebiet mit herrlichen Sand- und Felsstränden bietet den Badenden wie Wassersportlern ausgezeichnete Möglichkeiten.

Hammarö ist ein altes Siedlungsgebiet: Schon zur Bronzezeit lebten hier Menschen; mehrere Gräberfelder zeugen von der langen Anwesenheit der Menschen. Im Mittelalter war Hammarö Ausgangspunkt für Pilgerfahrten zum Grab *Olavs des Heiligen* in Trondheim, das damals Nidaros hieß. Am sogenannten ST. OLAVS-KESSEL, südwestlichlich von Skoghall, einer Gesteinsformation, die durch Gletscherwasser und kleine rotierende Steine entstand, stiegen die Pilger, die von Süden kamen, nach ihrer Fahrt über den Vänern an Land und brachten St. Olav Opfer dar. Olav war der norwegische König, der das Christentum – mit nicht immer christlichen Methoden – in seinem Reich einführte. Er starb bei einer Schlacht 1030 in Stiklestad, nahe Nidaros. Nach seinem Tod sollen sich Wunder an seinem Grab ereignet haben. Olav wurde heilig gesprochen und während des Mittelalters in Skandinavien verehrt.

Im 19. bis ins beginnende 20. Jh. prägten die Bauern- und Fischereikultur die Insel. Heute zählt Hammarö 14.000 Einwohner, der größte Arbeitgeber ist *Stora Ensos Kartonfabrik,* ein Multi in Sachen Karton-Verpackungen für Flüssigkeiten.

Für die Freizeitgestaltung gibt es auf Hammarö reichlich Möglichkeiten: Golf- und Minigolfplätze, Tennis- und Reithalle, Wander- sowie Fahrradwege, die Küste mit Buchten und Inselchen zum Kanufahren und die Sand- und Felsstrände zum Baden und Grillplätze für ein zünftiges Picknick.

Ganz im Süden der Insel stehen der LEUCHTTURM SKAGE FYR und die Vogelstation. Auch hier verlaufen Pfade und gibt es Schutzhütten.

■ Mit Schindeln verkleidet ist die falu-rot gestrichene **KIRCHE** inmitten eines Friedhofs. 1.5.–31.8. Mo–Fr 8.30–18, Sa+So 10–18 Uhr. Deutscher Info-Text auf Band. Im finden Sommer MUSIKABENDE statt.

Von der um 1170 erbauten Stabkirche sind nur noch zwei Planken erhalten und im Altarraum zu besichtigen. Um 1320 errichtete man hier eine neue Kirche, deren Schiff der Altarraum bildet, die jetzige Sakristei war der Chor. Im Mittelalter war das Gotteshaus KNOTENPUNKT auf dem Pilgerweg nach Trondheim. Die Holzwände der Sakristei hat um 1460 *Meister Amund* ausdrucksvoll bemalt, die kunstvolle Brautkrone aus dem 17. Jh. ist angeblich ein Geschenk von Königin Kristina. Aus dem Mittelalter sind ein Triumphkruzifix, der Altarschrank über dem Taufaltar der alten Kirche sowie die Tür der ehemaligen Stabkirche erhalten. 1748 wurde die Kirche durch ein Querschiff erweitert. Den Eichenaltar der neuen Kirche hat *Isak Schullström* gestaltet.

Im Pfarrhaus, *sockenstugan,* wird KUNSTHANDWERK AUS VÄRMLAND ausgestellt.

■ Das **GUT HAMMAR** (1830, nahe der Kirche) hatte einen Vorgänger aus dem 11. Jh. Die Gartenterrasse des Herrenhofs lädt zur Mußestunde bei Kaffee und Kuchen mit Blick aufs Wasser ein. Etwa 25.6.–10.8.

■ **GRÄBERFELDER** aus der Eisenzeit finden sich in GUNNARSKÄR und auf HAMMARS UDDE, mit ringförmigen Steinsetzungen: *domarringar.*

■ Der **RUNENSTEIN** bei Hovlanda datiert aus dem 11. Jh. Die Inschrift: *»Björn errichtete diesen Stein nach seinem Sohn Asger.«*

Ausflüge

ALSTER

■ **ALSTERS HERRGÅRD**, Ausstellung und Café. 19.5.–12.8. Sa+So 11–18 Uhr. Eintritt 25/0 SEK, mit Führung 40 SEK.

Der Herrenhof Alsters Herrgård, dessen Wurzeln bis ins Mittelalter zurückreichen, entstand 1770. Hüttenbesitzer Jan Fröding erwarb das Gut 1837und ließ es im Stil des Neuklassizismus umbauen; hier wurde 1860 sein Enkel geboren, der sehr bekannte Lyriker *Gustav Fröding.* Die Ausstellung zu Ehren des 1911 verstorbenen Dichters und anderer Literaten Värmlands ist für Touristen, die nicht Schwedisch sprechen, weniger interessant. Nun ist Alsters ein typisches Beispiel für einen Herrenhof Värmlands – und kann somit auch für Besucher, die Fröding nicht kennen, durchaus ein Ziel sein. 8 km östlich des Stadtgebiets.

■ **ALSTERDALEN**. Der Fluss Alster mündet in den gleichnamigen See. Wanderwege durchqueren das Tal, ein Fahrradweg verläuft in Richtung Alster, in Richtung Gunnerud ein Wander- und Fahrradweg. Alster STRANDBAD: ACHTUNG! Große Mücken und auch Zecken gesichtet.

■ Eher eine REISEROUTE als einen einfachen Abstecher ermöglicht die Str. 62 Richtung Norwegen auf dem sogenannten **PILGRIMSLEDEN**, den Sie im nächsten Kapitel vorgestellt finden.

Verschiedenes

■ **SIGHTSEEING**: Eine schöne Abwechslung sind BOOTSRUNDFAHRTEN mit der »M/S Sola« in den umliegenden Gewässern. – »S/S Polarstjärnan«, das letzte DAMPFSCHIFF auf dem Vänern, startet im Sommer zu Tagesfahrten im schärenreichen Vänern-Gebiet (Karlstad-Kristinehamn) – »M/S Saltkråkan« startet im Lillängshamnen in Skoghall auf Hammarö. – Mit »M/S Nobella« auf dem Bergslagskanal (siehe dort).

In Karlstad bricht die FRYKDALSBAHN nach Torsby auf, über Kil und Sunne sicher eine der reizvollsten Eisenbahnstrecken Schwedens.

Geführte Stadtwanderungen organisiert im Sommer das Touristenbüro: Di um 10 Uhr, Do um 18 Uhr.

■ **DENKMÄLER**: Der Gründer der Stadt, KARL IX., blickt auf den Residenstorg; hier lag in früheren Zeiten der Hafen der Stadt. Diese Statue schuf Christian Eriksson. – Das FRIEDENSMONUMENT auf Stora Torg ist ein Werk von *Ivar Johnsson.* Zum 50. Jahrestag der friedlichen Auflösung der Union zwischen Schweden und Norwegen wurde es enthüllt. – SELMA LAGERLÖF, die große Schriftstellerin Värmlands, blickt von einem schattigen Platz an der Västra Bron auf den Klarälven, (Künstler: *Arvid Backström);* hier stand früher eine Mühle, die der Baumeister und Erfinder C.J. Heublein bauen ließ; diese schillernde Persönlichkeit inspirierte Lagerlöf in ihrem Roman »Gösta Berlings saga« zur Figur des Kevenhuller. – Auf der anderen Seite des Flusses im Theaterpark steht das Denkmal VINDARNAS BONING (= Wohnung der Winde, Künstler: *Aimo Tukiainen),* ein Geschenk aus Finnland. Die Ehrung gilt den finnischen Einwanderern, die vor rund 300 Jahren halfen, das Land urbar zu machen. – Auf der anderen Flussseite gedenkt man einem hübschen, blonden Mädchen namens *Eva Lisa Holtz,* die stets lachte und bester Laune war. Ende des 18. Jhs. bediente sie die Gäste eines Wirtshauses zuvorkommend und freundlich, dass Gäste schon allein wegen ihr kamen. Man nannte sie deshalb SOLA I KARLSTAD, die Sonne in Karlstad (von *Herman Rejers).* – In der Fußgängerzone Västra Torggatan steht wartend der beliebte Lyriker GUSTAF FRÖDING in Bronze, vielleicht will er gerade ins Rådhus-Café. (Künstler: *Eric Rafael-Rådberg).* – Nicht unerwähnt sollen zwei weitere bekannte Karlstädter Persönlichkeiten sein, auch wenn sie ihnen kein Denkmal gesetzt wurde. Der Schauspieler, Dichter und Poet *Nils Ferlin* (1898–1961) wurde im Klaraviertel geboren; viele Jahre verbrachte er in Filipstad, lange Zeit war er in Stockholm, weshalb bereits diese beiden Städte den beliebten Künstler mit einem Denkmal ehrten. – Im Viertel Tingvalla zwischen Dom und Västra Kanalgatan wurde *Zarah Leander* 1907 als Stina Zarah Hedberg geboren. Anfangs verdiente sie ihr Geld als Verkäuferin in einem Zigarrengeschäft. Ihr hier beachtetes Debut hatte sie 1927 in einer Revue.

■ **ANGELN**: mehrere Angelscheingebiete in der Gemeinde.

■ **BADEN**: ÖRHOLMSBAD, östlicher Stadtrand, temperiert. – SKUTBERGET (7 km westlich, Campingplatz, schöne Sandstrände u. Klippen am Vänern, auch FKK). – BOMSTABAD (9 km westlich, toller Sandstrand am Vänern). – Bei Lindfors, Mangen. – Segerstad, Torsviksbad, Vänern. – Hallenbäder in Karlstad u. Vålberg.

■ **RAD FAHREN**: Lohnende Touren führen ins ALSTERDAL, nach HAMMARÖ und am KLARÄLVEN entlang; ein Radweg führt nach SKUTBERGET (Campingplatz, siehe unter Baden). – SOLACYKELN, Stora Torget, gratis im Sommer auszuleihen: ein Spezialfahrrad, um die Stadt zu erkunden und nicht für lange Routen gedacht.

■ **GOLF**: *Karlstad Golfklubb,* Tel. 866 353. Je ein 18- und 9-Loch-Platz.

■ **KANU**: Värmland ist ein Paradies für Kanuten, zum Beispiel der Fluss Klarälven, über weite Strecken mit Kanu und sogar mit Floß befahrbar. Herrlich sind auch die Schären um Hammarö.

BOOTSVERMIETUNG: *Vänerkajak,* Tel. 521 627. – *Hammarö Turistcenter,* Mörudden, Tel. 517 711. Kanus, Ruderboote, Fahrräder, Angelgerät.

■ **KUNSTHANDWERK**: *Värmlands Konsthandverkare,* Södra Kyrkogatan 6, Tel. 158 890. Mo–Fr 10–18, Sa 10–14 Uhr. – *Värmlands Hemslöjd,* Västra Torggatan 18, Tel. 210 984. – *Isaksson Porfyr,* Kasernhöjden 23, Tel. 151 900. Gebrauchsgegenstände, Schmuck etc.

■ **WANDERN**: Im Bereich des Campingplatzes SKUTBERGET gut hergerichtetes Terrain mit Trimm- sowie Geländepfaden. – FRÖDINGLEDEN, ca. 6 km langer Weg zum Alstertal. – Wanderweg SKUTBERG-KIL, 22 km lang, die Strecke kann verkürzt werden. – Wege auf Hammarö, etwa im Gebiet des Freizeitgebiets Kilene. – BRATTFORSHEDEN, siehe im Kapitel »Ostvärmland, Filipstad«.

■ **INTERNETCAFÉ** *Nöjesbutiken Bogart,* Östra Torggatan 6, Tel. 212 133.

■ **TAXI**: Tel. 150 200. – Mini-Taxi & Mini-Cab, Tel. 150 900. – Hammarö Taxi, Tel. 513 000.

■ **ÄRZTLICHE VERSORGUNG**: *Vårdcentralen Gripen,* V. Torggatan 24 (Innenstadt), Mo–Fr 8–17 Uhr, Tel. 106 630, sonst Tel. 106 680. – Zahnarzt: *Folktandvård,* Södra Kyrkogatan 4, Tel. 137 430.

Weiterreise

■ **FLUGZEUG**: Der Flughafen liegt 18 km südwestlich. SAS-Tel. 555 000. Flüge nach Stockholm, Malmö und Kopenhagen sowie Charterflüge.

■ **BAHN**: Bahnhof in der Hamngatan, SJ: Tel. 143 359. *Värmlandstrafik* ist zuständig für FRYKDALSBANAN, Tel. 020 – 225 580. Über Kil und Sunne nach Torsby; auch der Freizeitpark Rottneros hat eine Haltestelle, Fahrzeit 60 Minuten.

■ **BUS**: Ab Busterminal Drottninggatan 43 regionaler und überregionaler Busverkehr.

■ **AUTO: NACH OSTVÄRMLAND.** Entweder auf E 18 nach Karlskoga, unterwegs möglicher Abstecher zu PICASSO-SKULPTUR und KUNSTMUSEUM in **KRISTINEHAMN**. Oder auf Str. 63 nach Filipstad über Molkom und Brattfors; in **MOLKOM** serviert das einladende Restaurant GRANINGE VÄRDSHUS, im Sjövägen 1, gute värmländische Küche, frische Zutaten aus Wald und See, ab ca 85 SEK; die Stationen Brattforsheden sowie Brattforshyttan sind unter Filipstad in »Ostvärmland« vorgestellt.

NACH ARVIKA. Str. 61. Ein kurzer, lohnender Umweg auf landschaftlich schöner Strecke: Str. 62 bis Södra Hyn, Abzweigung Str. 714 nach Stora Kil, dort Str. 716 zur Str.61 – an dem See **NORRA HYN** ehrt ein Gedenkstein den 1849 begonnenen Bau der ersten schwedischen Eisenbahn zwischen Fryksta und Lycken; die Schmalspurbahn war Transportmittel für Produkte der Sägewerke und Eisenhütten und wurde bis 1856 von Pferden gezogen, Lokomotiven waren bis 1871 im Einsatz; schöner Blick auf das Moorgebiet mit dem Norra Hyn, einer der artenreichsten Vogelseen Värmlands. Bald danach taucht links der Herrenhof **APERTIN** auf, heute *Hotel Kavaljeren Apertin,* (13 Zimmer, DZ 850/675 SEK, auch gute Küche); die Gäste können die wunderschönen Malereien im Rittersaal aus dem 17. Jh. bewundern; in dem herrlichen Landschaftspark darf jede/r spazieren gehen.

NACH ÅRJÄNG. E 18.

NACH DALSLAND/ÅMÅL. In umgekehrter Richtung beschrieben unter unter »Dalsland, Weiterreise«.

Pilgrimsleden

Die Str. 62, die rund 240 km lange Nord-Süd-Verbindung Värmlands, ist Teil der berühmten Pilgerstraße, Pilgrimsleden (erinnere Hammarö), durch das Flusstal des KLARÄLVEN. Sie begleitet den Fluss bis Långflon am aufgestauten Höljessjön an der norwegischen Grenze. Der behäbig dahin fließende Strom beeindruckt im oberen Tal mit seinen großen regelmäßigen Flussschleifen. Die Kehren verlaufen 31 mal nach Westen und 32 mal nach Osten. Der Flößerei, bis 1991 vor Ort betrieben, ist in DYVELSTEN, ca. 20 km nördlich von Karlstad, ein Museum gewidmet:

■ **FLOTTNINGSMUSEUM**, Juni bis August täglich 11–17 Uhr. Eintritt 20 SEK. Texte nur auf Schwedisch. Videofilme (Holzfällen, Flößerei).

Gelände und Gebäude gehörten früher der 1893 gegründeten Flößereivereinigung, die für die Instandhaltung der Flößereistrecken verantwortlich war. Heute bemüht sich das Landesmuseum um die Erinnerung an die vergangene Epoche. Auf dem Außengelände hat man Dalben und Steinkisten platziert, an denen die schwimmenden Abgrenzungen für hunderte von Baumstämmen befestigt wurden. Bugsierboote liegen an Land, andere am Steg; diese Boote mit dem Namen »Lusten« (die Lust) bugsierten die sortierten Holzbündel zum Vänern, für die Karlstädter waren sie ein Zeichen des nahenden Frühlings. Eine Schülerin soll in den 1930er Jahren in einem Aufsatz verfasst haben: Jetzt ist der Frühling gekommen und mit ihm die »Lüste«.

Im Gebäude ist wie seit 1949 die Werkstatt, kleine Arbeiten werden noch ausgeführt. Im Obergeschoss dokumentieren Modelle, Fotografien und Geräte die strapaziöse, nicht ungefährliche Arbeit der Flößer. Interessant ist ebenso das Modell des 80 m hohen STAUDAMMS am Höljessjö: Mit dem Bau wurde 1960 begonnen, der Wasserspiegel um 90 m gehoben. Der so entstandene 12 km lange See speist das gleichnamige Kraftwerk und diente auch als Holzmagazin. Rund 35 km südlich dieses Kraftwerkes, ab dem Vingängssjö, windet sich der Fluss in großzügigen Mäandern von Talseite zu Talseite bis Ekshärad, mit einem Gefälle von nur 10 m.

Ein schöner Abschluss ist ein Kaffee auf der Veranda vor der Werkstatt über dem Fluss. Auf jeden Fall stimmt das Museum trefflich auf das Kommende ein.

■ Nach TJÄRNHEDEN, wo am Westhang der erste Skilift entlang dieser Straße auftaucht, folgt der Streckenabschnitt **VON RANSÄTER NACH EKSHÄRAD**, der als Ausflug im Kapitel Sunne vorgestellt wird, da die Mehrzahl der Urlauber von Sunne aus ins Klarälven-Tal wechselt, anstatt in Karlstad Anlauf zu nehmen; die sollten es sich freilich überlegen, zumindest eine Schleife zum Flottningsmuseum einzuschieben.

Rund 100 Kilometer am Stück ohne störende Kraftwerke: Freizeitvergnügen auf dem Klarälven ▶

FLOSSFAHRTEN AUF DEM KLARÄLVEN

Sie können auf einem Floss gemütlich und genüsslich mit 1–5 km/h den Klarälven flussabwärts treiben; die »normale« Fließgeschwindigkeit beträgt 2 km/h. Die Montageplätze für die Flösse befinden sich also flussaufwärts, im Norden des schwedischen Pilgrimsleden. Auf diese Weise befahrbar sind rund 100 Kilometer flussabwärts bis Edebäck; südlich dieses Ortes haben sich mehrere Kraftwerke zum Teil mit Stauwehren des Flusses bemächtigt.

Auch wenn diese Flösse gemächlich treiben, gilt es doch, in den Kurven, vor Sandbänken und in den (leichten) Strömungen achtsam zu sein; das Knowhow für unterwegs bekommen Sie am Startplatz vermittelt.

Die beiden meist frequentierten Startplätze sind Branäsäng und Ransby, beide liegen relativ nahe beieinander: Sie können Ihr Floss unter Anleitung selbst zimmern oder ein fertiges besteigen und zwischen eintägigen Schnuppertouren sowie drei-, fünf- bis achttägigen Touren wählen. Der Transport der Teilnehmer hin oder zurück ist je nach Anbieter und Tour geregelt oder nicht. Generell sollten Sie sich vorab informieren, wobei die Veranstalter zum Teil ein größeres Repertoire an Erlebnisferien haben.

■ BRANÄS- & SVERIGEFLOTTEN, Transtrand 22 B, SE – 68063 Likenäs, Tel. 0564 – 403 40, Fax 403 00, info@sverigeflotten.se, www.sverigeflotten.se.

■ VILDMARK I VÄRMLAND, Box 209, SE – 68525 Torsby, Tel. 0560 – 140 40, Fax 130 68, info@vildmark.se, www.vildmark.se.

■ Die Str. 62 tangiert in der Folge mehrere sich nach Osten wendende FLUSSSCHLEIFEN. 50 km nördlich von Edebäck liegt mit STÖLLET der erste Ort, an dem **FLÖSSE** zusammengebaut werden, auf denen Urlauber, Schulklassen und andere Gruppen Tom Sawyer und Huckleberry Finn spielen können. In LIKENÄS sitzt der Veranstalter *Branäs- & Sverigeflotten*. Später folgen die Montageplätze BRANÄSÄNG und RANSBY.

■ Der 568 m hohe **BRANÄSBERGET** erlaubt einen famosen Blick rundum und besonders ins Tal des Klarälven. Wer es allzu bequem mag, wechselt in Ransby ans Westufer und nimmt die kleine Straße auf den Berg. Wer den Aufstieg zu Fuß angeht, sollte vor Ort übernachten und in der Unterkunft nach Route etc. fragen.

■ In **RANSBY** ist in der *Pilgrimshärbärge* PILGRIMSTAPETEN ausgestellt. Der Bayeuxteppich, im 11. Jh. in der Normandie gefertigt, war dafür das Vorbild. Arbeitslose norwegische und schwedische Frauen bestickten das 40 Meter lange Leinen mit der Schilderung der Pilgerreise von Hammarö bis Trondheim. Nicht nur dieser »Teppich«, auch die Herberge selbst ist den Besuch wert.

In der Nachbarschaft das JAKT - & FISKEMUSEUM mit Auerhahn, Birkhuhn u.a. in Volieren. Täglich 13–17 Uhr. Eintritt 30 SEK.

■ **SYSSLEBÄCK** gilt als Hauptort in Nordvärmland und ist Mittelpunkt eines Skigebiets. Wer aus nördlicher Richtung kommt, kann hier in Sachen Flossfahrten im Touristenbüro die ersten aktuellen Informationen einholen, auch über RIVERRAFTING.

■ HÖLJES wird erreicht. Bevor man in Långflon an der Grenze zu Norwegen ist, winkt ein kleiner Umweg zu dem einsamen Dorf **ASPBERGET**. Der fantastische Ausblick rechtfertigt den Abstecher allemal.

■ Von der Grenze führt die Str. 26 über Trysil und Engerdal Richtung Røros, vorbei am schönen Femund-See; dort besteht die Möglichkeit zu verweilen und über Drevsjö auf der **KUPFERSTRASSE** zurück nach Dalarna / Schweden über Idre in Richtung Siljan-See und Falun zu reisen; keine Scheu vor Geldumtausch etc. Diese Reiseroute ist für Naturliebhaber ein Erlebnis, der Wechsel zwischen den beiden Ländern problemlos; nur die Freimengen für Alkohol und Tabak sollten Sie beachten.

■ **UNTERKUNFT PILGRIMSLEDEN**: JUGENDHERBERGEN der STF gibt es in Ransäter (1.5.–30.9., im 2–4-Bett-Zimmer 170/100 SEK), in Ekshärad (ganzjährig, im DZ 145/85 SEK) sowie in Branäs (etwa 15.5.–20.10., im 2–4-Bett-Zimmer 155/90 SEK).

Nördlich von Ekshärad sind die CAMPINGPLÄTZE Björkebo, Klarälven, Värnäs (alle bei Stöllet) und das Sysslebäck Fiskecamping das ganze Jahr über geöffnet; alle haben Camping- und Ferienhütten.

■ **INFORMATION**: *Hagfors Turistbyrå,* Dalavägen 15, SE–68380 Hagfors, Tel. 0563 – 188 00, Fax 101 65, tourist@hagfors.se/ – *Sysslebäck Turistbyrå,* Kommunhuset, SE – 68060 Sysslebäck, Tel. 0560 – 166 50, Fax 166 51, turist.syssleback@torsby.se/

Ostvärmland

BERGSLAGS KANAL
Bereits im 16. Jahrhundert förderte und verarbeitete man Eisenerz in Ostvärmland. Der Bedarf an einem praktikablen und einfachen TRANSPORTWEG wuchs mit zunehmender Produktion. Die Gewässer wurden zur Beförderung genutzt, aber das Umlasten zwischen den Seen war mühsam, zeit- und kostenaufwändig. 1630 grub man den NORSBÄCKS-KANAL, aber erst 1857 konnte der BERGSLAGS KANAL mit weiteren Kanaletappen eröffnet werden. Nur gut 20 Jahre lang währte die Erfolgsstory, bis die neue Eisenbahn Fracht- sowie Personenverkehr übernahm – worauf die Kanalanlagen verfielen.
1939 bildete sich der VEREIN FILIPSTADS BERGSLAGS KANAL, der den Kanal instandsetzen und bewahren wollte. Trotz Verfall gelang es, den alten Wasserweg zu restaurieren und 1947 wiederum einzuweihen. Heute ist der Kanal KULTURDENKMAL und erfährt als Touristen-Attraktion, Ausflugsziel und Kanutrail viel Zuspruch.
Der Bergslags Kanal besteht auf 65 Kilometern zwischen Filipstad und dem See Möckeln aus insgesamt 16 Seen, fünf (teils von Hand gegrabenen) Kanälen, vier Flussetappen und sechs Schleusen.
Die SCHLEUSEN sind vom 1. Juni bis zum 1. September bedient.
Information, Preise, Fotografien sowie – teils historische – Karten: www.bergslagskanal.se.

Auch den Osten Värmlands prägen Wälder, Seen und Flüsse, die vor allem dank mehrerer Kanäle reizvolle Kanutouren ermöglichen; die Kanäle sind Relikte der Eisengewinnung vor Ort, teilweise noch aus vorindustrieller Zeit. Dieses Kapitel widmet sich bevorzugt der Region zwischen den zwei Kleinstädten KARLSKOGA im Süden sowie FILIPSTAD, 50 Straßenkilometer weiter nordwestlich.

Karlskoga

Karlskoga am MÖCKELN-SEE wurde 1586 von *Karl IX.* gegründet und nach ihm benannt. BODENSCHÄTZE, Flüsse und Seen als Transportwege boten günstige Voraussetzungen für Bergbau sowie Eisenverarbeitung. Ende des 19. Jhs. konnten viele kleinere Eisenwerke nicht weiter rentabel arbeiten; als einziges Werk überstand die *Bofors AB* die Flaute; sie kaufte ein gewisser *Alfred Nobel.*

Die Stadtrechte erhielt Karlskoga 1940, inzwischen zu einer wichtigen Industriestadt geworden. Am günstigsten besuchen Sie Karlskoga im Rahmen der Weiterreise Richtung Vättern und Östergötland.

INFORMATION

■ **KARLSKOGA TURISTBYRÅ**, Kyrkbacken 9, SE-69183 Karlskoga, Tel. 0586-61474, Fax 61960, www.karlskoga.se. TOPO-KARTE für Karlskoga und Umgebung 30 SEK. Gratis ist die KARLSKOGA MAP mit aktuellen Daten, Stadtplan und Karten.

SEHENSWERTES

■ **KARLSKOGA KYRKA** ist mit roten Holzschindeln verkleidet, der älteste Teil ist die Sakristei (1586), die Malereien jener Zeit sind gut erhalten. Durch Umbau erhielt das Gotteshaus sein heutiges Aussehen Anfang des 18. Jhs.

Einen Besuch verdient auch der SKOGSKYRKOGÅRDEN. Der WALDFRIEDHOF zählt zu den schönsten im Norden, dazu trägt gehörig die abwechslungsreiche Landschaftsform bei. Nördlich der Karlskoga Kirche, an der Badstugatan.

■ **GRÅBO**, Korpkullsvägen 12, Arbeiterwohnung in Rosendal. 1.6.–15.8. täglich 13–17 Uhr, sonst Sa+So 13–17 Uhr. Eintritt 10 SEK.

Dieses Museum hält die Lebensbedingungen einer Hüttenarbeiterfamilie in Erinnerung.

■ **ALFRED NOBELS BJÖRKBORN**, Tel. 83494, Björkborn. Ca. 1.6.–15.8. 10.30–16 Uhr, sonst Mo–Fr 10.30–16 Uhr. Nobelmuseum (60/0 SEK) und Industriemuseum (35/0 SEK. *Fiffiga Huset,* Experimente für Kinder, 30/30 SEK ab 4 J. Für die Besichtigung des Labors gibt's an der Rezeption ein Leihexemplar auf Deutsch, ebenso eins im Herrenhaus. Zudem einen Film, ebenfalls (auch) in deutscher Sprache.

Um 1870 war **BOFORS** der größte Produzent von Walz- und Feineisen im Land. 1873 wurde aus Bofors die AG Bofors-Gullspång. Als Stahlproduzent fertigte die Firma u.a. Kanonen und weiteres Kriegsmaterial, zu deren Abnehmern sowohl die Schweiz als auch Norwegen gehörten. Als Schwedens Marine Kanonen in England bestellte, da man Bofors die Herstellung von solch schwerem, anspruchsvollem Gerät nicht zutraute, beschwerte sich die Firma 1889 beim König – dieser befahl, fortan alles weitere Material im Lande zu ordern, nämlich bei Bofors. Stahl wurde, wie in Björkborn dokumentiert, auch für die Herstellung von Schrauben, Turbinen, Zahnrädern etc. verwendet: Eisenbahn-, Schiff- und Autobauer waren die Abnehmer.
1894 stellte man Alfred Nobel das Herrenhaus als Wohnsitz zur Verfügung. Gleichzeitig richtete er sich ein Labor zur Forschung und zur Herstellung von Sprengstoff (Dynamit) ein, das er selbst bezahlte. Heute ist das Labor restauriert und Abbild jener Zeit. Nobel starb am 10.12.1896.
In den 1970er/80er Jahren machte Bofors unrühmliche internationale Schlagzeilen, als herauskam, dass die Firma ungesetzlich Waffen in kritische Regionen geliefert hatte – was die damalige schwedische Außenpolitik gehörig kompromittierte.

Auf dem Außengelände sind Panzer, Geschütze, Turbinenrad etc. zu sehen. Die Ausstellungen innnen informieren über die Geschichte der Maschinenfabrik *Bofors,* die *Alfred Nobel* ab 1894 leitete (siehe rechts).

Die Ausstellung im *Vedboa* (im Holzschuppen) beginnt mit Wasser und Wald, den wertvollen Ressourcen des Landes – Material für Kohlenmeiler, Wasserkraft zur Energieversorgung einer Hammerschmiede. 1646 erhielt man die Genehmigung, gleich zwei Hämmer im Boo-elfen in Karlskoga anzulegen. Karten sowie Schriften belegen die Entwicklung.

Fotos und Zeichnungen erklären den Vorgang der damaligen Stahlgewinnung bei Bofors und was man daraus alles herstellen konnte; auch die soziale Fürsorge der Bofors AB für ihre Arbeiter und deren Familien wird bildlich dokumentiert.

Im Gärtner-Wohnhaus sind die Produkte lokaler Handwerker und Kunsthandwerker ausgestellt.

■ **FERIEN AKTIV**: Die jedes Jahr erscheinende KARLSKOGA MAP verrät mehrere attraktive Spazier-, Wander- und Fahrradwege im Umland, die teilweise miteinander zu kombinieren sind: 30 km lang ist die Fahrradroute rund um den See Möckeln, vorbei an einigen Badeplätzen und durch eine Schleife nördlich Karlskogas gut zu einem Tagesausflug zu verlängern. – Oder Sie machen eine Stadtwanderung auf Nobels Spuren oder promenieren in Knappfors am Kanal entlang (s.u.). – Oder Sie begeben sich zu einem der Angelseen östlich des Möckeln. – Oder auf den Kanal zu einer Kanutour...

■ **DRAISINE**: Südlich Karlskogas, in Ängebäck bei Degerfors, kann man per Draisine auf der Trasse der OTTERSBÄCKBANAN in südwestlicher Richtung bis Gullspång in die Pedale treten. Die rund 57 km lange Strecke ist unter ausländischen Touristen weniger bekannt als die Routen in Dalsland und Westvärmland. Im Touristenbüro Degerfors kann man auch kombinierte Kanu- und Draisinetouren buchen. 1.5.–30.9.

Bergslags Kanal

VON KARLSKOGA NACH FILIPSTAD

Die 50 km lange direkte Verbindung stellen die Straßen 237 und 64 her, die östlich des Kanals verlaufen.

■ **KNAPPFORS**, Knappfors Lunedet. Ca. 15.6.–10.8. täglich 13–19 Uhr.

Nahe dem Freizeitzentrum LUNEDET sowie dem BERGSLAGSKANAL: Das Museum präsentiert HÜTTENMILIEU aus dem 19. Jh. In den alten Sintersteinhäusern arbeiten KUNSTHANDWERKER. Vor Ort gibt es Spazierwege, ein Freibad, ein Café-Restaurant und vor allem den Kanal mit einer Schleuse.

■ In **STORFORS** stellt im Sommer das VÄRMLANDS BRANDHISTORISKA MUSEUM Löschfahrzeuge und -gerät von anno dazumal aus. Tallbacksgatan, Spruthuset (Spritzenhaus), Tel. 0550–623 13. Ca. 15.6.–25.8. Di–So 12.30–16.30 Uhr. Eintritt 20/0 SEK. Im alten Spritzenhaus befindet sich auch das TOURISTENBÜRO Storfors.

■ **KANUZENTRALE**: *Badsta Camping & Kanotcenter,* Bäckvägen 36, SE–68830 Storfors, Tel. 0550–619 30, Fax 619 31, info@badsta.se, www.badsta.se. 1.6.–31.8. täglich, Mai und September nach Absprache. Kanulehrer und Zubehörvermietung.

■ Nordwestlich von Storfors haben auch Nicht-Kanuten eine (weitere) Gelegenheit, den Bergslags Kanal aus der Nähe kennen zu lernen. Die **SCHLEUSENTREPPE BJURBÄCKEN** besteht aus DREI Schleusen, die jeweils 3,6 m Höhenunterschied überwinden. Die Schleusenanlage befindet sich mittlerweile sogar im Besitz des Kanalvereins. Sie gehörte zum 1857 frei gegebenen Teil des Kanals; in Spitzenjahren schleuste man hier allein mehr als 1.300 Dampfschiffe, die Prähme nicht einmal mitgezählt. Unterhalb der Schleusentreppe ist ein schöner RASTPLATZ, vor Ort auch ein Café (15.6.–10.8. 12–18 Uhr).

Auf den 3 km langen Bjurbäckskanal in den See Aspen und nach:

■ **ASPHYTTAN**: Diese Schleuse, die zusammen mit Bjurbäcken angelegt wurde, meistert sogar 5 m Höhenunterschied; sie ist ebenso über die Nebenstraße Richtung Filipstad zu erreichen, und es gibt hier einen idyllischen BADEPLATZ, der sich auch als Rastplatz eignet.

Es folgt der 275 m lange Kanal bei Asphyttan, bevor die Route in den schmalen See DAGLÖSEN übergeht. Den verbindet an seinem südöstlichen Ausfluss der 2 km lange, sich windende Kanal PRÄSTBÄCKEN, der erst 1906 gegraben wurde und sich heute fast mit dem Grün des Waldes vereint, mit dem See ÖSTERSJÖN, an dem übrigens auch die Kanuzentrale liegt und der zusammen mit Prästbäcken und Daglösen Filipstad mit Storfors verbindet.

■ Wer erst die zweite Abzweigung nach Bjurbäcken nimmt, kann nördlich des Östersjön bei Nykroppa die Führung durch das Silberbergwerk **HORNKULLEN** wahrnehmen. 1.6.–31.8. täglich 11–17 Uhr. Teilnahme 50/20 SEK. Dazu werden hier Goldwaschen (40 SEK), Mineralienexkursionen sowie Kunsthandwerk angeboten. Ab der Str. 64 ausgeschildert.

Filipstad

Filipstad liegt mitten im alten Bergwerksgebiet, dessen Relikte interessante Ausflugsziele bilden. Auch für Bootstouren auf dem Bergslags Kanal ist die Stadt ein guter Startpunkt.

In Filipstad selbst zu erwähnen ist Schwedens größte KNÄCKEBROTFABRIK (genau: *Wasa),* eine Statue zu Ehren des Schriftstellers *Nils Ferlin* sowie auf dem Friedhof Östra Kyrkogården das protzige Mausoleum der Brüder *Nils* und *John Ericsson,* die im 19. Jh. als Kanal- und Eisenbahnbauer (national wie auch international) Karriere machten.

INFORMATION

■ **FILIPSTADS TURISTBYRÅ**, Stora Torget 3, SE–68227 Filipstad, Tel. 0590–613 54, Fax 613 71, turism@filipstad.se, www.filipstad.se. Anfang Juni bis August Mo–Fr 9–19, Sa+So 11–16, sonst Mo–Fr 10– 17 Uhr.

KANALFAHRTEN

■ Die **MS NOBELLA** pendelt an den Wochenenden Mitte Juni bis Ende August zwischen Lunedet und Filipstad, einen Tag hin, den anderen zurück (jeweils Bustransfer), Lunch in Nässundet und Rast in Bjurbäcken. In Filipstad Startplatz KYRKVIKEN. 380/200 SEK.

AUSFLUGSZIELE

■ Das restaurierte Industriedenkmal **BRATTFORSHYTTAN** ist während des Sommers zu besichtigen. Informative Texttafeln auf Deutsch erläutern die Entwicklung der Eisenhütte und der Eisenherstellung Ende des 19. Jhs. in einer Holzkohlenhütte. Die EISENHÜTTE Brattfors wurde 1540 erstmals erwähnt. Im 18. Jh. erwarb der Eisenwerksbesitzer *Reinhold Gejer* die meisten Anteile. Brattforshyttan wurde zum größten Betrieb im Eisenhüttenkonzern *Gejer,* der nach der Uddeholm AG der zweitgrößte in Värmland war. Nach einigen Um- und Anbauten 1899 erhielt die Hütte ihr heutiges Aussehen. Inzwischen mit Uddeholm fusioniert, legte man 1920 Schmiede und Ofen schließlich still. Str. 63 in Richtung Karlstad, ebenso:

■ **BRATTFORSHEDEN**, etwa 25 km **WANDERWEG**: Eine Texttafel stellt in deutscher Sprache das 11.400 ha umfassende Naturschutzgebiet ausführlich vor:

Die einzigartige Natur der Brattforsheide ist ein Erbe der Eiszeit, das DELTA EINES GLETSCHERFLUSSES, der große Mengen Sand und Kies ablagerte. Innerhalb des Heidegebietes gibt es drei Reservate mit besonders empfindlicher und schützenswerter Natur: LUNGÄLVSRAVINER, GEJERSTADSMOSSEN und SIKKLEFÄLTET. (Tipps: Mückenschutzmittel einpacken! In den Lungälvs-Schluchten sind Stiefel anzuraten.)

Ab der Brattforshyttan (s.o.) führt ein abwechslungsreicher, streckenweise herausfordernder Weg durch die LUNGÄLVS-SCHLUCHTEN, auf der Düne LÅNGA MANEN durch das GEJERSTADSMOOR und von dort zur Südspitze des ALSTER-SEES. Dort begleitet ein Pfad das westliche Seeufer (rund 10 km) nach Norden. In Storöviken gibt es eine Köhlerhütte mit Übernachtungsmöglichkeit. Eine Fortsetzung des Pfads um den Alster-See ist noch im Planungsstadium; von der Südspitze führt aber ein weiterer Weg am Ostufer entlang zum KITTELFÄLT bei den Alsterweihern. Zurück zur Brattforshütte.

■ In **GRYTHYTTAN** hat man den extrovertierten Ausstellungspavillon platziert, der Schweden 1992 auf der Weltausstellung in Sevilla repräsentierte: MÅLTIDENS HUS beherbergt eine Schule für angehende Köche, eine Kochbuch-Bibliothek mit erlesenem Fundus, eine Butik zum Kauf von Zubehör, natürlich ein Lunchrestaurant, ein Touristenbüro u.v.a. Tel. 0591 – 340 60. Str. 63 und 244.

■ Die Grube in **LÅNGBAN** förderte bis 1972 Eisenerz. Das erhaltene Grubengelände LÅNGBANS GRUVBY ist als Freilichtmuseum zugänglich. Im Haus des Grubenvogtes wurden jene erfolgreichen Brüder *John* und *Nils Ericsson* geboren. John, Erfinder des Propellers, konstruierte das Panzerschiff »Monitor«, das im amerikanischen Bürgerkrieg den Nordstaaten zu einem entscheidenden Sieg verhalf. Nils ist der Erbauer des neuen Trollhätte kanals, des Dalslands kanals mit Aquädukt u.a.

Die Umgebung ist bekannt für ihre Vielfalt an MINERALIEN: 300 verschiedene sollen es sein, darunter so einzigartige wie WERMLANDIT und LÅNGBANIT. In einem Gebäude der Hütte ist neben einer Dokumentation über die ERICSSON-BRÜDER eine MINERALIENAUSSTELLUNG zu sehen (Eintritt 20/0 SEK).

Im nahen Naturreservat TIBERGS UDDE gedeihen prächtige Blumen, vor allem auch die seltene Orchideenart Frauenschuh.

Anfahrt auf Str. 64 Richtung Norden, auch im Rahmen der Weiterreise nach Dalarna möglich.

■ **LESJÖFORS MUSEUM**, Lesjöfors, Kanalvägen 1, Tel. 0590 – 311 22. 1.6.–31.8. Mo–Fr 10–16 Uhr, Sa+So 14–17 Uhr, sonst Do 13–16 Uhr, Sa 14–17 Uhr. Eintritt 40/0 SEK.

NOMINIERT ALS EINES DER BESTEN EUROPÄISCHEN MUSEEN!

Auf dem Areal der 1985 pleite gegangenen Fabrik Lesjöfors Bruk hat man rund um die eindrucksvoll RESTAURIERTE GIESSEREI ein Museum aufgebaut, das Szenen und Plätze aus dem Arbeits- und Alltagsleben im 19. und 20. Jahrhundert widerspiegelt: sei es eine Schulklasse, ein Marktplatz, Inventar aus einer baptitischen Kapelle, seien es Wohnbereiche oder Arbeitsplätze. Die Szenen entfalten ihre Wirkung im Einklang mit dem authentischen Milieu ringsum.

Anfahrt auf Str. 64 Richtung Norden, auch im Rahmen der Weiterreise nach Dalarna möglich.

Unterkunft

IN KARLSKOGA UND UMGEBUNG

■ **HOTELL ALFRED NOBEL**, Alfred Nobels Torg, Tel. 0586 – 364 40, Fax 573 40. EZ 940/615 SEK, DZ 1.125/775 SEK. Zentraler geht's nicht.

■ **ZLAFEN BED & BREAKFAST**, V:a Rävåsgatan 32, Tel. 0586 – 521 10, Fax 691 10. EZ 400, DZ 600 SEK. Im Stadtteil Rävåsen, am Kreisel Richtung Filipstad halten, zweite rechts, erste links.

■ **KARLSKOGA VANDRARHEM**, STF, Grönfeltsudden, Tel. 0586 – 567 80, Fax 542 29. Ganzjährig geöffnet. Im 4-Bett-Zimmer 160/95, Frühstück 50 SEK. Hübsch auf einer Landzunge am See Möckeln gelegen, Bootsvermietung, wenn auch nahe des Industriegebiets.

■ **LUNEDETS CAMPING**, Lunedet, Tel. 0586 – 150 82, Fax 151 91. Ganzjährig geöffnet. Stellplätze 135 SEK, Hütten 225–380 SEK, Ferienhütte 550 SEK, auch Zimmer 300 SEK. Im Freizeitgebiet Lunedet, am See Alkvettern mit Badestrand.

IN STORFORS UND UMGEBUNG

■ **FOLKETS HUS VANDRARHEM**, Centrumplan 1, Tel. 0550 – 600 91, Fax 618 65. 2 Zimmer mit 10 Betten, 125/70, Bettwäsche 50, Frühstück 30 SEK. Selbstversorgerküche vorhanden. Ganzjährig geöffnet.

**Spannender ist Bergbaugeschichte kaum zu erleben:
Falu gruva in Falun/Dalarna (siehe Seite 448 f.) ▶**

■ **LUNGSUNDS CAMPING**, Björkåsgatan 7, Tel. 0550–70277. 1.5.–15.9. Stellplatz 120 SEK für 24 Std. Hütten 275–350 SEK. Zwei Sterne.

■ **BADSTA CAMPING OCH KANOTCENTER**, Bäckvägen 36, Tel. 0550–61930. 1.5.–30.9. Stellplatz 120 SEK für 24 Std. Hütten 200–400 SEK. Ein Stern. Primär Kanuzentrale.

IN FILIPSTAD UND UMGEBUNG

■ **HOTEL JOHN**, John Ericssonsgatan 8, Tel. 0590–12530, Fax 10668. EZ 825/550 SEK, DZ 980/670 SEK. Zentral, am Bergslagskanal.

■ **ESPERANTO-GÅRDEN**, Lesjöfors, Stiftelsevägen 1, Tel. 0590–30909, Fax 30359. Ganzjährig geöffnet. Im 2–5-Bett-Zimmer je nach Ausstattung zwischen 135/70 u. 185/70 SEK. Mitten im Ort, im Umland möglich: Kanu-, Fahrrad-, Drasine- und natürlich Wandertouren.

■ **MUNKEBERGS CAMPING**, Munkeberg, Tel. / Fax 0590–61146. Das ganze Jahr über geöffnet. Stellplätze 130 SEK, Hütten 300 SEK, Zimmer 100 SEK p.P. Im nördlichen Stadtgebiet beim See Lersjön, Badeplatz Talludden in der Nähe.

Weiterreise

■ **AUTO: NACH DALARNA**. Str. 63 (Grythyttan) und Str. 60 nach Falun. Oder Str. 64 (Långban, Lesjöfors) in Richtung Siljan-See.

NACH KARLSTAD. In umgekehrter Richtung beschrieben unter »Karlstad, Weiterreise«. Die Picasso-Skulptur und das Kunstmuseum (zeitgenössische Kunst) in **KRISTINEHAMN** sind sehr zu empfehlen.

Dalarna

Die gebirgige, WALDREICHE Provinz Dalarna, mit dem südlichsten Fjäll, ist mit 29.000 km^2 das größte Land in Mittelschweden. Auf 15 Gemeinden verteilen sich nur 277.000 Einwohner, Regierungssitz ist FALUN. Prägend für Dalarna sind die beiden breiten Flüsse ÖSTERDALÄLVEN und VÄSTERDALÄLVEN, die von Nordwest nach Südost fließen. Fast parallel zu diesen Flüssen dehnt sich das Land zu beiden Seiten aus. Der nördlich verlaufende Österdalälven und der anfangs nur etwa 50 km weiter südlich fließende Västerdalälven vereinen sich bei Djurås, kurz vor Borlänge, zum Strom DALÄLVEN, der im Osten in der Gävle-Bucht im Bottnischen Meerbusen mündet.

Im Norden grenzen Härjedalen und Hälsingland an Dalarna, im Osten das kleine Gästrikland, im Süden Västmanland und Värmland, im Westen verläuft die »Reichsgrenze« zu Norwegen. Die großen klimatischen Unterschiede bescheren dem Nordwesten im Winter ein SCHNEESICHERES Skigebiet; in den Gemeinden um Malung sowie Älvdalen ist Ackerbau nur bedingt möglich; der Südosten weist mittleres Klima auf.

So ergibt sich auch ein reizvolles Landschaftsmosaik mit Hochgebirge, rauschenden Flüssen und Schwedens HÖCHSTEM WASSERFALL, dem Njupeskär mit 90 m freier Fallhöhe, ferner mit einsamen Nadelwäldern, der LIEBLICHEN SEENLANDSCHAFT im Herzen Dalarnas mit den von weitem leuchtenden roten Holzhäusern sowie weißen Birkenwäldern – ein Land, das im Sommer und Winter viel zu bieten hat und dementsprechend viele Urlauber anzieht, auch aus Deutschland.

Die abschmelzenden Eismassen haben in Dalarna das Fjäll sanft abgerundet, aber auch markante Moränenwälle geformt. Millionen Jahre älter ist aber der Meteoriteneinschlag, Ablagerungen in einer großen Ringform um das Siljan-Seegebiet untermauern diese Vermutung. Eine frühe Bevölkerung weist die Insel Sollerö im SILJAN-SEE auf: Archälogische Funde besagen, dass die klimatisch begünstigte Insel bereits vor 6.000 Jahren bewohnt war. Man fand auch heraus, dass schon zur Wikingerzeit in dieser Gegend Erz bearbeitet wurde.

Die reichen ERZVORKOMMEN, vor allem Kupfer, waren für Schweden wirtschaftlich von enormer Bedeutung. Mitte des 17. Jhs. waren die Gruben in Falun der weltgrößte Lieferant von Rohkupfer. Schon lange wird kein Kupfer mehr gewonnen, jedoch immer noch wird aus dem Staub der Grube die typisch schwedische ROTE FARBE, *Falurött* (Falu-Rot), hergestellt. An Bodenschätzen anderer Art ist das größte zusammenhängende Porphyr-Gebiet Schwedens nordwestlich vom Siljan zu erwähnen.

Dalarna steht für urschwedische Traditionen, hier gemeinsamer Tanz an Mittsommer in Dala-Floda ▶

In der schwedischen Geschichte spielte Dalarna eine wichtige Rolle. So führte *Engelbrekt Engelbrektsson*, ein Bergmann aus Dalarna, mit seinen *Dalkarlar* den großen Bauernaufstand 1434 gegen Unionskönig *Erich von Pommern* an. Dem Adligen *Gustav Eriksson Vasa* gelang es 1521, die Dalmänner zum Aufstand gegen die Dänen zu bewegen. Der abenteuerlichen Flucht des späteren Königs Gustav Vasa durch Dalarna wird mit dem jährlich stattfindenden Langlauf VASALOPPET in Mora gedacht. 1788 bat *Gustav III.* um ein Freiwilligenheer in Dalarna für seinen Ostsee-Krieg.

Dalarna steht wohl dem Herzen aller Schweden auch heute noch am nächsten. Für sie scheint es das am meisten schwedische aller Länder zu sein. Dazu trägt sicher nicht nur die Geschichte sondern auch das ursprüngliche Volkstum bei. Die malerischen Ortschaften zeigen vielerorts noch altertümliches Gepräge, Tradition wird hier mit Leben gefüllt. Dazu gehört Kunsthandwerk aller Art. Die Kunst der Weberei ist in den vielfältigen, farbenprächtigen Trachten zu bewundern, die zu Festen getragen werden. Imponierend ist die Bauernmalerei mit biblischen oder könglichen Motiven, üppig mit Blumen ausgeschmückt in Kirchen und Wohnstuben, letztere zu entdecken in Museen und Heimathöfen (Gammelgård). Zwei große Malerpersönlichkeiten gehören untrennbar zu Dalarna. Der auch bei uns bekannte *Carl Larsson* hat wie kein anderer mit den Bildern seiner Familie und seines Heims die Menschen berührt, den Ausdruck »schwedisches Volksheim« hat er sicher damit beeinflusst. *Anders Zorn*, ein Maler ganz anderer Art, ist vor allem seiner sinnenfrohen Gemälde der derben, holden Weiblichkeit bekannt. Lebensnah kommt das fröhliche Mittsommerfest der Bauern herüber, einmalig ist seine Art Lichtreflexe auf dem Wasser wiederzugeben. Außerdem gehört zu Dalarna Musik, Musik, Musik und Volkstanz! Eine Redensart sagt: Wenn sich in Rättvik zwei Leute treffen, spielen drei von ihnen Geige. Spielmannsgruppen gibt es in jedem Ort und immer wird gewetteifert, wer am besten ist. Zur Mittsommerzeit kann man den Fideln gar nicht entkommen. Die Musik und die fröhlich tanzenden Gruppen animieren zum Mitmachen. Dalarna, das ist Musik, URSCHWEDISCHE TRADITION, bäuerliche Kultur, geschnitzte Dalapferdchen, einsames Fjäll, romantische Seenlandschaft, endlose Wälder und vieles mehr.

Falun

Kaum eine andere Stadt Schwedens hat innerhalb ihrer Gemeindegrenzen so viele verschiedene und gleichzeitig einzigartige Sehenswürdigkeiten wie Falun, die HAUPTSTADT Dalarnas, die seit 2002 auf der UNESCO-Liste des Weltkulturerbes steht.

Es begann vor über 1.000 Jahren mit der Entdeckung einer Kupferader. Schon im Mittelalter war dieser Ort ein lebhafter Bergbau- und Handelsplatz: Kupfer war eine gefragte Exportware. STORA KOPPARBERGET, der große Kupferberg, nannte man die SCHATZKAMMER Schwedens. Jedoch erst 1641 erhielt Falun endlich die Stadtrechte, obwohl für die Krone schon lange ein bedeutender Ort, damals der WICHTIGSTE Kupferförderplatz auf der Erde und die zweitgrößte Stadt Schwedens. 1761 ereignete sich ein Desaster, als innerhalb von zehn Tagen ZWEI GROSSBRÄNDE zwei Drittel Faluns IN SCHUTT UND ASCHE legten. Die Entwicklung stagnierte und Ende des 19. Jhs. kam die Kupferförderung zum Erliegen; dafür entdeckte man andere Metalle.

Mit der Eisenbahn kam für Falun der nächste Schub. Betriebe siedelten sich an, die Stadt entwickelte sich gemäß der neuen Zeit, immer mehr Steinhäuser wuchsen in der ehemals reinen Holzstadt heran.

Heute sind Krankenhaus, soziale Einrichtungen, Metall verarbeitende- und Holzindustrie die größten Arbeitgeber. Die Erzförderung dagegen wurde 1992 geschlossen. Und die Stadt ist das VERWALTUNGSZENTRUM der Provinz Dalarnas län.

Nicht nur die City hat einiges zu bieten: Das Gemeindegebiet liegt in einer reizvollen Landschaft mit vielen Seen und Flüssen, weiten Wäldern und etlichen kulturhistorischen Sehenswürdigkeiten.

INFORMATION

■ **FALU TURISTBYRÅ**, Trotzgatan 10-12, SE–79183 Falun, Tel. 023–830 50, Fax 833 14, www.welcome.falun.se. 15.6.–15.8. Mo–Sa 9–19, So 10–17 Uhr, sonst Mo–Fr 9–18 Uhr, Sa 10–14 Uhr.

■ **WILLKOMMEN IN FALUN** heißt eine große Broschüre, die anhand von Fotos und kurzen Beschreibungen Stadt und Umgebung vorstellt, Ausflugsziele, Aktivitäten für Sommer wie Winter und Veranstaltungen beschreibt. Restaurantadressen, Annoncen von Handwerkern und Künstlern sowie Unterkunftsmöglichkeiten, wie private Ferienhäuser mit Bild, sind ansprechend dargestellt. Die beiden letzten Seiten sind dem Stadtplan und der Übersichtskarte der Gemeinde vorbehalten.

Unterkunft

Das Touristenbüro bucht in Hotels, Pensionen sowie Privatzimmer.

■ **HOTEL FALUN**, Trotzgatan 16, Tel. 291 80, Fax 130 06, Internet: www.hotelfalun.nu. Privates, renoviertes Hotel unter neuer Leitung. EZ mit Bad 840/490, DZ mit Bad 1.055/650 SEK, EZ ohne Bad 540/490, DZ 740/590 SEK, 3-Bett-Zimmer mit Pantry 1.266/850 SEK. In der City, Lugnet 1 km entfernt.

■ **FALUN VANDRARHEM**, STF, Vandrarvägen 3, Tel. 105 60, Fax 141 02. 5.1.–19.12. EZ 275, DZ 380 SEK, 3–4-Bett-Zimmer 175/75 SEK. 3 km vom Zentrum. Fahrradvermietung.

■ **FALUN SWECAMP LUGNET**, Tel. 835 63, Fax 833 22, www.camping.se/plats/W20. Ganzjährig geöffnet. 159 Stellplätze ab 95, Ferienhütten ab 550, Zimmer 150 SEK. Innerhalb der Sportanlage Lugnet, Terrassen.

■ **BJURSÅS CAMPING & STUGBY**, Bjursås, Tel. 540 01, Fax 511 92, www.camping.se/plats/W37. Ganzjährig geöffnet. 100 Stellplätze ab 90, Ferienhütten ab 400 SEK. In Nähe eines Sees. 25 km nw von Falun und 3 km außerhalb von Bjursås.

■ **BJURSÅS VANDRARHEM**, Bjursås, Storvägen 65, Tel. 508 88, www.vandrarhem.just.nu. 4 DZ und ein 4-Bett-Zimmer ab 150 SEK, alle mit Küchenzeile und Bad auf dem Flur. 5 km zum Ski-Zentrum Bjursås.

Sehenswertes

■ **FALU GRUVA**, Tel. 711 475. 1.5.–31.9. täglich 10–17 Uhr, sonst Mo–Fr 11–17, Sa+So 11–16 Uhr; zur Grubenbesichtigung muss man sich in dieser Zeit anmelden. Eintritt 80/30, Familie (2+2) 190 SEK. Str. 60.

Faluns größte Attraktion liegt am südwestlichen Rand des Stadtkerns. Die Kupfergrube, KOPPARGRUVAN, wurde 1970 für Besucher geöffnet. Unter welch mühseligen Bedingungen über Jahrhunderte Erz u.a. gefördert wurde! *Carl von Linné,* der das Bergwerk 1734 besuchte, schilderte die Arbeitswelt der Knappen: »Ruß und Finsternis umgaben sie auf allen Seiten; Steine, Kies, ätzendes, heruntertropfendes Vitirol, Gestank, Rauch, Hitze und Dampf waren überall zugegen.«

Der Berg gab Arbeit, der Handel wuchs und mit ihm die Stadt an der Grube. An Mittsommer 1678 stürzte ein Teil der Grube ein. Der Tagebau sowie die Schächte und Kammern darunter hatten den Berg derart durchlöchert, dass die Zwischenwände dem Druck nachgaben. Dem Bergrutsch STORA STÖTEN ist heute die Attraktion RASET gewidmet.

Mit einem Fahrstuhl gelangt man in die Tiefe. Dann geht es weiter abwärts, auf neuen Wegen – heute beleuchtet – durch alte Stollen und Abbauräume – hier wurde vom Mittelalter bis ins 19. Jh. hinein gearbeitet. Besonders beeindruckend wirkt der CREUTZSCHACHT, Baubeginn 1662, der in seiner ganzen Höhe von einer 200 m hohen Holzwand geteilt wird. Eine weitere Station unter Tage ist die riesige Abbauhalle ALLMÄNNA FREDEN (Allgemeiner Frieden) aus dem 17. Jh. Von einem Aussichtspavillon über Tage kann man gut die Zugänge auf verschiedenen Ebenen ausmachen.

FALUNS EXPORTSCHLAGER: FALU-ROT UND FALU-WURST
Viele Schweden streichen ihre Holzhäuser unbestechlich in Dunkelrot. Die allgegenwärtige **FALU RÖDFÄRG** wird genauso mit dem nordischen Land verbunden wie Volvo, Ikea oder die Dala-Pferde.
Als es im 18. Jh. 44 Kupferhütten rund um Falun gab, wurde zunehmend auch rote Farbe aus Kupfervitriol gebrannt. Heute ARBEITET nur noch das RÖDFÄRGSVERK auf dem Grubengelände. Das rote Farbpigment liefert die Grube mit dem sogenannten Rotstaub, schlicht ein Abfallprodukt aus vergangenen Förderzeiten. Aus dem Farbpigment des Rotstaubs wird im Herstellungsprozess *järnockra* (ockerfarbiger Schlamm) abgesaugt; auch Eisenvitriol und Leinöl enthält die fertige Farbe. Sie ist giftfrei, billig und konservierend – und seit geraumer Zeit auch in Deutschland erhältlich: Hus, Mühlenstr. 7, 21629 Elstorf, Tel. 04168–8705, Fax 8521, per E-mail: huschweden@aol.de, www.landhandlerie.de.
Die Faluner Wurst **FALUKORV** verdankt ihre Existenz dem ehemaligen Bedarf an Ochsenhäuten zur Herstellung von Seilen für den Bergbau. Die Ochsen wurden vom südlichen Schweden hierher getrieben und an Ort und Stelle geschlachtet. Die gewaltigen Fleischmengen verarbeitete man vor allem zu Wurst, die gekocht, geräuchert und somit konserviert wurde. Falukorv ist landesweit die am meisten verbreitete Wurstsorte.

Das Wasser in der Grube ist stark vitriolhaltig und somit konservierend. Und so gehört die Geschichte des Faluner Bergmanns Fet-Mats in das feste Repertoire der Führung: 1719 fand man den Leichnam eines jungen, offensichtlich erst kurz vorher verstorbenen Mannes. Eine alte Frau identifizierte ihn aber als ihren ehemaligen Verlobten Mats Israelsson, der 42 Jahre zuvor nicht aus der Grube zurückgekommen war.

Der Besuch der Faluner Grube ist ohne Zweifel ein Höhepunkt einer Reise nach Mittelschweden – nur an wenigen Orten lernen Sie Industriegeschichte so aus der Nähe kennen.

Ein PRAKTISCHER HINWEIS: Die Temperatur ist unter Tage etwa 5°C. WARME, unempfindliche Kleidung und feste Schuhe, eventuell sogar Gummistiefel sind – trotz gestelltem Helm und Umhang – angebracht.

■ Das **STORA MUSEUM** steht dem Grubeneingang gegenüber – nicht so spannend und imponierend wie die Grube –, eher eine informative Ergänzung zum Grubenbesuch. Am interessantesten sind die Exponate zur Entwicklung der Grube, dargestellt durch detailgetreue MODELLE; dazu alte Arbeitsgeräte und Sammlungen von Mineralien und schwedischen Münzen. Bildhafte Eindrücke vermittelt auch die Gemäldegalerie. Geöffnet wie Falu Gruva; das Grubenticket gilt auch hier; so können Sie sich die Wartezeit auf Ihren deutschsprachigen Guide im Stora Museum vertreiben.

■ **DALARNAS MUSEUM**, Stigaregatan 2–4, Tel. 765 500. 1.5.–31.8. Mo–Fr 10–17, Sa+So 12–17 Uhr, sonst Mo–Fr 10–17, Mi bis 21, Sa+So 12–17 Uhr. Eintritt 40/20 SEK. Text-Leihexemplar auf Deutsch: »Wegweiser durch Dalarna«. Videofilm »Dalarna, eine Landschaft in Farbe«, an der Rezeption anmelden.

Das LANDESMUSEUM, mitten in der Stadt am Falu-Fluss, ist vorbildlich aufgebaut. Die EINGANGSHALLE stimmt die Besucher mit gewaltigen Gemälden auf Dalarna ein. Die Entstehungsgeschichte der Landschaft beginnt mit der Eiszeit, anschaulich und spannend konzipiert, mit vergleichbaren Ereignissen der Erde. Der Entwicklung von Dörfern und Städten und dem Festhalten an den Volkskunstbräuchen, wie Trachten, Malereien, Musik u.a. wird ein ähnlich großer Stellenwert eingeräumt wie dem Bergbau und der Lebenswelt seiner Arbeiter: Wohnkultur der Bergarbeiter, Bergmannszimmer, Kupferprodukte u.a. Eine Abteilung ist *Selma Lagerlöf* gewidmet, die 1897 von Landskrona nach Falun zog. Im Lagerlöfsgård in Falun entstanden viele ihrer bekannteren Werke, darunter auch 1906/07 »Die Reise des kleinen Nils Holgersson«. Das Haus fiel 1968 der Stadtsanierung zum Opfer. 1985 richtete man im Museum ihr ursprüngliches Arbeitszimmer authentisch wieder ein. Eine Grafik-GALERIE der FALUNER GRAFIKER und Werke von Künstlern der Region sind ebenfalls vertreten. Außerdem finden SONDERAUSSTELLUNGEN zu wechselnden Themen statt.

■ Die **KRISTINE KYRKA** (um 1650), Stora Torget, mit ihrer prachtvollen Barockausstattung ist Ausdruck des damaligen Reichtums der Stadt. Für Kirchenkonzerte stehen ZWEI ORGELN zur Verfügung, eine von 1906 und die 1982 angefertigte Kopie der früheren Cahman-Orgel von 1724. 1.6.–31.8. täglich 10–18 Uhr, sonst 10–16 Uhr.

■ **STORA KOPPARBERG KIRCHE**, Kyrkbacksvägen 8, nördlich der Innenstadt. Das älteste Gebäude der Stadt hat seinen Ursprung im 14. Jh., wurde mehrfach erweitert und umgebaut, so der Turm 1781. Kleinodien sind u.a. Marienbilder, Triumphkruzifix (alle 15. Jh.) und die Kanzel (1618). Öffnungszeiten wie Kristina Kyrka.

STADT DER HOLZHÄUSER

Das heutige Stadtbild Faluns prägt die Architektur des 20. Jhs. Immerhin einige der Holzhaus-Wohnviertel mit dem rechtwinkligen Straßennetz sind erhalten. Sie wurden um 1975, den ursprünglichen Charakter bewahrend, behutsam restauriert.

GAMLA HERRGÅRDEN und ÖSTANFORS und das Grubenarbeiterviertel ELSBORG sind typische Beispiele für die Stadtplanung in vergangenen Jahrhunderten.

■ Einen **RUNDGANG** durch das alte Falun können sie auf eigene Faust unternehmen, doch zuvor besorgen Sie sich im Touristenbüro die Broschüre über die »Holzstadt«. Zugegeben unterhaltsamer ist allerdings ein geführter Stadtrundgang.

Ausflüge

■ Gute **AUSSICHTSPUNKTE**: in Falun, die Sprungschanze der Sportanlage LUGNET (mit Lift). – In der Gemeinde: DÖSSBERGET bei Bjursås. – In der weiteren Umgebung: die Berge DJURMOKLACK bei Gagnef und BISPBERGSKLACK bei Säter, an der Str. 70.

■ **KORSÅ BRUK**, Korså, 35 km östlich von Falun. Museum: Mitte Juni bis Ende August Sa+So 11–17 Uhr.

Die einst bedeutende Lancashire-Schmiede Korså wurde 1930 stillgelegt. Das Unverkennbare dieses Fabrikdorfes verstand man zu bewahren: alte Maschinen, gewaltige Wasserräder, die Fabrikgebäude und die Wohnhäuser der Arbeiter. Ein Dokumentarfilm zeigt die Arbeiten am Schmelzofen im nördlich gelegenen Åg sowie in der Hammerschmiede Korså vom Anfang des 20. Jhs. Restaurant im Herrenhof.

Korså eignet sich zum Wandern, Baden, Angeln und Bootssport; vor Ort Kanuvermietung.

SUNDBORN

■ **CARL LARSSON-GÅRDEN**, Sundborn, Tel. 600 01. 13 km nö. 1.5.–30.9. täglich 10–17 Uhr, sonst Di 11 Uhr. Eintritt 70/30 SEK, im Winter frei.

Ein häufig gewähltes Ziel ist der Carl-Larsson-Hof in Sundborn, wo der auch bei uns bekannte Künstler *Carl Larsson* mit seiner Frau *Karin* und sieben Kindern ab 1901 lebte.

Das ursprünglich von 1837 stammende Holzhaus wurde nach und nach den Bedürfnissen der Familie entsprechend ausgebaut sowie von Carl und Karin in ihrem Stil – einfache Formen und klare Farben – ausgestattet. Karin Larsson lernen die Besucher hier als Künstlerin kennen und manche schätzen, ihre kunstgewerblichen Arbeiten können heute noch begeistern, wie auch die Entwürfe der Möbel und vieles mehr. In vielen Aquarellen gibt der Künstler Motive aus seinem Haus und seiner Familie wieder. Draußen findet der Souvenirverkauf regen Zuspruch.

■ **PORTRAITSAMMLUNG**, Kyrkvägen 18. Mitte Juni bis Mitte August täglich 10–17 Uhr. Eintritt frei mit Besuch des Carl Larsson-Gården, sonst 25 SEK.

Dies ist keine eintönige Sammlung berühmter Persönlichkeiten in Öl. Nein, Carl Larsson hat meisterlich namhafte Menschen des Ortes in ihrem persönlichen Umfeld mit Pinsel und Farbe festgehalten.

■ Die schöne **HOLZKIRCHE** Sundborns aus dem Jahr 1755 ist ebenfalls einen Besuch wert. Ein Teil ihrer künstlerischen Ausschmückung stammt übrigens von Carl Larsson.

RUND UM SVÄRDSJÖ

Svärdsjö, 23 km no, ist ein beliebtes Ausflugsziel. Insbesondere die Umgebung dieses Ortes mit zahlreichen Seen und Flüssen ist ansprechend.

■ Die **SVÄRDSJÖ KYRKA**, deren Anfänge bis ins 14. Jh. zurückgehen, hat ein Taufbecken aus dem 13. Jh., mittelalterliche Skulpturen und Gewölbemalereien aufzuweisen. Zwei vergoldete KRONEN (16. und 17. Jh.) erinnern an König *Gustav Vasa* und seine Urenkelin Königin Kristina.

■ **ARVID BACKLUNDSGÅRDEN** in Svärdsjö: Mitte Juni bis Ende August So 14–17, im Juli Di–So 14–17 Uhr. Eintritt 40 SEK.

In Kyrkbyn gehört die Ausstellung des Bildhauers *Arvid Backlund* zu den Höhepunkten. In den Atelierräumen des Künstlerhofes sind PORTRAITSKULPTUREN berühmter schwedischer Künstler, von Nobelpreisträgen und anderen bekannten Persönlichkeiten zu sehen.

■ **VÅCKELBERGET**: Das NATURRESERVAT liegt nördlich von Enviken (Str. 294). Ein Pfad führt zum Gipfel, dessen Ostseite steil abfällt. Wegen der für diese Breitengrade UNGEWÖHNLICHEN FLORA am Fuß der Steilwand trägt das Gebiet auch den Beinamen VERZAUBERTER GARTEN.

HUSBYRINGEN

Die Tour auf dem sogenannten Husbyringen misst rund 60 km und sie umfasst sowohl Naturerlebnisse als auch historische Industrieanlagen sowie Kulturstätten am Wegesrand. Broschüre im Touristenbüro.

■ Aus Falun kommend (Str. 80 ostwärts, Abzweigung in Ängelsfors) beginne man mit **SILFHYTTEÅ**, einer ehemaligen Anlage zur Eisenverhüttung inmitten schöner Natur.

■ Am Südende des Sees GRYCKEN, fast an der OSTGRENZE Dalarnas zu Gästrikland, liegt mit **STJÄRNSUND** eine der Perlen am Husbyring. Hier wirkte *Christopher Polhem*, ein TECHNISCHES GENIE des 18. Jhs. Die von ihm entwickelte »Stjernsundsuhr« wird bis heute produziert. Die gesamte Anlage, durchzogen von Kanälen und mit erhaltenen Bauten aus drei Jahrhunderten, lädt zu Spaziergängen ein, vor allem der ENGLISCHE PARK, der wieder hergestellt wurde. Kanuvermietung.

■ **KLOSTERS BRUK** heißt die nächste Hüttenanlage mit Staudämmen und kurzen Wasserschnellen. Von der Geschichte des Klosters berichtet das BRUKSMUSEUM.

■ In **HUSBY** am Dalälven sind Kirche, Gammelgård sowie Kungsgård kulturhistorisch interessant.

■ In **LÅNGSHYTTAN** treffen sich Vergangenheit und Gegenwart: *Avesta AB* stellt rostfreien Bandstahl her und eine BERGMANNSHÜTTE (Anfang 18. Jh.) erinnert an die lange Tradition der Eisengewinnung. Den Schlüssel zur Modellkammer hat das Brukshotel.

Ausflug nach Borlänge

ANFAHRT

Direkt auf der Str. 60 über Ornäs, oder in einem Bogen am Ostufer des Sees Runn über Vika und Torsång.

■ **ORNÄSSTUGAN**, Ornäs (Str. 60). 1.6.–31.8. Mo–Sa 11–18, So 12–16 Uhr. Tonbandkassette oder Text-Leihexemplar auf Deutsch. Führung zu jeder vollen Stunde, Dauer eine Stunde. Eintritt 40/10 SEK.

Das STATTLICHE mittelalterliche HOLZGEBÄUDE ist das älteste seiner Größe, das noch am ursprünglichen Platz steht (Mitte 15. Jh.). Ein Meisterwerk der Holzbaukunst ist allein das LOFT, das überkragende Obergeschoss mit Laubengang.

Anfang des 16. Jhs. gehörte der Hof dem Bergmann und Amtsgerichtsdirektor Arendt Persson. Der Überlieferung nach soll seine Frau den fliehenden *Gustav Vasa* auf dem Hof versteckt haben. 1753 gründete der damalige Besitzer *Jacob Brandberg* das »Museum« in Ornäs, wofür er alles zusammentrug, was er über Gustav Vasa fand, vor allem Erzählungen über die Abenteuer, die der spätere König auf der Flucht durch Dalarna zu bestehen hatte und die mündlich überliefert waren. Einige Veränderungen im Gebäude waren nötig, um es als Museum zu nutzen.

■ Die **VIKARBY KYRKA** in Vika ist schon im Waffenhaus faszinierend: Das Sterngewölbe wächst aus Menschenarmen empor. SCHNITZEREIEN des Mittelalters gehören mit zu den Kostbarkeiten in der Vorhalle. Das KIRCHENSCHIFF SCHMÜCKEN reiche MALEREIEN (1550) mit Motiven aus den Evangelien. Die Holzskulpturen stammen aus dem Mittelalter, einige davon sind Lübecker Arbeiten, die Maria mit dem Kind entstand im 13. Jh. in Süddeutschland. Das Triumphkruzifix datiert von 1150. Im Chorfenster sind mittelalterliche GLASMALEREIEN erhalten. Die Kirche stammt aus dem 15. Jh.

■ **TORSÅNGS GAMLA KYRKA**, etwa 14. Jh., ist eine AUF EINER HALBINSEL IM DALÄLVEN idyllisch gelegene mittelalterliche Kirche aus Feldsteinen und Ziegel, umgeben von einer grasbewachsenen Steinmauer. Dahinter versteckt sich ein kleiner, hölzerner Glockenturm. Die Vorhalle (Waffenhaus) aus Ziegelwerk überrascht im oberen Teil und über der schweren Eingangstür zum Kirchenschiff mit WIKINGERORNAMENTEN. Sterngewölbe im Kirchenschiff, Kreuzgewölbe im Seitenschiff, die Mannsgestalten bilden. Die geschnitzte, bemalte KANZEL datiert von 1624. Das Taufbecken: Der Fuß aus Kalkstein stammt aus dem 13. Jh., das Oberteil aus Holz entstand 1715 und die Messingschale in den 1920er Jahren.

INFORMATION

■ **BORLÄNGE TURISTBYRÅ**, Sveagatan 1, SE–78433 Borlänge, Tel. 0243–665 66, Fax 660 06, Internet: www.borlange.se. Mitte Juni–Mitte August Mo–Fr 9–19, Sa 10–16 Uhr, So 11–17 Uhr, sonst Mo–Fr 10–18, Sa 10–14 Uhr.

SEHENSWERTES

■ **JUSSI BJÖRLING MUSEUM**, Borganäsvägen 25, Tel. 742 40. 15.5.–15.9. Mo–Fr 11–18, Sa 10–14, So 12–17 Uhr, sonst Di–Fr 12–17 Uhr. Eintritt 40/0 SEK.

Diese Gedenkstätte für einen der GRÖSSTEN TENÖRE im 20. Jh. bietet eine Sammlung für Auge und Ohr. *Jussi Björling* wurde 1911 in Borlänge-Tuna geboren. Sein Vater David war Opern- und Konzertsänger und Gesanglehrer. Zeitig unterrichtete er seine drei ältesten Söhne Gösta, Olle und Jussi in Gesang und ging auf Tournee mit ihnen. Zu Beginn der Amerika-Tournee war Jussi gerade 8 Jahre alt. Seine Karriere ging steil bergauf, man verglich ihn häufiger mit Enrico Caruso. Mit erst 49 Jahren erlag er 1960 einem Herzinfarkt. – Beim Betrachten der Kostüme aus vielen Rollen darf man der herrlichen TENORSTIMME lauschen. Björlings PLATTENKARRIERE begann 1930; viele seiner Aufnahmen sind hier auf CD gesammelt, interessant auch die Vergleiche mit der Stimme Carusos.

■ **FRAMTIDS MUSEUM**. Jussi Björling väg 25, Tel. 0243 – 793 900, www.framtidsmuseet.se. Mo 13–17 Uhr, Di–Fr 10–17 Uhr, Sa+So 12–17 Uhr. Eintritt 25/15 SEK.

Das ZUKUNFTSMUSEUM spricht besonders Kinder an, ob das Begrüßungskomitee, ein witziger STRAUSS auf Holzbeinen mit Schnabel sowie Füßen aus Schuhspannern, das Krokodil aus Autoreifen, Fledermäuse aus Regenschirmen etc. Sie können Detektiv spielen, Technik und Naturwissenschaft spielend entdecken, verschiedene Experimente ausprobieren, auf Zeitreise gehen, Gleichgewichtssinn, Farbblindheit kennen lernen usw. Im KOSMORAMA RYMDTEATER, dem Weltraumtheater, sind die Sterne zu greifen...

■ **GEOLOGISKA MUSEET**, Floragatan 6, Tel. 211 092. 1.6.–31.8. Mo–Fr 11–17, Sa 11–14, sonst Sa 11–14 Uhr. Eintritt 20/5 SEK.

Mehr als 5.000 Mineralien, Kristalle und Edelsteine aus aller Welt sind hier versammelt. Die Geologie DALARNAS mit, unter anderem, dem sehr harten Gestein PORPHYR, wird besonders herausgestellt.

■ **GAMMELGÅRDEN**, Gammelgårdsväg 2, Tel. 211 024. Etwa 12.6.–15.8. Di–So 11–17 Uhr, Führungen. Eintritt 20 SEK.

Auf dem hügeligen Gelände am Dalälven bewahrt dieses FREILICHTMUSEUM mit mehr als 30 Gebäuden aus dem Umland die Vergangenheit der Gemeinde, vom Steinzeitalter bis zum Schulmuseum von 1920. In einem kleinen Tal liegen eine Freilichtbühne sowie die Tanzdiele. Die Mittsommerfeier findet hier statt.

RUND UM BORLÄNGE

■ Die **STORA TUNA KYRKA** (Buskåker, Str. 70) entstand um 1469, danach folgten einige Umbauten. Der IMPOSANTE Kirchenbau, dessen hoher Turm (1917) von weitem zu sehen ist, sollte einst ein Dom werden. Im Mittelschiff sind mittelalterliche Malereien bewahrt, auch Triumphkruzifix und Taufbecken stammen aus dieser Zeit, die Kanzel aus 1757. Zu Ehren des Psalmdichters *Johan Olof Wallin* (1779 in Tuna geboren) errichteten der »schwedische König und die schwedischen Männer« vor der Kirche einen Gedenkstein. Auf dem Friedhof ruht der Tenor Jussi Björling (siehe oben), der in Stora Tuna Gammelgård geboren wurde.

■ Die grüne Oase **FROSTBRUNNSDALEN** erstreckt sich schräg gegenüber der Kirche. In das ausgeschilderte NATURRESERVAT führt ein schmaler Pfad hinab zu einer Lichtung mit einem Teich. Auf der Wiese stehen Tischgruppen und im roten Holzhaus dahinter lädt ein Café zum Rasten ein. Auf der einen Seite führt der Weg zu einem Wasserbecken. Sieht man genau hin, erkennt man die vielen kleinen pulsierenden Quellen am Grund. Das Wasser ist rein und von guter Qualität und versorgt zum großen Teil Borlänge mit Trinkwasser. Auf dem Weg in das Tal umgibt den Spaziergänger üppiges Grün, säumen große Straußenfarne den Weg. Lange, frische Kratzspuren mit einem Pfotenabdruck weisen auf einen Dachs hin. Auch am späten Abend zwitschern noch vereinzelt Vögel, zur richtigen Jahreszeit hört man die Nachtigall schlagen, morgens stehen vielstimmige Konzerte an. Nach rund 1 km überquert eine HÄNGEBRÜCKE den inzwischen breiteren Fluss; der Weg führt zur Straße, über die man wieder zum Ausgangspunkt gelangt.

Verschiedenes

■ **SIGHTSEEING**: Stadtwanderung durch die Viertel, organisiert vom Touristenbüro. – BOOTSRUNDFAHRTEN auf dem See RUNN, ab Slussen mit der »M/S Slussbruden«.

■ **ANGELN**: gute Bedingungen vor allem in BJURSÅS, ENVIKEN, SVARTNÄS und SVÄRDSJÖ.

■ **BADEN**: beheiztes Schwimmbad LUGNET. – Mehr als 20 offizielle Badeplätze in der Umgebung.

■ **RAD FAHREN**: Fahrradkarte mit dem Stadtgebiet im Touristenbüro. – Schöne Tour AM SEE RUNN ENTLANG NACH BORLÄNGE (siehe oben).

■ **KANU**: Eine beliebte Kanustrecke führt von Lamborn, im nördlichen Gemeindegebiet, u.a. über die Seen BALUNGEN, VÅGSJÖN, SVÄRDSJÖN und TOFTAN in den RUNN. Diese Route ist mit entsprechenden Einrichtungen versehen und garantiert viel Natur in einer schönen, alten Kulturlandschaft. – PRÅMLEDEN ist eine rund 30 km lange Tour (von Edsken nach Långshyttan) südwestlich von Falun, im Gebiet des Husbyringen (siehe unter »Ausflüge«).

KANUVERMIETUNG: in Korså, am See HINSEN.

■ **WANDERN**: In der Nähe von Falun bieten sich einige schöne Wanderungen an. Sehr zu empfehlen ist der 35 km lange VILDMARKSLEDEN (der Wildnispfad), der von Bjursås (Freilichtmuseum Dössberget) über Andersbo, Sörskog, Fänriksberget und Björnberg wieder nach Bjursås zurückführt. – Trimmpfade und andere Wege beginnen nördlich vom Skistadion Lugnet.

Das Touristenbüro hat eine Broschüre mit TOURENVORSCHLÄGEN.

■ **WINTERSPORT**: Eine besondere Attraktion ist Faluns modernes Sport-, Freizeit- und Erholungszentrum LUGNET (»die Ruhe«). Als großes Wintersportzentrum, am Rande des Stadtkerns gelegen, verfügt es über Loipen, Slalomhänge, Sprungschanzen und Biathlonanlage. Hier finden, meistens im März, regelmäßig Weltcupveranstaltungen statt. – Slalomhänge gibt es auch bei BJURSÅS, KÄLLVIKEN und SVÄRDSJÖ. Loipen sind im Winter allgegenwärtig.

■ **KUNSTHANDWERK**: DALARNAS HEMSLÖJD, Stora Torget Mo–Fr 10–18, Sa 10–14 Uhr. – GALERIE M 8, Matsarvsvägen 8, Grafiken u.a. – FALU KONSTGRAFISKA VERKSTAD, Blindgatan 44, Mo–Do 10–15 Uhr.

■ **ÄRZTLICHE VERSORGUNG**: *Falu Lasarett* (Krankenhaus), Svärdsjögatan, Tel. 492 000.

Weiterreise

■ **FLUGZEUG**: *Dala-Airport,* Flughafen in Borlänge (25 km), Inlandflüge sowie nach Kopenhagen.

■ **BAHN**: X 2000, Intercity und regionale Zugverbindungen.

■ **BUS**: *Tullkammare,* am Bahnhof; regionaler Verkehr mit *Dalatrafik,* außerhalb Dalarnas: *Länstrafik.*

■ **AUTO**: **NACH LEKSAND (SILJAN)**. Entweder schnell auf Str. 80 und vor Bjursås Richtung Leksand abzweigen; in **BJURSÅS** grüßt an der Straße die große Skulptur eines Bibers die Vorbeifahrenden; hier lohnt ein Abstecher zum Freilichtmuseum DÖSSBERGETS FRILUFTMUSEUM (Mitte Juni bis Mitte August täglich 12–18 Uhr): Unter den rund 25 Gebäuden ist auch das Haus des Malers *Mats Persson Stadig*, der für seine Gemälde im Dalarna-Stil (19.Jh.) bekannt ist; daneben sind Pferdefuhrwerke und landwirtschaftliche Geräte zu besichtigen; Übernachtung in einer Sennhütte/Fänriksbo möglich; Ausgangspunkt zum 35 km langen Wanderweg Vildmarksleden (siehe oben unter »Verschiedenes, Wandern«) Übernachtung in Sennhütten. Oder in einer Schleife über Borlänge und die Str. 70; in GAGNEF möglicher Abstecher zu den PONTONBRÜCKEN (Flottbro), beschrieben im Siljan-Kapitel unter »Rund um Leksand«, ebenso wie weitere Ausflugsziele im Südwesten der Stadt am Siljan, womit die Fahrt von Falun nach Leksand zu einem abwechslungsreichen Tagesausflug werden kann, Unterkunft außerhalb der Stadt denkbar.

NACH RÄTTVIK (SILJAN). Entweder flott auf Str. 80 vorbei an Bjursås (siehe oben). Oder in einer Nordwestschleife über Svärdsjö, Enviken (beide siehe unter »Ausflüge«) und den kleinen Ort **BINGSJÖ**: dort liegt abseits der Hauptstraße die kleine Siedlung DANIELSGÅRDEN (Ende des 18. Jhs. Bekannt wurde sie wegen ihrer WANDMALEREIEN im typischen Dalarna-Stil. Die Alterstreppe ist wohl eines der bekanntesten Motive, der Maler *Winter Carl Hansson* (1777–1805) gilt als ein Meister der Dalmalerei; erfragen sie vorher die Öffnungszeiten. Wenn Anfang Juli BINGSJÖSTÄMMAN stattfindet, dann ist hier kaum ein Platz zu erhaschen: Das landesweit größte Spielmannstreffen wirbt mit dem Untertitel »die Nacht, in der die Fideln nicht verstummen«. Die nahe gelegene kleine HOLZKAPELLE stammt aus dem Jahr 1792, die Kanzel mit geschnitzten Figuren aus dem 17. Jh. Typisch für die Gegend sind die naiven Malereien mit biblischen Motiven an der Emporenbrüstung. Gut 200 Jahre zählt der Glockenturm: Wenn die Glocken läuten, sitzt einer auf der Empore und tritt kräftig mit den Füßen. Nur geöffnet, wenn der Küster zugegen ist.

NACH OSTVÄRMLAND. Auf den Str. 60 und 63 über Ludvika nach Filipstad; hinter Hällefors empfiehlt sich der Abstecher auf der Str. 244 nach GRYTHYTTAN zum einzigartigen »Haus der Mahlzeiten«, vorgestellt im Kapitel Ostvärmland unter »Filipstad, Ausflugsziele« (siehe die Seite 441).

Am Siljan-See

Der Siljan, Schwedens fünftgrößter See, ist zusammen mit den Seen ORSASJÖN, SKATTUNGEN, ORESJÖN in eine Landschaft eingebettet, deren »Urknall« VOR 3 MILLIONEN JAHREN ein METEORITEN-EINSCHLAG war. Den letzten Schliff vollbrachte die letzte große Eiszeit. Vor 9.000 Jahren verlief hier noch eine Küste, war der Siljan ein Teil des Meeres. Die Strandlinie lag 50 m höher, wovon noch Zeugen aufzuspüren sind.

Der Siljan misst in seiner größten Breite 25 km, in der Länge 35 km und die tiefsten Stellen liegen bei 133 m. Über die Schönheit der Natur kann die Statistik nichts aussagen. Fahren Sie um den See, erleben Sie die Vielfalt der Natur und ständig neue Panoramen der Seenlandschaft inmitten der Wälder und der blauen Berge am Horizont, nehmen Sie Teil am kulturellen Leben dieser Gegend.

Die MITTSOMMERFEIERN hier sind im ganzen Land bekannt; feiern Sie mit, in einem kleinen Dorf abseits der gämgigen Wege. Fast jeder Ort hat Besonderheiten, handwerkliche Traditionen, eigene Trachten, seine Spielleute sowie seine Sagen. Schon der dänische Märchenerzähler H.C. Andersen ließ sich bei einem Aufenthalt in Leksand von dieser Landschaft begeistern und inspirieren...

INFORMATION

Die Touristenbüros verkaufen Karten für Veranstaltungen und Fahrkarten für Bus und Zug.

■ **DALARNA** und **SILJAN TURISM**: www.dalarna.se auch auf Englisch, www.siljan.se auch auf Deutsch.

■ **ÖFFNUNGSZEITEN** der vier Touristenbüros: 15.6.–10.8. Mo–Fr 9–20, Sa+So 10–17, Mitte August Mo–Fr 9–18, Sa 10–16, sonst Mo–Do 10–17, Fr 10–18 Uhr.

■ **SILJAN TURISM MORA**, Stationsvägen 3, SE–79230 Mora, Tel. 0250–592 020, Fax 567 610, www.mora.se.

■ **SILJAN TURISM ORSA**, Dalagatan 1, SE–79430 Orsa, Tel. 0250–552 550, Fax 552 551, www.orsa.se.

■ **SILJAN TURISM RÄTTVIK**, Stationshuset, Box 90, SE–79522 Rättvik, Tel. 0248–797 210, Fax 797 211, www.rattvik.se.

■ **SILJAN TURISM LEKSAND**, Järnvägsstationen, SE–79322 Leksand, Tel. 0247–796 130, Fax 796 131.

LEKSAND

Leksand, das HERZ DALARNAS, hieß einst Noret. Eine Holzkirche hat es schon früh gegeben, die jetzige entstand auf derselben Stelle nahe am See und das Kirchspiel konnte sich rühmen, die größte Kirchbootflotte am Siljan zu haben. Noret ist heute das Zentrum Leksands, an der Südspitze des Siljan-Sees, der hier den breiten Sund Österviken bildet. Der Ausfluss des Sees ist der ruhig strömende Österdalälven, der jetzt wieder als Fluss auftritt. In Djurås trifft er auf den »wilderen« Västerdalälven – gemeinsam fließen sie als DALÄLVEN zur Ostsee.

Zu Leksand, südlichste Gemeinde im Siljan-Gebiet, gehört das malerische Dorf TÄLLBERG, mit alten Blockhäusern und einem herrlichen Blick auf den See. Einige der Blockhäuser sind Hotels, acht an der Zahl, die von der schönen Lage profitieren. Das Ortsbild wurde jedoch bewahrt und Neubauten mussten sich weitgehend der örtlichen Bautradition anschließen. SILJANSNÄS liegt auf der gleichnamigen Halbinsel im Siljan und kann mit dem Aussichtspunkt BJÖRKBERGET aufwarten. Im Westen ist die Landschaft bergig und waldreich und hat noch so etwas wie Wildnischarakter. Den Dörfern rundum ist die weitgehend erhalten gebliebene BÄUERLICHE TRADITION und die typische falu-rote Farbe der Häuser gemein, etwa in TIBBLE und ULLVI, östlich von Leksand.

■ **LEKSANDS KYRKA** stammt in ihren ältesten Teilen aus dem 13. Jh., wurde seitdem aber mehrmals umgebaut. Ihr heutiges Aussehen mit dem markanten ZWIEBELTURM erhielt sie 1709. Den Innenraum dominiert eine lichte SÄULENHALLE mit vier Emporen, für Männer, Frauen, Soldaten und den Chor. Reste mittelalterlicher Gewölbemalerei und Malereien des 18. Jhs. auf der Brüstung der Soldatenempore kamen im Rahmen einer Restaurierung 1971 zum Vorschein. Besonders wertvoll sind das Triumphkruzifix (um 1400) und eine Madonna von *Andrea della Robbia.* Das Sterngewölbe datiert von 1470, die Einrichtung ist barock, das Glasmosaik im Chor erst rund 100 Jahre alt, der hölzerne Glockenturm *(klockstapel)* 1628 errichtet.

■ **HEMBYGDSGÅRDEN**: HEIMATMUSEUM nahe der Kirche, mit dem ATELIER von *Winter Carl Hansson*, einem bedeutenden VERTRETER DER DALMALEREI. Mitte Juni bis Anfang August 12–16 Uhr.

■ **LEKSANDS KULTURHUS**, Kyrkallén, beherbergt neben Bibliothek und Info-Büro KULTURHISTORISCHE Ausstellungen zur Dalmalerei (mit Werken von Winter Carl Hansson), Textilkunst, eine Trachtengalerie – die Leksander Trachten sind besonders schön – und Interessantes zur Geschichte des Holzbaus in Blockbautechnik. Wechselnde Kunstausstellungen, preisgekrönte Architektur. Mitte Juni bis Mitte August Mo–Fr 11–17, Sa 11–16, So 13–16, sonst Di–Fr 11–16, Sa 11–14 Uhr. Eintritt bei Sonderausstellungen.

■ **LEKSANDS HEMSLÖJD** nebenan ist eins der führenden Kunstgewerbegeschäfte. Kleines TEXTILMUSEUM. Mo–Fr 10–18, Sa 10–13 Uhr.

■ Die TOTEISMULDE **SAMMILSDAL** ist ein Relikt der letzten Eiszeit. In dem »Amphitheater« wird der Mittsommerbaum *(majstång)* aufgestellt sowie Mitte Juli das Volkstheaterstück »Himlaspelet« aufgeführt. Es geht um Sitte und Moral, geschrieben 1941 von *Rune Lindström*. Profis und Laien stehen auf der Bühne, Tänzer und Spielleute.

■ **HILDASHOLM**, Tel. 100 62. 1.6.–15.9. Mo–Sa 11–18, Sa 13–18 Uhr. Führung zu jeder vollen Stunde, die letzte um 17 Uhr. Anmeldung von Vorteil. Eintritt 60 SEK.

Das große Holzhaus in einem zauberhaften Park nördlich der Kirche war das HOCHZEITSGESCHENK des

Arztes *Axel Munthe* an seine junge Frau *Hilda.* Axel war Leibarzt ihrer Majestät, Königin Victoria, und somit viel auf Reisen; seine Frau war Engländerin, doch oft in Frankreich aufgewachsen. Bei hatten an einigen Orten in Europa ein Heim, Hildasholm wurde ihr Treffpunkt im Sommer. Der Garten war Hildas große Passion, man zehrt bis heute davon. Ihr exquisites Heim beeindruckt als Ganzes, nach und nach wird man die einzelnen KOSTBARKEITEN gewahr, vom 17. bis zum 20. Jh., Mobiliar und Kunst aus Europa. Für Liebhaber schöner WOHNKULTUR ein Bonbon, durch die Führung erfüllt mit Leben dank interessanter Geschichten zur Familie und ihren Erlebnissen.

RUND UM LEKSAND

■ **ÄVENTYRET SOMMARLAND**, Leksand, Tel. 139 39. Ende Mai bis 30.6. sowie 1.8. bis etwa 20.8. täglich 10–17 Uhr, im Juli 10–18 Uhr. Eintritt 165 SEK, darin enthalten alle Vergnügungen, rund 80 Aktivitäten für Kleine, Größere und Ältere: Geschicklichkeitsparks, Reiten, Elektroautos, Go-Karts, Wasservergnügen, und von fast überall den Blick auf den Siljan, übrigens mit eigenem BADESTRAND. In einer Umfrage per Radio und Zeitung wurde das Sommerland in Leksand zum BESTEN in Schweden gekürt.

■ **KLOCKARGÅRDEN**, Tällberg, Tel. 502 60, www.klockargarden.com.

Der Glockenhof ist ein bekannter Hotel- und Restaurantkomplex im Siljan-Gebiet. Von der Terrasse des Cafés – Spezialität sind Waffeln mit Sahne und MOLTEBEEREN – blickt man auf den See. Im Handwerkshof arbeiten etwa 10 Kunsthandwerker, Mitte Juni bis Mitte August täglich 10–20 Uhr, Mi nur bis 18 Uhr.

In der BAGARSTUGAN wird *tunnbröd* gebacken und zum Lunch Suppe serviert. Zum FÄBODTUN wurden ein Vorratshaus und eine Schmiede (17. Jh.) und weitere Hütten (19. Jh.) versetzt, sie dienen wechselnden Zwecken. Man hat *Stina Sunessons* Atelier rekonstruiert, mit der Staffelei und einigen ihrer Bilder.

■ **HEMBYGDSGÅRDEN HOLEN**, Tällberg. 15.6.–5.8. tägl. 12–16 Uhr.

10 Gebäude aus dem 17.–19. Jh. *Gustaf Ankercrona*, Künstler und Architekt, wurde 1869 in Huskvarna (Småland) geboren. Einige Studienjahre verlebte er in München. Eine Kunstgewerbeausstellung in Gävle (Gästrikland) faszinierte ihn derart – vielleicht waren es auch die blonden Leksander Schönheiten in ihren Trachten –, dass er schrieb: »Einen Tag später war ich am Siljan.« Das war 1901. Er sollte sein Leben lang hier bleiben. In der Pension *Gästis* durfte er gratis wohnen, kein übles Geschäft für die Leiterin, denn sein Talent, Geschichten und Anekdoten zu erzählen, zog viele Gäste an.

Um 1900 war man vielerorts bestrebt, gewachsene Kultur während der Umbruchphase im Rahmen der Industrialisierung zu bewahren; als Vorbild diente das Freilichtmuseum Skansen in Stockholm. In Dalarna gehörte Gustaf Ankercrona zu den Initiatoren, die sich diesem Ziel verschrieben, Heimatvereine und den Kunstgewerbeverein gründeten. Er erwarb 1908 das Grundstück Holen, wofür er bautechnisch interessante Holzhäuser aus mehreren Dörfern erstand, die er als Vierseitenhof aufstellen ließ. In der KÄLLSTUGAN aus dem 19. Jh. wohnte er, in den Eckgebäuden richtete er sich Schreibzimmer und Atelier ein. Später kamen ein Pferdestall und die parstuga hinzu, die er zur KAFFESTUGA umbauen ließ. Ankercrona verstarb 1933.

Die Kaffeestube ist urig und weniger kommerziell als etwa Klockargården. Man hat zwar nicht von jedem Platz Blick auf den See, dafür mehr Natur rundherum, und man kann sich ins Grüne setzen. Kaffee mit påtår oder Waffel mit Sahne und Marmelade (sylt) 16–29 SEK.

■ **KARLFELDTGÅRDEN**, Sångs i Sjugare. Str. 70, am Nordufer des Opplimen in Sjugare. Sommer-Führungen durch den Garten, die Dichterlaube, Diashow. 1.6. bis Ende Juli Sa 13 u. 14 Uhr, ab Ende Juni auch Di+ Do. An diesen Tagen darf man auch alleine durch den Garten wandern. Das Haus ist nämlich bewohnt.

Der Dichter *Erik Axel Karlfeldt* (1864–1931) war ab 1904 Mitglied der Schwedischen Akademie. Der Nobelpreis für Literatur wurde ihm posthum 1931 verliehen. Anfang des 20. Jhs. war es unter dem Eindruck der nationalromantischen Strömungen in Künstlerkreisen modern, zu den eigenen Wurzeln zurückzukehren, sich auf dem Lande niederzulassen. Karlfeldt, im südlichen Dalarna geboren, ist einer der Dichter, in dessen lyrischen Werken »Fridolins Poesie«, »Flora und Bellona« u.a. Dalarna mit der uralten Bauernkultur in Stimmung, Stoff und Wortwahl lebt. Er prägte den Begriff der »Dalmalerei« *(dalmålningar)*. 1921 kaufte er diesen Hof aus dem 17. Jh. als Sommersitz. Bei der Instandsetzung beriet ihn sein Freund, der Architekt und Künstler Gustaf Ankercrona (siehe oben). Heute ist sein Heim mit dem wunderschönen, in Terrassen angelegten und zum See abfallenden Garten zugänglich.

■ **FRÄSGÅRDEN**, Ytterboda, 7 km nördlich Leksands. Mitte Juni bis Anfang August täglich 12–16 Uhr.

Prächtiger Vierseitenhof (18. Jh.) mit reichhaltigem Inventar, der die bäuerliche Lebenswelt eines begüterten Großgrundbesitzers zeigt.

■ TEXTIL-HANDDRUCKEREI **JOBS**, Norra Västanvik 201, Tel. 12222, www.jobshandtryck.se. 1.6.–31.8. Mo–Fr 10–18, Sa+So 10–16, sonst Mo–Fr 9.30–16.30, Sa 10–15 Uhr.

5 km nordwestlich Leksands hat Jobs in fast 60 Jahren internationale Bekanntheit erlangt. Der Anfang liegt in der Künstlerfamilie Jobs, die zunächst mit keramischen Arbeiten in den 1930er Jahren auf WELTAUSSTELLUNGEN vertreten war. Als mit dem Zweiten Weltkrieg der Import von keramischen Farben und Glasuren unmöglich wurde, verlegte die Familie ihren Schwerpunkt auf Textilkunst: Seit 1944 werden in der von *Peer Jobs* gebauten Textilwerkstatt in VÄSTANVIK am Siljan meterweise Leinen, Halbleinen oder Baumwolle mit wunderschönen alten wie neuen Mustern bedruckt (siehe nächste Seite). Die Liebe zur Natur brachte viele Ideen mit Blumen- und Pflanzenmustern hervor, auch Dalmalereien waren Inspirationsquellen. In

Zu Besuch bei Jobs ▶

BEI JOBS ÜBER DIE SCHULTERN GESCHAUT

Die einzigen Maschinen sind eine Nähmaschine und ein elektrischer Mixer für die Farben! Alles andere wird von Hand gemacht, nach den selben Methoden wie vor fast 60 Jahren. Verarbeitet werden hochwertige Stoffe aus Belgien, Finnland oder der Schweiz, die Farbpigmente kommen aus Deutschland. Erst muss der genaue Farbton gemischt werden, den der Künstler vorgegeben hat. Die Farbemulsion, angesetzt mit Meeresalgen, wird alle vier Tage erneuert. Diese Prozedur ist zeitaufwändig, ebenso die Vorbereitung der mit dünner Gaze bespannten Druckrahmen. Jeder Farbauftrag benötigt einen eigenen Druckrahmen, zum Beispiel rot. Alles was nicht rot sein soll, wird mit Lackfarbe abgedeckt.
An einem Tag können an den beiden 30 m langen Drucktischen 60 m Leinen mit etwa 10 Farben bedruckt werden, das heißt zehn Arbeitsgänge mit je einem Druckrahmen. Es ist faszinierend zu sehen, mit welcher präzisen Gleichförmigkeit die Drucker arbeiten. Nach jedem abgeschlossenen Druckvorgang wird der Rahmen gesäubert. Da der Stoff auf einer geheizten Gummimatte liegt, ist die Farbe angetrocknet, bevor der nächste Farbauftrag mit dem nächsten Druckrahmen beginnt. Ist das Muster komplett, werden die Stoffbahnen unter die Decke gezogen, damit die Farben durchtrocknen können.

der DRITTEN GENERATION verwendet Jobs immer noch sieben Muster der Schwestern *Lisbet* und *Gocken Jobs* (aus der ersten Generation) im Druck. Anfertigungen neuer Schablonen sind leider zu kostenintensiv. Die weitere Arbeit übernimmt die Weberei in Leksand. Zur Farbfixierung muss der Stoff eine Nacht in einem Ofen bei 180 °C trocknen. Danach wird er in einer Seifenlauge gewaschen, um die überschüssigen Farbanteile zu entfernen. Durch die Temperatur beim Trocknen und Waschen wird der bedruckte Stoff unempfindlich gegen die Sonne, die Farben verbleichen nicht.

Zu den heutigen Künstlern gehören u.a. die Blumenmaler *Eva Nordbom* und *Cecilia Hall.* Die Stoffe von Jobs sind vielseitig verwendbar, von hoher Qualität wie künstlerischem Wert – sie sind einfach schön.

Das Verkaufsladen JOBS BODEN führt alle Stoffe, die hier hergestellt werden.

■ **SILJANSNÄS NATURUM**, Björkberget, Tel. 221 05 und 233 00. 15.6.–31.7. täglich 11–20, 1.8.–25.8. 11–18, ab Mitte April und bis Ende September Sa+So 11–16 Uhr, sonst täglich 11–16 Uhr. Eintritt 40/20 SEK. Text-Leihexemplar auf Deutsch.

Auf der anderen Seite der Bucht Österviken informiert ein Naturum auf dem Björkberg über die Geologie, Flora, Fauna und Kulturhistorie Dalarna mit Schwerpunkt SILJANSBYGDEN, beginnend mit der letzten Eiszeit. Herausragend die Ausstellungen über Säugetiere, Naturreservate, Sennereien sowie die vier großen Raubtiere Nordeuropas: Bär, Wolf, Luchs und Vielfraß. Im Bienenstock summt es geschäftig, auch Aquarien sind zu betrachten. Im Videoraum und im Lesezimmer kann man das Gesehene weiter vertiefen.

Durch das NATURRESERVAT verlaufen Wege, der Naturlehrpfad ist mit Texten auch auf Deutsch versehen. Vom AUSSICHTSTURM liegt den Betrachtern der Siljan zu Füßen.

■ Der **LIMSJÖN**, östlich Leksands und im Naturum vorgestellt, ist RENATURIERT und wieder eine Heimstatt für viele Vogelarten geworden. Mit Glück können sie Kraniche und große Brachvögel beobachten oder Rohrsänger hören. Auf den Weiden grasen schottische Hochlandrinder, einige Fjällkühe sowie *rödkulla,* die Milchkuh-Rasse Dalarnas. Um den See führt ein 7 km langer WANDERWEG, teilweise für Rollstühle geeignet. Es gibt vier Beobachtungstürme und ein Beobachtungsversteck. Karte im Touristenbüro.

■ **ALFÉNGÅRDEN**, Tibble. Um 20.6.–20.8. Di–So 12–16 Uhr, Führung um 12,13,14,15 Uhr. Um 16 Uhr Video oder Diashow. Eintritt 60 SEK.

Hugo Alfvén (1872–1960) war einer der bekanntesten Komponisten Schwedens, dessen Talent frühzeitig erkannt und gefördert wurde, indem er ein Stipendium erhielt sowie von Violinvirtuosen unterrichtet wurde. Mit 19 war er erster Geiger in der Hofkapelle in Stockholm, 1896 wurde seine erste Violinsonate aufgeführt. Von seinen zahlreichen Kompositionen sind die nationalromantischen Werke die bekanntesten. Im Ausland wurde er auch als Chorleiter und Dirigent bekannt. Finanziell stand es nicht immer zum Besten; die Scheidung von der ersten Frau zwang ihn zum Verkauf seines Anwesens in Tällberg. Der Bau dieses Hauses in Tibble wurde durch eine nationale Sammlung finanziert und war ein Geschenk zum 70. Geburtstag des Komponisten. Das kultivierte Heim mit Werken seiner Künstlerfreunde und eigenen Bildern, mit Musikzimmer samt Steinwayflügel, dem schönen Wohnzimmer mit einem alten Hammerklavier und vielem mehr fungiert als Gedenkstätte. Hugo Alfvén starb in Leksand und fand dort seine letzte Ruhestätte.

RUNDTOUR GAGNEF–DALA-FLODA

An der Str. 70 liegt Gagnef, mit zwei Pontonbrücken – FLOTTBRO – über den Österdalälven, eine in Gagnef (im Dorf Flottbrovägen, in Richtung Ångbrokajen), die andere ein Stück flussaufwärts in ÖSTERFORS (durch Gagnef sowie den Schildern folgen, links halten).

■ Lang ist's her, da waren die FLÜSSE DER LEBENSNERV der Dörfer. Um 1561 verkehrten bereits Fähren, die rund 200 Jahre später die **PONTONBRÜCKEN** ersetzten. Für das Flößen machte man den Mittelteil der Brücke in der zweiten Hälfte des 19. Jhs. schwenkbar; später benutzten auch Dampfschiffe die Öffnung. Von den auswärtigen Brückenbenutzern erhob man BRÜCKENZOLL: 1 Person 2 Öre, mit Kuh 5 Öre, mit Pferd und Wagen 10 Öre. In Gagnef dürfen Pkw mit 20 km/h die 196 m lange und 4,5 m breite Brücke überqueren.

Die Österforsbrücke ist Fußgängern vorbehalten, zum Fotografieren ist sie das schönere Objekt. Das 144 m lange Bauwerk steht UNTER DENKMALSCHUTZ.

■ Sehenswertes in **GAGNEF**: In der KIRCHE Chorfenster mit Dalmalereien, Lübecker Flügelaltar, die Rückseite bemalt von *A. Pictor,* St. Göran und der Drache, gemalt von *Ottilia Adelborg.* – Die Künstlerin gründete 1903 im Ort eine Klöppelschule; das SPITZENMUSEUM im alten Pfarrhaus basiert auf ihrer Sammlung, zu der Zeichnungen sowie Aquarelle gehören. Im Juli täglich 13–16 Uhr. – GAGNEF MINNESSTUGA, schön gelegen mit Blick auf Österdalälven und Pontonbrücke, entstand ebenso auf Initative von »Fröken Ottil«, die somit 22 Gebäude der Nachwelt erhielt. Auch Trachten sind zu sehen.

■ In Djurås mündet die Str. 71 nach Dala-Floda. Wenn Sie an der Kreuzung hinter der Österdalälven-Brücke den Schildern **ÄLVMÖTET** im Ortsteil Mjälgen folgen (P-Platz am Krankenhaus), führt ein Fußweg zu einer kleinen Anlegestelle am Fluss und von dort ein Spazierweg auf die Anhöhe oberhalb des Flusstals. Von hier überblickt man das Zusammenfließen der Ströme Österdal- und Västerdalälven, die gemeinsam als DALÄLVEN in südöstlicher Richtung zur Ostsee fließen.

■ Sehenswert in **DALA-FLODA**:die betagte hölzerne HÄNGEBRÜCKE, die mit 30 km/h von jeweils einem Fahrzeug unter 3 t befahren werden darf: Länge 158 m, gebaut 1922, niedergebrannt 1980, wieder aufgebaut, 1983 vom Königspaar eingeweiht. Flussabwärts gibt es eine kleinere Brücke nur für Fußgänger und Radfahrer. – Auf der anderen Seite der Hangebrücke liegt das HEIMATMUSEUM mit zehn Gebäuden: Juli Mo–Fr 11–15 Uhr. Hervorzuheben sind die Trachten von Dala-Floda, Unikate bekannt für Stickereien in Wolle, meist farbstarke Blüten auf rotem oder schwarzem Grund. – In WÅHLSTEDS TEXTILVERKSTAD in Hagen 15 (der Straße folgen) werden exklusive Garne gesponnen; in der Spinnerei darf man dabei zusehen. Verkauf Mo–Fr 10–18 Uhr. – Das Freilichtmuseum KVARNA, westlich der Kirche auf der anderen Seite der Str. 71, umfasst u.a. einen Kohlenmeiler und eine Mühle – im 17. Jh. mahlten hier fünf Mühlen von Montag bis Freitag ganzjährig Korn.

■ Die MÄCHTIGE STROMSCHNELLE **FÄNFORSEN** im Västerdalälven bei Björbo, 10 km flussaufwärs, hat ein GEFÄLLE von 9 m auf 900 m Strecke, prädestiniert zum Wildwasserpaddeln, Wasserfallsurfen und Rafting mit Gummibooten. Am Flussufer ist ein lauschiger Naturrastplatz angelegt, mit Angelsee und Pfaden am Ufer entlang. Gaststätte vor Ort.

Fürs **RAFTING** muss man sich anmelden: 3 Touren je Tag, Dauer um 2,5 Stunden, Preis um 400 SEK; mitzubringen sind Badesachen, Handtuch, Sportschuhe, bei kaltem Wetter Regenjacke, dicker Pulli, warme Sachen für danach! Neoprenanzug, Schwimmweste und Helm werden gestellt. Veranstalter ist: *Dalarnas & Värmlands Aventyrscentrum,* Tel. 0241–234 50. Sicherheit durch Kontrollen und erfahrenes Personal. Im Angebot sind auch ruhige Familienfahrten auf dem Fluss und Draisine-Touren auf Gleisen der INLANDSBAHN. Start/Ziel in Oforsen, 15 km nördlich von Lesjöfors. AUSKUNFT: Ulfshyttan 6, SE–78196 Borlänge, Tel. 0243–251107, Fax 251334, www.dalarnasaventyr.se.

■ **VÄRDSHUSET DALA-FLODA**, Badvägen 6, Tel. 0241–220 50. Mo–Sa 12–14.30 sowie ab 19 Uhr, www.dala-floda.net.

Zurück nach Dala-Floda: ein Garten zum Träumen, ein beschauliches, ansprechendes Hotel mit Zimmern im alten Stil, jedes anders gestaltet, mit Witz, Accessoires und frischen Farben. Altes wird bewahrt und zu neuem Leben erweckt. – Im Speisezimmer erfahren die Gäste persönliche Betreuung, kommen erstklassige frische Produkte auf den Tisch: Der Küchenchef erhielt schon viele Preise für seine kreative Kochkunst. Alles in allem eine Oase, um die Seele baumeln zu lassen, abseits großer Durchgangsstraßen.

■ Der Rückweg nach Leksand ist mit dem Besuch auf einer der größten lokalen SENNEREIEN verbunden: **LJUSBODARNA**, 20 km sw Leksand, erhielt im Guide Michelin drei Sterne. 1663 erstmals erwähnt, hat man die Bewirtschaftung mit Unterstützung der Provinz wieder aufgenommen. Die Kühe laufen frei herum, lassen auch zwischen parkenden Besucherautos ihre Fladen fallen. Zum Tierbestand gehören Schweine und Schafe, Ziegen und Hühner. Die anderen Höfe sind in Privatbesitz. Von Anfang Juni bis Mitte September lebt die Sennerin hier oben. Ihr Tag beginnt meist vor 6 Uhr und schließt frühestens um 24 Uhr. Am Dienstag wird weiches TUNNBRÖD gebacken, 10–16 Uhr. Für 80–100 Fladen werden gekochte Kartoffeln und Milch mit Gewürzen vermischt sowie über einer Rolle im Ofen gebacken. Knäckebrot benötigt Grahams-, Roggen- und Weizenmehl, Milch, Sirup und Hefe. Und alles ohne Elektrizität. Über dem Feuer gebratene Heringe gibt es im Juli am Do und am So, im August nur Do bis 19 Uhr. – »Wandern von Sennerei zu Sennerei«, die Karte über die Gemeinde Leksand gibt es im Touristenbüro.

RÄTTVIK...

... ist ein bekannter Urlaubsort, die Gemeinde reich an Seen: außer dem Siljan besonders Skattungen, Oresjön, Ljugaren, Amungen, Storejen. Traumhaft schön ist die seenreiche Waldlandschaft von ORE.

Rättvik liegt in einem ertragreichen Land- und Forstwirtschaftsgebiet mit jahrhundertealten Traditionen, die zum Teil gepflegt werden: Trachten, Volksmusik und -tanz, Kunsthandwerk und das Handwerk im Allgemeinen stehen immer noch hoch im Kurs – auch wenn die Landwirtschaft, die früher beträchtliche Mengen an Getreide erzeugte, an Bedeutung stark verlor. Rättvik ist jedoch kein lebendes Museum, wie bunte Bilder von Trachten tragenden Einheimischen, geschmückten Kirchbooten, der Spielmannstreffen und der Vielfalt an Kunsthandwerk glauben machen könnten. Die Gegenwart mit High-Tech, modernen Medien und Rhythmen, das Ringen um Innovation sowie Arbeitsplätze ist auch hier zu spüren. Dem Touristiksektor kommt ein großer Stellenwert zu – Sehenswürdigkeiten und traditionsbezogene Kultur sind dafür die wichtigsten Gründe.

■ Im schönen, hohen Innenraum der **ORTSKIRCHE** beeindrucken mittelalterliche HOLZSKULPTUREN, die Kanzel (17. Jh.), das Triumphkruzifix (14. Jh.) und die mit Bauernmalereien geschmückte EMPORE. Am Sonntag um 11 Uhr ist Gottesdienst.

In der Nähe stehen 45 sogenannte KIRCHSTÄLLE *(kyrkstallar)*, teils aus dem 18. und 19. Jh., teils auf 1470 datiert, auf der anderen Straßenseite weitere 40 Ställe. Hier stellten die Kirchenbesucher ihre Pferde unter.

Am Seeufer unterhalb der Kirche legt sonntags (etwa 10.6.–10.8. und an Mittsommer) das KIRCHBOOT an, das traditionell von der Enå-Brücke (ENÅBRO, gegenüber Kulturhaus) hierhin gerudert wird. Die Lage der Kirche auf einer Landzunge im Siljan erklärt sich durch die früher große Bedeutung des Wasserwegs.

■ Südlich der Kirche erhebt sich der **VASA-GEDENKSTEIN**, 1893 eingeweiht. Hier soll Gustav Vasa 1520 erstmalig die Dalmänner aufgefordert haben, mit ihm gegen die Dänen zu kämpfen. Auf den kleineren Steinen sind Namen der Männer verzeichnet, die ihm bei der Flucht vor den Häschern halfen.

■ **RÄTTVIKS GAMMELGÅRD**: Mitte Juni bis Mitte August Führung um 13, im Juli auch um 14.30 Uhr. Eintritt 20 SEK. RÄTTVIKSWOCHE Anfang/Mitte Juni: GAMMELGÅRDENS DAG. Mittsommerabend ab 18 Uhr.

Die Gebäude des Freilichtmuseums (14.–19. Jh.) repräsentieren die traditionelle HOLZARCHITEKTUR der Gegend. Die Hauptgebäude eines Bauernhofes sind, wie damals hier üblich, als Vierseitenhof aufgebaut. Möbel, Werkzeuge, Trachten geben Einblick in die bäuerliche Lebenswelt. Das Schönste sind die Bauernmalereien *(dalmålningar)* auf Wänden und Schränken sowie die Kleiderkammer mit den Trachten. Der ULLKORG (13. Jh.) ist ein mit Wikingerornamenten verziertes, hölzernes Behältnis, um Schafwolle aufzubewahren. Zur Anlage gehört eine rekonstruierte SENNEREI. Café täglich 12–17 Uhr.

■ Die fast 630 m lange Holzbrücke **LÅNGBRYGGAN** in den Siljan hinaus endet auf einem aufgeschütteten Inselchen. Nachdem die erste Brücke (1896) verfallen war, wurde die neue 1992 eingeweiht, wie früher mit einem Anleger für AUSFLUGSBOOTE, Die Dampfschiffe »Gustaf Wasa« und »Engelbrekt« verkehren unverändert auf dem See.

■ **RÄTTVIKS NATURMUSEUM** und **KUNSTHALLE**, Kulturhaus. Mo–Do 11–19, Fr 11–15, Sa 11–14, So 13–17 Uhr. Eintritt 20 SEK.

Das Naturmuseum dokumentiert das Werden der Siljan-Landschaft, informiert über Geologie, Flora und Fauna. – Die Kunsthalle zeigt Gegenwartskunst und Kunsthandwerk.

■ Im populären **RÄTTVIKSPARKEN** kommen Musik, Tanz und Theater zur Aufführung; ein Höhepunkt ist die MITTSOMMERFEIER. Die Anlage umfasst Campingplatz, Ferienhaussiedlung und das Freibad Enåbadet. Die Jugendherberge steht gleich auf der anderen Straßenseite.

■ **HEMSLÖJDSTUGAN** am Torget (Marktplatz), Tel. 100 86. 1.6.–31.8. Mo–Fr 11–18, Sa 10–14, sonst Di–Fr 12–18, Sa 11–14 Uhr.

Handwerk sowie Kunstgewerbe aus Dalarna, Ausstellung mit Trachten der Gemeinde, Webstube.

Keramik, Holz- und Korbwaren, Schmuck in Silber etc., Patchwork, Gewebtes, Gestricktes u.v.a. finden Sie ferner in den mit Grassoden gedeckten Blockhäusern HANTVERKSBYN an der Str. 70, 3 km südlich.

■ **VIDABLICK** (352 m ü.d.M.) ist der bekannteste AUSSICHTSPUNKT. Der falu-rote Holzturm wurde 1898 eingeweiht. Im Sommer ist das Restaurant geöffnet, in der Jugendherberge sind manchmal Zimmer frei und auch einige Hütten sind zu mieten. INFO: Hantverksbyn u. Restaurant.

■ **RÄTTVIKS SOMMARRODEL**: Tel. 517 50. 1.6. bis ca. 25.6. 11–18, bis ca. 5.8. Mo, Mi–So 11–19, bis etwa 25.8. 11–18 Uhr. Am Di in der Hochsaison für 60 SEK, so oft man mag.

Zwei 725 m lange Bahnen laufen in großen Kurven parallel ins Tal, Höhenunterschied 100 m. Die Geschwindigkeit regelt man selbst (bis zu 60 km/h). Wird der Schlitten (auf Rädern) wieder rückwärts auf einer geraden Nebenbahn nach oben gezogen, hat man Zeit, sich die schöne Landschaft zu betrachten...

RUND UM RÄTTVIK

■ **DALHALLA**, Tel. 797 950, www.dalhalla.se. Mitte Juni bis Ende August 11–17 Uhr. Eintritt 45/20 SEK, Führung mit musikalischer Einlage vom Band, zu jeder vollen Stunde 10–16 Uhr. Karten: Touristenbüro.

Långbryggan hinaus in den Siljan: Jede Holzplanke trägt den Namen ihres Spenders; und das Dala-Pferdchen ist immer dabei: Nostalgie bei der Classic Car Week in Rättvik ▶

Dalhalla ist wohl die einzige FREILICHTBÜHNE, die in einem stillgelegten KALKSTEINBRUCH entstand. Eingeweiht 1994, machte sie international auf sich aufmerksam: Künstler loben die Akustik und treten gerne auf diese Bühne. Ein regelmäßiger Gast ist der junge argentinische Tenor *José Cura*. Bis jetzt gibt es 3.500 nummerierte Plätze. Die Bühne umrahmt türkisfarben schimmerndes Wasser. Zu manchen Vorstellungen lässt sich der Dirigent per Boot zur Bühne bringen, und manchmal wird das WASSER INS BÜHNENBILD INTEGRIERT. Die Kulisse, die ganz eigene Stille, wenn manchmal nur ein Vogelzwitschern zu vernehmen ist, das Licht nordischer SOMMERNÄCHTE...

Apropos Sommernächte. Unterschätzen Sie nicht die Kühle, die sich in dem Oval einstellen kann. Lediglich das Orchester wird von Infrarotstrahlern gewärmt. Das erfahrene Publikum kommt in ausreichend warmer Kleidung, festen Schuhen und weiß auf Sitzkissen, wärmende Decken etc. zurückzugreifen. Leihdecken gibt es gegen Gebühr.

Das Oval misst 400 x 175 x 60 m, relativ steil sind etwa 40 Reihen in Sektionen A–D angeordnet. Es wird weiter verbessert, auch die Anfahrt, derzeit ein Grusweg durch den Wald.

Im Fall einer Veranstaltung wird die »Arena« drei Stunden vor Beginn geschlossen. Restaurant siehe unter »Essen und Trinken«.

■ **SPRINGKÄLLAN** am Draggån ist ein kurioses Naturereignis, da durch Menschenhand: 1869 grub man hier nach Öl, traf aber auf eine Wasserader. Seitdem sprudelt eine natürliche FONTÄNE, die jeden Winter zur bizarren EISSKULPTUR gefriert. Zu erreichen auf Str. 960 Richtung Ostbjörka; vor Backa ausgeschildert.

■ Besonders um die Mittsommerzeit macht das Naturreservat **LÖNNMARKEN** von sich reden: Typisch für den kalkhaltigen Boden sind Orchideenarten, von denen der FRAUENSCHUH die vornehmste ist. Auf der Str. 301 Richtung Furudal, in Ovanmyra den Schildern folgen.

■ **BODA KYRKA** (20 km n Rättvik) thront auf einem Hügel und ist von weitem zu sehen. Im Inneren sind mittelalterliche Holzskulpturen und ein Taufbecken (17. Jh.) von Interesse. – Im BODA HEMBYGDSGÅRD sind in alten Holzhäusern typische Dalmalereien auf Wänden und Möbeln betrachten. – Eine Pause in RITAS BUTIK OCH PANNKAKERIE-CAFÈ, Boda Wiborgsvägen 6 (südlich der Kirche): ca. 20.5.–1.9. Mi–So 12–17 Uhr. In altem HOFMILIEU Pfannkuchen, karelische Piroggen, Kuchen, alles frisch hergestellt.

■ NATURRESERVAT **STYGGFORSEN**: Entlang der Kirche führt die Straße zu einem großen Parkplatz. Im Sommer CAFÉSTUGA täglich 11–17 Uhr und Veranstaltungen für Kinder.

Ein WANDERPFAD führt rund um den WASSERFALL Styggforsen an der Grotte TROLLHÅLET vorbei, Kulisse für Teile des Films »Jungfrukällan« (Die Jungfrauenquelle – Regisseur Ingmar Bergman, 1959). Der Weg zum Wasserfall misst rund 1 km; längere Steigungen überwinden insgesamt 229 breite Holzstufen. Einst lärmte hier eine Ziegelei, danach ein Zementwerk. Kraftwerk und Mühlenräder sind restlos verschwunden. Nur der Wasserfall rauscht wie in alten Zeiten und fällt 36 m tief in eine Schlucht. Die Grotten unterhalb des Wasserfalls regten die Fantasie der Menschen an, die Sagen von Zwergen, Nixen und Trollen zu erzählen wussten und wissen. Der Wald im Reservat darf sich frei entfalten, die hohen Tannen in der Schlucht tragen zur fast verzauberten Stimmung bei. Moose und Flechten fühlen sich im feuchten Klima wohl, der kalkhaltige Berggrund lässt ORCHIDEEN gedeihen. Ansonsten seltene gefiederte Bewohner sind Weißrücken- und Dreizehenspecht.

■ **GAMMELSTA I NORRBODA**, (35 km n Rättvik, am südlichen Ende des Oresjön), Tel. 0258 – 30115. Eintritt 20 SEK. Ca. 20.6.–10.8. Führungen Di, Do, Sa+So 12–16 Uhr.

In dem erhaltenen altertümlichen Dorf stehen die beiden Hofkomplexe NISSNISSGÅRDEN und FINNGÅRDEN an ihrem ursprünglichen Platz an einer Dorfstraße. Von 39 Häusern blieben 27 (17.–19. Jh.). Die Hauptgebäude bilden einen Vierseitenhof, die Vorratshäuser liegen verstreut außerhalb. Historische Geräte und Dalmalereien zeigen Bauernkultur früherer Tage. Der Hof war bis ins vorige Jahrhundert bewohnt.

■ **ÄRTERÅSENS FÄBOD**: ca. 10 km nördlich von Furudal. Letztes Wegstück zum Ärteråsen Grusweg und Schlaglöcher. Parkecke. Info-Tafel.

Die Alm ist ein ausgedehntes Gebiet mit Sennhütten verschiedener Art, teilweise aus dem 17. und 18. Jh. Der Weg zum AUSSICHTSTURM und zur Sennerei ist eingezeichnet. Man erreicht eine Lichtung im Wald mit einer Blumenwiese voller Felsbrocken. Von Alm zu Turm rund 600 m Wegstrecke. Schöner Blick auf die seenreiche Waldlandschaft.

Zu dieser Sennerei *(fäbodvallen)* versetzte man mehrere restaurierte alte Hütten. Jetzt ist hier die größte Ansammlung von »Feuerhäusern« in Dalarna, Hütten mit Feuerstelle auf dem Fußboden und einem Loch im Dach für den Rauchabzug. So beschwerlich muss die Sennerin *(vallkullan)* heute nicht Feuer machen, um ein warmes Plätzchen für die Nacht zu haben. Zeitgemäßen Komfort hat sie trotzdem nicht. Das Haus ist relativ klein und einfach, ihr Arbeitstag beginnt sehr früh und endet sehr spät. Die Gäste können bestellen, was vorrätig ist: deftige Butterbrote, Kaffee, Pfannkuchen, Käseauflauf oder SÖPPERE, eine Gemüsesuppe mit großen Gemüsestücken und geräuchertem Schweinefleisch. Zur Sennerei gehören Kühe, Ziegen und Schafe. Hunde sollte man also nicht mitbringen.

Die Sennerei ist nicht nur als Touristenattraktion mit romantischem Flair gedacht, sondern sie soll uralte TRADITION BEWAHREN helfen. Da das Weideland um die Dörfer knapp war, zog man mit dem Vieh im Sommer auf bis zu 40 km weit entfernte Almen. Die wenigen bewirtschafteten Almen, die es heute noch gibt, gehören zu kleineren Bauernhöfen; die Produkte werden nicht nur für Touristen erwirtschaftet. Die Flora der Almwiesen, auch Insekten und Vögel profitieren von der Beweidung durch Kühe und Ziegen.

MORA

Mora liegt am Nordende des Siljan und am Südende des Orsasjön. Im Ort mündet der Fluss Österdalälven in den Orsaälven – den Ausfluss des Orsasjön – und gemeinsam fließen beide den letzten Kilometer zum Siljan, was Mora in einen östlichen – Mora-Noret – und einen westlichen Ortsteil – Mora-Centrum – trennt.

Dank der günstigen Lage mitten im Herzen der Ferienlandschaft Dalarna ist Mora ein häufiges Ziel von Touristen, ohne aber überlaufen zu sein. Rund 20.000 Einwohner verteilen sich auf 2.800 km² Gemeindefläche, so dass auch für Urlauber genug Platz vorhanden ist.

Neben der Touristik-»Industrie« gibt es viele klein- und mittelständische Betriebe und einen umfangreichen Dienstleistungssektor. Mora ist eine ökonomisch ausgeglichene Gemeinde, in der nicht nur eine Branche dominiert.

Auch Mora besitzt Traditionen in Kunsthandwerk und Handwerk: Die bunten GESCHNITZTEN HOLZPFERDCHEN DALA HÄSTAR stammen nicht nur aus der Gemeinde Mora, sondern werden auch ausschließlich vor Ort produziert. Sie sind inzwischen zu einem Symbol für ganz Schweden geworden.

SKILANGLAUF-Fans kennen Mora als Zielort des VASA-LAUFS, der mit etwa 24.000 Teilnehmern am ersten Märzsonntag stattfindet.

Schließlich ist Mora die Heimatstadt eines berühmtes Malers:

■ **ZORNS GAMMELGÅRD & TEXTILKAMMARE**, Tel. 104 54. 1.6.–31.8. täglich 12–17 Uhr. Eintritt 25/2 SEK.

Gut 1 km südlich der Kirche, am Siljan, liegt eines der größten Freilichtmuseen Dalarnas. Die Anfänge gehen auf *Anders Zorn* zurück, der sich der alten Bauernkultur verbunden fühlte und Beispiele traditioneller Bauweise und Kultur der Nachwelt erhalten wollte. Nur ein kleiner Teil der jetzt mehr als 40 Gebäude (Mittelalter bis 19. Jh.), darunter ein vollständiger Mora-Hof, kamen zu Zorns Lebzeiten hierher; den größte Teil errichtete man in den 1920er und 30er Jahren. Die Textilkammer zeigt die Sammlung des Ehepaares Zorn: Trachten, Wandbehänge, und allesamt aus Dalarna.

Der schwedische Maler **ANDERS ZORN** (1860–1920) war schon zu Lebzeiten international respektiert. Sein durch die Kunst erworbenes Vermögen gestattete es ihm, sich als KUNSTSAMMLER zu betätigen. Testamentarisch stifteten die Eheleute Zorn Liegenschaften und ihr Vermögen dem schwedischen Staat.
Die hieraus entstandene Stiftung *Zornsamlingarna* verwaltet das Erbe des Künstlers, zu dem das Museum, der Zornhof, der Zorns Gammelgård & Textilkammare gehören, und das Sommeratelier GOPSMOR am Österdalälven; das idyllische Plätzchen am Spjutmosjö, einer Verbreiterung des Flusses mit vielen Inselchen, ist im Juli zwei bis drei Wochen geöffnet und immer den Besuch wert. Eintritt 15/0 SEK. www.zorn.se.

■ Rund 500 m weiter folgt in Ufernähe die **VASA-GEDENKSTÄTTE**. Genau 300 Jahre nach dem Tod Gustav Vasas wurde es 1860 über dem KELLER errichtet, in dem er sich 1520 vor den Dänen versteckt haben soll Von Mitte Juni bis etwa 10.8. täglich 12– 18 Uhr. Eintritt 10/5 SEK.

■ **ZORNMUSEET**, Vasagatan 36,Tel. 165 60. 15.5.–14.9. Mo–Sa 9–17, So 11–17 Uhr, sonst Mo–Sa 12–17, So 13–17 Uhr. Eintritt 35/2 SEK.

Das Museum wurde 1939 eröffnet und vermittelt einen guten Einblick in das Werk des berühmten Malers. Neben einer großen Auswahl seiner Arbeiten sind eine Auswahl der Privatsammlung Zorns mit Kunst von der Antike bis ins 19. Jh. und Kunsthandwerk sowie Handwerk aus Dalarna ausgestellt. Zudem wechselnde Ausstellungen.

■ **ZORNGÅRDEN**, neben dem Museum, Tel. 100 04. 15.5.–14.9. Führungen Mo–Sa 10–16, So 11–16 Uhr, jede halbe Stunde. Sonst Mo–Sa um 12, 13, 14 und 15 Uhr, So um 13, 14, 15, 16 Uhr. Eintritt 45/10 SEK.

Das eigenwillige Holzgebäude – eine Mischung aus Jugendstil, englischem Baustil des 19. Jhs. und traditioneller Bauweise im Siljan-Gebiet, war der Landsitz des Ehepaars Zorn. Seit dem Tod von Emma Zorn 1942 ist das Haus mit Inventar – einer Mischung von Kunst und Kunsthandwerk aus verschiedenen Stilrichtungen und Epochen – unverändert geblieben.

■ **VASALOPPSMUSEET**: Mitte Juni bis Mitte August täglich 10–17 Uhr, sonst Mo–Fr 10–17 Uhr. Eintritt 30/10 SEK. Texte (auch) auf Deutsch.

Gegenüber steht das ZIELTOR des historischen VASALOPP, mit der Inschrift »In den Spuren der Väter für die Sieger der Zukunft«, die Gustav-Vasa-Statue ist von Anders Zorn (1903). Die Statue weist auf den eigentlichen Ursprung des Langlaufes hin: Im Winter 1520/21 musste der junge Adlige *Gustav Eriksson Vasa* vor den dänischen Häschern fliehen, nachdem Dalarnas Bauern seinem Aufruf zum Kampf gegen die Dänen nicht hatten folgen wollen; bald darauf änderten sie aber ihre Meinung und schickten dem fliehenden Gustav die besten Skiläufer hinterher, die ihn in Sälen eingeholt haben sollen. Der Lauf von Sälen nach Mora findet seit 1922 jährlich als sportlicher VOLKSLAUF mit immer größer werdender Beteiligung statt. Inzwischen genießt er sogar internationale Bedeutung für den Langlaufsport.

In einem großen Schaufenster des Hauses zeigt ein topografisches Modell diese 90 km lange Strecke von Sälen bis Mora.

Die Eingangshalle betritt man über Granitplatten mit Namen von Sponsoren (je 11.000 SEK!). In den Ausstellungen spiegeln Medaillen, Fotos, Pokale etc. Erfolge wider, ist die Zeremonie der Siegesfeier ebenso durch Bilder und Modelle dargestellt wie Auszüge aus der Historie des Vasalaufs. Im FILMSAAL ist der letzte Lauf auf Video mitzuerleben.

■ Die **ORTSKIRCHE** stammt in einigen Teilen aus der zweiten Hälfte des 13. Jhs. Für eine Gemeindekirche auf dem Land ist sie ausgesprochen geräumig, ist sie großzügig gestaltet. Den KIRCHTURM (1673) entwarf *Jean de la Vallée*. Eine gründliche Renovierung 1964–65 legte Reste mittelalterlicher GEWÖLBEMALEREIEN frei. Der frei stehende hölzerne GLOCKENTURM, auf der anderen Straßenseite, entstand 1671/72 nach dem großen Brand (siehe Seite 302).

RUND UM MORA

■ **SOLLERÖN**, 4 km breit, 7,5 km lang und fruchtbar, wird Sonneninsel genannt. Von ersten nachgewiesenen Siedlern zeugt Dalarnas größtes GRÄBERFELD bei Bengtsarvet mit über 120 Gräbern aus der jüngeren WIKINGERZEIT. Der Spazierweg KULTURSTIGEN, der am Heimatmuseum HEMBYGDSGÅRDEN (15.6.–15.8. täglich 11–17 Uhr) beginnt, erschließt dieses Gebiet. Die überaus reichen Grabfunde sind in Faluns Dalarnas Museum u.a. ausgestellt. Doch jetzt entsteht hier ein lang geplantes Museum, um die Kulturschätze zurück an den Fundort zu holen.

Auf Sollerön ist auch die einzige KIRCHBOOTWERFT Schwedens beheimatet. Bis 1785, als es auf der Insel noch keine Kirche gab, fuhr man mit Booten zum Gottesdienst nach Mora, es bestand Pflicht zum Kirchgang! Im Sommer sieht man wieder die geschmückten großen Boote mit den in farbenfrohe Trachten gekleideten Menschen über den Siljan fahren. Nach Mittsommer werden auch die traditionellen Kirchboot-Regatten veranstaltet. Dann sind die Boote nicht geschmückt und an den Riemen sitzen sportliche Ruderer (aktuelle Daten im Touristenbüro).

Zum RADFAHREN ist die Insel geradezu ideal. Mit einer RUNDFAHRT lassen sich gut die Besuche bei den zahlreichen Kunsthandwerkern vor Ort verbinden.

In GESUNDA rief Anders Zorn ein erstes SPIELMANNTREFFEN ins Leben; er wollte das Interesse der Bevölkerung an der einmaligen Volksmusik Dalarnas wecken. Heute sind Spielmanntreffen VIELERORTS fester Bestandteil des kulturellen Lebens.

■ **TOMTELAND**, am Fuß des Gesunda-Berges, ist als Wohnort des Weihnachtsmanns bei Kindern ein Begriff, auch im Ausland. Der große GARTEN DES WEIHNACHTSMANNES lockt mit märchenhaften Holzhäusern, mit Tieren, großen und kleinen Trollen und mit Sommer- und Winteraktivitäten, SPEZIELL FÜR KINDER. Eine Zwergenfrau besucht mit den Kindern die TROLL-FAMILIE, erzählt von ihrer geheimnisvollen Sprache und ihren Streichen. Das ist für Kinder auch ohne Sprachkenntnisse ein Erlebnis. Wenn sie jedoch die Familie Troll ruft und sich tatsächlich zwei große, verfremdete Gestalten zeigen, dann ist die sichere Nähe von Mama und / oder Papa unerlässlich; auch die werden ihren Spaß haben.

In der Werkstatt des Weihnachtsmanns basteln seine Helfer kleine Geschenke, um allen Kindern, die an ihn schreiben, eine Freude zu machen. »Große Kinder« können auch im Weihnachtsladen einkaufen, leider überwiegt Kitsch. Im Wirtshaus werden TYPISCH SCHWEDISCHE Gerichte serviert.

■ Vom **GESUNDABERGET** hat man eine weite Aussicht über den Siljan-See und die angrenzenden Gebiete. Restaurant, Lunch und à la carte.

Den Gipfel erreicht man mit einem SESSELLIFT. Oben wartet die Toppstugan mit Panoramafenster, großer Terrasse und fabelhafter AUSSICHT. Aufgetischt werden kleine Gerichte, auch spezielle Kinderteller.

■ **SILJANSFORS SKOGSMUSEUM**, Tel. 203 31, www.skogsmuseum.w.se. 1.5.–15.9. täglich 10–18 Uhr. Eintritt 35/15 SEK. (19 km sw, Str. 45)

Das Freilicht-Waldmuseum und der 5 km lange Waldlehrpfad geben Aufschluss über die ENTWICKLUNG DER FORSTWIRTSCHAFT. Im 18. und 19. Jh. gab hier eine Eisenhütte fast 140 Jahre lang Arbeit.

Gleich am Eingang steht noch der große Hochofen und in der bergigen Waldlandschaft trifft man auf weitere Zeugen dieser Epoche: ein Gebläsehaus der Schmiede, Reste des Bessemerwerkes, ein Kohlenmeiler, der jeden Sommer angezündet wird, u.a. Zur Forstwirtschaft gehören die Baracken der Forstarbeiter, Geräte zur Abholzung, Maschinen zur Entastung von Bäumen und die Vorbereitung eines Waldbodens für neue Saat oder Anpflanzung etc.

Des Weiteren Ausstellungshallen mit Diashow, einem Modell des früheren Eisenhüttenwerks. Cafeteria im aus SCHLACKENSTEINEN erbauten Slagghuset.

■ Auf dem Weg nach Nusnäs lohnt sich ein Spaziergang durch das Dorf **FÄRNÄS** mit historischer Holzhausarchitektur; der älteste Speicher ist auf 1298/99 datiert. Diesen Ortskern hat die Flurbereinigung nicht auseinandergerissen – die Häuser stehen dicht an dicht im verschlungenen Straßennetz, einige sogar noch aus dem Mittelalter, andere aus dem 16. und 17. Jh. Man fühlt sich in eine andere Zeit versetzt.

■ **GRANNAS A. OLSSON**, Nusnäs, Edåkervägen 24, Tel 372 50, www.grannas.com. 15.6.–15.8. Mo–Fr 9–18 Uhr (Ausstellung und Werkstatt bis 17 Uhr), Sa+So 9–16 Uhr, sonst Mo–Fr 8–16 Uhr, Sa nur Verkaufsshop 10–13 Uhr. (10 km sö)

Zwei BUNTE **DALA-PFERDE** weisen Besuchern von weitem den Weg zur Werkstatt. Diese lebensgroßen Pferde sind ein viel begehrter Sitzplatz bei Kindern und ein beliebtes Erinnerungsfoto für die Eltern. Seinen internationalen Bekanntheitsgrad erreichte das Dalapferd auf der WELTAUSSTELLUNG 1939 in New York, wo es in imposanter Dimension vor dem Schwedenpavillion auf das Land im Norden aufmerksam machte. Die Reaktion war überraschend groß und positiv.

Heute ist das rote Pferd ein Markenzeichen, bekannter und beliebter denn je. In der Werkstatt können Besucher herumgehen und auch zuschauen, sei es beim Schnitzen oder beim Bemalen der Pferdchen, die in vielen Größen hergestellt werden.

Die Geschichte des Dala-Pferdes veranschaulicht das Museum in Vitrinen und mit Fotografien; Führungen sind kostenlos. Kunsthandwerk im Laden, auf der anderen Straßenseite ein altes Kirchboot.

■ **NILS OLSSON HEMSLÖJD**, Edåkersvägen 17, Tel. 372 00. Geöffnet wie oben.

Auch die Werkstatt in der Nachbarschaft stellt das Schwedensymbol **DALA-PFERDE** her. Auch hier lassen sich die einzelnen Stationen der Handarbeit verfolgen – beginnend mit dem Rohling – Kiefernholz aus heimischen Wäldern –, der in Form gesägt wird. Dann wird geschnitzt, geschliffen sowie gespachtelt, bevor das Dala-Pferd im Farbbad seine Grundfarbe erhält. Die geschwungenen, bunten Verzierungen tragen geschickte Hände schnell und sicher auf, bevor die Lackierung den Produktionsprozess abschließt. Cafeteria, Verkaufsshop.

■ **BONÄS**: Am Westufer des Orsa-Sees auf 3 km Schwedens LÄNGSTES REIHENDORF. Fährt man die kurvige Dorfstraße entlang, fühlt man sich in alte Zeiten versetzt. Hier ist dörfliche Bautradition aus vergangener Zeit sichtbar: dicht nebeneinander falu-rote Wohnhäuser und Vierseitenhöfe mit außerhalb stehenden Vorratsgebäuden und grau verwitterten Speichern.

Oberhalb des Dorfes erhebt sich ein mit Kiefern bewachsenes, einzigartiges DÜNENGEBIET *(Flygsandfält)*, das der Wind vor 9.000 Jahren zusammengetrug. Zahlreiche Pflanzen und Insekten, die eigentlich an der schwedischen Küste beheimatet sind, entdeckte man hier. Obgleich Bonäs heute mitten im Landesinneren liegt, VERLIEF VOR 10.000 JAHREN HIER DER OSTSEESTRAND.

In Våmhus (14 km n Mora, auch am Orsa-See gelegen) ist der Heimathof einen Besuch wert:

■ **VÅMHUS GAMMELGÅRD – SIVARSBACKEN**, Tel. 452 60. Etwa 20.6.–20.8. Mo–Sa 12–18, So 13–18 Uhr. Korbmacher sowie Haarmädchen arbeiten täglich 13–17 Uhr.

Die KORBFLECHTEREI sowie das VERARBEITEN VON FRAUENHAAR zu Haarteilen und Schmuckgegenständen war in Våmhus im 18. Jh. willkommenes Zubrot zum kargen Verdienst in Land- und Forstwirtschaft. Im Sommer kann man auch hier den flinken Händen der Handwerker zusehen. Mittwochs wird *tunnbröd* gebacken, jenes dünne Fladenbrot. Zu dem Freilichtmuseum gehören Gebäude aus dem 18. und 19. Jh.

■ Auf dem Weg zum Bärenpark liegt **FRYKSÅS** auf dem Weg, eine ehemalige Alm. Die herrliche Aussicht über Wald und Seen rechtfertigt einen Stopp (siehe auch Rubrik »Unterkunft«).

Nur 2 km entfernt ist das Freizeitgebiet GRÖNKLITT mit Wander- und Angelmöglichkeiten (und Skisport im Winter) – sowie dem Bärenpark:

■ **ORSA GRÖNKLITTS BJÖRNPARK**, Tel. 462 00, www.orsa-gronklitt.se. Etwa 20.6.–20.8. 10–18 Uhr, ab ca. 15.5. und bis 15.9. täglich 10–15 Uhr, 16.9. bis Anfang Oktober Sa+So 10–15 Uhr. Eintritt 75/40 SEK, Familie (2+2) 190 SEK, das 3. Kind 20 SEK.

Die Anfahrt zu BÄRENPARK und Skianlage geht steil bergan. Infostelle, Jugendherberge, Hütten und Hotel liegen rechts der Straße, am unteren Teil der Anlage; beim Gipfel befindet sich der obere Eingang zum Wildgehege. Wohnwagen sollen auf dem angezeigten P-Platz stehen, das Auto solo nach oben fahren.

Eine Schautafel zeigt die einzelnen Gehege des am Hang liegenden 90.000 m² großen Geländes. Im Park eignen sich einige überdachte Rastplätze für ein Picknick.

Im Orsa Grönklitts Björnpark: Bären-Nachwuchs im Winter und Polarfuchs ▶

Anfangs entsteht der Eindruck, dass die Menschen in einem Käfig umherlaufen, während die Tiere frei sind, denn die tief in den Wald verlaufenden Grenzzäune sind kaum zu erspähen. Das Panorama hier oben ist fantastisch. Auf dem Weg hügelabwärts kommt man zuerst an dem Gehege der Polarfüchse *(fjällrävar)* namens Ture und Lycka vorbei; sie lassen sich selten blicken. Die Wölfe liegen vormittags oft faul im Gras, nur hin und wieder begibt sich ein Rudelmitglied auf Kontrollgang am Zaun entlang. Die Wölfe führte man aus Finnland ein.

BÄREN IN DALARNA

In Schweden leben zur Zeit etwa 800 Bären. Trotz kontrolliertem, geringem Abschuss erhöht sich die Zahl langsam. Einige von den in den Wäldern um Orsa lebenden Braunbären »nehmen an einem Forschungsprojekt teil« und sind mit Radiosendern an einem Halsband ausgerüstet.

Im Park leben rund 20 Bären. Im Winterbau *(idet)* mit einer gleich bleibenden Temperatur um 0°C haben bis zu sechs Bären Platz, allerdings schafft sich jede/r ihr/sein abgeteiltes Plätzchen.

Um die Tiere auch im Winter beobachten zu können, wurde eine Web-Kamera installiert, so dass die Bären jetzt in ihrer Höhle belauscht werden können. Anfang 2002 brachte eine Bärin drei Junge zur Welt. (Homepage auch in deutscher Sprache).

Im Gehege der verspielten Bärenkinder ist immer etwas los. Die erhöhte Plattform ist oft stark besucht; nicht nur Kinder haben ihren Spaß. Im weitläufigen Gehege der Männchen setzt das Imponiergehabe der Rivalen die Akzente; während die Zweibeiner z.B. Handys miteinander vergleichen, sind hier lautstarke Auseinandersetzungen mit Brüllen, Schubsen, Abdrängen angesagt, bis sich der Unterlegene von dannen trollt; egal ob Weibchen oder Männchen: Sieht man die eher massigen erwachsenen Tiere gemächlich herumtrotten, scheint es unglaublich, dass sie bis zu 60 km/h schnell laufen können.

Nahe des Luchsgeheges liegt der untere Ausgang. Wer nicht bergauf zurück gehen will oder muss, kann hier den Park verlassen.

■ **STORSTUPET**, nö Orsa. In einer Höhe von 34 Metern überspannt die Eisenbahnbrücke den Cañon, durch den der ÄMÅN rauscht. Noch zuckelt die INLANDSBAHN im Sommer über die imposante Brücke. Von der Eisenbahnbrücke begleitet der WANDERWEG SILJANSLEDEN rund 3 km den Åmån flussaufwärts.

■ Ein Stück weiter nördlich gelangt man zum **HELVETESFALL**: Der brausende WILDBACH zwängt sich durch enge Passagen, um dann schäumend über die nächsten Gesteinsbrocken hinwegzubrausen. Der CAÑON mit bis zu 30 m steil abfallenden Felswänden beeindruckt auch durch das FARBSPIEL der Gesteinsarten Sandstein, Basalt und Porphyr. Den Fluss Ämån kann man auf einer kleinen Hängebrücke überqueren. Von hier sieht man die vielleicht 5 km entfernte Eisenbahnbrücke über Storstupet. (Der Pfad zum Helvetesfall ist mit Kletterei bergab über Felsbrocken und Wurzeln verbunden: Sandalen sind *nicht* geeignet!)

Verschiedenes

■ Die **SIGHTSEEING**-BOOTE starten zu einstündigen Touren auf dem See. Die M/S GUSTAF WASA (1876) ist das Flaggschiff der weißen Flotte auf dem Siljan-See und legt in Mora, Rättvik und Leksand an; Fahrräder werden transportiert. – Der Dampfer S/S ENGELBREKT (1866) verkehrt auf Orsa- und Siljan-See. Informationen über Kreuzfahrten (auch mit Tanz) in den Touristenbüros.

■ **ANGELN**: Wer ganz bequem angeln will, sei der Edelfischteich von Gesunda (AB GESUNDAFORELLEN) empfohlen. In der schön gestalteten Anlage (auch für Behinderte geeignet) kann man nicht nur angeln, sondern auch picknicken, grillen usw.

■ **BADEN**: Zahlreiche Freibäder, vor allem im SILJAN-SEE, aber auch im ORSASJÖN und im INSJÖN.

■ **DRAISINE FAHREN**: auf dem stillgelegten ca. 60 km langen Teilstück der Inlandsbahn von Vika bis Vansbro, südlich Moras. Unterwegs warten Sehenswürdigkeiten und einige Rastplätze. Handhabung der Draisinen und Verkehrsregeln werden erklärt. Start in Vika, Tel. 204 44.

■ **RAD FAHREN**: Der 310 km lange Rundweg SILJANSLEDEN mit Rast- und Lagerplätzen führt größtenteils auf Nebenstraßen durch die niedrig liegenden Orte rund um den Siljan. – Lohnend sind auch kürzere Ausflüge nach SOLLERÖN oder um den ORSASJÖN herum. – Radtour-Pakete und Fahrradvermietung arrangiert das Touristenbüro.

■ **KANU**: Gute Bedingungen bestehen im Fluss ÖSTERDALÄLVEN. Zu verschiedenen längeren Touren informiert das Touristenbüro Rättvik.

KANUVERMIETUNG: Kanuzentrale auf dem Campingplatz in Mora.

■ **WANDERN**: Der 340 km lange SILJANSLEDEN (Höhenunterschiede bis zu 400 m) folgt meist alten Sennhüttenpfaden, führt auch durch das Gemeindegebiet Moras. Sehr empfehlenswert, auch für kürzere Etappen! – Der VASALOPPSLEDEN hat in etwa den gleichen Verlauf wie der Vasa-Langlauf im Winter, in Sälen beginnend. – Beliebt sind auch die alten SENNEREIPFADE von Hütte zu Hütte. – Die Naturreservate SALUNÄBB und TINGSNÄS UDDE sind ebenfalls populär. – KARTEN sind in den Touristenbüros erhältlich.

■ **WINTERSPORT**: Das SILJAN-GEBIET ist ein Paradies für Skilangläufer – man muss nicht gleich am Vasa-Lauf teilnehmen! Freunde des alpinen Skilaufs finden Abfahrtshänge in GESUNDA, GOPSHUS, GRÖNKLITT, LEKSANDS und RÄTTVIKS SLALOMBACKAR (Lifte).

■ **KUNSTHANDWERK**: Die legendären Dala-Pferdchen, die Mora-Standuhren und andere Holzgegenstände sind durch ihre farbenprächtige Bemalung berühmt geworden. – Aber auch rustikale Webstoffe, Keramikarbeiten und Schmuckgegenstände aus Porphyr und anderen Gesteinsarten sind gefragt, ebenso die echten Mora-Messer. Die Touristenbüros informieren über die Werkstätten, die für Besucher geöffnet sind. Auf engem Raum ist vieles davon in den sehr guten HEMSLÖJD-Läden zu finden: Mora, Kyrkogatan, Fußgängerzone. – In Rättvik am Torget. – In Leksand am Kulturhaus.

Im Reiseteil bisher nicht erwähnt: NITTSJÖ KERAMIK, 6 km n Rättvik. – INSJÖNS VÄVERI in Insjön, Leinen-Tischwäsche, Handtücher etc.

■ **SHOPPING**: Der Ort INSJÖN ist ein Begriff für schwedische Heimwerker und Camper mit der Hauptniederlassung von *Clas Ohlson:* Das Sortiment beinhaltet u.a. Küchen- und Gartenzubehör. Tel. 0247–445 90, www.clasohlson.se. Mo–Fr 9–18, Sa 9.30–15, Juli auch So 11–16 Uhr. – KNÄCKEBROT schmeckt in Dalarna besonders gut, sei es das *Vikabröd,* das vom *Pyramidbagaren* oder das *Leksands Knäckebröd.* – Zum Brot gehört eine WURST: *Gustafskorv* ist hier beliebt (mit Pferdefleisch) und *Hellströms Falukorv.* – Bei *Dala Choklad* in Rättvik, Centralgatan, sind Süßschnäbel recht am Ort: süße Dalapferdchen für die Kleinen, Pralinen, gefüllt mit Trüffel, Sahne, Whiskey etc. für die Großen. Do, Fr 12–17, Hochsaison auch Sa 10–14 h.

■ **FÄBODAR**: Die Sennereien, die im Sommer bewirtschaftet sind, stehen Besuchern offen. Einige verkaufen selbst gemachte Butter, Käse etc. Es ist ratsam, im Touristenbüro Öffnungszeiten und Anfahrtswege zu erfragen. Dort gibt es auch Karten, denn einige Seenereien sind mit Wanderwegen verbunden.

■ **VERANSTALTUNGEN**: u.a. KROGHALLSFESTIVAL, Rättvik. An Pfingsten Tanzorchester, Musikgruppen, Disco, Musik und Restaurant-Festival. – MUSIK VID SILJAN, eines der ältesten Musikfestivals am Siljan, Ende Juni / Anfang Juli, in Leksand, Mora und Rättvik. – BINGSJÖSTÄMMAN, Anfang Juli in Bingsjö: Fideln, Ziehharmonika und wieder Fideln, Musik die ganze Nacht. – ORSA YRAN, im Juli Mi abends: Straßenmusikanten in Orsa; von Rock bis Folk ist alles zu hören. – RÄTTVIKSDANSEN, Ende Juli, internationales Volkstanz- und Musikfestival. – MORA FESTIVALEN, Programm für Groß und Klein, Ende Juli / Anfang August.

Unterkunft

Die Touristenbüros buchen Hotel-, Pensionszimmer und Ferienhäuser, vermitteln Privatunterkünfte, informieren über Wochenend- und Sommerpreise der Hotels und spezielle Angebote. Im Voraus schicken lassen können Sie sich eine Broschüre über Ferienhäuser und -dörfer.

Während der Mittsommerfeiern werden so gut wie keine Zimmer gewechselt. An diesem Wochenende muss man 2–3 Tage zusammenhängend buchen.

Achtung: Die TELEFONVORWAHL lautet für Mora und Orsa 0250, für Rättvik 0248 sowie für Leksand und Tällberg 0247.

IN MORA UND ORSA

■ **MÅKULL ANN'S BED & BREAKFAST**, Mora, Vasagatan 19, Tel. 381 90, Fax 391 95. Zimmer ab 500 SEK. In Sichtweite des Vasalauf-Ziels. Nett eingerichtete, kleine Zimmer, Zugang zu Sauna und Relax-room. Im Parterre gemütliche Gaststube.

■ **KUNGSHAGA HOTELL & WÄRDSHUS**, Orsa, Tel. 442 60, Fax 443 69. Zwischen Mora und Orsa, Str. 45. DZ ab 650, Familienzimmer ab 860 SEK. Das Ambiente des Hauses erinnert an einen gut situierten Herrenhof. Landhaushotel, von einem großen Park umgeben, seit Jahren ein Familienbetrieb unter deutscher Leitung. 30 Zimmer unterschiedlich eingerichtet. Terrasse IN HANGLAGE zum Orsasjön. Sehr gute Küche, sowohl Lunch als auch à la carte.

■ **FRYKSÅS HOTELL & GESTGIFVERI**, Orsa, Tel. 460 20, Fax 460 90. EZ 620 SEK, DZ 820 SEK. Gehört zu den *Country Side Hotels,* fantastisch gelegen ÜBER DEM ORSASJÖN. 40 Betten in gemütlichen Zimmern mit zeitgemäßem Komfort. Restaurant mit Panorama-Blick, in der Ferne blinkt der Siljan. Die gute Küche bietet ALS SPEZIALITÄT FISCH- UND WILDGERICHTE an.

■ **VANDRARHEM MORA**, Måkullann's, STF, Vasagatan 19, Tel. 381 96, Fax 381 95. Ganzjährig geöffnet. 30 Betten in DZ und 3–6-Bett-Zimmern p.P. ab 140/100 SEK, in Nebengebäuden des Hotels.

■ **KRISTINEBERG HOTELL & VANDRARHEM**, SVIF, Kristinebergsgatan 1, Tel. 150 70, Fax 170 78. Eincheck im *Hotel Gösta.* EZ, DZ, 4-Bett-Zimmer mit Bad p.P. ab 135 SEK.

■ **VANDRARHEM ORSA**, STF, Gillevägen 3, Tel. 421 70 u. 070 – 2550 418, Fax 423 65. Ganzjährig geöffnet. Im DZ u. 4-Bett-Zimmer 165/100 SEK p.P. Gepflegtes Haus mit Terrasse, Hanglage über dem Orsasjön. Frühstücksbüffet. Nach Orsa ca. 1,5 km, Bushaltestelle 100 m.

■ **VANDRARHEM GRÖNKLITT**, Orsa, Tel. 462 00, Fax 461 11. Ganzjährig geöffnet. Im DZ u. 4-Bett-Zimmer p.P. 185/95 SEK. Im Winter erhöhte Preise. Fahrrad- sowie Kanuvermietung. Bis Orsa sind es 15 km.

■ **MORA PARKENSCAMPING**, Tel. 276 00, Fax 127 85. Ganzjährig geöffnet. 408 Stellplätze ab 120, Radfahrer mit Zelt 75, Hütten und Zimmer 250 SEK. Schöne Lage im Zentrum am Österdalälven, viele Aktivitäten.

■ **SOLLERÖ SEMESTERBY**, Sselleröñ, Tel. 290 00. 15.5.–15.9. 160 Stellplätze ab 90, Hütten und Ferienhütten ab 300 SEK. Am Weststrand der Insel Sollerön.

■ **ORSA SWECAMP**, Tel. 552 300, Fax 428 51. Ganzjährig geöffnet. 520 Stellplätze ab 85, Hütten ab 200, Ferienhütten ab 450, Zimmer ab 260 SEK. Flach abfallender Sandstrand, temperierte Schwimmbecken. Für Kinder viele Aktivitäten. Am Orsa-See. 1 km vom Zentrum entfernt.

■ **FRYKSÅS FÄBODSPENSIONAT**, Orsa, Tel. 460 15. 15.12.–30.9. Wochentarife: 2.100–3.700 SEK, je nach Größe und Saison; pro Nacht und Person 200 SEK, Frühstück 60 SEK. Frühere Sennhütten sind mit Küche, WC, Warm- und Kaltwasser ausgestattet worden. Zugang zu Dusche, Sauna, Aufenthaltsraum. Urig, doch sollten groß gewachsene Leute erst die Länge der Betten begutachten. Am Südhang inmitten weiterer etwa 100 alter Sennhütten bezauberndes Seenpanorama.

■ **TOLLAGÅRDEN**, Gesunda 1385, Sollerön, Tel. 210 33, Fax 211 34. Ca. 1,5 km hinter Gesunda warten elf schöne Ferienhäuschen im Dala-Stil mit 4–12 Betten. Wochentarife nach Größe und Saison: 1.650–5.500 SEK. Man spricht Deutsch. Hoher Standard, die Ferienhäuser liegen in größerem Abstand voneinander auf einer Wiese nahe Landstraße und Siljan; auf der anderen Seite beginnt der dichte Wald mit mehreren kleinen Seen. Wandern, Rad fahren, Ski laufen, Angeln: Tollagården hat einen eigenen Forellenteich, den eine QUELLE speist. Die Fische gediehen prächtig, so dass man das Quellwasser untersuchen ließ. Die Ergebnisse waren hervorragend; seit der Zeit wird gefördert, auf Flaschen gezogen und exportiert, auch nach Norddeutschland: Es gibt HAUSEIGENES Mineralwasser! Bootsvermietung.

IN RÄTTVIK

■ **GÄRDEBYHOTELLEN VIDABLICK** und **GÄRDEBYGÅRDEN**, Tel. 302 50, Fax 306 60, www.hantverksbyn.se. EZ 550 SEK, DZ 795 SEK, 3-Bett-Zimmer 895 SEK, Apartments pro Woche ab 3.500 SEK.

Die Zimmer verteilen sich auf drei Gebäude in einem gepflegten Landschaftsgarten mit Blick auf den See. Zur Unterhaltung der Gäste gibt es Beachvolley und das Wikingerbad. Eigener Badestrand. Zum Zentrum ca. 2,5 km. – Dem »Handwerksdorf« angeschlossen sind weitere einzelne Holzhäuschen sowie Reihenhäuser mit Zimmern oder Apartments für Gäste, fast alle mit Seeblick. Liegt AM HANG über Str. 70 und Siljan. Zum Zentrum etwa 3 km.

■ **STIFTSGÅRDEN** zwischen Kirche und Gammelgård: Tel. 510 20, Fax 127 54. EZ 585, DZ 720, 100 SEK Nachlass für die Zimmer ohne Bad, Kinder (bis 12) 80 SEK, Frühstück 50 / 25 SEK. Das Gästehaus gehört der schwedischen Kirche. Die Zimmer sind einfach eingerichtet, komfortabel ist die herrliche Lage am See zu nennen. Übrigens: Alkoholische Getränke sind unerwünscht.

■ **RÄTTVIKSPARKEN SWECAMP**, Centralgatan, Tel. 516 11, Fax 126 60, www.camping.se/plats/W07. Das ganze Jahr über geöffnet. 250 Stellplätze ab 95, Ferienhütten ab 400, Hütten mit WC ab 280, Zimmer ab 220, Jugendherberge ab 165 SEK. Wasserrutschbahn, SENNHÜTTE mit Tieren. Schönes WALDGELÄNDE am schlingernden Fluss Enån, zum Zentrum rund 1 km.

■ **VANDRARHEM RÄTTVIK** (STF), Rättviksparken, Centralgatan, Tel. 105 66, Fax 561 13. Ganzjährig geöffnet. 104 Betten in 4-Bett-Zimmern 165/100 SEK p.P.

■ **VANDRARHEM UTBYGÅRDEN**, SVIF, Utby, Tel. 304 77 oder 304 37, mobil 070 – 5470 245. 50 Betten, im EZ, DZ, Familienzimmer 150/100 SEK p.P. Frühstück auf Anfrage für 40 SEK. Freundlicher Service und gemütliches Ambiente tragen zu einem schönen Aufenthalt bei.

Utby liegt an der Str. 70, 5 km südlich von Rättvik. Auch von hier ist der Siljan zu sehen.

■ **SILJANSBADETS CAMPING**, Tel. 51691, Fax 51689. Ende April bis Anfang Oktober. 300 Stellplätze ab 80 SEK, Ferienhütten ab 450 SEK, Hütten ab 280 SEK. Langer flacher Strand, Sand und Wiese. Nördlich des Bahnhofs, am Siljan gelegen.

■ **FYRKLÖVERNS STUGBY**, Vålsvedsvägen, Rättvik, Tel. 107 65, Fax 104 44, www.stugby.nu. Modern eingerichtete Hütten in der Hochsaison 1.750–4.135, in der Nebensaison bis 2.365 SEK, Sonderpreise in der Vor- und Nachsaison für ein Wochenende etc. Die größeren Häuser haben fast alle einen offenen Kamin. Nähe Sommerrodelbahn, 2 km zur City.

■ **SILJANSBORGS STUGBY**, Sjurberg, 3 km nw Rättviks. Tel. 797 200, Fax 797 221. Wochentarife ab 2.000 bis 3.600 SEK, je nach Saison, Ferien und Festtagen. IM GRÜNEN GELEGEN, Gartenmöbel. Moderne Ausstattung. Auch im Winter geeignet.

IN LEKSAND UND TÄLLBERG

■ **SILJANSNÄS STUGBY**, Björkberget, Tel. 233 00. Ferienhütten in der Nebensaison ab 450/1.900 SEK Tag/Woche, in der HAUPTSAISON 2.100/3.200 SEK 3 Tage/Woche. Modern und komplett eingerichtet, mit die am schönsten gelegenen am Siljan, im »Guide Michelin« mit drei Sternen belohnt. In der Nähe Naturum, Wanderwege sowie das Restaurant *Buffils Annas* (siehe Seite 483).

■ **TIBBLEGÅRDENS FRUKOSTPENSIONAT**, Tibble, Leksand, Tel. 155 51, Fax 101 69. EZ 450, DZ 580 SEK. BED & BREAKFAST im schönen Tibble in einem Hof (18. Jh.), wohnlich eingerichtete Räume. 2 km ab Leksand.

■ **HOTELL KORSTÄPPAN**, Leksand, Tel. 123 10, Fax 141 78. EZ 625, DZ 930, 3-Bett-Zimmer 1.060 SEK, im Anbau EZ 475 u. DZ 770 SEK. Kinderrabatt. Romantisches Milieu, im Stil Dalarna-Herrenhaus. Variierende Einrichtung von einfach bis komfortabel. Restaurant mit Kunstausstellungen oder Musik.

■ **VANDRARHEM LEKSAND**, STF, Parkgården, Tel. 152 50, Fax 101 86. Ganzjährig geöffnet. Im 2–6-Bett-Zimmer, in Holzhütten für 2–4 Personen p.P. 155/80 SEK. Speisesaal mit integrierter Küche. Liegt etwas außerhalb des Zentrums, Bushaltestelle 150 m, zum Bahnhof 2,5 km.

■ **LEKSANDS CAMPING** och **STUGBY**, Tel. 803 13, Fax 147 90, www.camping.se/plats/W11. Ganzjährig geöffnet. 450 Stellplätze ab 130 SEK (Zelt 80 SEK), Ferienhütten ab 430, Hütten ab 300 SEK. Ausgesprochen schöner Campingplatz mit vier Feriendörfern, umrahmt von Nadel- und Laubbäumen: Leksandsbyn (5 Betten), Tallbacken (Doppelhaus mit je 4 Betten), Orsandsbyn (Reihenhäuser für 2–6 Personen), Campingbyn (Doppelhaus mit je 4 Betten); dazu übliche Campinghütten. Schattiger Platz mit großen Spielflächen, langem Sandstrand, Schwimmbecken mit Siljan-Blick etc. Für alle die gemütliche STORSTUGAN mit rustikalen Möbeln und hübschen, bunten Gardinen von Jobs (siehe dort). Anbei Vergnügungspark Sommarland, nach Leksand nur 2 km.

■ **LEKSAND SWECAMP VÄSTANVIK**, Tel. 342 01, Fax 131 33, www.camping.se\plats\W12. Ganzjährig geöffnet. 110 Stellplätze ab 125, Hütten ab 100, Wohnwagen ab 260, Ferienhütten ab 400, Zimmer p.P. ab 200 SEK. Am Weststrand der südlichen Siljan-Bucht.

Essen und Trinken

IN MORA, ORSA, SKATTUNGBYN

■ **MÅKULL ANN'S RESTAURANG**, Vasagatan 19, Tel. 381 90. Kaffee mit Gebäck etc. Tagesgericht um 60 und à la carte für den kleinen Hunger um 69 SEK, sonst ab 129 SEK. Restaurant im RUSTIKALEN STIL des 19. Jhs. Meistens gut besucht.

■ **JÈRNET BAR OCH MATSAL**, Strandgatan 6, Tel. 302 50. Mo–Sa 11–23 Uhr, So 11–20 Uhr. Lunch um 70 SEK, à la carte um 155 SEK. Restaurant mit Stil in einem alten Industriegebäude. Das AMBIENTE prägen Holz und Backstein, große Fenster mit Blick auf den Siljan.

■ **LAGGARS FISKRESTAURANG**, FISCHRÄUCHEREI, Orsa, Tel. 401 71. Mitte Mai bis Mitte August. Str.45 an Orsa vorbei, hinter der Brücke über den Oreälven rechts und dem Schild »Fiskrökeri« folgen. Im hinteren Teil des Geländes Fischteiche und der Oreälv. In einem der grob gezimmerten neueren Holzgebäude ist das einfache Restaurant untergebracht. Im Sommer: Lunch Mo–Fr 12–15, à la carte Mo–Sa 16–21 Uhr, weekendspecial Sa 12–15, So Buffet 13–19 Uhr. Fischgeschäft täglich 11–21 Uhr. Nur gemietete Angelausrüstung erlaubt; gefangene Fische können Sie GLEICH RÄUCHERN LASSEN.

■ **CAFÉ ÄLVHÖJDEN**, Skattungbyn, Tel. 070 – 6601 151. Etwa 20.6.–5.8. täglich 11–19 Uhr. Nettes Café mit schöner Aussicht. SMÖRGÅS und Waffeln, Selbstgebackenes etc.

IN RÄTTVIK

■ **RESTAURANG KRÖGAR'N**, Storgatan, Tel. 511 30. Im Sommer Mo–Fr 11–22, Sa+So 12–22 Uhr. Lunch bis 15 Uhr um 65 SEK (take away um 45 SEK), à la carte ab 100 SEK. Mitten zwischen Långbryggan und Kulturhaus. SITZPLÄTZE IM FREIEN. Hier gibt's das beliebte MJUKGLASS, schmeckt unwiderstehlich sahnig.

■ **FRICKS KONDITORI**, Torget, Tel. 133 36. Mo–Fr 7.30–20, Sa 9–18, So 11.30–18 Uhr, im Sommer je nach Andrang auch länger. Leckere belegte Brote (smörgås) aus der EIGENEN BÄCKEREI, Pajs etc. und natürlich verführerisches Gebäck.

■ **CAFÈ-RESTAURANG VIDABLICK**; Tel. 302 50. 20.5.–25.8. 10–17 Uhr, im Hochsommer bis 20 Uhr. Im Restaurant am AUSSICHTSTURM WEITER BLICK sitzt man in der Gaststube gemütlich, oder mit Aussicht auf der Veranda. À la carte ab 80 SEK. Do Tanz im Freien 19–23 Uhr.

■ **DALHALLA RESTAURANGEN**, Tel. 175 02. Etwa 15.6.–20.8. täglich 10–17 Uhr, an Konzerttagen gelten andere Öffnungszeiten. Wirtshausmenü à la carte ab 69 SEK; an Konzerttagen werden auch kleine, kalte Speisen um 65 SEK serviert; kosten Sie mal *tunnbrödsrulle* mit Rentierfleisch. Warme Speisen sollten vorher bestellt werden, ein Gericht um 165 SEK, 2 Gerichte um 198 SEK und 3 Gerichte um 239 SEK.

Das Restaurant IM STEINBRUCH passt sich der Umgebung an, innen überrascht ein modernes, angenehmes Ambiente. Bei Konzertveranstaltungen kann es durchaus passieren, dass die Solistin des Abends am Nebentisch sitzt, sich mit Begleitern unterhält und zwischendurch leise Stimmübungen zum Besten gibt.

IN TÄLLBERG UND LEKSAND

■ **HOLEN CAFÈSTUGA**, Tällberg. Etwa 15.6.–4.8. täglich. Hoch oben am Berg liegt der Tällbergs Heimathof. In der Umgebung mit den alten grauen Blockhäusern, der schönen Natur und der weiten Sicht über den Ort und den See lässt es sich bei einer Tasse Kaffee mit WAFFELN o.Ä. trefflich entspannen. Kein Rummel, sondern ein ruhiges, wunderschönes Fleckchen Erde.

■ **BJÖRKBERGETS RESTAURANG BUFFILS ANNAS**, Siljansnäs, Tel. 231 22. Mitte Juni bis Mitte August täglich 10–19 Uhr, im Juli bis 20 Uhr, sonst Mo–Fr 11–18, Sa 11–19 Uhr. Tagesgericht um 65 SEK, à la carte ab 75 SEK. Heimelige Atmosphäre vermitteln Decke und Wände mit HOLZ GETÄFELT. Auf dem Dielenfußboden liegen die typisch schwedischen Matten und an kalten Tagen strahlt der offene Kamin Wärme ab. *Hans-Peter Schütt* und seine Mannschaft bereiten aus allerbesten Zutaten schmackhafte HAUSMANNSKOST WIE AUCH FEINE SCHWEDISCHE KÜCHE, mediterran inspiriert, und auch Vegetarisches ist dabei. Auch für Kaffeegäste wird gut gesorgt, das gehört zum Image des Hauses, denn 1925 startete Buffils-Anna Ersdotter vor Ort eine Kaffestube. Bei warmem Wetter sind die Plätze im Freien begehrt. Für die Aussicht gab es vom Guide Michelin drei Sterne.

■ **SILJANS KONDITORI**, Leksand, Torget, Tel. 150 70. Mo–Fr 8.30–19, Sa 9–17, So 11–17 Uhr. Zum Lunch kleine Gerichte um 45–65 SEK. Das GUTE BROT UND BACKWERK ist ein Grund dafür, dass hier immer Betrieb ist. Gäste schätzen auch die gut belegten Brote, die Einheimischen haben die Konditorei am Markt zu einem Treffpunkt erkoren. Im Sommer auch Plätze im Freien.

Weiterreise

■ **FLUGZEUG**: ab *Mora-Siljan Flygplats* mehrmals täglich Stockholm.

■ **BAHN**: Fern- und Nahverkehr; Von Stockholm und Göteborg sind die Orte am Siljan über Borlänge zu erreichen – BERGSLAGSTÅGEN nach Gävleborgslän, Västmanlandslän u. Örebrolän. – Mora liegt an der Strecke der INLANDSBANA, im Sommer fährt dieser bunte Schienenbus nach Süden bis Kristinehamn.

■ **BUS**: *Dalatrafik* ist für den Busverkehr in Dalarna zuständig. Von Stockholm, Kopenhagen, Malmö, Göteborg: www.swebusexpress.se.

■ **AUTO**: **NACH FALUN**. In umgekehrter Richtung beschrieben unter »Falun, Weiterreise«.

NACH VÄRMLAND. In umgekehrter Richtung skizziert unter »Sunne, Weiterreise nach Mora«.

Kopparleden

Die Straße 70 führt bis in die nordwestlichste Ecke Dalarnas und zur Grenze NACH NORWEGEN. Wer tatsächlich die ganze Strecke bis nach Norwegen in Angriff nehmen möchte – und es spricht einiges dafür, da der letzte Abschnitt mit Abstechern rund um Idre der SCHÖNSTE ist –, hat die Möglichkeit, von Norwegen aus weiter südlich über den Pilgrimsleden (siehe dort) am Fluss Klarälven nach Värmland in Schweden zurückzukehren, eine herrliche Route für Naturliebhaber durch ziemlich dünn besiedelte Gegenden.

Ab Mora besteht die Möglichkeit, am Westufer des Österdalälven der Nebenstraße zu folgen, während die Str. 70 östlich des Ufers verläuft. In Gopshus kann man so das Sommeratelier GOPSMOR von Anders Zorn besuchen (siehe Seite 470).

Die Alternativstrecke ermöglicht auch den Umweg über Oxberg nach EVERTSBERG zu einer kleinen KAPELLE mit einem Nürnberger Flügelaltar (1450); auch wertvolle Textilien sind ausgestellt; da nicht immer geöffnet, bitte vorher anrufen (Tel. 0251 – 431 40) oder im Touristenbüro Älvdalen erkundigen.

ÄLVDALEN
Die Gemeinde Älvdalen ist ein Paradies für alle Naturfreunde, die – weitab von städtischer Betriebsamkeit – wandern, angeln, paddeln, Ski laufen, Beeren und Pilze sammeln oder auch Tiere beobachten wollen, zum Beispiel auf Elch-, Bär- oder Bibersafari gehen. Über 500 km Wanderwege verlaufen hier, die Wintersaison dauert fast fünf Monate. Im Gemeindegebiet liegen Schwedens südlichste Rentierweiden. Die hier lebenden Samifamilien sind jedoch keine Nomaden mehr!

Älvdalen ist auch bekannt für die zahlreichen Sennhütten *(fäbodar),* die teils noch bewirtschaftet sind. Außerdem ist die Gemeinde Schwedens reichstes Porphyrgebiet. 1788 wurde das erste PORPHYRWERK gegründet; 1818 kaufte *Karl XIV Johan* das Werk; nach seinem Tod begannen hier die zweijährigen Arbeiten für einen mächtigen Sarkophag. 1897 entstand ein Porphyrwerk in Västäng, auf der anderen Seite des Flusses. Die intakten alten Maschinen werden bei Führungen gezeigt. Zur Vergangenheit gehört auch die weltbekannte Firma *Hagström,* die nach Ziehharmonikas E-Gitarren herstellte. *Elvis Presley, Frank Zappa* sowie *Björn Ulveus* (von ABBA) spielten auf Hagström-Gitarren. In der KIRCHE hat man bevorzugt die heimischen Gesteinsarten Granit, Porphyr und Sandstein verwendet. – Nahe der Kirche befindet sich angeblich Schwedens ältestes Holzgebäude: ein HÄRBRE. Es wurde nachweislich 1285 aus Rundholz erbaut und diente als Lagerhaus für den

»Zehnt«, den die Bauern als Steuer an die Kirche abliefern mussten. Die geschnitzten Ornamente rund um die Tür sind verwittert, aber gut zu erkennen. – Das Gästehaus (LOFTBYGGNAD) daneben datiert aus dem Jahr 1585. Im Ober- und Untergeschoss wurden die Räume als Schlafstätten genutzt.

■ **ÄLVDALENS TURISTBYRÅ**, Dalgatan 47, SE–79631 Älvdalen, Tel. 0251–802 94, Fax 107 55. Im Sommer täglich geöffnet.

■ **PORFYRMUSEUM**, Dalagatan 81, D, Tel. 410 35. Mittsommer bis Mitte August täglich 10–17, sonst Di–Fr 10–15 Uhr. Eintritt 30 SEK.

Modelle und Schaubilder zeigen, wie Holz gesägt, Erz aus dem Moor oder aus erzhaltigem Seeboden gewonnen, wie Eisen hergestellt wurde, vom Schmelzen bis zum Schmieden. In einer Schneelandschaft steht ein mit Roheisen beladener Schlitten für den Weitertransport: Eisen wurde damals auch nach Norwegen verkauft. Das nächste Bild widmet sich Dörfern im Flusstal, so hat man in Evertsberg Büchsen (Gewehre) hergestellt, wie die Büchsenschmiede zeigt. Außer der Erzsuche in Seen und Mooren grub man tiefe Löcher in die Erde, in der Hoffnung, noch mehr begehrtes Erz aufzuspüren.

Eine große Karte über Kopparbergs län – heute Dalarna län – informiert über die vorkommenden Gesteinsarten, unter einer Glasplatte liegen geschliffene Steine, die die Vielfalt an Farben und Einschlüssen zeigen. In den Glasvitrinen sind Gebrauchs- und Schmuckgegenstände aus Porphyr zu bewundern. Aus diesem Gestein – härter als Granit – konnten nur mäßig große Gegenstände hergestellt werden; deshalb wurden im Steinbruch nur Blöcke bestimmter Größe gebrochen, da sie sonst zersprungen wären.

Modelle und Gegenstände dokumentieren die Gewinnung des Gesteins und die Herstellung verschiedener Produkte: Schmuck, Leuchter, Tintenfässer, Briefbeschwerer, Besteckgriffe, Butterdosen u.a. Imponierend ist ein riesiges Holzmodell mit Maschinen zur Porphyrbearbeitung. *W.Hagström* hat diesen

Der **KUPFERWEG**, Kopparleden, verbindet Falun auf 420 Kilometern mit dem norwegischen Pendant RØROS: Der Kontakt zwischen beiden Orten entstand mit dem AUFBAU des norwegischen TAGEBAUS: Lehrlinge aus Røros schickte man zur Ausbildung hinüber nach Falun. Parallel entwickelte sich ein schwungvoller Grenzhandel, vorwiegend jedoch im Winter, wenn die zugefrorenen Flüsse und Seen ein leichteres Vorwärtskommen ermöglichten. Im Sommer war das Reisen über die Pfade und die holprigen Kutschenwege beschwerlich.
Erst 1960 wurde die Straßenverbindung hergestellt, wie wir sie heute kennen: Diese Route auf der Str. 70 (ab Rättvik/Borlänge) durch die weiten mittelschwedische Wälder gleicht streckenweise einer Straße DURCH DIE EINSAMKEIT.

Maschinenpark entworfen. Er war auch der Gründer des Porphyrwerkes Älvdal.

Ein Bild des Sarkophags für Karl XIV Johan, den ersten Bernadotte, lässt bei Ausmaßen von 3 m Länge, 2,30 m Breite und gut 2,40 m Höhe das Gewicht von insgesamt 16 t erahnen, allein der Deckel wog 5 t. Er wurde aus Porphyr- ähnlichem Granit hergestellt. Der schwierige Transport nach Stockholm ging zunächst nach Gävle und von dort per Schiff in die Hauptstadt.

Eine weitere Abteilung beschäftigt sich mit der Firma *Albin Hagströms,* mit Instrumenten aus Italien und Deutschland sowie der berühmten Ziehharmonika von Hagström, seinen Gitarren und Verstärkern. Eine Kopie der GITARRE VON ELVIS PRESLEY ist zu sehen.

■ FREILICHTMUSEUM **ROTS SKANS**: 1.6.– Mitte August. Eintritt 10 SEK am Eingang in den Behälter legen. An allen Häusern sind Tafeln mit Erklärungen in drei Sprachen angebracht. Führung auf Deutsch möglich, bitte rechtzeitig telefonisch anmelden. 3 km weiter in Rot.

Im 17. Jh. lag hier eine Schanze in der Verteidigungskette Orsa–Rot–Lima. Man verteidigte sich damals gegen die Norweger bzw. die Dänen. Innerhalb der alten Wallgräben sind Gebäude dieser Gegend wieder aufgestellt worden, das älteste, ein *fiskhärbre,* ein Fischerschuppen (1610). Der Milchschuppen *(mjölkhärbre)* stand einst über einem Bach, in dem man die Milchkannen zur Kühlung aufbewahrte. MITTSOMMER wird bis 22 Uhr gefeiert. Eine Feier, die weder unüberschaubar groß noch touristisch überlaufen ist. Hier werden Sie Zeuge von unverfälscht traditionellem Brauchtum; vor dem großen Auftritt der Volkstanzgruppe wird hier täglich fleißig geübt. Im Juli ist jeden Mittwoch Abend VOLKSTANZ, ein Abend davon wird zum *Fäbodvallen,* der Alm, verlegt.

VON ÄLVDALEN NACH IDRE

■ **SÄRNA TURISTBYRÅ**, Särnavägen 6, SE – 79090 Särna, Tel. 0253 – 200 00, Fax 320 55. Im Sommer Mo–Fr 9–19, Sa 10–19, So 11–19 Uhr, sonst Mo–Fr 9–17 Uhr.

■ Kurz hinter Särna zweigt links die Straße nach Mökret ab, von wo man Schwedens höchsten Wasserfall **NJUPESKÄR** zu Fuß erreichen kann. P-Platz, Kiosk. Der Weg zum Wasserfall ist gut präpariert, hügelig, enthält auch steilere Abschnitte und misst 3 km. Info-Tafel (in drei Sprachen).

Die Hochebene FULUFJÄLLET liegt etwa 900 m ü.d.M. Der höchste Gipfel mit 1.042 m ist das Flohangfjället. Das 300 km^2 große Gebiet soll ab Herbst 2002 zum 28. Nationalpark Schwedens gekürt werden, womit es besonderen Schutz genießt.

Der Weg zum Njupeskär führt auf Holzstegen (nach einem Regen sind die Bretter glatt) durch Feuchtgebiete; die Hänge rundherum sind kahl, IM JUNI leuchten noch vereinzelte Schneefelder hervor. Preisel- und weiß blühende Moltebeeren bedecken die MOORHEIDE *(Hjortron,* Früchte tragen nur die weiblichen). Bald hört man kräftiges Rauschen, kurz darauf gelangt man zur Brücke

Schwedens höchster Wasserfall im Juni, wenn noch ordentlich Wasser zufließt: Njupeskär ▶

über einen tosenden Wildbach, der über Steinblöcke und unter umgestürzten Bäumen daher braust. Der Weg folgt dem Bach ein gutes Stück, um sich dann über Stock und Stein und Wurzelwerk bergan zu winden. Nach einiger Zeit sieht man bereits die Gischt des Wasserfalls durch die Bäume leuchten, und das Rauschen nimmt zu. Ein Grillplatz neben einer Hütte lädt zu einer Rast ein. Nur noch 87 Stufen trennen vom Niveau des Flussbetts, in das der Njupeskär seine Wassermassen über die Felskante stürzen lässt. Mitte Juni liegen noch große Schneebretter zu beiden Seiten des Flusses. Eine Holzbrücke führt über das reißende Gewässer, ein Steg eng am Hang entlang und soweit es geht zum Kessel des Wasserfalls. Steil aufragende, mit Flechten bewachsene Felswände rahmen den Talkessel ein.

Wer gegen eine zusätzliche Runde nichts einzuwenden hat, kann auf beiden Seiten des Njupeskär, noch vor dem Talkessel, nach oben steigen und die Aussicht von oben genießen; das Überqueren des Zuflusses ist aber erst im Spätsommer ratsam, wenn er weniger Wasser führt.

IDRE

Der Ort liegt am Idresee, einer Verbreiterung des Österdalälven, der seine Quelle auf norwegischem Gebiet hat. Eine Stichstraße führt auf das NIPFJÄLL, 1.002 m ü.d.M. Welch ein Panorama bei klarer Sicht, markierte Wanderwege und Pfade im Naturreservat, ein Erholungsgebiet mit Hütten, Restaurant, Schwimmbad etc. Skigebiet.

■ **IDRE TURISTBYRÅ**, Framgårdsvägen 1, SE – 79091 Idre, Tel. 0253 – 200 00, Fax 320 40. Vermietet Ferienhütten im Sommer, je nach Größe und Komfort ab 1.095 SEK.

■ Zu Idre gehört SCHWEDENS angeblich KLEINSTES SAMIDORF **IDRE NYA SAMEBY**: Sechs Sami betreiben ihre Rentierzucht gemeinsam in einem kooperativen Verbund, ihrem Dorf. Etwa 3.300 Tiere können es werden, wenn die Kälber im Frühjahr geboren sind. Der Jahresablauf der Rentierzüchter teilt sich in ACHT JAHRESZEITEN: Frühling, Frühsommer, Sommer, Spätsommer, Herbst, Spätherbst, Frühwinter, Winter und Vorfrühling. Im VORFRÜHLING, Anfang Juni, ziehen die Rentiere in die tieferen Gefilde, dort beginnen Birken und Moose in den Feuchtgebiete zuerst zu grünen. Wenn der SOMMER beginnt, treibt es sie in die kühle Fjällregion zurück, auch um den plagenden Mücken zu entkommen. Vor der Brunft im HERBST wird geschlachtet. Die Katastrophe Tjernobyl ist Gott sei Dank Vergangenheit, das Fleisch ist wieder einwandfrei, Nachfrage und Preise sind gut. Schwierigkeiten bereiten jedoch die Forstwirtschaft mit Kahlschlägen und vieles andere. Auch der zunehmende Fjäll-Tourismus bedroht die Weidegründe, nicht zuletzt stören winterliche Schneescooter-Happenings im Winter die Tiere. Doch die Kultur der Sami kann auch eine Bereicherung für Touristen und Einheimische sein und Verständnis für diese Minderheit wecken. Die Kinder der Samifamilien gehen in die normale Schule, lernen Schwedisch und werden in ihrer Muttersprache unterrichtet – was sie zudem ihren Klassenkameraden voraus haben, ist der Umgang mit dem Lasso, worin sich schon die Kleinsten üben.

GRÖVELSJÖN

Nach Grövelsjön sind es noch 45 km, allerdings nicht mehr auf der Str. 70, sondern ab Idre auf der Straße nach Røros; diese Route wird erst in ihrem zweiten Abschnitt spannender: Ausblicke aufs Fjäll, mit Wald bewachsen, stugor überall. ACHTUNG! Hier sind im Frühsommer Weidegründe der Rentiere; sie laufen, oft in kleinen Rudeln, plötzlich über die Fahrbahn. Mehrfach gibt es Parkplätze am Rande der Straße, auf denen man mit dem Wohnwagen eine Nacht stehen oder das Auto sieben Tage parken darf.

Der Fluss GRÖVELÅN wird ab der Stufe mit dem kleinen Wasserfall zum Stromschnellen-reichen Fluss. Allmählich wird der Fluss schmaler, die Zuflüsse von rechts und links weniger. Man passiert das FJÄLLHOTEL, gelangt daraufhin zum GRÖVELSJÖGÅRDEN und zur SJÖSTUGAN, einem gemütlichen BLOCKHAUS MIT CAFÉ. Der Blick von hier auf den Grövelsjön und die dahinter liegenden Berge entschädigt für die lange Anfahrt. Etwas weiter bergan befindet sich die STF-FJÄLLSTATION mit Gästehaus, Restaurant. – Aus dem Buch »Grövelsjöfjällen«: »In Grövelsjön treffen drei Kulturen aufeinander. Die Samen, deren Ahnenreihe weit zurück reicht und deren Rene hier anzutreffen sind; dic Neusiedler, die sich in der ersten Hälfte des 19. Jhs. hier niederließen und versuchten, in der Wildnis ein Stück Land urbar zu machen; die Touristen, die im 20. Jh. von nah und fern nach Grövelsjö kamen.« 1734 besuchte *Carl von Linné* die Bergwelt Grövelsjöfjällen. Die Aufzeichnungen im Tagebuch sind bis heute eine interessante Lektüre.

UNTERKUNFT AM GRÖVELSJÖN

Lassen Sie sich nicht verwirren. Das Wort Idre bezieht sich auf die Postadresse.

■ **GRÖVELSJÖGÅRDEN**, Grövelsjön, SE–79091 Idre, Tel 231 00.

In der dritten Generation wird die Pension geführt: Bengt Jacobsen ist Koch und leitet GEFÜHRTE TOUREN, seine Frau Kerstin ist für Rezeption und Büro zuständig. Und wenn die Stimmung gut ist, greift Bengt zur Ziehharmonika und trägt zur Unterhaltung bei.

■ **SJÖSTUGAN**, Grövelsjön, Idre, Tel. 230 445, Fax 231 75. Pension mit 40 Betten, Zimmer oder Hütten mit Selbstversorgung. Standplätze für Wohnwagen / Wohnmobile. Kanus u. Boote zu vermieten. Angelschein.

Gebaut 1948 als kleine Gasstätte, in den Jahren 1954 bis '60 erweitert. Die Wirtin erzählte, dass sie hier als Kind häufig auf Skiern oder mit dem Hundegespann zur Schule fuhr. Damals gab es weder Straße noch Elektrizität. Die Schule ist heute in Idre und die hier oben wohnenden Kinder holt ein Taxi ab.

Hier lebt und arbeitet inzwischen die 2. Generation. Rund um das aus dicken groben Balken gezimmerte Blockhaus wird die Blumenrabatte mit viel Liebe gepflegt.

Das Café ist für knusprige Waffeln bekannt und Gäste, die hier einmal waren, kommen gerne wieder. Diese CAFÉSTUBE im Blockhaus ist schon etwas Spezielles. Die Wände schmücken Malereien und Schnitzereien, präparierte Tiere und Felle, die gut 40 Jahre alt sind. Vielfraß, Fuchs und Wolf ließen dafür ihr Leben. Der Adler (aus Norwegen) hat eine Flügelspannweite von 2,10 m. Damals gab es Abschussprämien für den König der Lüfte. In Kupfergefäßen prangen getrocknete Moose sowie Sträucher als Stillleben. Nettes Kunsthandwerk aus der Gegend – Stücke aus Rentierfell, -leder oder -horn, aus Wolle und Birkenrinde, Holz etc. – kann man hier zu akzeptbalen Preisen erstehen. Einige Kleinode hinter Glas sind jedoch unverkäuflich. Es ist schon eine andere Welt hier als in Südschweden.

■ **STORSÄTRA FJÄLLHOTELL**, Storsätern, SE – 79091 Idre, Tel. 231 50, Fax 233 14, www.storsatra.se.

Seit den 1930er Jahren gibt es dieses Hotel. Als Ende der 50er Jahre angebaut und erneuert wurde, hieß der Architekt *Ralph Erskine*. Heute ist das Hotel modern und bequem mit 35 geräumigen Zimmern.

■ **STF FJÄLLSTATION**, Grövelsjöns fjällstation, SE – 79091 Idre, Tel. 0253 – 596 880, Fax 232 25, www.stfgrovelsjon.com. Geöffnet 27.12. bis ca. 7.1., ca. 10.2. bis Ende April und von Mitte Juni bis etwa 20.9. Im 1–4-Bett-Zimmer ab 285 SEK p.P.

1937 wurde dieses Gästehaus eingeweiht. Nach mehreren An- und Umbauten stehen heute 150 Betten zur Verfügung. Vom Speisesaal hat man einen herrlichen Blick auf die Bergwelt. Wander-, Kanu- und Skitouren im Rogen-Gebiet gehören zu den beliebtesten Aktivtrips in der Natur. Die Fjällstation fungiert von Ende Juni bis Mitte September auch als KANUZENTRALE, vermietet Kanus und Zubehör.

NATIONALPARK TÖFSINGDALEN

Der 14 km² große Nationalpark im Fjällgebiet nördlich von Grövelsjön wurde 1926 ausgewiesen: Prägend sind Urwald, blockreiches Gelände. Pfade von Grövelsjön und Lövåsen. Von Hällsjön kann man ein Stück weit per Auto gelangen, dann weiter auf Pfaden am Fluss entlang. Am See Töfsingen ist eine Windschutzhütte zur Rast, im Samilager des Slugufjälls kann man möglicherweise übernachten.

■ **WANDERUNGEN**: die Tour rund BÅTHUSBERGET. – Oder auf dem Kungsleden vom südlichen Grövelsjön über Långfjället DURCH DAS ROGEN-GEBIET nach Fjällnäs.

Register

Gudrun Schulte:
alle Abbildungen außer den unten aufgeführten

Alexander Geh:
Seite 7 / 39 unten / 97 / 101 / 102 / 103 / 119 unten / 217 / 297 / 298 / 299 / 300 unten / 303 / 303 / 304 / 327 / 351 / 361 unten / 381 / 415 unten / 435

Andreas Meisner:
Seite 475 unten

Aspa Herrgårdshotel:
Seite 211

Glasriket:
Seiten 98 und 99

Nordiska Travmuseet:
Seite 396 oben

Regenbogen Archiv:
Seite 149 oben / 203 / 205 / 251 oben

Schweden-Werbung in Hamburg (in Kooperation mit):
Seite 39 oben (Klaesson) / 100 oben / 100 unten (Blekinge Turism) / 144 (Salomonsson) / 191 (Astrid Lindgrens Värld) / 301 oben (Litens) / 467 unten (Elmquist Broman) / 475 oben (Orsa Grönklitt AB)

Finnland
Saimaa und Karelien
selbst entdecken

Lofoten
selbst entdecken